嘉興市珍貴古籍圖録

嘉興市圖書館 編

國家圖書館出版社

圖書在版編目（CIP）數據

嘉興市珍貴古籍圖録 / 嘉興市圖書館編. -- 北京 ：國家圖書館出版社，2014.12

ISBN 978-7-5013-5485-6

Ⅰ. ①嘉… Ⅱ. ①嘉… Ⅲ. ①古籍－圖書目録－嘉興市 Ⅳ. ①Z838

中國版本圖書館CIP數據核字(2014)第251811號

書　　名　嘉興市珍貴古籍圖録

著　　者　嘉興市圖書館　編

責任編輯　南江濤

出　　版　國家圖書館出版社（100034　北京市西城區文津街7號）

　　　　　（原書目文獻出版社 北京圖書館出版社）

發　　行　010-66114536　66126153　66151313　66175620

　　　　　66121706（傳真），66126156（門市部）

E-mail　btsfxb@nlc.gov.cn（郵購）

Website　www.nlcpress.com ——►投稿中心

經　　銷　新華書店

印　　裝　北京順誠彩色印刷有限公司

版　　次　2014年12月第1版第1次印刷

開　　本　889×1194（毫米）　1/16

印　　張　18.5

書　　號　ISBN 978-7-5013-5485-6

定　　價　298.00圓

編委會名單

主編：章明麗　沈紅梅

編撰：吳美娟　沈秋燕　劉引珠　沈衆英

　　　張銀梅　朱莉韻　宋　兵　金佳萍

編務：陳家驥

前言

中華古籍保護计劃啟動後，嘉興市人民政府進一步開展古籍保護工作，並在全市調研，進行古籍普查。《嘉興市珍貴古籍圖録》就是在此基礎上編纂而成的。

嘉興歷史悠久，文化昌盛。早在七千多年前，繁衍生息於此的先民們就創造了燦爛的馬家浜文化。源遠流長的江南文化和“秉禮勤勞”、“士美民秀”、“ 進取求新”等民俗民風的形成，當是受吴“泰伯辭讓之遺風”與越“夏禹勤儉之餘習”的恵澤，以及“罕習軍旅，尤慕文儒”、“好讀書，雖三家之村必儲經籍 ”、“田野小民皆教子孫讀書”等傳統文化的影響。嘉興自古文風鼎盛，有據可考的嘉興官府、佛寺藏書活動可追溯到宋代，私家藏書亦發軔於宋。其時，嘉興已“爲文物之邦”，“士多興於學，處廛者亦類皆鴻生碩彦”。宋代以降，直至民國時期，嘉興官府、佛寺、儒學、書院及私家等藏書活動代有相承。私家藏書更是名家名樓享譽華夏，明清两代嘉興一地的藏書家數量衆多，據吴晗《兩浙藏書家史略》記載，有一百一十餘家之多。辛亥前後，嘉興所屬各縣，又紛紛建立起公共圖書館，早在一九〇四年，嘉興地區就出现了我國最早的近代公共圖書館——嘉郡圖書館和海寧州圖書館，率先實現了古代藏書樓到近代圖書館的過渡，成爲我國近代公共圖書館重要的發祥地。

根據來自嘉興五縣二區的古籍調查報告，嘉興古籍收藏有以下三個特点：

第一，古籍藏量頗豐，公藏爲主。據統計，全市現有古籍藏量二十萬一千四百十八册，其中嘉興市、平湖市、海寧市、嘉善縣、桐鄉市、海鹽縣分别爲十萬五千九百九十三册、三萬五千三百二十七册、二萬九千八百四十四册、二萬一千册、四千七百五十三册和四千五百零一册。古籍大部分聚藏於市、縣兩級公共圖書館，佔總量的百分之九十七點三，其中市圖書館現有館藏古籍十萬六千册，佔全市古籍公藏量半數以上。此外，博物館佔百分之二點四，檔案館、學校圖書館等其他收藏佔百分之零點三。我市各藏書單位所藏古籍主要來源於歷史遺留、政府轉交、單位收購、民間捐贈等。民間古籍藏量雖曾徵詢多次，尚無法準確統計。

第二，古籍善本衆多，版别豐富。全市擁有古籍善本一萬二千一百二十七册，大多爲明清刻本。其他諸如套印本、影刻本、影鈔本、鈐印本、排印本、銅活字本、泥金寫本中，不乏爲歷代版本學家、藏書家所稱譽的版刻精品。嘉興市圖書館藏品中等級較高的善本有《嘉興藏》（明萬曆七年至清康熙四十六年刻本）、《乾隆大藏經》（清雍正十一年至乾隆三年刻本）、清黄爵滋《仙屏書屋初集詩録》（清道光二十六年泥活字印本）、清沈梓《避寇日記》（清咸豐十年至同治三年稿本）、《養拙軒筆記》（稿本）、清沈可培《濼源問答》（清乾隆稿本）、清沈濤《九曲漁莊詞》（稿本）等。目前，我市《乾隆大藏經》等十七種五千四百九十五册善本入選“國家珍貴古籍名録”（其中嘉興市圖書館十四種五千四百八十六册、平湖市圖書館二種八册、海寧市圖書館一種一册），入選《中國古籍善本書目》一百六十二種（其中嘉興市圖書館九十四種、平湖市圖書館四十二種、海寧市圖書館十九種、海鹽縣博物館七種），入選第一批“浙江省珍貴古籍名録”三十一種（其中嘉興市圖書館十九種、平湖市圖書館八種、海寧市圖書館四種）。二〇〇九年六月，嘉興市圖書館被國務院公佈爲第二批全國古籍重點保護單位。

第三，古籍鄉邦文獻宏富，價值獨特。全市各藏書單位現藏古代嘉興地方文獻逾千種，囊括歷代方志、地方族譜、鄉賢著述、石刻輿圖、檔案文書等，也包括各時期地方刻印之書籍。這些文獻從不同角度記載了嘉興區域文化的方方面面，成爲人們瞭解歷史、傳承文明的重要參考資料，也是館藏文獻最重要組成部分。全市古籍善本中鄉邦文獻內容多涉詩詞文集、史料叢録、筆記雜談等。其中嘉興市圖書館是《中國地方志聯合目録》參加單位，館藏古籍中有二十六個省、市的地方志書四百五十八種，嘉興府、縣、鎮、圩志有四十九種，許良謨《花溪志補遺》、清鄭鳳鏘《新塍瑣志》、清康熙袁國梓《嘉興府志》、祝廷錫《竹林八圩志》等，都是當時未經刊行的稿本。館藏文獻中，歷代地方名人著述中不少是稿本和鈔本。

此次编撰出版的《嘉興市珍貴古籍圖録》，充分展示了嘉興地區古籍存藏的上述特点。

《圖録》收録標準是民國以前書寫或印刷的，以中國古典裝幀形式存在，具有重要歷史、思想和文化價值的珍貴古籍，且以稀見難得爲尚，常見者從略。收録範圍以嘉興市範圍內入選“國家珍貴古籍名録”及《中國古籍善本書目》者爲主，收入嘉興籍重要歷史人物的稀見稿鈔本和保存嘉興重要史地文化史料的古籍，凡二百五十六種。爲全面體現地方文獻的特色和價值，縣市級適當放寬收録標準，嘉興重要史地文化史料的古籍和嘉興籍人物的稿本、鈔本、校本酌收。

《圖録》編排體例，以縣市爲單位，以嘉善、平湖、海鹽、海寧、桐鄉、嘉興市區爲序。縣市下以經、史、子、集、叢分類。依次著録入選古籍的書名、卷數、朝代、著者、版本、行款、邊欄、書口、刻工、板框尺寸、鈐印、收藏單位等。入選“國家珍貴古籍名録”者，標注名録號。本《圖録》每種古籍選書影一至四幀不等，以正文卷端爲主，酌加牌記、題跋或其他能反映版本特徵的書影。凡一書首卷卷端有缺失、污損、補刻、鈔配者，則選擇其他卷端原刻原印者。

《圖録》書影均採用原件拍攝，從鑒賞珍本視角，以圖版和書目兩種形式，充分展示館藏，圖文並茂。这种方式，一方面可推动嘉興建立較完備的地方珍貴古籍檔案，確保珍貴古籍安全，提高公民古籍保護意識，促進文化交流和合作；另一方面也更適應讀圖時代的要求，顺應普通讀者的閱讀興趣與習慣。我想，不管是哪一類學人，或隨便翻翻，或慢慢欣賞，相信都會在閱讀中産生愜意的感覺，並從中獲得或增智或审美的收益和滿足。

《圖録》歷經數年才得以完成。付梓之際，我要特別感謝英年早逝的嘉興市圖書館古籍部主任吳美娟及全市從事古籍研究工作人員的辛勤付出，感謝編者們爲本書出版所作的大量工作，也感謝全市文化主管部門和館長們的大力支持，还要感謝一直以來關心和研究古籍鄉邦文獻的地方賢達和社會各界讀者。

今年适逢嘉興市圖書館建館一百一十週年，謹以此書出版作爲紀念。

不揣譾陋，撰此爲序，謬誤難免，祈方家指正。

章明麗

二〇一四年十月

凡例

一、收録：本書收入嘉興市（包括嘉興市區及所屬的五縣市）入選第一、二、三批“國家珍貴古籍名録”及《中國古籍善本書目》者。另嘉興重要史地文化史料的古籍和嘉興籍人物的稿本、鈔本、校本酌收，共計二百五十六種。

二、編排：本書以縣市爲單位，以嘉善、平湖、海鹽、海寧、桐鄉、嘉興市區爲序。各縣市下以經、史、子、集、叢分類。

三、著録：依次著録入選古籍的書名、卷數、朝代、著者、版本、行款、邊欄、書口、刻工、板框尺寸、鈐印、收藏單位等。入選第一、二、三批“國家珍貴古籍名録”者，標注名録號。

四、書影：每種古籍選書影一至四幀不等，以正文卷端爲主，酌加牌記、題跋或其他能反映版本特徵的書影。凡一書首卷卷端有缺失、污損、補刻、鈔配者，則選擇其他卷端原刻原印者。

五、拍攝：本書書影均採用原件拍攝。

目録

海鹽縣

海寧市

嘉興市珍貴古籍圖録

嘉善縣

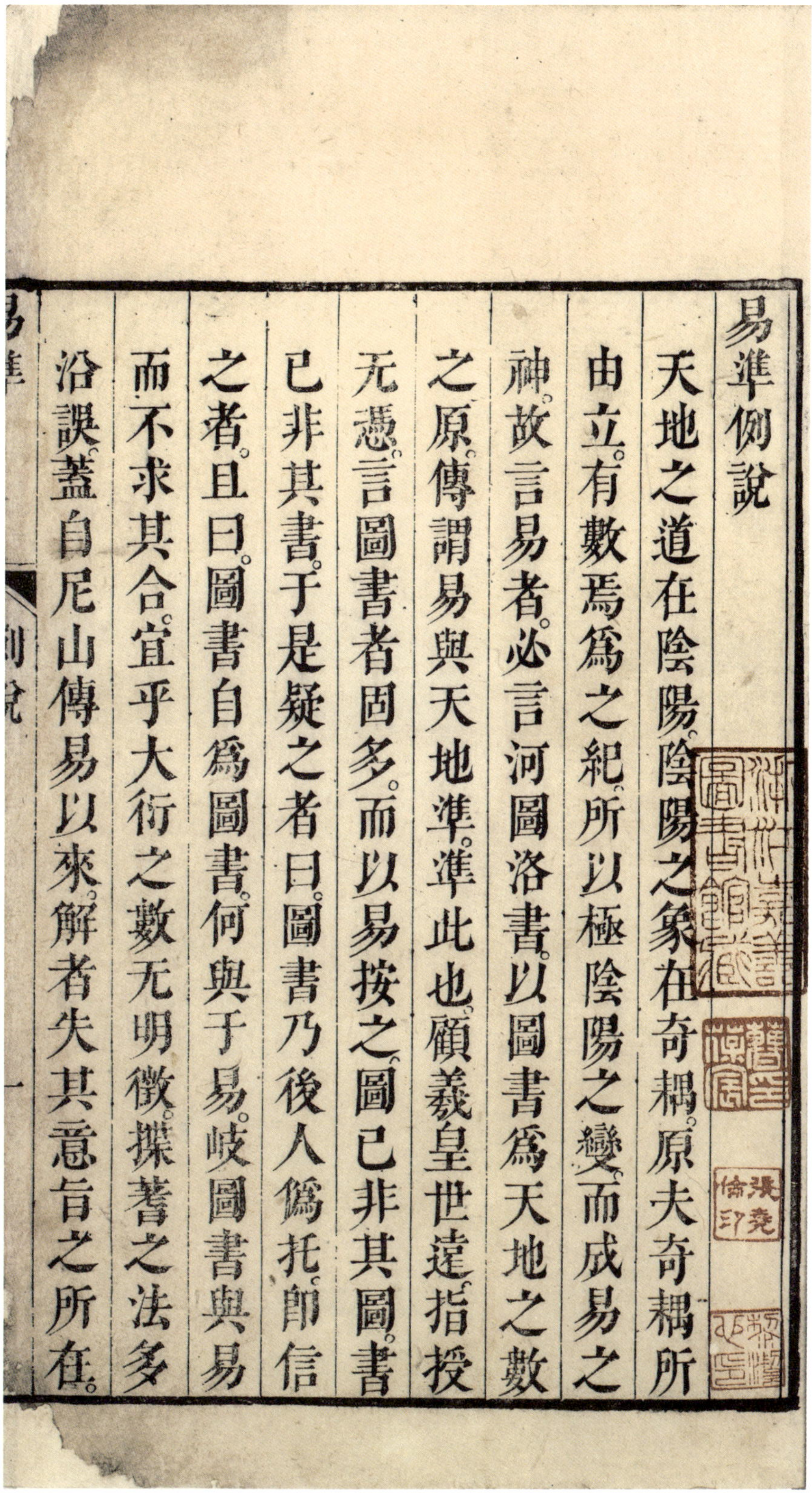

易準例說

天地之道在陰陽。陰陽之象在奇耦。原夫奇耦所由立。有數焉爲之紀。所以極陰陽之變。而成易之神。故言易者。必言河圖洛書。以圖書爲天地之數之原。傳謂易與天地準。準此也。顧羲皇世遠指授无憑。言圖書者固多。而以易按之圖已非其圖。書已非其書。于是疑之者曰圖書乃後人僞托。卽信之者。且曰。圖書自爲圖書。何與于易。岐圖書與易而不求其合。宜乎大衍之數无明徵。揲蓍之法多沿誤。蓋自尼山傳易以來。解者失其意旨之所在。

易準 例說 一

易準四卷 （清）曹庭棟撰　清乾隆二十四年（1759）刻本

匡高19厘米，廣14厘米。半葉十行，行二十字，白口，左右雙邊，單黑魚尾。有“黎潔心印”、“張堯倫印”、“曹印葆宸”等印。嘉善縣圖書館藏。

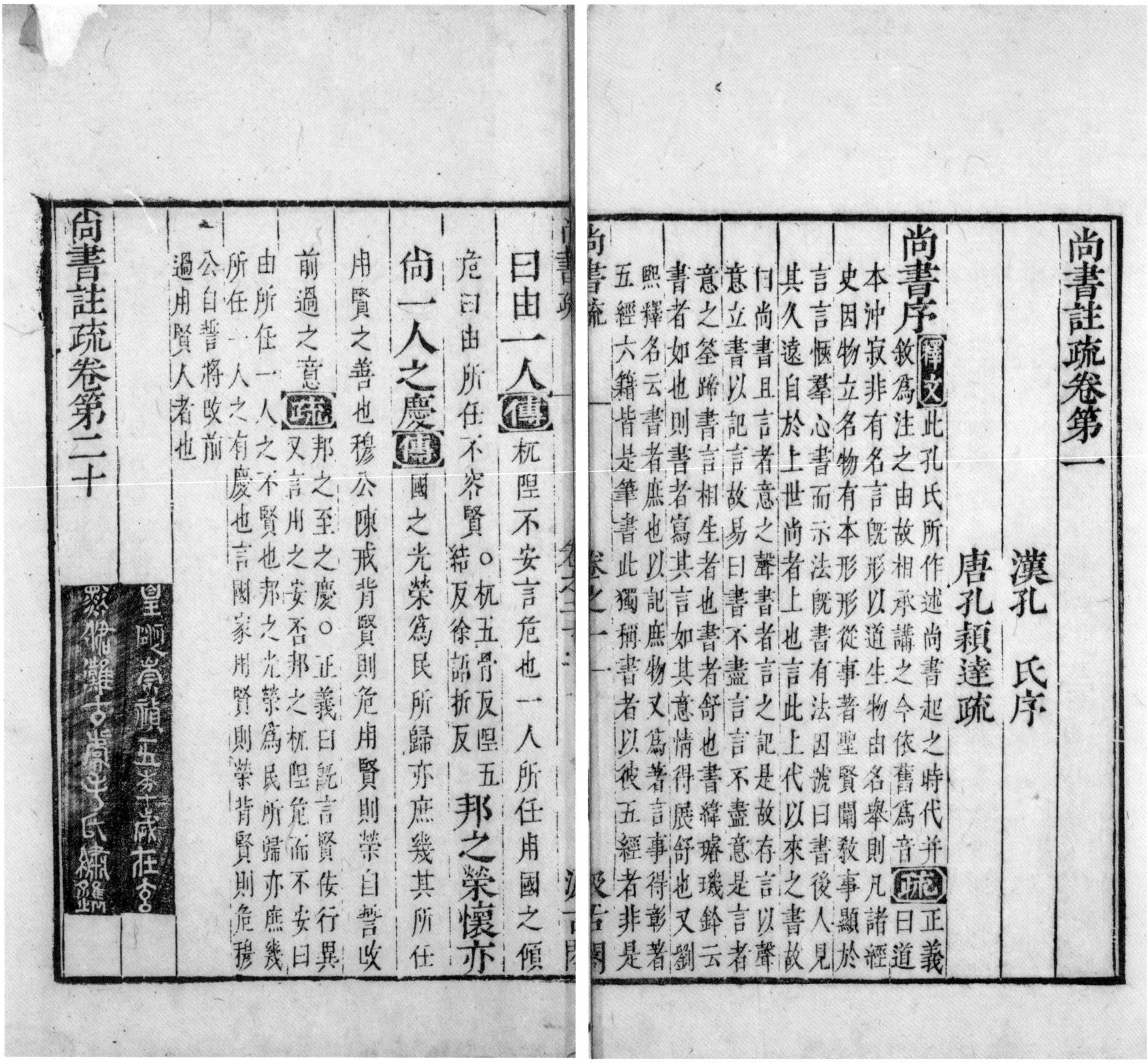

尚書註疏卷第一

漢孔　氏序

唐孔穎達疏

尚書序【釋文】此孔氏所作述尚書起之時代并敘為注之由故相承講之今依舊為音【疏】正義曰道本沖寂非有名言既形以道生物由名舉則凡諸經史因物立名物有本形形從事著聖賢闡教事顯於言言愜羣心書而示法既書有法因號曰書後人見其久遠自於上世尚者上也言此上代以來之書故曰尚書且言者意之聲書者言之記是故存言以聲意立書以記言故易曰書不盡言言不盡意是言者意之筌蹄書言相生者也書者舒也書緯璿璣鈐云書者如也則書者寫其言如其意情得展舒也又劉熙釋名云書者庶也以記庶物又為著言事得彰著五經六籍皆是筆書此獨稱書者以彼五經者非是

尚書疏　卷之一　一　汲古閣

曰由一人【傳】杌隉不安言危也一人所任用國之傾危曰由所任不吝賢○杌五骨反隉五結反徐語折反邦之榮懷亦尚一人之慶【傳】國之光榮為民所歸亦庶幾其所任用賢之善也穆公陳戒背賢則危用賢則榮自誓改前過之意【疏】邦之至之慶○正義曰既言賢佞行異又言用之安否邦之杌隉危而不安曰由所任一人之不賢也邦之光榮為民所歸亦庶幾由所任一人之有慶也言國家用賢則榮背賢則危穆公自誓將改前過用賢人者也

尚書註疏卷第二十

皇明崇禎五年歲在玄黓涒灘古虞毛氏繡鐫

尚書註疏二十卷（漢）孔安國傳（唐）孔穎達疏　明崇禎五年（1632）汲古閣刻本

匡高17.5厘米，廣12.5厘米。半葉九行，行二十一字，小字雙行同，白口，左右雙邊。序題"尚書正義"，版心題"尚書疏"。嘉善縣圖書館藏。

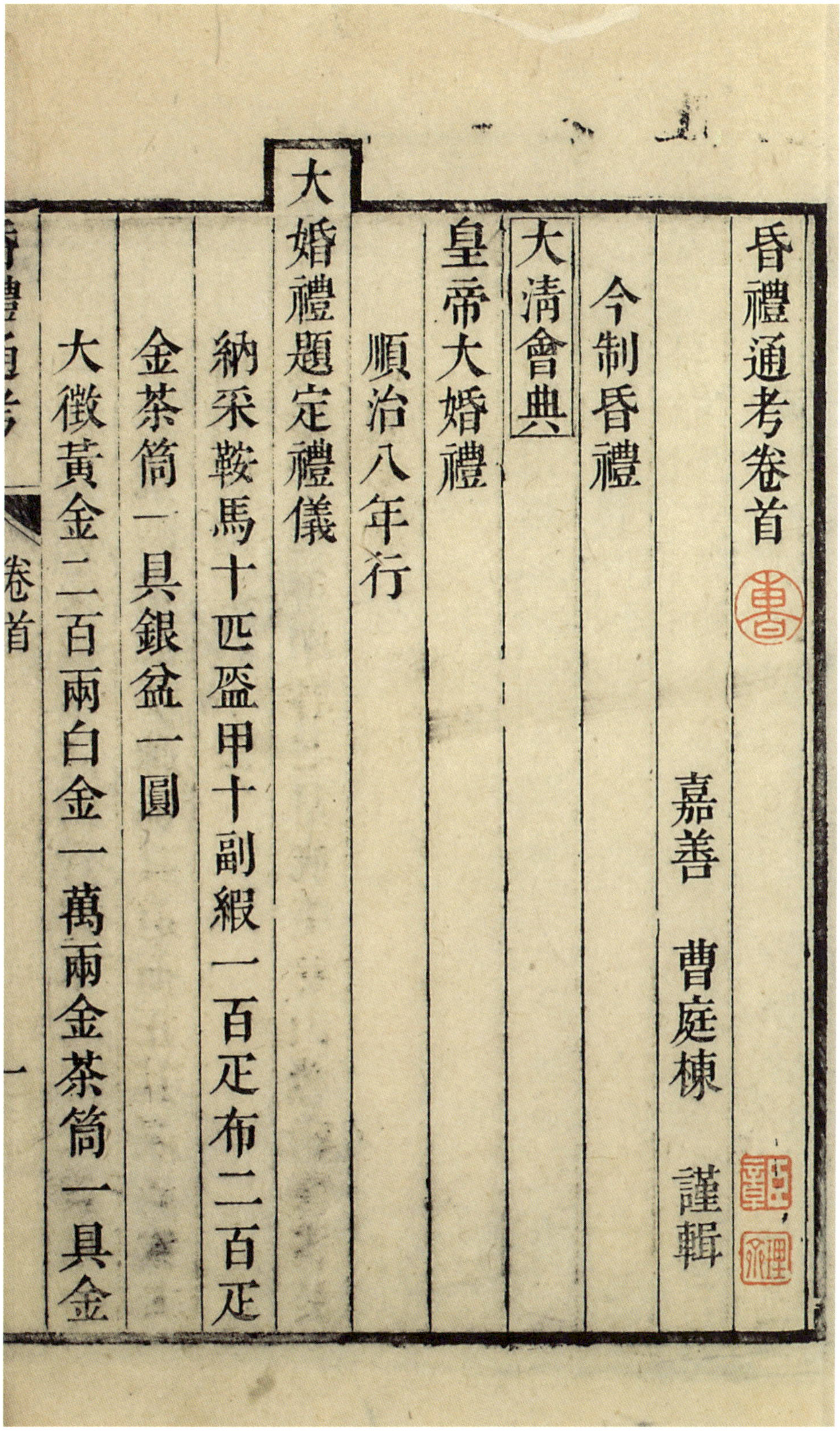
昏禮通考卷首
嘉善　曹庭棟　謹輯
今制昏禮
大清會典
皇帝大婚禮
順治八年行
大婚禮題定禮儀
納采鞍馬十四匹盔甲十副緞一百疋布二百疋
金茶筩一具銀盆一圓
大徵黃金二百兩白金一萬兩金茶筩一具金
昏禮通考　卷首　一

昏禮通考二十四卷首一卷　（清）曹庭棟輯　清乾隆十九年（1754）刻本

匡高18.2厘米，廣13.8厘米。半葉十行，行二十字，小字雙行同，白口，左右雙邊，單黑魚尾。有"賜研堂"、"吳元穗印"、"學引靜成"、"朱雨軒"、"曹氏秉章"、"理齋"、"元穗"、"征陵"、"世澤堂"、"介穀"等印。嘉善縣圖書館藏。

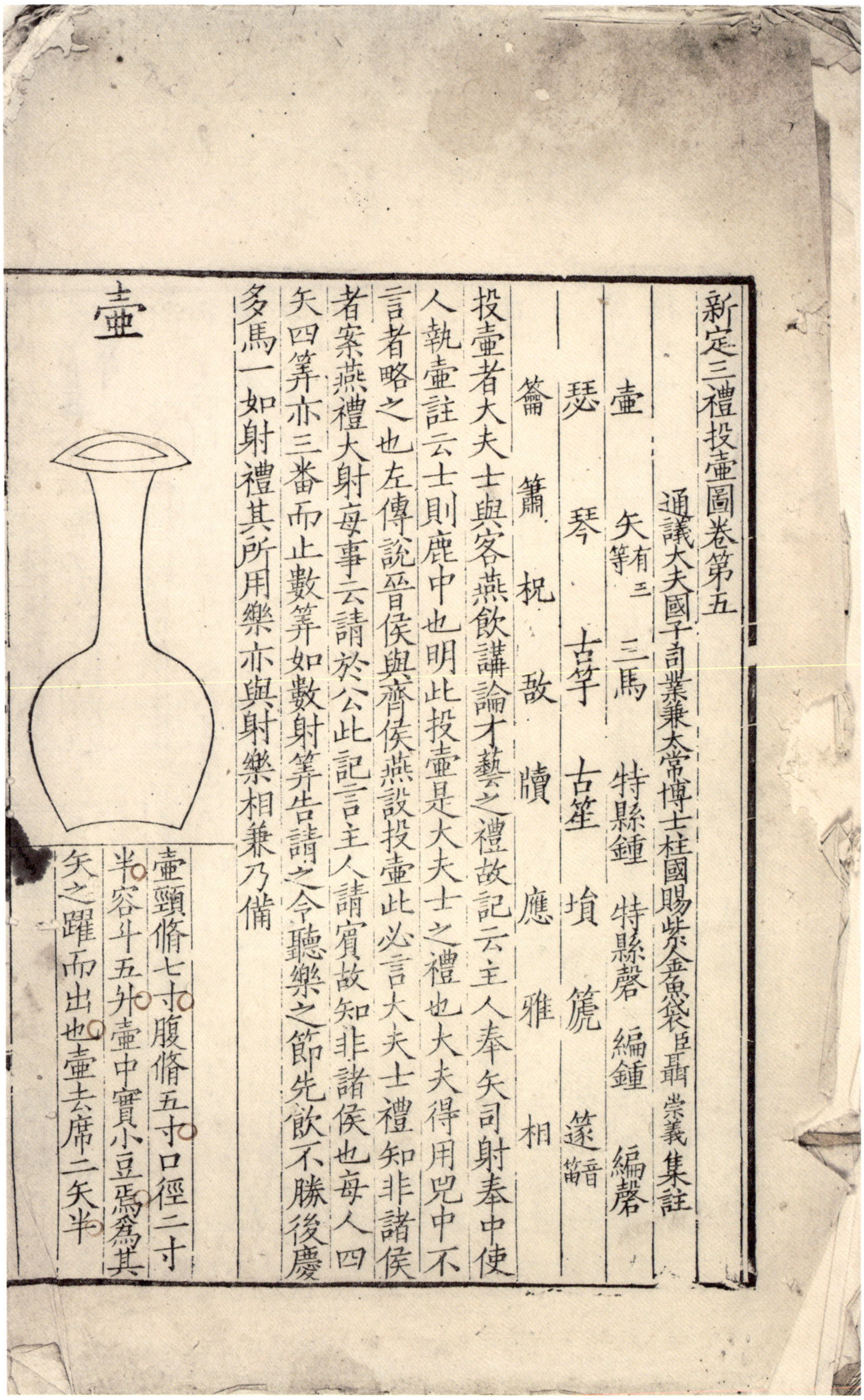
新定三禮投壺圖卷第五
通議大夫國子司業兼太常博士柱國賜紫金魚袋臣聶崇義集註
壺 矢有三等 三馬 特縣鍾 特縣磬 編鍾 編磬
瑟 琴 古竽 古笙 塤 篪 篴音笛
籥 簫 柷 敔 牘 應 雅 相
投壺者大夫士與客燕飲講論才藝之禮故記云主人奉矢司射奉中使人執壺註云士則鹿中也明此投壺是大夫士之禮也大夫得用兕中不言者略之也左傳說晉侯與齊侯燕設投壺此必言大夫士禮知非諸侯者案燕禮大射每事云請於公此記言主人請賓故知非諸侯也每人四矢四筭亦三番而止數筭如數射筭告請之令聽樂之節先飲不勝後慶多馬一如射禮其所用樂亦與射樂相兼乃備
壺
壺頸脩七寸腹脩五寸口徑二寸半容斗五升壺中實小豆焉爲其矢之躍而出也壺去席二矢半

新定三禮圖二十卷 （宋）聶崇義集註 清康熙（1662–1722）寫刻本

匡高21.6厘米，廣16.6厘米。半葉十六行，每行字數不等，小字雙行字數不等，白口，左右雙邊，雙魚尾。嘉善縣圖書館藏。缺序跋、卷一前二葉、卷二十末二葉。

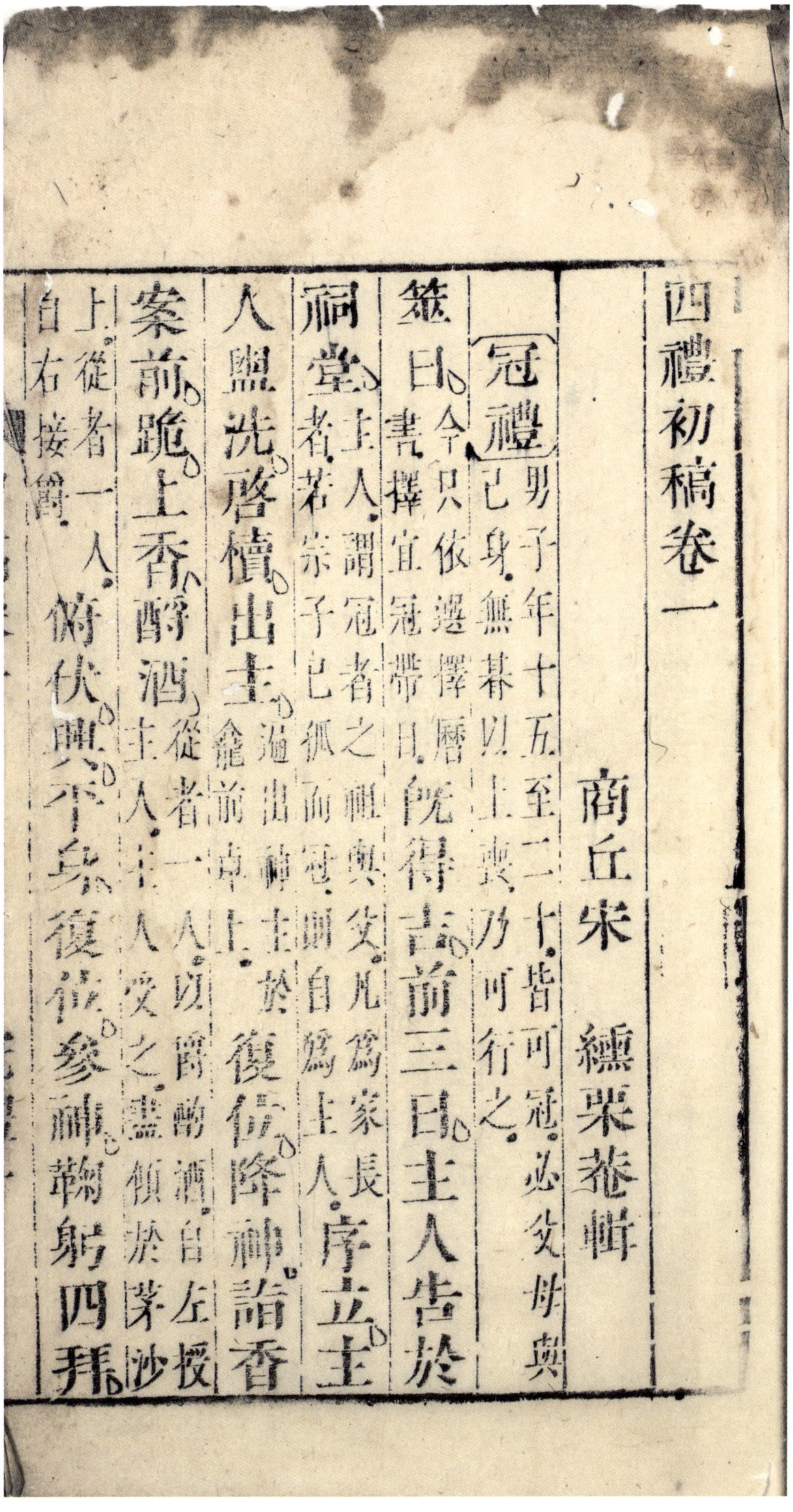
四禮初稿卷一
商丘宋　纁栗菴輯
冠禮男子年十五至二十皆可冠必父母與己身無朞以上喪乃可行之
筮日今只依選擇曆書擇宜冠帶日既得吉前三日主人告於
祠堂主人謂冠者之祖與父凡爲家長者若宗子已孤而冠則自爲主人序立主
人盥洗啓櫝出主遍出神主於龕前卓上復位降神詣香
案前跪上香酹酒從者一人以爵酌酒自左授主人主人受之盡傾於茅沙
上從者一人自右接爵俯伏興平身復位參神鞠躬四拜

四禮初稿四卷　（明）宋纁輯　**四禮約言四卷**　（明）呂維祺撰　清康熙（1662-1722）刻本

匡高18.8厘米，廣12.9厘米。半葉八行，行十八字，小字雙行同，白口，四周單邊，單黑魚尾。嘉善縣圖書館藏。

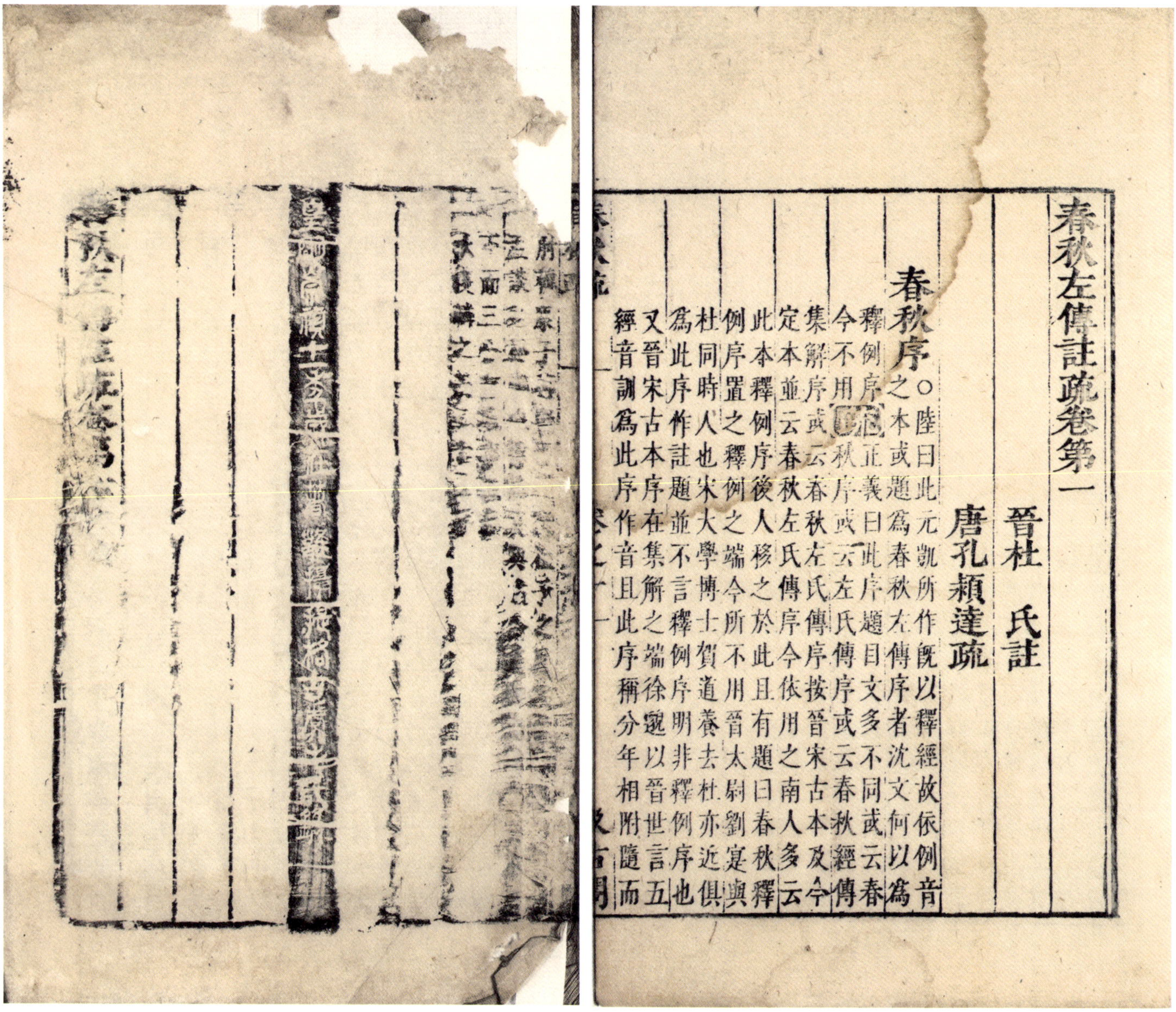

春秋左傳註疏六十卷 （晉）杜預註 （唐）孔穎達疏 明崇禎十一年（1638）毛氏汲古閣刻本

匡高17.7厘米，廣12.5厘米。半葉九行，行二十一字，小字雙行同，白口，左右雙邊。《十三經註疏》本。嘉善縣圖書館藏。

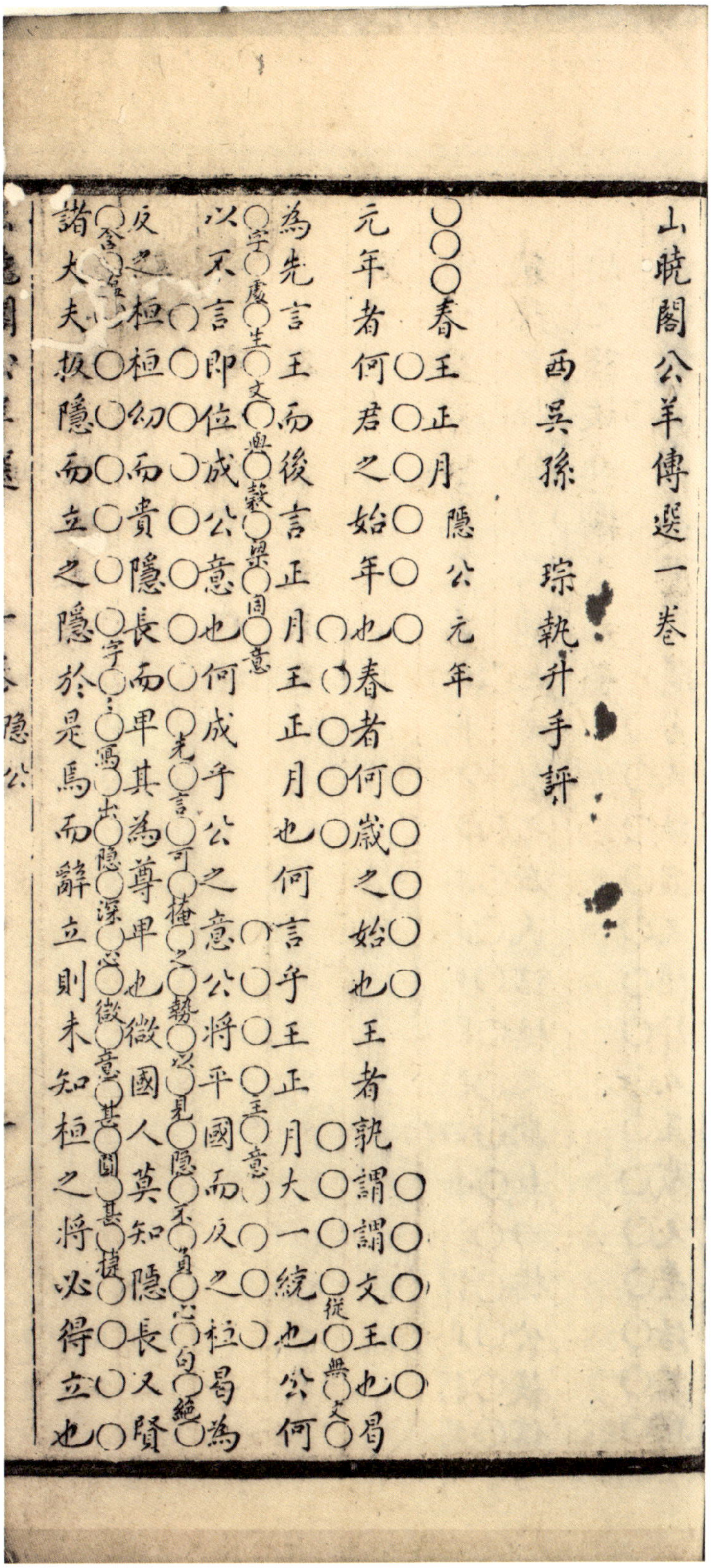
山曉閣公羊傳選一卷
西吳孫　琮執升手評
春王正月　隱公元年
元年者何君之始年也春者何歲之始也王者孰謂謂文王也曷
為先言王而後言正月王正月也何言乎王正月大一統也公何
字處生文與穀梁同意
以不言即位成公意也何成乎公之意公將平國而反之桓曷為
先言可推之勢必見隱不負心白絕
反之桓桓幼而貴隱長而卑其為尊卑也微國人莫知隱長又賢
字寫出隱深必徵意甚圓甚捷
諸大夫扳隱而立之隱於是焉而辭立則未知桓之將必得立也

山曉閣公羊傳選一卷山曉閣穀梁傳選一卷　（清）孫琮評　清康熙（1662–1722）刻本

匡高20.5厘米，廣11.9厘米。半葉九行，行二十五字，白口，左右雙邊。版心題："山曉閣公羊選"、"山曉閣穀梁選"，應是《山曉閣文選》零種。嘉善縣圖書館藏。

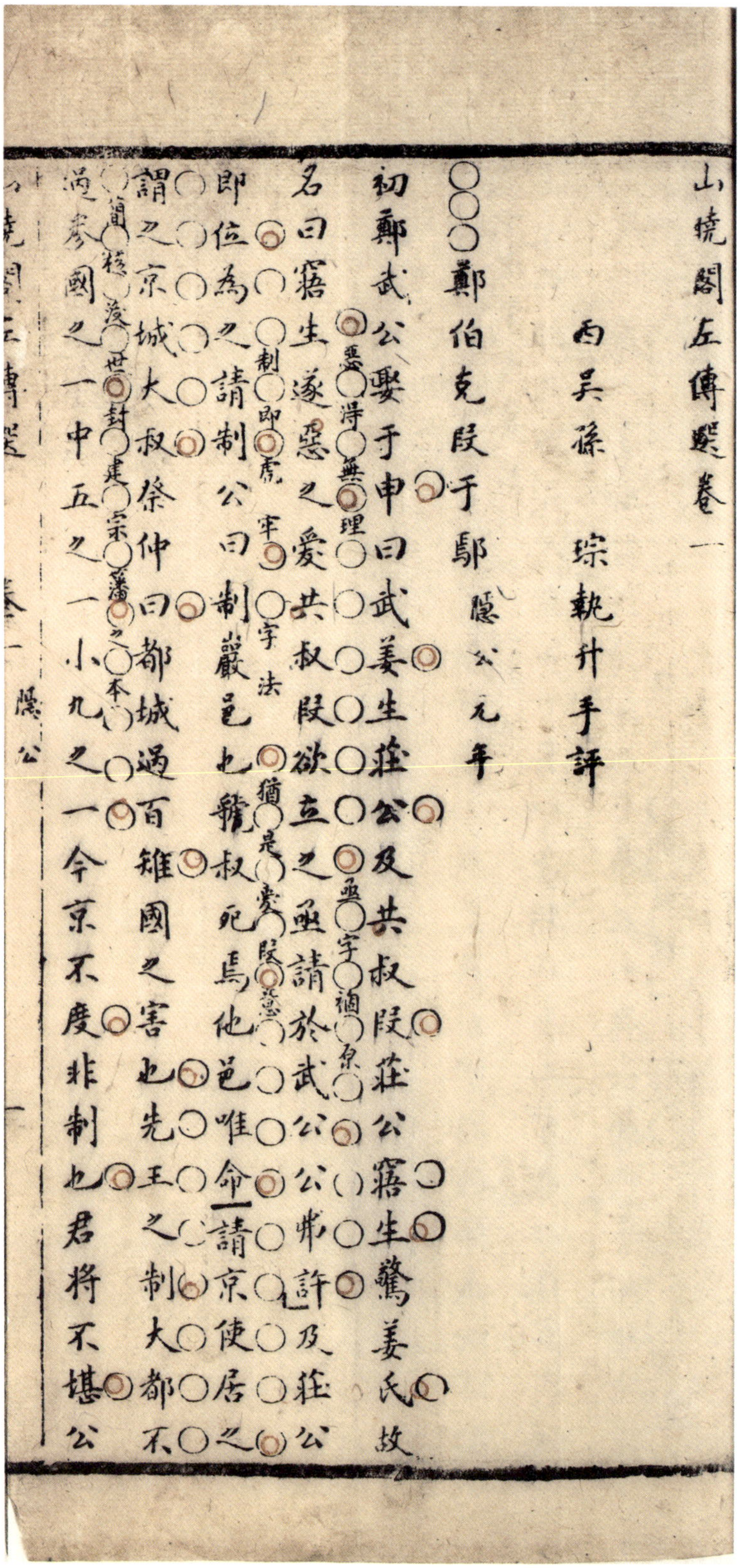
山曉閣左傳選卷一
西吳孫　琮執升手評
○○○鄭伯克段于鄢　隱公元年
初鄭武公（惡得無理）娶于申曰武姜生莊公及（亟字禍原）共叔段莊公寤生驚姜氏故
名曰寤生遂惡之愛共叔段欲立之亟請於武公公弗許及莊公
即位為之（制即虎牢字法）請制公曰制巖邑也（猶是愛段意）虢叔死焉他邑唯命請京使居之
謂之京城大叔祭仲曰都城過百雉國之害也先王之制大都不
過（簡核後世封建宗藩之本）參國之一中五之一小九之一今京不度非制也君將不堪公
山曉閣左傳選　卷一　隱公

山曉閣左傳選十卷　（清）孫琮評　清康熙五年（1666）寫刻本

匡高20.5厘米，廣12厘米。半葉九行，行二十五字，白口，左右雙邊。嘉善縣圖書館藏。

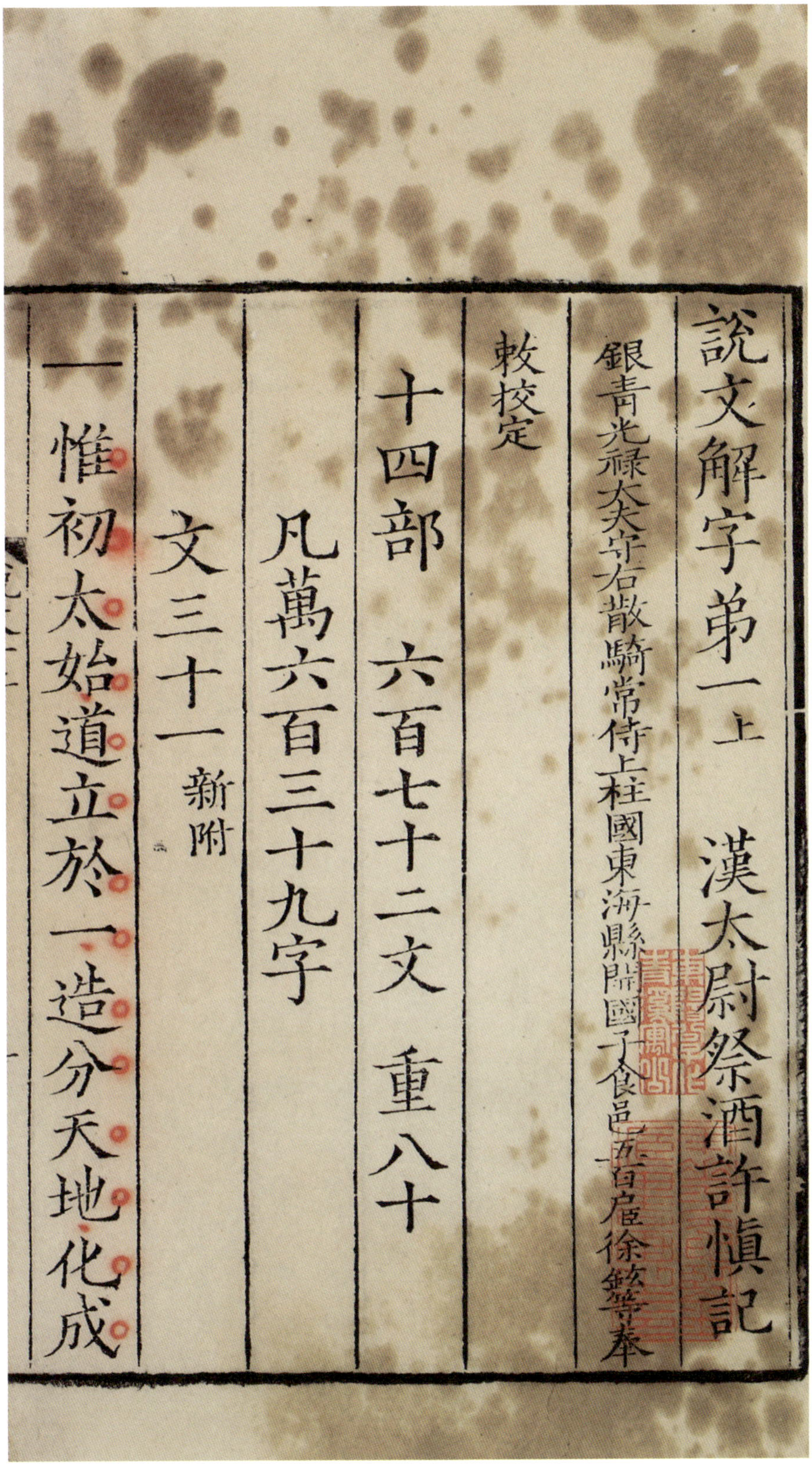
說文解字弟一上　漢太尉祭酒許愼記
銀青光禄大夫守右散騎常侍上柱國東海縣開國子食邑五百户臣徐鉉等奉
敕校定
十四部　六百七十二文　重八十
凡萬六百三十九字
文三十一　新附
一　惟初太始道立於一造分天地化成

說文解字十五卷　（漢）許慎撰　（宋）徐鉉校定　清初（1644–1722）毛氏汲古閣刻本

匡高20.5厘米，廣15.7厘米。半葉七行，大字中字小字不一，白口，左右雙邊，單魚尾。書名頁題“北宋本校刊　說文真本　汲古閣藏”。嘉善縣圖書館藏。

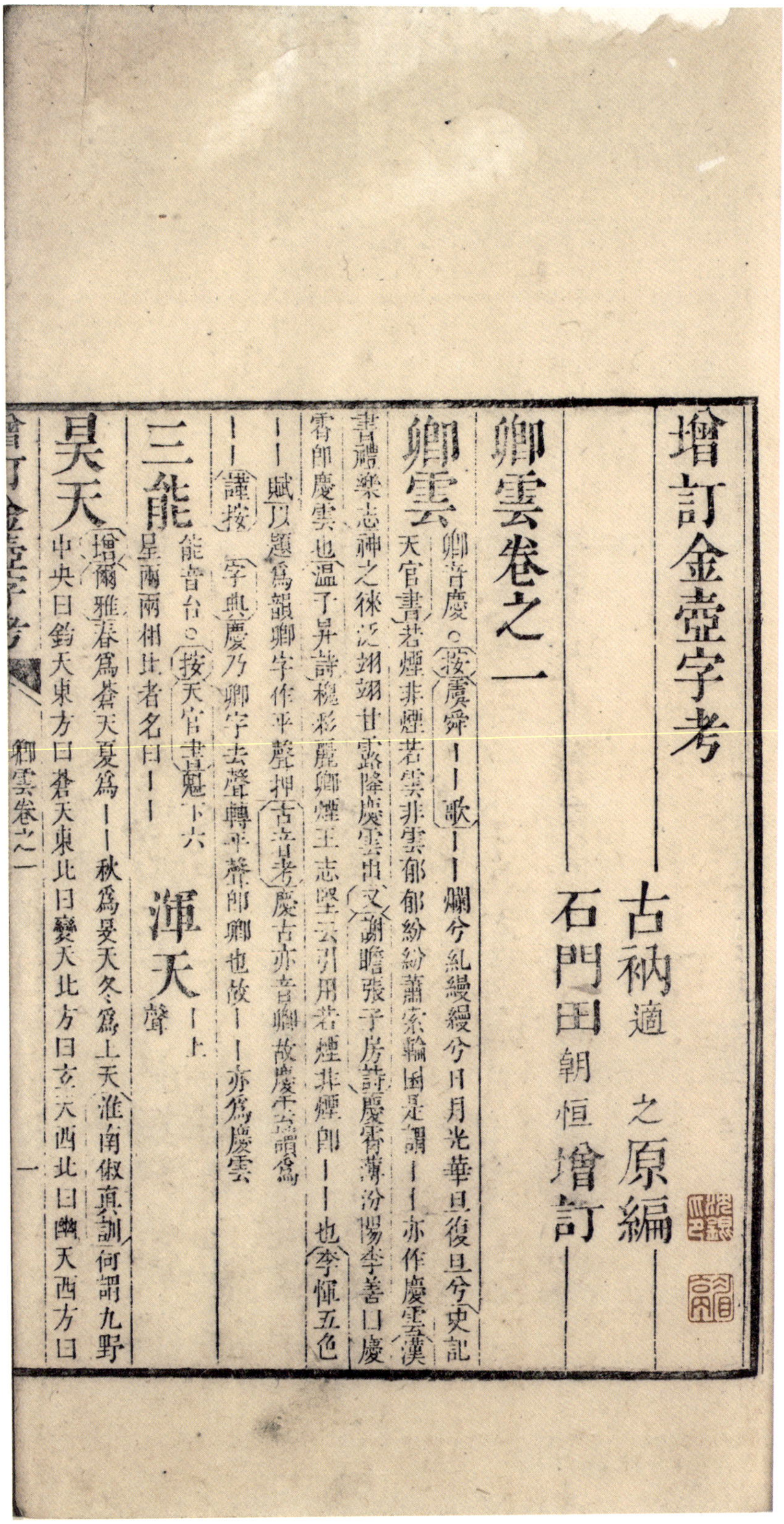

增訂金壺字考十九卷金壺字考二集二十一卷補録一卷補註一卷 （宋）適之撰 （清）田朝恒增訂 清乾隆二十四至二十七年（1759-1762）貽安堂刻本

匡高16.2厘米，廣12.6厘米。半葉八行，每行字數不等，小字雙行三十二字，白口，左右雙邊，單魚尾。有"未許中郎得異書且共揚雄說奇字"、"文章千古事"、"田朝恒印"、"閑讀未見書自有警人句"等印。嘉善縣圖書館藏。

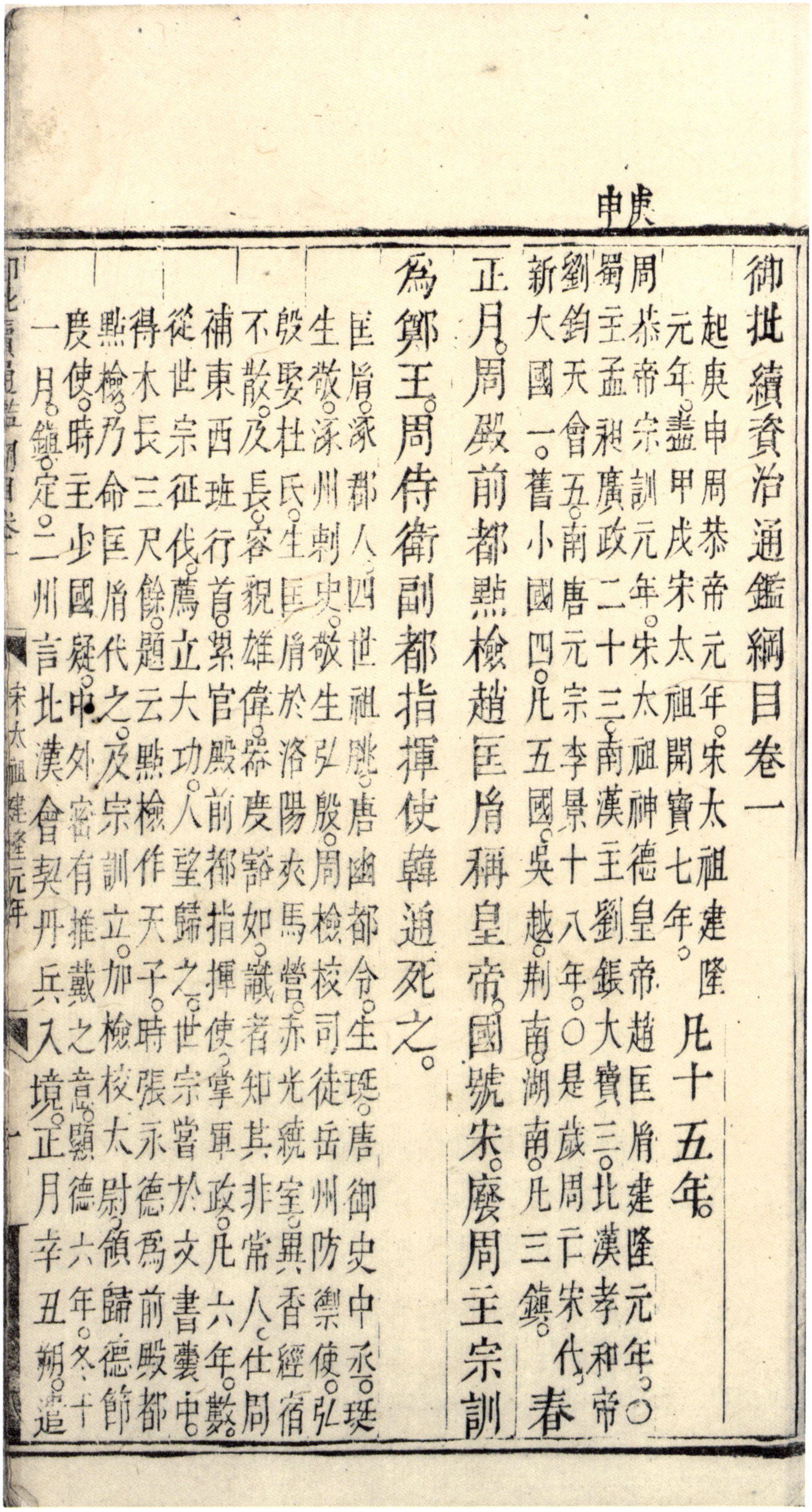
庚申

御批續資治通鑑綱目卷一

起庚申周恭帝元年宋太祖建隆元年盡甲戌宋太祖開寶七年。凡十五年。

周恭帝宗訓元年。宋太祖神德皇帝趙匡胤建隆元年。○蜀主孟昶廣政二十三。南漢主劉鋹大寶三。北漢孝和帝劉鈞天會五。南唐元宗李景十八年。○是歲周亡宋代。凡新大國一。舊小國四。凡五國。吳越荊南湖南凡三鎮。春

正月。周殿前都點檢趙匡胤稱皇帝國號宋。廢周主宗訓為鄭王。周侍衛副都指揮使韓通死之。

匡胤涿郡人。四世祖朓。唐幽都令。生珽。唐御史中丞。珽生敬。涿州刺史。敬生弘殷。周檢校司徒岳州防禦使。弘殷娶杜氏。生匡胤於洛陽夾馬營。赤光繞室。異香經宿不散。及長容貌雄偉。器度豁如。識者知其非常人。仕周補東西班行首。累官殿前都指揮使。掌軍政。凡六年。數從世宗征伐。薦立大功。人望歸之。世宗嘗於文書囊中得木長三尺餘。題云點檢作天子。時張永德為前殿都點檢。乃命匡胤代之。及宗訓立。加檢校太尉領歸德節度使。時主少國疑。中外密有推戴之意。顯德六年冬十一月。鎮定二州言北漢會契丹兵入境。正月辛丑朔。遣

御批續資治通鑑綱目卷一　宋太祖建隆元年　一

御批續資治通鑑綱目二十七卷 （明）商輅等編 （清）宋犖校 清康熙（1662-1722）宋犖刻本

匡高19.4厘米，廣13.1厘米。半葉十一行，行二十二字，小字雙行同，黑口，四周雙邊，雙魚尾。嘉善縣圖書館藏。

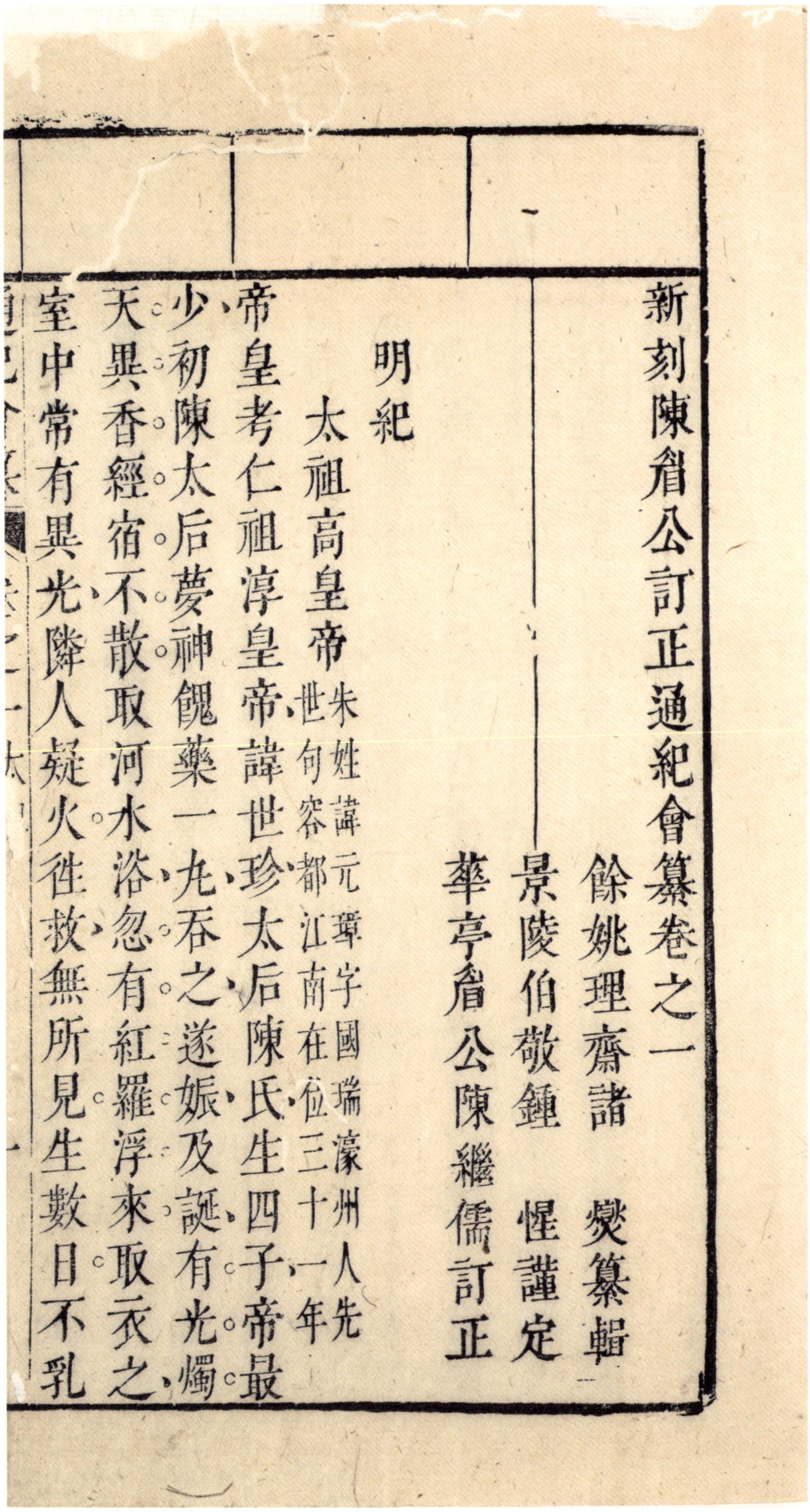

新刻陳眉公訂正通紀會纂卷之一

餘姚理齋諸　燮纂輯

景陵伯敬鍾　惺謹定

華亭眉公陳繼儒訂正

明紀

太祖高皇帝朱姓諱元璋字國瑞濠州人先世句容都江南在位三十一年

帝皇考仁祖淳皇帝諱世珍太后陳氏生四子帝最少初陳太后夢神餽藥一丸吞之遂娠及誕有光燭天異香經宿不散取河水浴忽有紅羅浮來取衣之室中常有異光隣人疑火徃救無所見生數日不乳

新刻陳眉公訂正通紀會纂四卷　（明）諸燮輯　鍾惺校定　陳繼儒訂正

清初刻本

匡高21厘米，廣12.1厘米。半葉十行，行二十字，小字雙行同。正文無行格，上欄刻校注，行間刻圈點。嘉善縣圖書館藏。

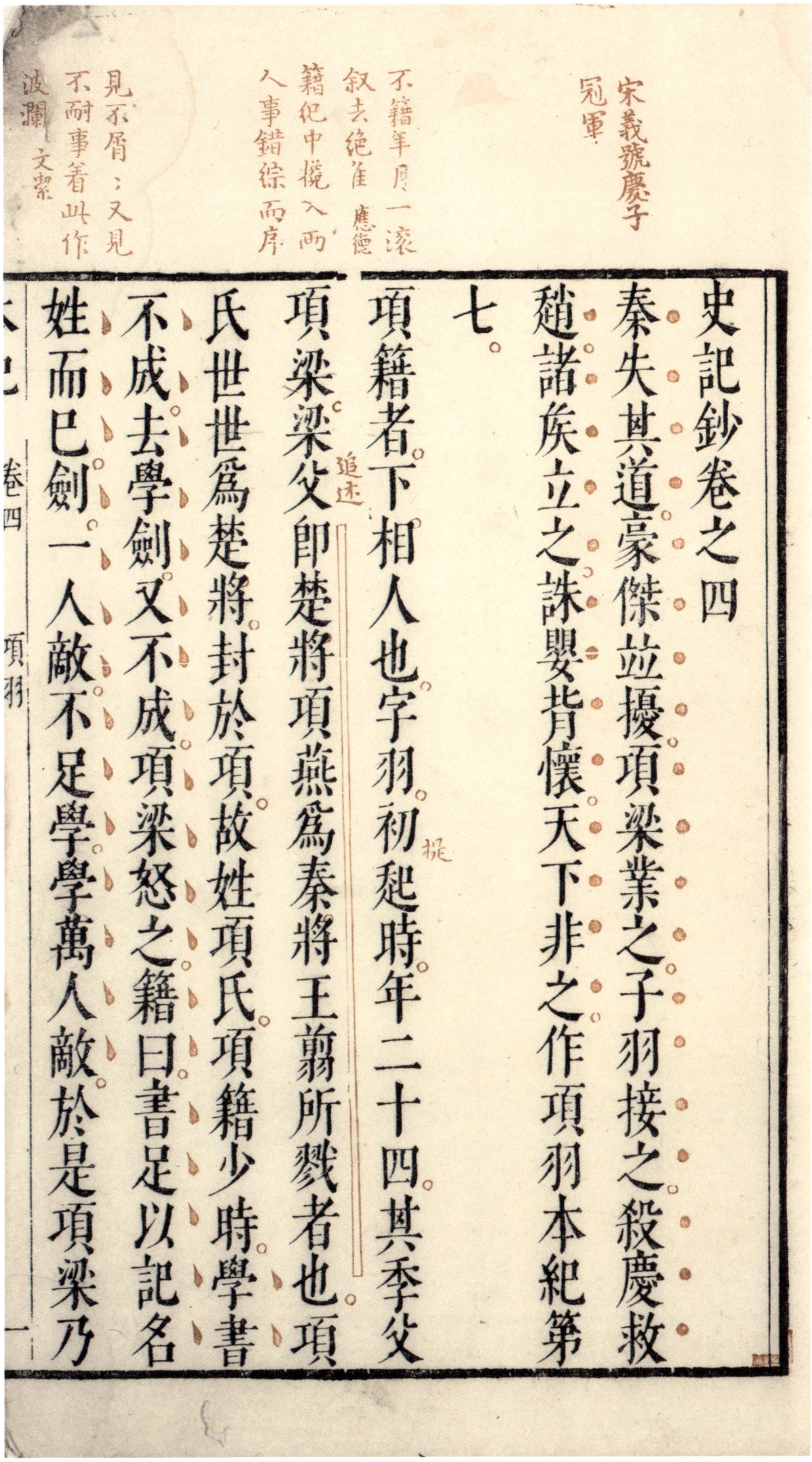

宋義號慶子冠軍

不籍年月一滚叙去絶淮 應德

籍紀中攙入兩人事錯綜而序

見不屑；又見不耐事着此作波瀾 文絜

史記鈔卷之四
秦失其道豪傑竝擾項梁業之子羽接之殺慶救
趙諸侯立之誅嬰背懷天下非之作項羽本紀第
七
項籍者下相人也字羽初起時年二十四其季父
項梁梁父即楚將項燕爲秦將王翦所戮者也項
氏世世爲楚將封於項故姓項氏項籍少時學書
不成去學劍又不成項梁怒之籍曰書足以記名
姓而已劍一人敵不足學學萬人敵於是項梁乃

追述

提

史記 卷四 項羽 一

史記鈔九十一卷 （明）茅坤輯　閔振業輯評　明泰昌元年（1620）吴興閔氏朱墨套印本

匡高20.4厘米，廣15厘米。半葉九行，行十九字，無直格，白口，左右雙邊。嘉善縣圖書館藏。存五十卷。

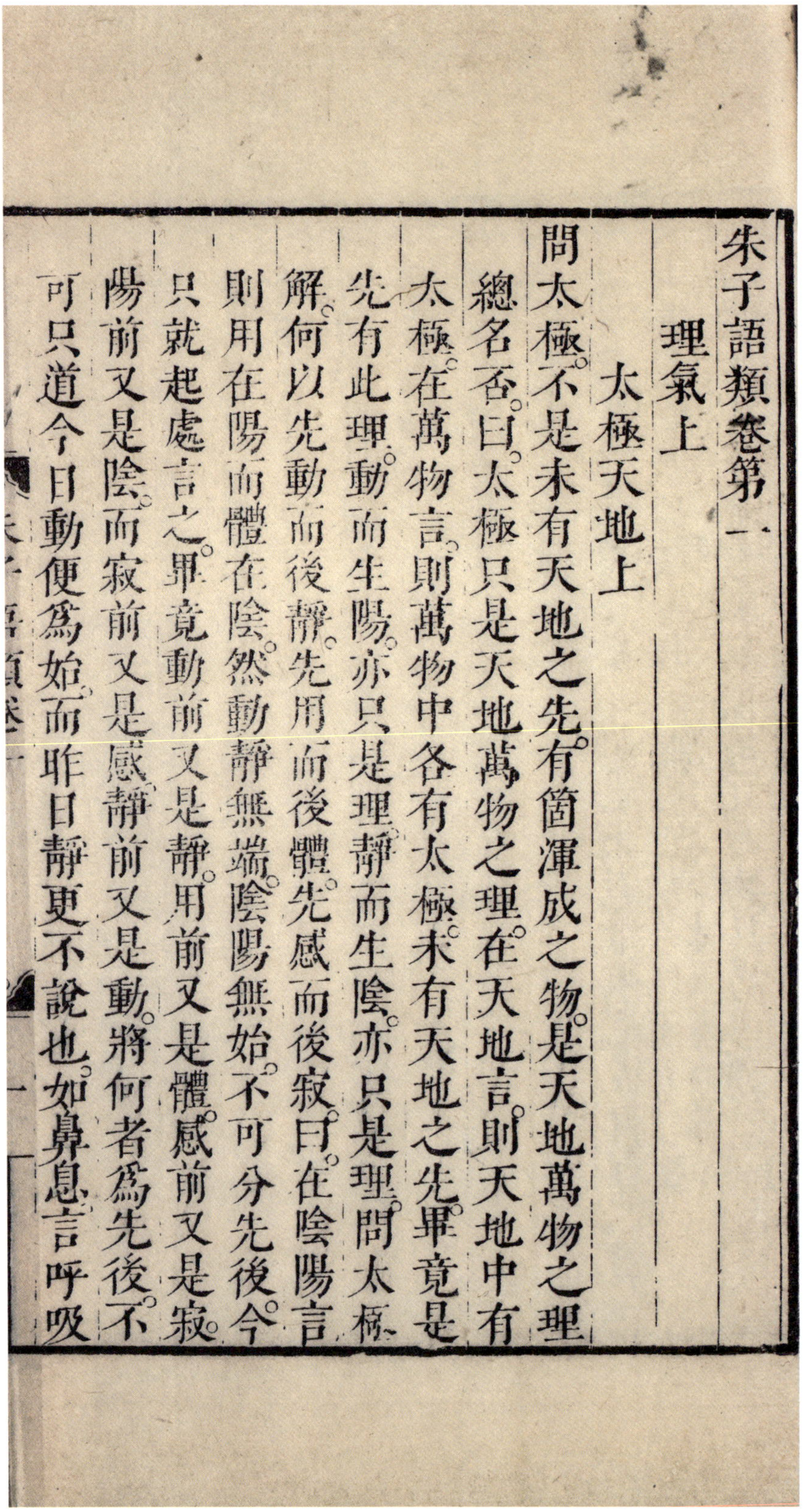
朱子語類卷第一
理氣上
太極天地上
問太極不是未有天地之先有箇渾成之物是天地萬物之理
總名否曰太極只是天地萬物之理在天地言則天地中有
太極在萬物言則萬物中各有太極未有天地之先畢竟是
先有此理動而生陽亦只是理靜而生陰亦只是理問太極
解何以先動而後靜先用而後體先感而後寂曰在陰陽言
則用在陽而體在陰然動靜無端陰陽無始不可分先後今
只就起處言之畢竟動前又是靜用前又是體感前又是寂
陽前又是陰而寂前又是感靜前又是動將何者爲先後不
可只道今日動便爲始而昨日靜更不說也如鼻息言呼吸

朱子語類一百四十卷 （宋）朱熹撰　清康熙（1661–1722）石門呂氏刻本

匡高19.1厘米，廣13.8厘米。半葉十二行，行二十四字，小字雙行同，黑口，雙花魚尾，左右雙邊。嘉善縣圖書館藏。存四十六卷。

欽定元承華事略補圖六卷 （元）王惲撰 （清）徐等補 清光緒（1875-1908）刻本

匡高24.3厘米，廣17.5厘米。半葉十行，行二十字，小字雙行同，闊黑口，四周雙邊，花魚尾。目録題“承華事略”，書耳題“承華事略補圖”，版心題“欽定元承華事略補圖”。嘉善縣圖書館藏。

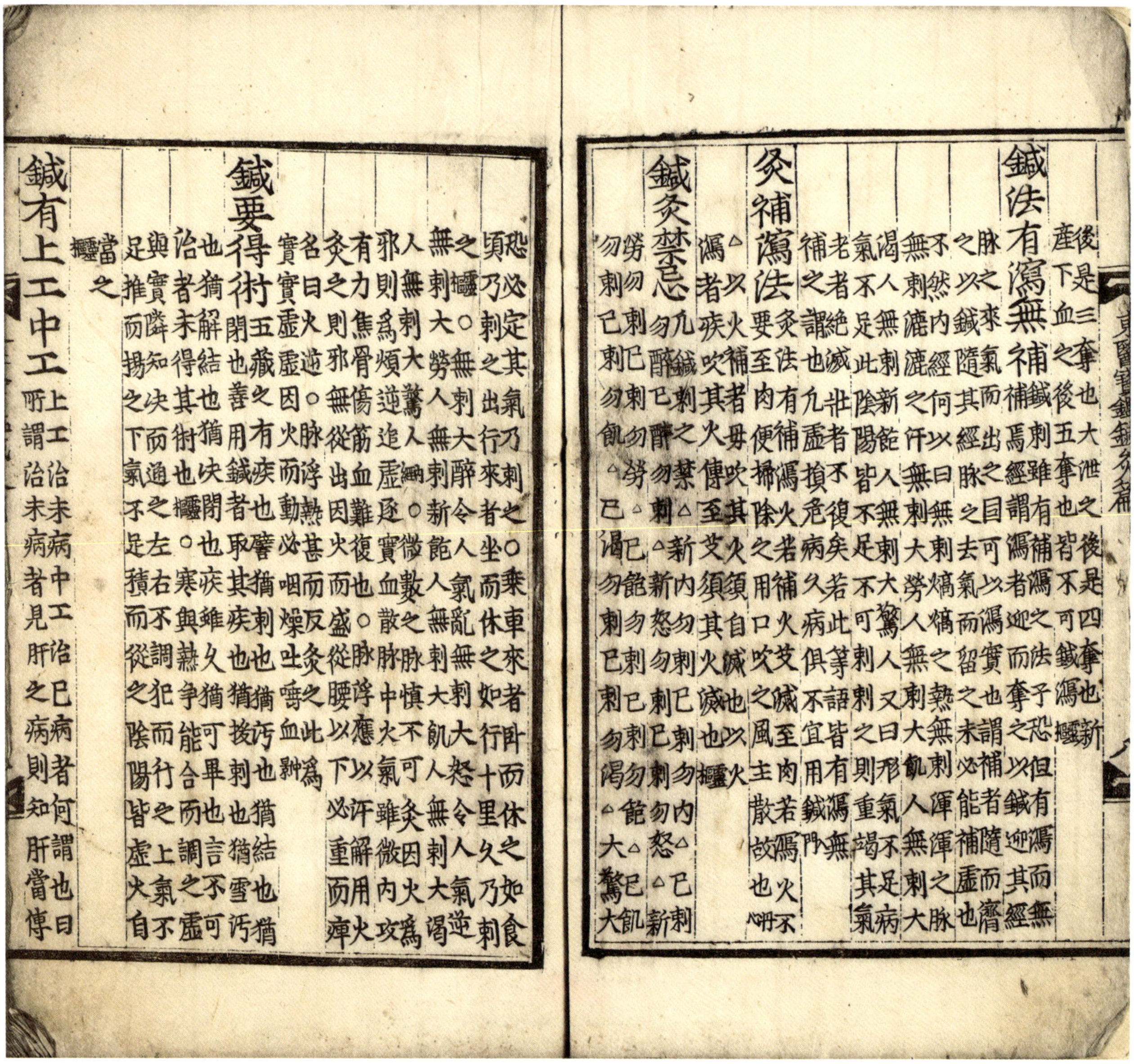

東醫寶鑑鍼灸篇不分卷 （朝鮮）許浚撰　明朝鮮内醫院刻本

匡高25.4厘米，廣18厘米，半葉十行，行二十一字，小字雙行同，白口，四周雙邊，雙魚尾。嘉善縣圖書館藏。

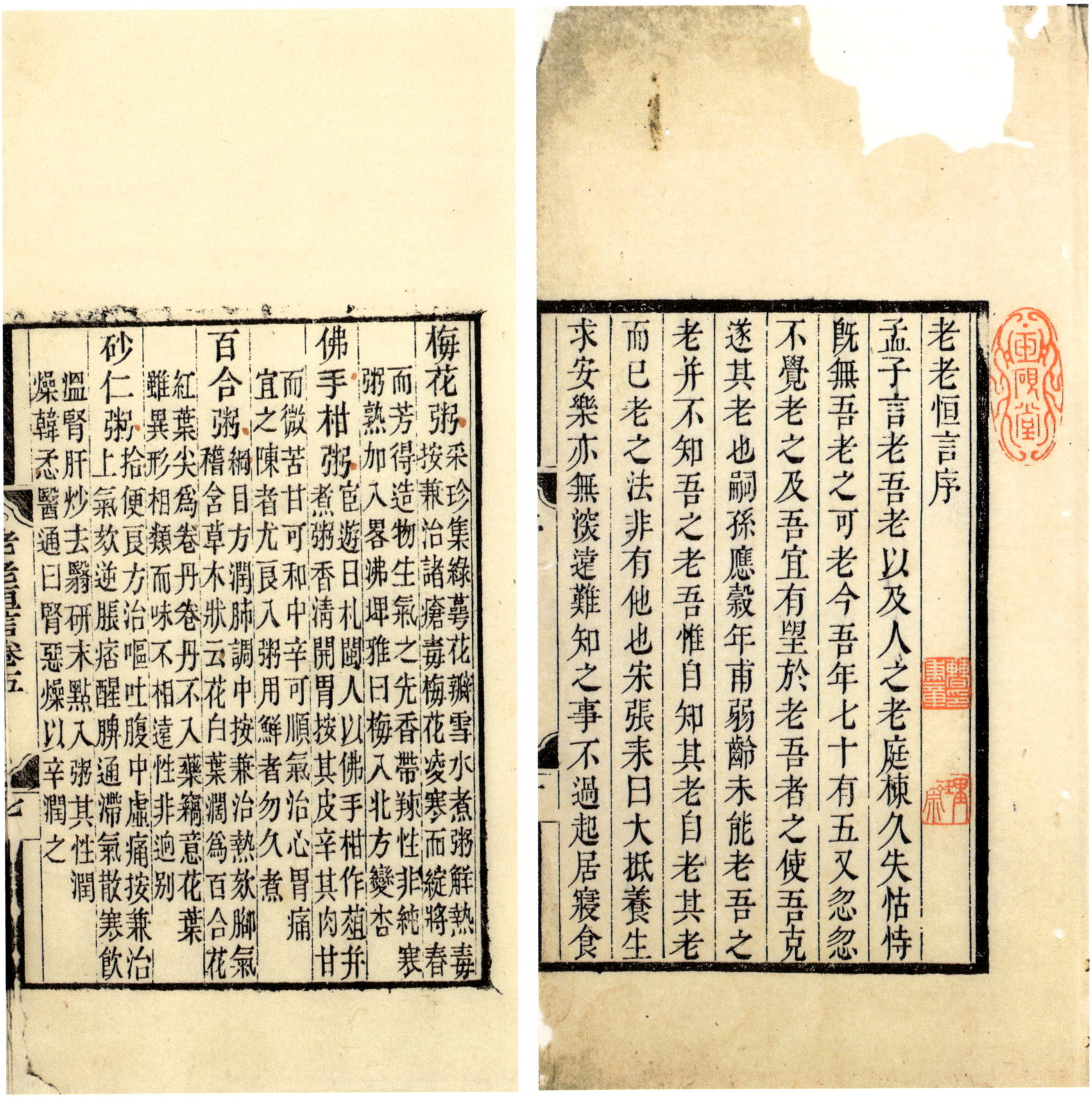

老老恒言五卷 （清）曹庭棟撰　清乾隆三十八年（1773）刻本

匡高15厘米，廣10.7厘米。半葉八行，行十七字，上下黑口，左右雙邊，雙對花黑魚尾。有“玉硯堂”、“理齋”、“曹印秉章”。嘉善縣圖書館藏。

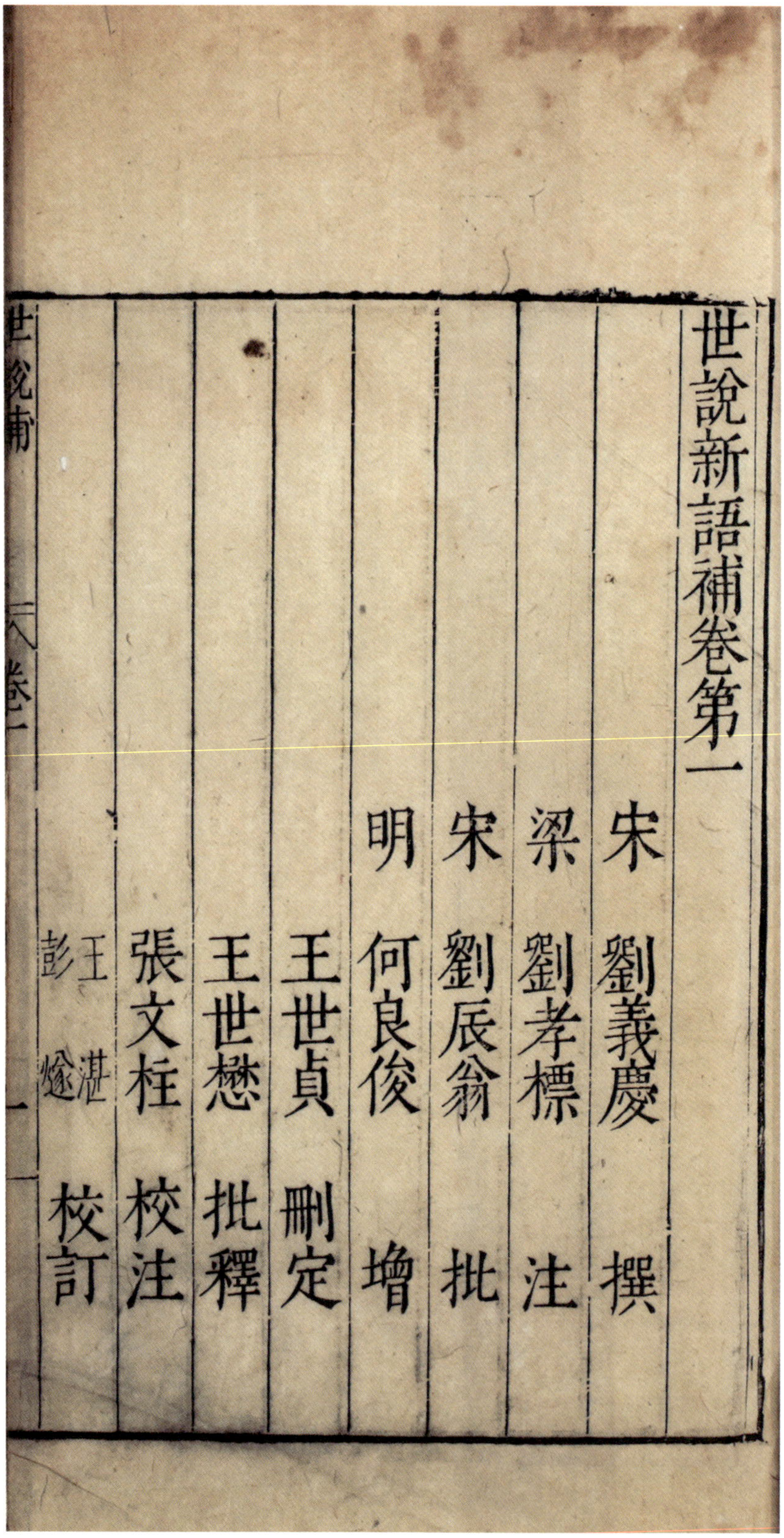

世說新語補卷第一

宋　劉義慶　撰

梁　劉孝標　注

宋　劉辰翁　批

明　何良俊　增

王世貞　刪定

王世懋　批釋

張文柱　校注

王湛　彭燧　校訂

世說補　卷一　一

世說新語補二十卷 （南朝宋）劉義慶撰　（南朝梁）劉孝標注　（明）何良俊增補　明萬曆十四年（1586）刻本

匡高19.1厘米，廣13.2厘米。半葉九行，行十八字，小字雙行同，白口，左右雙邊。嘉善縣圖書館藏。存十九卷。

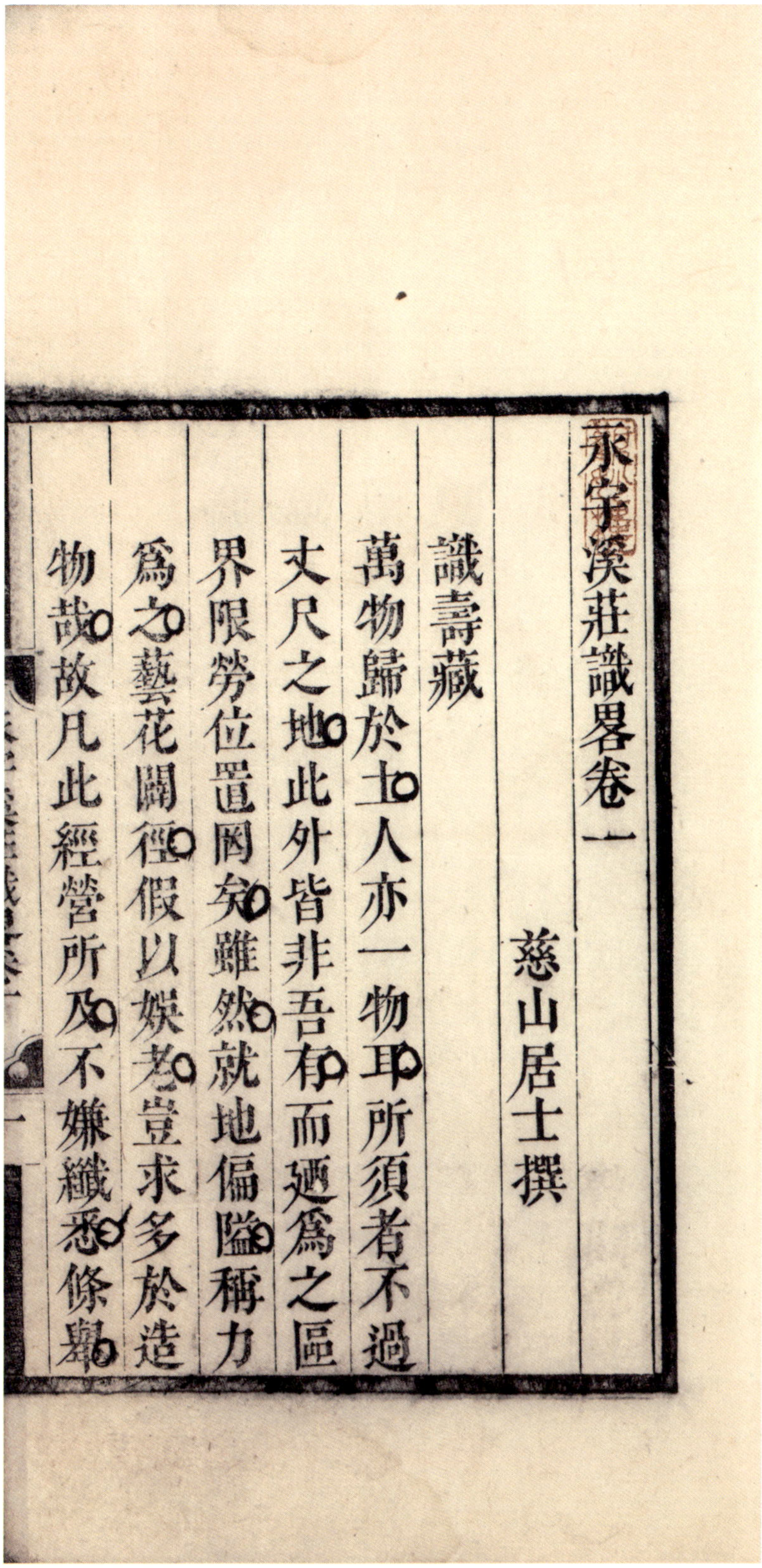
永宇溪莊識畧卷一
慈山居士撰
識壽藏
萬物歸於土人亦一物耳所須者不過
丈尺之地此外皆非吾有而廼爲之區
界限勞位置罔矣雖然就地偏隘稱力
爲之藝花闢徑假以娛老豈求多於造
物哉故凡此經營所及不嫌纖悉條舉

永宇溪莊識略六卷首一卷永宇溪莊續識略一卷 （清）曹庭棟撰

清乾隆（1736-1795）刻本

匡高15厘米，廣10.2厘米。半葉八行，行十七字，闊黑口，左右雙邊，雙花魚尾。卷六内爲識閱歷，有“曹庭棟印”、“六圃”等藏書印。嘉善縣圖書館藏。

芥子園畫傳五卷 （清）李漁撰 （清）王概增輯並繪圖 清康熙十八年（1679）李漁刻彩色套印本

匡高23.1厘米，廣14.9厘米。半葉九行，行二十字，白口，四周單邊，單魚尾。嘉善縣圖書館藏。

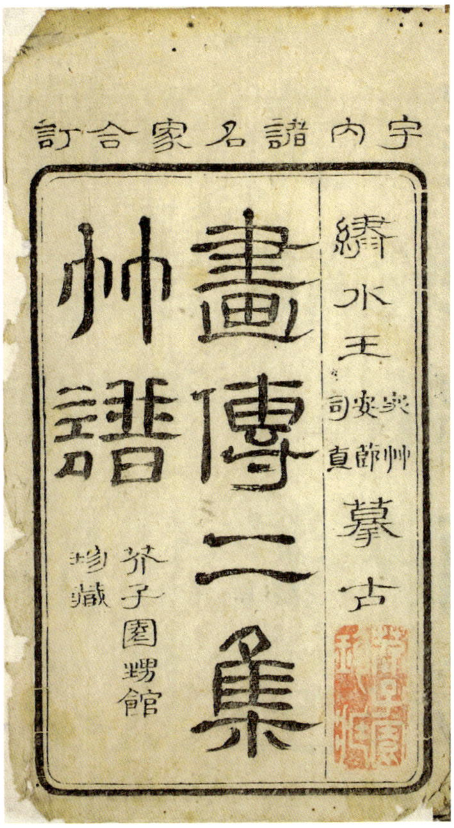

芥子園畫傳二集八卷首一卷 （清）李漁撰　（清）王概　王蓍　王臬輯並繪圖　清康熙四十年（1701）彩色套印本

匡高22.2厘米，廣14.2厘米。半葉九行，行二十字，白口，四周單邊。嘉善縣圖書館藏。

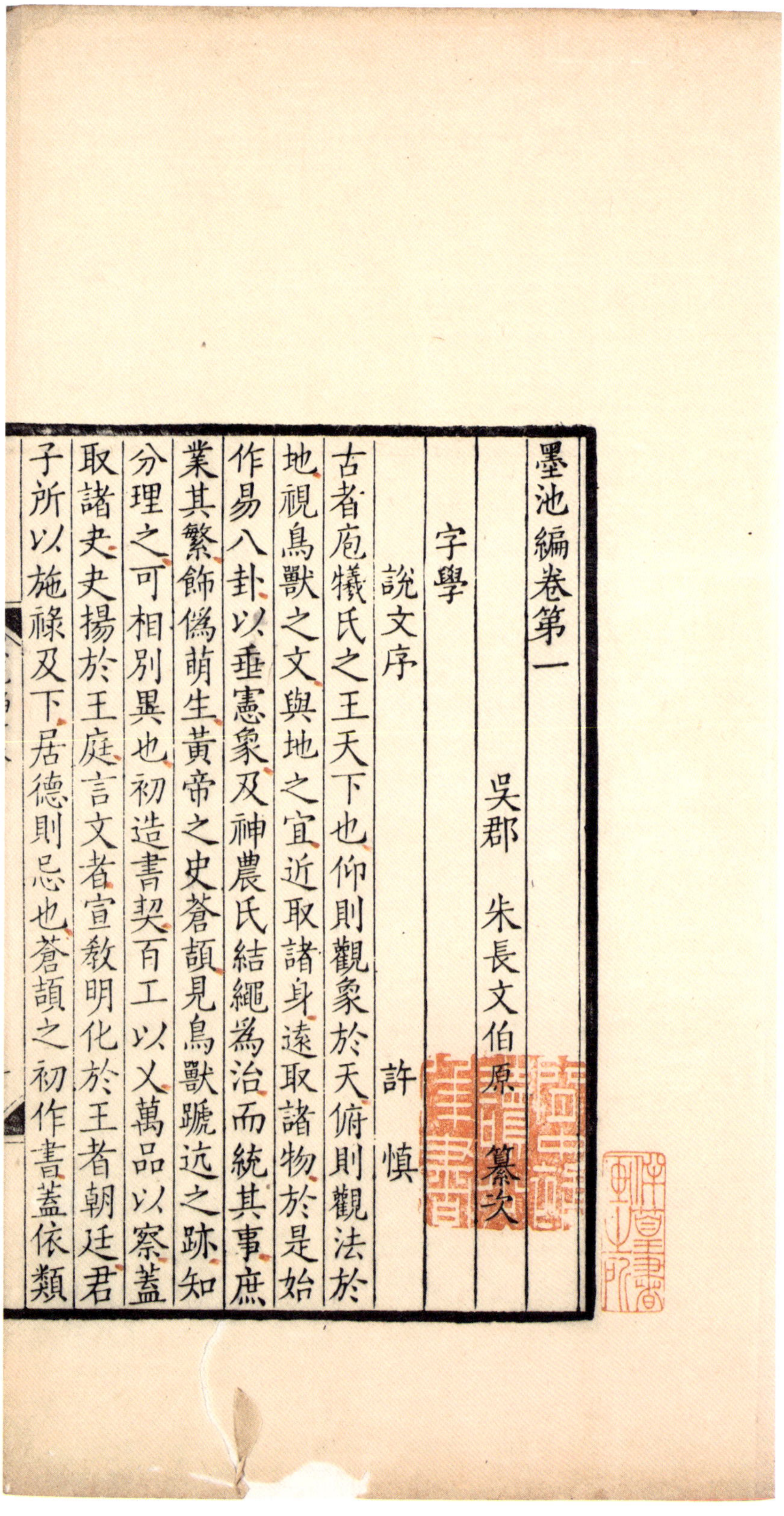

墨池編卷第一

吴郡　朱長文伯原　纂次

字學

說文序　　許慎

古者庖犧氏之王天下也仰則觀象於天俯則觀法於地視鳥獸之文與地之宜近取諸身遠取諸物於是始作易八卦以垂憲象及神農氏結繩爲治而統其事庶業其繁飾僞萌生黄帝之史蒼頡見鳥獸蹏迒之跡知分理之可相別異也初造書契百工以乂萬品以察蓋取諸夬夬揚於王庭言文者宣教明化於王者朝廷君子所以施祿及下居德則忌也蒼頡之初作書蓋依類

墨池編二十卷　（宋）朱長文撰　清康熙五十三年（1714）刻雍正（1723-1735）印本

匡高16.9厘米，廣11.8厘米。半葉十一行，行二十一字，小字雙行不一，細黑口，雙魚尾，左右雙邊。嘉善縣圖書館藏。

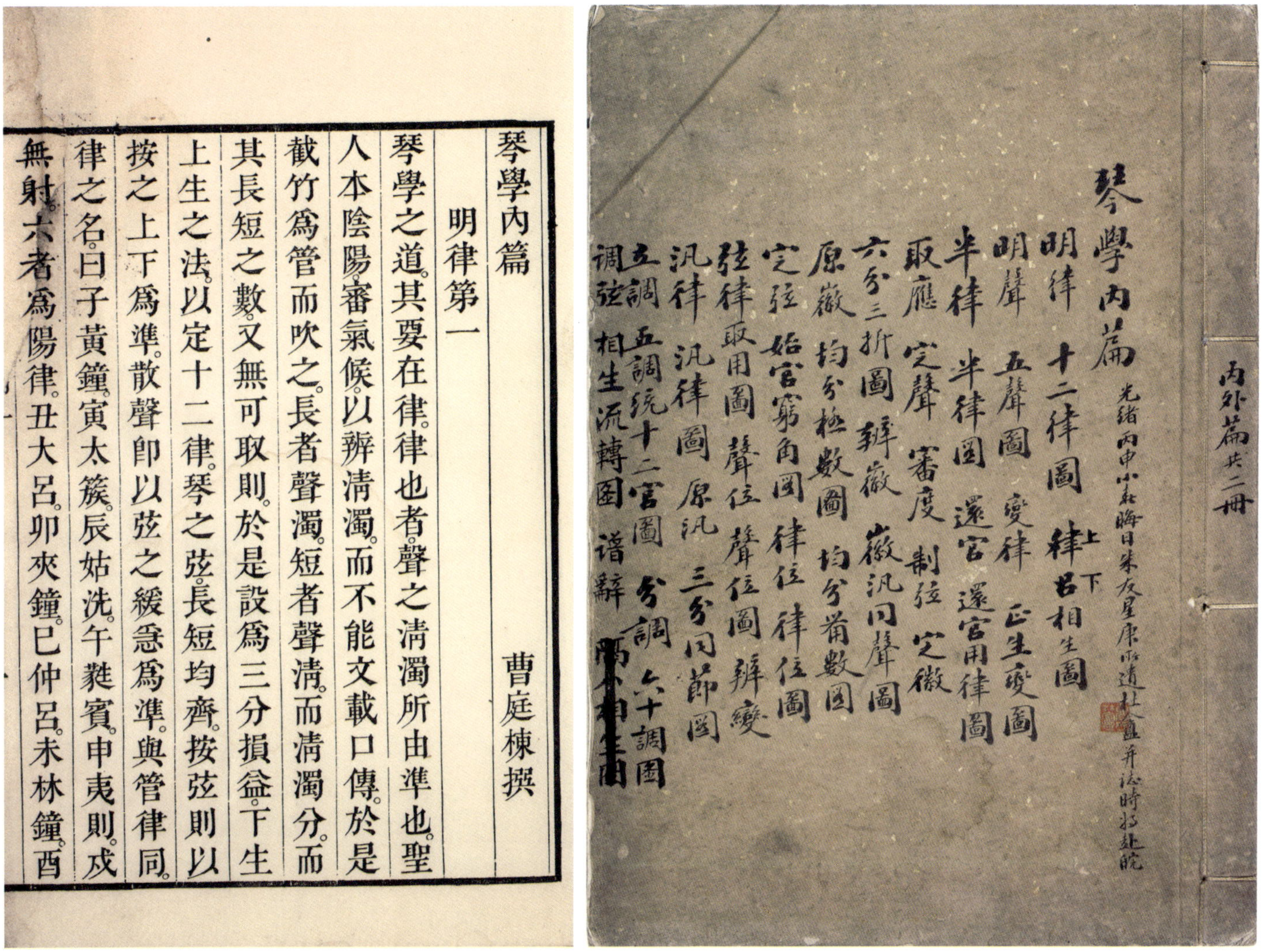

琴學内篇一卷外篇一卷 （清）曹庭棟撰　清乾隆十五年（1750）刻本

匡高19.4厘米，廣14.7厘米。半葉十行，行二十字，白口，左右雙邊，單魚尾。有曹葆宸題識。内篇篇末“五印六律三分損益相生法”及“隔八相生圖”則原刻本所無。有“賜硯堂”、“杜盦藏”等藏書印。内篇“六十調圖”下係民國二十五年（1936）曹葆宸鈔補。嘉善縣圖書館藏。

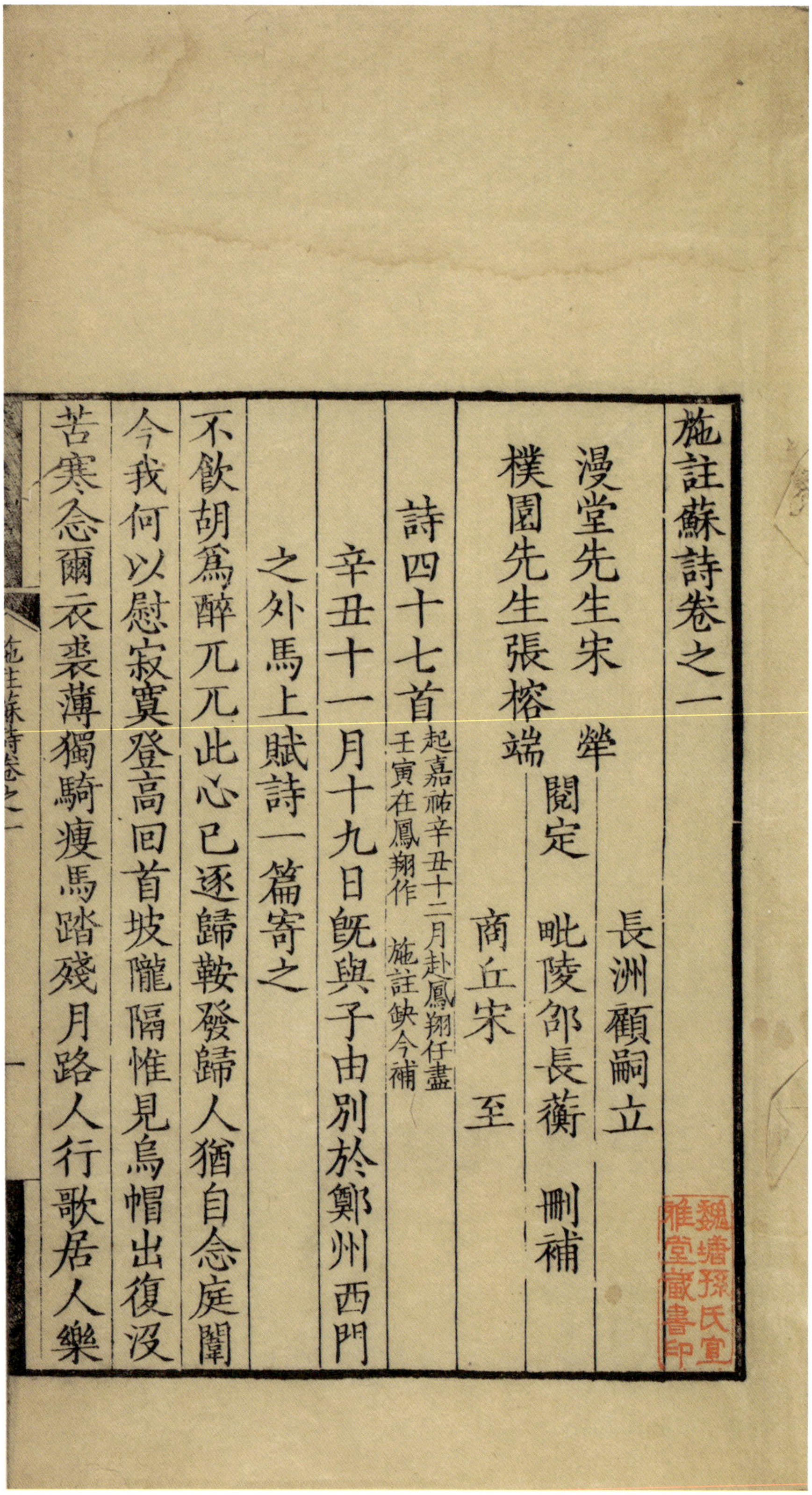

施註蘇詩四十二卷目二卷（宋）蘇軾撰　施元之註（清）邵長蘅　顧嗣立　宋至刪補　**蘇詩續補遺二卷**（宋）蘇軾撰（清）馮景補註　清康熙（1662–1722）刻本

匡高18.6厘米，廣14.4厘米。半葉十行，行二十一字，小字雙行三十一字，上下闊黑口，四周單邊，單魚尾。有“魏塘孫氏宜雅堂藏書印”等印。嘉善縣圖書館藏。

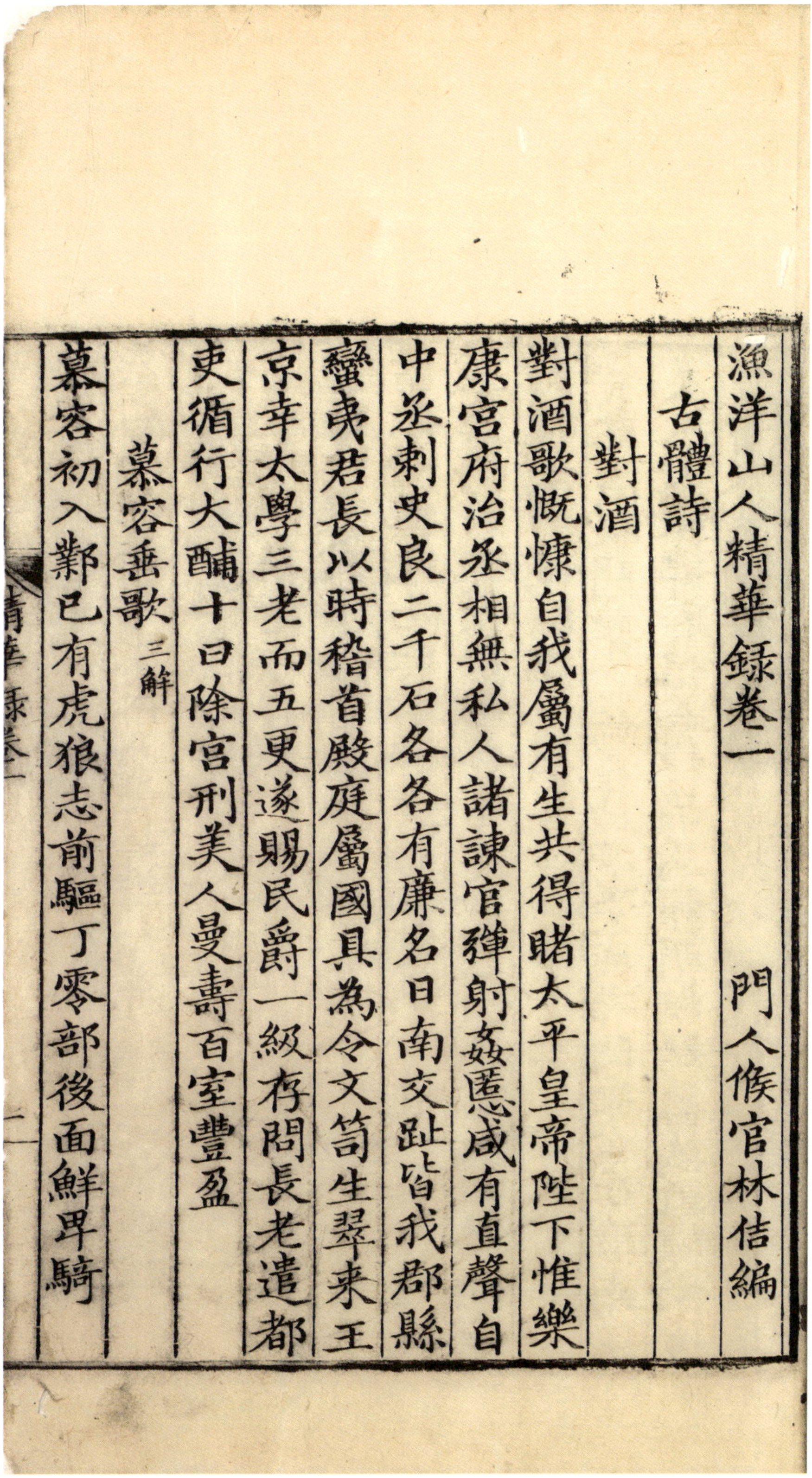

漁洋山人精華録卷一　門人候官林佶編

古體詩

對酒

對酒歌慨慷自我屬有生共得睹太平皇帝陛下惟樂康宫府治丞相無私人諸諫官殫射姦慝咸有直聲自中丞刺史良二千石各各有廉名日南交趾皆我郡縣蠻夷君長以時稽首殿庭屬國具為令文筍生翠來王京幸太學三老而五更遂賜民爵一級存問長老遣都吏循行大酺十日除宫刑美人曼壽百室豐盈

慕容垂歌　三解

慕容初入鄴已有虎狼志前驅丁零部後面鮮卑騎

精華録卷一　二

漁洋山人精華録十卷　（明）王士禛撰　（清）林佶編　清康熙三十九年（1700）刻本

匡高18.5厘米，廣14.8厘米。半葉十一行，行二十一字，小字雙行字數不等，上下黑口，左右雙邊，單黑魚尾。佚名朱筆批點。嘉善縣圖書館藏。

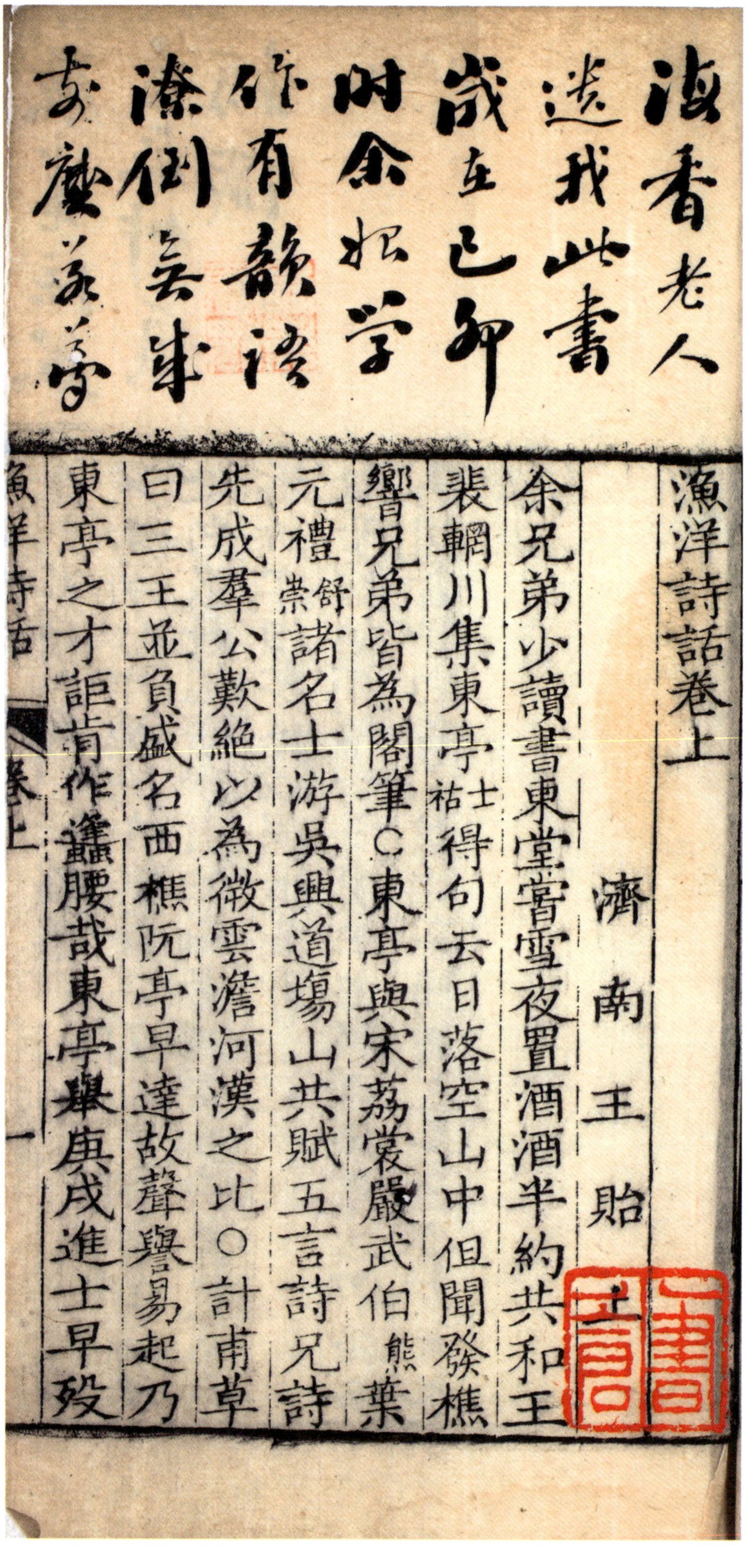

漁洋詩話三卷 （清）王士禛撰　清乾隆（1736－1795）刻本

匡高14.4厘米，廣11.3厘米。半葉九行，行十九字，小字雙行同，白口，左右雙邊，單魚尾。嘉善縣圖書館藏。

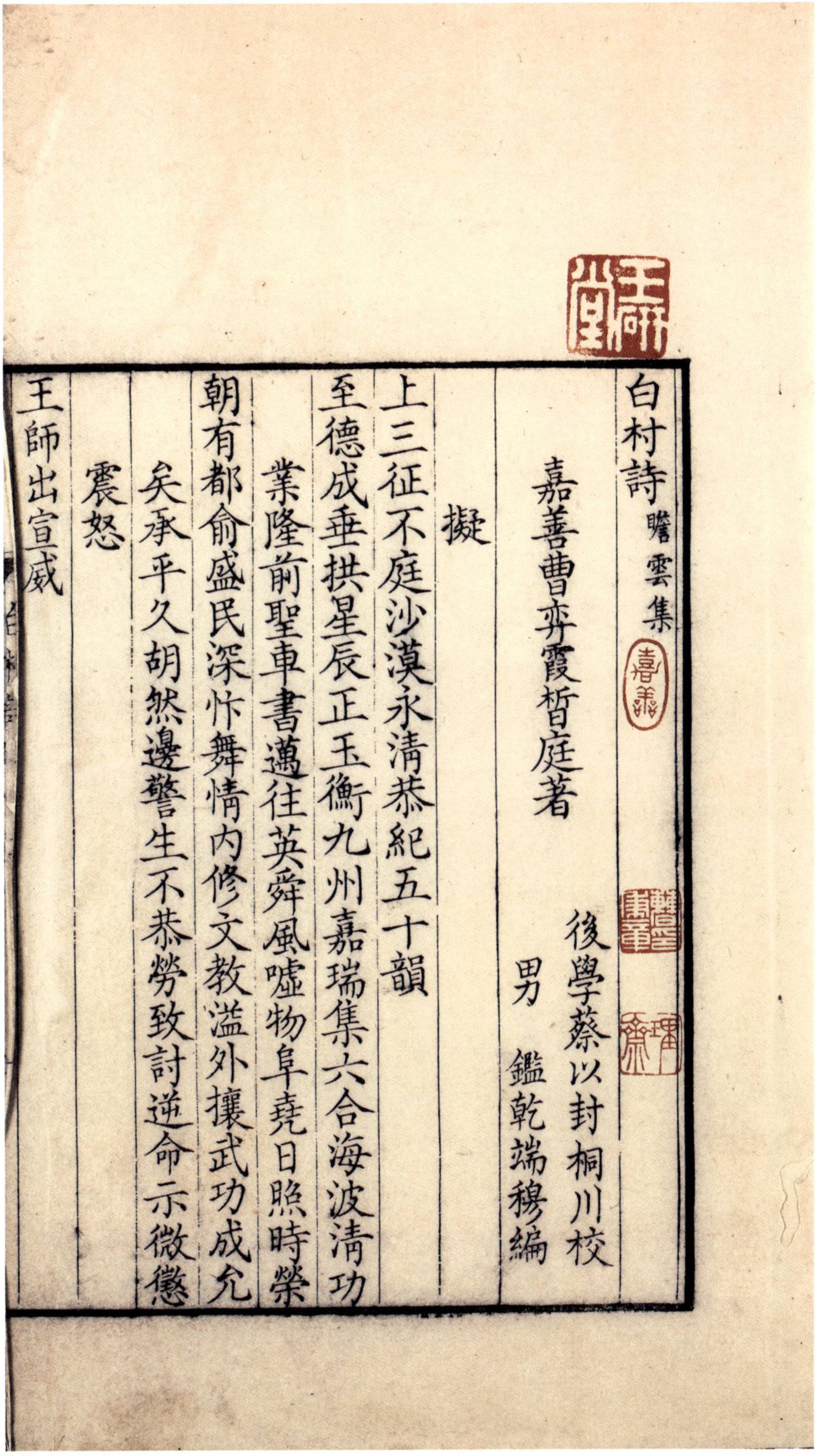

白村詩　瞻雲集

嘉善曹弈霞晢庭著

後學蔡以封桐川校

男　鑑乾端穆編

擬

上三征不庭沙漠永清恭紀五十韻

至德成垂拱星辰正玉衡九州嘉瑞集六合海波清功

業隆前聖車書邁往英舜風嘘物阜堯日照時榮

朝有都俞盛民深忭舞情內修文教溢外攘武功成允

矣承平久胡然邊警生不恭勞致討逆命示徵懲

震怒

王師出宣威

白村詩四卷附瞻雲集一卷（清）曹弈霞撰　清乾隆（1736-1795）曹氏家刻本

匡高17.5厘米，廣13.3厘米。半葉十一行，行二十一字，白口，左右雙邊，單魚尾。有“理齋”、“曹印秉章”、“王研堂”等藏書印。有民國二十五年（1936）曹秉章書跋。嘉善縣圖書館藏。

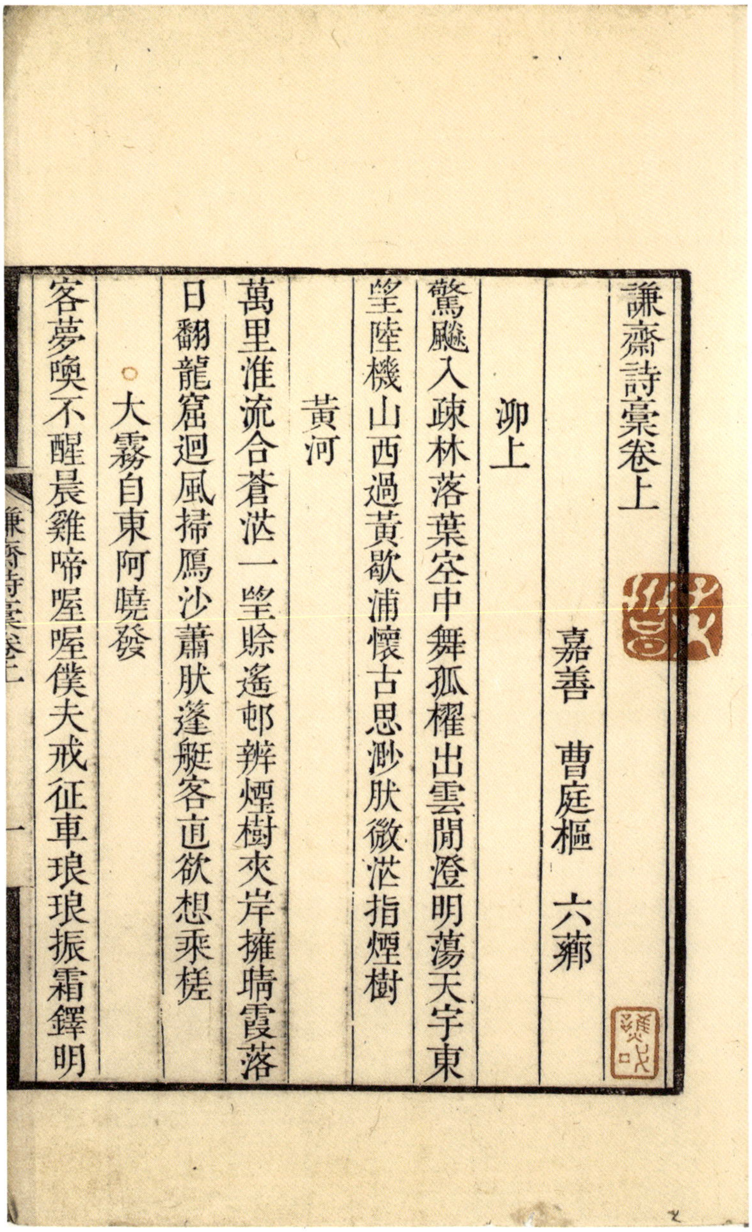
謙齋詩稾卷上

嘉善 曹庭樞 六薌

汭上

鷩飇入疎林落葉空中舞孤櫂出雲間澄明蕩天宇東望陸機山西過黃歇浦懷古思渺然徵茫指煙樹

黃河

萬里淮流合蒼茫一望賖遙郵辨煙樹夾岸擁晴霞落日翻龍窟迴風掃鴈沙蕭然蓬艇客直欲想乘槎

大霧自東阿曉發

客夢喚不醒晨雞啼喔喔僕夫戒征車琅琅振霜鐸明

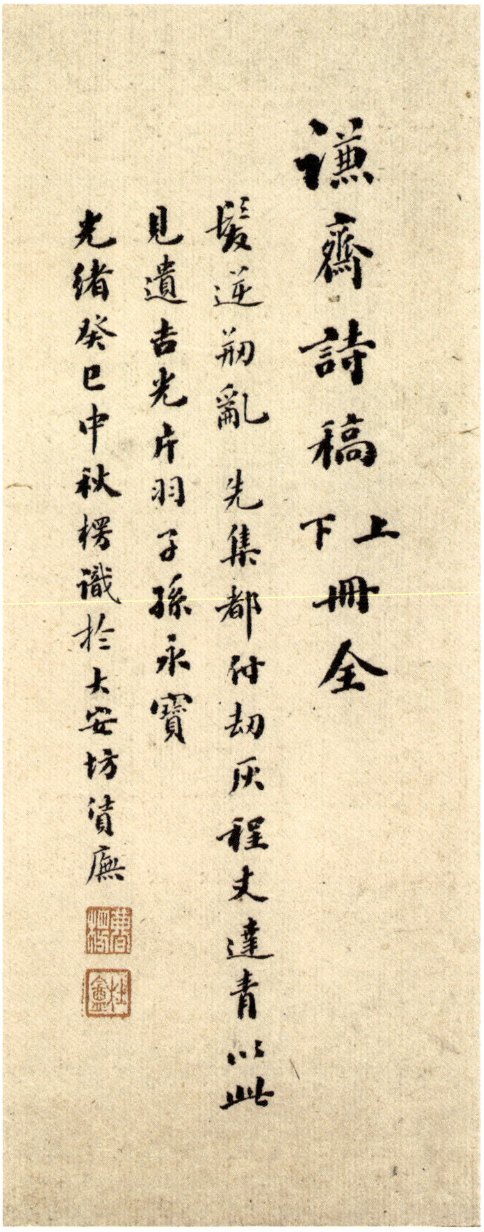
謙齋詩稿 上下 冊全

髮逆翻亂 先集都付劫灰 程丈達青以此見遺 吉光片羽 子孫永寶

光緒癸巳中秋樛識於大安坊寓廬

謙齋詩稿二卷補遺一卷 （清）曹庭樞撰　清乾隆九年（1744）曹氏家刻本

匡高17.5厘米，廣12.9厘米。半葉十行，行二十一字，黑口，左右雙邊，單魚尾。嘉善縣圖書館藏。

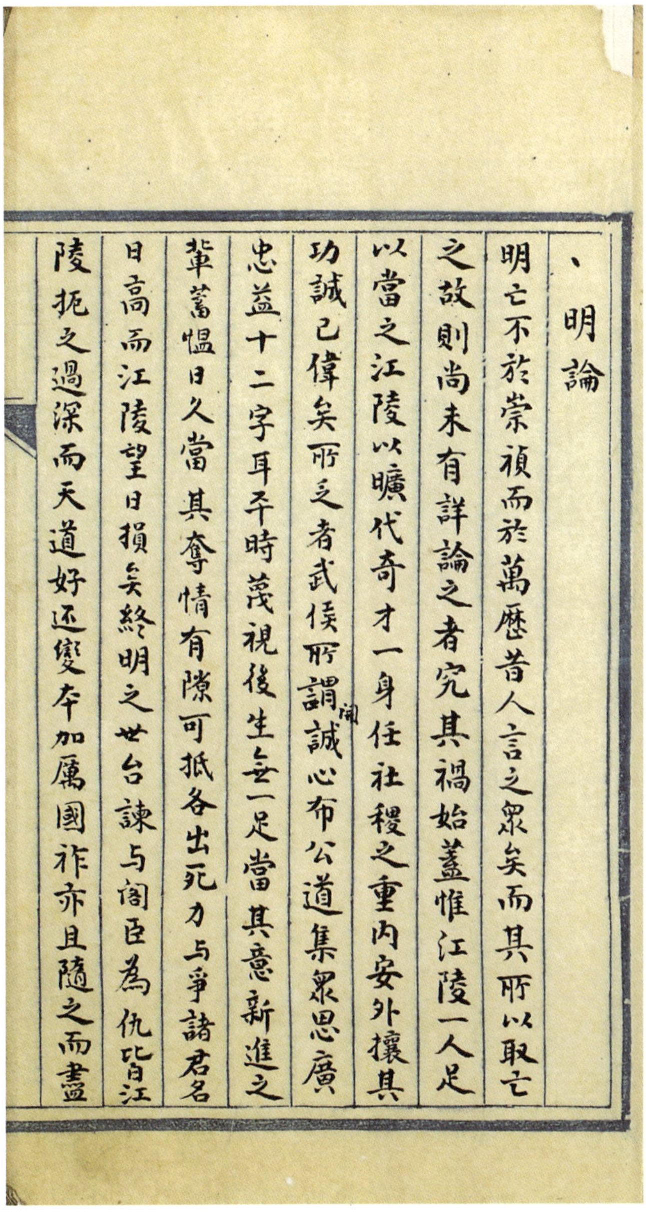

、明論

明亡不於崇禎而於萬歷昔人言之衆矣而其所以取亡之故則尚未有詳論之者究其禍始蓋惟江陵一人足以當之江陵以曠代奇才一身任社稷之重内安外攘其功誠已偉矣所乏者武侯所謂開誠心布公道集衆思廣忠益十二字耳平時蔑視後生無一足當其意新進之輩蓄慍日久當其奪情有隙可抵各出死力与爭諸君名日高而江陵望日損矣終明之世台諫与閹臣為仇皆江陵扼之過深而天道好還變本加厲國祚亦且隨之而盡

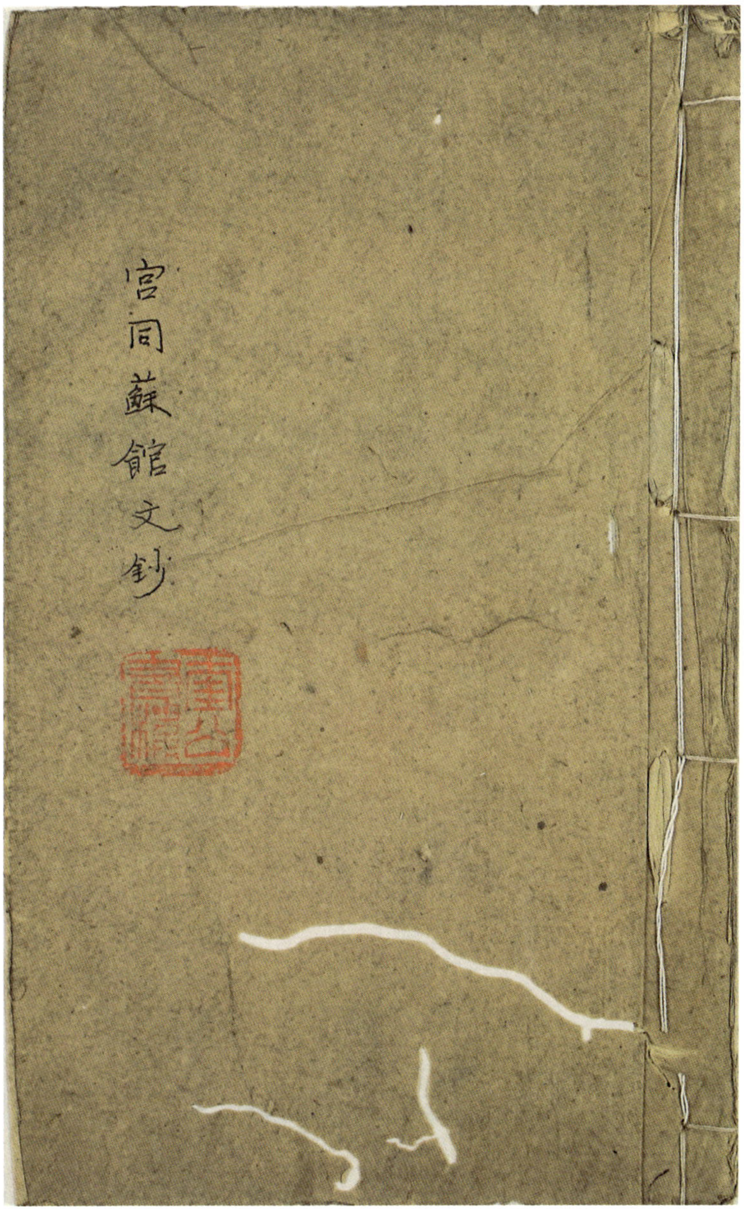

宮同蘇館文鈔不分卷 （清）金安清撰　清稿本

匡高19.3厘米，廣13.6厘米。半葉九行，每行字數不等，白口，四周雙邊，單魚尾，刻印藍格稿紙。嘉善縣圖書館藏。

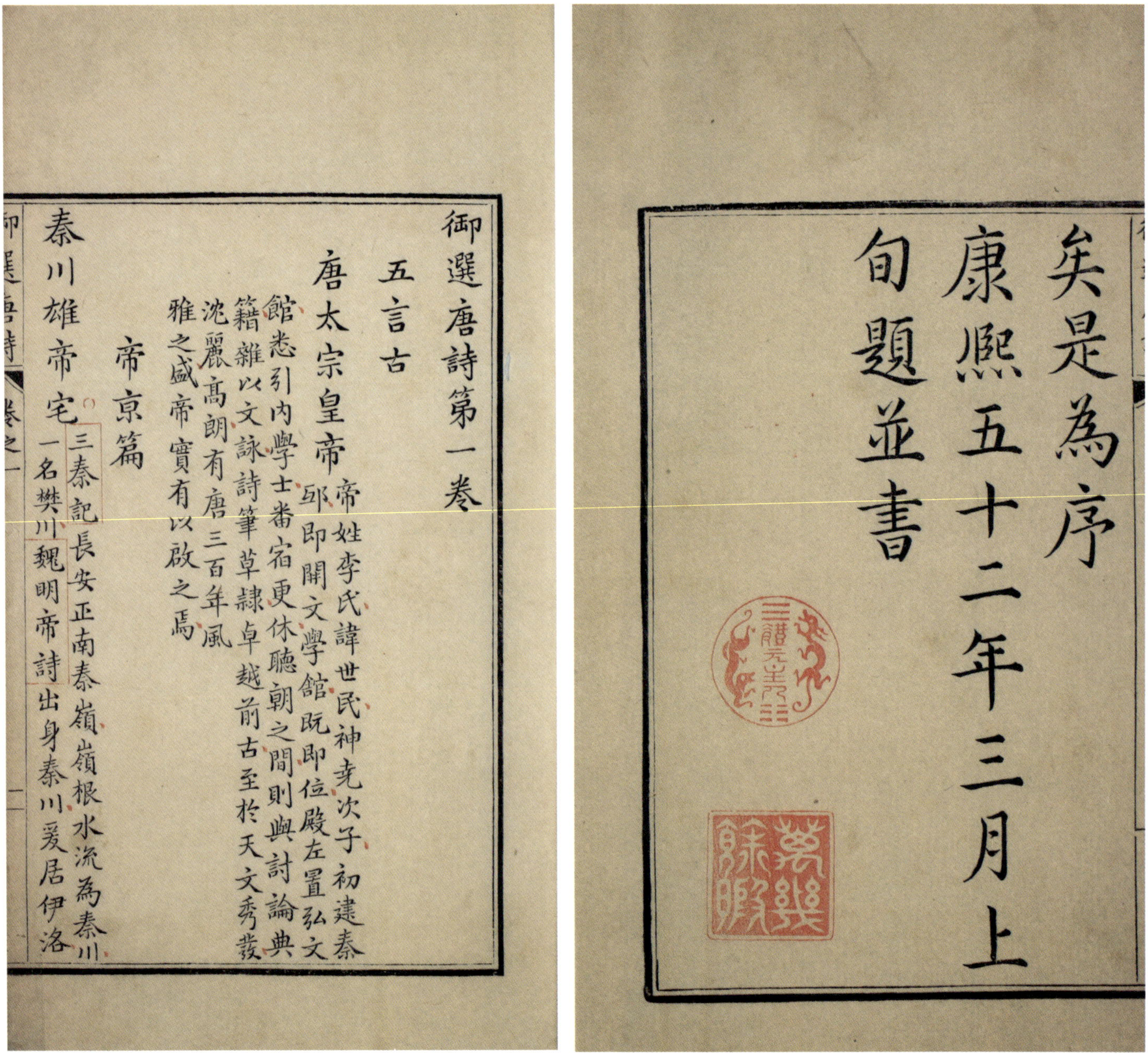

御選唐詩三十二卷目録三卷 （清）玄燁輯 （清）陳廷敬等編註 清康熙五十二年（1713）內府朱墨套印本

匡高19厘米，廣12.6厘米。半葉七行，行十七字，小字雙行二十至二十二字不等，白口，單魚尾，四周雙邊，無格。前有康熙五十二年御製序，序末有“體元主人”、“萬幾餘暇”朱文印，閱纂校寫監造官員職名表。嘉善縣圖書館藏。缺卷二十九。

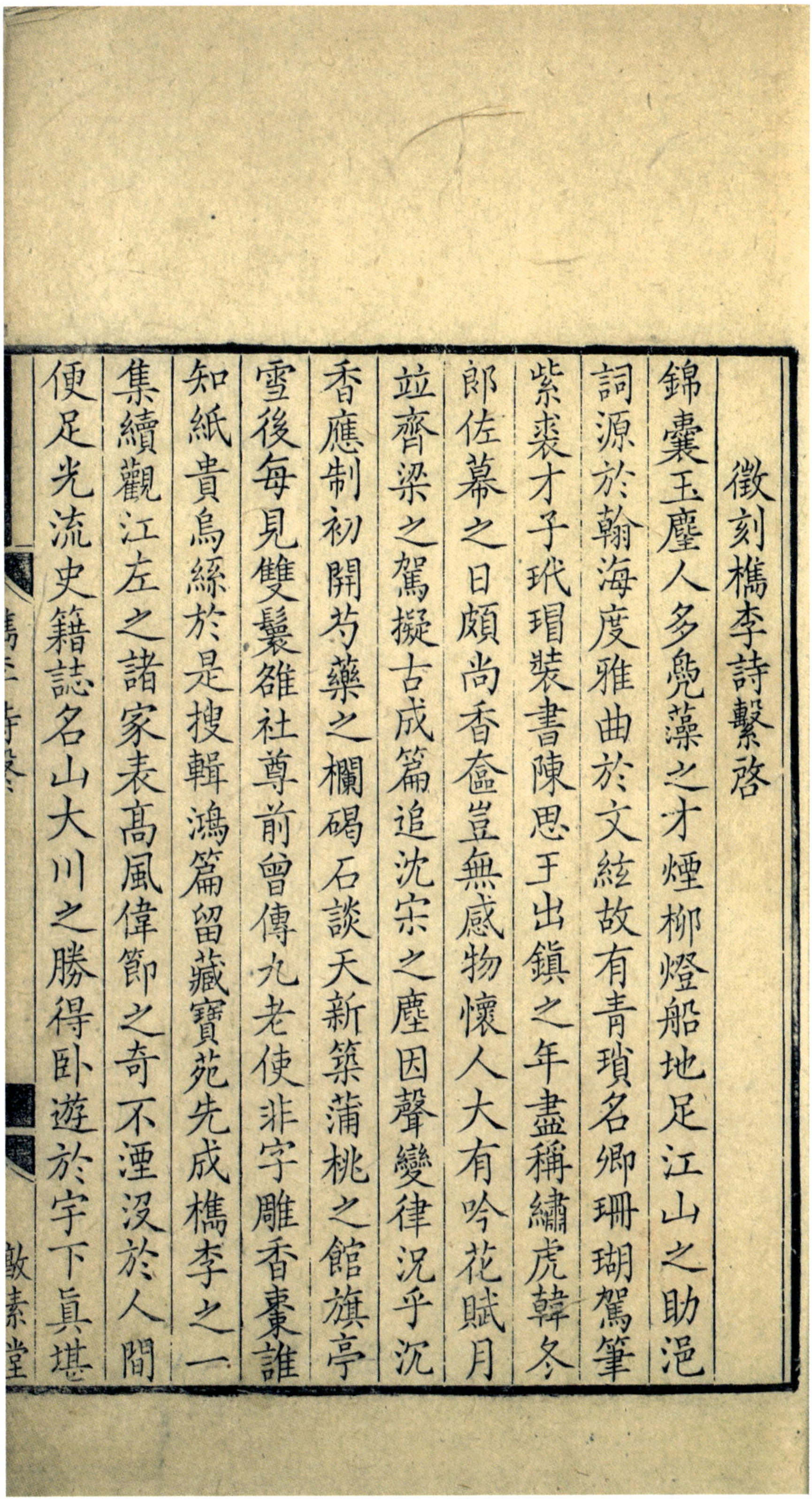
徵刻檇李詩繫啓
錦囊玉麈人多鳧藻之才煙柳燈船地足江山之助浥
詞源於翰海度雅曲於文絃故有青瑣名卿珊瑚駕筆
紫裘才子玳瑁裝書陳思王出鎮之年盡稱繡虎韓冬
郎佐幕之日頗尚香奩豈無感物懷人大有吟花賦月
竝齊梁之駕擬古成篇追沈宋之塵因聲變律況乎沈
香應制初開芍藥之欄碣石談天新築蒲桃之館旗亭
雪後每見雙鬟雅社尊前曾傳九老使非字雕香棗誰
知紙貴烏絲於是搜輯鴻篇留藏寶苑先成檇李之一
集續觀江左之諸家表高風偉節之奇不湮沒於人間
便足光流史籍誌名山大川之勝得卧遊於宇下眞堪
敦素堂

沈南疑先生檇李詩繫四十二卷 （清）沈南疑輯　金南鍈校　清康熙四十九年（1710）敦素堂刻本

匡高17.6厘米，廣13.6厘米。半葉十一行，行二十一字，闊黑口，左右雙邊。嘉善縣圖書館藏。

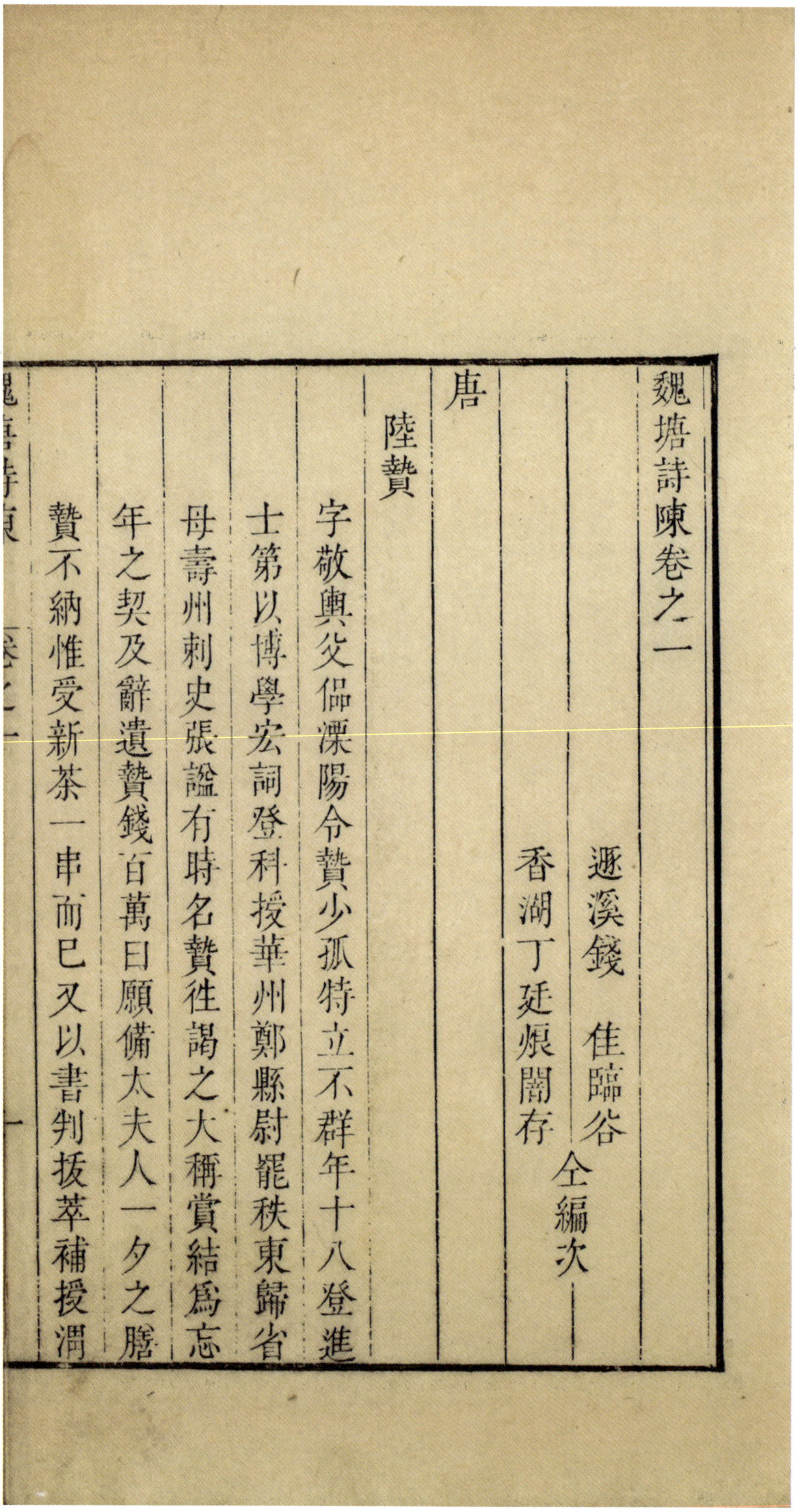

魏塘詩陳卷之一

遯溪錢　佳臨谷

香湖丁廷烺闇存　仝編次

唐

陸贄

字敬輿父偘溧陽令贄少孤特立不群年十八登進士第以博學宏詞登科授華州鄭縣尉罷秩東歸省母壽州刺史張謚有時名贄往謁之大稱賞結爲忘年之契及辭遺贄錢百萬曰願備太夫人一夕之膳贄不納惟受新茶一串而已又以書判拔萃補授渭

魏塘詩陳十三卷　（清）錢佳、丁廷烺合編　清乾隆六年（1741）刻本

匡高18.6厘米，廣13.6厘米。半葉十行，行二十三字，小字雙行同，白口，左右雙邊。有“理齋”、“曹氏秉章”等藏書印。嘉善縣圖書館藏。

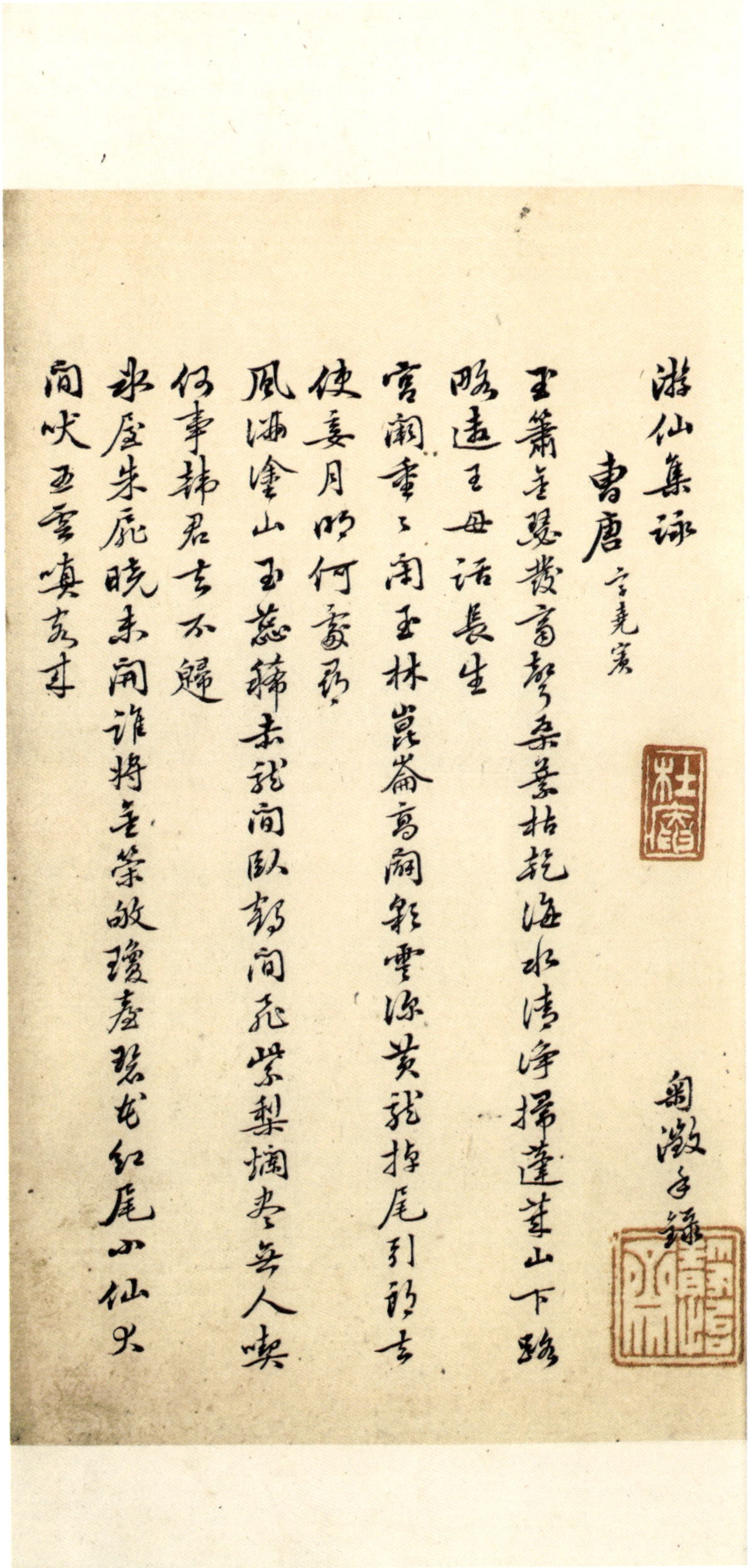

游仙集詠一卷 （清） 曹廉鍔輯鈔　清鈔本

無格無匡。半葉十行，行二十一字，小字雙行字數不等。有“賜硯堂”、“曹”、“理齋”等印。嘉善縣圖書館藏。

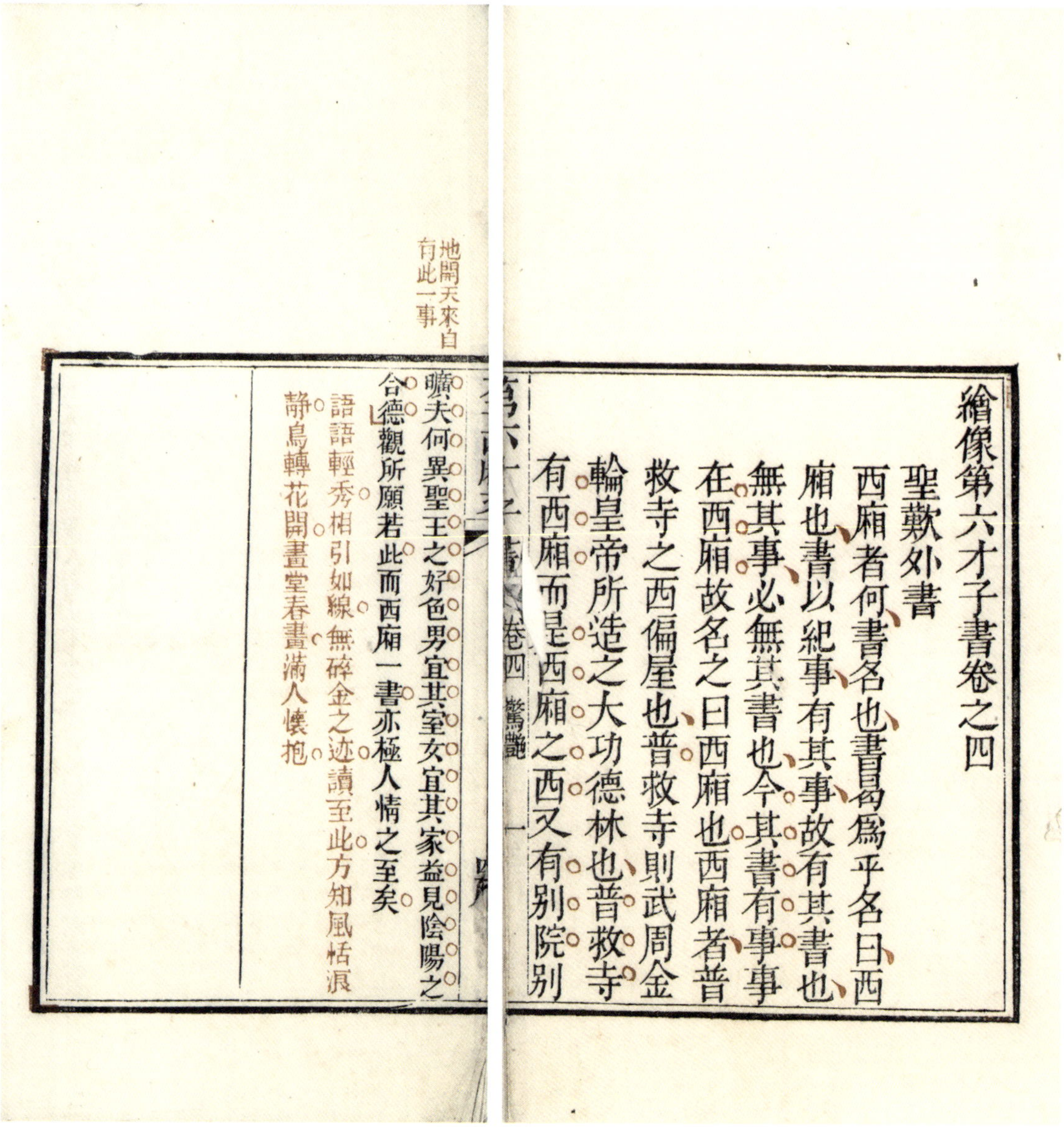

繪像第六才子書卷之四
聖歎外書
西廂者何書名也書曷爲乎名曰西
廂也書以紀事有其事故有其書也
無其事必無其書也今其書有事事
在西廂故名之曰西廂也西廂者普
救寺之西偏屋也普救寺則武周金
輪皇帝所造之大功德林也普救寺
有西廂而是西廂之西又有別院別

地開天來自
有此一事

曠夫何異聖王之好色男宜其室女宜其家益見陰陽之
合德覩所願若此而西廂一書亦極人情之至矣
語語輕秀相引如線無碎金之迹讀至此方知風恬浪
靜鳥轉花開畫堂春晝滿人懷抱

繪像第六才子書八卷附才子醉心篇不分卷 （元）王實甫撰 （清）金人瑞評點 清光緒十年（1884）廣州刻朱墨套印巾箱本

匡高9.7厘米，廣7.8厘米。半葉九行，行十六字，小字雙行同，白口，四周雙邊。嘉善縣圖書館藏。缺卷一至卷三。

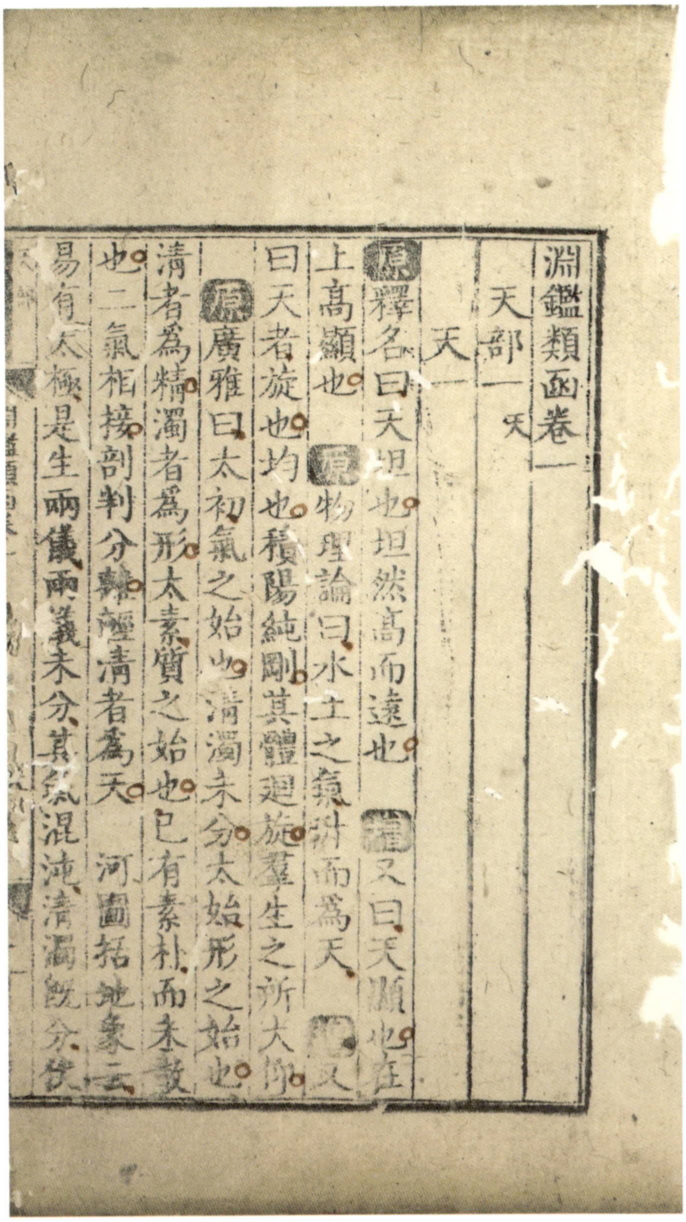
淵鑑類函卷一
天部一 天
天一
原釋名曰天坦也坦然高而遠也 增又曰天顯也在
上高顯也 原物理論曰水土之氣升而爲天 又
曰天者旋也均也積陽純剛其體廻旋羣生之所大仰
原廣雅曰太初氣之始也清濁未分太始形之始也
清者爲精濁者爲形太素質之始也已有素朴而未散
也二氣相接剖判分離輕清者爲天 河圖括地象云
易有太極是生兩儀兩儀未分其氣混沌清濁既分伏

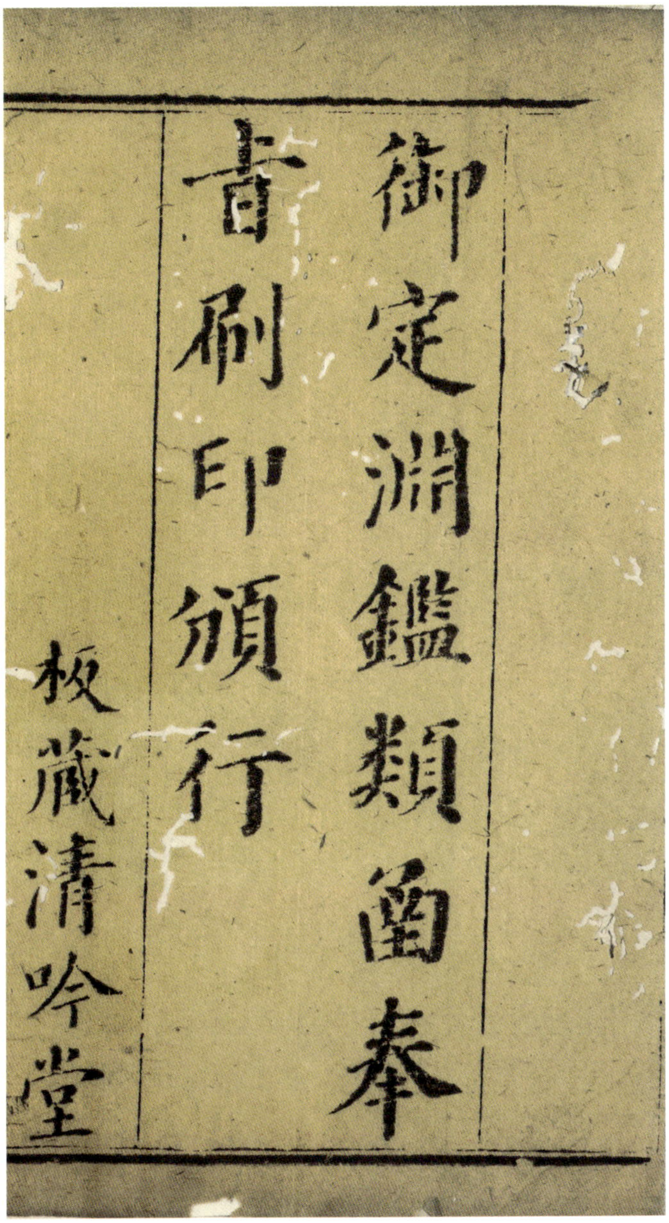
御定淵鑑類函奉
旨刷印頒行
板藏清吟堂

淵鑑類函四百五十卷目録四卷 （清）張英　王士禛等纂輯　清康熙（1662-1722）清吟堂刻本

匡高17.1厘米，廣11.8厘米。半葉十行，行二十一字，小字雙行同，闊黑口，雙魚尾，四周雙邊。書名頁題“御定淵鑒類函奉旨刷印頒行”。嘉善縣圖書館藏。

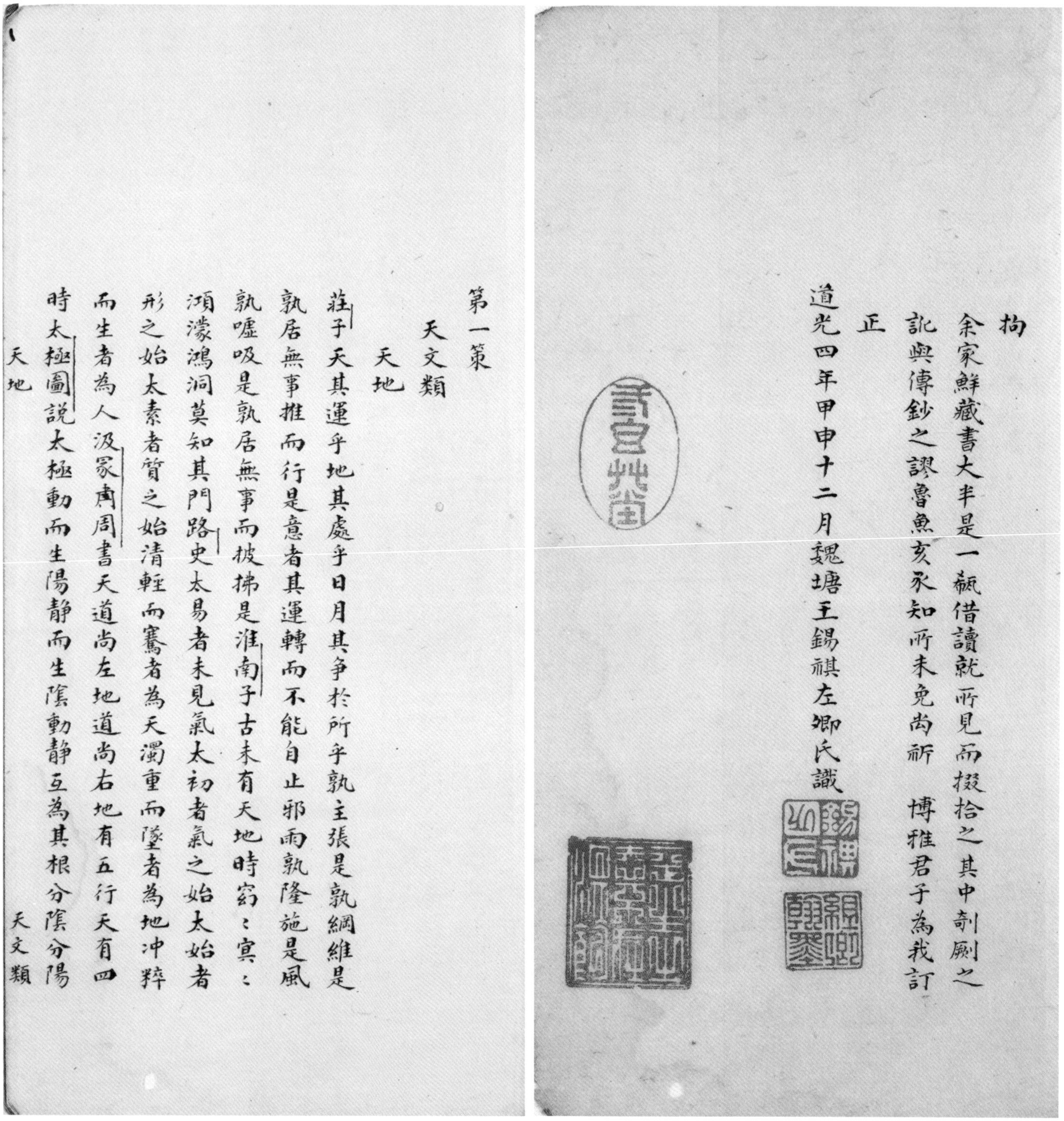

拘
余家鮮藏書大半是一瓻借讀就所見而掇拾之其中剞劂之
訛與傳鈔之謬魯魚亥豕知所未免尚祈　博雅君子為我訂
正
道光四年甲申十二月魏塘王錫祺左卿氏識

第一策
天文類
天地
莊子天其運乎地其處乎日月其爭於所乎孰主張是孰綱維是
孰居無事推而行是意者其運轉而不能自止邪雨孰隆施是風
孰噓吸是孰居無事而披拂是淮南子古未有天地時窈窈冥冥
澒濛鴻洞莫知其門路史太易者未見氣太初者氣之始太始者
形之始太素者質之始清輕而騰者為天濁重而墜者為地沖粹
而生者為人汲冢周書天道尚左地道尚右地有五行天有四
時太極圖說太極動而生陽靜而生陰動靜互為其根分陰分陽
天地　天文類

群書類鈔八卷　（清）王錫祺撰　清道光四年（1824）稿本

無格無匡。半葉十行，行二十五字，小字雙行同。有“錫祺之印”、“組卿翰墨”等印。嘉善縣圖書館藏。

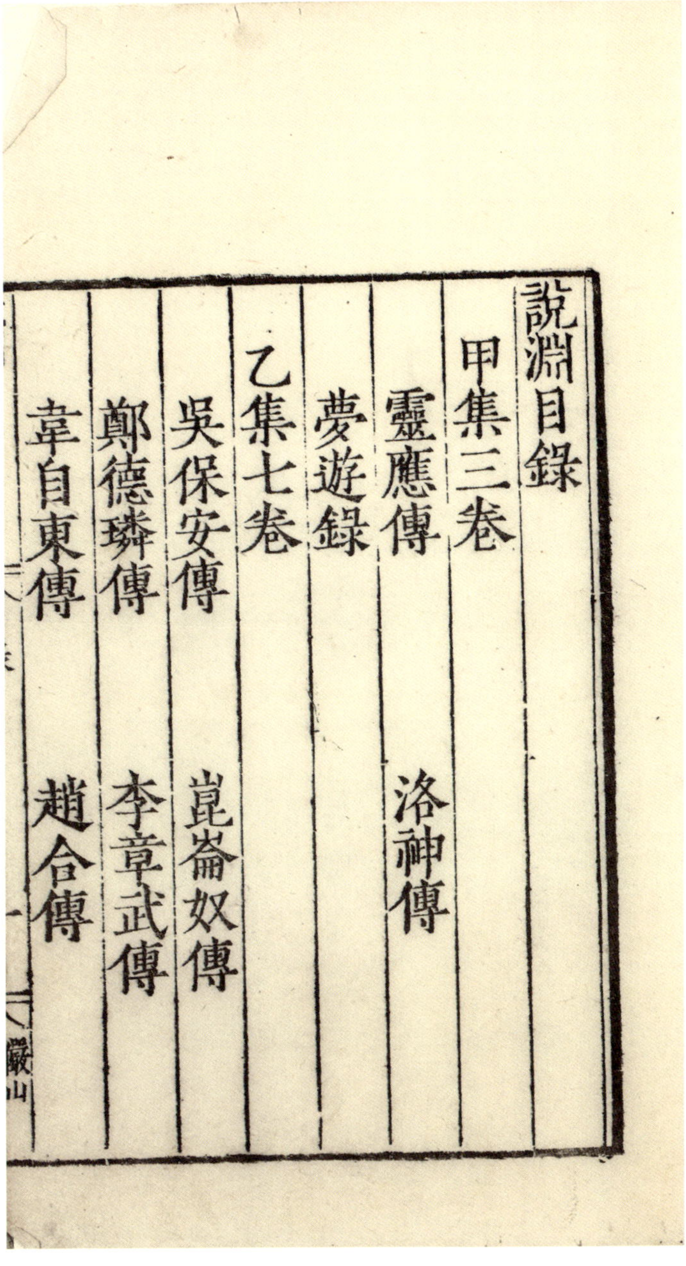
說淵目錄
甲集三卷
靈應傳　洛神傳
夢遊錄
乙集七卷
吳保安傳　崑崙奴傳
鄭德璘傳　李章武傳
韋自東傳　趙合傳

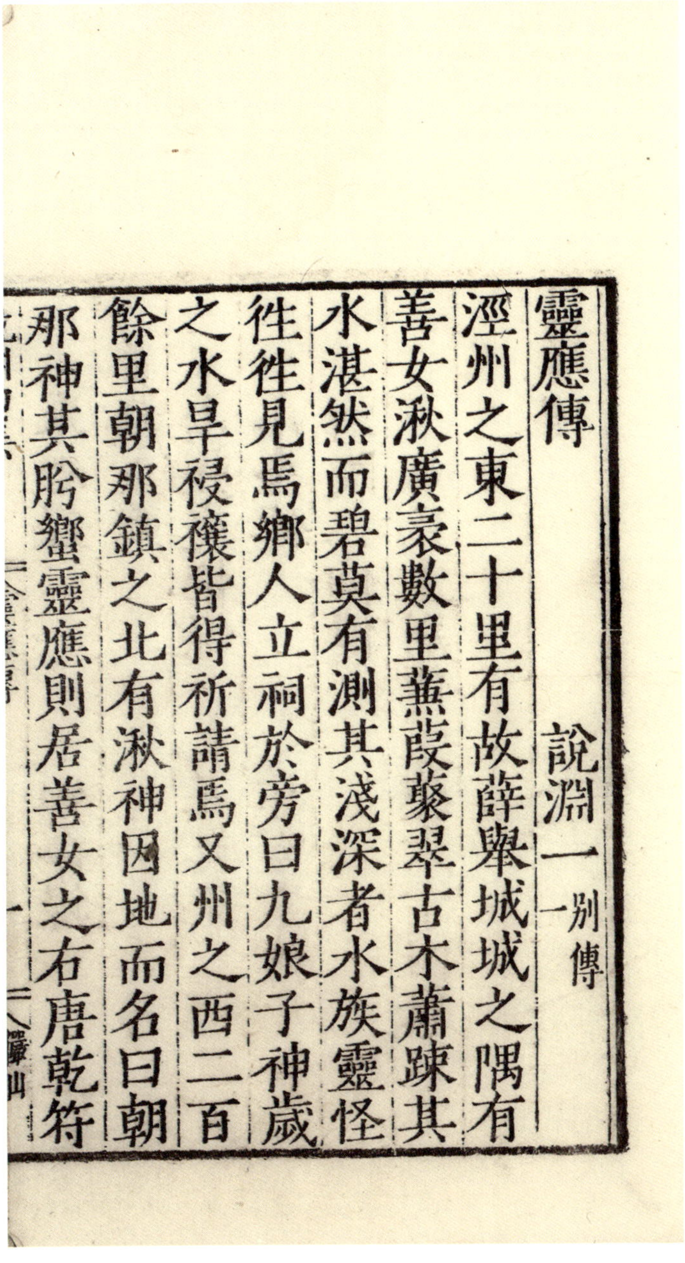
靈應傳　說淵一　別傳
涇州之東二十里有故薛舉城城之隅有善女湫廣袤數里蒹葭藂翠古木蕭踈其水湛然而碧莫有測其淺深者水族靈怪往往見焉鄉人立祠於旁曰九娘子神歲之水旱祲穰皆得祈請焉又州之西二百餘里朝那鎮之北有湫神因地而名曰朝那神其肸蠁靈應則居善女之右唐乾符

古今說海說淵部六十四卷　（明）陸楫輯　明嘉靖二十三年（1544）儼山書院刻本

匡高16.6厘米，廣12.1厘米。半葉八行，行十六字，白口，左右雙邊，雙魚尾。嘉善縣圖書館藏。存甲集三卷乙集七卷癸集五卷。

嘉興市珍貴古籍圖録

平湖市

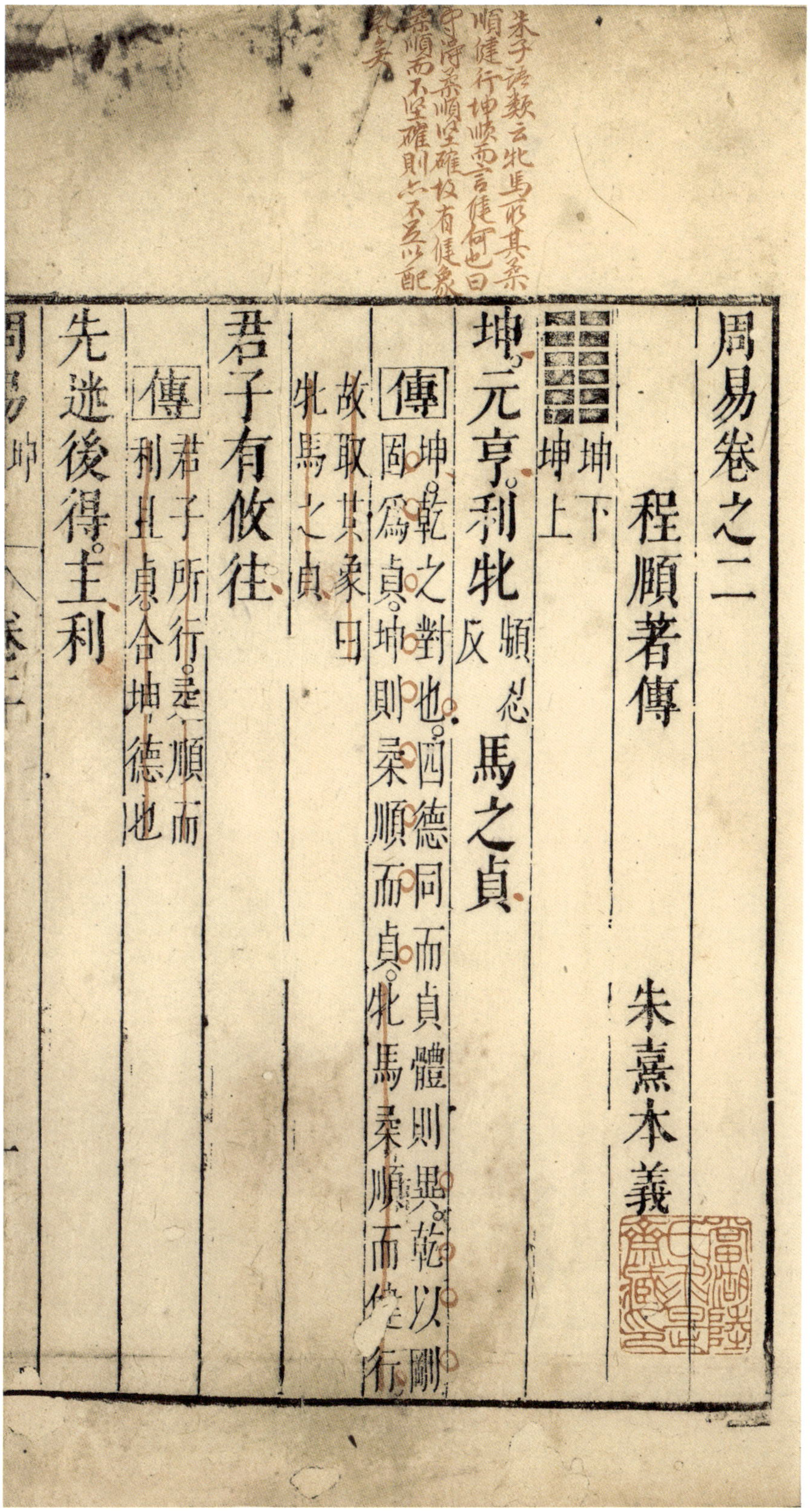
周易卷之二
程頤著傳　朱熹本義
☷☷ 坤下坤上
坤元亨利牝馬之貞　牝頻忍反
傳 坤乾之對也四德同而貞體則異乾以剛固爲貞坤則柔順而貞牝馬柔順而健行故取其象曰牝馬之貞
君子有攸往
傳 君子所行柔順而利且貞合坤德也
先迷後得主利
周易 坤 卷二

周易二十四卷周易朱子圖説一卷筮儀一卷　（宋）程頤傳　朱熹撰　明崇禎十三年（1640）周中度刻本

匡高20厘米，廣13.6厘米。半葉九行，行十八字，小字雙行同，白口，四周邊。有“漢陽葉氏藏書”、“當湖陸氏求是齋藏印”、“深柳讀書”等印。佚名批注。入《中國古籍善本書目》。平湖市圖書館藏。

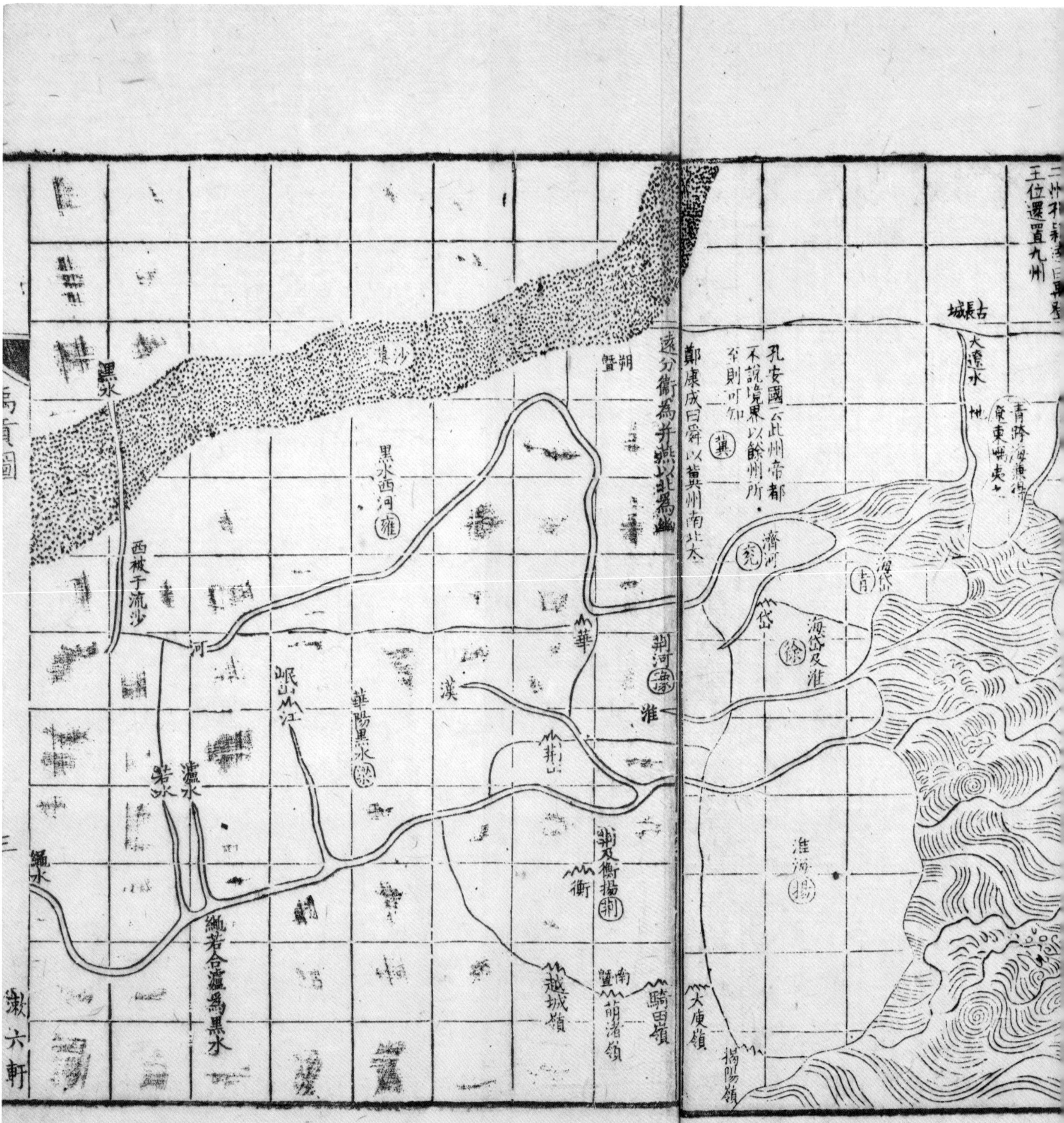
禹貢圖
三
澂六軒
黑水
沙漠
朔
暨
遠分衛為并燕以此爲幽
鄭康成曰舜以冀州南北太
孔安國云此州帝都
不說境界以餘州所
至則可知
冀
黑水西河
雍
西被于流沙
河
華
岷山
江
華陽黑水
梁
漢
荊河
豫
淮
若水
瀘水
繩水
繩若合瀘爲黑水
荊及衡揚
荊
衡
越城嶺
南
暨
萌渚嶺
騎田嶺
大庾嶺
揭陽嶺
淮海
揚
海岱及淮
徐
岱
濟河
兗
青
海岱
大遼水
古長城
王位遷置九州

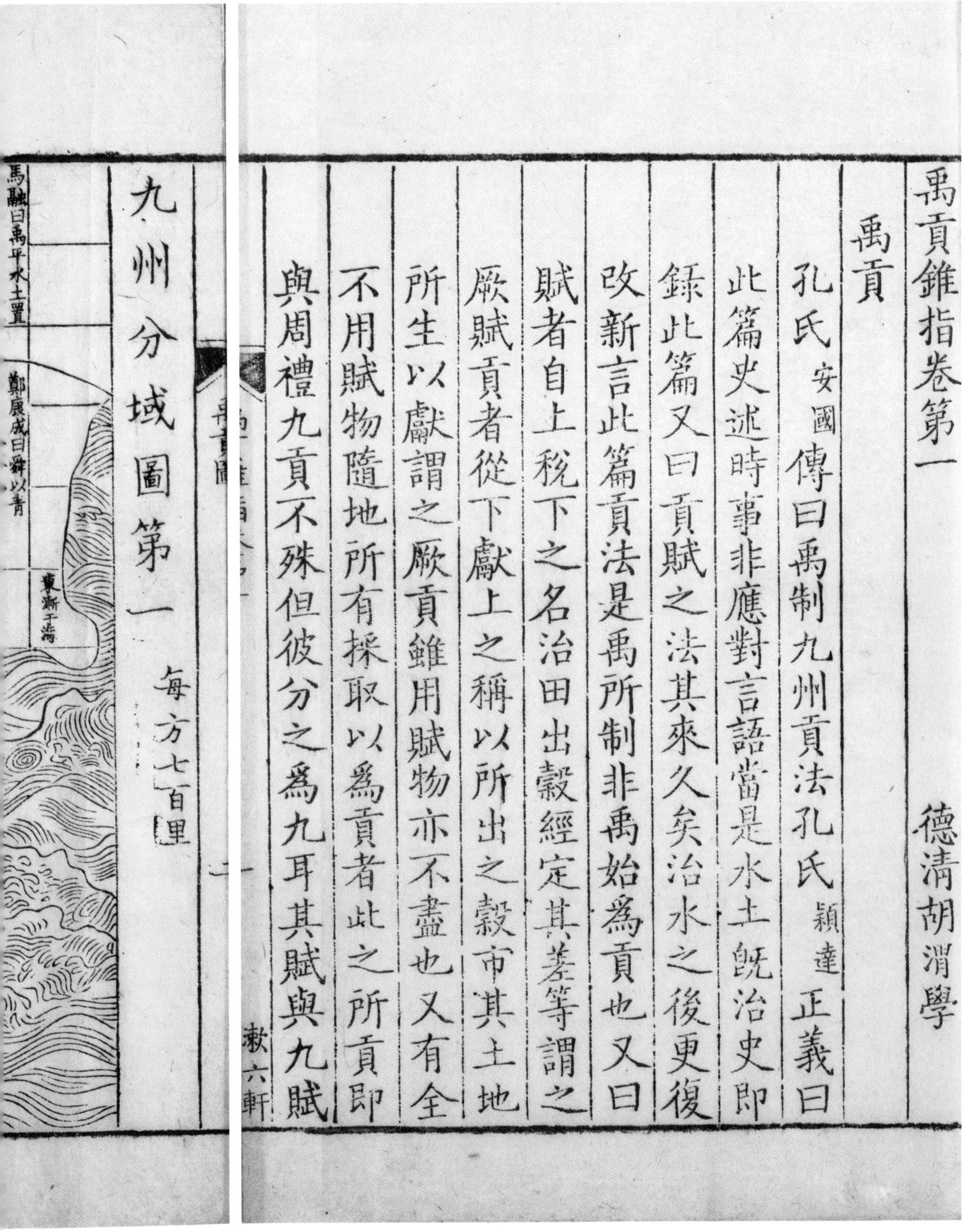

禹貢錐指二十卷圖一卷（清）胡渭撰　清康熙（1662－1722）漱六軒刻本

匡高18.7厘米，廣14.7厘米。半葉十一行，行二十一字，小字雙行二十八字，白口，左右雙邊。平湖市圖書館藏。

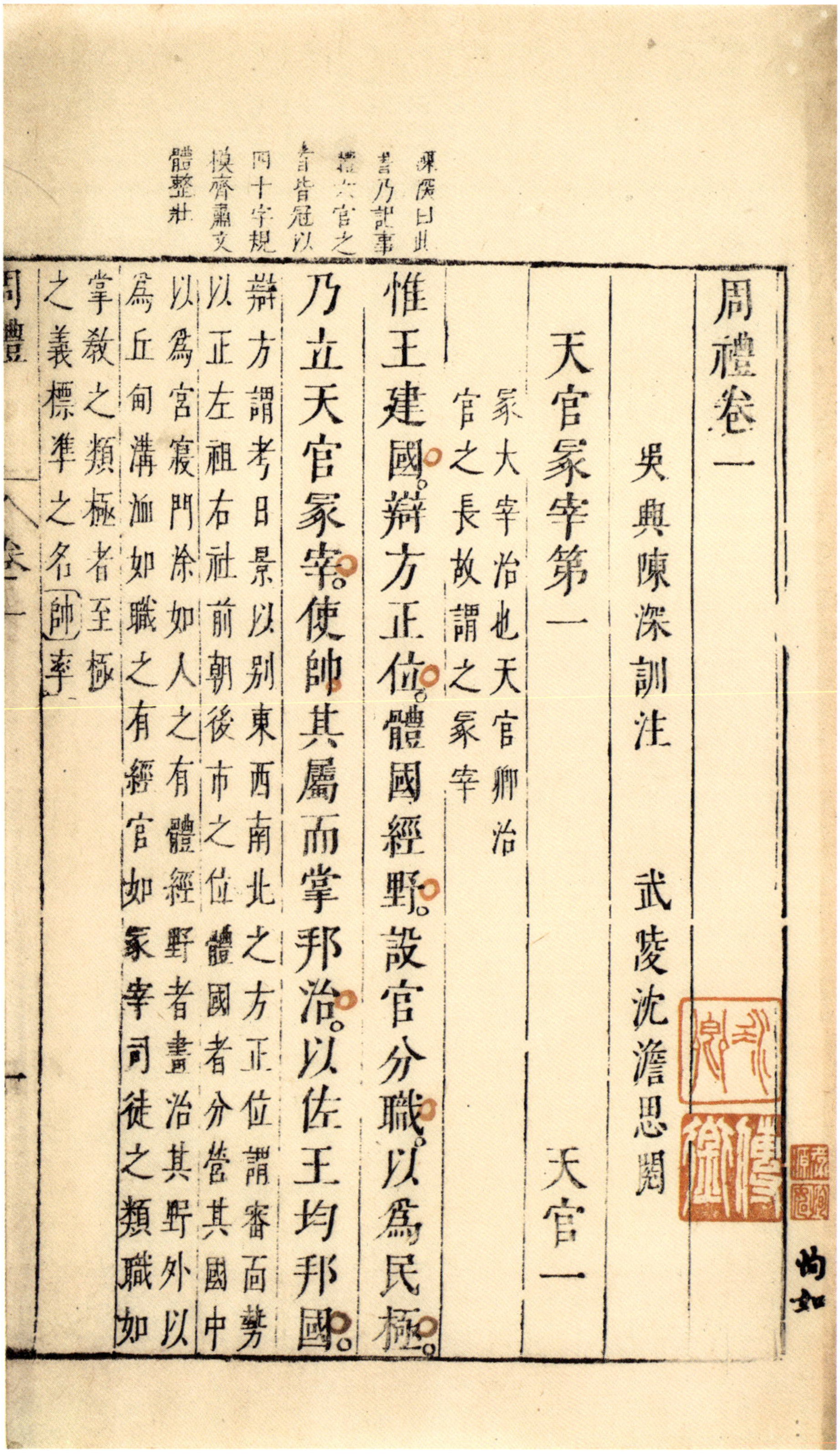

陳深曰此書乃記事禮六官之首皆冠以四十字規模齊肅文體整壯

周禮卷一

吳興陳深訓注　武陵沈瀶思閲

天官冢宰第一　天官一

冢大宰治也天官卿治官之長故謂之冢宰

惟王建國。辯方正位。體國經野。設官分職。以爲民極。

乃立天官冢宰。使帥其屬而掌邦治。以佐王均邦國。

辯方謂考日景以別東西南北之方正位謂審面勢以正左祖右社前朝後市之位體國者分營其國中以爲宮寢門涂如人之有體經野者畫治其野外以爲丘甸溝洫如職之有經官如冢宰司徒之類職如掌教之類極者至極之義標準之名帥率

周禮　卷一　一

周禮十八卷（明）陳深訓注　沈瀶思校　**考工記二卷**（唐）杜枚注（明）趙如源校　明（1573－1620）刻本

匡高19.6厘米，廣14.2厘米。半葉九行，行二十字，雙行小字同，白口，左右雙邊，單綫魚尾。有"傳衡"、"恂如"等印。入《中國古籍善本書目》。平湖市博物館藏。

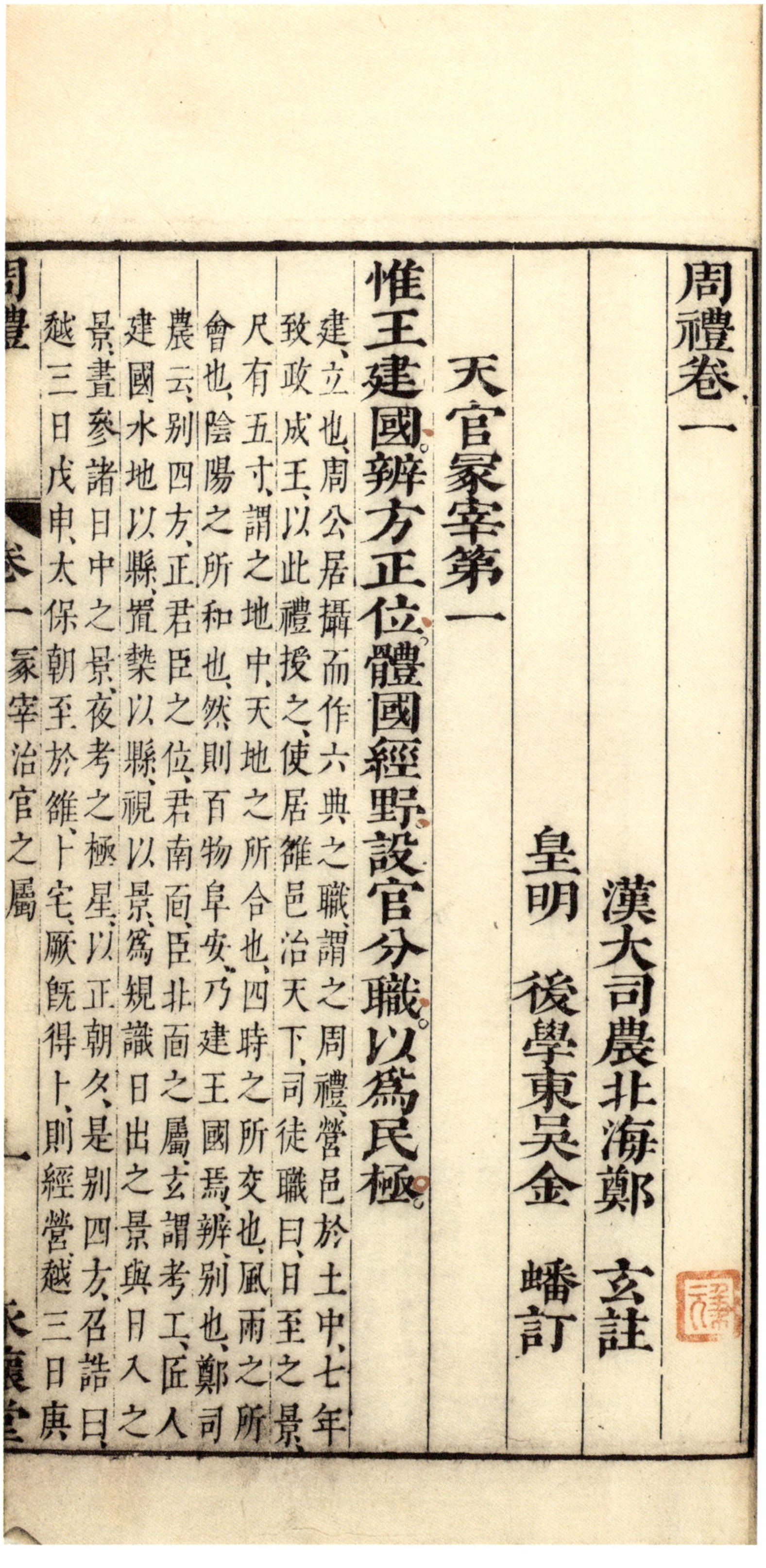
周禮卷一

漢大司農北海鄭　玄註

皇明　後學東吳金　蟠訂

天官冢宰第一

惟王建國。辨方正位。體國經野。設官分職。以爲民極。

建、立也、周公居攝而作六典之職、謂之周禮、營邑於土中、七年致政成王、以此禮授之、使居雒邑治天下、司徒職曰、日至之景、尺有五寸、謂之地中、天地之所合也、四時之所交也、風雨之所會也、陰陽之所和也、然則百物阜安、乃建王國焉、辨、別也、鄭司農云、別四方、正君臣之位、君南面、臣北面之屬、玄謂考工、匠人建國、水地以縣、置槷以縣、視以景、爲規識日出之景與日入之景、晝參諸日中之景、夜考之極星、以正朝夕、是別四方、召誥曰、越三日戊申、太保朝至於雒、卜宅、厥既得卜、則經營、越三日庚

周禮　卷一　冢宰治官之屬　一　永懷堂

周禮四十二卷　（漢）鄭玄註　（明）金蟠校　明永懷堂刻本

匡高20厘米，廣14.1厘米。半葉九行，行二十五字，白口，左右雙邊，單黑魚尾。平湖市博物館藏。

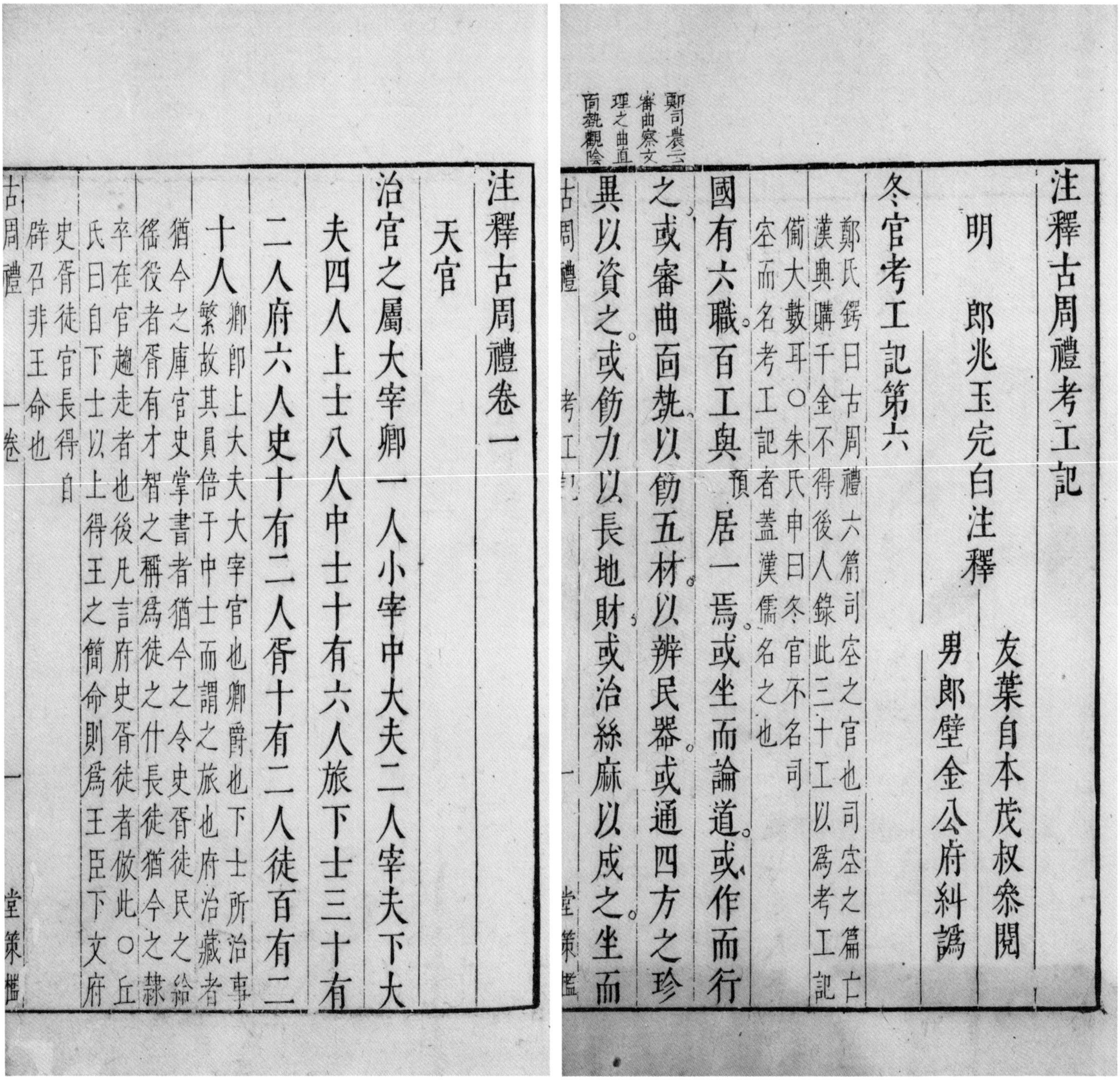

鄭司農云審曲察文理之曲直面埶觀陰

注釋古周禮考工記

明　郎兆玉完白注釋　友葉自本茂叔叅閱

男郎璧金公府糾譌

冬官考工記第六

鄭氏鍔曰古周禮六篇司空之官也司空之篇亡漢興購千金不得後人錄此三十工以爲考工記備大數耳○朱氏申曰冬官不名司空而名考工記者蓋漢儒名之也

國有六職百工與居一焉或坐而論道或作而行之或審曲面埶以飭五材以辨民器或通四方之珍異以資之或飭力以長地財或治絲麻以成之坐而

古周禮　考工記　一　堂策檻

注釋古周禮卷一

天官

治官之屬大宰卿一人小宰中大夫二人宰夫下大夫四人上士八人中士十有六人旅下士三十有二人府六人史十有二人胥十有二人徒百有二十人卿即上大夫大宰官也卿爵也下士所治事繁故其員倍于中士而謂之旅也府治藏者猶今之庫官史掌書者猶今之令史胥徒民之給徭役者胥有才智之稱爲徒之什長徒猶今之隸卒在官趨走者也後凡言府史胥徒者倣此○丘氏曰自下士以上得王之簡命則爲王臣下文府史胥徒官長得自辟召非王命也

古周禮　一卷　一　堂策檻

注釋古周禮五卷注釋考工記一卷　（明）郎兆玉撰　明天啟（1661－1627）郎氏堂策檻刻本

匡高21厘米，廣13.7厘米。半葉九行，行二十字，小字雙行同，白口，四周單邊。入《中國古籍善本書目》。平湖市圖書館藏。

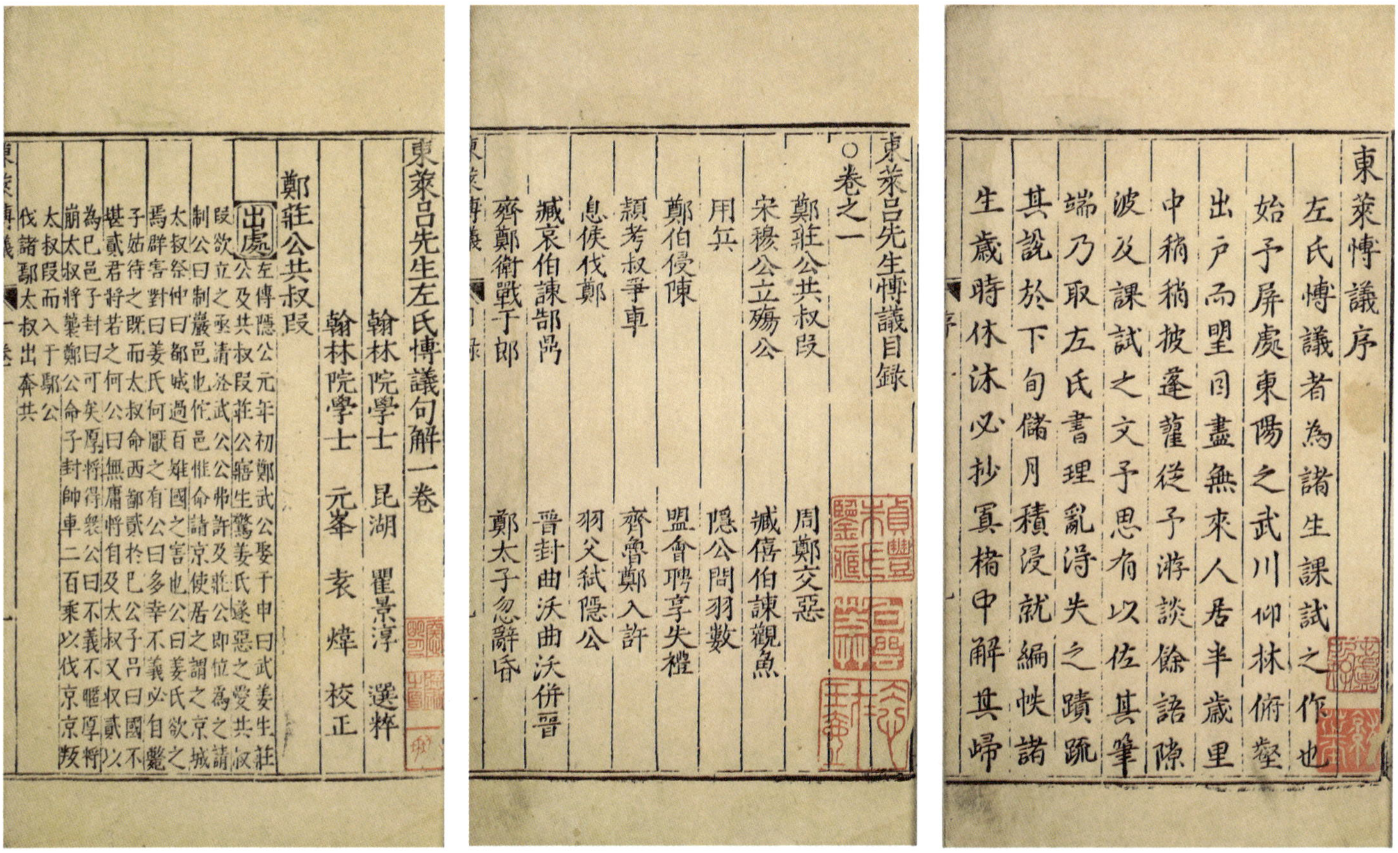

东萊吕先生左氏博議句解六卷 （宋）吕祖謙撰 （明）瞿景淳選 袁煒校正 明嘉靖（1521－1566）刻本

匡高19.8厘米，廣14厘米。半葉十行，行二十二字，小字雙行同，白口，四周单邊。有"德裕之印"、"白雲芳草"、"冰心在玉壺"等印。第一批國家珍貴古籍名録號01362。平湖市圖書館藏。

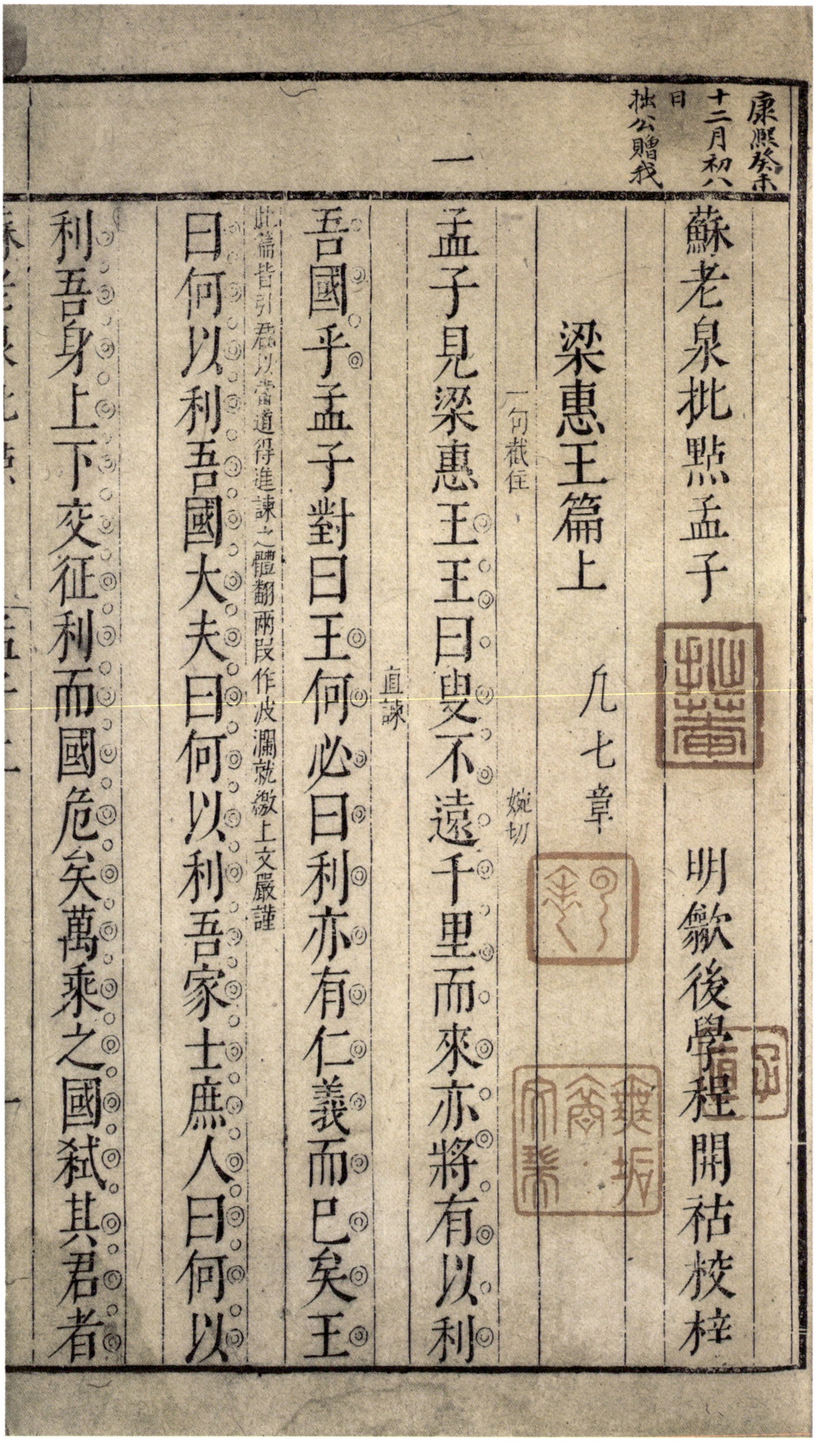

康熙癸未十二月初八日拙公贈我

蘇老泉批點孟子　明歙後學程開祜校梓

梁惠王篇上　凡七章

一

孟子見梁惠王王曰叟不遠千里而來亦將有以利

一句截住　婉切

吾國乎孟子對曰王何必曰利亦有仁義而已矣王

直諫

曰何以利吾國大夫曰何以利吾家士庶人曰何以

此篇皆引君以當道得進諫之體翻兩段作波瀾就徼上文嚴謹

利吾身上下交征利而國危矣萬乘之國弑其君者

蘇老泉批點孟子二卷　（宋）蘇洵批點　（明）程開祜校　明萬曆四十一年（1613）程開祜刻本

匡高24.2厘米，廣15.3厘米。半葉六行，行二十字，白口，四周單邊。有“霜紅簃所藏”、“華雲”等印。入《中國古籍善本書目》。平湖市圖書館藏。

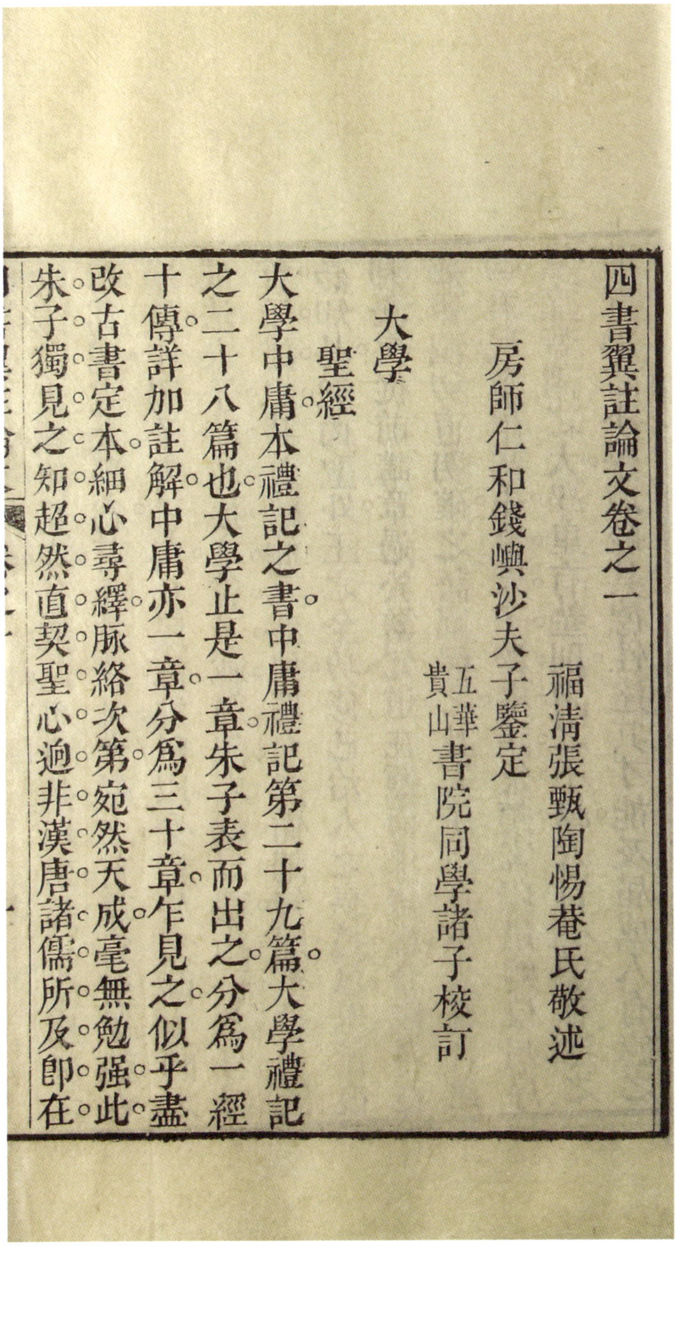

四書翼註論文卷之一　　福清張甄陶惕菴氏敬述

房師仁和錢嶼沙夫子鑒定

五華 貴山 書院同學諸子校訂

大學

聖經

大學中庸本禮記之書中庸禮記第二十九篇大學禮記之二十八篇也大學止是一章朱子表而出之分爲一經十傳詳加註解中庸亦一章分爲三十章乍見之似乎盡改古書定本細心尋繹脉絡次第宛然天成毫無勉强此朱子獨見之知超然直契聖心迥非漢唐諸儒所及卽在

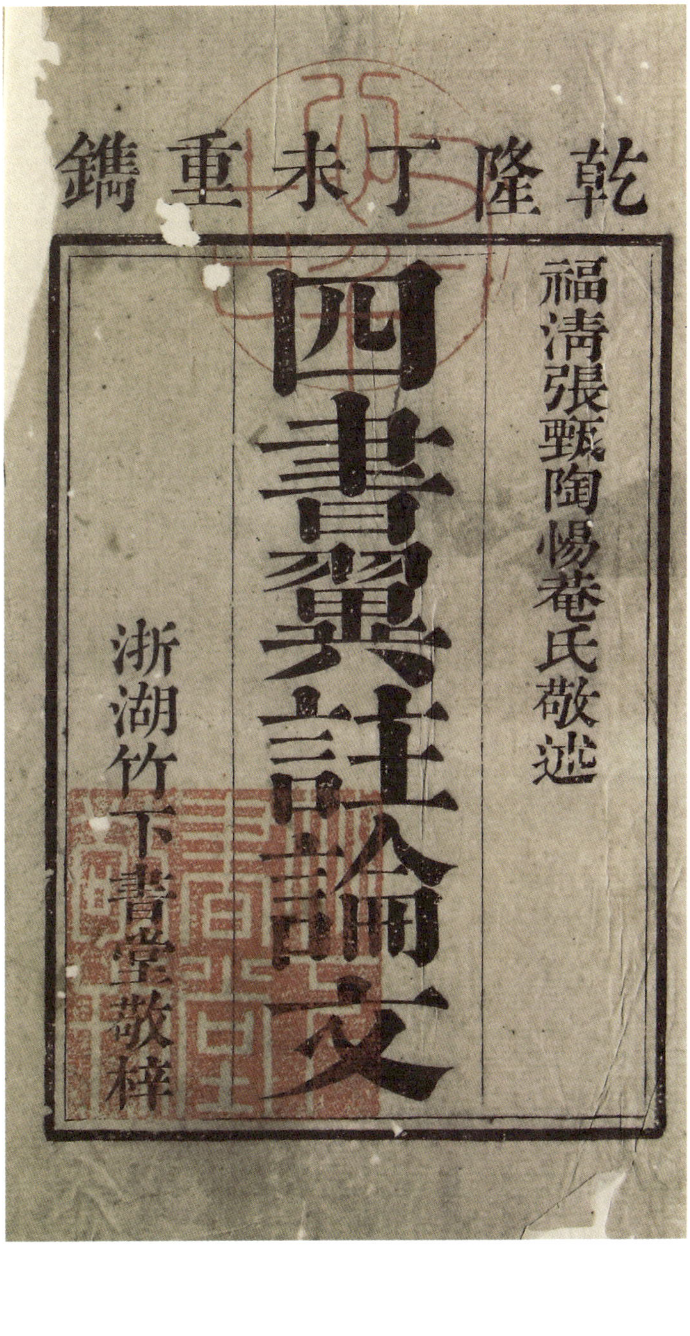

乾隆丁未重鐫

福清張甄陶惕菴氏敬述

四書翼註論文

浙湖竹下書堂敬梓

四書翼註論文三十八卷　（清）張甄陶撰　清乾隆五十二年浙湖竹下書堂刻本

匡高17.8厘米，廣13.6厘米。半葉十一行二十二字，白口，左右雙邊，單黑魚尾。平湖市圖書館藏。

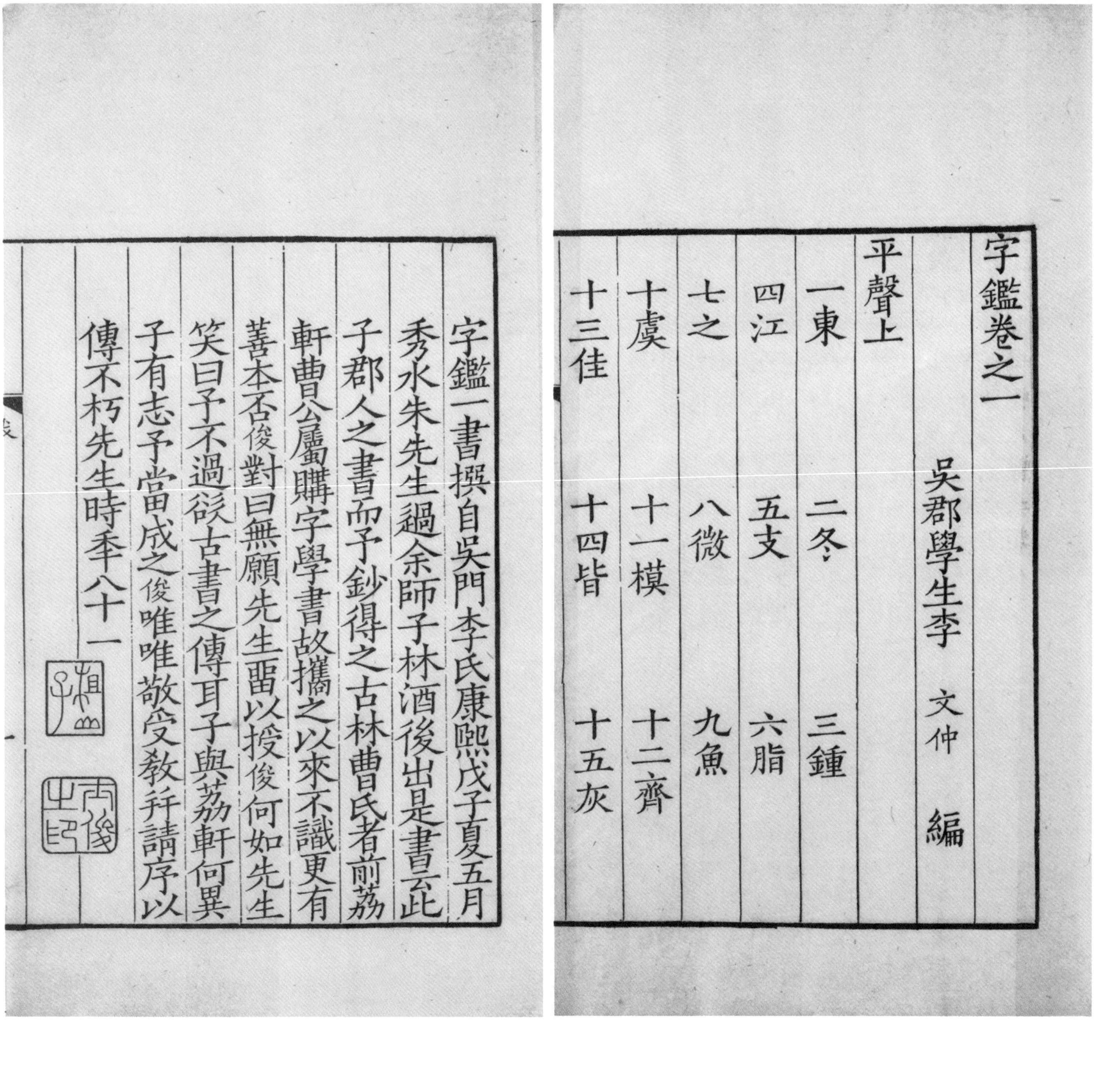

字鑑一書撰自吳門李氏康熙戊子夏五月秀水朱先生過余師子林酒後出是書云此子郡人之書而予鈔得之古林曹氏者前荔軒曹公屬購字學書故攜之以來不識更有善本否俊對曰無願先生畱以授俊何如先生笑曰子不過欲古書之傳耳子與荔軒何異子有志予當成之俊唯唯敬受教幷請序以傳不朽先生時年八十一

字鑑卷之一

吴郡學生李文仲編

平聲上

一東　二冬　三鍾
四江　五支　六脂
七之　八微　九魚
十虞　十一模　十二齊
十三佳　十四皆　十五灰

字鑑五卷（元）李文仲編　清康熙（1662－1722）張士俊澤存堂刻本

匡高19.1厘米，廣14厘米。半葉八行，行十八字，小字雙行十八字，白口，四周單邊。有“趙坦之印”。平湖市圖書館藏。

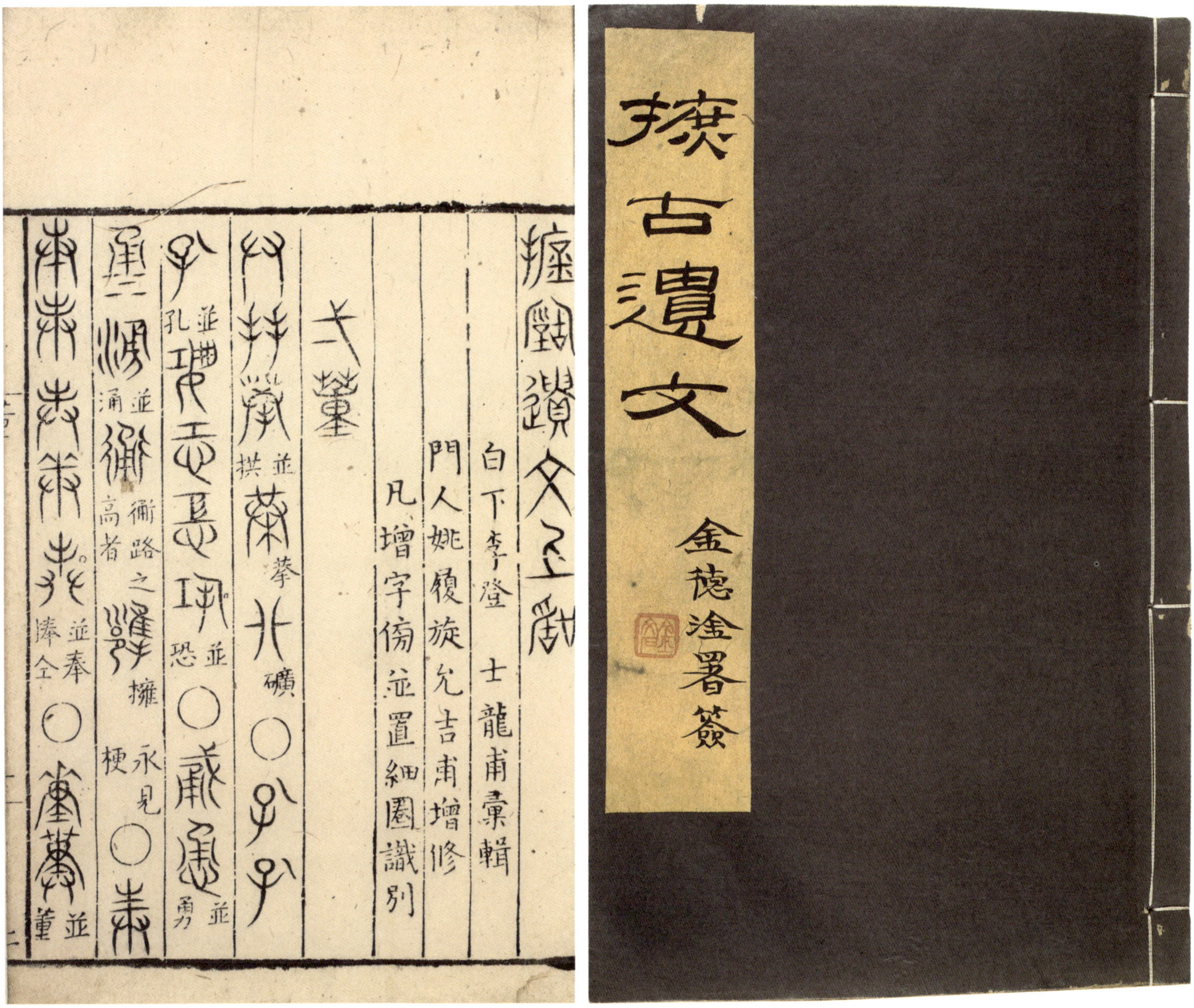

摭古遺文二卷再增摭古遺文一卷 （明）李登撰　姚履旋增修　明萬曆三十一年（1603）李思謙刻本

匡高20.5厘米，廣15厘米。半葉八行，每行字數不等，白口，四周單邊。有“屯廬過眼”、“吴易疇印”、“稔齋”等印。入《中國古籍善本書目》。平湖市圖書館藏。

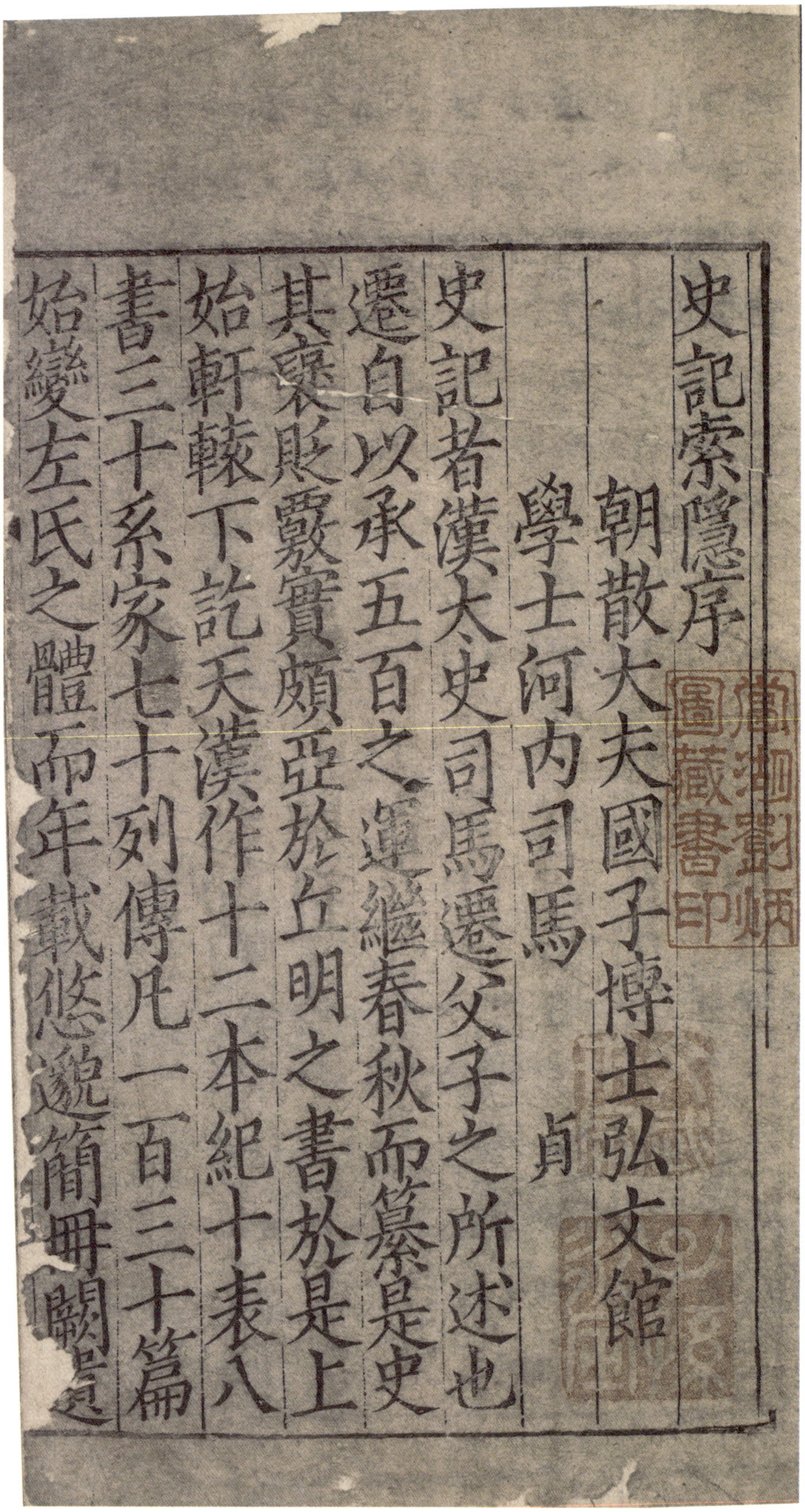

史記索隱序
朝散大夫國子博士弘文館
學士河内司馬　貞
史記者漢太史司馬遷父子之所述也
遷自以承五百之運繼春秋而纂是史
其襃貶覈實頗亞於丘明之書於是上
始軒轅下訖天漢作十二本紀十表八
書三十系家七十列傳凡一百三十篇
始變左氏之體而年載悠邈簡冊闕遺

史記一百三十卷　（漢）司馬遷撰　（南朝宋）裴駰集解　（唐）司馬貞索隱　張守節正義　（明）鍾人傑輯評　明鍾人傑刻本

匡高21.3厘米，廣13厘米。半葉九行，行二十字，小字雙行同，白口，左右雙邊。入《中國古籍善本書目》。平湖市圖書館藏。

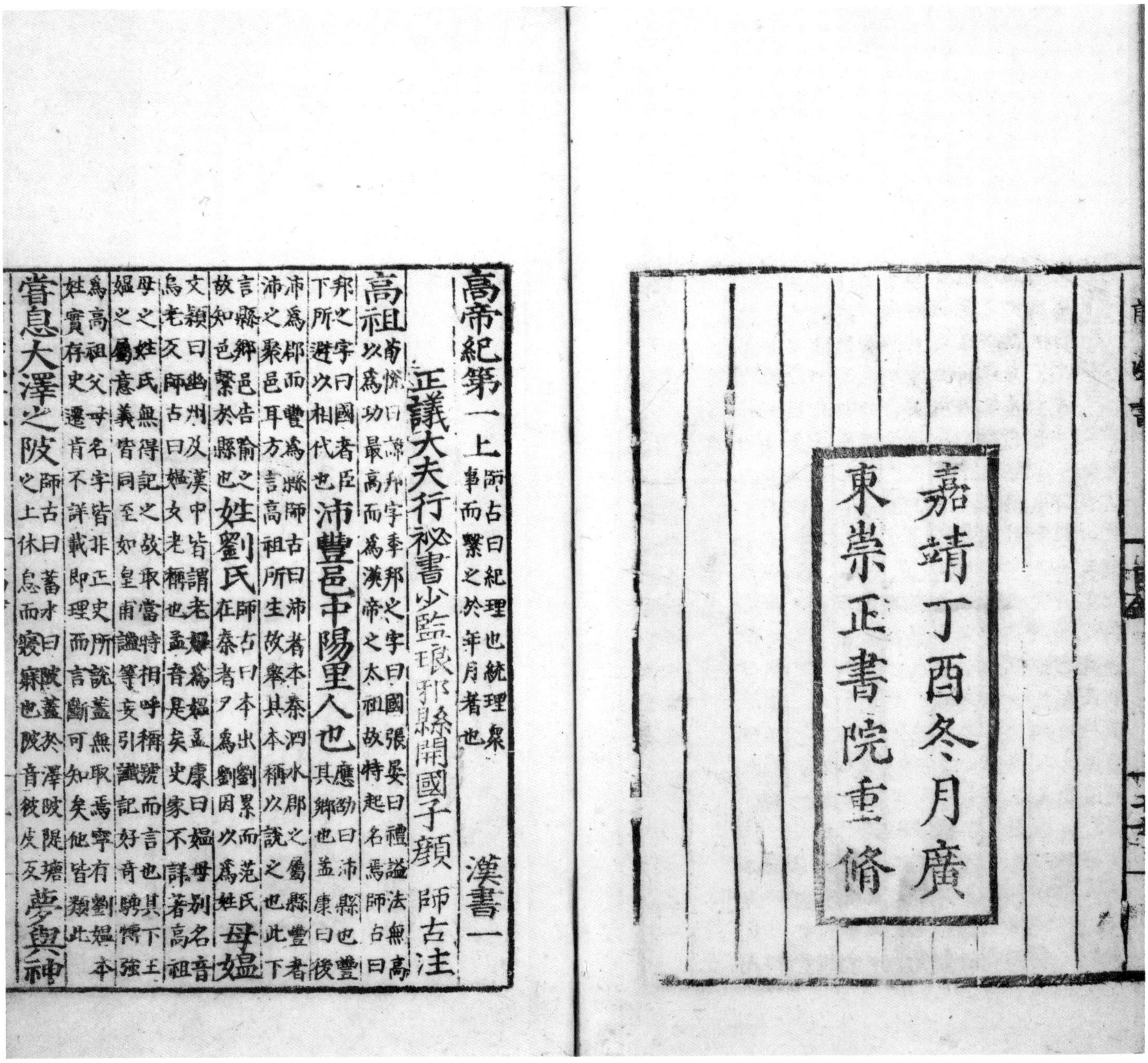

高帝紀第一上 師古曰紀理也統理衆事而繫之於年月者也 漢書一
正議大夫行祕書少監琅邪縣開國子顏師古注
高祖 荀悅曰諱邦字季邦之字曰國張晏曰禮謚法無高以爲功最高而爲漢帝之太祖故特起名焉師古曰邦之字曰國者臣下所避以相代也 沛豐邑中陽里人也 應劭曰沛縣也豐其鄉也孟康曰後沛爲郡而豐爲縣師古曰沛者本秦泗水郡之屬縣豐者沛之聚邑耳方言高祖所生故舉其本稱以說之也此下言縣鄉邑告喻之故知邑繫於縣也 姓劉氏 師古曰本出劉累而范氏在秦者又爲劉因以爲姓 母媼 文穎曰幽州及漢中皆謂老嫗爲媼孟康曰媼母別名音烏老反師古曰媼女老稱也孟音是矣史家不詳著高祖母之姓氏無得記之故取當時相呼稱號而言也其下王媼之屬意義皆同至如皇甫謐等妄引讖記好奇騁博強爲高祖父母名字皆非正史所說蓋無取焉寧有劉媼本姓實存史遷肯不詳載即理而言斷可知矣他皆類此 嘗息大澤之陂 師古曰蓄水曰陂蓋於澤陂隄塘之上休息而寢寐也陂音彼皮反 夢與神

嘉靖丁酉冬月廣東崇正書院重脩

漢書一百卷 （漢）班固撰 （唐）顏師古注 明嘉靖十六年（1537）廣東崇正書院重修本

匡高19.3厘米，廣14.16厘米。半葉十行，行二十二字，小字雙行同，白口，四周單邊。入《中國古籍善本書目》。平湖市圖書館藏。

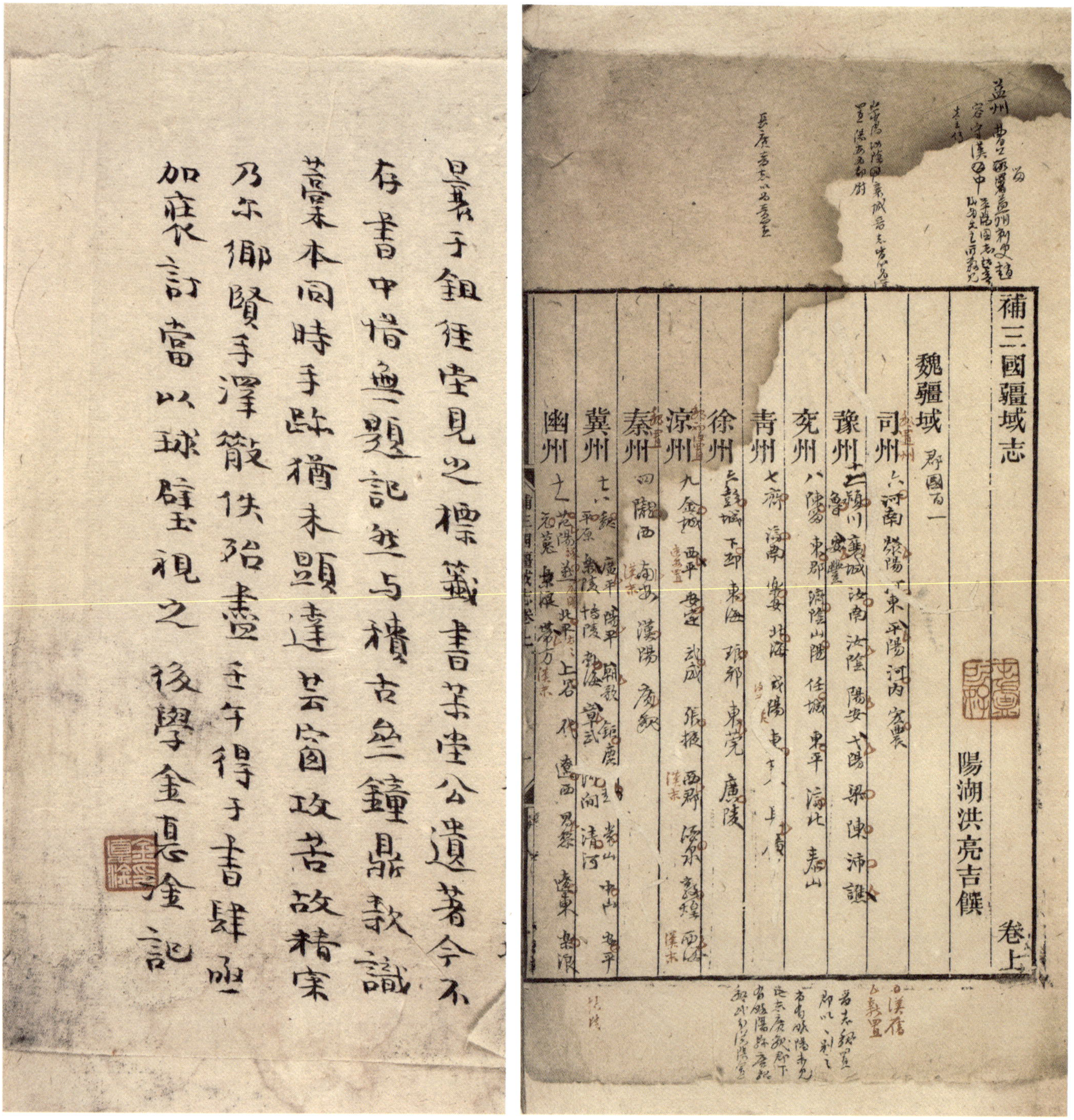

補三國疆域志二卷　（清）洪亮吉撰　（清）朱爲弼注　（清）金㥛淦批　清乾隆四十六年（1781）刻本

匡高19.6厘米，廣14.7厘米。半葉十二行，行二十四字，小字雙行同，黑口，四周單邊，雙黑魚尾。入《中國古籍善本書目》。平湖市博物館藏。

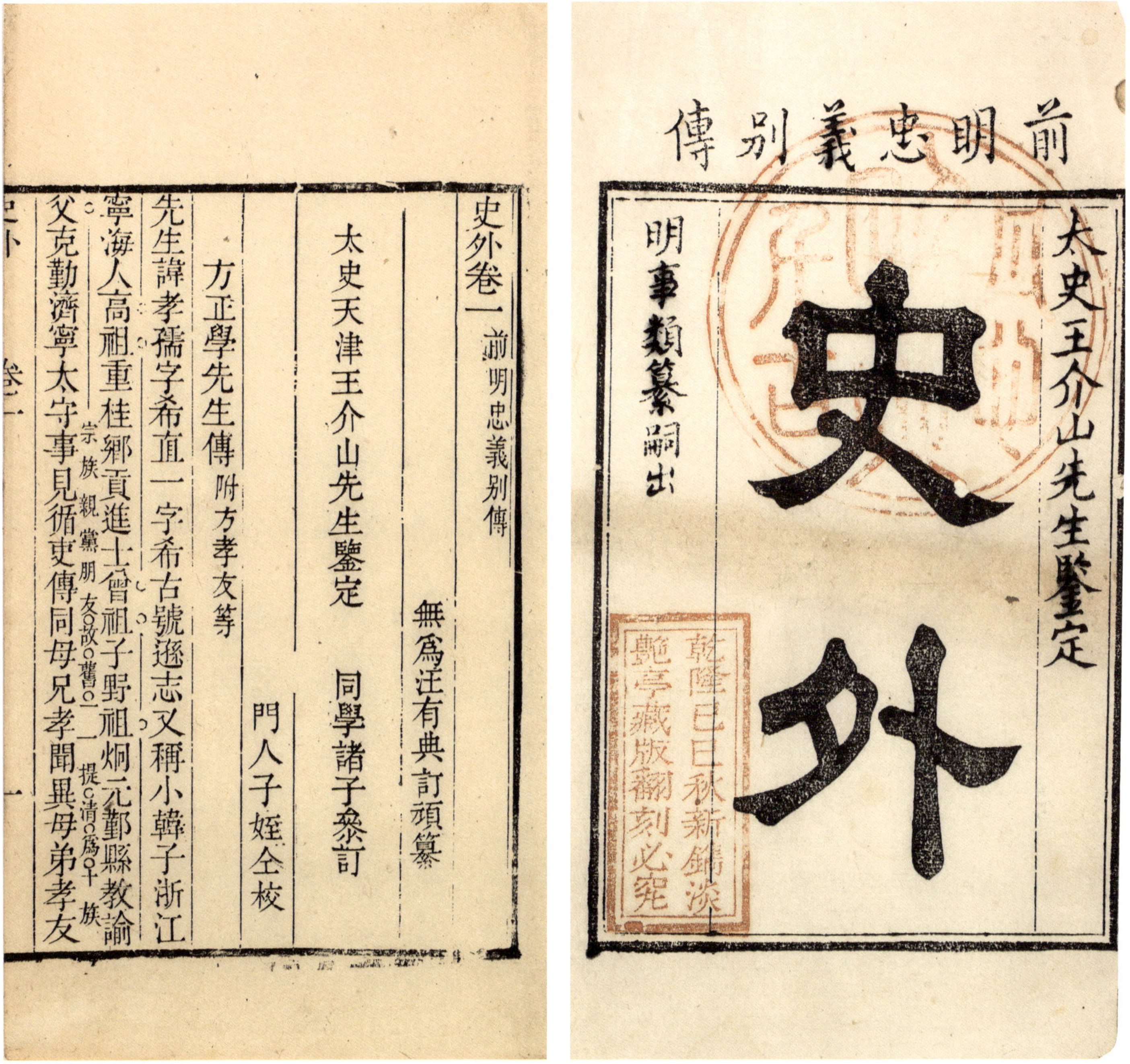
前明忠義別傳
太史王介山先生鑒定
史外
明事類纂嗣出
乾隆己巳秋新鐫淡艷亭藏版翻刻必究

史外卷一　前明忠義別傳
太史天津王介山先生鑒定　　同學諸子參訂
無爲汪有典訂頑纂
方正學先生傳附方孝友等　　門人子姪仝校
先生諱孝孺字希直一字希古號遜志又稱小韓子浙江
寧海人高祖重桂鄉貢進士曾祖子野祖炯元鄞縣教諭
宗族親黨朋友故舊一提清爲十族
父克勤濟寧太守事見循吏傳同母兄孝聞異母弟孝友
史外　卷一　一

史外三十二卷　（清）汪有典撰　清乾隆十四年（1749）刻本

匡高18厘米，廣12.4厘米。半葉九行，行二十二字，小字不等，白口，左右雙邊。有"乾隆己巳秋新鐫淡艷亭藏版翻刻必究"等印。入《中國古籍善本書目》。平湖市圖書館藏。

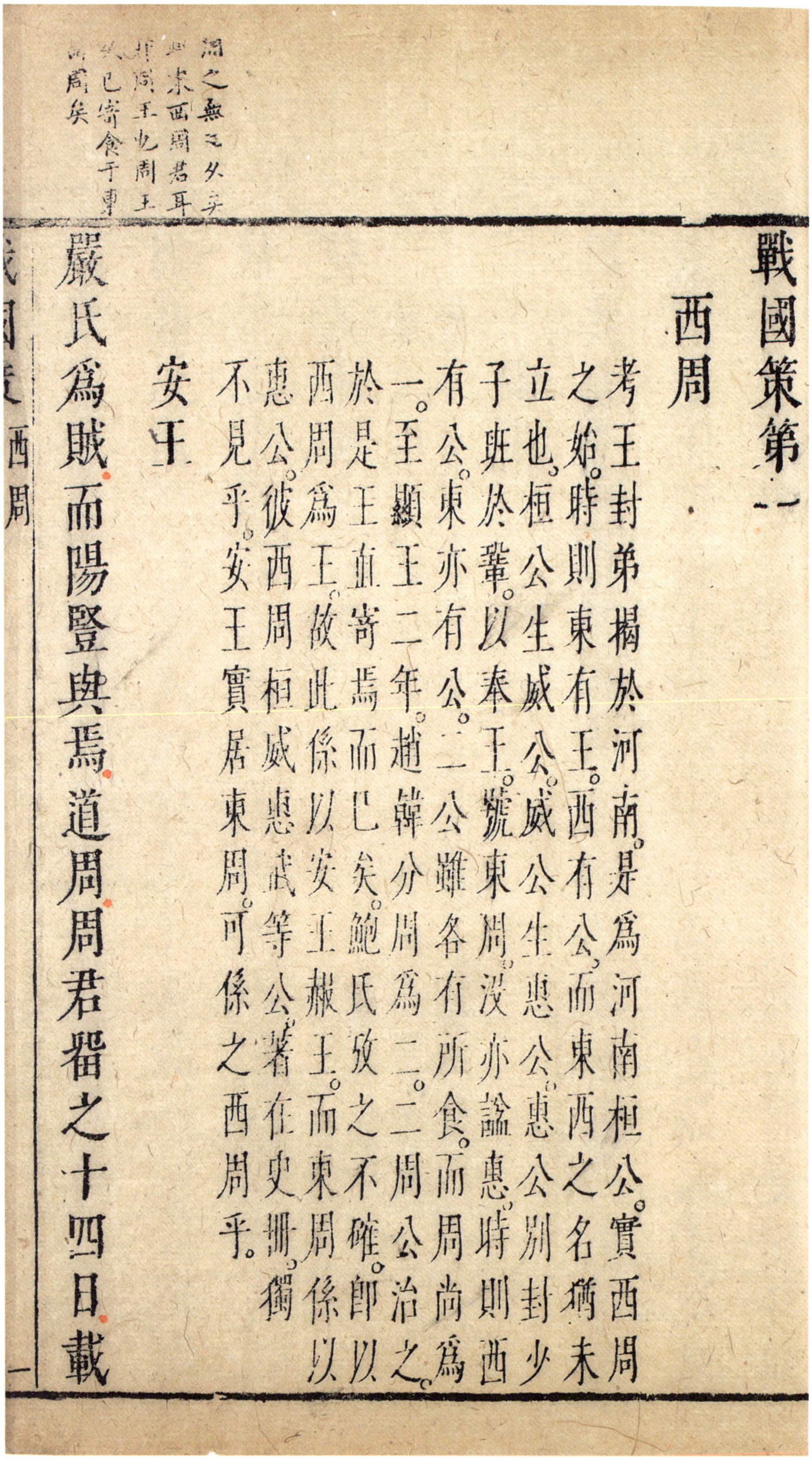

周之無主久矣但求西周君耳非周王也周王久已寄食于東周矣

戰國策第一

西周

考王封弟揭於河南。是爲河南桓公。實西周之始。時則東有王。西有公。而東西之名猶未立也。桓公生威公。威公生惠公。惠公別封少子班於鞏。以奉王。號東周。沒亦謚惠。時則西有公。東亦有公。二公雖各有所食。而周尚爲一。至顯王二年。趙韓分周爲二。二周公治之。於是王直寄焉而已矣。鮑氏致之不確。即以西周爲王。彼此係以安王赧王。而東周係以惠公。彼西周桓威惠武等公。著在史冊。獨不見乎。安王實居東周。可係之西周乎。

安王

嚴氏爲賊而陽豎與焉道周周君留之十四日載

戰國策 西周 一

戰國策十二卷今本目録一卷 （明）閔齊伋裁注　明萬曆四十八年（1620）閔齊伋刻本

匡高21厘米，廣15厘米。半葉九行，行十九字，小字雙行同，白口，四周單邊。平湖市圖書館藏。

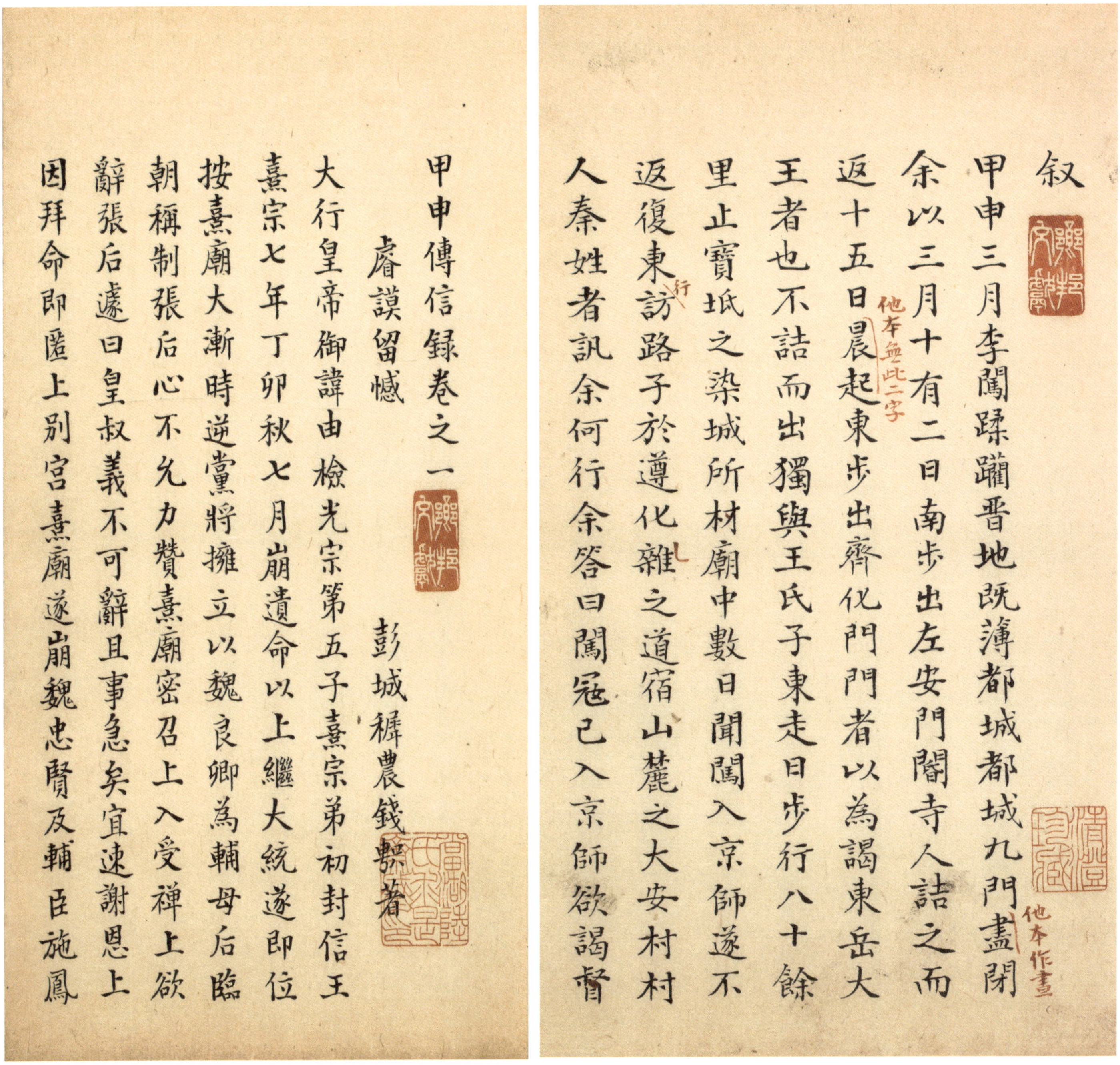
敘
甲申三月李闖蹂躪晉地既薄都城都城九門盡閉
余以三月十有二日南步出左安門閹寺人詰之而
返十五日晨起東步出齊化門門者以為謁東岳大
王者也不詰而出獨與王氏子東走日步行八十餘
里止寶坻之梁城所材廟中數日聞闖入京師遂不
返復東訪路子於遵化雜之道宿山麓之大安村村
人秦姓者訊余何行余答曰闖寇已入京師欲謁督

甲申傳信録卷之一
睿謨留憾
彭城穉農錢䋈著
大行皇帝御諱由檢光宗第五子熹宗弟初封信王
熹宗七年丁卯秋七月崩遺命以上繼大統遂即位
按熹廟大漸時逆璫將擁立以魏良卿為輔母后臨
朝稱制張后心不允力贊熹廟密召上入受禪上欲
辭張后遽曰皇叔義不可辭且事急矣宜速謝恩上
因拜命即匿上別宮熹廟遂崩魏忠賢及輔臣施鳳

甲申傳信録八卷　（明）錢士馨著　清寫本

匡高28.3厘米，廣17.9厘米，半葉八行，行二十字。有“清澄珍藏”、“鄉邦文獻”、“當湖陸氏求是齋藏印”等印。平湖市博物館藏。

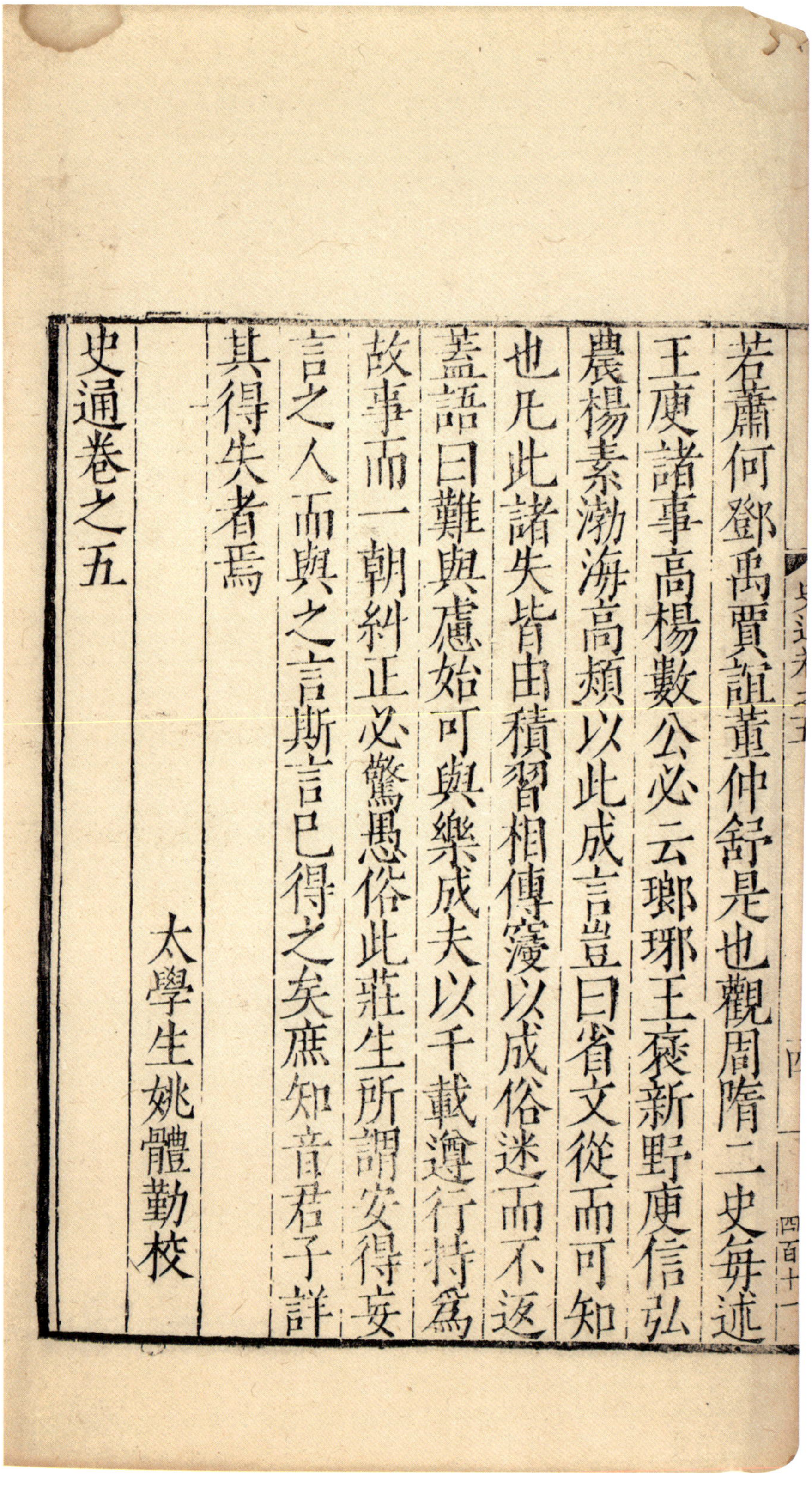

若蕭何鄧禹賈誼董仲舒是也觀周隋二史毎述
王庾諸事高楊數公必云瑯琊王褒新野庾信弘
農楊素渤海高熲以此成言豈曰省文從而可知
也凡此諸失皆由積習相傳寖以成俗迷而不返
蓋語曰難與慮始可與樂成夫以千載遵行持爲
故事而一朝糾正必驚愚俗此莊生所謂安得妄
言之人而與之言斯言已得之矣庶知音君子詳
其得失者焉

太學生姚體勤校

史通卷之五

史通二十卷 （唐）劉知幾撰　明萬曆五年（1577）張之象刻本

匡高19厘米，廣14.8厘米。半葉十行，行十九字，小字雙行同，白口，左右雙邊，單黑魚尾，版心有字數，有陸本、章扞等明代刻工名。平湖市圖書館藏。

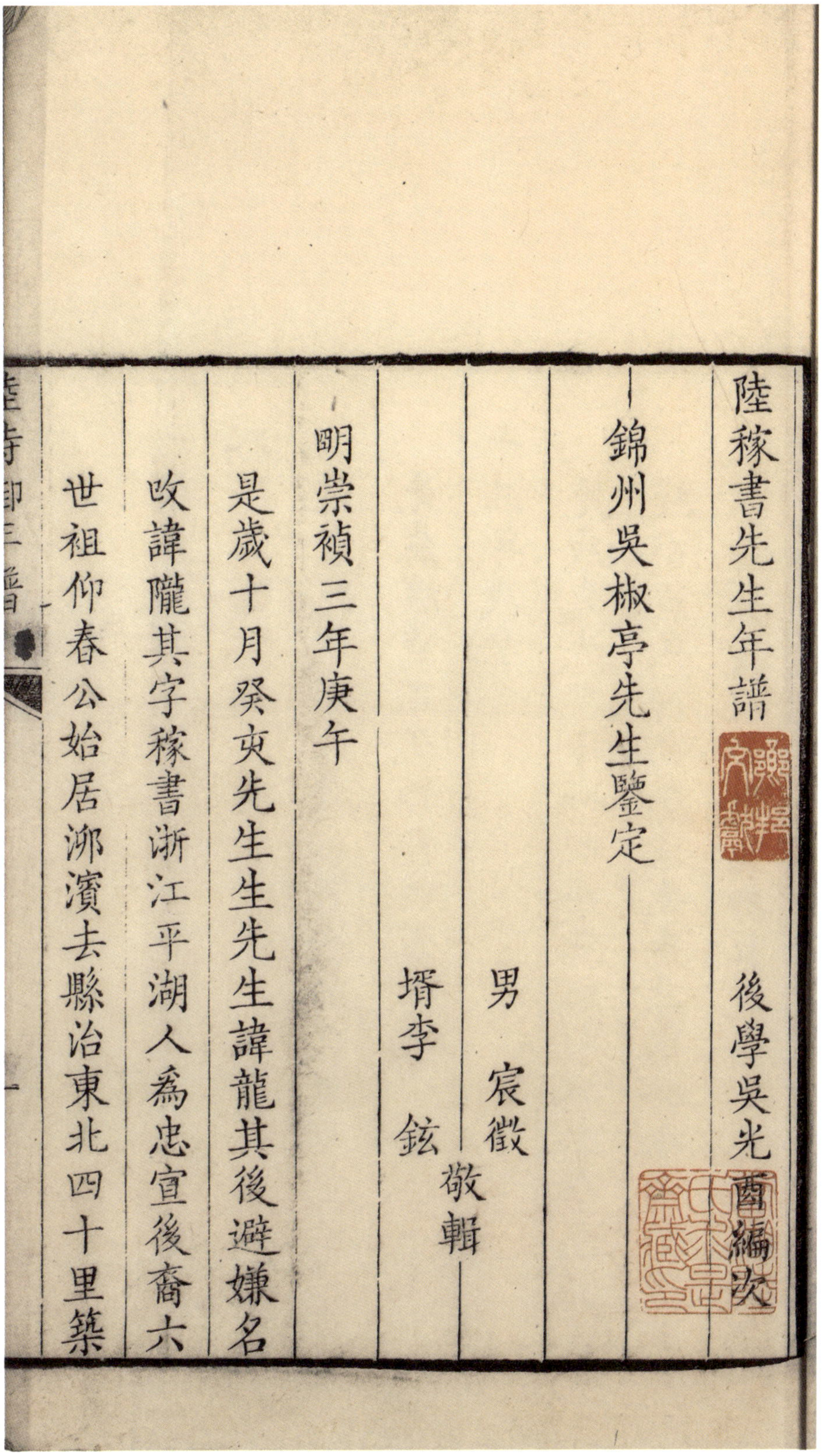

陸稼書先生年譜　　後學吳光酉編次

錦州吳椒亭先生鑒定

男　宸徵

壻李　鉉　敬輯

明崇禎三年庚午

是歲十月癸亥先生生先生諱龍其後避嫌名攺諱隴其字稼書浙江平湖人爲忠宣後裔六世祖仰春公始居泖濱去縣治東北四十里築

陸稼書先生年譜一卷　（清）吳光酉編　（清）陸宸徵　李鉉等輯

清康熙五十七年（1718）三堂刻本

匡高17.3厘米，廣14.1厘米。半葉九行，行二十字，白口，左右雙邊。平湖市圖書館藏。

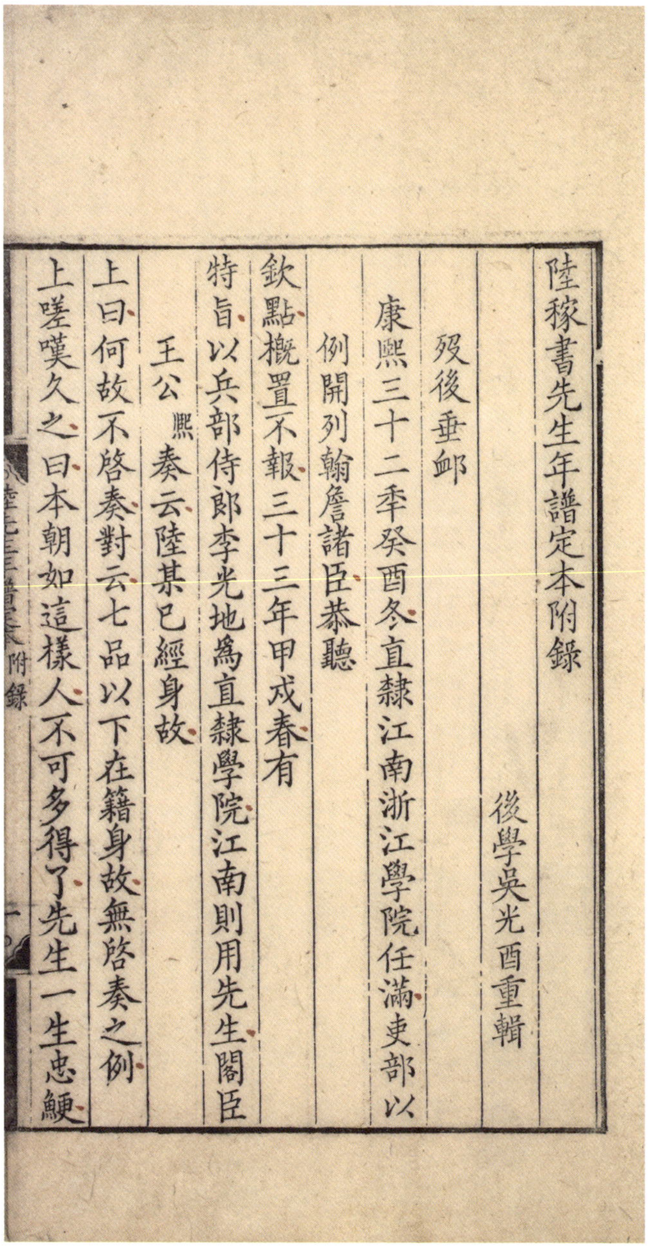

陸稼書先生年譜定本附録

後學吴光酉重輯

歿後垂䘏

康熙三十二年癸酉冬直隸江南浙江學院任滿吏部以

例開列翰詹諸臣恭聽

欽點概置不報三十三年甲戌春有

特旨以兵部侍郎李光地爲直隸學院江南則用先生閣臣

王公 熙 奏云陸某已經身故

上曰何故不啓奏對云七品以下在籍身故無啓奏之例

上嗟嘆久之曰本朝如這樣人不可多得了先生一生忠鯁

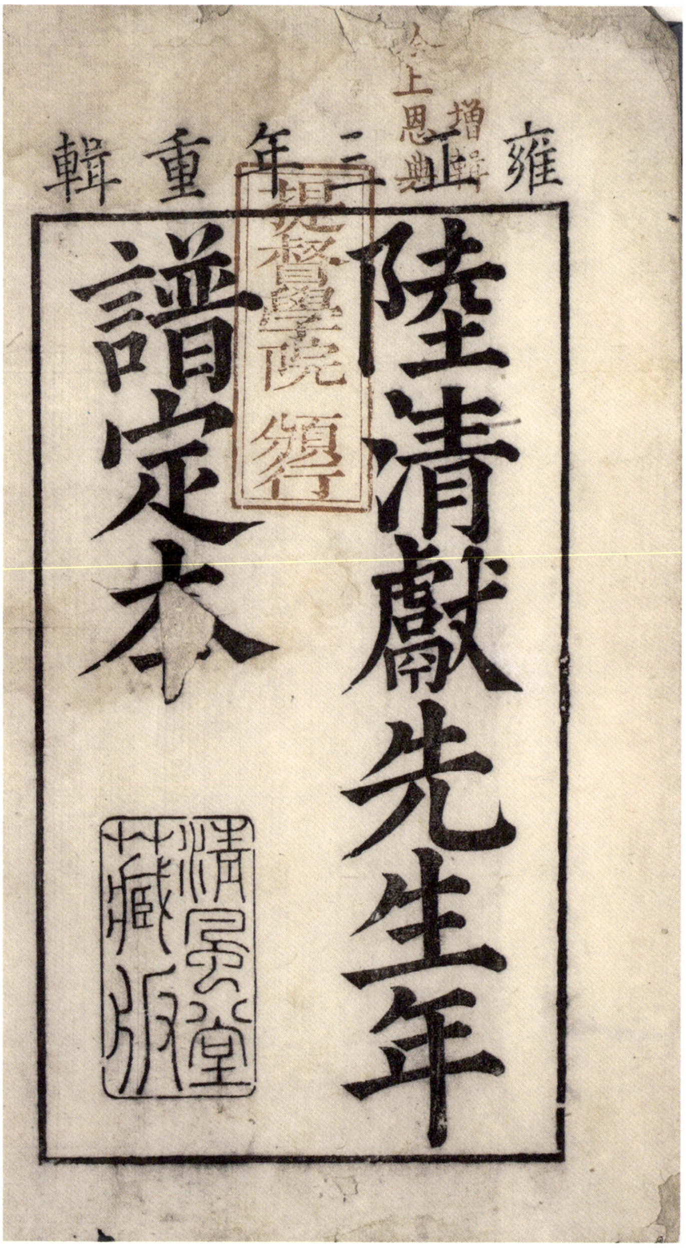

雍正三年重輯

陸清獻先生年譜定本

清風堂藏版

陸稼書先生年譜二卷附録一卷 （清）吴光酉 编 （清）陸宸徵李鉉等撰 （清）吴光酉輯 清雍正三年（1725）清風堂刻乾隆六年（1741）增訂刻本

匡高19.5厘米，廣13.1厘米。半葉十行，行二十三字，黑口，左右雙邊。有“時川初珍藏印”、“大梅堂”等印。入《中國古籍善本書目》。平湖市圖書館藏。

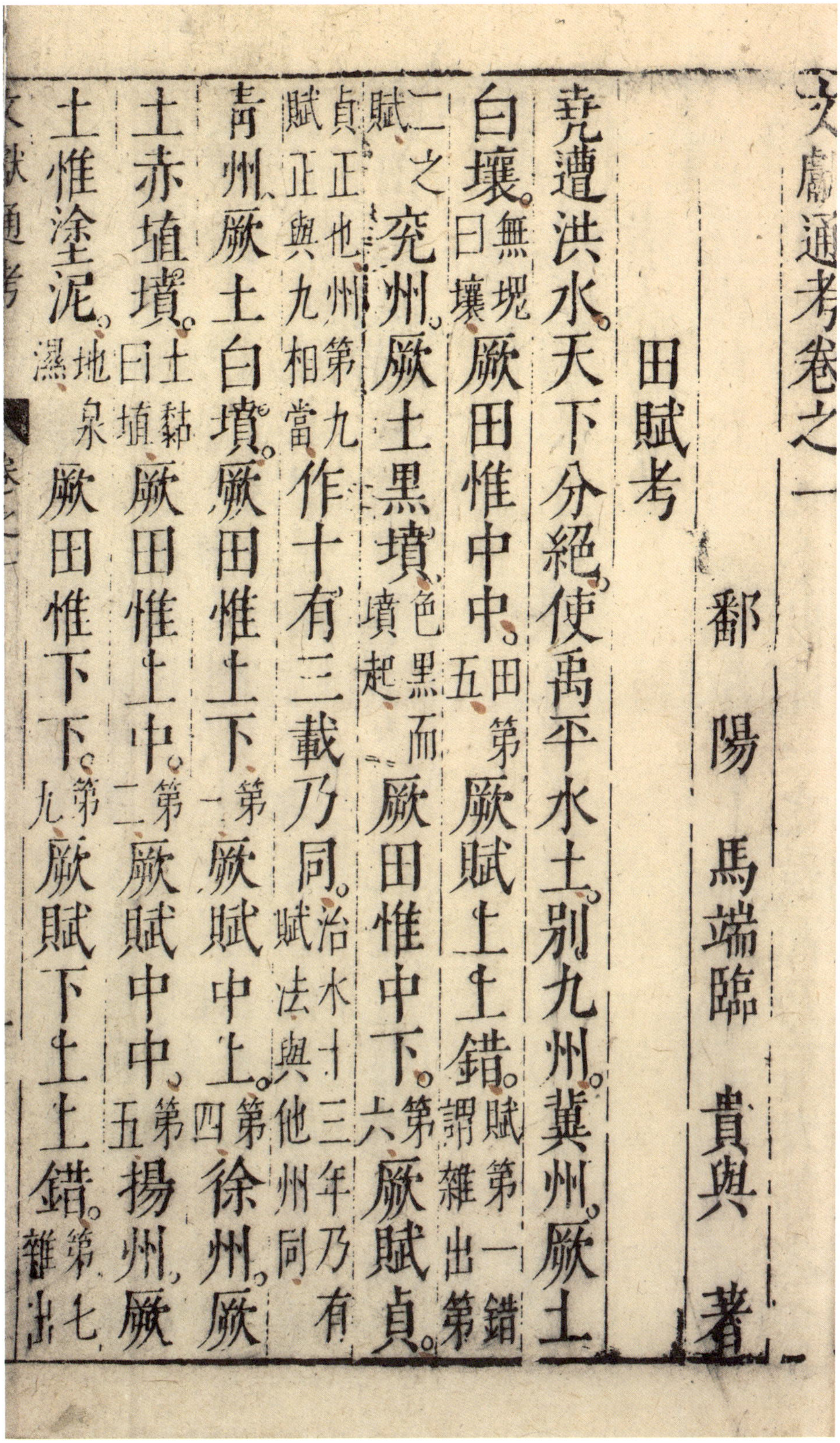

文獻通考卷之一

鄱陽　馬端臨　貴與　著

田賦考

堯遭洪水。天下分絕。使禹平水土。别九州。冀州。厥土白壤。無塊曰壤厥田惟中中。田第五厥賦上上錯。賦第一錯謂雜出第二之賦兗州。厥土黑墳。色黑而墳起厥田惟中下。第六厥賦貞。貞正也州第九賦正與九相當作十有三載乃同。治水十三年乃有賦法與他州同青州。厥土白墳。厥田惟上下。第三厥賦中上。第四徐州。厥土赤埴墳。土黏曰埴厥田惟上中。第二厥賦中中。第五揚州。厥土惟塗泥。地泉濕厥田惟下下。第九厥賦下上上錯。第七雜出

文獻通考　卷之一

文獻通考三百四十八卷　（元）馬端臨撰　明映旭齋刻本

匡高21.5厘米，廣14.8厘米。半葉十行，行二十字，小字雙行同，白口，四周單邊，單黑魚尾。有佚名朱筆圈點。平湖市圖書館藏 。

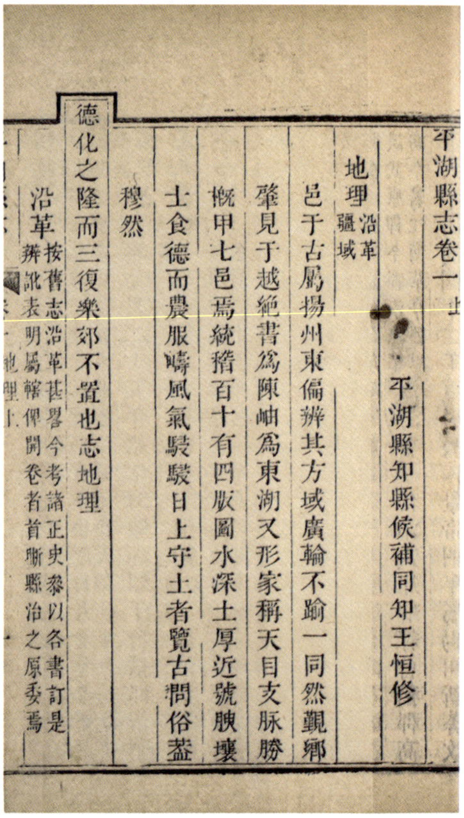

平湖縣志卷一

平湖縣知縣候補同知王恒修

地理 沿革 疆域

邑于古屬揚州東偏辨其方域廣輪不踰一同然覲鄉肇見于越絕書爲陳岫爲東湖又形家稱天目支脉勝槪甲七邑焉統稽百十有四版圖水深土厚近號腴壤士食德而農服疇風氣駸駸日上守土者覽古問俗盖穆然

德化之隆而三復樂郊不置也志地理

沿革 按舊志沿革甚畧今考諸正史參以各書訂是辨訛表明屬轄俾開卷者首晰縣治之原委焉

平湖縣志十卷首一卷末一卷 （清）王恒修　清乾隆五十五（1790）年刻本

匡高18.2厘米，廣12.6厘米。半葉十行，行二十三字，小字雙行同，白口，四周雙邊。平湖市圖書館藏。

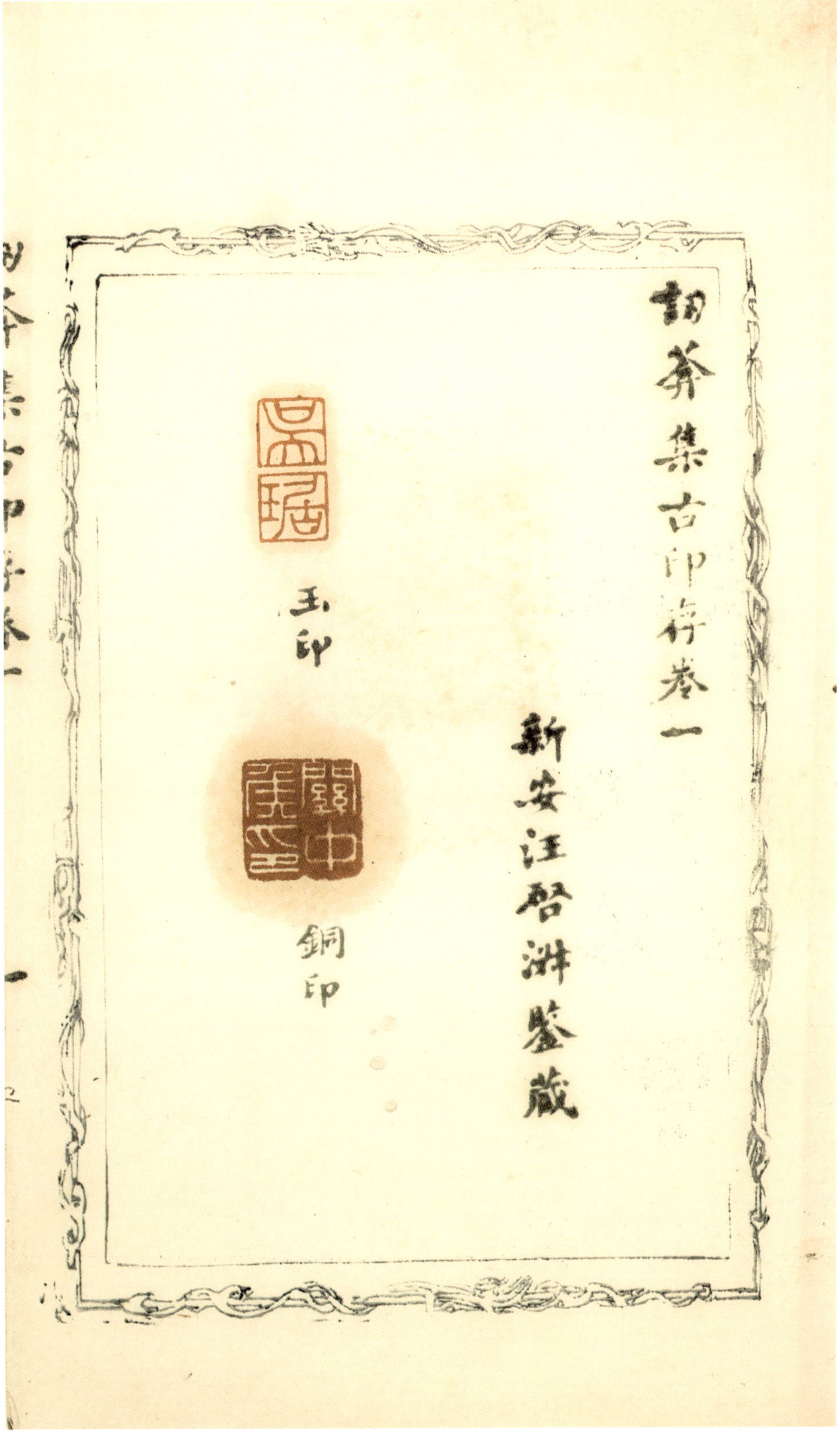

訒葊集古印存八卷 （清）汪啟淑輯　清乾隆二十五年（1760）鈐印本

匡高22.1厘米，廣14.5厘米。白口，四周藍花格邊。平湖市博物館藏。

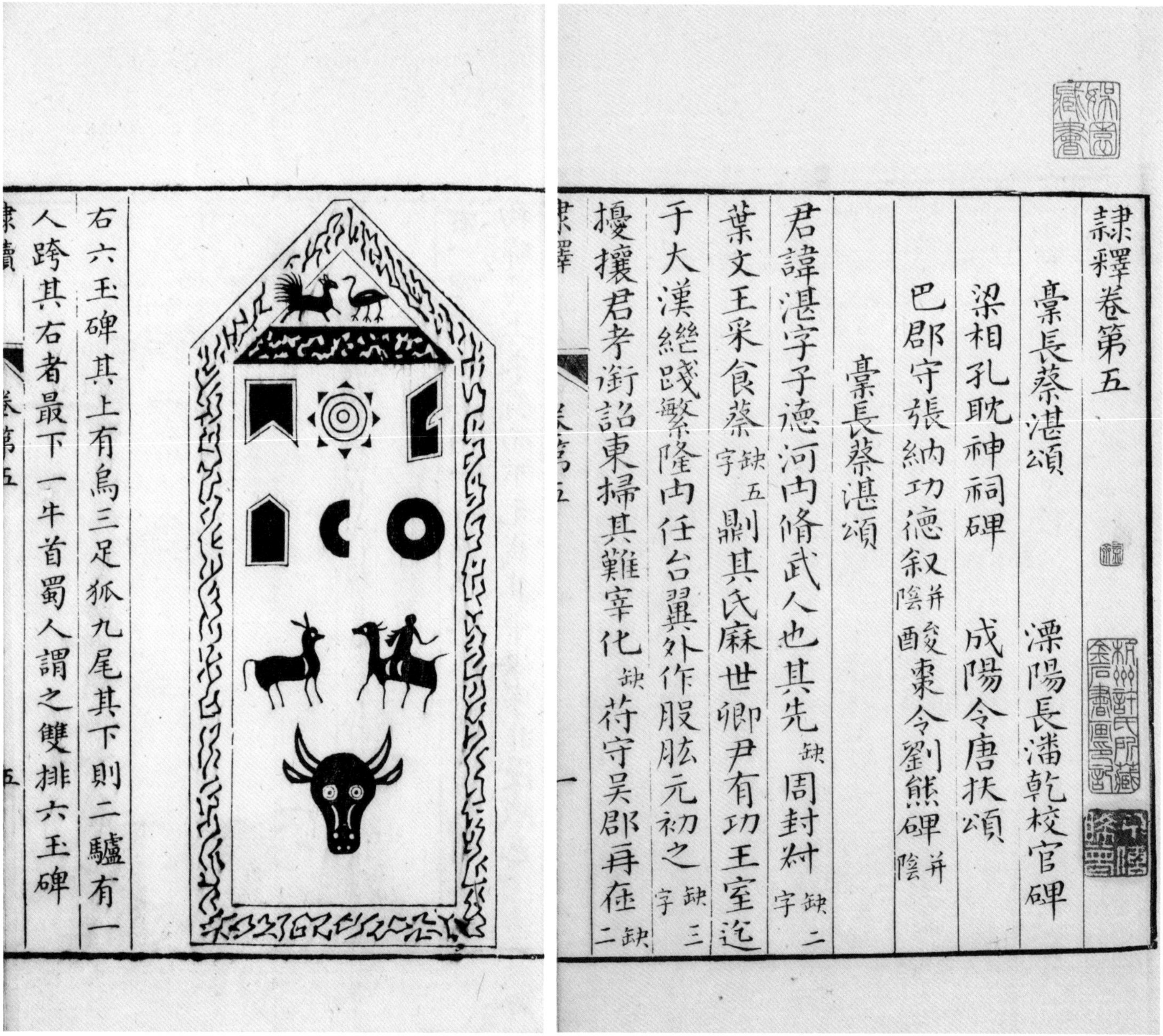

隸釋二十七卷隸續二十一卷　（宋）洪適撰　（清）丁傳批校　清乾隆四十二年（1777）至四十三年（1778）汪日秀樓松書屋刻本

匡高21.2厘米，廣16厘米。半葉九行，行二十字，白口，四周單邊。有“樓松書屋汪氏校本”、“秀水金氏珍藏”、“杭州許氏所藏金石書畫印記”、“丁傳睎曾”等印。平湖市圖書館藏。

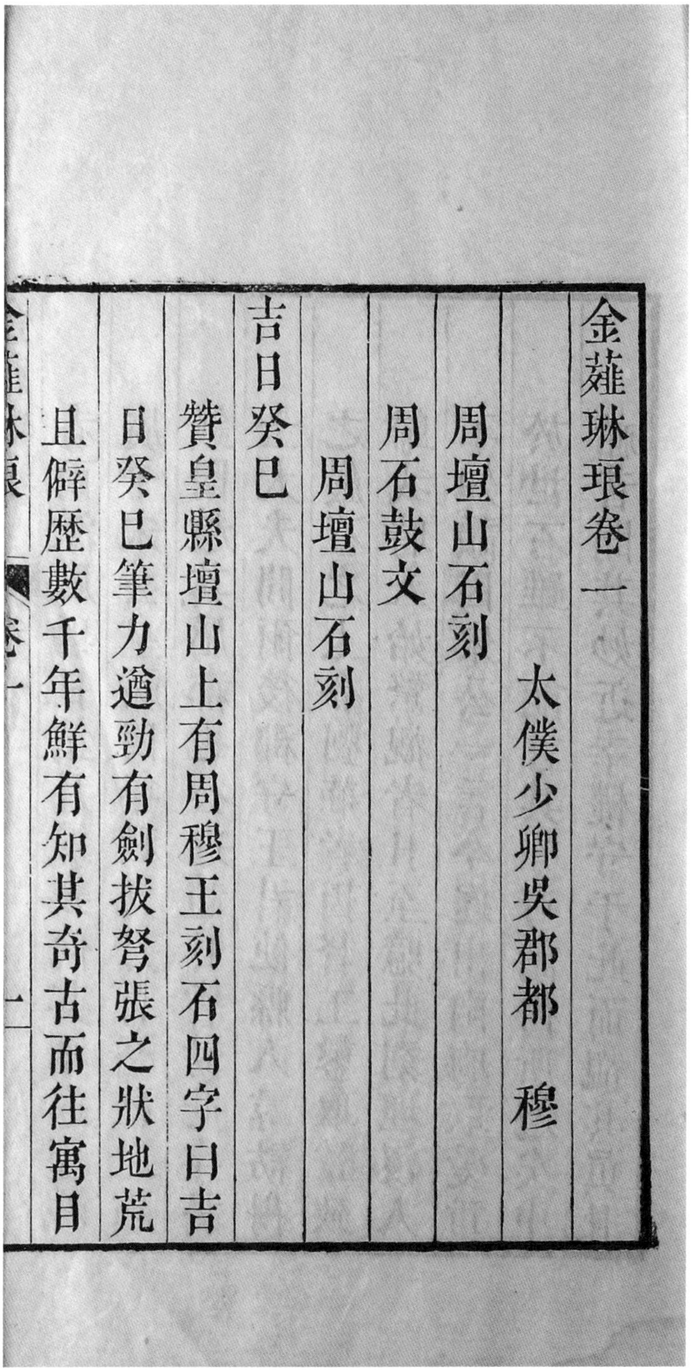

金薤琳琅卷一

太僕少卿吳郡都　穆

周壇山石刻

周石鼓文

周壇山石刻

吉日癸巳

贊皇縣壇山上有周穆王刻石四字曰吉日癸巳筆力遒勁有劍拔弩張之狀地荒且僻歷數千年鮮有知其奇古而往寓目

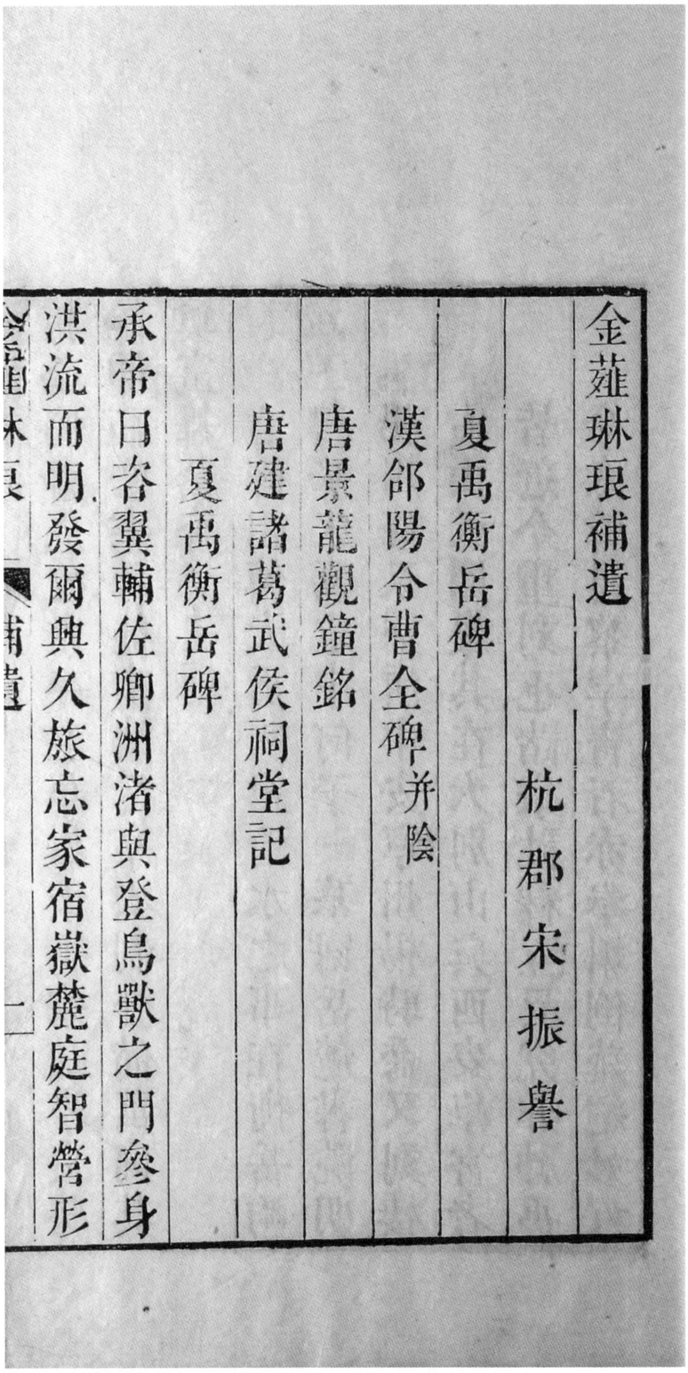

金薤琳琅補遺

杭郡宋振譽

夏禹衡岳碑

漢郃陽令曹全碑并陰

唐景龍觀鐘銘

唐建諸葛武侯祠堂記

夏禹衡岳碑

承帝曰咨翼輔佐卿洲渚與登鳥獸之門參身洪流而明發爾興久旅忘家宿嶽麓庭智營形

金薤琳琅二十卷（明）都穆撰　**補遺一卷**（清）宋振譽撰　清乾隆四十三年（1778）汪荻洲刻本

匡高19.6厘米，廣13.7厘米。半葉九行，行十八字，白口，四周单邊，單黑魚尾。平湖市圖書館藏。

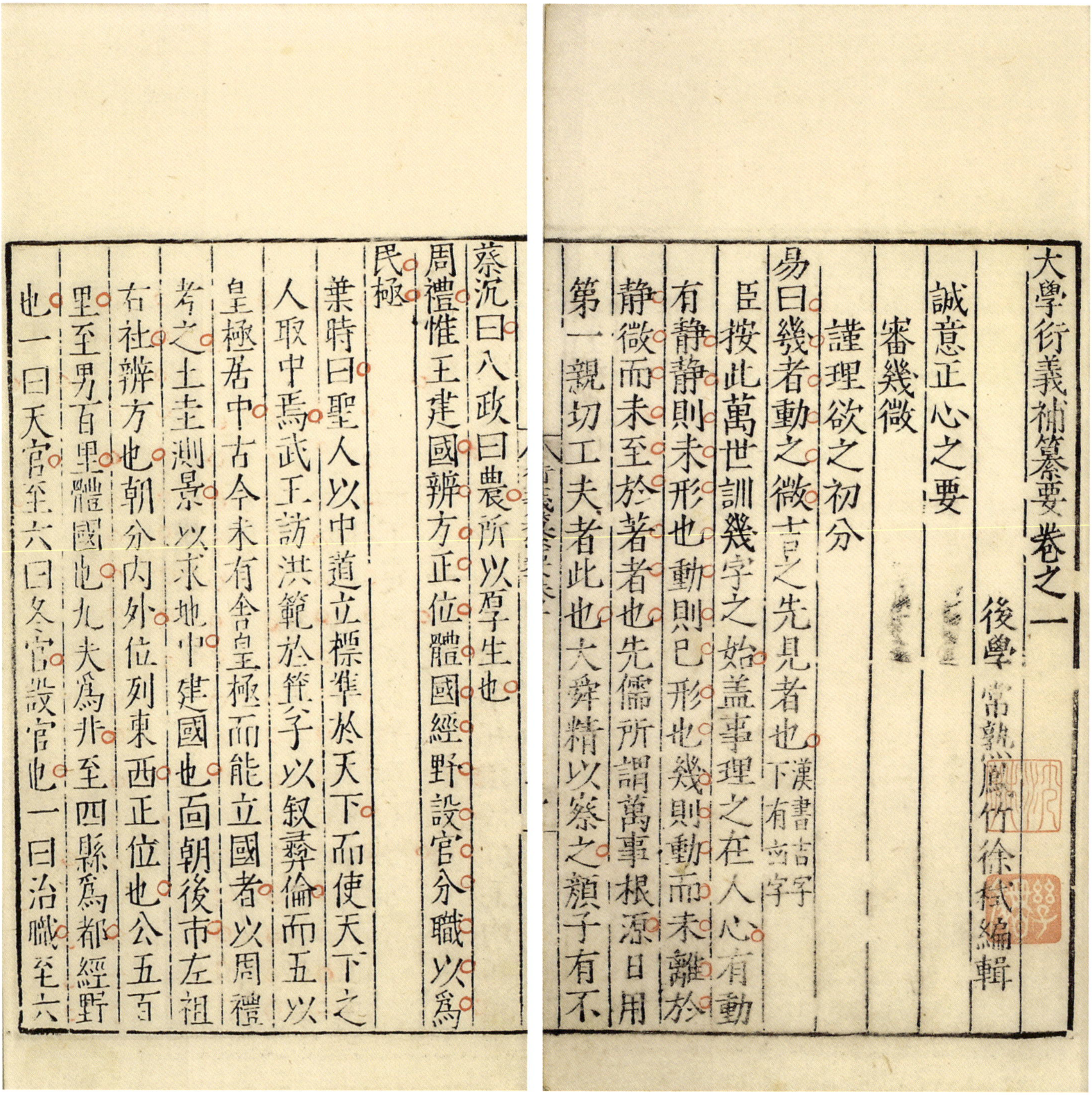

大學衍義補纂要卷之一

後學常熟鳳竹徐栻編輯

誠意正心之要

審幾微

謹理欲之初分

易曰幾者動之微吉之先見者也漢書吉下有凶字

臣按此萬世訓幾字之始蓋事理之在人心有動有靜靜則未形也動則已形也幾則動而未離於靜微而未至於著者也先儒所謂萬事根源日用第一親切工夫者此也大舜精以察之顏子有不

蔡沉曰八政曰農所以厚生也

周禮惟王建國辨方正位體國經野設官分職以為民極

葉時曰聖人以中道立標準於天下而使天下之人取中焉武王訪洪範於箕子以叙彜倫而五以皇極居中古今未有舍皇極而能立國者以周禮考之土圭測景以求地中建國也面朝後市左祖右社辨方也朝分内外位列東西正位也公五百里至男百里體國也九夫為井至四縣為都經野也一曰天官至六曰冬官設官也一曰治職至六

大學衍義補纂要六卷　（明）徐栻輯　明嘉靖三十七年（1558）顧名儒刻本

匡高20.2厘米，廣14厘米。半葉十行，行二十字，小字雙行同，白口，四周單邊。有“沈林”等印。入《中國古籍善本書目》。第一批國家珍貴古籍名録號01745。平湖市圖書館藏。

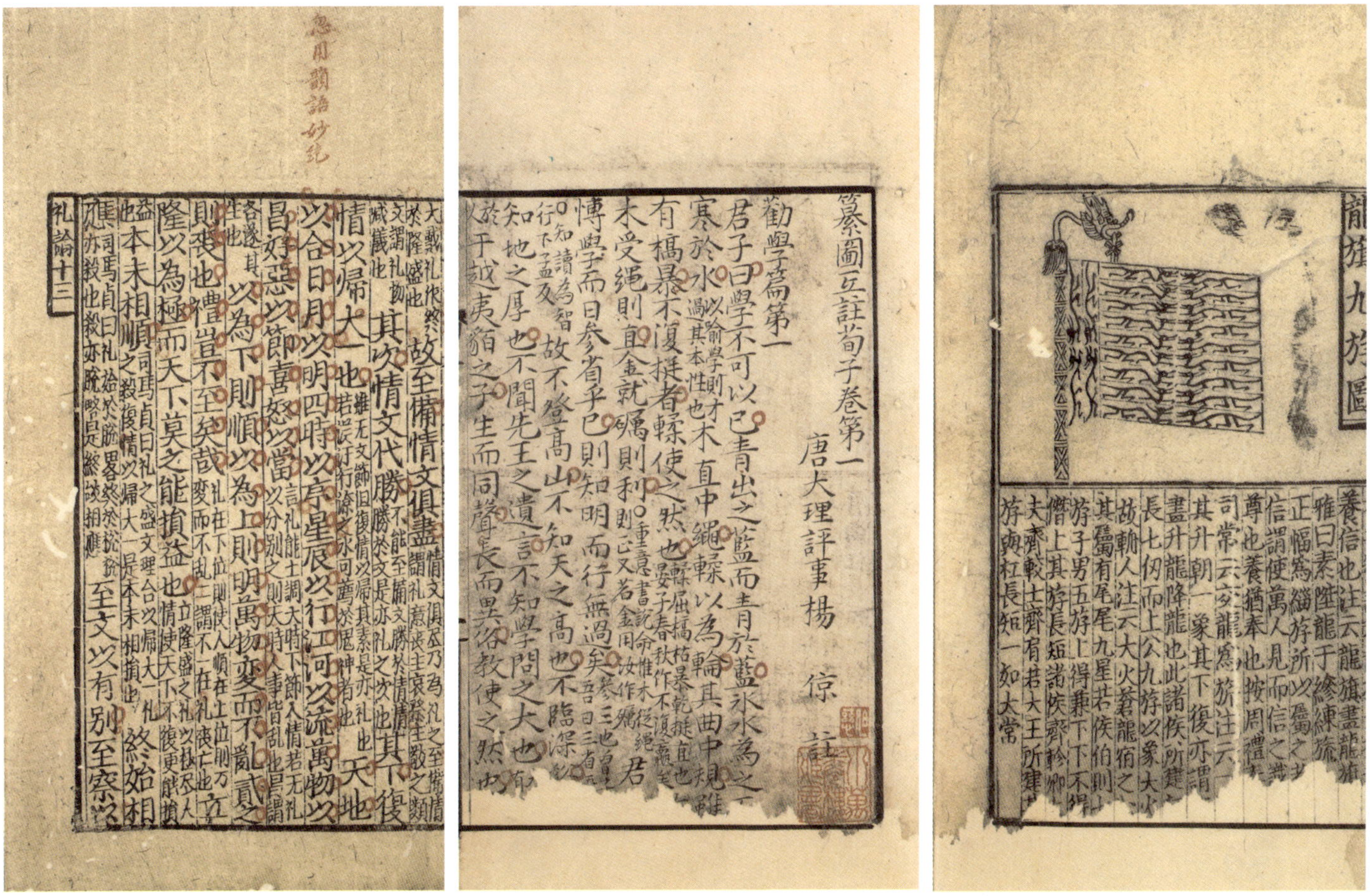
纂圖互註荀子卷第一　唐大理評事楊倞註
勸學篇第一
君子曰學不可以已青出之藍而青於藍冰水爲之而
寒於水以喻學則才過其本性也木直中繩輮以爲輪其曲中規雖
有槁暴不復挺者輮使之然也輮屈槁枯暴乾挺直也晏子春秋作不復贏矣故
木受繩則直金就礪則利○重意書說命惟木從繩則正又若金用汝作礪君
子博學而日參省乎己則知明而行無過矣參三也曾子曰吾日三省吾身
○知讀爲智行下孟反故不登高山不知天之高也不臨深谿不
知地之厚也不聞先王之遺言不知學問之大也干
越夷貉之子生而同聲長而異俗教使之然也

纂圖互註荀子二十卷　（唐）楊倞註　明初刻本

匡高18厘米，廣12.1厘米。半葉十一行，行二十一字，小字雙行二十五字，黑口，四周雙邊。有佚名圈點、批註。有“小萬卷樓藏書”等印。平湖市圖書館藏。

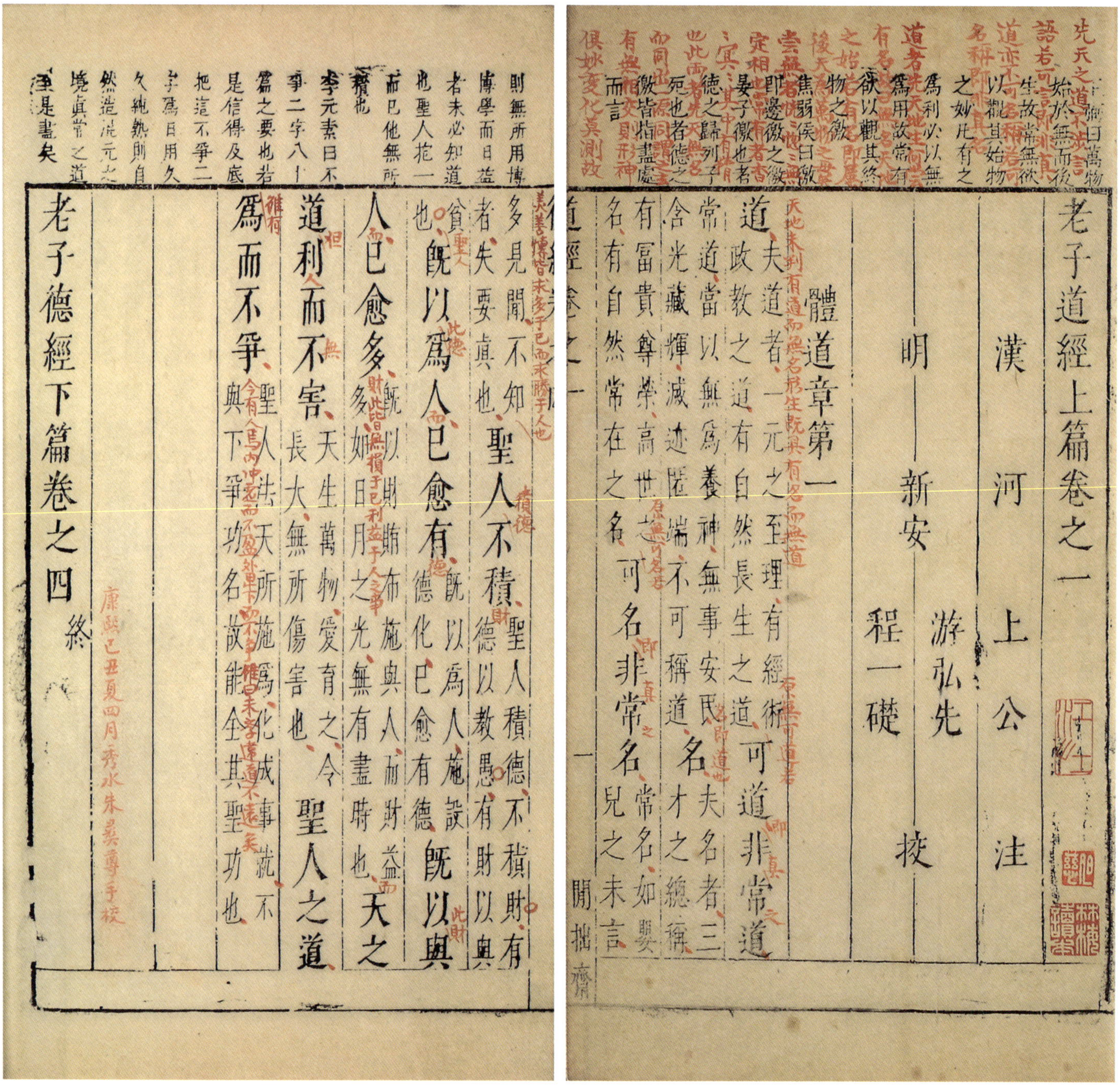

老子道德經四卷總評一卷　題（漢）河上公注　（明）游弘先　程一礎校　明崇禎三年（1630）閒拙齋刻本

匡高20.5厘米，廣13.7厘米。上下兩欄，半葉上欄八行，行十七字，小字雙行同，下欄無字，白口，四周單邊。清朱彝尊手校。有“小萬卷樓藏書”、“江左”、“林梅讀本”等印。佚名批校。入《中國古籍善本書目》。平湖市圖書館藏。

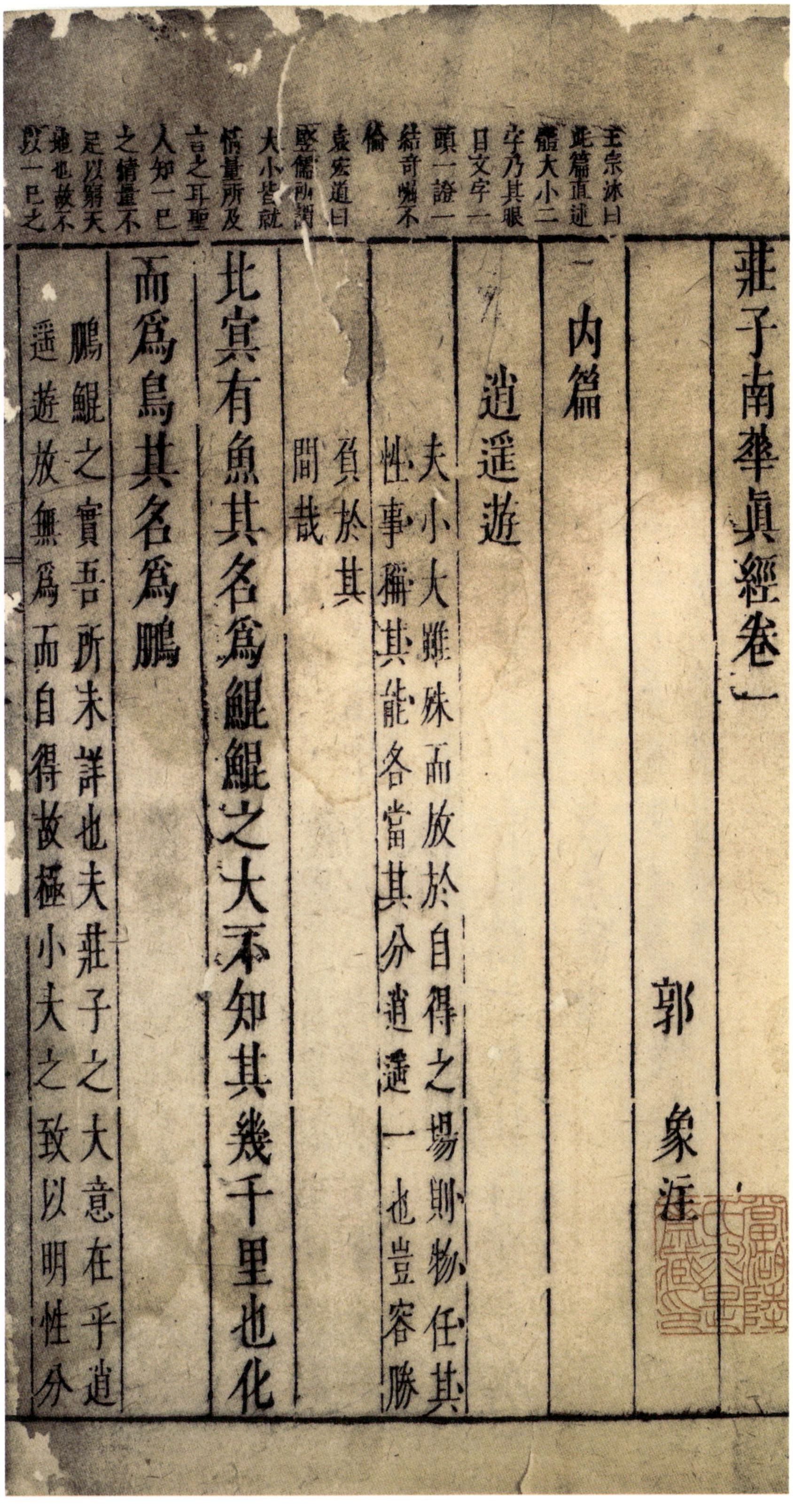

莊子南華真經十卷 （晉）郭象注 （明）王宗沭等評 明刻本

匡高22.1厘米，廣14.6厘米。半葉九行，行十九字，小字雙行同，白口，四周單邊。有“當湖陸氏求是齋藏印”、“陸惟鍌印”、“清澄”等印。入《中國古籍善本書目》。平湖市圖書館藏。

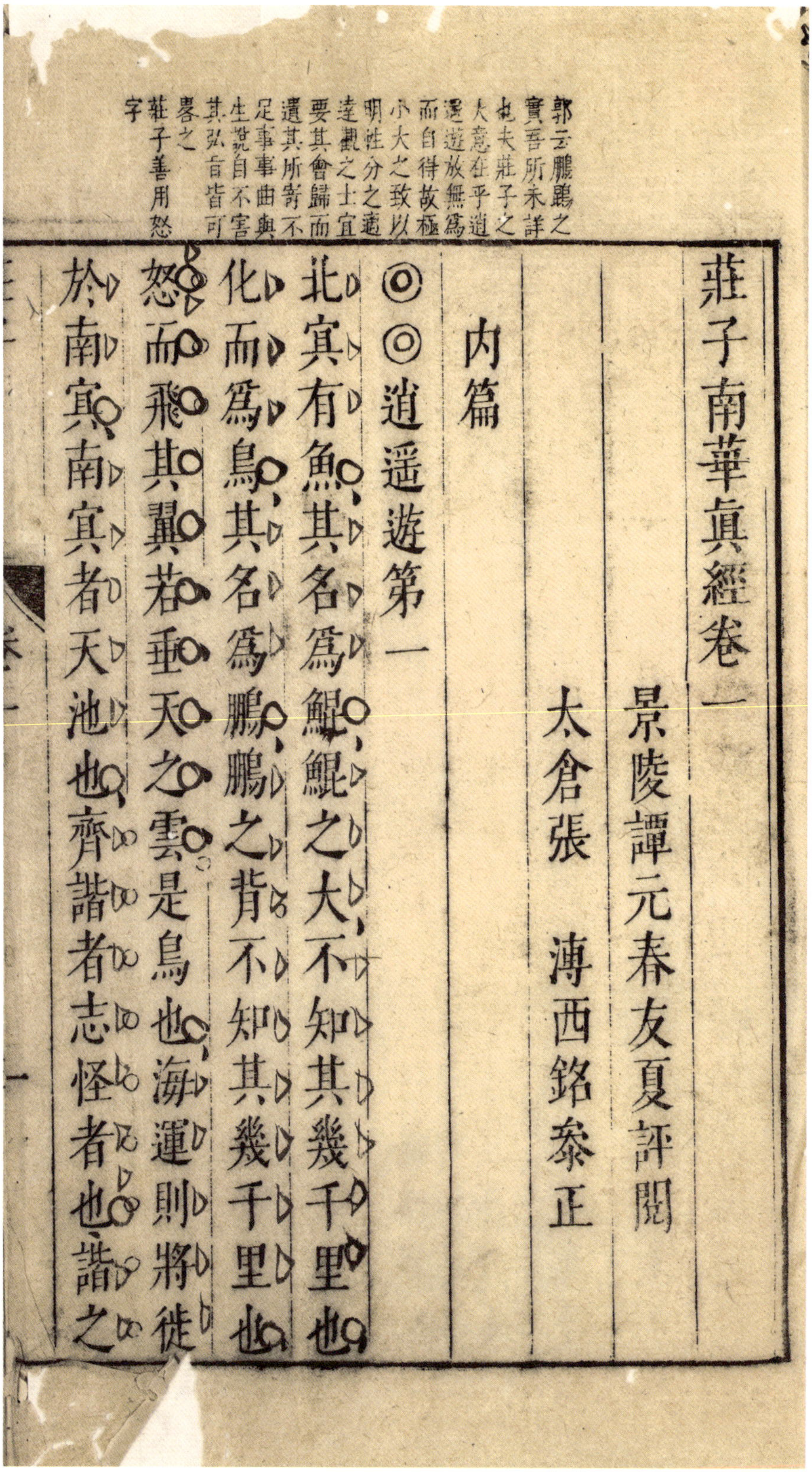

郭云鵬鵾之實吾所未詳也夫莊子之大意在乎逍遥遊放無爲而自得故極小大之致以明性分之適達觀之士宜要其會歸而遺其所寄不足事事曲與生説自不害其弘旨皆可畧之
莊子善用怒字

莊子南華真經卷一

景陵譚元春友夏評閱

太倉張溥西銘叅正

内篇

◎◎逍遥遊第一

北冥有魚其名爲鯤鯤之大不知其幾千里也化而爲鳥其名爲鵬鵬之背不知其幾千里也怒而飛其翼若垂天之雲是鳥也海運則將徙於南冥南冥者天池也齊諧者志怪者也諧之

莊子南華真經三卷　（明）譚元春評　明崇禎八年（1635）張溥刻本

匡高19.5厘米，廣14.5厘米。半葉九行，行十八字，白口，左右雙邊。入《中國古籍善本書目》。平湖市圖書館藏。

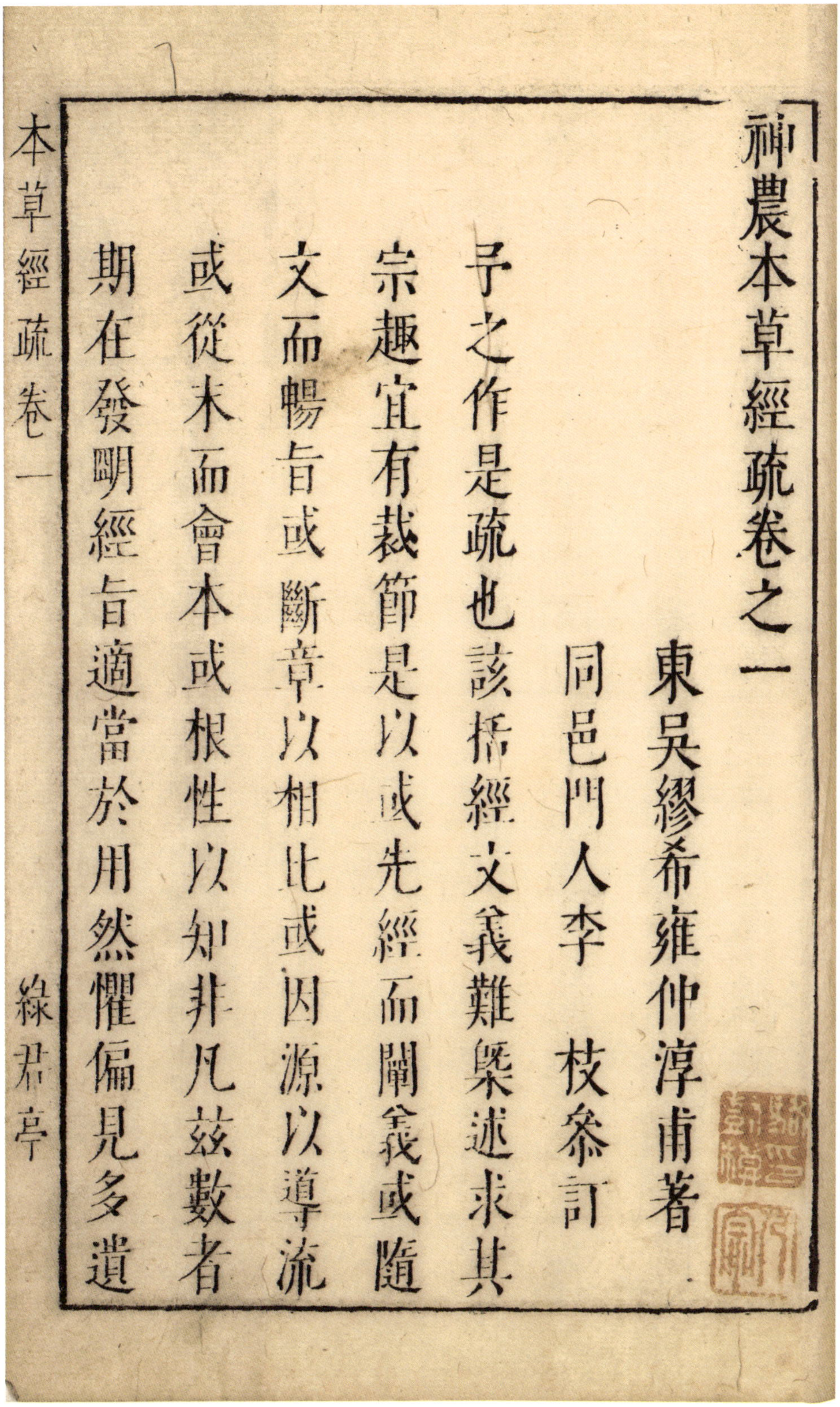
神農本草經疏卷之一
東吴繆希雍仲淳甫著
同邑門人李　枝叅訂
予之作是疏也該括經文義難槩述求其
宗趣宜有裁節是以或先經而闡義或隨
文而暢旨或斷章以相比或因源以導流
或從末而會本或根性以知非凡兹數者
期在發明經旨適當於用然懼偏見多遺
本草經疏卷一　綠君亭

神農本草經疏三十卷 （明）繆希雍撰　明天啟五年（1625）毛晉緑君亭刻本

匡高20.6厘米，廣13.2厘米。半葉八行，行十八字，白口，四周單邊。有“駒印封模”、“宗人”等印。入《中國古籍善本書目》。平湖市圖書館藏。

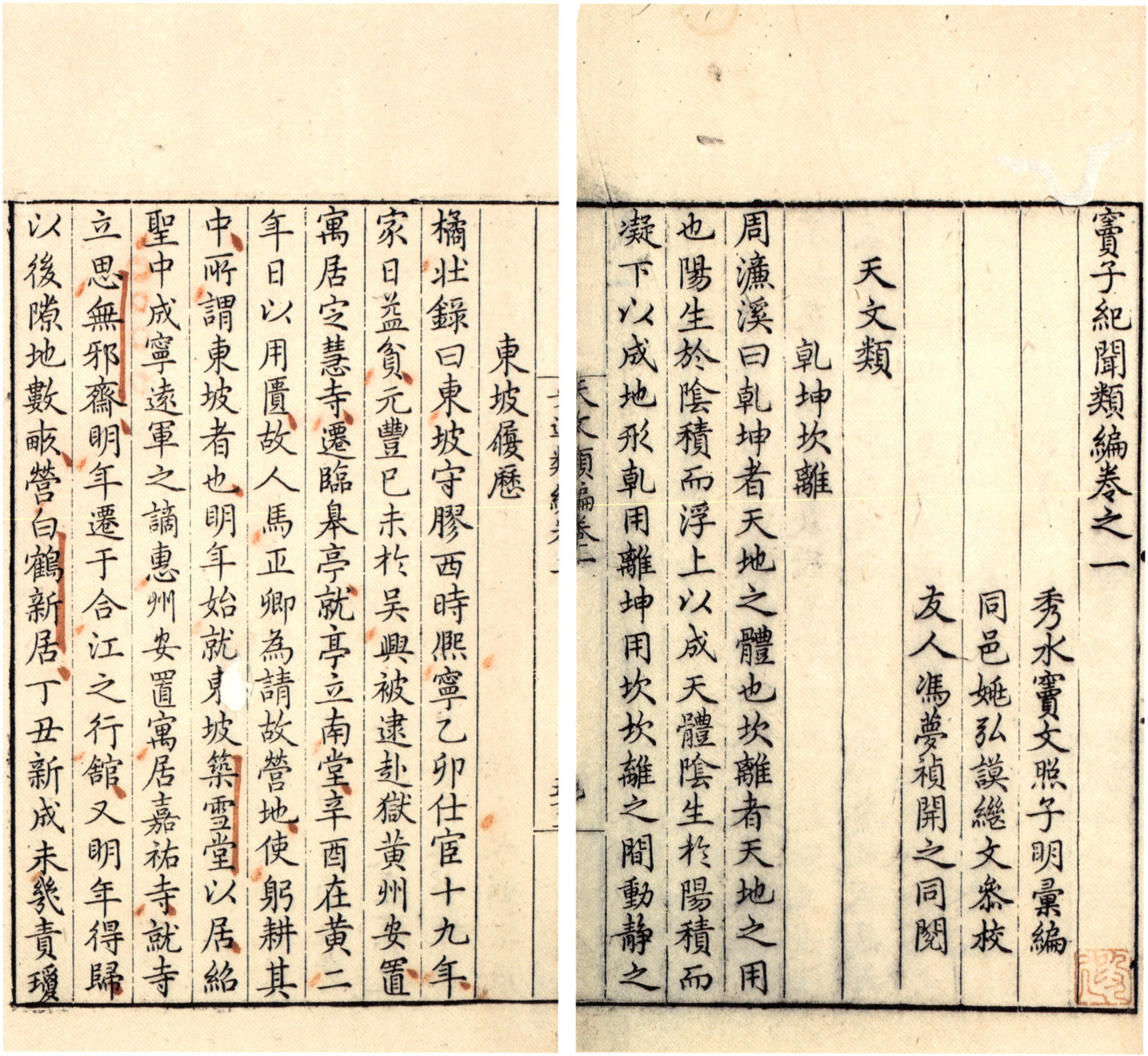

竇子紀聞類編卷之一

秀水竇文照子明彙編

同邑姚弘謨繼文參校

友人馮夢禎開之同閱

天文類

乾坤坎離

周濂溪曰乾坤者天地之體也坎離者天地之用也陽生於陰積而浮上以成天體陰生於陽積而凝下以成地形乾用離坤用坎坎離之間動靜之

天文類編卷之一

東坡履歷

橘壯錄曰東坡守膠西時熈寧乙卯仕宦十九年家日益貧元豐巳未於吳興被逮赴獄黃州安置寓居定慧寺遷臨臯亭就亭立南堂辛酉在黃二年日以用匱故人馬正卿為請故營地使躬耕其中所謂東坡者也明年始就東坡築雪堂以居紹聖中成寧遠軍之謫惠州安置寓居嘉祐寺就寺立思無邪齋明年遷于合江之行館又明年得歸以後隙地數畝營白鶴新居丁丑新成未幾責瓊

竇子紀聞類編四卷 （明）竇文照撰　姚弘謨　馮夢禎校　明萬曆八年（1580）自刻本

匡高19厘米，廣13.5厘米。半葉九行，行十九字，白口，四周單邊。有“當湖徐氏思補齋珍藏”、“遐”等印。入《中國古籍善本書目》。平湖市圖書館藏。

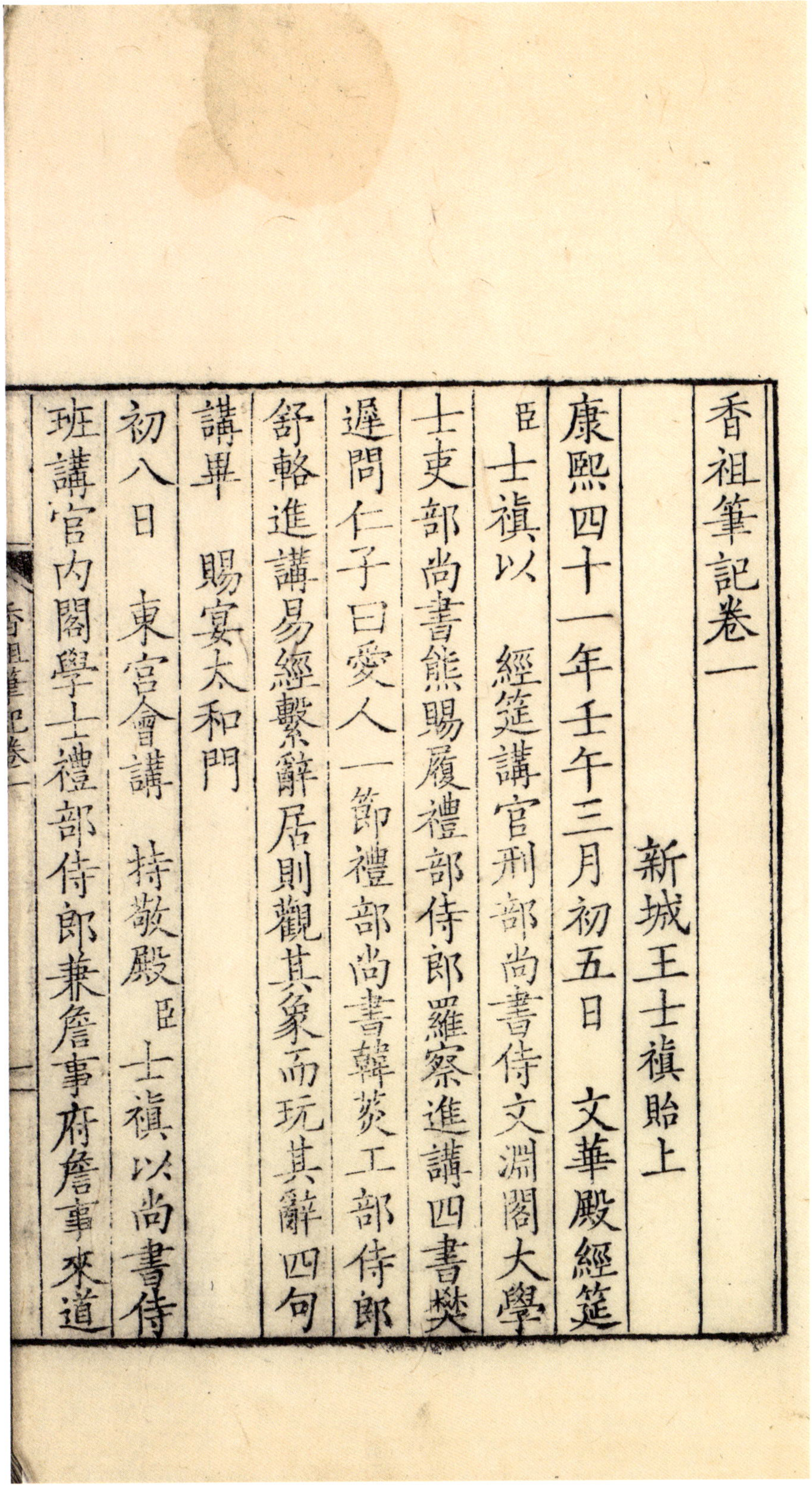
香祖筆記卷一
新城王士禛貽上
康熙四十一年壬午三月初五日　文華殿經筵
臣士禛以　經筵講官刑部尚書侍文淵閣大學
士吏部尚書熊賜履禮部侍郎羅察進講四書樊
遲問仁子曰愛人一節禮部尚書韓菼工部侍郎
舒輅進講易經繫辭居則觀其象而玩其辭四句
講畢　賜宴太和門
初八日　東宮會講　持敬殿臣士禛以尚書侍
班講官內閣學士禮部侍郎兼詹事府詹事來道

香祖筆記十二卷　（清）王士禛撰　清康熙（1662－1722）刻本

匡高16厘米，廣13.5厘米。半葉十行，行十九字，白口，左右雙邊。平湖市圖書館藏。

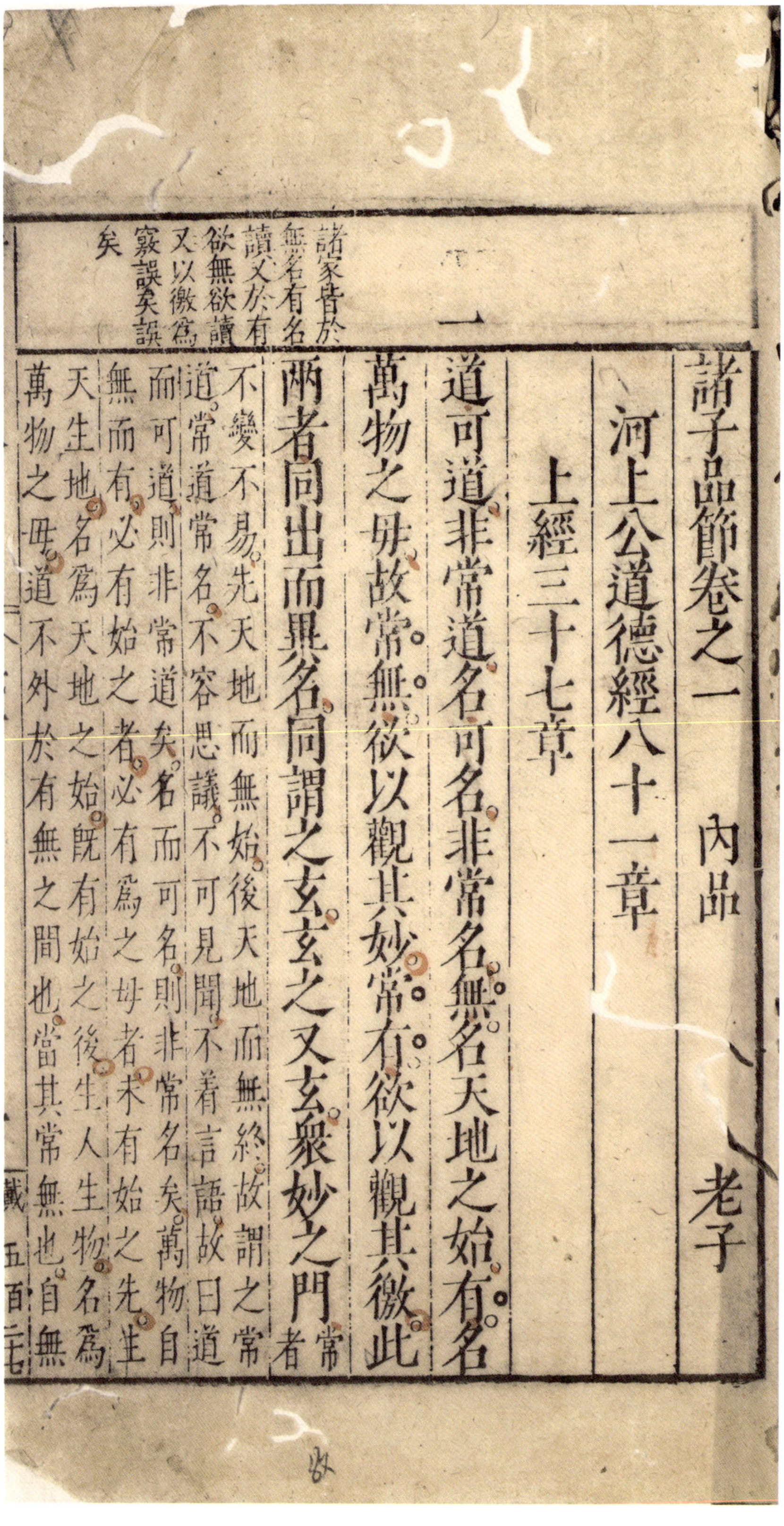
諸家皆於無名有名讀又於有欲無欲讀又以徼爲竅誤矣誤矣

諸子品節卷之一　內品　老子

河上公道德經八十一章

上經三十七章

一　道可道非常道名可名非常名無名天地之始有名萬物之母故常無欲以觀其妙常有欲以觀其徼此兩者同出而異名同謂之玄玄之又玄衆妙之門

常者不變不易先天地而無始後天地而無終故謂之常道常道常名不容思議不可見聞不着言語故曰道而可道則非常道矣名而可名則非常名矣萬物自無而有必有始之者必有爲之母者未有始之先生天生地名爲天地之始既有始之後生人生物名爲萬物之母道不外於有無之間也當其常無也自無

諸子品節五十卷　（明）陳深撰　明萬曆（1573－1620）刻本

匡高22厘米，廣14.9厘米。半葉九行，行二十字，小字雙行二十字，白口，四周單邊。版心有"夏山"、"丁彩"、"吳安"、"張相"、"沈溪"等明代刻工名。佚名朱筆圈點。平湖市圖書館藏。

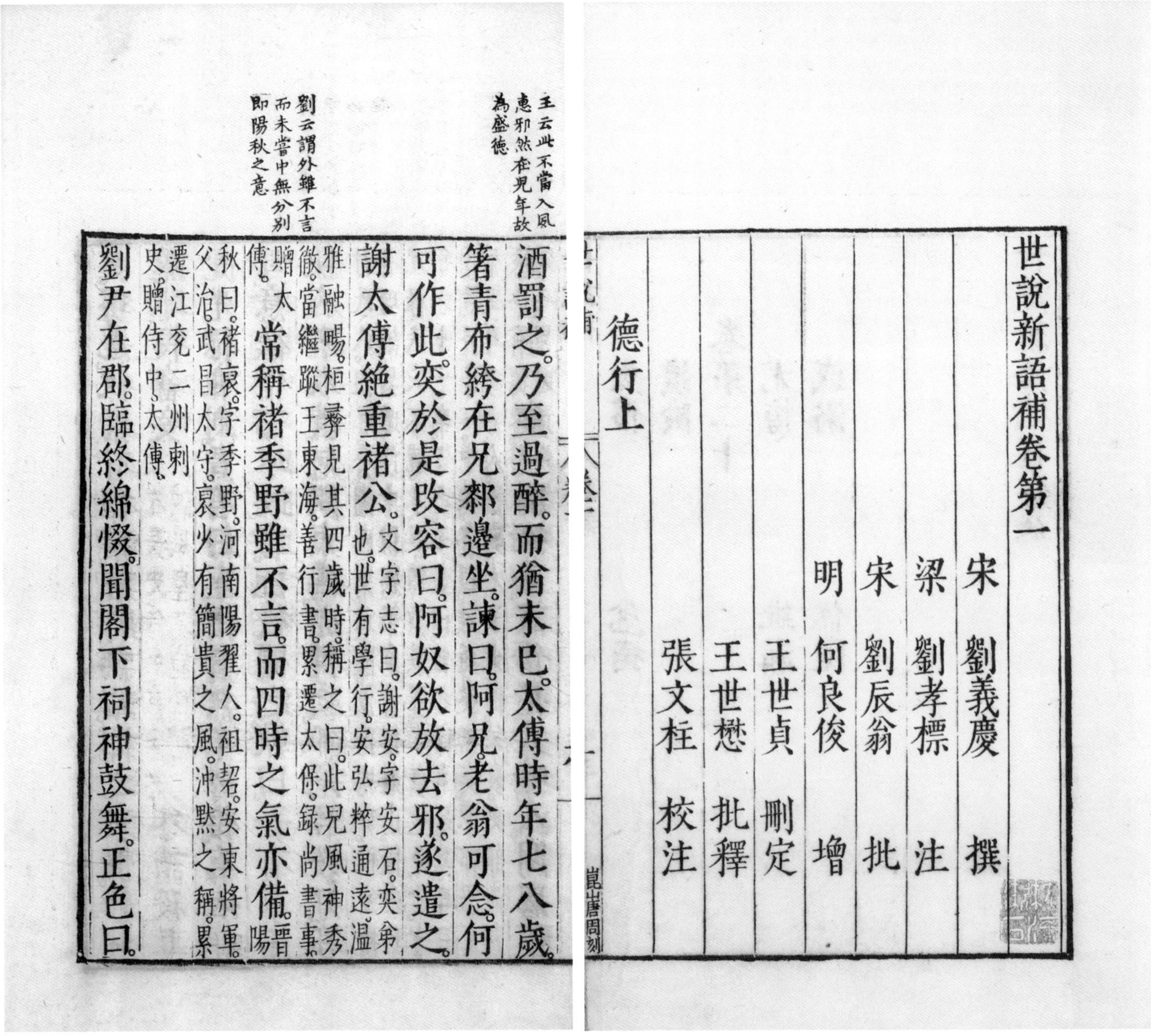

世說新語補二十卷附釋名一卷　（南朝宋）劉義慶撰　（南朝梁）劉孝標注　（宋）劉辰翁批　（明）何良俊增補　王世貞刪定　王世懋批釋　張文柱校注　明萬曆十三年（1585）張文柱刻本

匡高19厘米，廣13.3厘米。半葉九行，行十八字，小字雙行同，白口，左右雙邊。平湖市圖書館藏。

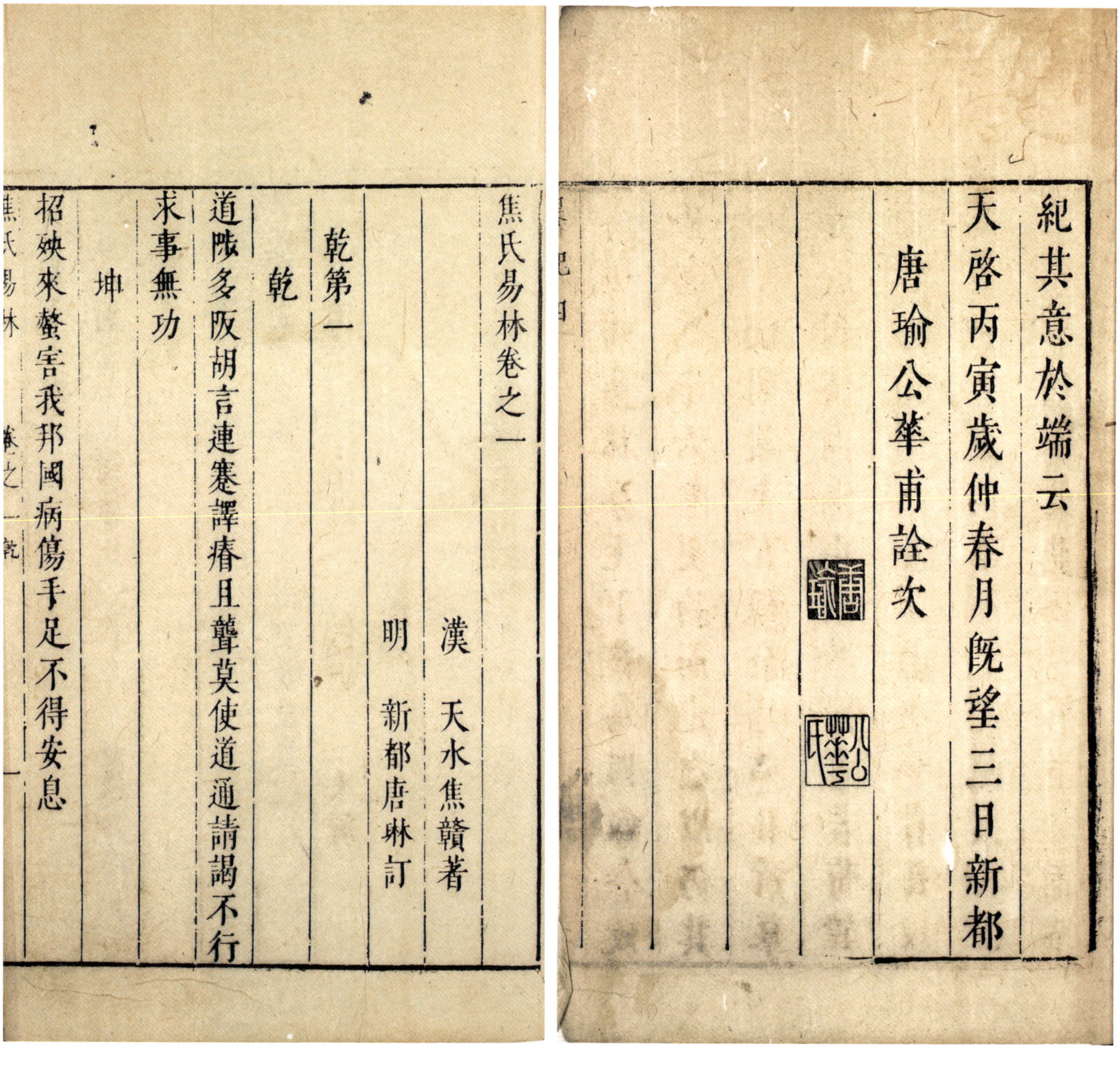
紀其意於端云
天啓丙寅歲仲春月既望三日新都
唐瑜公華甫詮次

焦氏易林卷之一
漢　天水焦贛著
明　新都唐琳訂
乾第一
乾
道陟多阪胡言連蹇譯瘖且聾莫使道通請謁不行
求事無功
坤
招殃來螯害我邦國病傷手足不得安息

焦氏易林十六卷　（漢）焦延壽撰　明天啓六年（1626）唐瑜、唐琳刻本

匡高20厘米，廣14.3厘米。半葉九行，行二十字，白口，四周單邊。入《中國古籍善本書目》。平湖市圖書館藏。

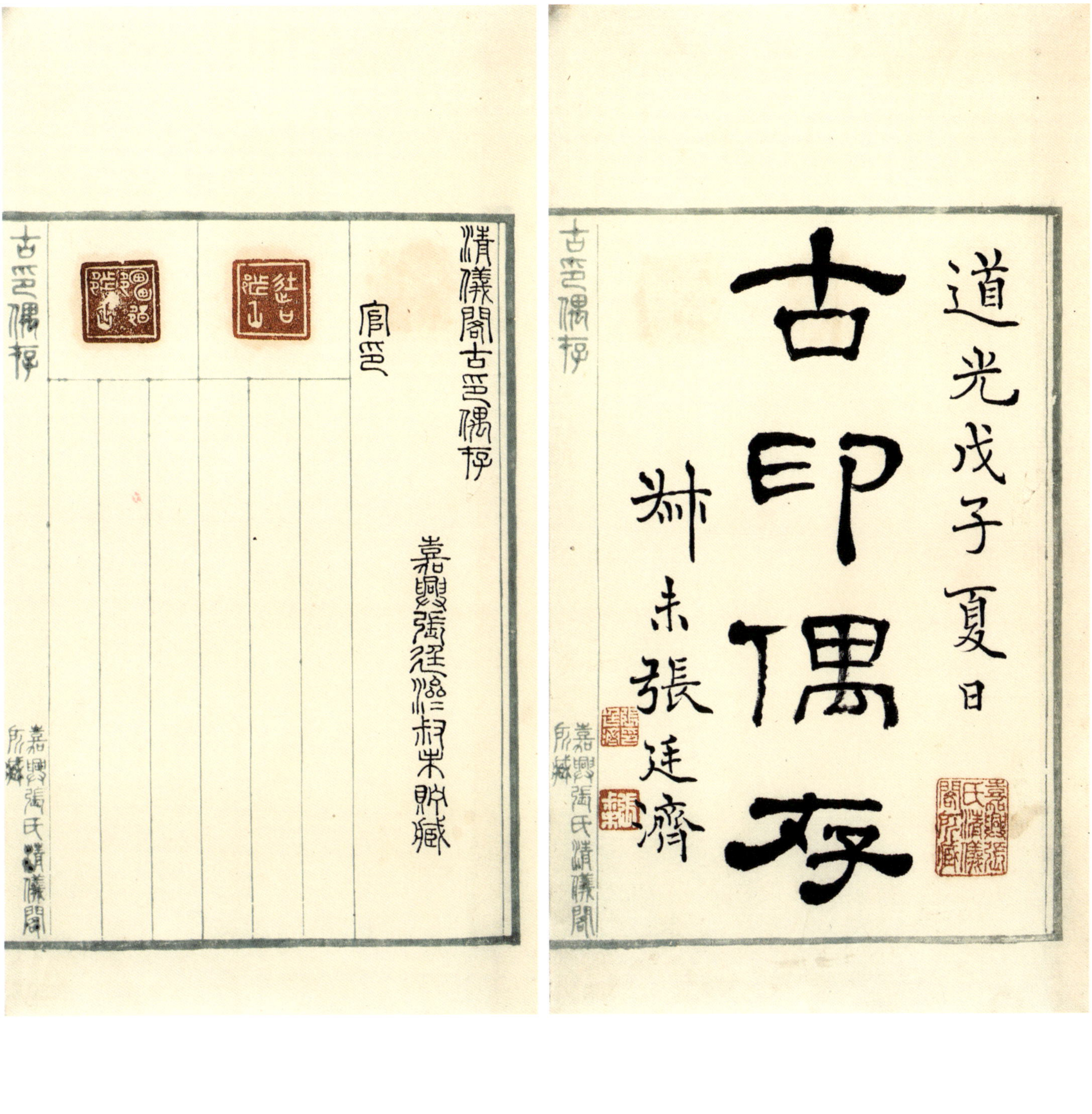

清儀閣古印偶存不分卷 （清）張廷濟輯　清道光八年（1828）稿本

匡高21.6厘米，廣15.7厘米。上下兩欄，半葉九行，白口，左右雙邊。有“嘉興張氏清儀閣所藏”、“張廷濟印”、“張叔未”等印。入《中國古籍善本書目》。平湖市博物館藏。

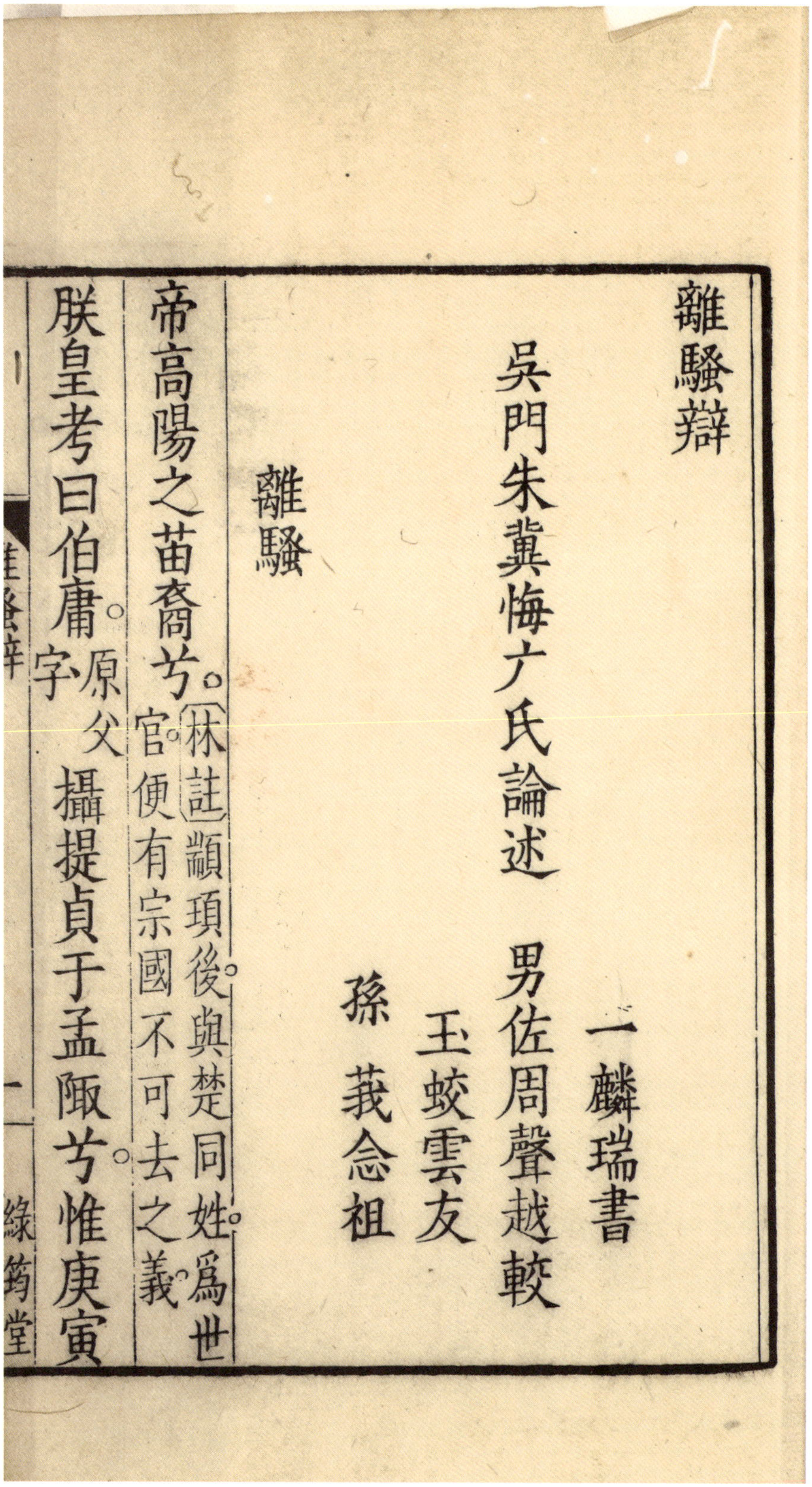

離騷辯

吳門朱冀悔广氏論述

一麟瑞書

男佐周聲越較

玉蛟雲友

孫 莪念祖

離騷

帝高陽之苗裔兮。林註顓頊後。與楚同姓。爲世官。便有宗國不可去之義

朕皇考曰伯庸。字原父。攝提貞于孟陬兮。惟庚寅

離騷辯 一 綠筠堂

離騷辯不分卷 （清）朱冀撰　清康熙（1662－1722）綠筠堂刻本

匡高18.8厘米，廣13.6厘米。半葉七行，行十八字，小字雙行同，白口，左右雙邊。入《中國古籍善本書目》。平湖市圖書館藏。

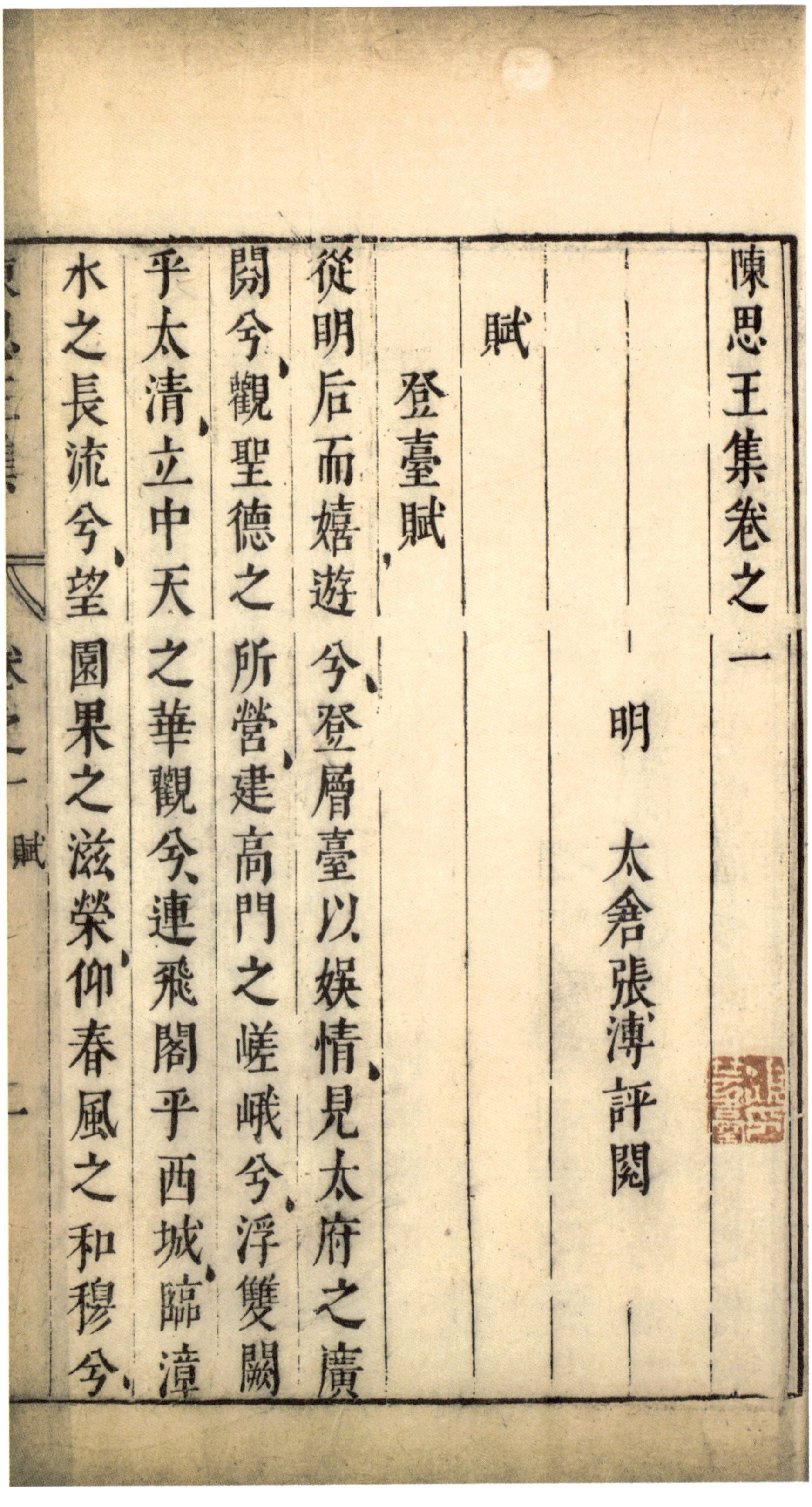

陳思王集卷之一

明　太倉張溥評閱

賦

登臺賦

從明后而嬉遊兮登層臺以娛情見太府之廣
開兮觀聖德之所營建高門之嵯峨兮浮雙闕
乎太清立中天之華觀兮連飛閣乎西城臨漳
水之長流兮望園果之滋榮仰春風之和穆兮

陳思王集二卷　（三國魏）曹植撰　（明）張溥評　明崇禎張氏刻本

匡高20.2厘米，廣14厘米。半葉九行，行十八字，白口，左右雙邊。有“張印芸臺”印。平湖市圖書館藏。

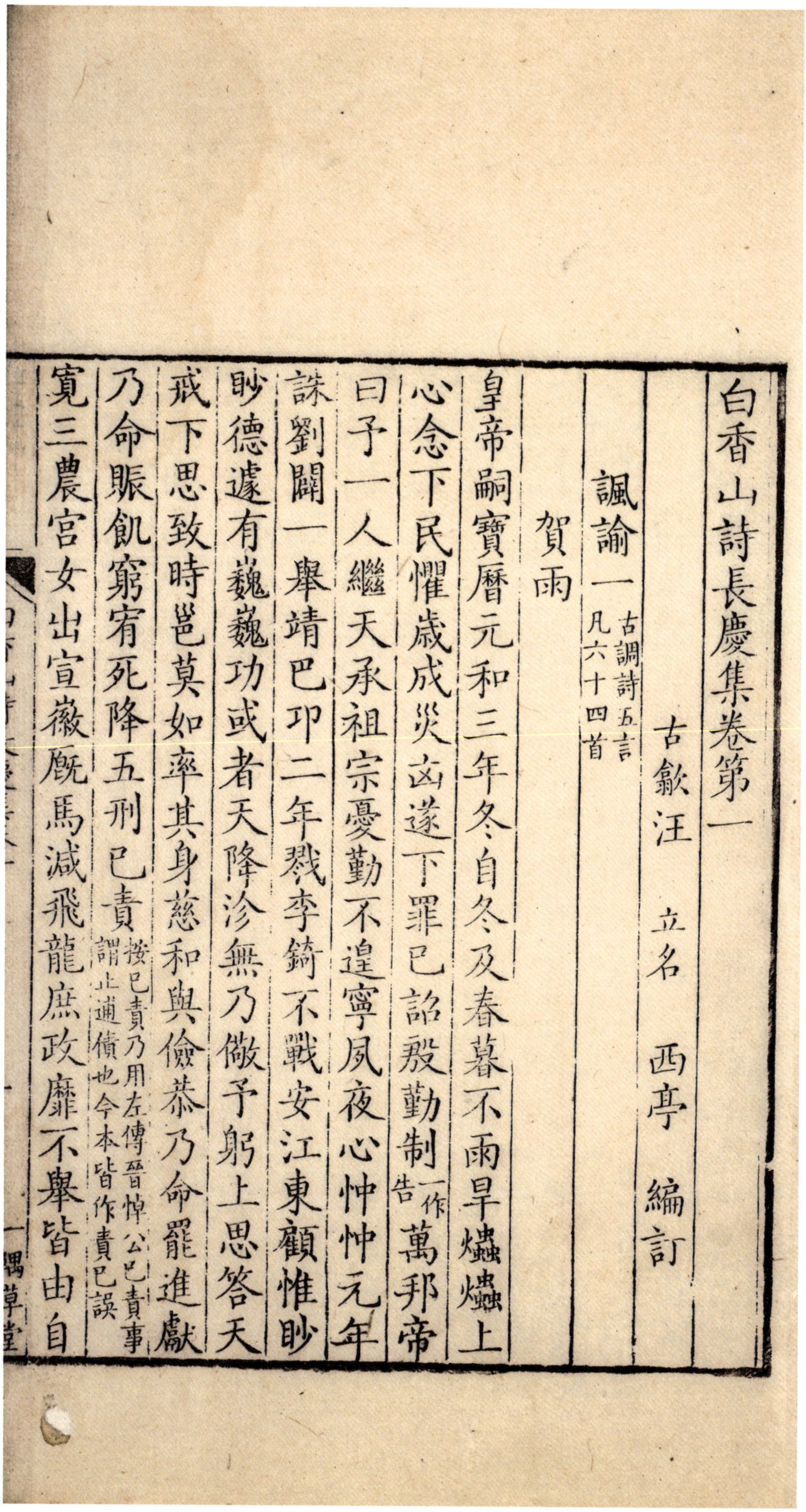

白香山詩長慶集卷第一

古歙汪　立名　西亭　編訂

諷諭一　古調詩五言 凡六十四首

賀雨

皇帝嗣寶曆元和三年冬自冬及春暮不雨旱爞爞上心念下民懼歲成災凶遂下罪己詔殷勤制（一作告）萬邦帝曰予一人繼天承祖宗憂勤不遑寧夙夜心忡忡元年誅劉闢一舉靖巴邛二年戮李錡不戰安江東顧惟眇眇德遽有巍巍功或者天降沴無乃儆予躬上思答天戒下思致時邕莫如率其身慈和與儉恭乃命罷進獻乃命賑飢窮宥死降五刑已責（按已責乃用左傳晉悼公已責事謂止逋債也今本皆作責已誤）寬三農宮女出宣徽廄馬減飛龍庶政靡不舉皆由自

白香山詩長慶集二十卷後集十七卷別集一卷補遺二卷　（唐）白居易撰　（清）汪立名編訂　**白文公年譜一卷**　（宋）陳振孫編　**白香山年譜一卷**　（清）汪立名編　清康熙四十一年至四十二年（1776–1777）汪氏一隅草堂刻本

匡高18.5厘米，廣15厘米。半葉十二行，行二十一字，小字雙行不等，白口，左右雙邊。平湖市圖書館藏。

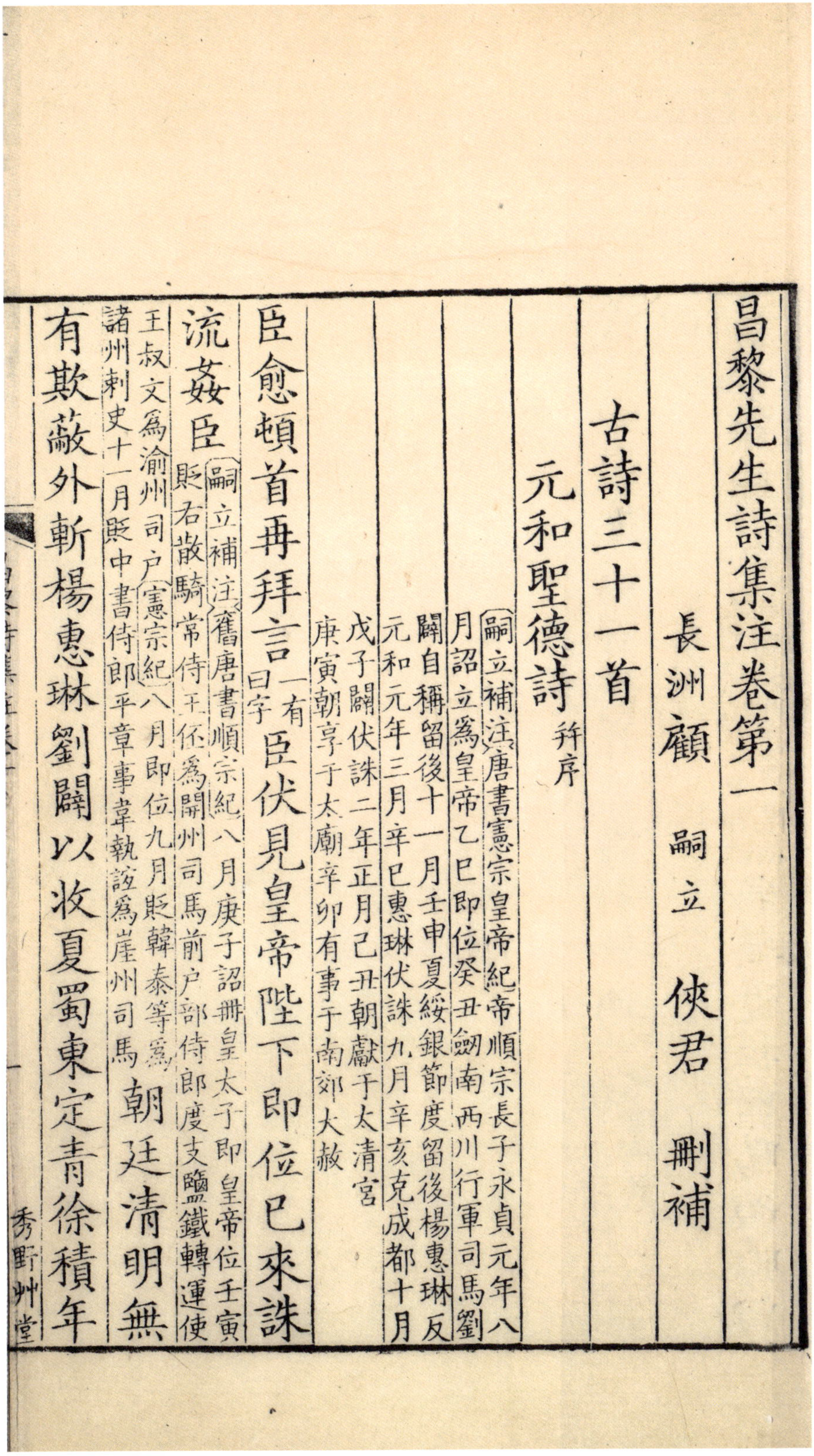

昌黎先生詩集注卷第一

長洲顧嗣立俠君删補

古詩三十一首

元和聖德詩并序

嗣立補注唐書憲宗皇帝紀帝順宗長子永貞元年八月詔立爲皇帝乙巳即位癸丑劒南西川行軍司馬劉闢自稱留後十一月壬申夏綏銀節度留後楊惠琳反元和元年三月辛巳惠琳伏誅九月辛亥克成都十月戊子闢伏誅二年正月己丑朝獻于太清宮庚寅朝享于太廟辛卯有事于南郊大赦

臣愈頓首再拜言一有曰字臣伏見皇帝陛下即位巳來誅流姦臣嗣立補注舊唐書順宗紀八月庚子詔冊皇太子即皇帝位壬寅貶右散騎常侍王伾爲開州司馬前户部侍郎度支鹽鐵轉運使王叔文爲渝州司户憲宗紀八月即位九月貶韓泰等爲諸州刺史十一月貶中書侍郎平章事韋執誼爲崖州司馬朝廷清明無有欺蔽外斬楊惠琳劉闢以收夏蜀東定青徐積年

秀野艸堂

昌黎先生詩集注十一卷（唐）韓愈撰（清）顧嗣立删補 **年譜一卷** 清康熙三十八年（1699）顧氏秀野艸堂刻本

匡高19.5厘米，廣15厘米。半葉十一行，行二十字，小字雙行三十字，白口，左右雙邊。有曾唯聖、繆際生等刻工。平湖市圖書館藏。

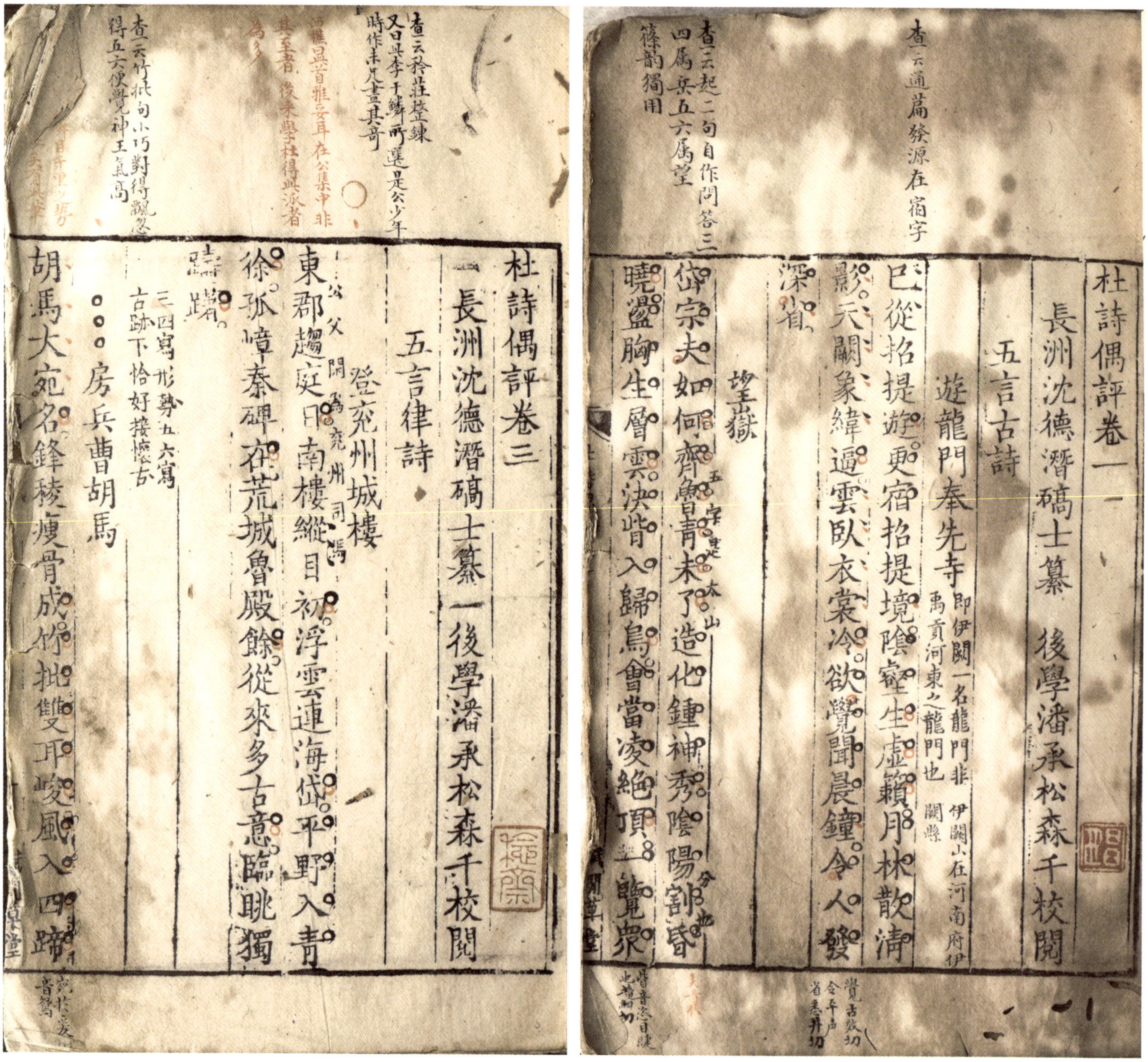

杜詩偶評四卷 （清）沈德潛撰　清乾隆十二年（1747）潘承松賦閒草堂刻本

匡高17厘米，廣13.5厘米。半葉十行，行十九字，小字雙行不同，白口，左右雙邊。有“稔齋”、“昌己”等印。佚名批注。入《中國古籍善本書目》。平湖市圖書館藏。

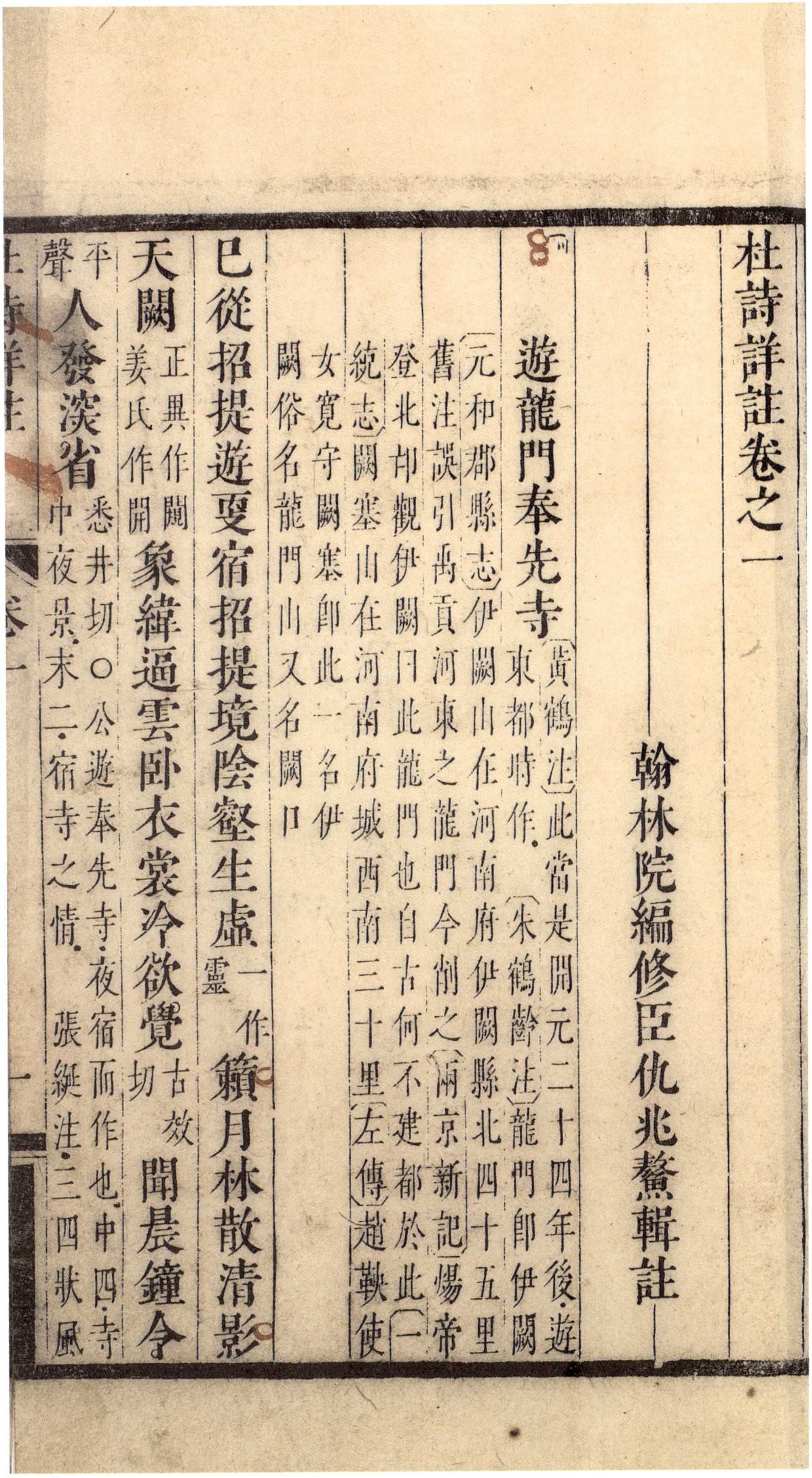
杜詩詳註卷之一

翰林院編修臣仇兆鰲輯註

遊龍門奉先寺〔黄鶴注〕此當是開元二十四年後遊東都時作。〔朱鶴齡注〕龍門即伊闕〔元和郡縣志〕伊闕山在河南府伊闕縣北四十五里舊注誤引禹貢河東之龍門今刪之〔兩京新記〕煬帝登北邙觀伊闕曰此龍門也自古何不建都於此〔一統志〕闕塞山在河南府城西南三十里〔左傳〕趙鞅使女寬守闕塞即此一名伊闕俗名龍門山又名闕口

已從招提遊更宿招提境陰壑生虛一作靈籟月林散清影天闕正興作闚姜氏作開象緯逼雲臥衣裳冷欲覺古效切聞晨鐘令平聲人發深省悉井切。公遊奉先寺夜宿而作也中四寺中夜景末二宿寺之情。張綖注三四狀風

杜詩詳註二十五卷首一卷附編二卷　（唐）杜甫撰　（清）仇兆鰲輯註　清康熙（1662–1722）刻本

匡高20.3厘米，廣14.5厘米。半葉十行，行二十二字，小字雙行同，黑口，左右雙邊。佚名朱筆圈點。平湖市圖書館藏。

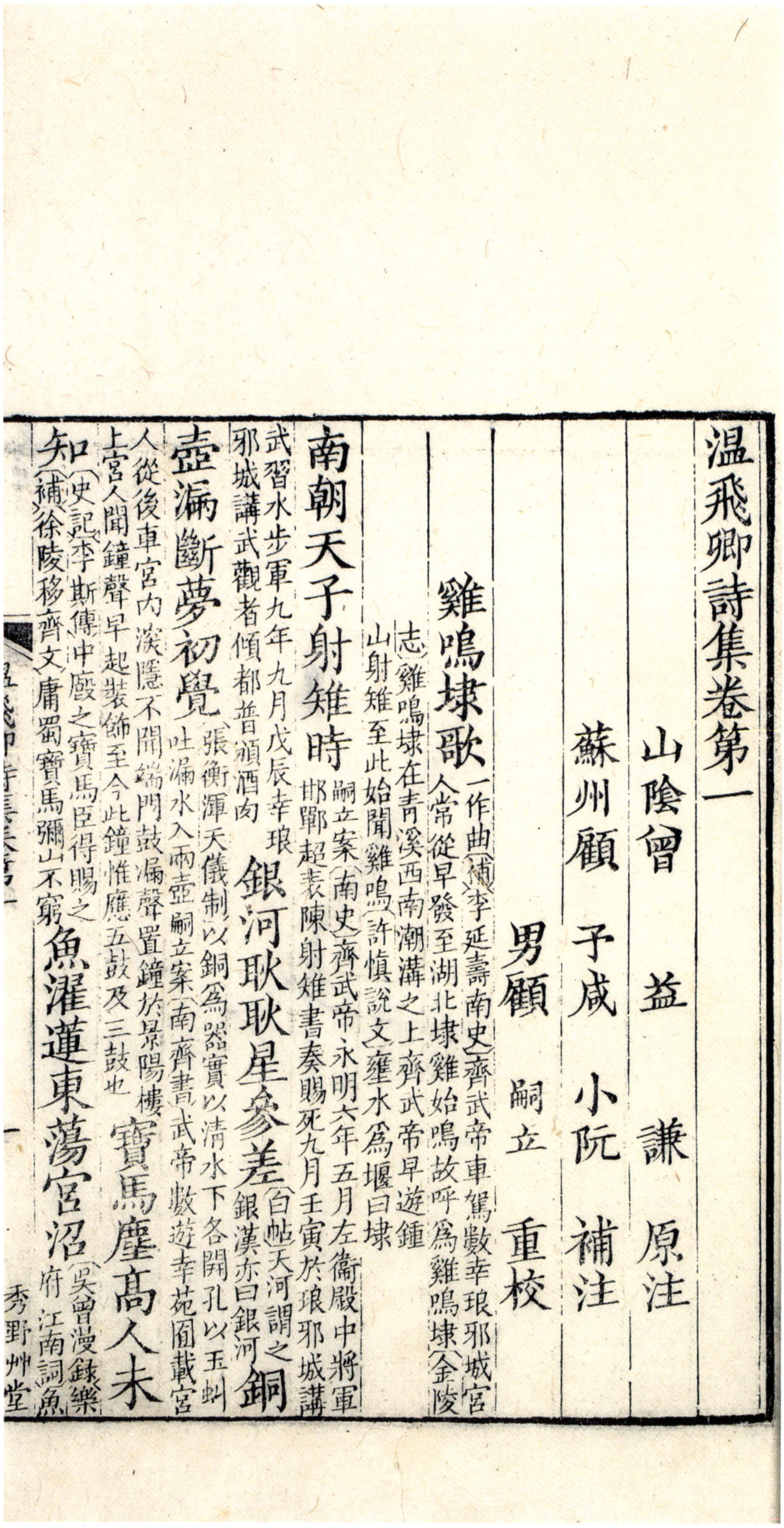

温飛卿詩集卷第一

山陰曾益謙原注

蘇州顧予咸小阮補注

男顧嗣立重校

雞鳴埭歌一作曲（補）李延壽南史）齊武帝車駕數幸琅邪城宮人常從早發至湖北埭雞始鳴故呼爲雞鳴埭（金陵志）雞鳴埭在青溪西南潮溝之上齊武帝早遊鍾山射雉至此始聞雞鳴（許慎說文）壅水爲堰曰埭

南朝天子射雉時嗣立案（南史）齊武帝永明六年五月左衛殿中將軍邯鄲超表陳射雉書奏賜死九月壬寅於琅邪城講武習水步軍九年九月戊辰幸琅邪城講武觀者傾都普頒酒肉

銀河耿耿星參差（白帖）天河謂之銀漢亦曰銀河

銅壺漏斷夢初覺（張衡渾天儀制）以銅爲器實以清水下各開孔以玉虬吐漏水入兩壺嗣立案（南齊書）武帝數遊幸苑囿載宮人從後車宮內深隱不聞端門鼓漏聲置鐘於景陽樓上宮人聞鐘聲早起裝飾至今此鐘惟應五鼓及三鼓也

寶馬塵高人未知（史記）李斯傳中廄之寶馬臣得賜之（補）徐陵移齊文庸蜀寶馬彌山不窮

魚濯蓮東蕩宮沼（吳曾漫錄）樂府江南詞魚

秀野艸堂

温飛卿詩集七卷別集一卷 集外詩一卷（唐）温庭筠撰　（明）曾益謙原注　（清）顧予咸補注　顧嗣立重校　清康熙三十六（1697）年顧氏秀野艸堂刻本

匡高18.9厘米，廣14.9厘米。半葉十一行，行二十字，小字雙行三十六字，白口，左右雙邊。平湖市圖書館藏。

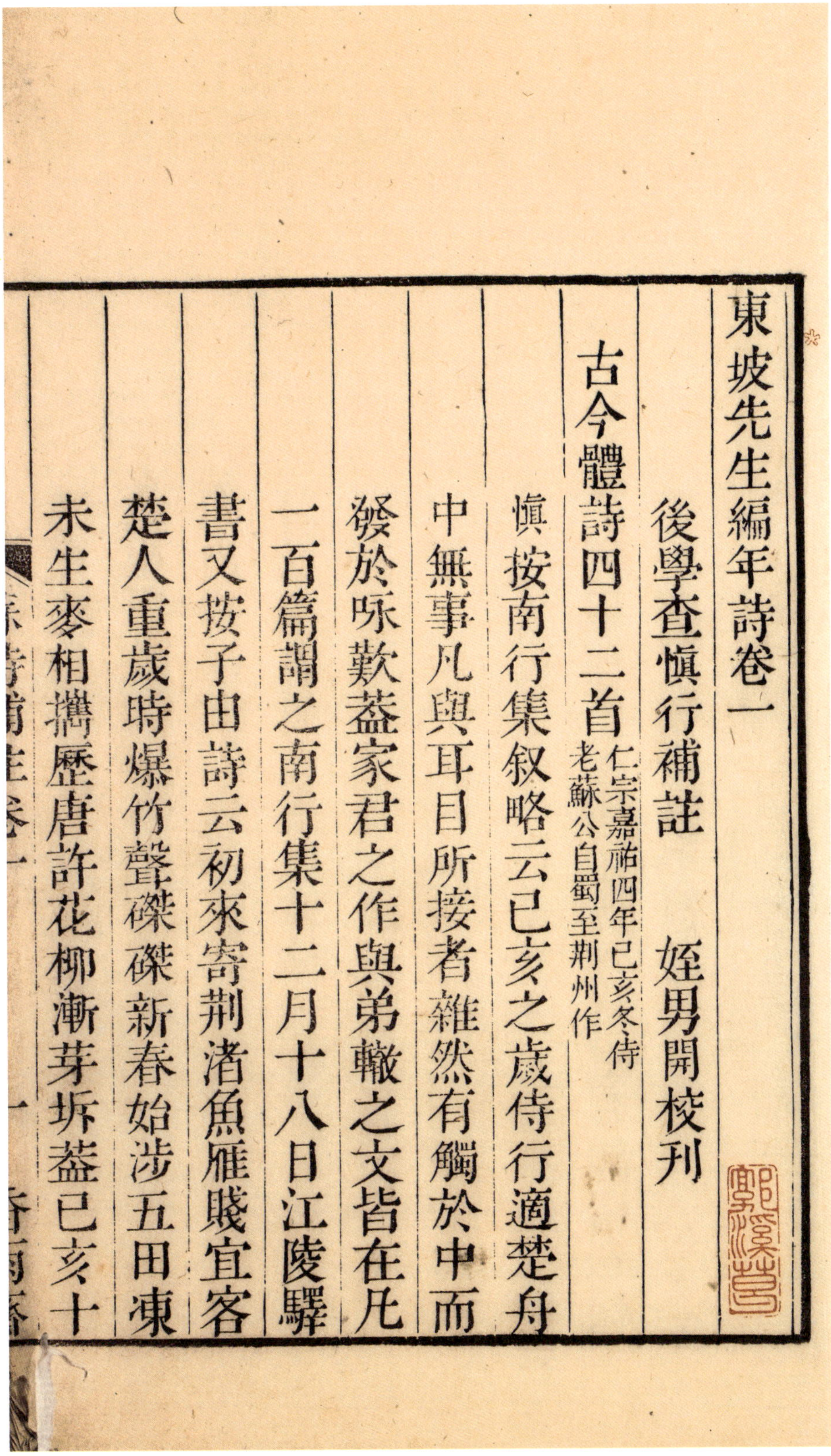
東坡先生編年詩卷一
後學查慎行補註　姪男開校刊
古今體詩四十二首 仁宗嘉祐四年已亥冬侍老蘇公自蜀至荆州作
慎按南行集叙略云已亥之歲侍行適楚舟中無事凡與耳目所接者雜然有觸於中而發於咏歎蓋家君之作與弟轍之文皆在凡一百篇謂之南行集十二月十八日江陵驛書又按子由詩云初來寄荆渚魚雁賤宜客楚人重歲時爆竹聲磔磔新春始涉五田凍未生麥相攜歷唐許花柳漸芽坼蓋已亥十

東坡先生編年詩補註五十卷東坡先生年譜一卷 （宋）蘇軾撰 （清）查慎行補註　查開校刊　清乾隆二十六年（1761）刻本

匡高18.2厘米，廣14.2厘米。半葉十行，行二十一字，小字雙行三十二字，白口，左右雙邊。有“郭溪菖”等印。入《中國古籍善本書目》。平湖市圖書館藏。

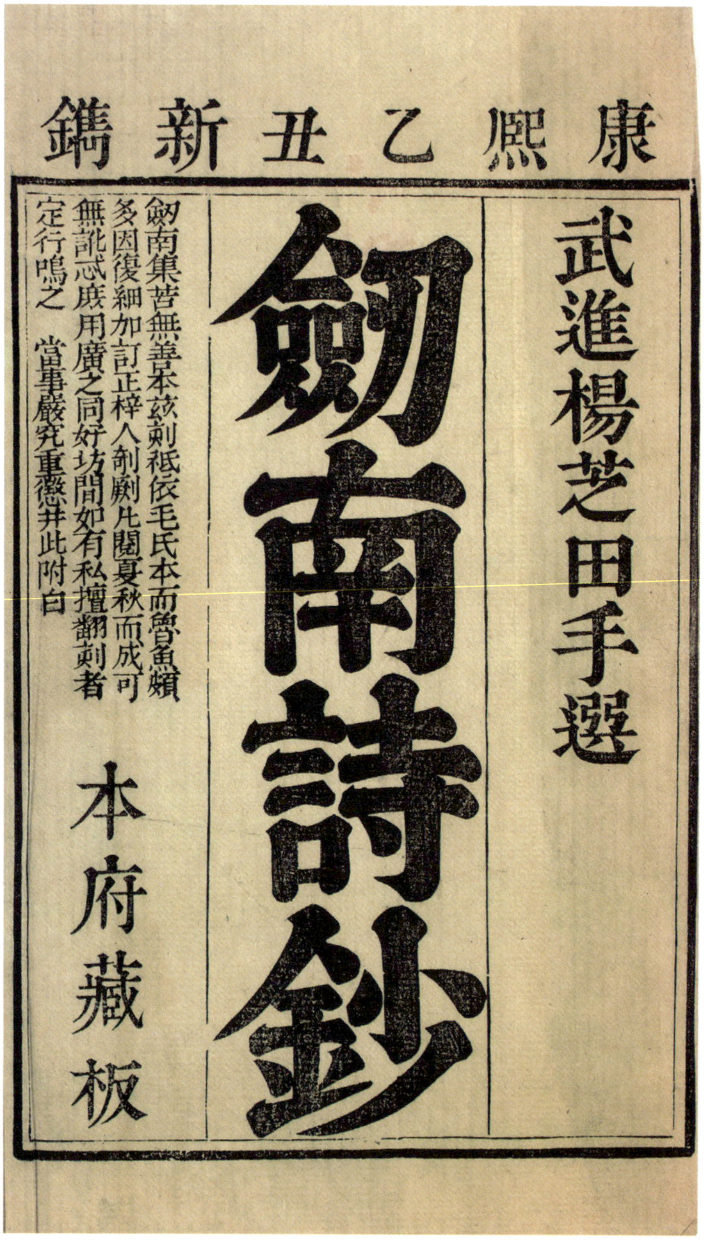

康熙乙丑新鐫

武進楊芝田手選

劍南詩鈔

劍南集苦無善本茲刻祇依毛氏本而魯魚頗多因復細加訂正梓人剞劂凡閱夏秋而成可無訛忒庶用廣之同好坊間如有私擅翻刻者定行鳴之　當事嚴究重懲幷此附白

本府藏板

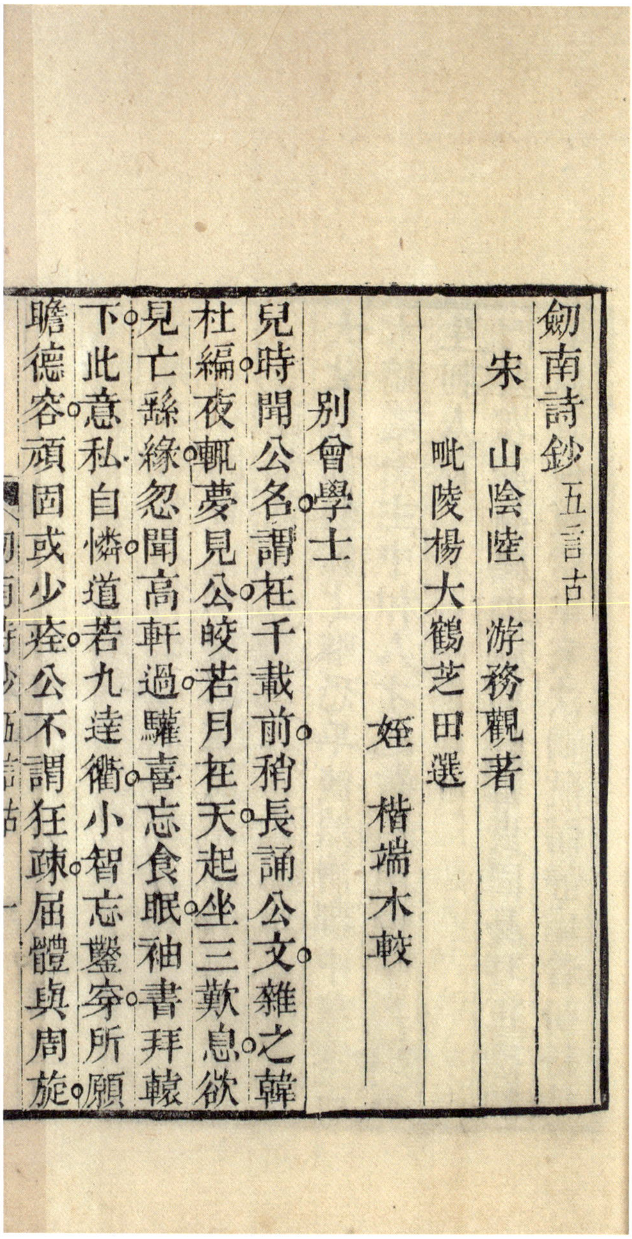

劍南詩鈔五言古

宋　山陰陸　游務觀著

毗陵楊大鶴芝田選

姪　楷端木較

別曾學士

兒時聞公名。謂在千載前。稍長誦公文。雜之韓杜編。夜輒夢見公。皎若月在天。起坐三歎息。欲見亡繇緣。忽聞高軒過。驩喜忘食眠。袖書拜轅下。此意私自憐。道若九逵衢。小智忘鑿穿。所願瞻德容。頑固或少痊。公不謂狂疎。屈體與周旋。

劍南詩鈔六卷　（宋）陸游著　（清）楊大鶴選　楊楷較　清康熙二十四（1685）年刻本

匡高16.8厘米，廣13.5厘米。半葉十行，行十八字，白口，左右雙邊。佚名圈點。有“曹谿金氏藏書”、“子韶”、“鍾秀”、“誦芬館珍藏印”等印。平湖市圖書館藏。

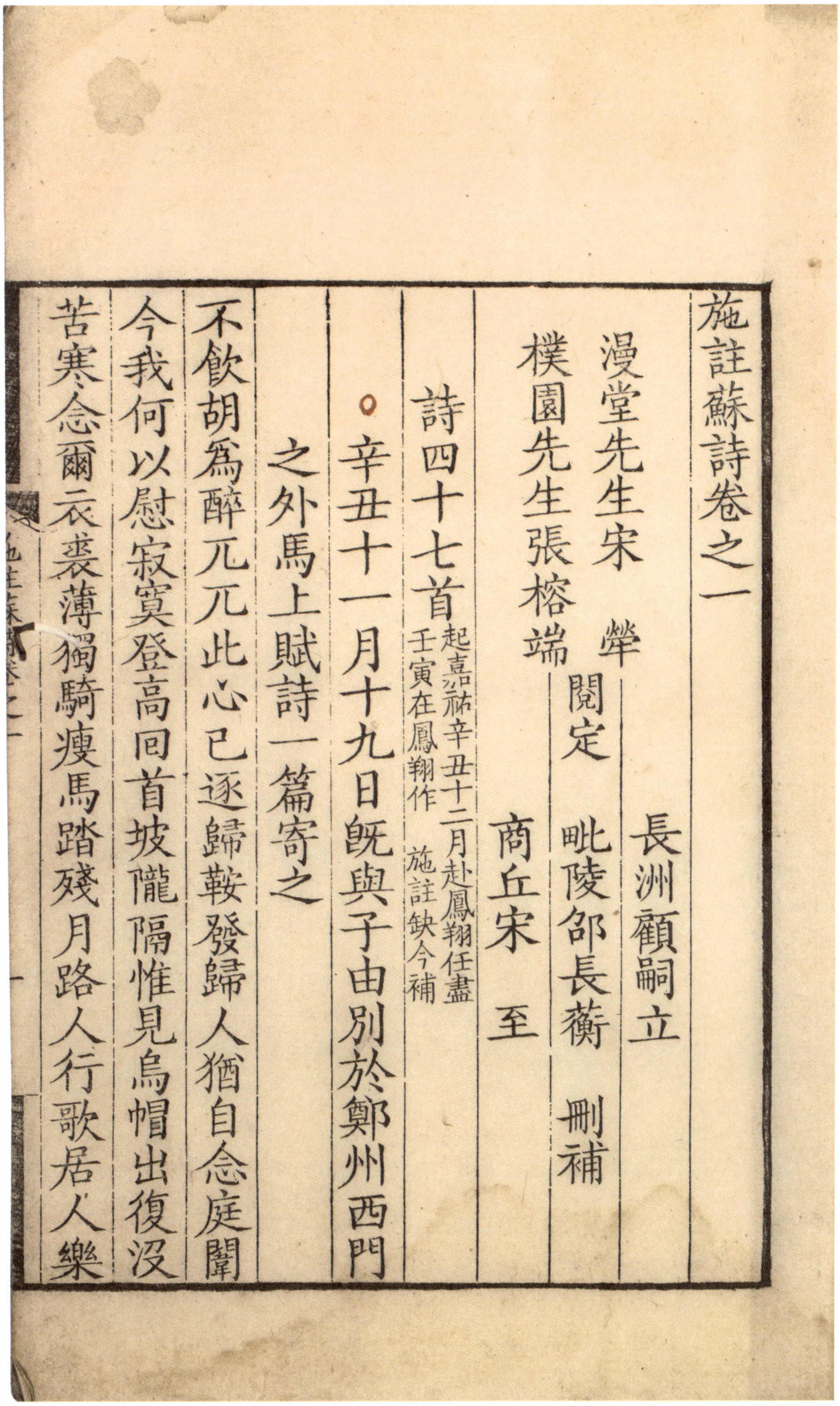
施註蘇詩卷之一
漫堂先生宋　犖　長洲顧嗣立
樸園先生張榕端　閱定　毗陵邵長蘅　刪補
商丘宋　至
詩四十七首起嘉祐辛丑十二月赴鳳翔任盡壬寅在鳳翔作　施註缺今補
辛丑十一月十九日既與子由別於鄭州西門
之外馬上賦詩一篇寄之
不飲胡爲醉兀兀此心已逐歸鞍發歸人猶自念庭闈
今我何以慰寂寞登高回首坡隴隔惟見烏帽出復沒
苦寒念爾衣裘薄獨騎瘦馬踏殘月路人行歌居人樂

施註蘇詩四十二卷總目二卷（宋）蘇軾撰　施元之　顧禧註（清）宋犖　張榕端閱定（清）顧嗣立　邵長蘅　宋至刪補　**王註正僞一卷**（清）邵長蘅撰　**東坡先生年譜一卷**（清）王宗稷編　邵長蘅重訂　**蘇詩續補遺二卷**（宋）蘇軾撰（清）宋犖　張榕端閱定　馮景補註　清康熙三十八年（1699）宋犖刻本

匡高18.3厘米，廣14.3厘米。半葉十行，行二十一字，小字雙行三十一字，黑口，四周單邊。平湖市圖書館藏。

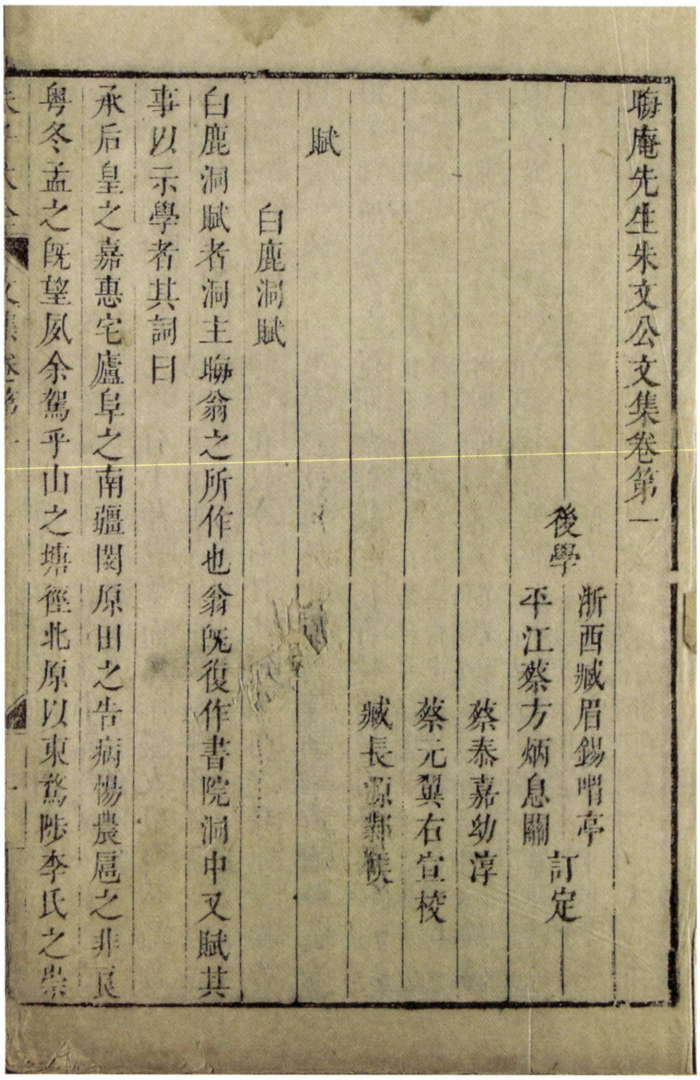

晦庵先生朱文公文集卷第一

浙西臧眉錫喟亭 訂定
後學 平江蔡方炳息關
蔡泰嘉幼淳
蔡元翼右宣 校
臧長源鄰侯

賦

白鹿洞賦

白鹿洞賦者洞主晦翁之所作也翁既復作書院洞中又賦其事以示學者其詞曰

承后皇之嘉惠宅廬阜之南疆閔原田之告病惕農扈之非良粵冬孟之既望夙余駕乎山之塘徑北原以東騖陟李氏之崇

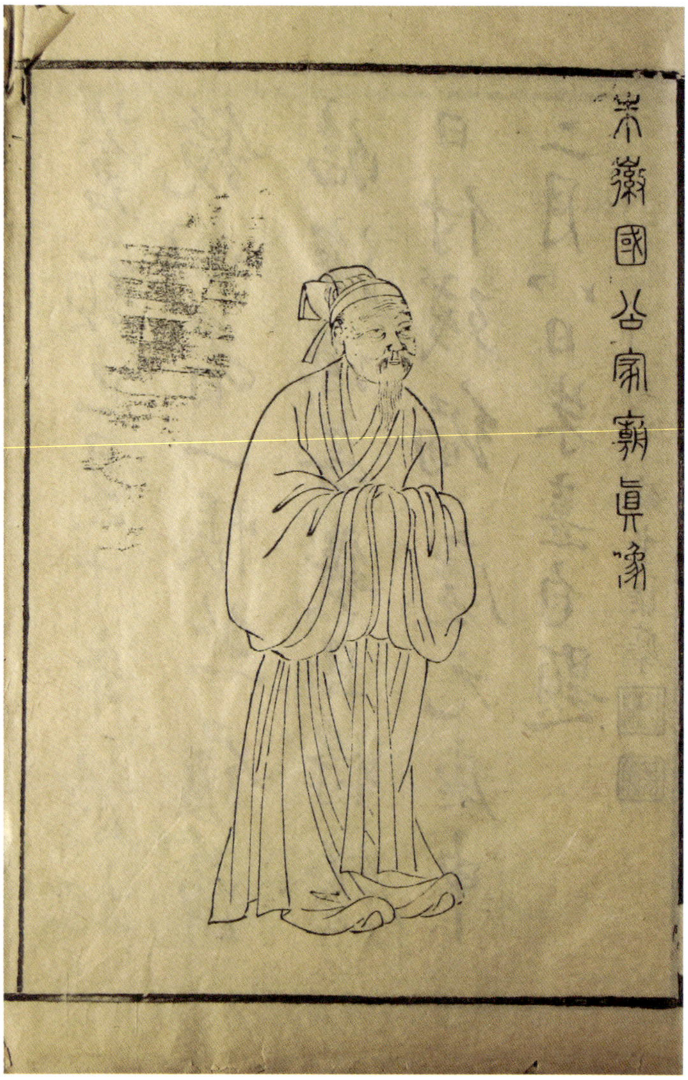

晦庵先生朱文公文集一百卷續集五卷别集七卷目录二卷 （宋）朱熹撰　清康熙二十七年（1688）蔡方炳、臧眉錫刻本

匡高19.5厘米，廣14.5厘米。半葉十二行，行二十四字，白口，四周單邊。

平湖市圖書館藏。

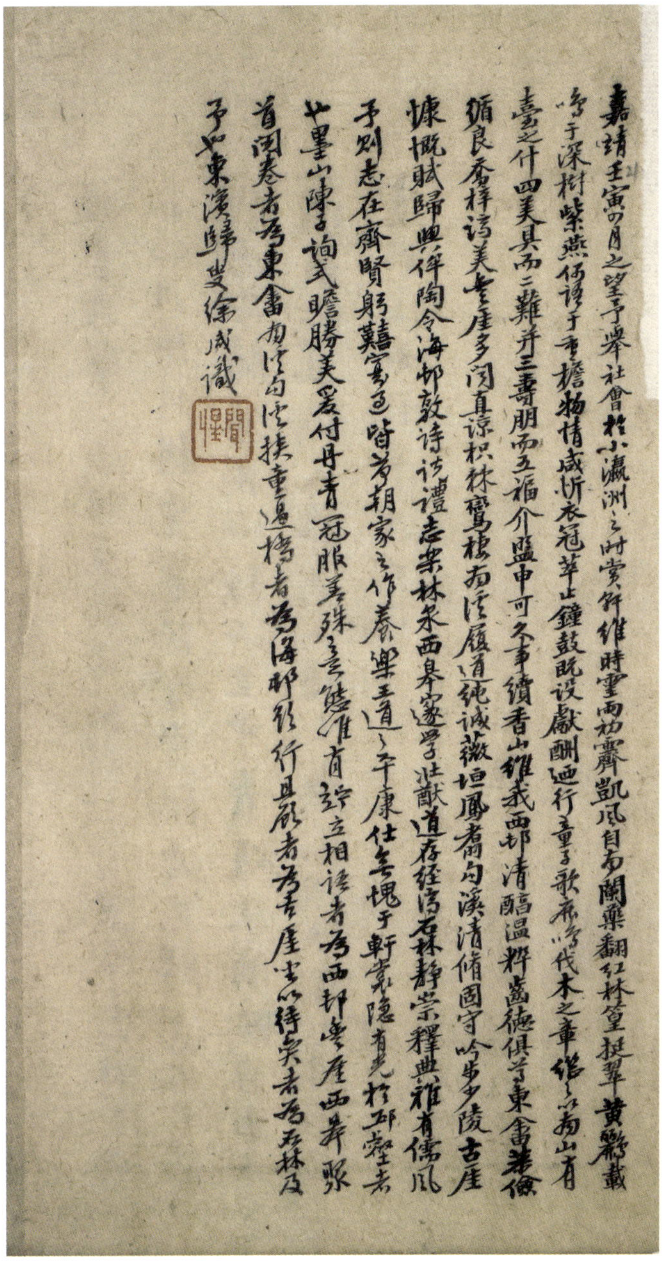

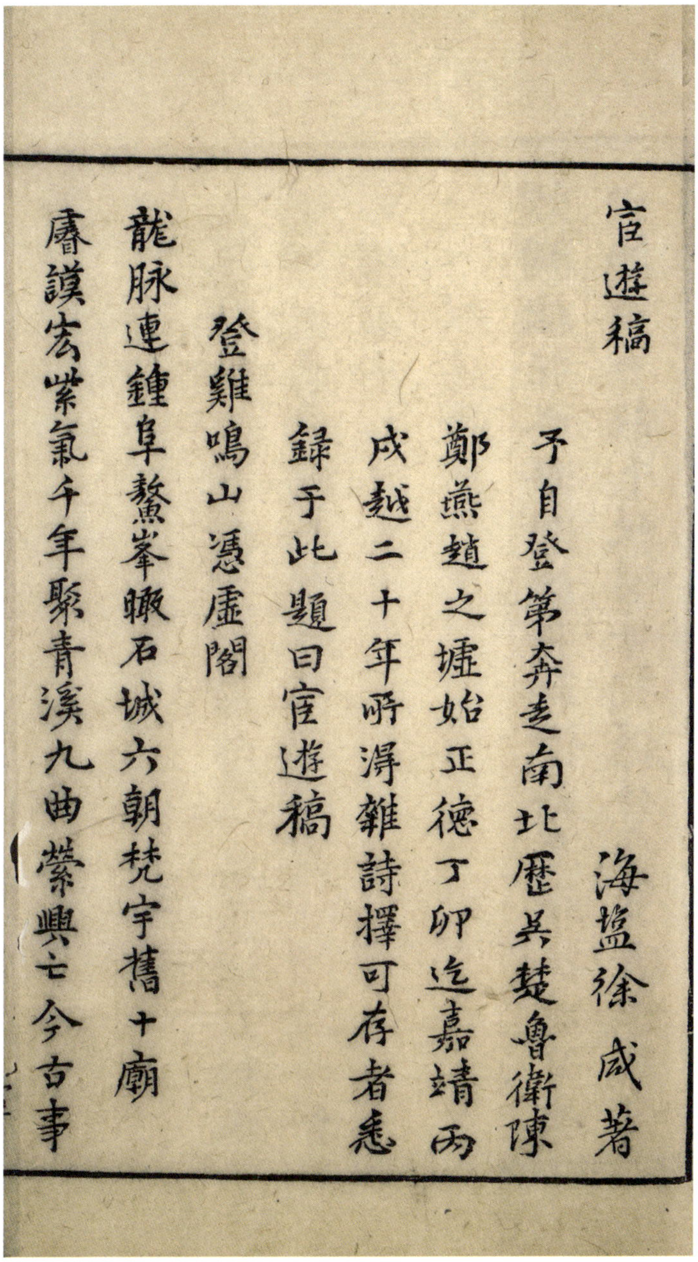

宦遊稿

海鹽徐咸著

予自登第奔走南北歷吳楚魯衛陳鄭燕趙之墟始正德丁卯迄嘉靖丙戌越二十年所得雜詩擇可存者悉錄于此題曰宦遊稿

登雞鳴山憑虛閣

龍脉連鍾阜鰲峯蹴石城六朝梵宇舊十廟麐謨宏紫氣千年聚青溪九曲縈興亡今古事

東濱先生詩集三卷 （明）徐咸撰　明天啟元年（1621）徐承祖刻清乾隆南州草堂修補本

匡高20.4厘米，廣14.3厘米。半葉八行，行十八字，白口，無直格，四周單邊。有“聞惺”等印。入《中國古籍善本書目》。平湖市圖書館藏。

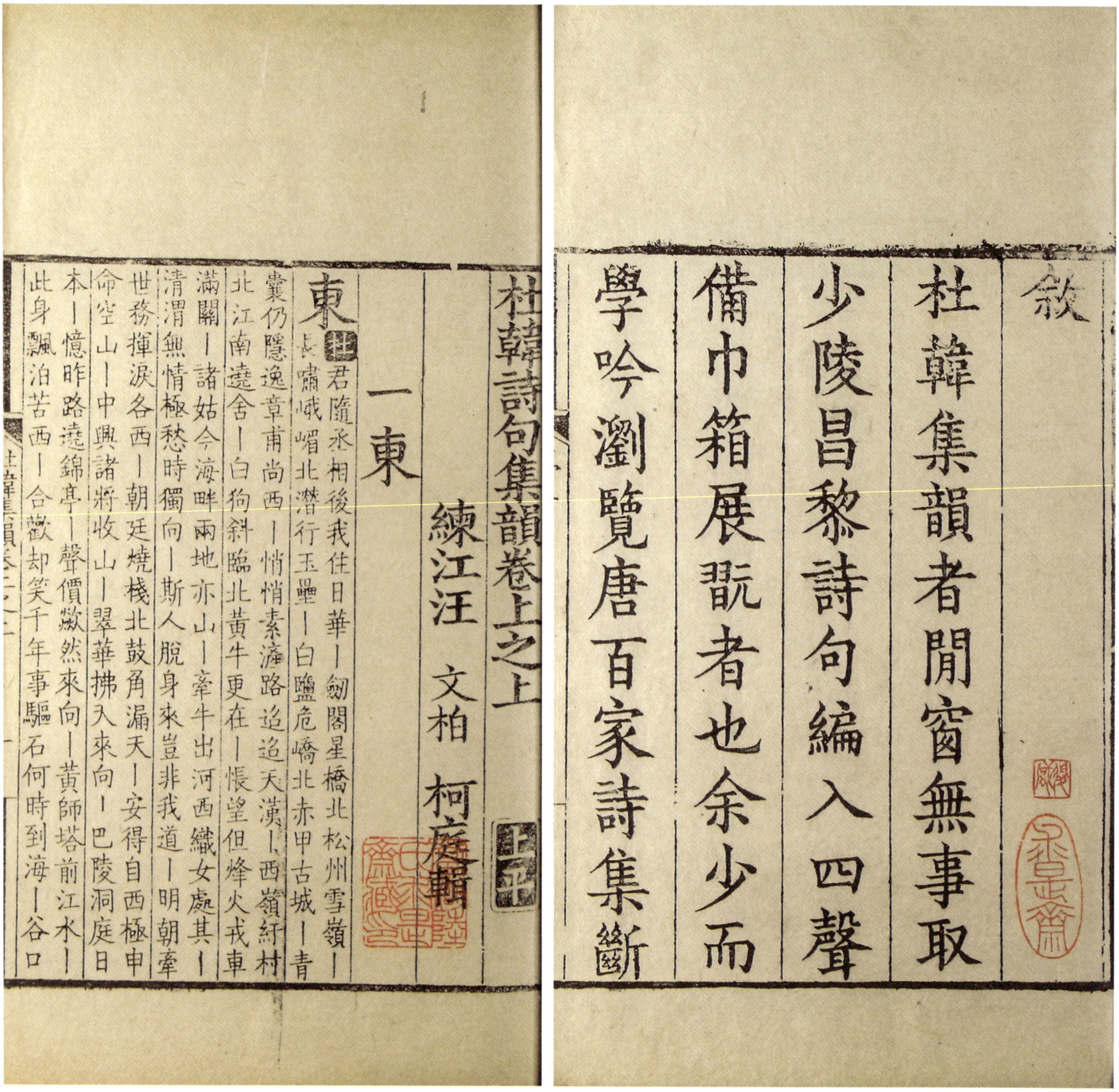

杜韓詩句集韻三卷 （清）汪文柏輯　清康熙四十六年古香樓刻本

匡高16.2厘米，廣12.9厘米。半葉八行，行二十三字，小字雙行同，黑口，左右雙邊，單黑魚尾。有“清澄”、“陸印惟鋆”、“當湖陸氏求是齋藏印”、“屯廬過眼”等印。平湖市圖書館藏。

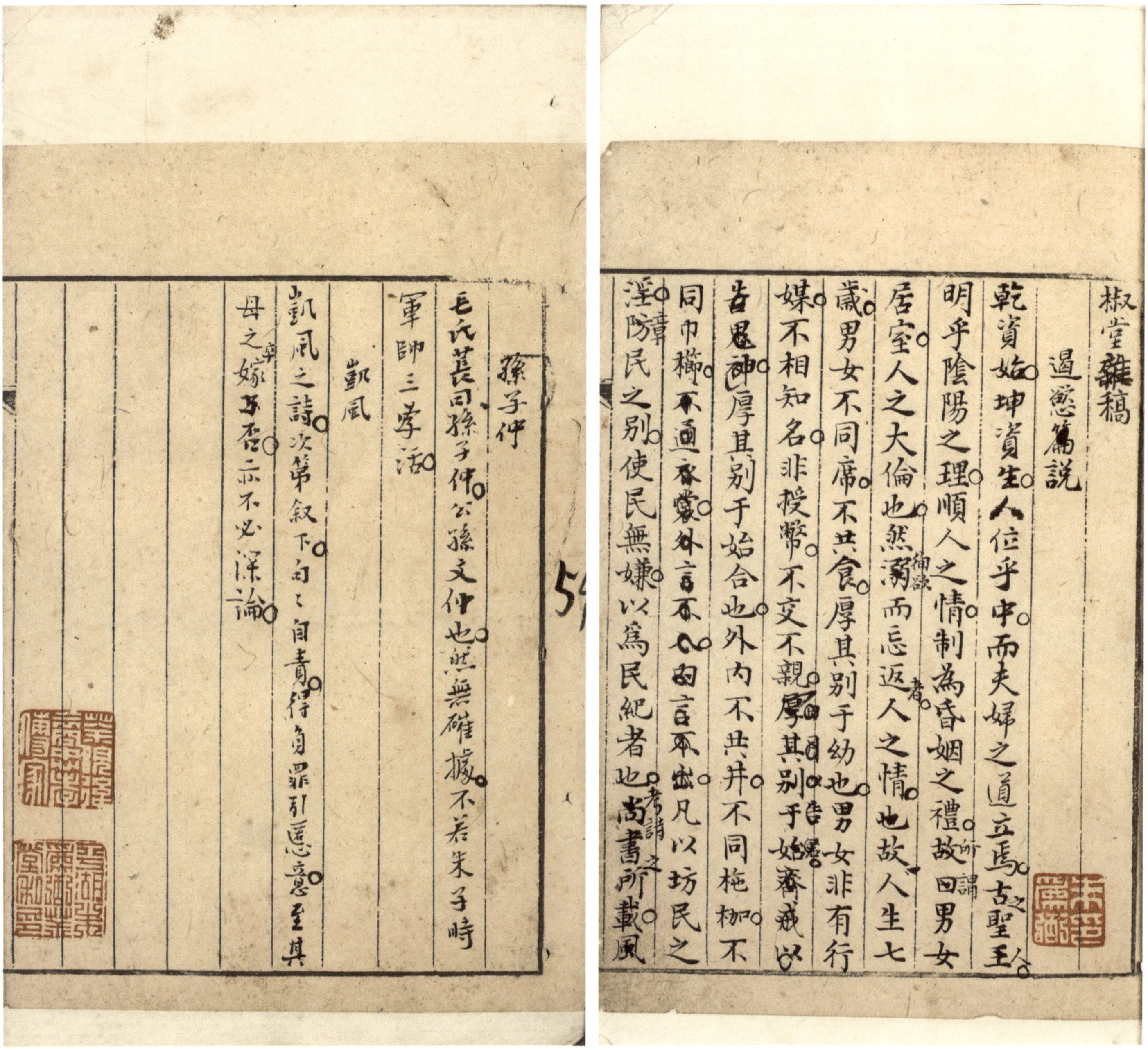

椒堂雜稿不分卷 （清）朱爲弼撰　高錫蕃批　清稿本

匡高17.8厘米，廣14厘米。半葉十行，行二十字，雙行小字字數不等，白口，四周單邊，單黑魚尾。有“朱印爲弼”“茶院俊裔忠孝傳家”“平湖朱爲弼椒堂私印”等印。入《中國古籍善本書目》。平湖市博物坊藏。

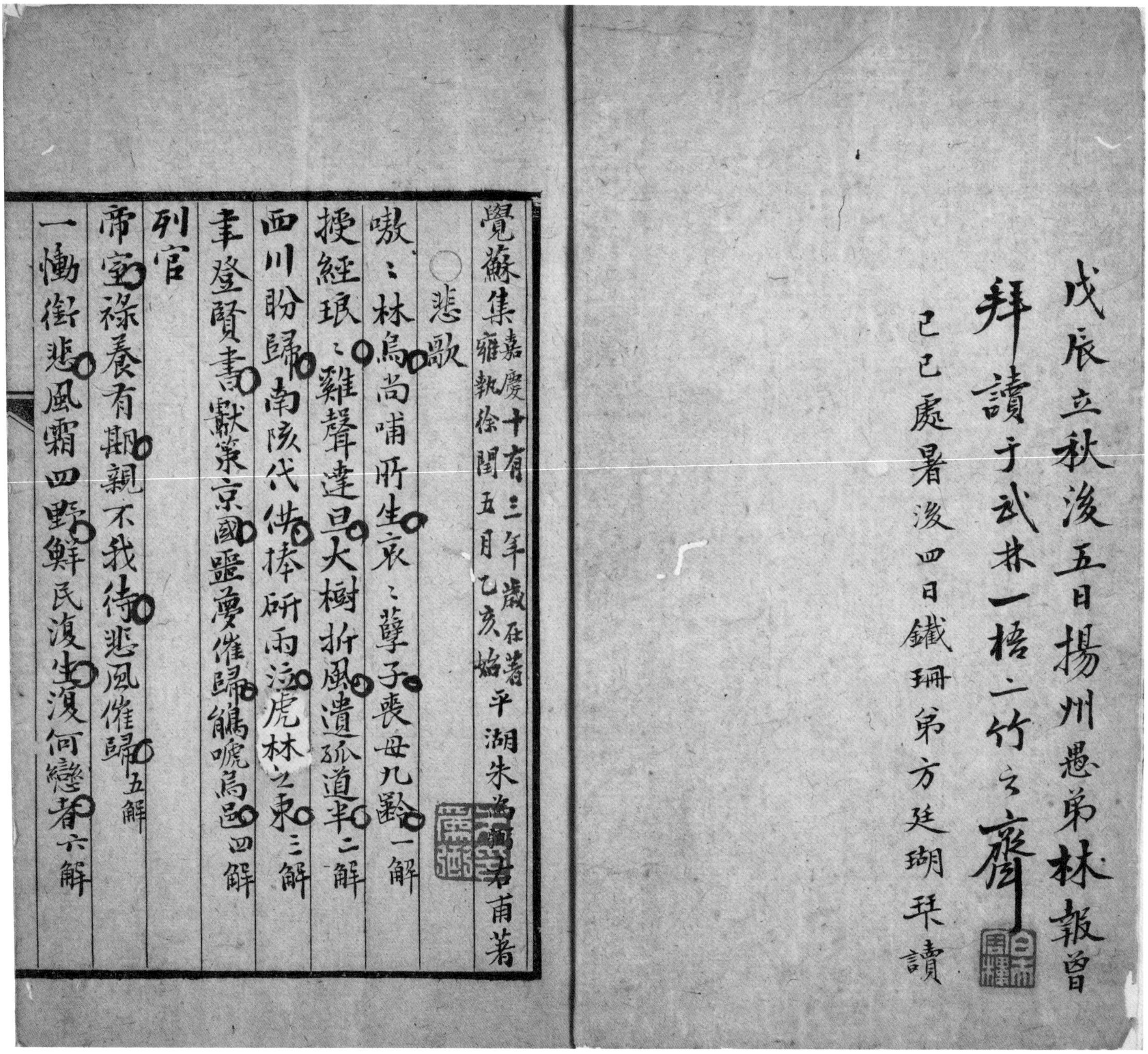

戊辰立秋後五日揚州愚弟林報曾
拜讀于武林一梧一竹之齋
己巳處暑後四日鐵珊弟方廷瑚拜讀

覺蘇集 嘉慶十有三年歲在著雍執徐閏五月乙亥始 平湖朱爲弼右甫著

悲歌

嗷嗷林鳥尚哺所生哀哀孽子喪母九齡 一解
攖經㫰㫰雞聲達旦大樹折風遺孤道半 二解
西川盼歸南陔代供捧研雨泣虎林之東 三解
聿登賢書獻策京國噩夢催歸鵂鶹爲邑 四解
列官
帝室祿養有期親不我待悲風催歸 五解
一慟銜悲風霜四野鮮民復生復何戀者 六解

覺蘇集不分卷 （清）朱爲弼撰　清嘉慶十三年（1808）稿本

匡高18.6厘米，廣13厘米。半葉九行，行二十字，白口，左右雙邊。有“朱印爲弼”、“伯芙蓉樓”印。有林報曾、方廷瑚題款。入《中國古籍善本書目》。平湖市博物館藏。

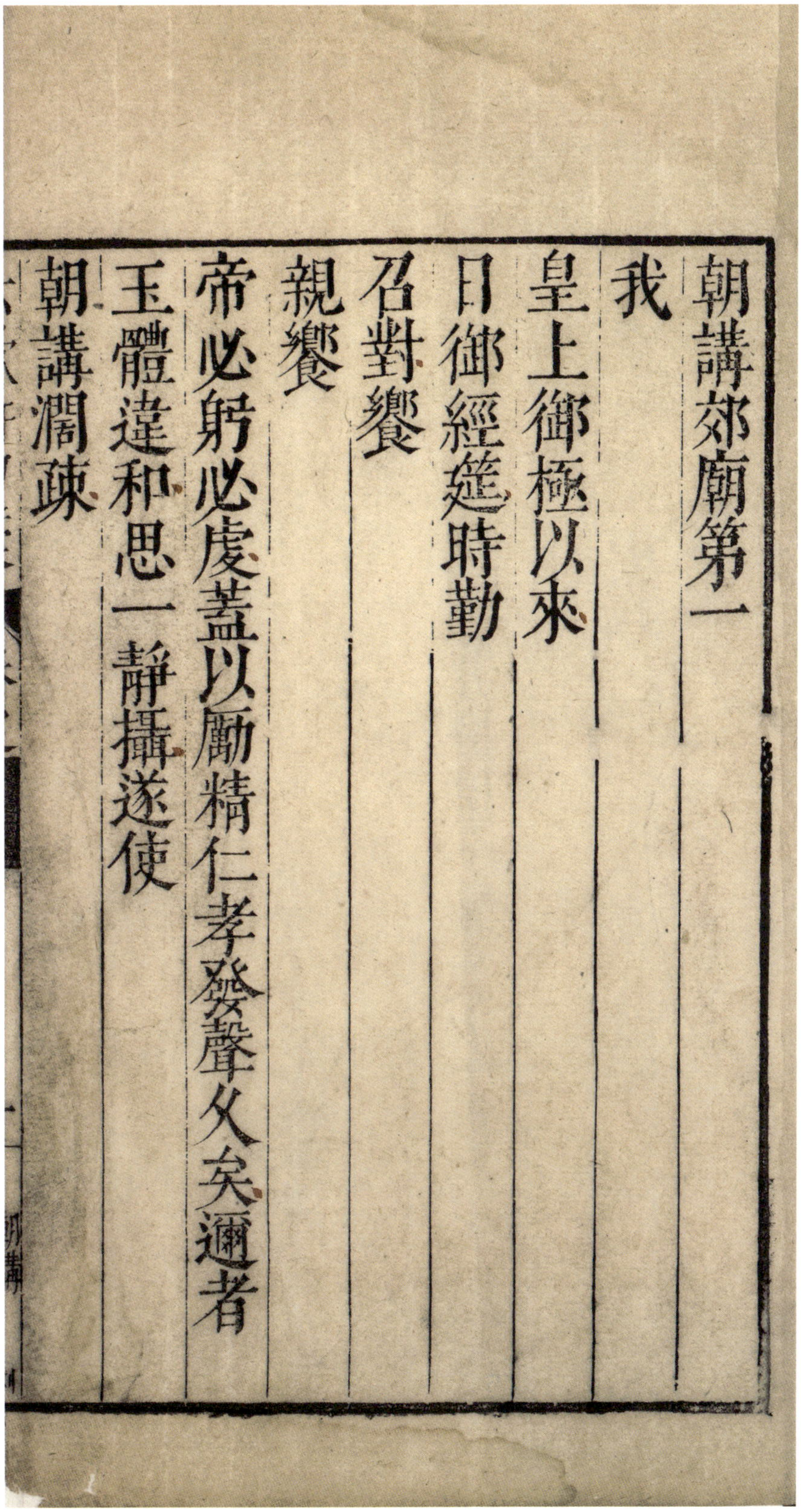
朝講郊廟第一
我
皇上御極以來
日御經筵時勤
召對饗
親饗
帝必躬必虔蓋以勵精仁孝發聲久矣邇者
玉體違和思一靜攝遂使
朝講濶疎

六欲軒初稿不分卷 （明）賀燦然撰　明（1368–1644）刻本

匡高20.2厘米，廣13.8厘米。半葉九行，行十八字，白口，四周單邊。入《中國古籍善本書目》。平湖市圖書館藏。

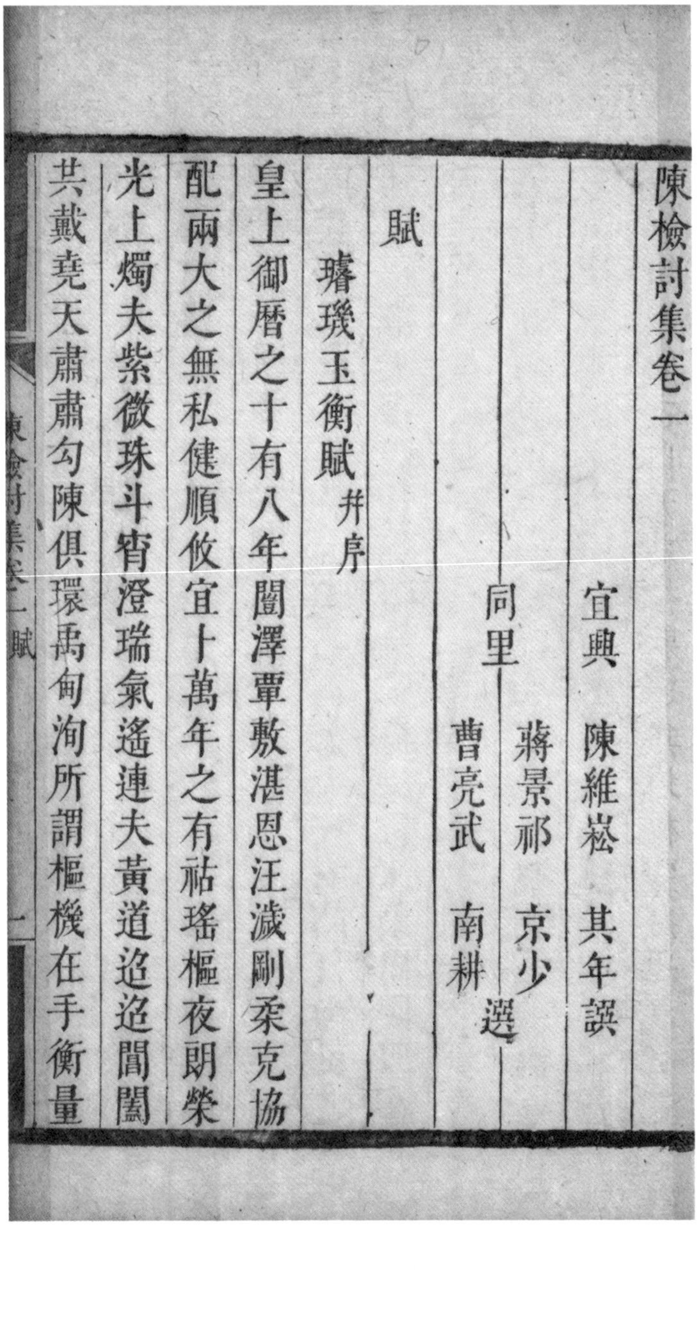

陳檢討集卷一

宜興　陳維崧　其年譔
同里　蔣景祁　京少
　　　曹亮武　南耕　選

賦

璿璣玉衡賦并序

皇上御曆之十有八年闓澤覃敷湛恩汪濊剛柔克協配兩大之無私健順攸宜卜萬年之有祜瑤樞夜朗棨光上燭夫紫微珠斗宵澄瑞氣遙連夫黃道迢迢閶闔共戴堯天肅肅勾陳俱環禹甸洵所謂樞機在手衡量

陳檢討集卷一　賦　一

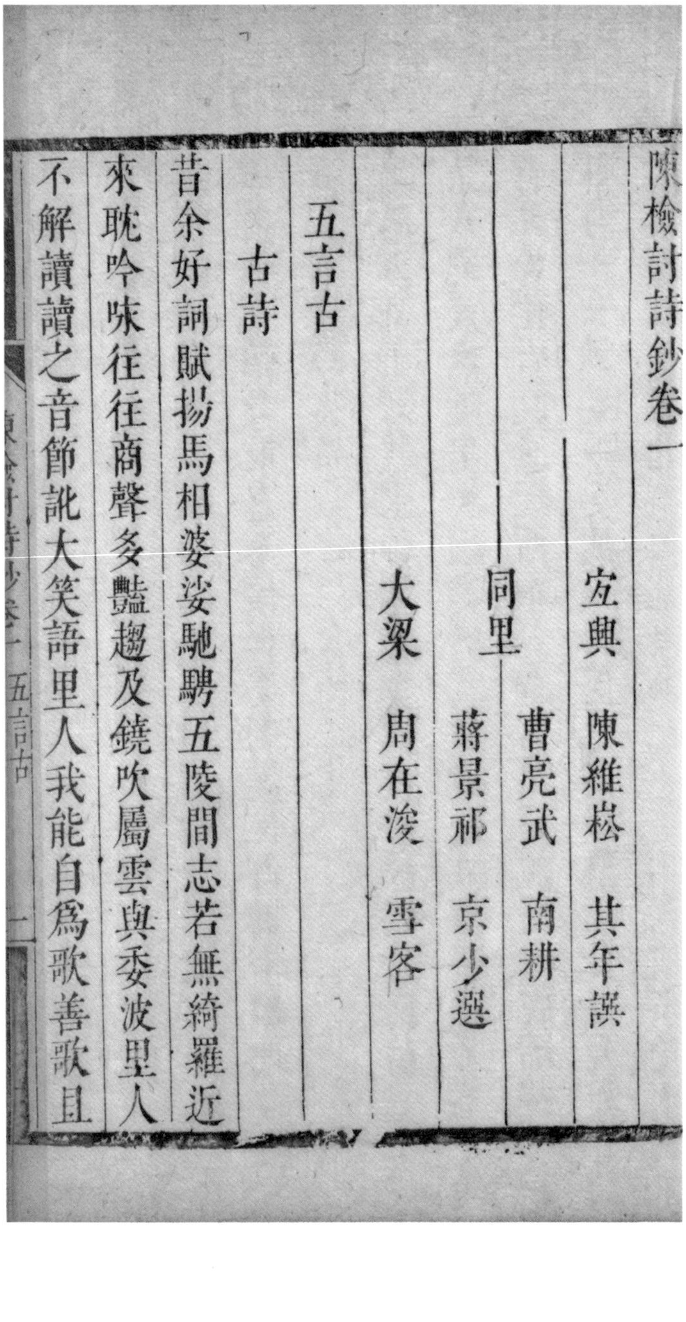

陳檢討詩鈔卷一

宜興　陳維崧　其年譔
　　　曹亮武　南耕
同里　蔣景祁　京少選
大梁　周在浚　雪客

五言古

古詩

昔余好詞賦揚馬相婆娑馳騁五陵間志若無綺羅近來耽吟咏往往商聲多豔趨及鐃吹屬雲與委波里人不解讀讀之音節訛大笑語里人我能自爲歌善歌且

陳檢討詩鈔卷一　五言古　一

陳檢討集二十卷詩鈔十卷　（清）陳維崧撰　程師恭注　曹亮武　蔣景祁等選　清康熙（1662－1722）刻本

匡高19.5厘米，廣14.3厘米。半葉十行，行二十二字，小字雙行同，黑口，左右雙邊。入《中國古籍善本書目》。平湖市圖書館藏。

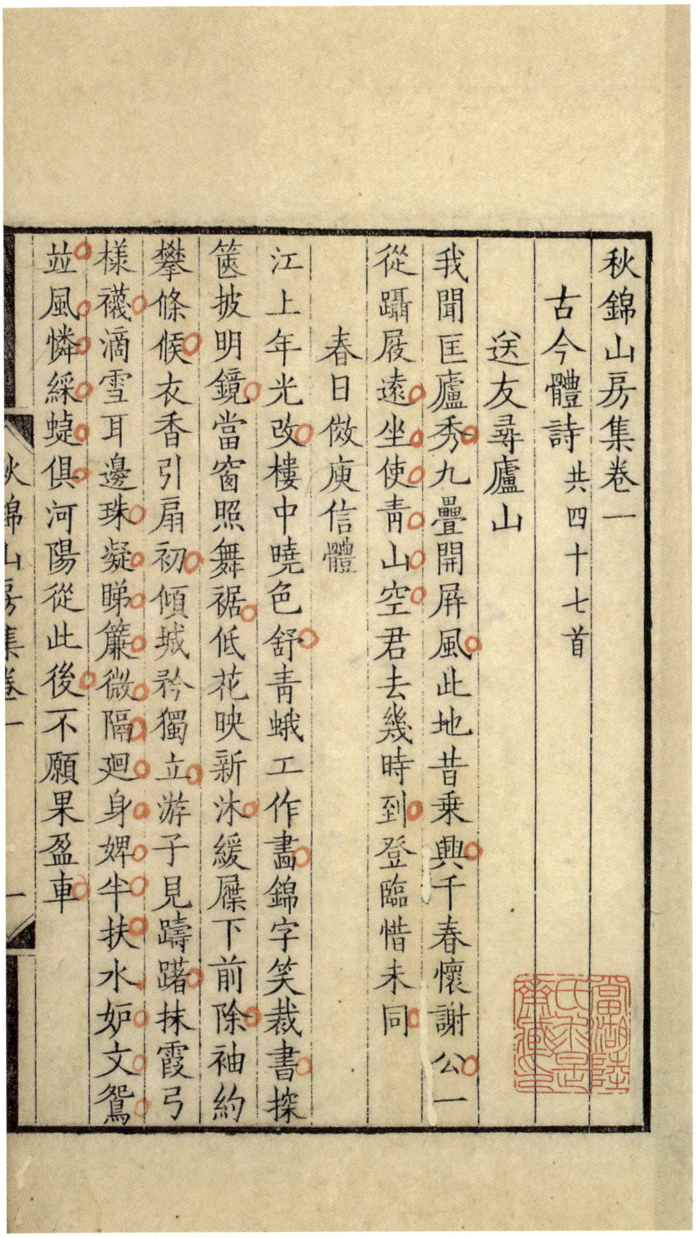

秋錦山房集卷一

古今體詩　共四十七首

送友尋廬山

我聞匡廬秀九疊開屏風此地昔乘興千春懷謝公一從躡屐遠坐使青山空君去幾時到登臨惜未同

春日倣庾信體

江上年光改樓中曉色舒青蛾工作畫錦字笑裁書㮇篋披明鏡當窗照舞裾低花映新沐緩屧下前除袖約攀條候衣香引扇初傾城矜獨立游子見躊躇抹霞弓樣襪滴雪耳邊珠凝睇簾微隔迴身婢半扶水妒文鴛竝風憐綵蝶俱河陽從此後不願果盈車

秋錦山房集卷一　一

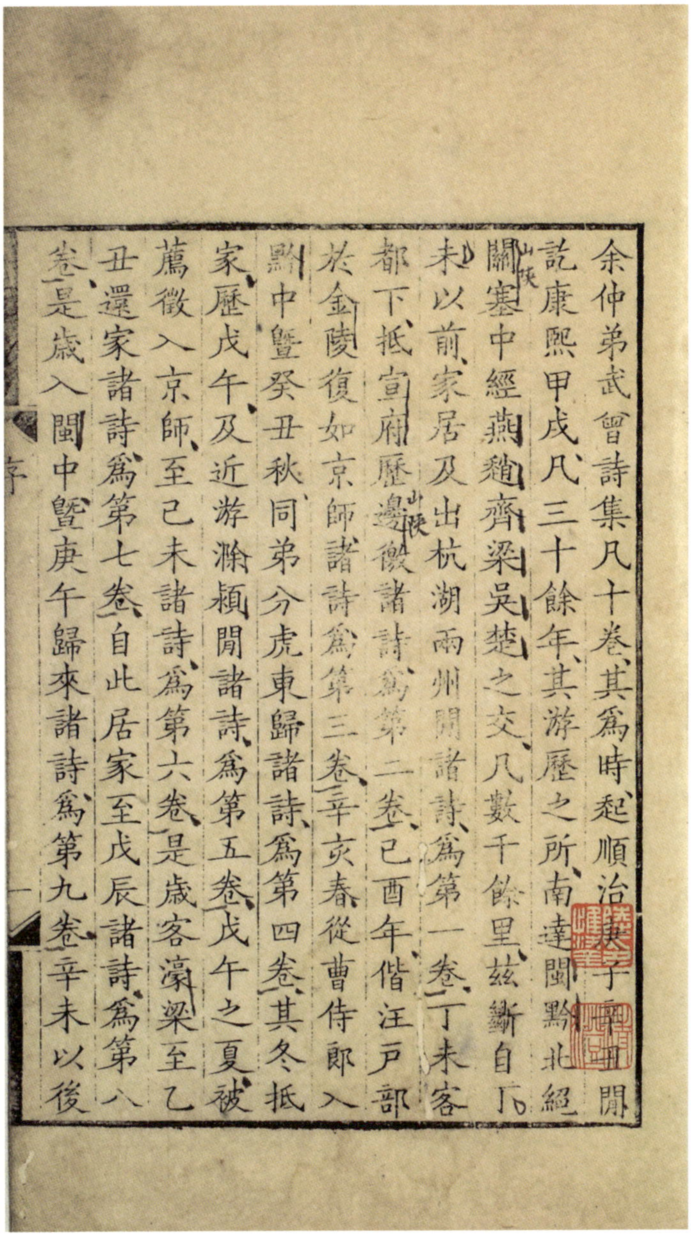

余仲弟武曾詩集凡十卷、其爲時起順治庚子辛丑開訖康熙甲戌凡三十餘年、其游歷之所、南達閩黔、北絕關塞、中經燕趙齊梁吳楚之交、凡數千餘里、茲斷自丁未以前、家居及出杭湖兩州間諸詩、爲第一卷、丁未客都下、抵宣府歷邊徼諸詩、爲第二卷、己酉年偕汪戶部於金陵、復如京師諸詩、爲第三卷、辛亥春從曹侍郎入黔中、暨癸丑秋同弟分虎東歸諸詩、爲第四卷、其冬抵家、歷戊午及近游滁穎間諸詩、爲第五卷、戊午之夏被薦徵入京師、至己未諸詩、爲第六卷、是歲客濠梁至乙丑還家諸詩、爲第七卷、自此居家至戊辰諸詩、爲第八卷、是歲入閩中、暨庚午歸來諸詩、爲第九卷、辛未以後

序　一

秋錦山房集十卷　（清）李良年撰　李潮偕編　清康熙三十五年（1696）

刻本

匡高18.8厘米，廣13.6厘米。半葉十一行，行二十一字，黑口，四周單邊。有“當湖陸氏求是齋藏印”、“陸印惟鋆”、“清澄”等印。入《中國古籍善本書目》。平湖市莫氏莊園陳列館藏。

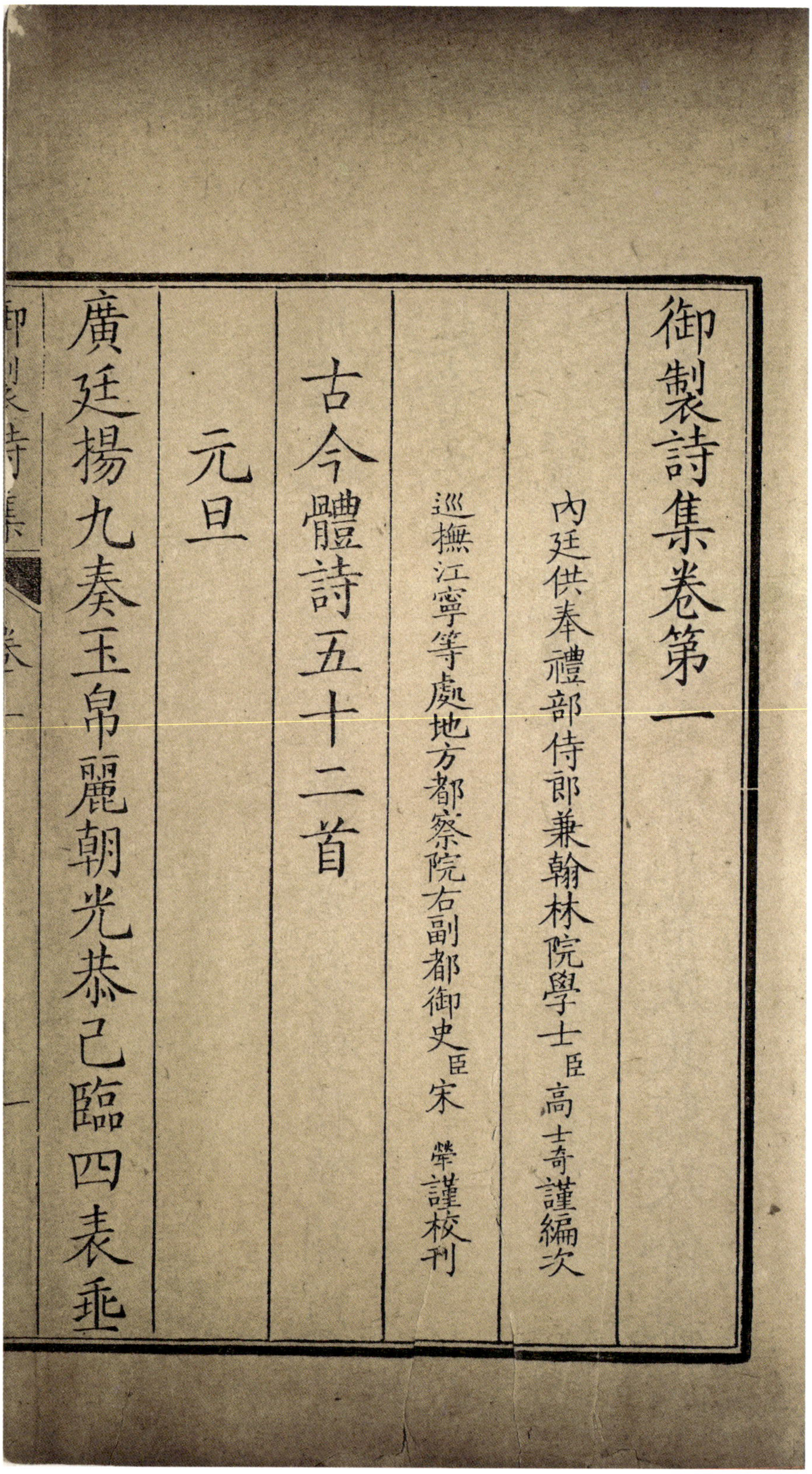
御製詩集卷第一
內廷供奉禮部侍郎兼翰林院學士臣高士奇謹編次
巡撫江寧等處地方都察院右副都御史臣宋犖謹校刊
古今體詩五十二首
元旦
廣廷揚九奏玉帛麗朝光恭己臨四表垂
御製詩集　卷一　一

御製詩集十卷第二集十卷　（清）玄燁撰　高士奇編　清康熙四十二年（1703）宋犖刻本

匡高18.9厘米，廣13.5厘米。半葉六行，行十六字，白口，四周雙邊。有“當湖陸氏求是齋藏印”等印。平湖市圖書館藏。

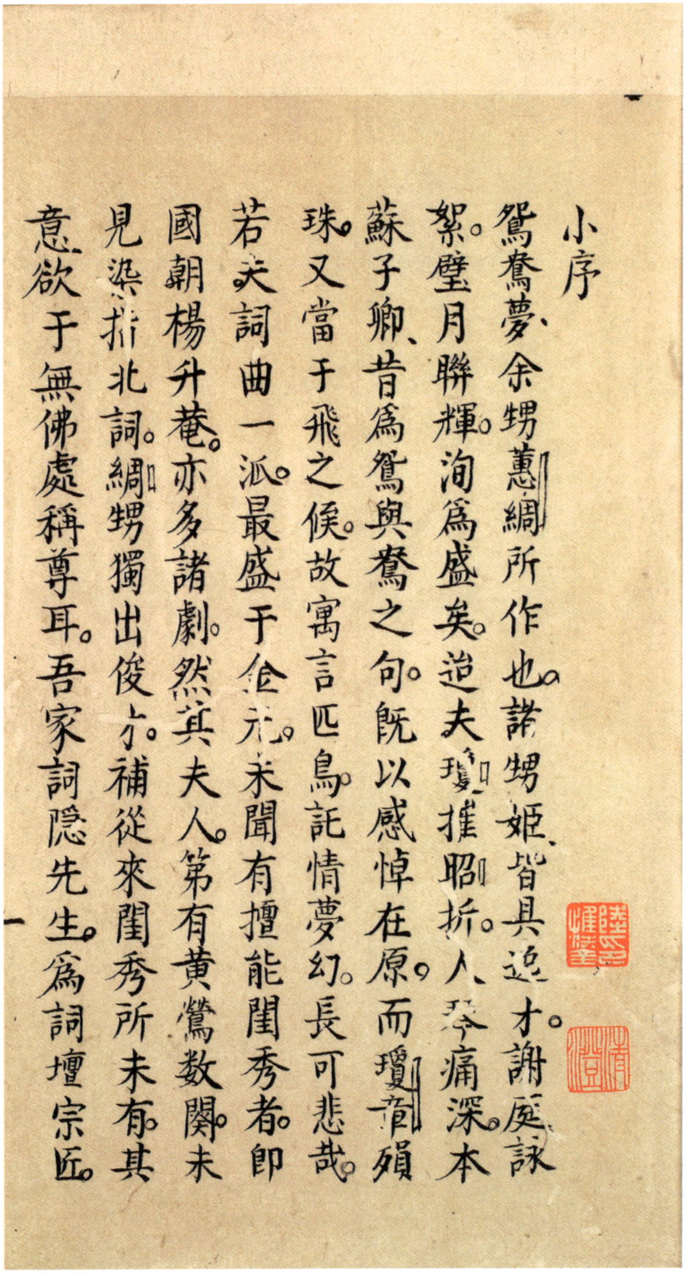

小序

鴛鴦夢、余甥蕙綢所作也。諸甥姬、皆具逸才。謝庭詠絮。壁月聯輝。洵爲盛矣。迨夫瓊摧昭折。人琴痛深。本蘇子卿、昔爲鴛與鴦之句。既以感悼在原。而瓊章殞珠。又當于飛之候。故寓言匹鳥。託情夢幻。長可悲哉。若夫詞曲一派最盛于金元。未聞有擅能閨秀者。即國朝楊升菴。亦多諸劇。然其夫人第有黃鶯數闋未見染指北詞。綢甥獨出俊才。補從來閨秀所未有。其意欲于無佛處稱尊耳。吾家詞隱先生爲詞壇宗匠。

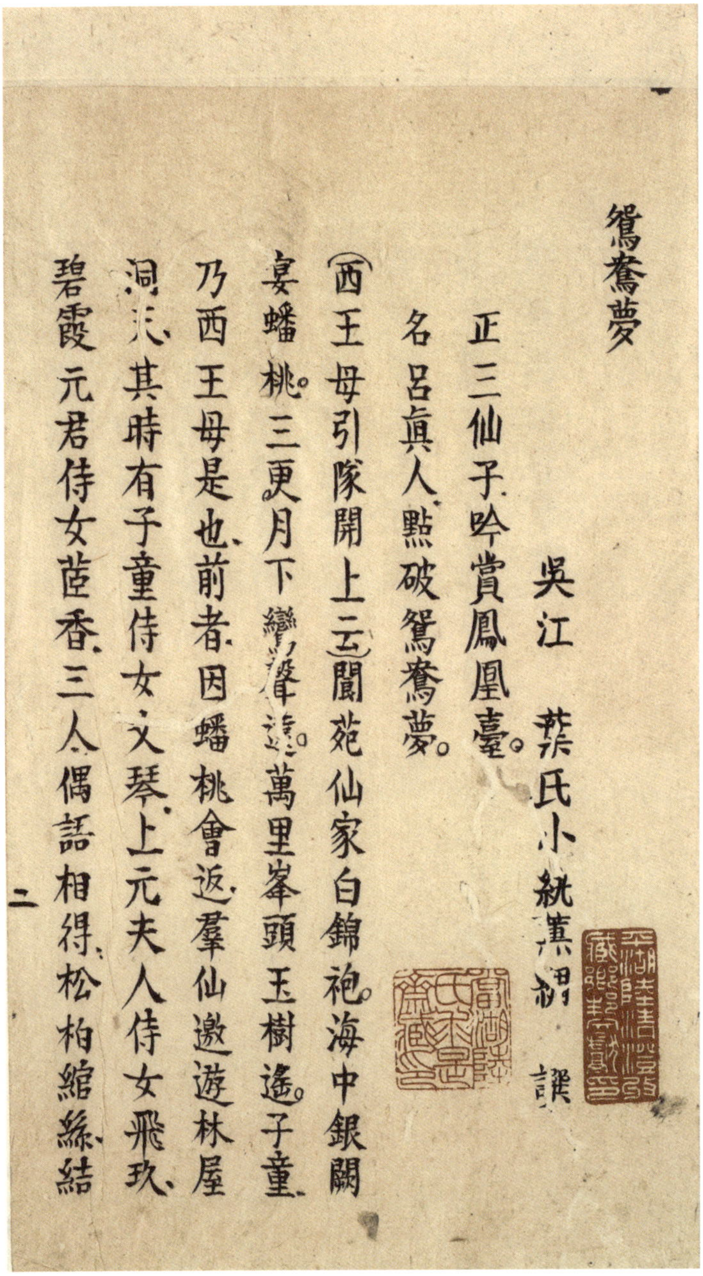

鴛鴦夢

吳江　葉氏小紈蕙綢　譔

正三仙子吟賞鳳凰臺。

名呂真人點破鴛鴦夢。

(西王母引隊開上云)閬苑仙家白錦袍海中銀闕宴蟠桃。三更月下鸞聲遠。萬里峯頭玉樹遙。子童乃西王母是也。前者因蟠桃會返。羣仙邀遊林屋洞天。其時有子童侍女文琴、上元夫人侍女飛玖、碧霞元君侍女茝香、三人偶語相得、松柏綰絲結

鴛鴦夢不分卷　（明）葉小紈撰　清初鈔本

半葉九行，行二十字。有“陸印惟鋆”、“清澄”、“平湖陸清澄所藏鄉邦文獻印”等印。入《中國古籍善本書目》。平湖市莫氏莊園陳列館藏。

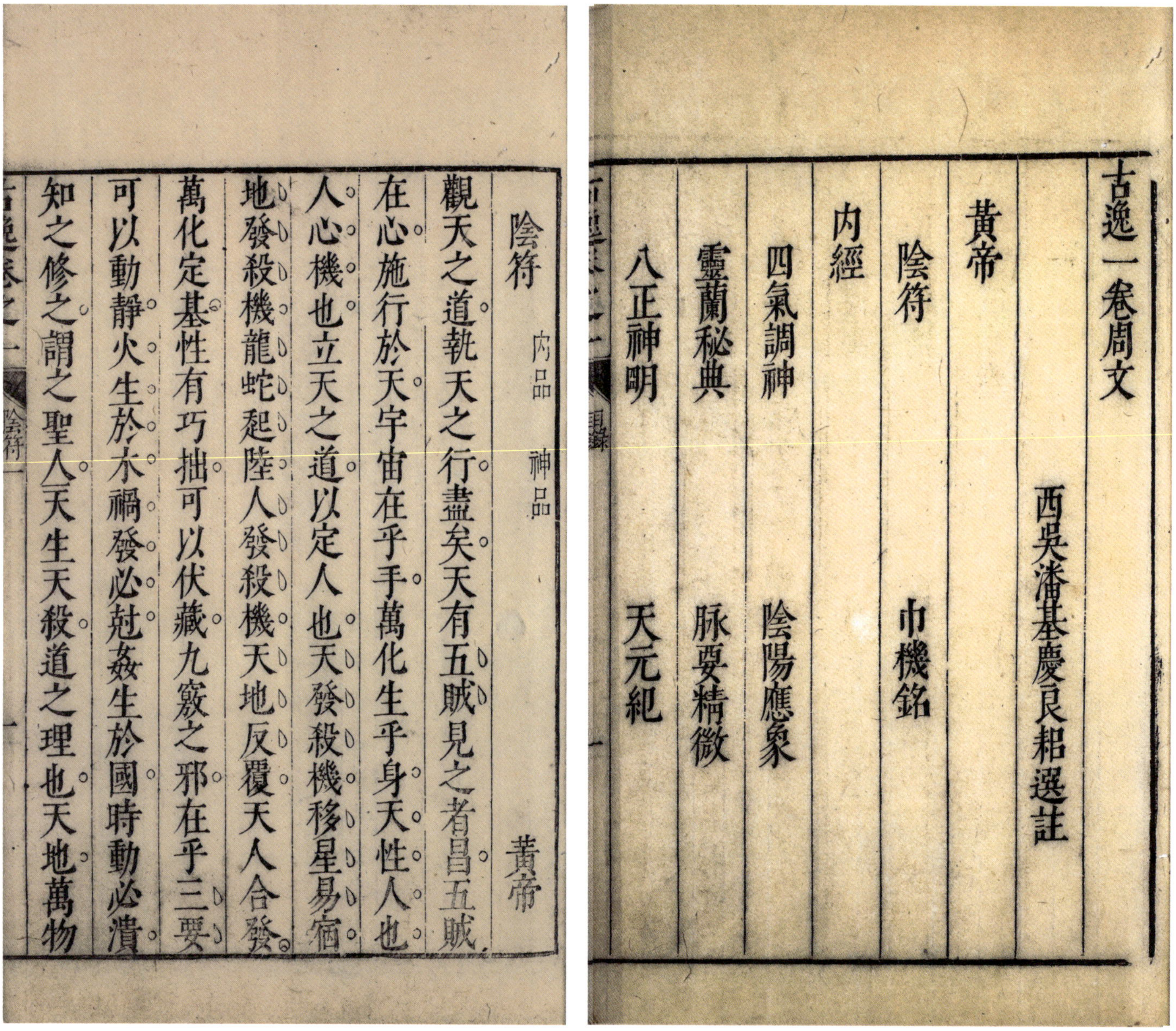

古逸一卷周文

西吳潘基慶艮耜選註

黃帝

陰符　巾機銘

內經

四氣調神　陰陽應象

靈蘭秘典　脉要精微

八正神明　天元紀

古逸卷之一　目録　一

陰符　內品　神品　黃帝

觀天之道執天之行盡矣天有五賊見之者昌五賊在心施行於天宇宙在乎手萬化生乎身天性人也人心機也立天之道以定人也天發殺機移星易宿地發殺機龍蛇起陸人發殺機天地反覆天人合發萬化定基性有巧拙可以伏藏九竅之邪在乎三要可以動靜火生於木禍發必尅姦生於國時動必潰知之修之謂之聖人天生天殺道之理也天地萬物

古逸卷之一　陰符　一

古逸書三十卷首一卷末一卷　（明）潘基慶輯　明萬曆（1573-1620）

刻本

匡高21.3厘米，廣15.6厘米。半葉八行，行二十字，小字雙行同，白口，左右單邊。平湖市圖書館藏。

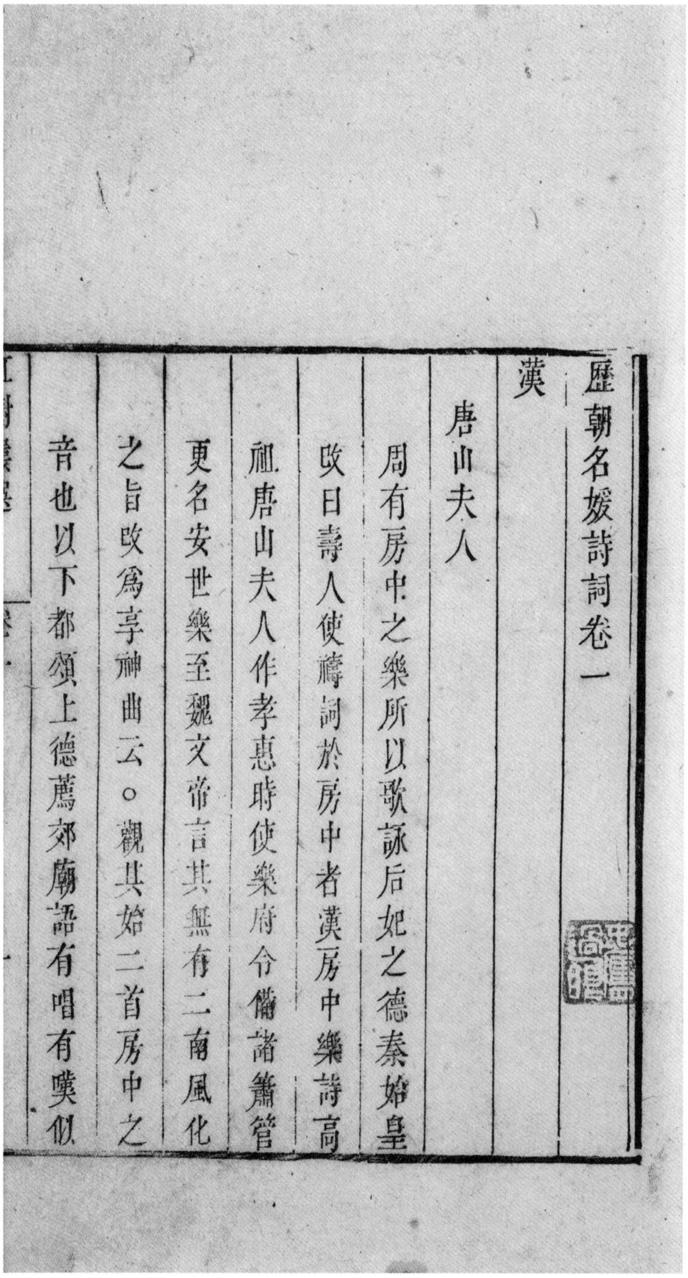
歷朝名媛詩詞卷一

漢

唐山夫人

周有房中之樂所以歌詠后妃之德秦始皇改曰壽人使禱詞於房中者漢房中樂詩高祖唐山夫人作孝惠時使樂府令備諸簫管更名安世樂至魏文帝言其無有二南風化之旨改爲享神曲云。觀其始二首房中之音也以下都頌上德薦郊廟語有唱有嘆似

歷朝名媛詩詞十二卷 （清）陸昶輯　清乾隆三十八年（1773）紅樹樓刻本

匡高15.8厘米，廣13厘米。半葉九行，行十九字，白口，左右雙邊。有“屯廬過眼”之印。入《中國古籍善本書目》。平湖市圖書館藏。

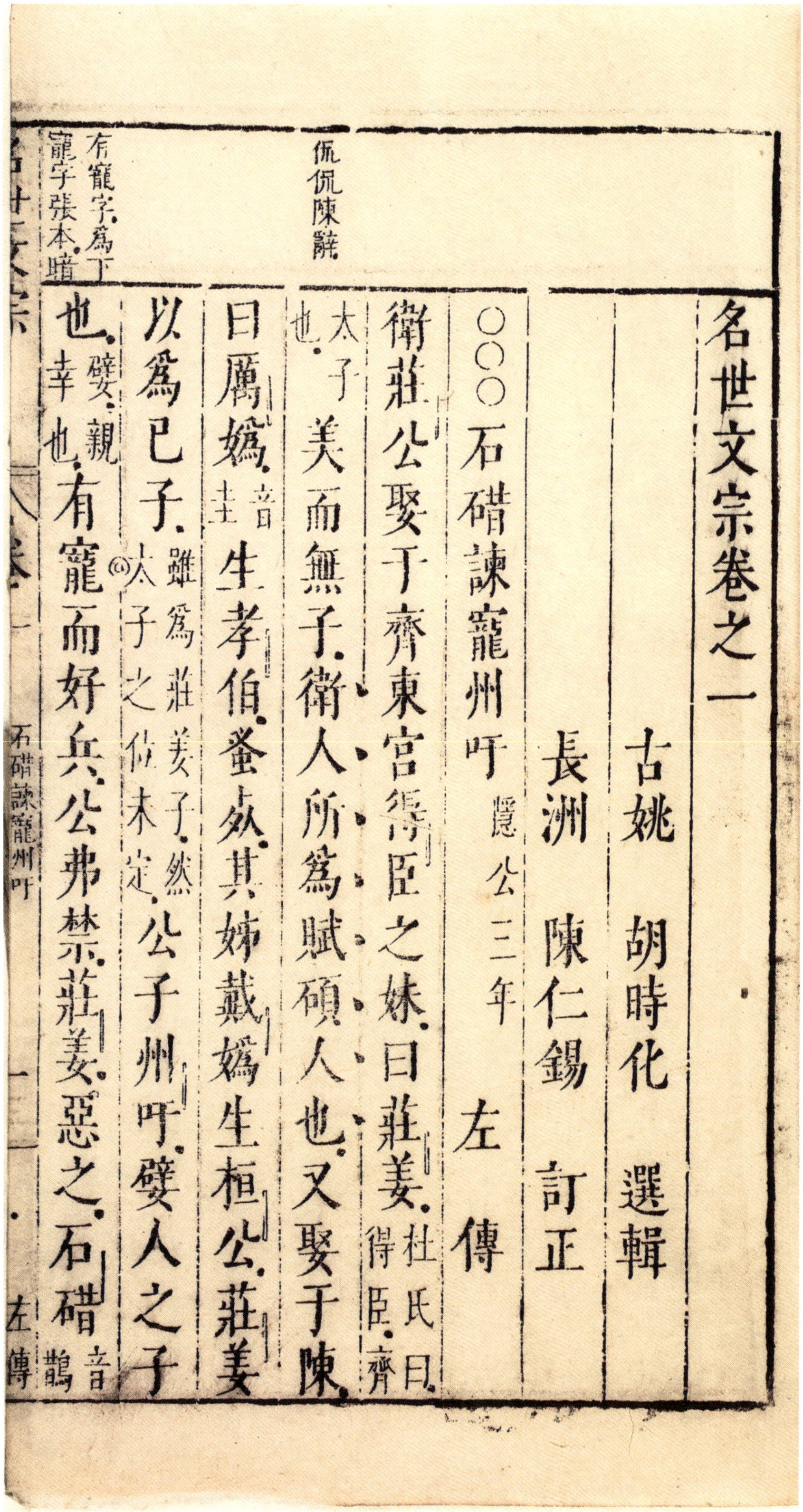

名世文宗卷之一

古姚　胡時化　選輯

長洲　陳仁錫　訂正

○○○石碏諫寵州吁　隱公三年　左傳

衛莊公娶于齊東宮得臣之妹曰莊姜杜氏曰得臣齊太子也美而無子衛人所爲賦碩人也又娶于陳曰厲嬀音圭生孝伯蚤死其娣戴嬀生桓公莊姜以爲己子雖爲莊姜子然太子之位未定公子州吁嬖人之子也嬖親幸也有寵而好兵公弗禁莊姜惡之石碏音鵲

侃侃陳辭

有寵字爲下寵字張本暗

名世文宗　卷之一　石碏諫寵州吁　左傳　一

名世文宗三十卷談藪一卷　（明）胡時化輯　陳仁錫訂正　明崇禎元年（1628）刻本

匡高23.2厘米，廣14厘米。半葉九行，行十八字，小字雙行同，白口，四周單邊。入《中國古籍善本書目》。平湖市博物館藏。

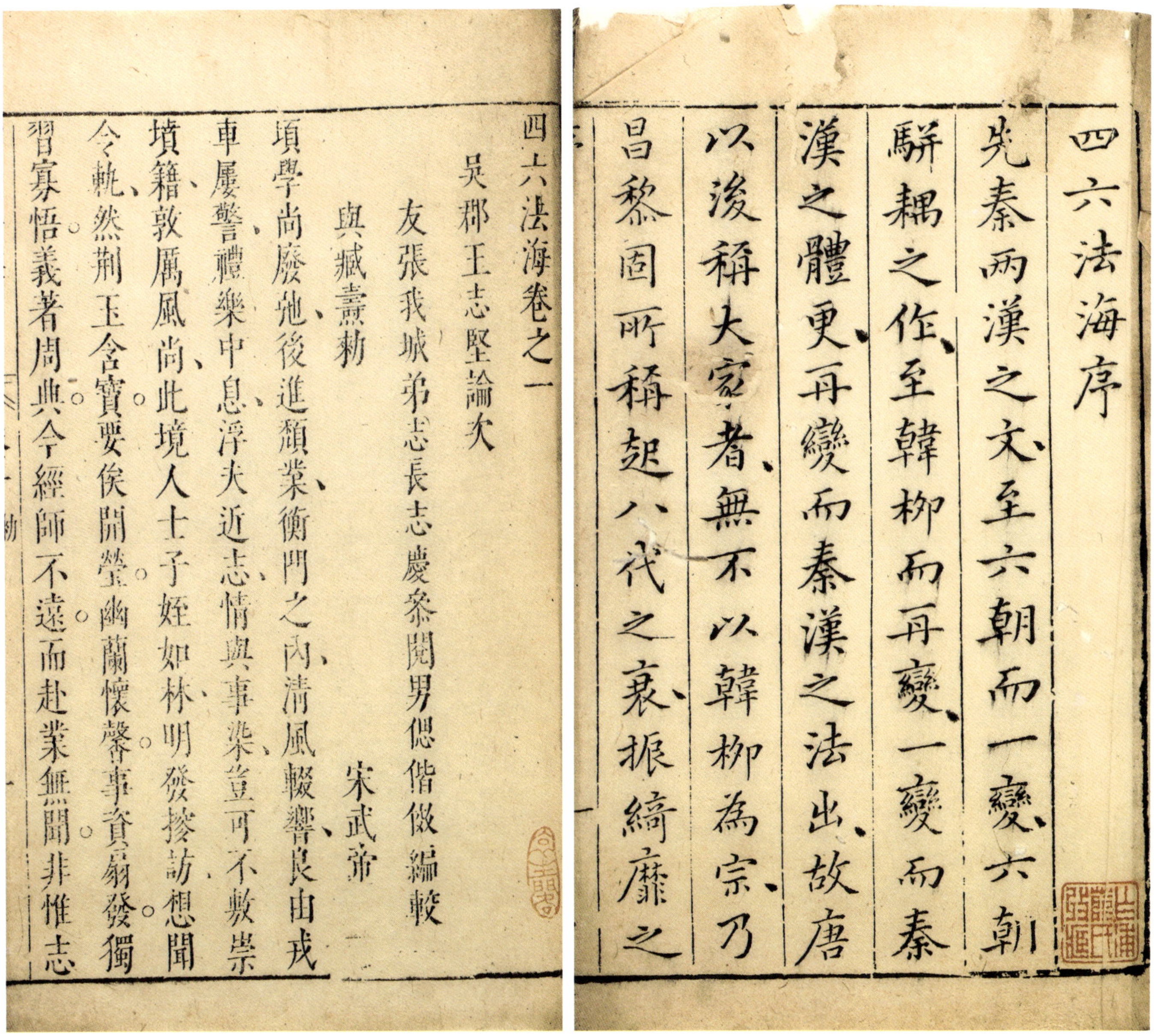

四六法海序

先秦兩漢之文至六朝而一變六朝駢耦之作至韓柳而再變一變而秦漢之體更再變而秦漢之法出故唐以後稱大家者無不以韓柳為宗乃昌黎固所稱起八代之衰振綺靡之

四六法海卷之一

吳郡王志堅論次

友張我城　弟志長　志慶參閱　男偲　偕　儆編較

與臧燾勅　宋武帝

頃學尚廢弛後進頹業衡門之內清風輟響良由戎車屢警禮樂中息浮夫近志情與事染豈可不敷崇墳籍敦厲風尚此境人士子姪如林明發搜訪想聞令軌然荊玉含寶要俟開瑩幽蘭懷馨事資扇發獨習寡悟義著周典今經師不遠而赴業無聞非惟志

四六法海十二卷　（明）王志堅輯　明天啟七年（1627）載德堂刻本

匡20.8厘米，廣14.3厘米。半葉九行，行二十字，白口，四周單邊。有"哀生閣"等印。平湖市博物館藏。

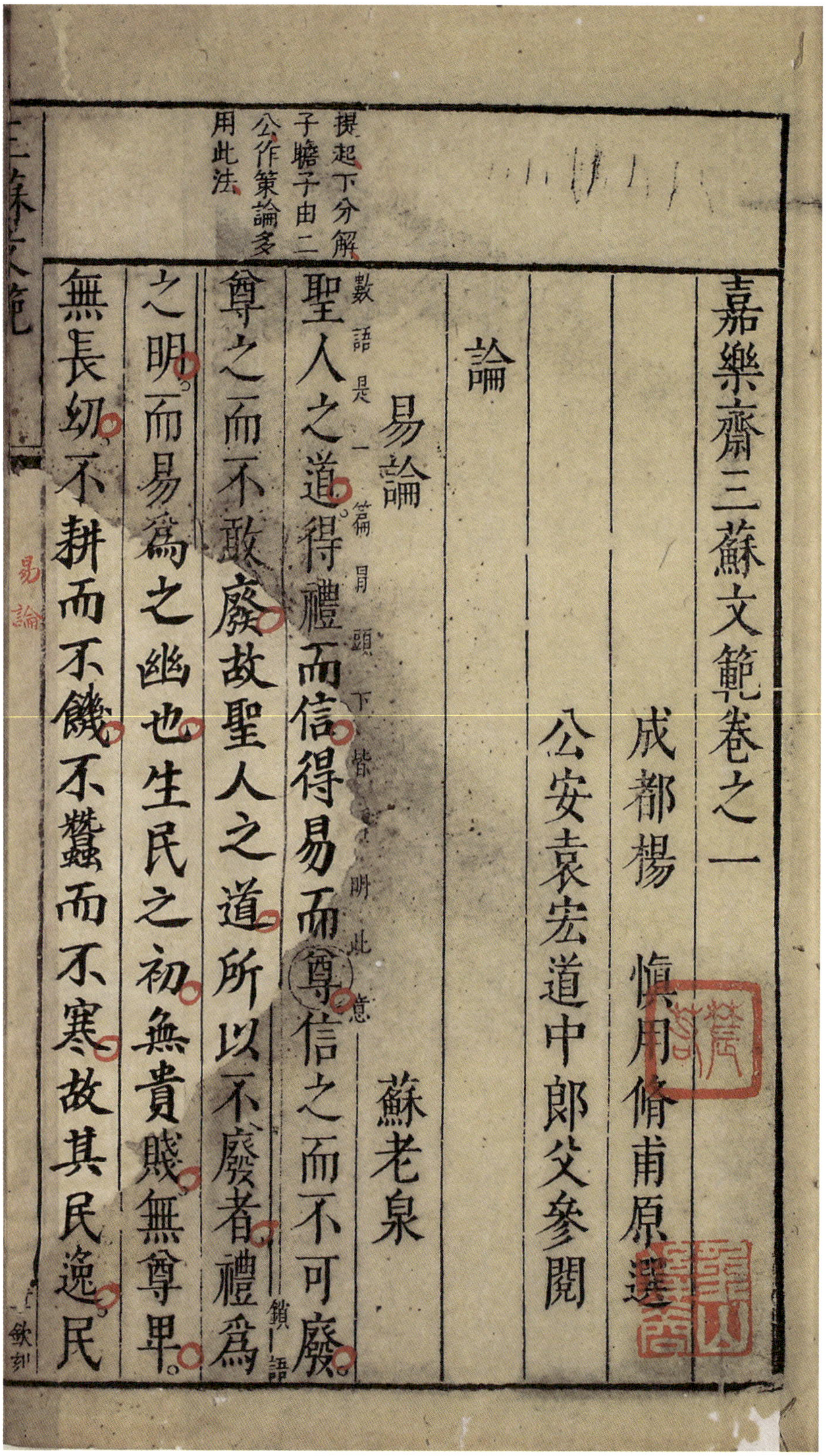
提起下分解子瞻子由二公作策論多用此法

嘉樂齋三蘇文範卷之一
成都楊　愼用脩甫原選
公安袁宏道中郎父參閱
論
易論　蘇老泉
數語是一篇冒頭下皆發明此意
聖人之道得禮而信得易而尊信之而不可廢
尊之而不敢廢故聖人之道所以不廢者禮爲
鎖語
之明而易爲之幽也生民之初無貴賤無尊卑
無長幼不耕而不饑不蠶而不寒故其民逸民

三蘇文範
易論
欽刻

嘉樂齋三蘇文範十八卷首一卷（宋）蘇洵　蘇軾　蘇轍撰　（明）楊慎輯　明天啟二年（1622）嘉樂齋刻本

匡高21.7厘米，廣13.5厘米。半葉九行，行十八字，白口，四周單邊。有“麓茗”之印。入《中國古籍善本書目》。平湖市圖書館藏。

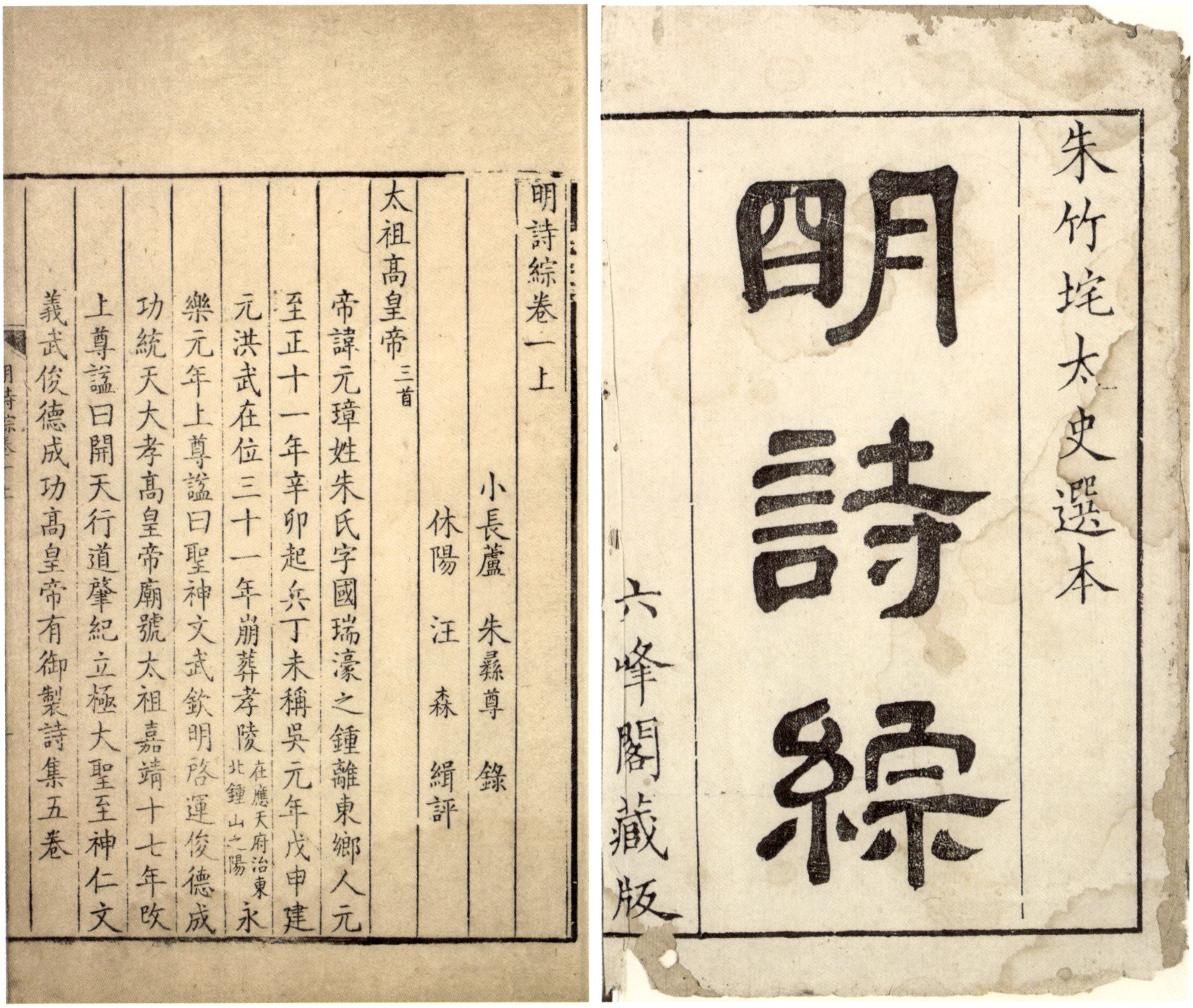

朱竹垞太史選本
明詩綜
六峰閣藏版

明詩綜卷一上
小長蘆 朱彝尊 錄
休陽 汪森 緝評
太祖高皇帝 三首
帝諱元璋姓朱氏字國瑞濠之鍾離東鄉人元至正十一年辛卯起兵丁未稱吳元年戊申建元洪武在位三十一年崩葬孝陵在應天府治東北鍾山之陽永樂元年上尊謚曰聖神文武欽明啓運俊德成功統天大孝高皇帝廟號太祖嘉靖十七年改上尊謚曰開天行道肇紀立極大聖至神仁文義武俊德成功高皇帝有御製詩集五卷

明詩綜一百卷 （清）朱彝尊編　汪森輯評　清康熙四十四年（1705）六峰閣刻本

匡高19.2厘米，廣14.3厘米。半葉十一行，行二十一字，小字雙行同，白口，左右雙邊。入《中國古籍善本書目》。平湖市圖書館藏。

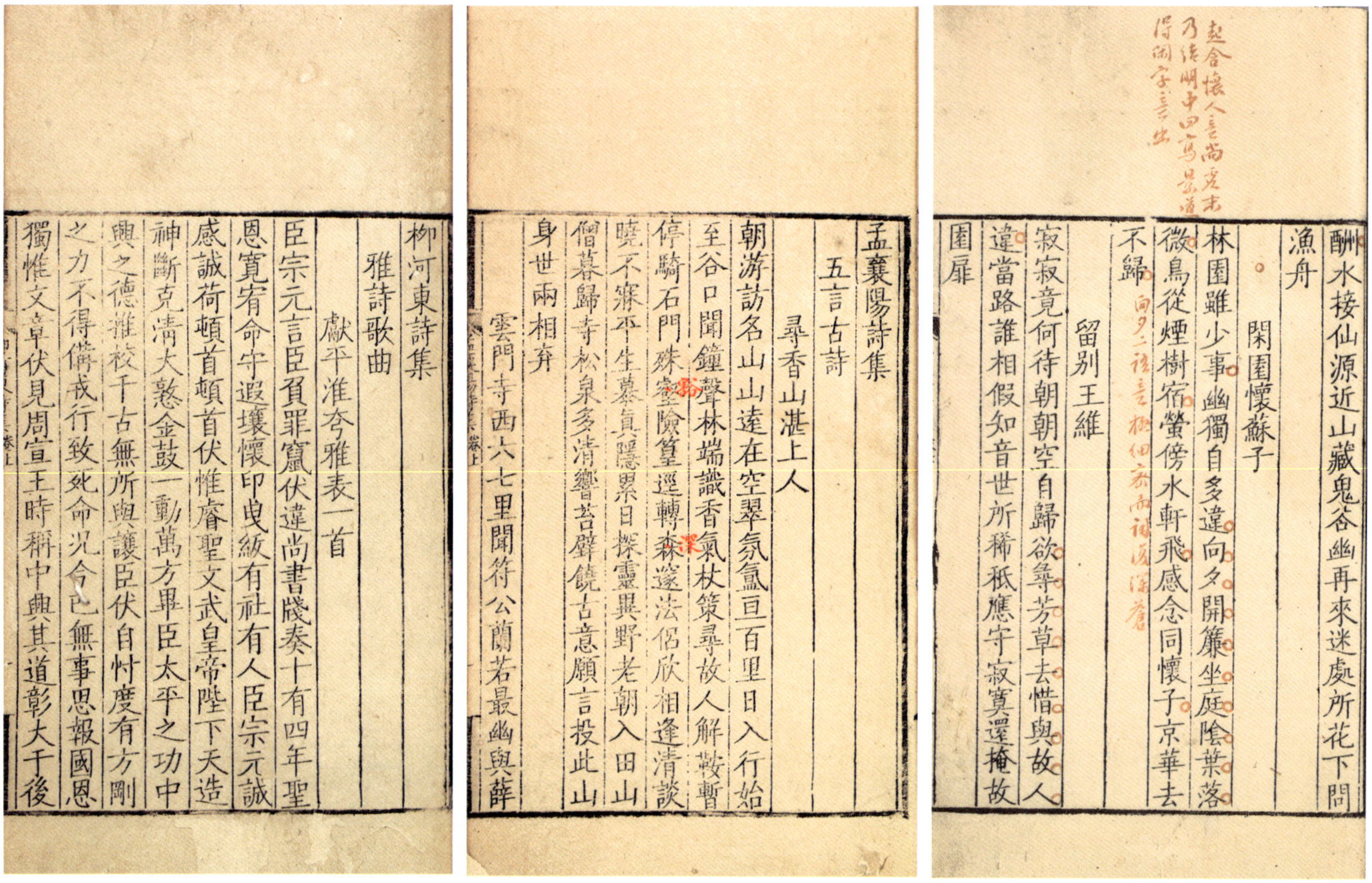
柳河東詩集
雅詩歌曲
獻平淮夷雅表一首
臣宗元言臣負罪竄伏違尚書牋奏十有四年聖
恩寬宥命守遐壤懷印曳紱有社有人臣宗元誠
感誠荷頓首頓首伏惟睿聖文武皇帝陛下天造
神斷克清大憝金鼓一動萬方畢臣太平之功中
興之德推校千古無所與讓臣伏自忖度有方剛
之力不得備戎行致死命以舍已無事思報國恩
獨惟文章伏見周宣王時稱中興其道彰大于後

孟襄陽詩集
五言古詩
尋香山湛上人
朝游訪名山山遠在空翠氛氳亘百里日入行始
至谷口聞鐘聲林端識香氣杖策尋故人解鞍暫
停騎石門殊壑險篁逕轉森邃法侶欣相逢清談
曉不寐平生慕真隱累日探靈異野老朝入田山
僧暮歸寺松泉多清響苔壁饒古意願言投此山
身世兩相棄
雲門寺西六七里聞符公蘭若最幽與薛

酬水接仙源近山藏鬼谷幽再來迷處所花下問
漁舟
閑園懷蘇子
林園雖少事幽獨自多違向夕開簾坐庭陰葉落
微鳥從煙樹宿螢傍水軒飛感念同懷子京華去
不歸
留別王維
寂寂竟何待朝朝空自歸欲尋芳草去惜與故人
違當路誰相假知音世所稀秖應守寂寞還掩故
園扉

唐四家詩八卷 （清）汪立名編　清康熙三十四年（1695）汪立名刻本

匡高17.6厘米，廣13.2厘米。半葉十行，行十九字，黑口，左右雙邊。有“金嘉淦印”等印。平湖市圖書館藏。

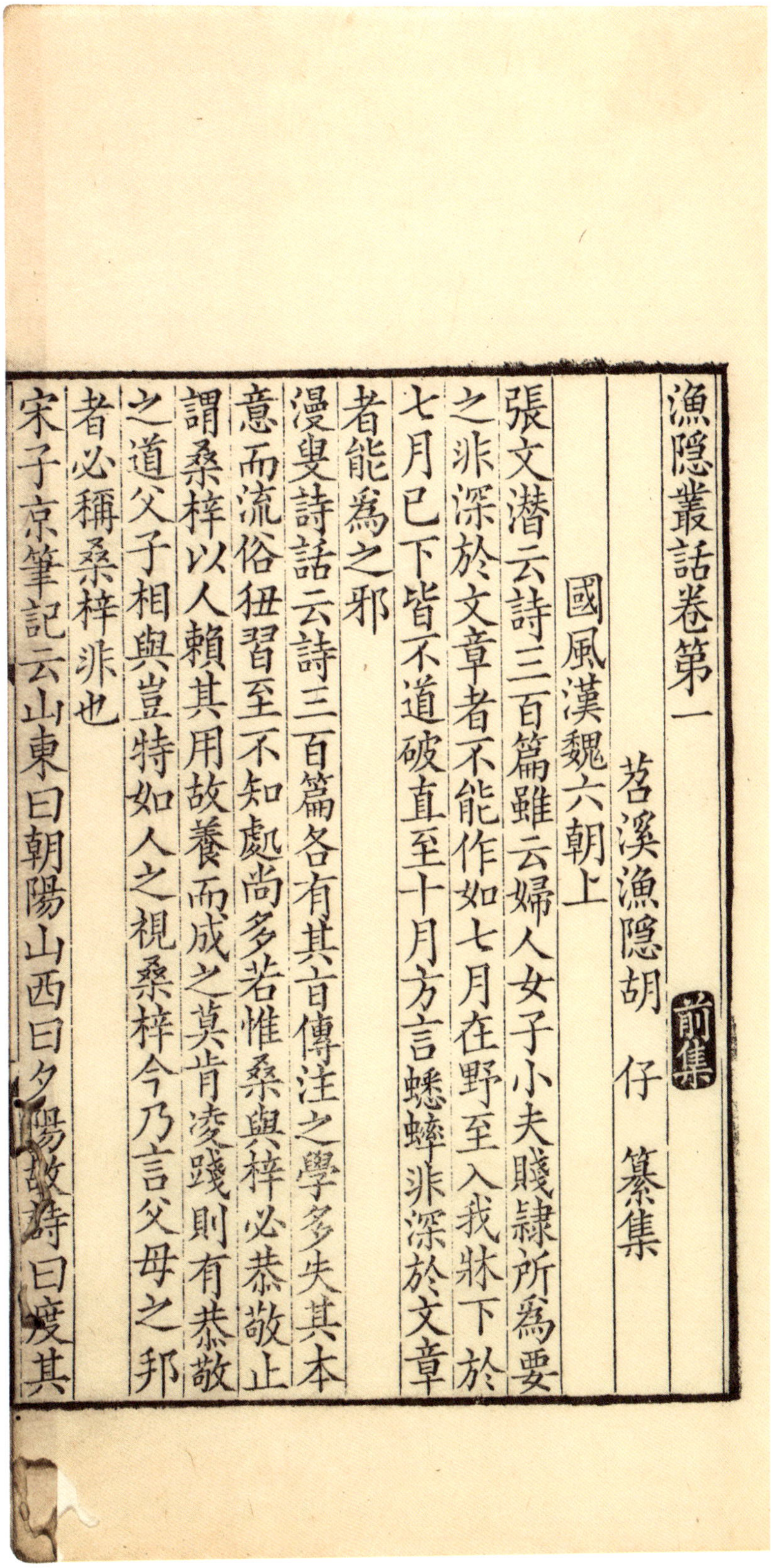
漁隱叢話卷第一　前集
苕溪漁隱胡仔纂集
國風漢魏六朝上
張文潛云詩三百篇雖云婦人女子小夫賤隸所爲要之非深於文章者不能作如七月在野至入我牀下於七月已下皆不道破直至十月方言蟋蟀非深於文章者能爲之邪
漫叟詩話云詩三百篇各有其旨傳注之學多失其本意而流俗狃習至不知處尚多若惟桑與梓必恭敬止謂桑梓以人賴其用故養而成之莫肯凌踐則有恭敬之道父子相與豈特如人之視桑梓今乃言父母之邦者必稱桑梓非也
宋子京筆記云山東曰朝陽山西曰夕陽故詩曰度其

漁隱叢話前集六十卷後集四十卷　（宋）胡仔輯　清乾隆五年（1740）至六年（1741）耘經樓重雕刻本

匡高18.4厘米，廣13.2厘米。半葉十三行，行二十二字，黑口，左右雙邊。入《中國古籍善本書目》。平湖市博物館藏。

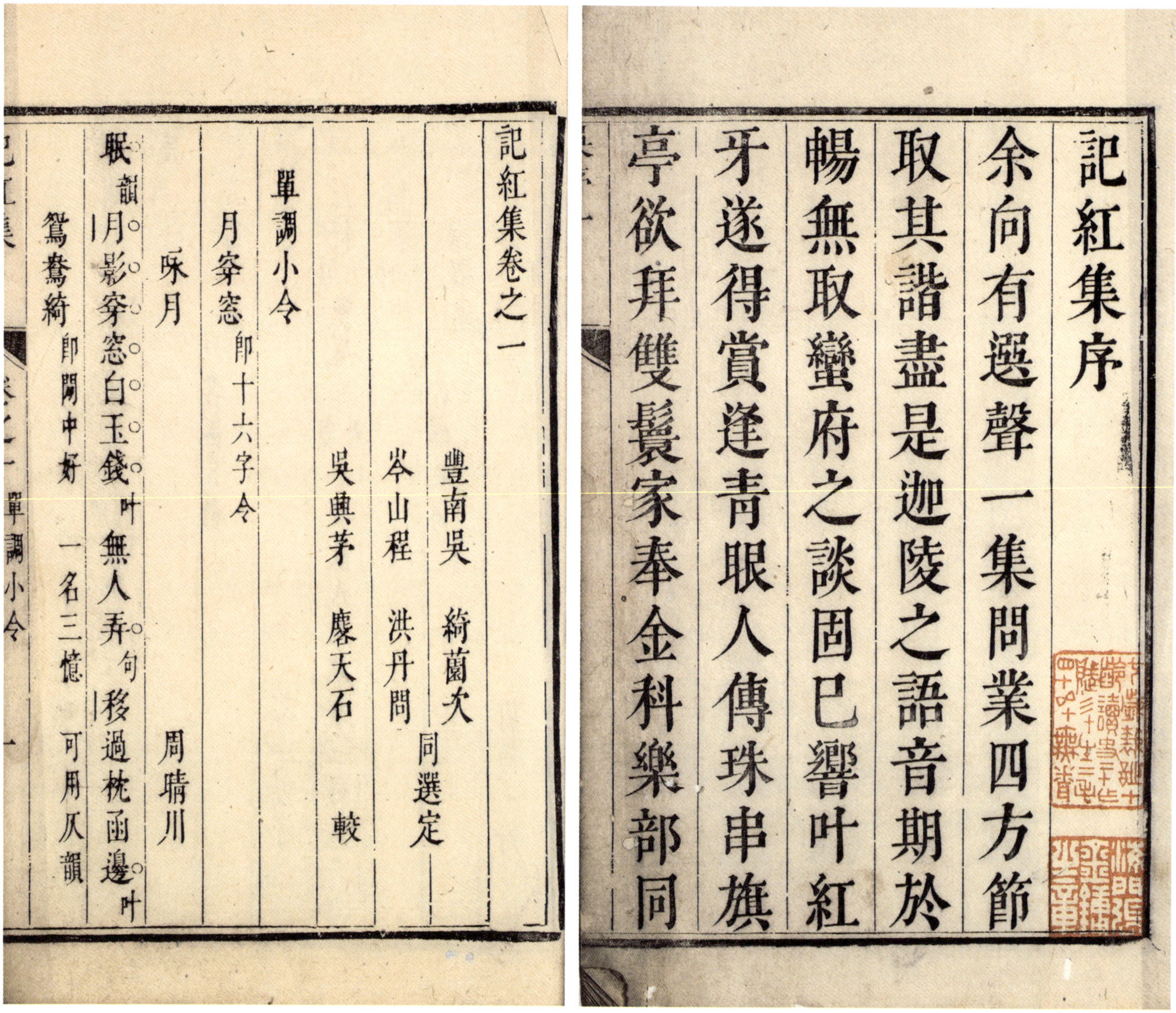

記紅集序

余向有選聲一集問業四方節取其諧盡是迦陵之語音期於暢無取蠻府之談固已響叶紅牙遂得賞逢青眼人傳珠串旗亭欲拜雙鬟家奉金科樂部同

記紅集卷之一

豐南吳　綺薗次
岑山程　洪丹問　同選定
吳興茅　麐天石　較

單調小令

月穿窗　即十六字令

咏月　周晴川

眠韻。月影穿窗白玉錢叶。無人弄句。移過枕函邊叶。

鴛鴦綺　即閙中好　一名三憶　可用仄韻

記紅集　卷之一　單調小令　一

記紅集三卷詞韻簡一卷（清）吴綺　程洪輯　清康熙二十五年（1686）刻本

匡高20.1厘米，廣14.1厘米。半葉九行，行二十字，白口，四周雙邊。有“海門張金鍾之章”“七歲裁詩十歲讀史二十作賦三十生二毛四十五十無聞”入《中國古籍善本書目》。平湖市圖書館藏。

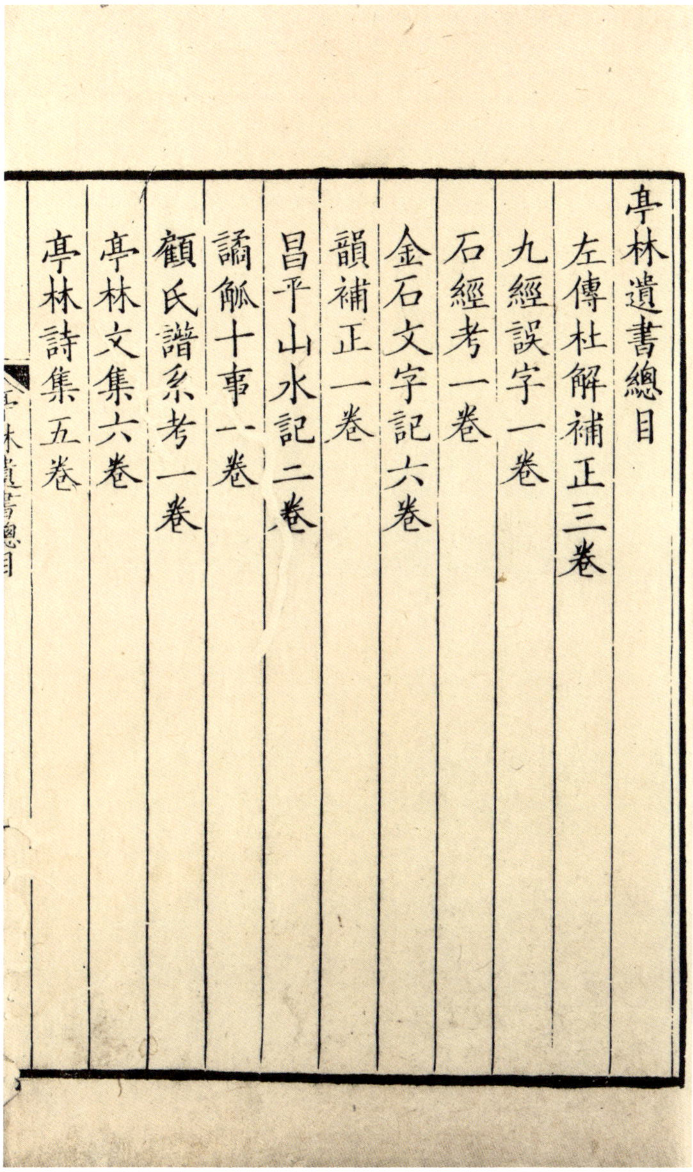
亭林遺書總目
左傳杜解補正三卷
九經誤字一卷
石經考一卷
金石文字記六卷
韻補正一卷
昌平山水記二卷
譎觚十事一卷
顧氏譜系考一卷
亭林文集六卷
亭林詩集五卷

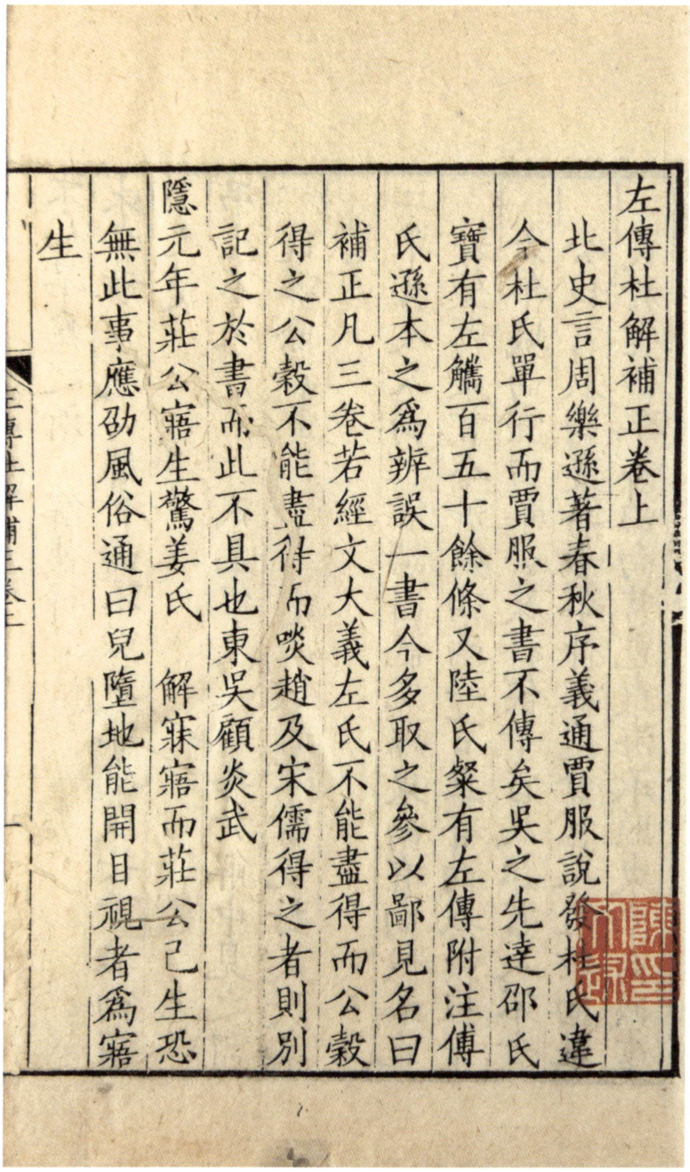
左傳杜解補正卷上
北史言周樂遜著春秋序義通賈服說發杜氏違
今杜氏單行而賈服之書不傳矣吳之先達邵氏
寶有左觽百五十餘條又陸氏粲有左傳附注傅
氏遜本之爲辨誤一書今多取之參以鄙見名曰
補正凡三卷若經文大義左氏不能盡得而公穀
得之公穀不能盡得而啖趙及宋儒得之者則別
記之於書而此不具也東吳顧炎武
隱元年莊公寤生驚姜氏　解寐寤而莊公已生恐
無此事應劭風俗通曰兒墮地能開目視者爲寤
生

亭林遺書十種二十七卷（清）顧炎武著　清康熙（1662-1772）潘氏遂初堂刻本

匡高19.1厘米，廣14.6厘米。半葉十一行，行二十字，小字雙行三十字，白口，左右雙邊。有“陳印文逯”等印。平湖市圖書館藏。

嘉興市珍貴古籍圖録

海鹽縣

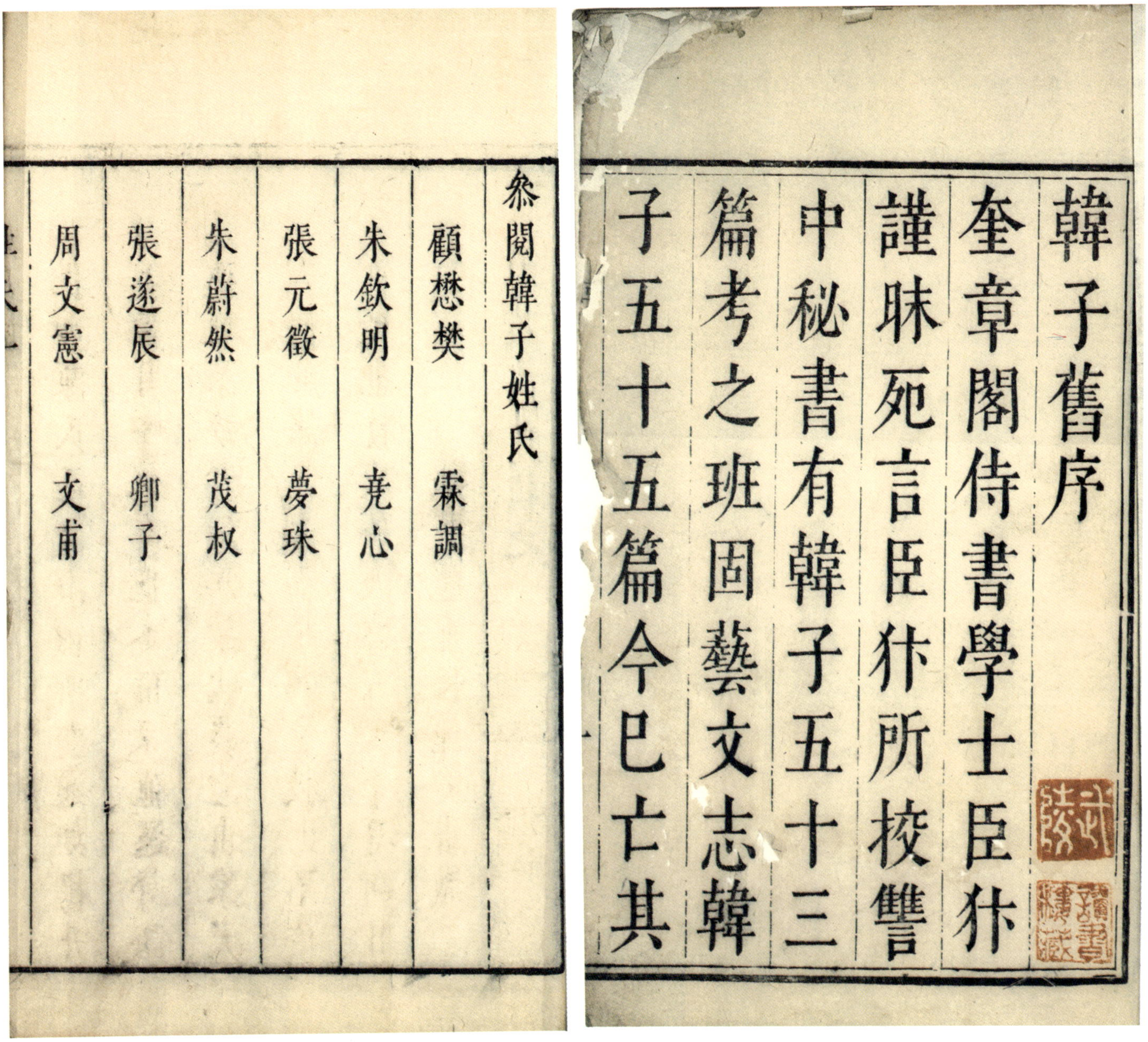

韓子舊序

奎章閣侍書學士臣犿

謹昧死言臣犿所校讐

中秘書有韓子五十三

篇考之班固藝文志韓

子五十五篇今已亡其

叅閱韓子姓氏

顧懋樊 霖調

朱欽明 堯心

張元徵 夢珠

朱蔚然 茂叔

張遂辰 卿子

周文憲 文甫

韓非子二十卷附録一卷 （戰國）韓非撰 （明）趙如源 王道焜校 明天啟五年（1625）趙如源刻本

匡高20厘米，廣14.3厘米。半葉九行，行十八字，小字雙行同，四周單邊，白口。有“武陵”、“讀書樓藏”等印。入《中國古籍善本書目》。海鹽縣博物館藏。

志雲軒學隸四卷 （清）楊宗濂書　清道光十六年（1836）鈔本

匡高15.3厘米，廣10.3厘米。半葉四行，行八字，四周雙邊，白口，單藍魚尾。有“宗濂”、“晴巖翰墨”、“楊宗濂”、“宗濂之印”、“小字晴巖”等印。海鹽縣博物館藏。

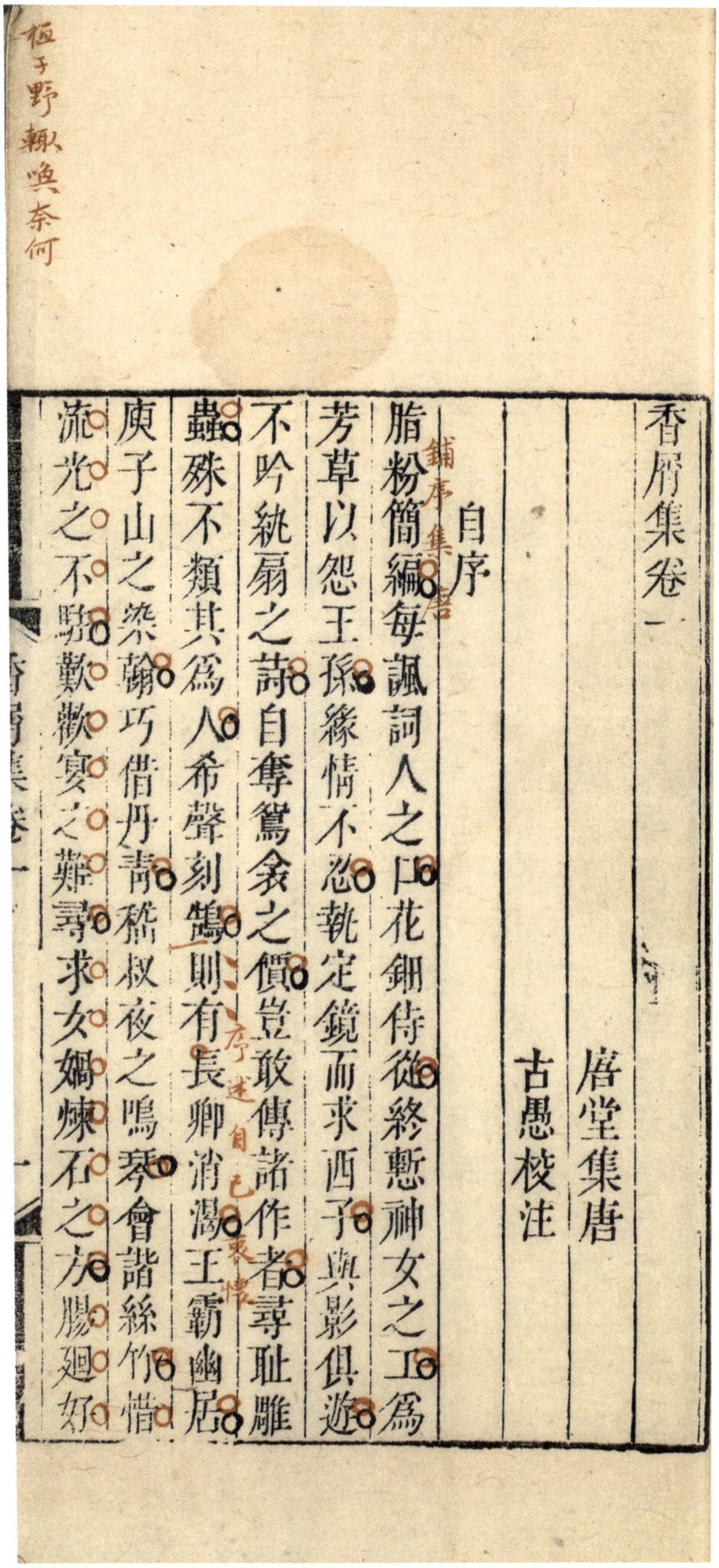
香屑集卷一
唐堂集唐
古愚校注
自序
脂粉簡編每諷詞人之口花鈿侍從終慙神女之工爲
芳草以怨王孫緣情不忍執定鏡而求西子與影俱遊
不吟紈扇之詩自奪鴛衾之價豈敢傳諸作者尋恥雕
蟲殊不類其爲人希聲刻鵠則有長卿消渴王霸幽居
庾子山之染翰巧借丹青嵇叔夜之鳴琴會諧絲竹惜
流光之不駐歎歡宴之難尋求女媧煉石之方腸迴好

香屑集十八卷卷首一卷卷末一卷（清）黄之雋撰　古愚校注　清雍正十二年（1734）遂初園刻本

匡高10.9厘米，廣16.4厘米。半葉十行，行二十一字，小字雙行同，左右雙邊，黑口，雙黑魚尾。入《中國古籍善本書目》。海鹽縣博物館藏。

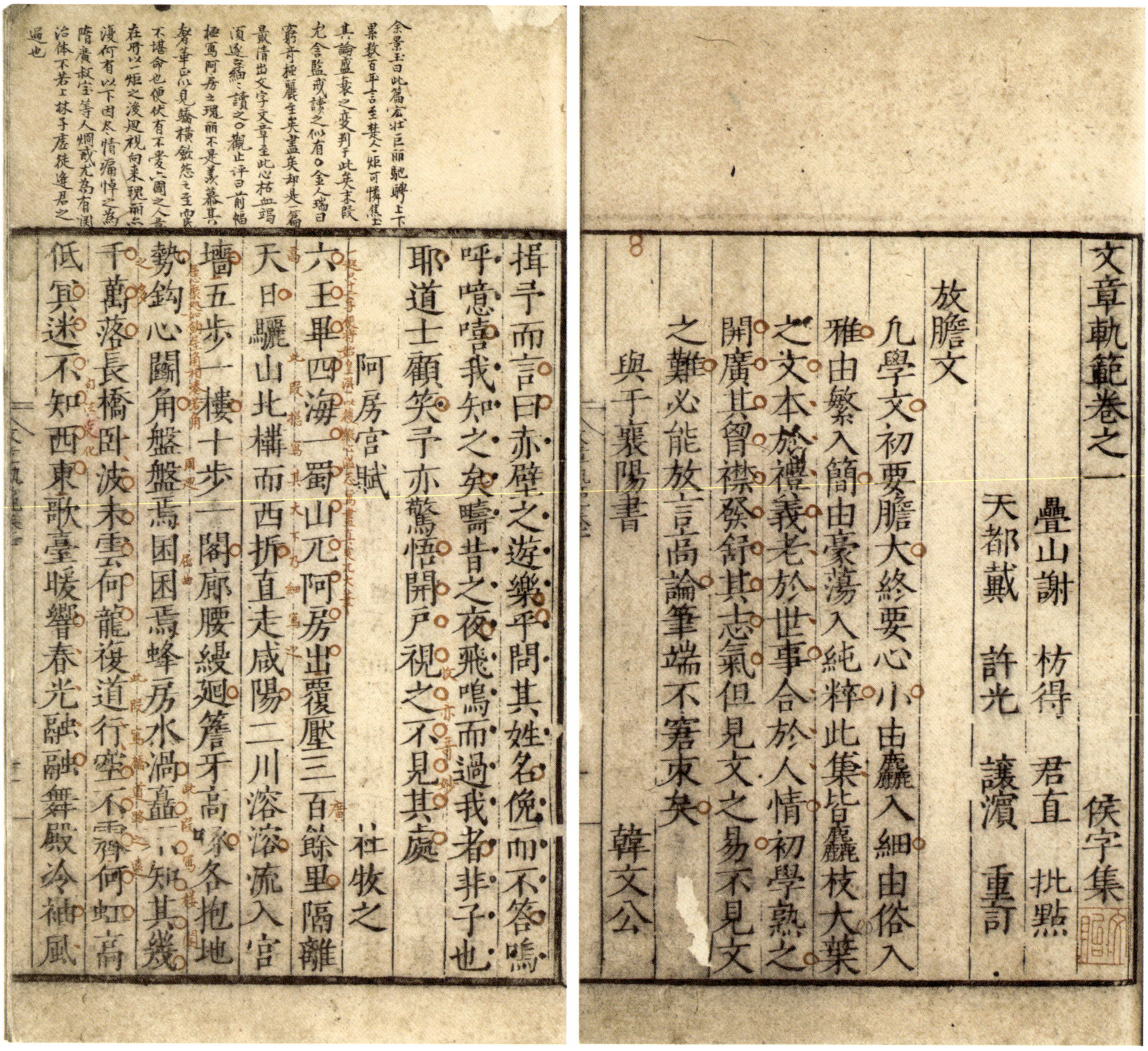
文章軌範卷之一　侯字集

疊山謝　枋得　君直　批點

天都戴　許光　讓濵　重訂

放膽文

凡學文初要膽大終要心小由麤入細由俗入雅由繁入簡由豪蕩入純粹此集皆麤枝大葉之文本於禮義老於世事合於人情初學熟之開廣其胸襟發舒其志氣但見文之易不見文之難必能放言高論筆端不窘束矣

與于襄陽書　韓文公

揖予而言曰赤壁之遊樂乎問其姓名俛而不答嗚呼噫嘻我知之矣疇昔之夜飛鳴而過我者非子也耶道士顧笑予亦驚悟開戶視之不見其處

阿房宫賦　杜牧之

六王畢四海一蜀山兀阿房出覆壓三百餘里隔離天日驪山北構而西折直走咸陽二川溶溶流入宫墻五步一樓十步一閣廊腰縵迴簷牙高啄各抱地勢鉤心鬬角盤盤焉囷囷焉蜂房水渦矗不知其幾千萬落長橋卧波未雲何龍複道行空不霽何虹高低冥迷不知西東歌臺暖響春光融融舞殿冷袖風

文章軌範七卷　（宋）謝枋得輯　（清）戴許光重訂　清康熙三十三年（1694）刻本

匡高18.4厘米，廣14.1厘米。半葉十行，行二十字，小字雙行同，左右雙邊，白口。入《中國古籍善本書目》。海鹽縣博物館藏。

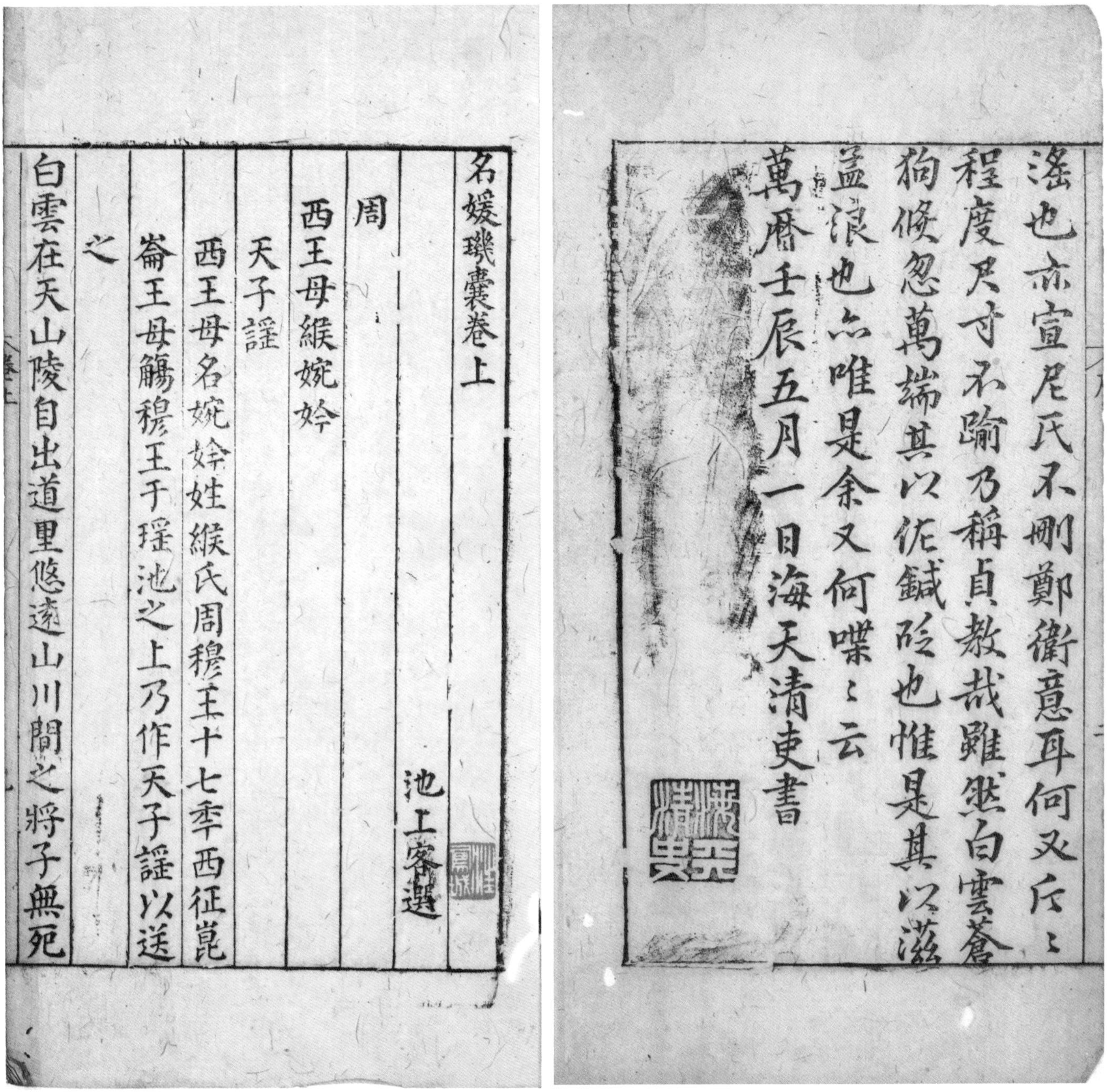

淫也亦宣尼氏不刪鄭衛意耳何又斥斥
程度尺寸不踰乃稱貞教哉雖然白雲蒼
狗倏忽萬端其以佐鍼砭也惟是其以滋
孟浪也亦唯是余又何喋喋云
萬曆壬辰五月一日海天清吏書

名媛璣囊卷上
池上客選
周
西王母繯婉妗
天子謠
西王母名婉妗姓繯氏周穆王十七年西征崑
崙王母觴穆王于瑶池之上乃作天子謠以送
之
白雲在天山陵自出道里悠遠山川間之將子無死

名媛璣囊二卷（明）池上客輯　明萬曆（1573–1620）刻本

匡高19.4厘米，廣12.1厘米。半葉九行，行二十字，四周單邊，白口。有“汪鳳城”等印。入《中國古籍善本書目》。海鹽縣博物館藏。

嘉興市珍貴古籍圖録

海寧市

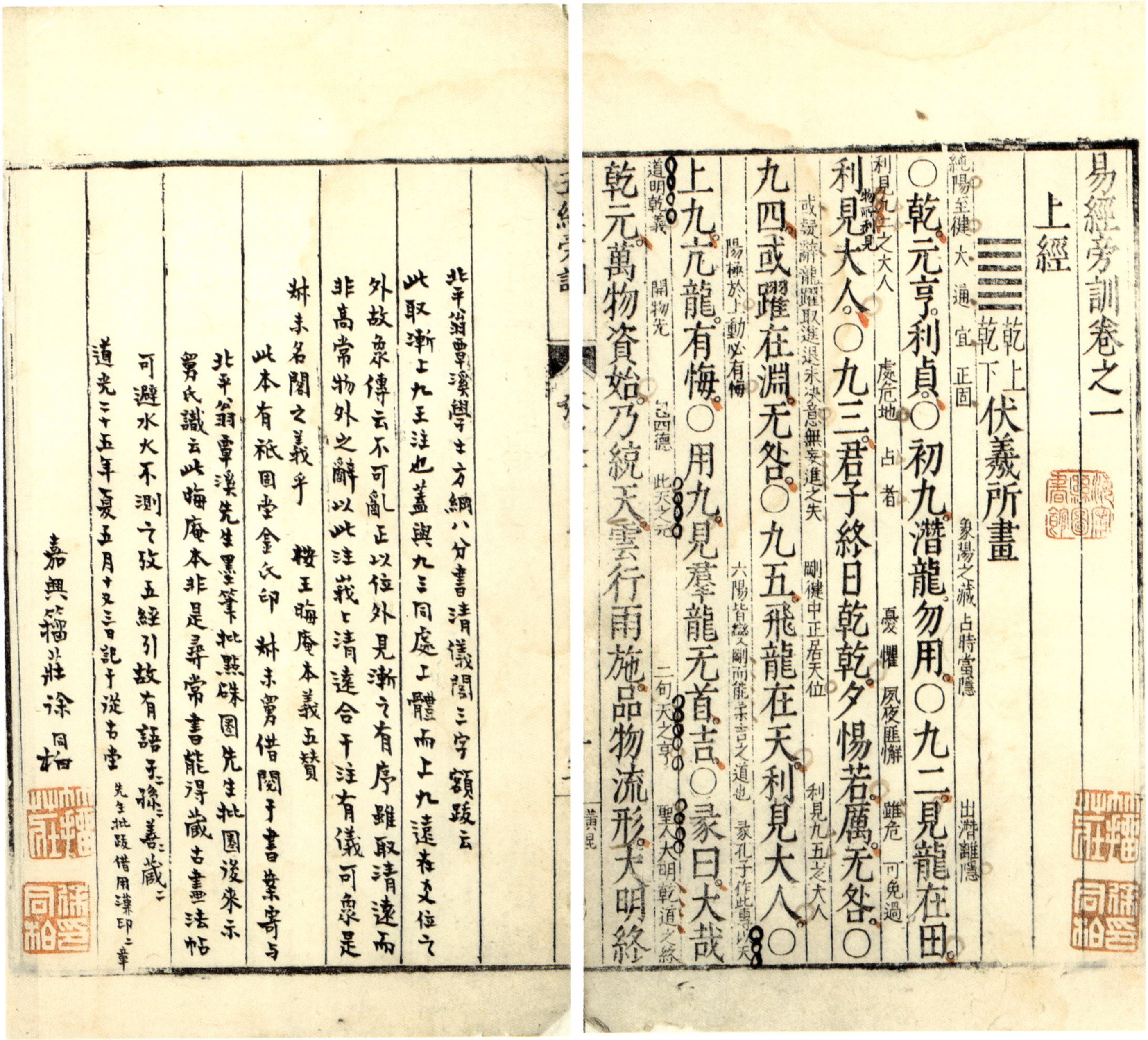
易經旁訓卷之一
上經
☰ 乾上乾下　伏羲所畫
○乾元亨利貞○初九潛龍勿用○九二見龍在田
利見大人○九三君子終日乾乾夕惕若厲无咎○
九四或躍在淵无咎○九五飛龍在天利見大人○
上九亢龍有悔○用九見羣龍无首吉○彖曰大哉
乾元萬物資始乃統天雲行雨施品物流形大明終

北平翁覃溪學士方綱八分書清儀閣三字額跋云
此取漸上九王注也蓋與九三同處上體而上九遠在文位之
外故象傳云不可亂正以位外見漸之有序雖取清遠而
非高常物外之辭以此注義之清遠合于注有儀可象是
叔未名閣之義乎　按王晦庵本義五贊
此本有祇園堂金氏印　叔未舅借閱于書業寄与
北平翁覃溪先生墨筆批點硃圈先生批圈後來示
舅氏識云此晦庵本非是尋常書能得藏古書法帖
可避水火不測之災五經引故有語子子孫孫善藏之
道光二十五年夏五月十又三日記于從古堂　先生批跋借用濂印之章
嘉興籀莊徐同柏

易經旁訓三卷　（元）李恕撰　明萬曆二十三年（1595）刻五經旁訓本

匡高21.8厘米，廣15.5厘米。半葉八行，行二十字，白口，左右雙邊。清翁方綱圈點，徐同柏跋。入《中國古籍善本書目》。海寧市圖書館藏。

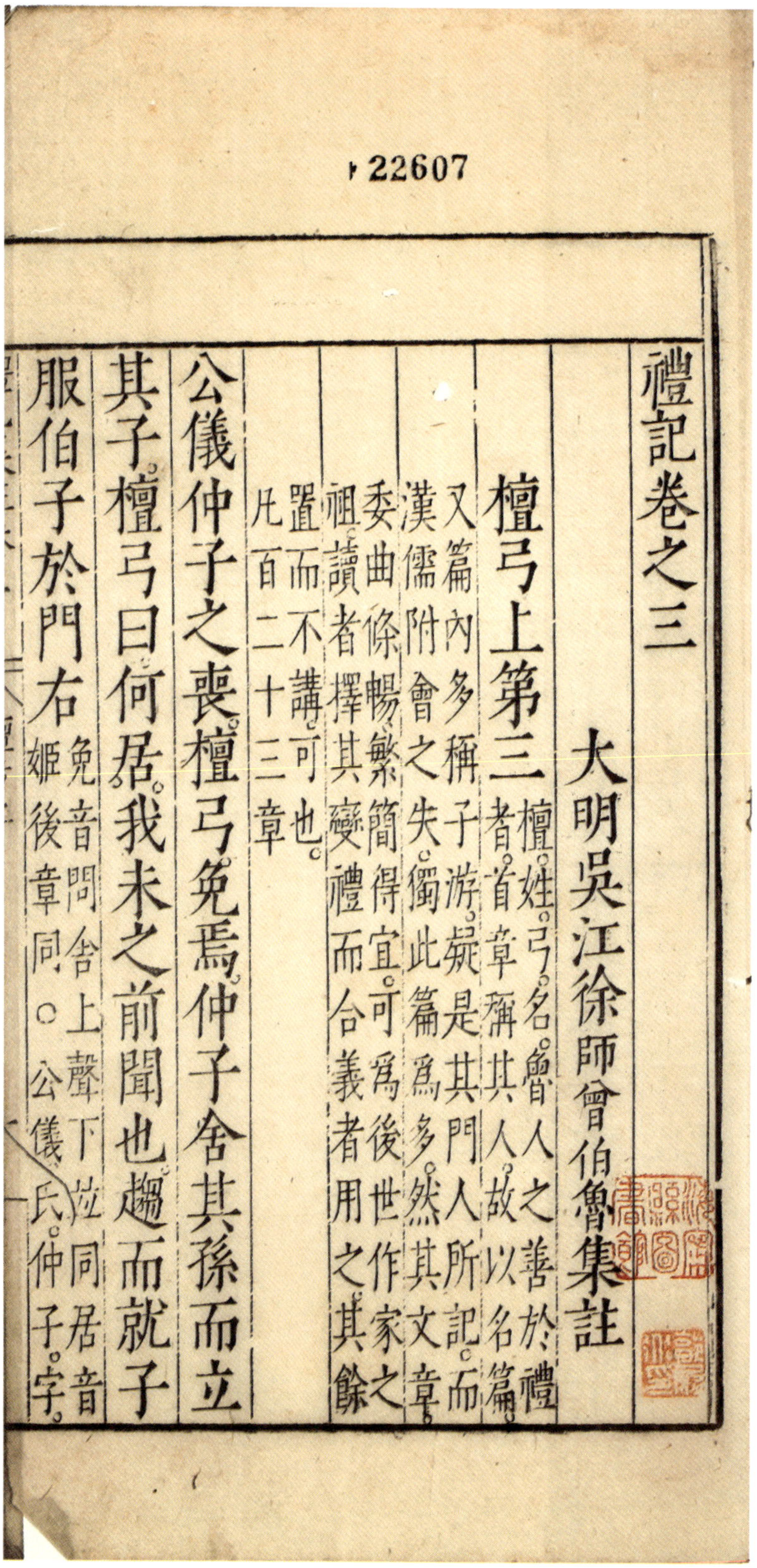

禮記集註三十卷 （明）徐師曾集註　明萬曆三年（1575）宋儀望刻本

匡高18.6厘米，廣13厘米。半葉九行，行十七字，小字雙行同，白口，左右雙邊。入《中國古籍善本書目》。海寧市圖書館藏。

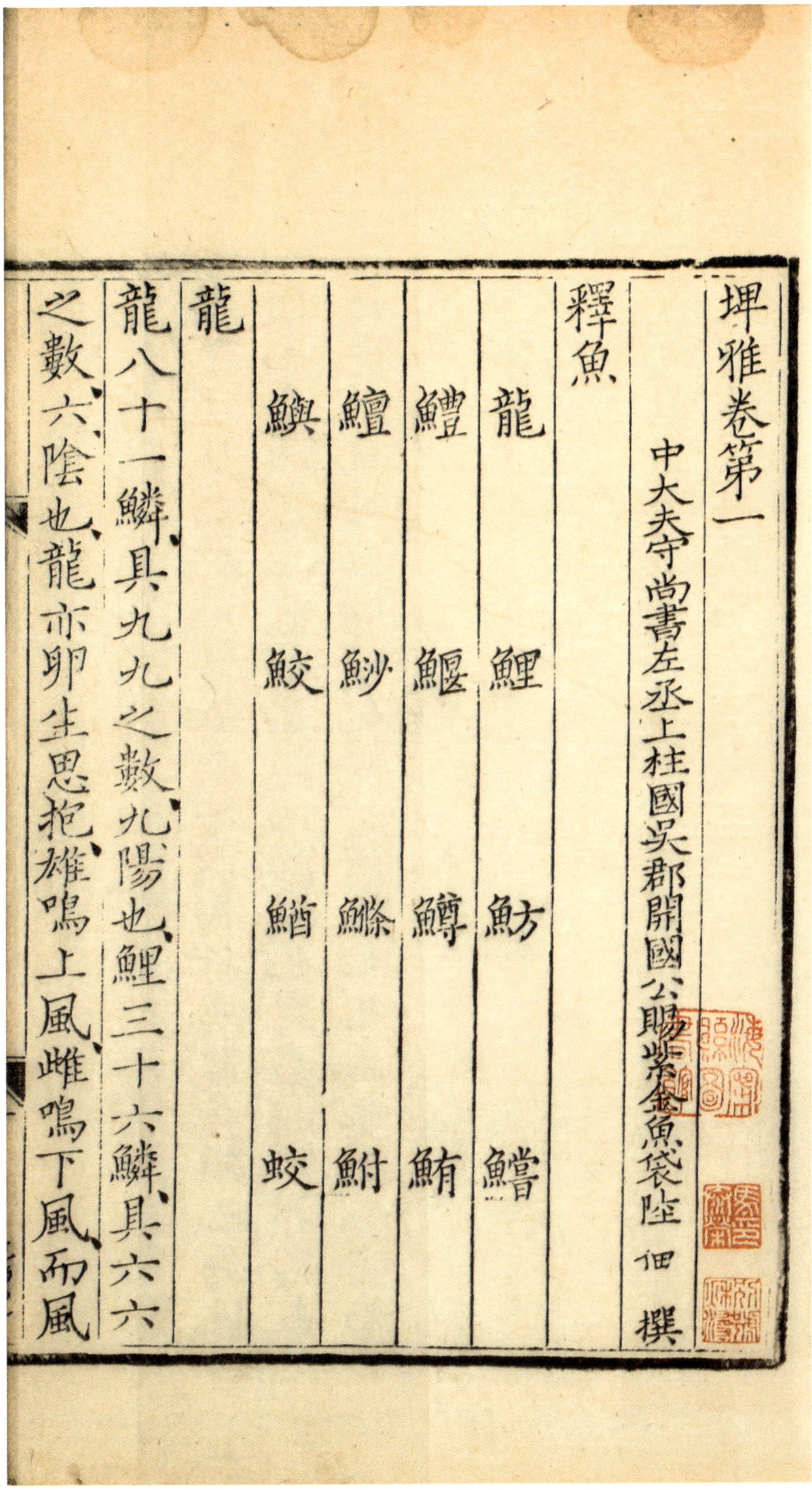

埤雅卷第一
中大夫守尚書左丞上柱國吳郡開國公賜紫金魚袋陸佃撰
釋魚
龍　鯉　魴　鱨
鱧　鰋　鱒　鮪
鱣　魦　鰷　鮒
鱮　鮫　鰌　蛟
龍
龍八十一鱗具九九之數九陽也鯉三十六鱗具六六
之數六陰也龍亦卵生思抱雄鳴上風雌鳴下風而風

埤雅二十卷　（宋）陸佃撰　清初刻本

匡高18.6厘米，廣13.6厘米。半葉十行，行二十一字，白口，四周雙邊。清陳其榮批校並跋。入《中國古籍善本書目》。海寧市圖書館藏。

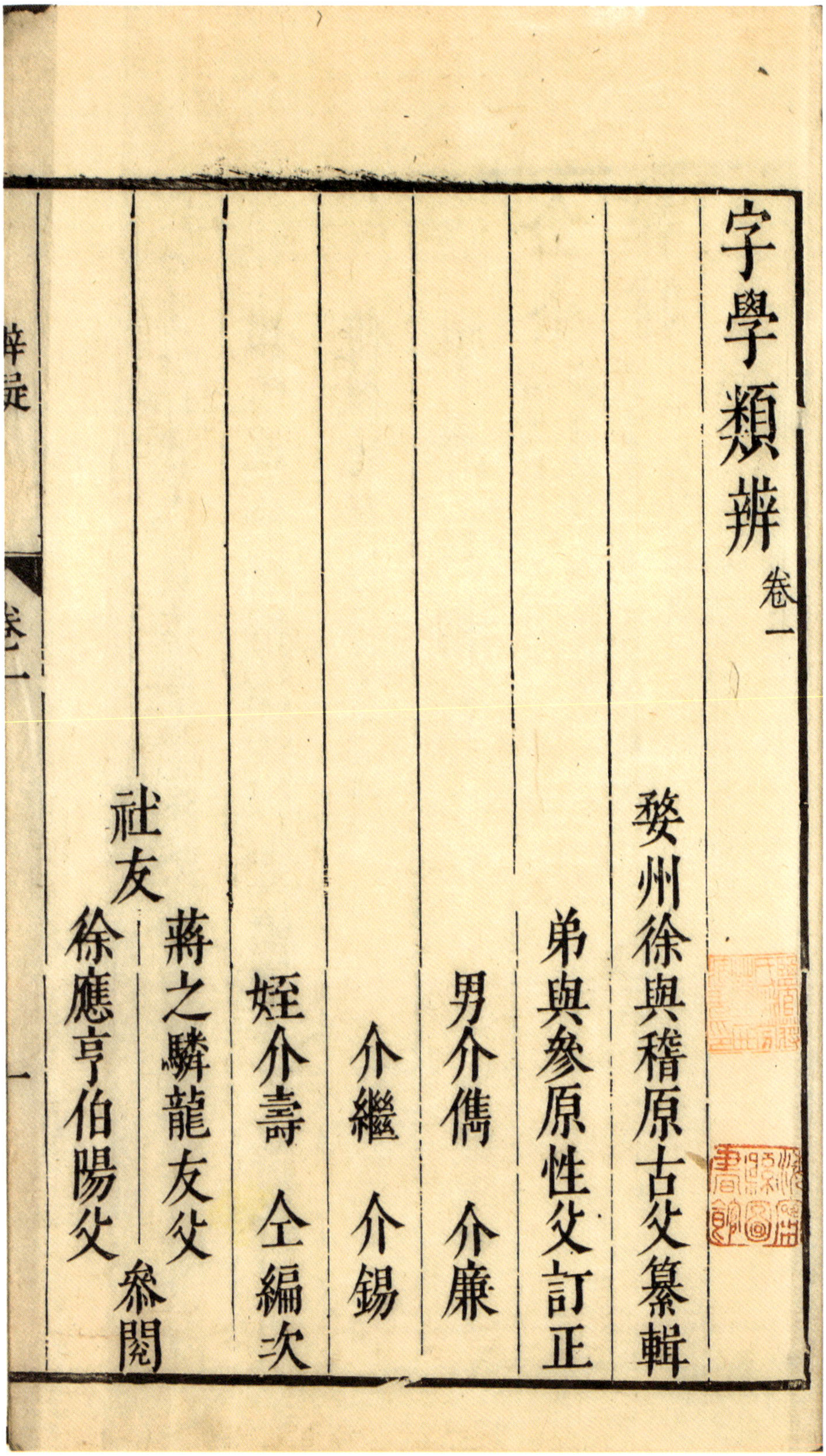
字學類辨卷一

婺州徐與稽原古父纂輯

弟與參原性父訂正

男介儁　介廉

介繼　介錫

姪介壽　仝編次

蔣之驎龍友父

社友徐應亨伯陽父　參閱

字學類辨四卷　（明）徐與稽纂　明天啟元年（1621）刻本

匡高21.3厘米，廣14.7厘米。半葉八行，行十三字，小字雙行二十六字，白口，單魚尾，左右單邊。入《中國古籍善本書目》。海寧市圖書館藏。

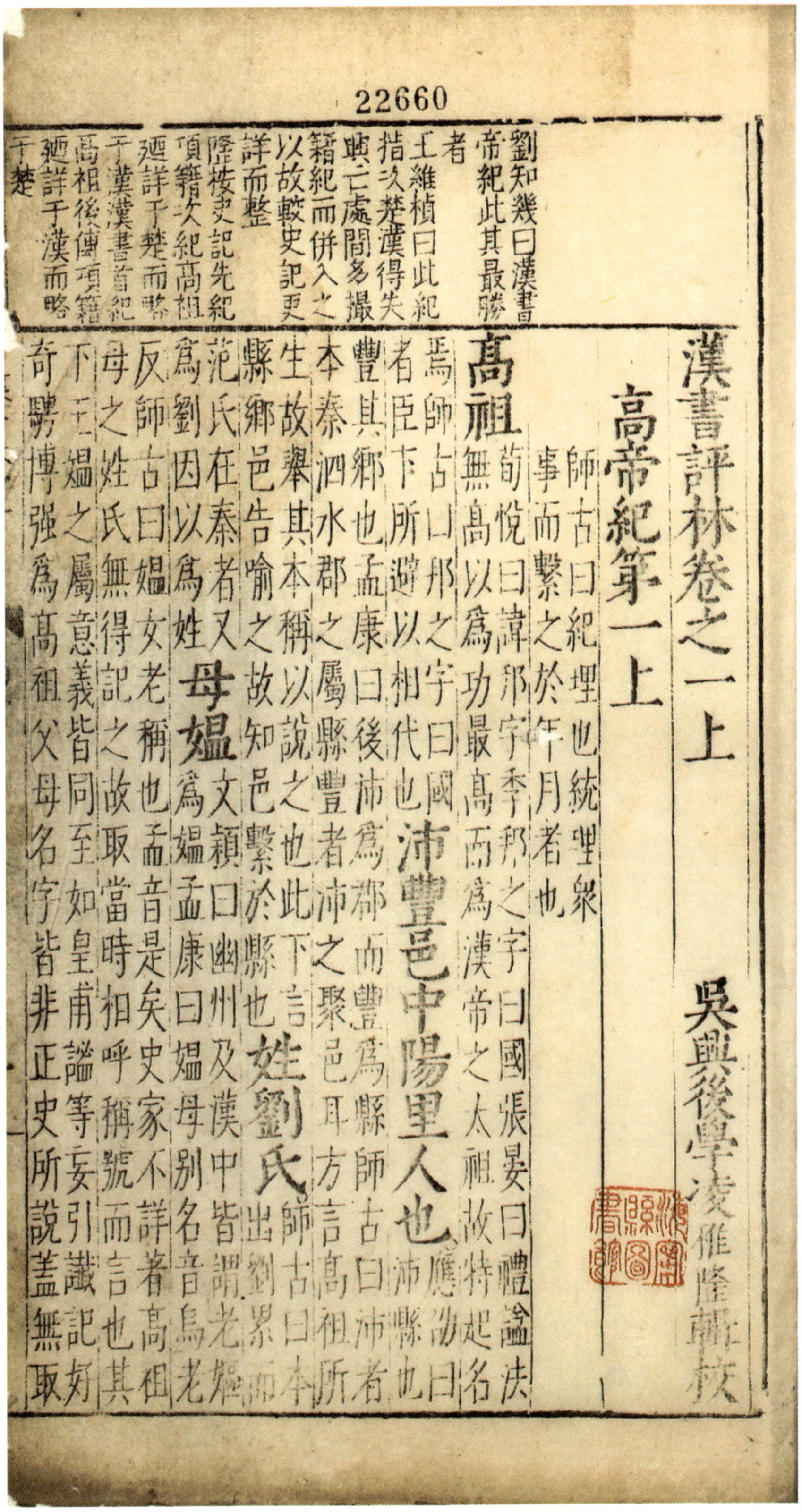

22660

劉知幾曰漢書帝紀此其最勝者

王維楨曰此紀揩次楚漢得失興亡處間多撮籍紀而併入之以故較史記更詳而整

隆按史記先紀項籍次紀高祖遡詳于楚而略于漢漢書首紀高祖後傳項籍遡詳于漢而略于楚

漢書評林卷之一上

高帝紀第一上

師古曰紀理也統理衆事而繫之於年月者也

吳興後學凌稚隆輯校

高祖 荀悅曰諱邦字季邦之字曰國張晏曰禮謚法無高以爲功最高而爲漢帝之太祖故特起名焉師古曰邦之字曰國者臣下所避以相代也

沛豐邑中陽里人也 應劭曰沛縣也豐其鄉也孟康曰後沛爲郡而豐爲縣師古曰沛者本秦泗水郡之屬縣豐者沛之聚邑耳方言高祖所生故舉其本稱以說之也此下言縣鄉邑告喻之故知邑繫於縣也

姓劉氏 師古曰本出劉累而范氏在秦者又爲劉因以爲姓

母媼 文穎曰幽州及漢中皆謂老嫗爲媼孟康曰媼母別名音烏老反師古曰媼女老稱也孟音是矣史家不詳著高祖母之姓氏無得記之故取當時相呼稱號而言也其下王媼之屬意義皆同至如皇甫謐等妄引讖記好奇騁博强爲高祖父母名字皆非正史所說蓋無取

漢書評林一百卷 （明）凌稚隆輯　明刻本

匡高23.4厘米，廣14.1厘米。半葉十行，行二十字，小字雙行，白口，單魚尾，左右雙邊。入《中國古籍善本書目》。海寧市圖書館藏。

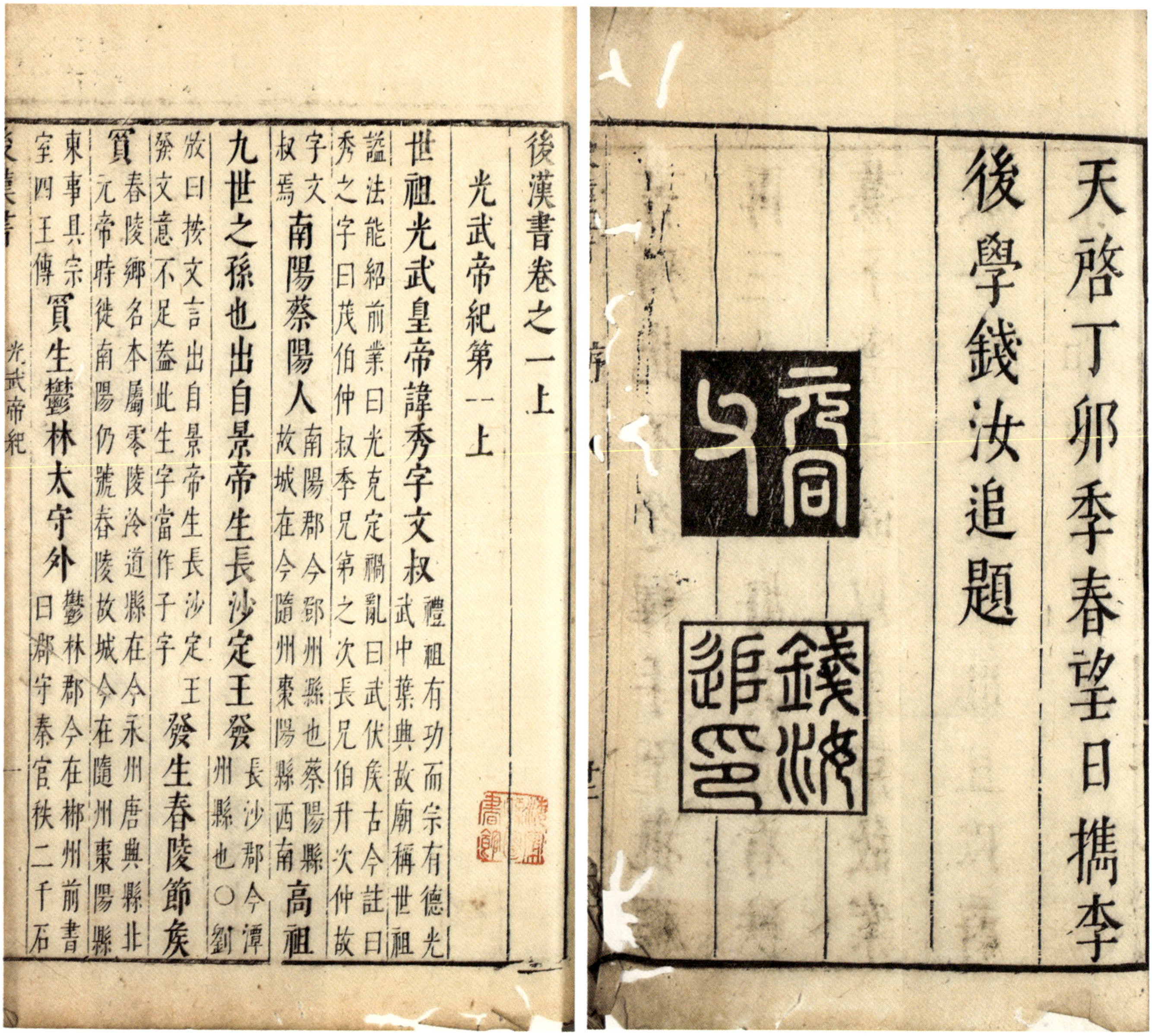

後漢書九十卷（南朝宋）范曄撰（唐）李賢注 **志三十卷**（晉）司馬彪撰（南朝梁）劉昭注（明）陳仁錫評 明天啟七年（1627）刻本

匡高21.7厘米，廣15.2厘米。半葉九行，行二十字，白口，四周單邊。入《中國古籍善本書目》。海寧市圖書館藏。

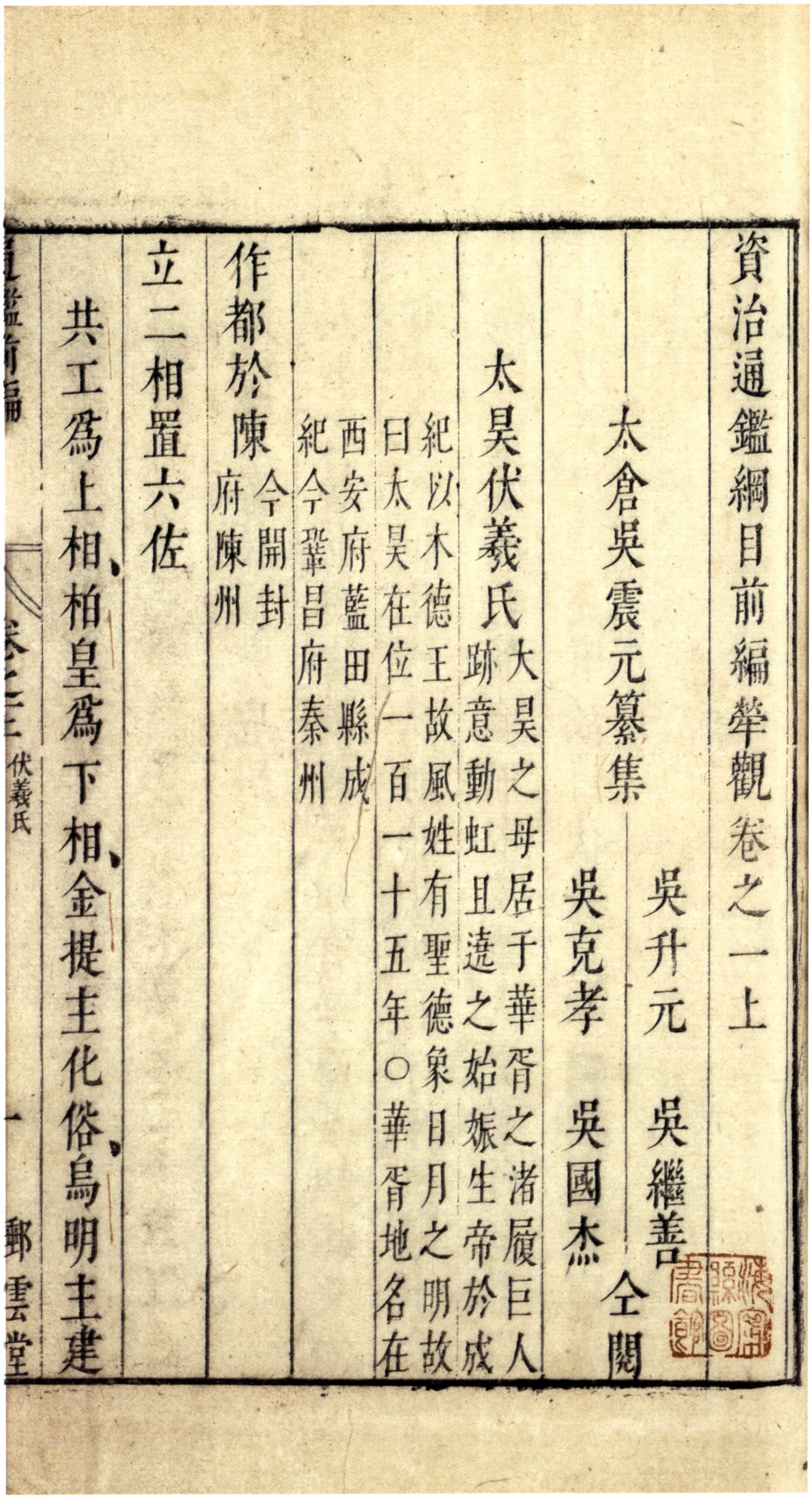

資治通鑑綱目前編舉觀卷之一上

太倉吳震元纂集　吳升元　吳繼善　吳克孝　吳國杰　仝閱

太昊伏羲氏大昊之母居于華胥之渚履巨人跡意動虹且遶之始娠生帝於成紀以木德王故風姓有聖德象日月之明故曰太昊在位一百一十五年○華胥地名在西安府藍田縣成紀今鞏昌府秦州

作都於陳今開封府陳州

立二相置六佐

共工爲上相、柏皇爲下相、金提主化俗、鳥明主建

通鑑前編　卷之一　伏羲氏　一　鄆雲堂

資治通鑑綱目舉觀四十卷首一卷（明）吳震元撰　明崇禎（1610－1644）

鄆雲堂刻本

匡高21厘米，廣14.4厘米。半葉九行，行二十字，白口，白魚尾，左右雙邊。海寧市圖書館藏。

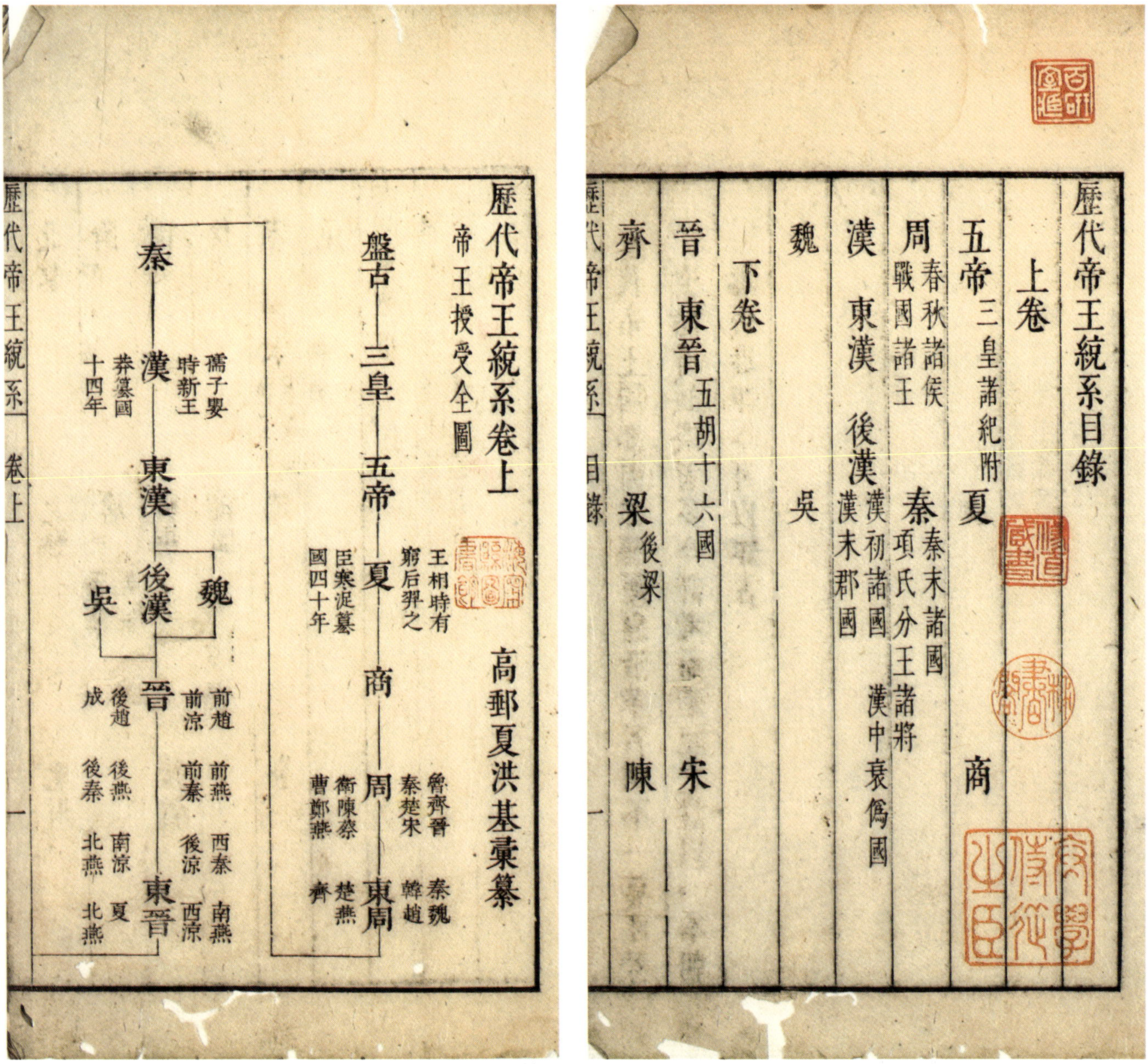

歷代帝王統系二卷 （明）夏洪基撰　明崇禎（1610－1644）沈氏尚友齋刻本

匡高20.4厘米，廣13.8厘米。半葉九行，行二十一字，白口，四周單邊。入《中國古籍善本書目》。海寧市圖書館藏。

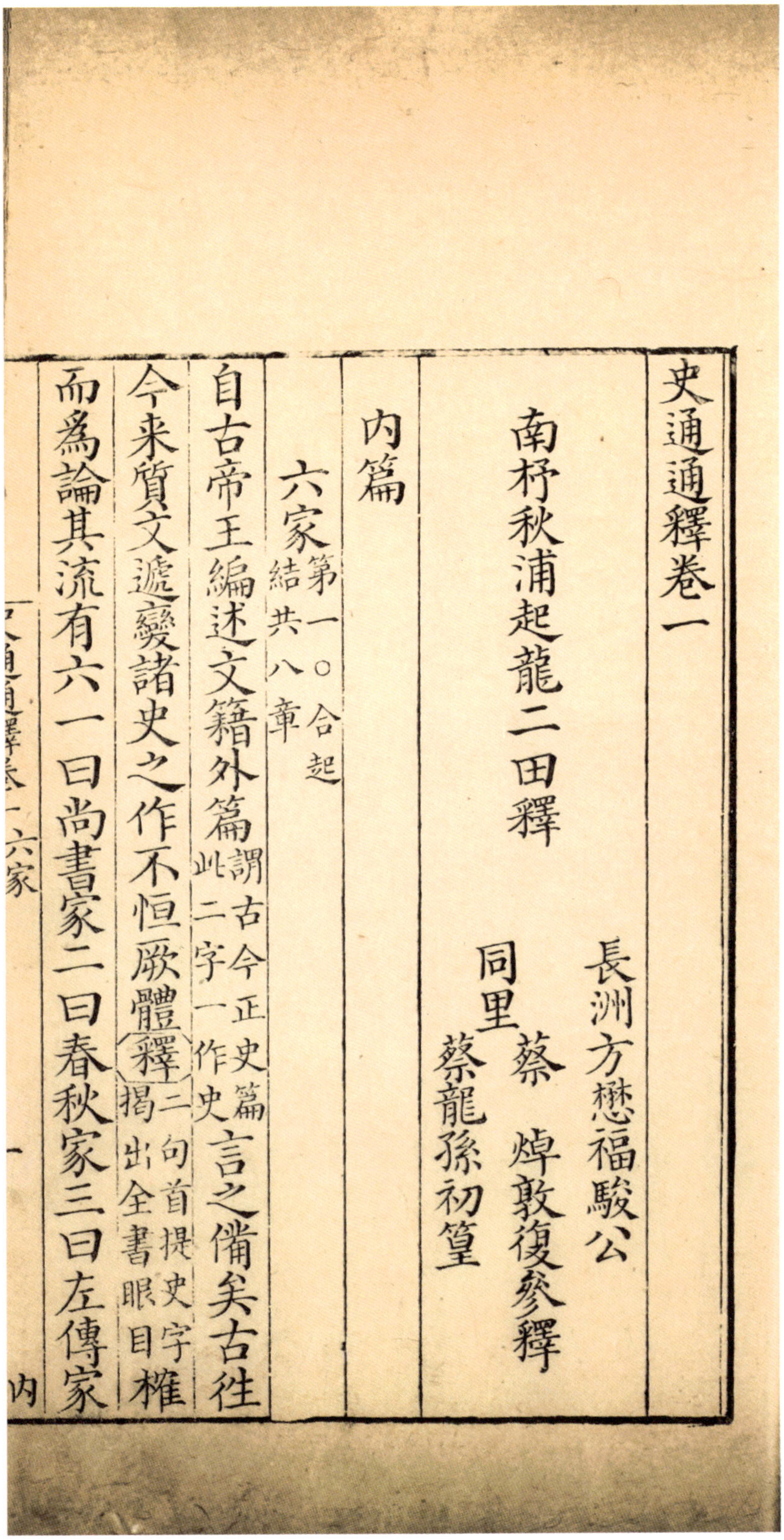
史通通釋卷一

南枰秋浦起龍二田釋

長洲方懋福駿公
同里蔡　焯敦復參釋
蔡龍孫初篁

內篇

六家第一〇合起結共八章

自古帝王編述文籍外篇謂古今正史篇此二字一作史言之備矣古往今来質文遞變諸史之作不恒厥體〔釋〕二句首提史字揭出全書眼目權而爲論其流有六一曰尚書家二曰春秋家三曰左傳家

史通通釋卷一　六家　一　内

史通通釋二十卷　（唐）劉知幾撰　（清）浦起龍釋　清乾隆十七年（1752）梁溪浦氏求放心齋刻本

匡高19厘米，廣13.8厘米。半葉九行，行二十二字，白口，左右雙邊。海寧市圖書館藏。存十卷。

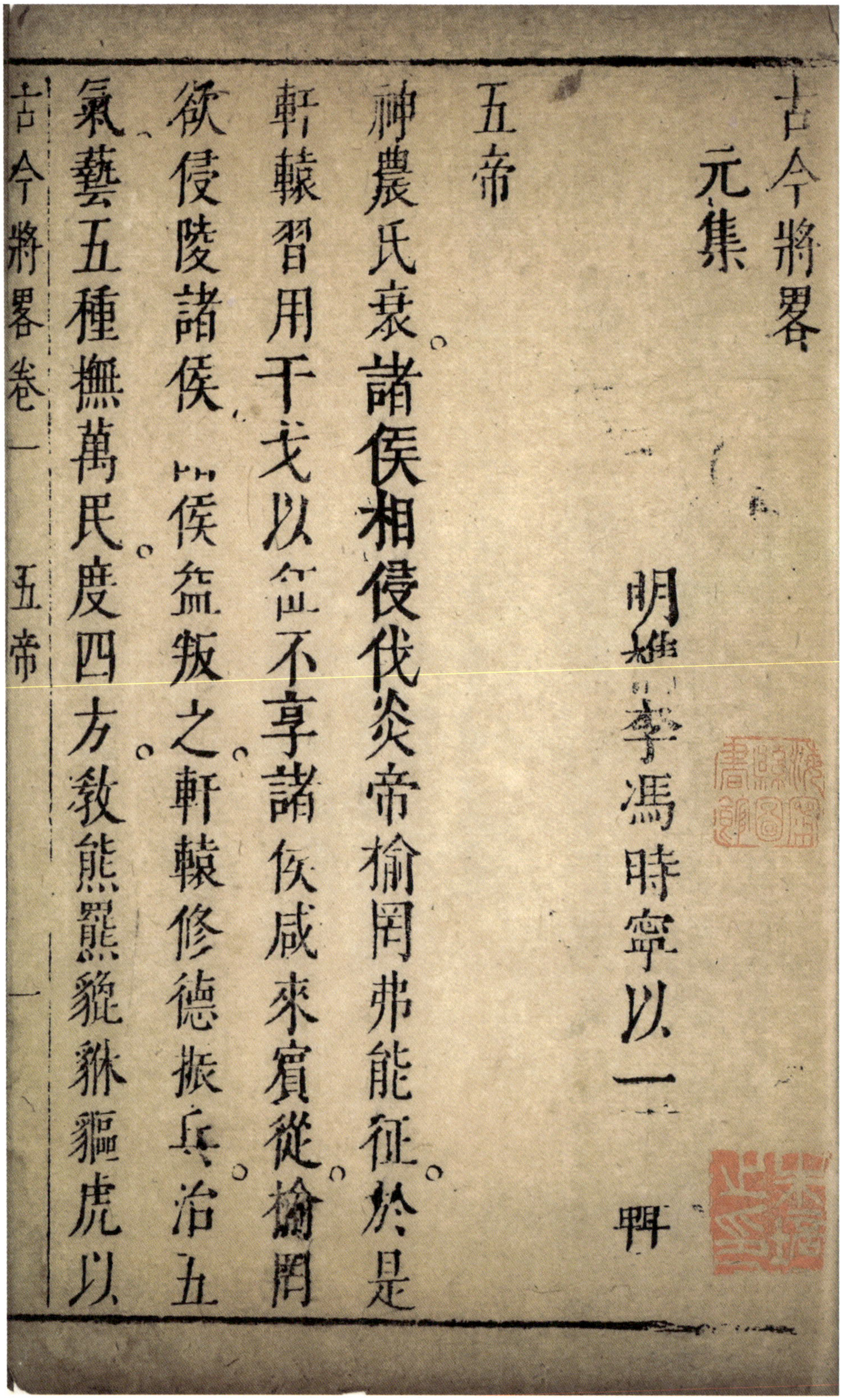
古今將畧
元集
明 檇李馮時寧以一甫
五帝
神農氏衰。諸侯相侵伐炎帝揄罔弗能征。於是
軒轅習用干戈以征不享。諸侯咸來賓從揄罔
欲侵陵諸侯。諸侯叛之軒轅修德振兵。治五
氣藝五種撫萬民度四方教熊羆貔貅貙虎以
古今將畧卷一 五帝 一

古今將略四卷 題（明）馮時寧輯 明遺經堂刻本

匡高20.5厘米，廣14.5厘米。半葉八行，行十八字，白口，左右雙邊。入《中國古籍善本書目》。海寧市圖書館藏。

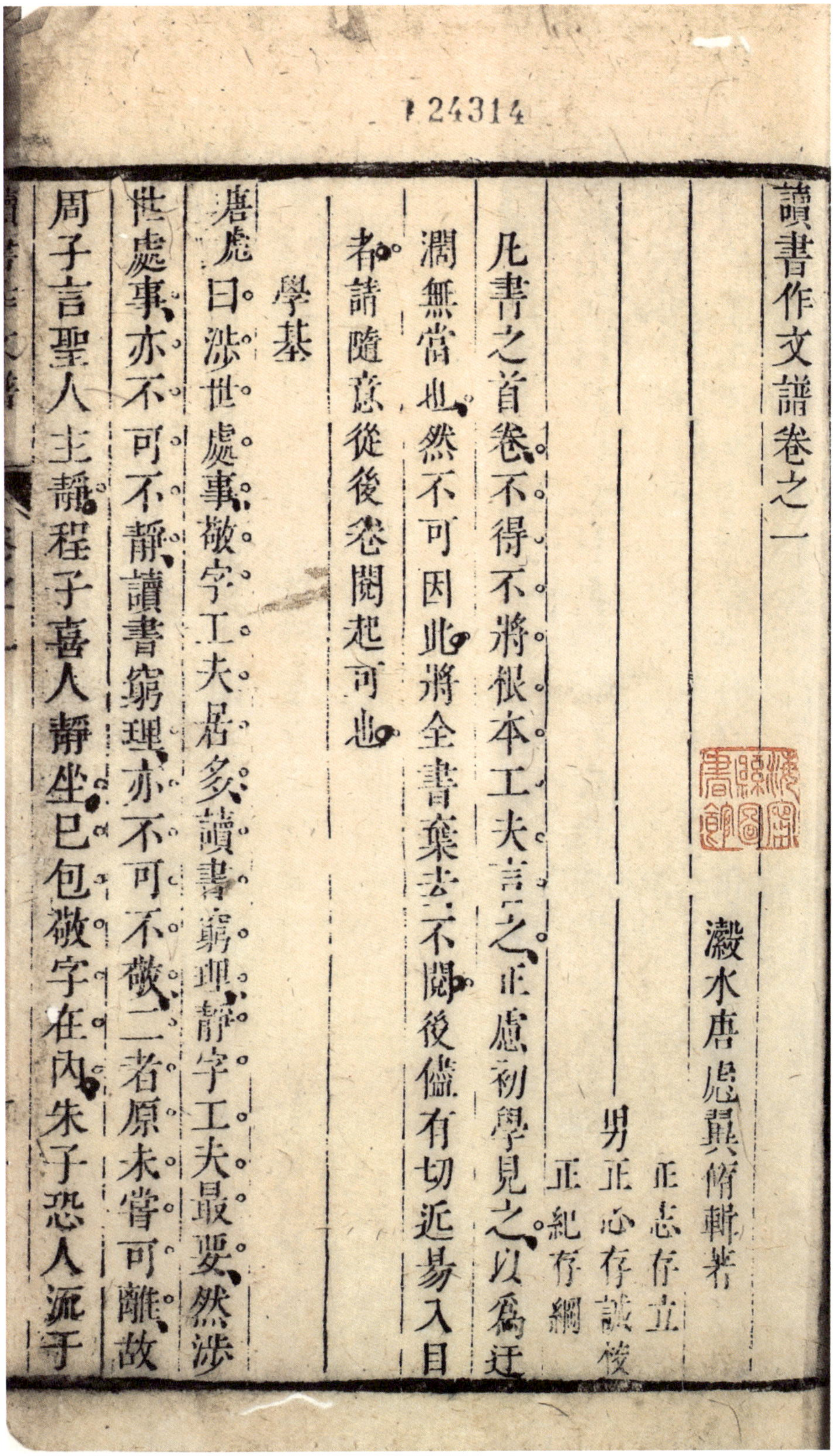

讀書作文譜卷之一

瀫水唐彪翼脩輯著

正志存立
男正心存誠校
正紀存綱

凡書之首卷不得不將根本工夫言之正慮初學見之以爲迂潤無當也然不可因此將全書棄去不閱後儘有切近易入目者請隨意從後卷閱起可也

學基

唐彪曰涉世處事敬字工夫居多讀書窮理靜字工夫最要然涉世處事亦不可不靜讀書窮理亦不可不敬二者原未嘗可離故周子言聖人主靜程子喜人靜坐已包敬字在內朱子恐人流于

讀書作文譜十二卷父師善誘法二卷 （清）唐彪撰　清康熙四十七年（1708）文盛堂刻本

匡高21.6厘米，廣15.5厘米。半葉十一行，行二十五字，小字雙行同，白口，四周單邊。入《中國古籍善本書目》。海寧市圖書館藏。

耕織圖不分卷 （清）焦袁貞繪　清康熙三十五年（1696）内府刻本

匡高24.5厘米，廣23.9厘米。入《中國古籍善本書目》。海寧市圖書館藏。

存耕二十三圖，織二十一圖。

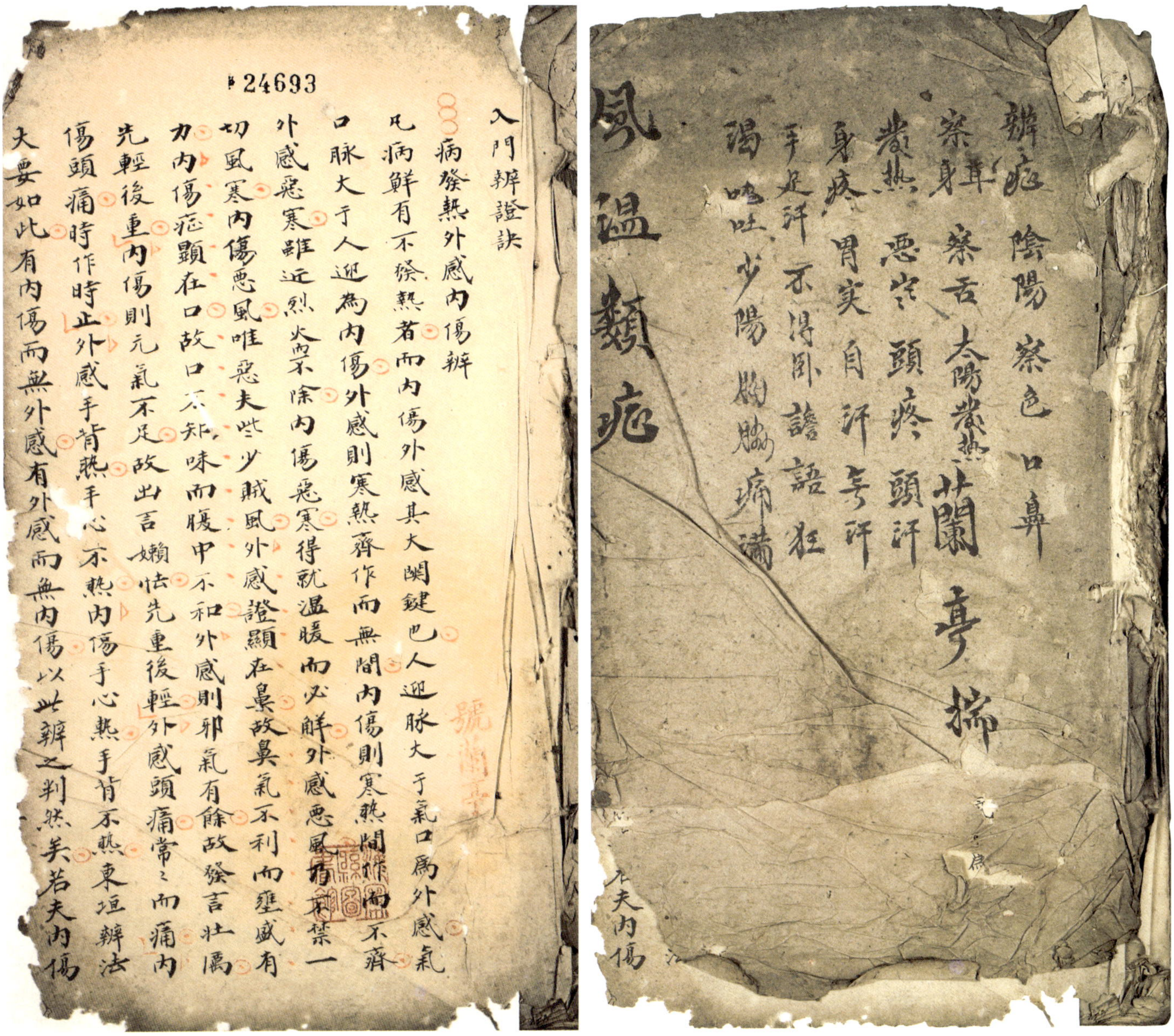
風溫類症

辨症　陰陽　察色　口鼻
察耳　察舌　太陽發熱
發熱　惡寒　頭疼　頭汗
身疼　胃實　自汗　手汗
手足汗　不得臥　譫語　狂
渴　嘔吐　少陽　胸脇痛　滿

蘭亭摘

入門辨證訣

病發熱外感內傷辨

凡病鮮有不發熱者而內傷外感其大關鍵巴人迎脉大于氣口爲外感氣口脉大于人迎爲內傷外感則寒熱齊作而無間內傷則寒熱間作而不齊外感惡寒雖近烈火而不除內傷惡寒得就溫暖而必鮮外感惡風有不禁一切風寒內傷惡風唯惡夫些少賊風外感證顯在鼻故鼻氣不利而壅盛有力內傷症顯在口故口不知味而腹中不和外感則邪氣有餘故發言壯厲先輕後重內傷則元氣不足故出言嬾怯先重後輕外感頭痛常常而痛內傷頭痛時作時止外感手背熱手心不熱內傷手心熱手背不熱東垣辨法大要如此有內傷而無外感有外感而無內傷以此辨之判然矣若夫內傷

風濕類症不分卷　（清）蘭亭鈔　清鈔本

半葉十行，行二十九字，無格無匡。海寧市圖書館藏。

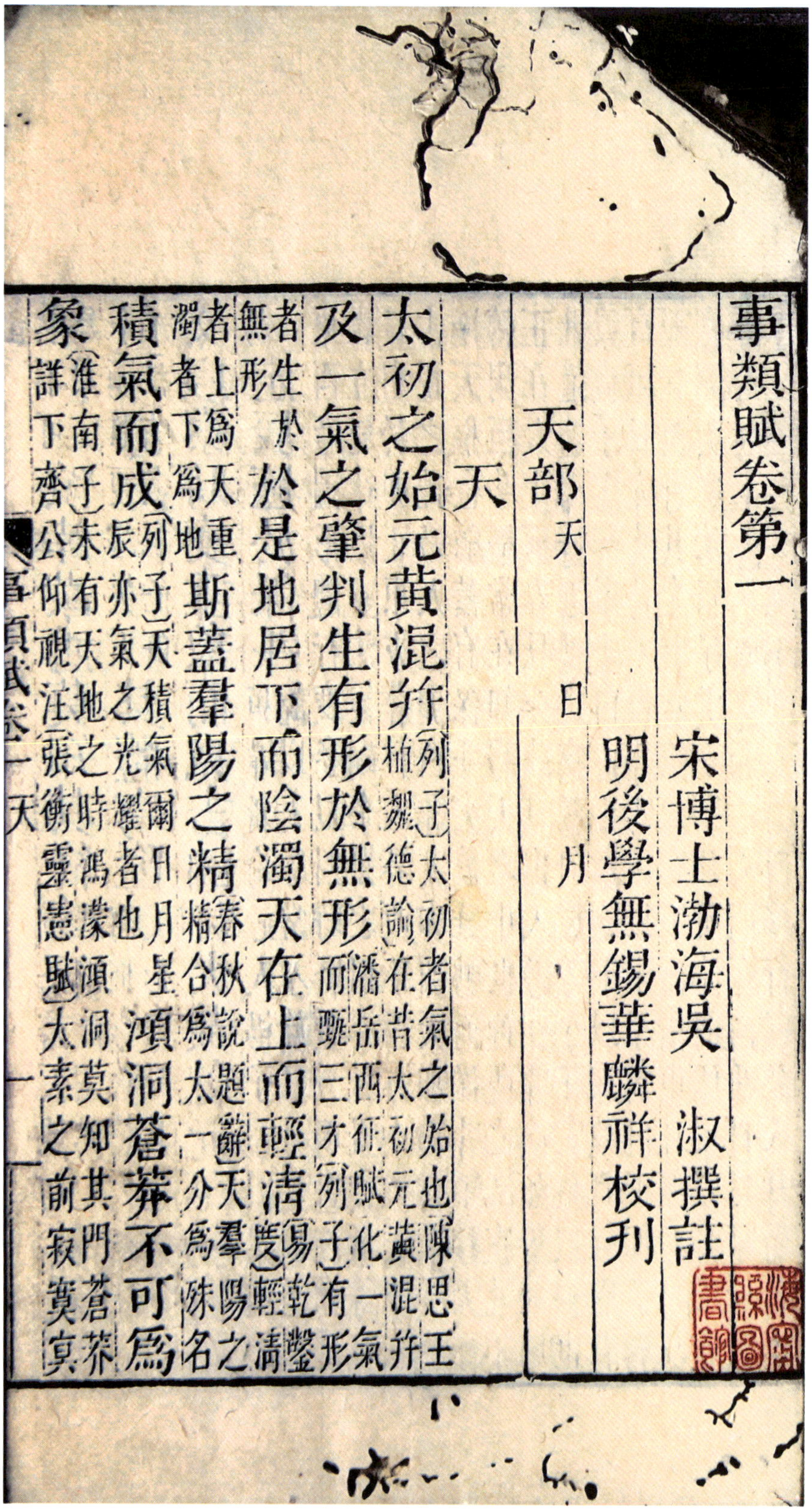

事類賦三十卷 （宋）吳淑撰註　（明）華麟祥校刊　明刻本

匡高18.3厘米，廣14厘米。半葉十一行，行二十字，小字雙行同，細黑口，左右雙邊，單魚尾。海寧市圖書館藏。

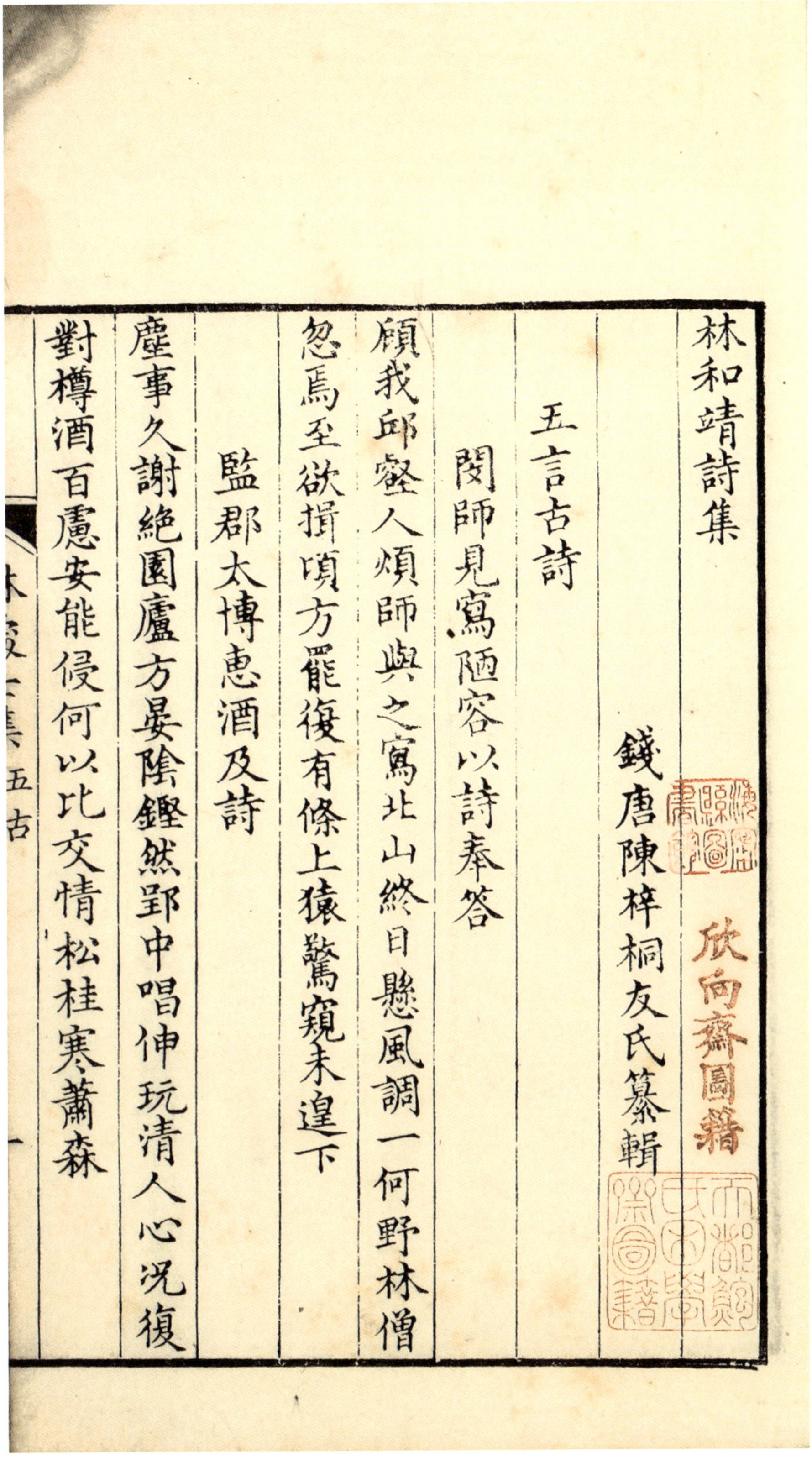
林和靖詩集
錢唐陳梓桐友氏纂輯
五言古詩
閱師見寫陋容以詩奉答
顧我邱壑人煩師與之寫北山終日懸風調一何野林僧
忽焉至欲揖頃方罷復有條上猿驚窺未遑下
監郡太博惠酒及詩
塵事久謝絕園廬方晏陰鏗然郢中唱伸玩清人心況復
對樽酒百慮安能侵何以比交情松桂寒蕭森

林和靖詩集三卷 （宋）林逋撰 （清）陳梓輯 清乾隆十年（1745）深柳讀書堂刻本

匡高20.4厘米，廣15厘米。半葉九行，行二十二字，白口，四周單邊。有“欣向齋圖籍”，“天都鮑氏困學齋圖籍”等印，清管庭芬批校。入《中國古籍善本書目》。海寧市圖書館藏。

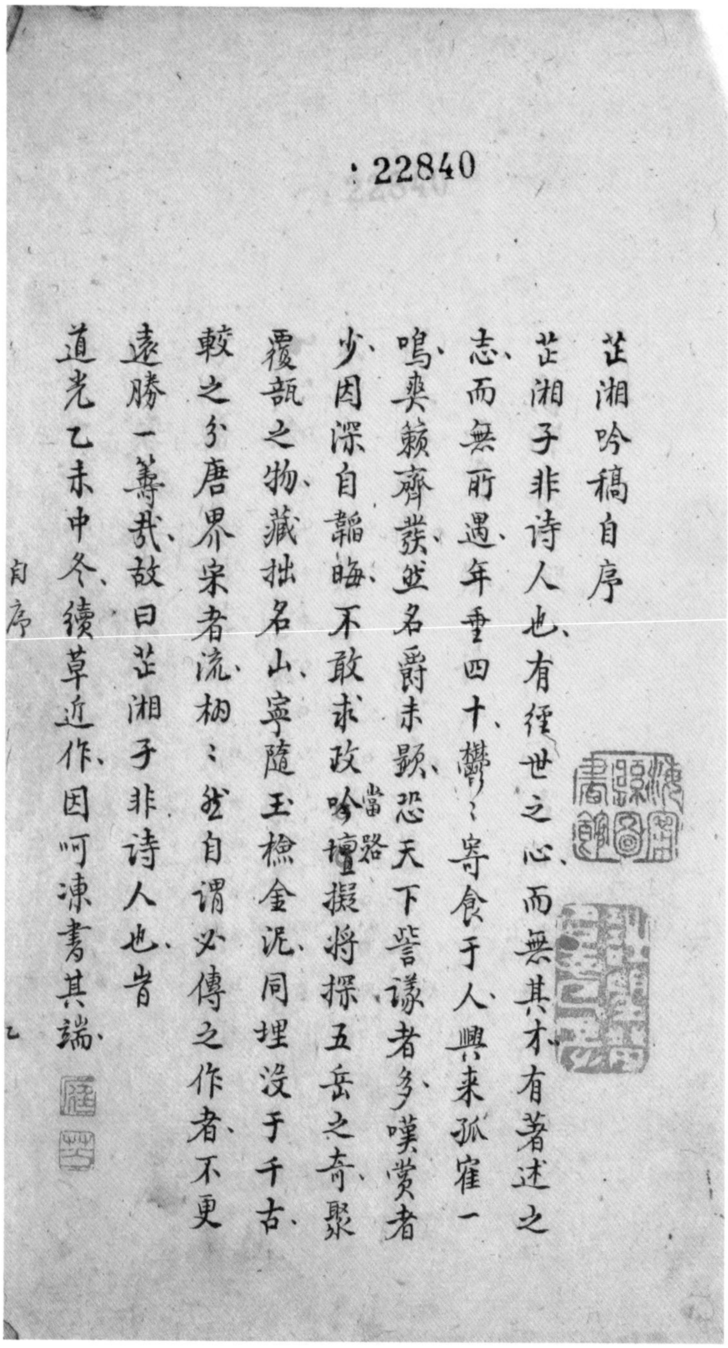

芷湘吟稿自序
芷湘子非詩人也，有經世之心，而無其才，有著述之志，而無所遇，年垂四十，鬱鬱寄食于人，興来孤寉一鳴，萬籟齊發，並名爵未顯，恐天下訾議者多，嘆賞者少，因深自韜晦，不敢求政吟壇（當路），擬將探五岳之奇，聚覆瓿之物，藏拙名山，寧隨玉檢金泥同埋没于千古，較之分唐界宋者流，栩栩然自謂必傳之作者，不更遠勝一籌哉，故曰芷湘子非詩人也。旹
道光乙未中冬，續草近作，因呵凍書其端。
自序

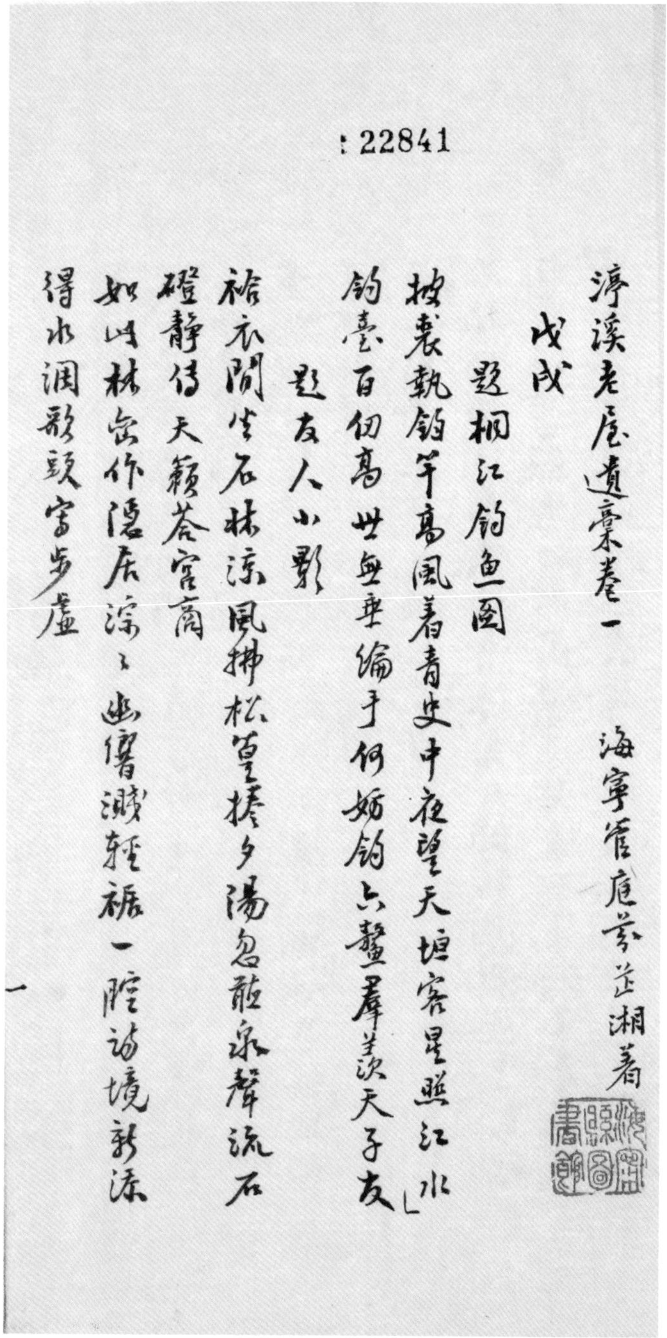

淳溪老屋遺稾卷一　海寧管庭芬芷湘著
戊戌
題桐江釣魚圖
披裘執釣竿，高風着青史。中夜望天垣，客星照江水。
釣臺百仞高，世無垂綸手。何妨釣六鼇，羞羨天子友。
題友人小影
褐衣閒坐石林深，風拂松篁捲夕陽。忽聽泉聲流石磴，靜得天籟茶窗前。如此林岳作隱居，深深幽僻瀟輕裾。一腔詩境新添得，水潤歌頭客步虛。

淳溪老屋自娱集二卷補遺七卷芷湘吟稿不分卷（清）管庭芬撰　管元耀跋　清稿本補遺配管偉之鈔本
無格無匡。入《中國古籍善本書目》。海寧市圖書館藏。

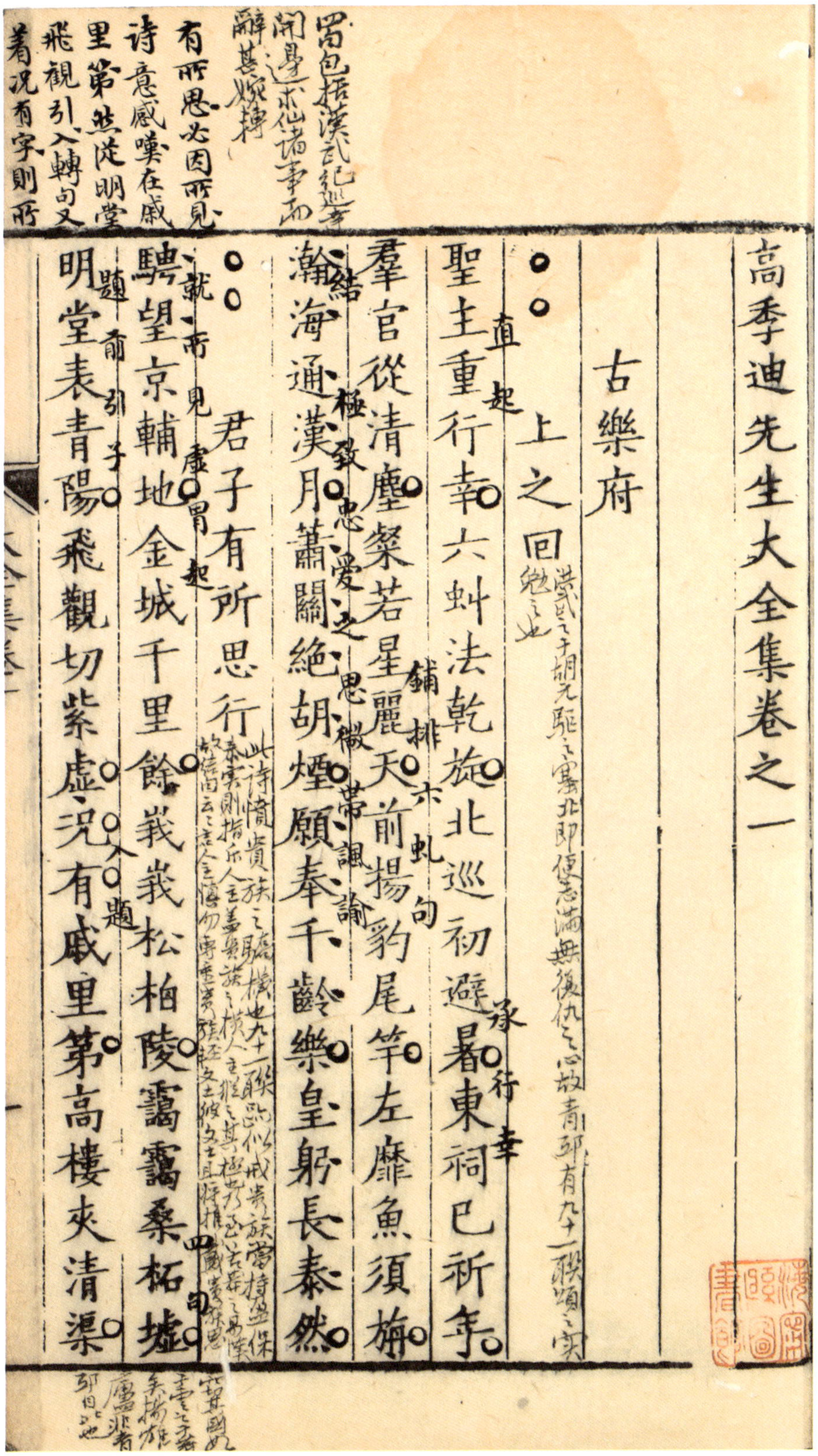
高季迪先生大全集卷之一
古樂府
上之回
聖主重行幸六蚪法乾旋北巡初避暑東祠已祈年
羣官從清塵粲若星麗天前揚豹尾竿左靡魚須旃
瀚海通漢月蕭關絶胡煙願奉千齡樂皇躬長泰然
君子有所思行
驄望京輔地金城千里餘巖巖松柏陵靄靄桑柘墟
明堂表青陽飛觀切紫虛況有戚里第高樓夾清渠

高季迪先生大全集十八卷 （明）高啟撰　清酉山堂刻本

匡高19.7厘米，廣14.5厘米。半葉十行，行二十字，白口，左右雙邊，單魚尾，有張宗祥批注，海寧市圖書館藏。

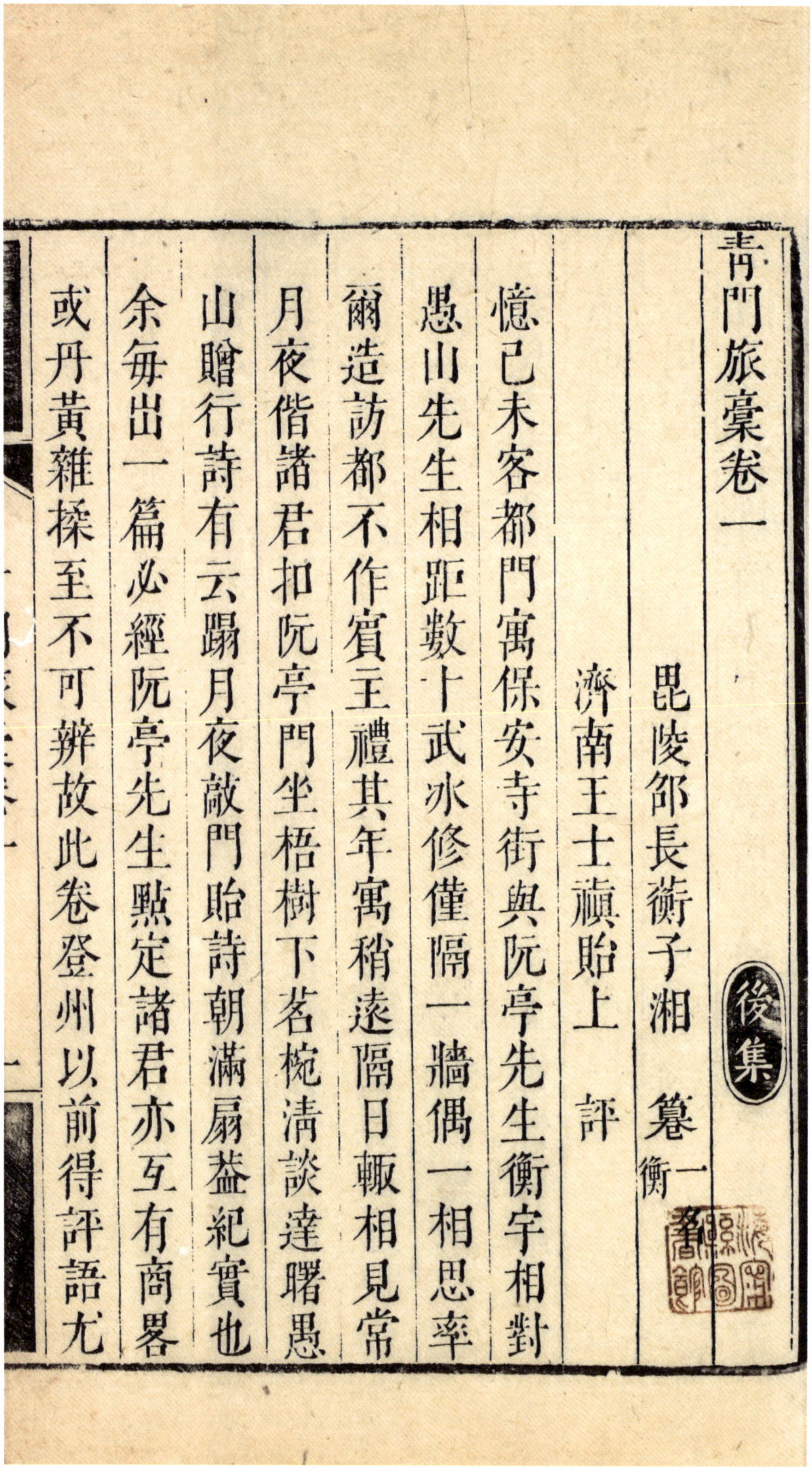
青門旅稾卷一　後集
毘陵邵長蘅子湘　纂　衡一
濟南王士禛貽上　評
憶己未客都門寓保安寺街與阮亭先生衡宇相對
愚山先生相距數十武氷修僅隔一牆偶一相思率
爾造訪都不作賓主禮其年寓稍遠隔日輙相見常
月夜偕諸君扣阮亭門坐梧樹下茗椀清談達曙愚
山贈行詩有云蹋月夜敲門貽詩朝滿扇葢紀實也
余每出一篇必經阮亭先生點定諸君亦互有商畧
或丹黃雜揉至不可辨故此卷登州以前得評語尤

青門旅稿六卷　（清）邵長蘅撰　清家刻本

匡高19.5厘米，廣14.2厘米。半葉十行，行二十一字，闊黑口，左右雙邊，單魚尾。海寧市圖書館藏。

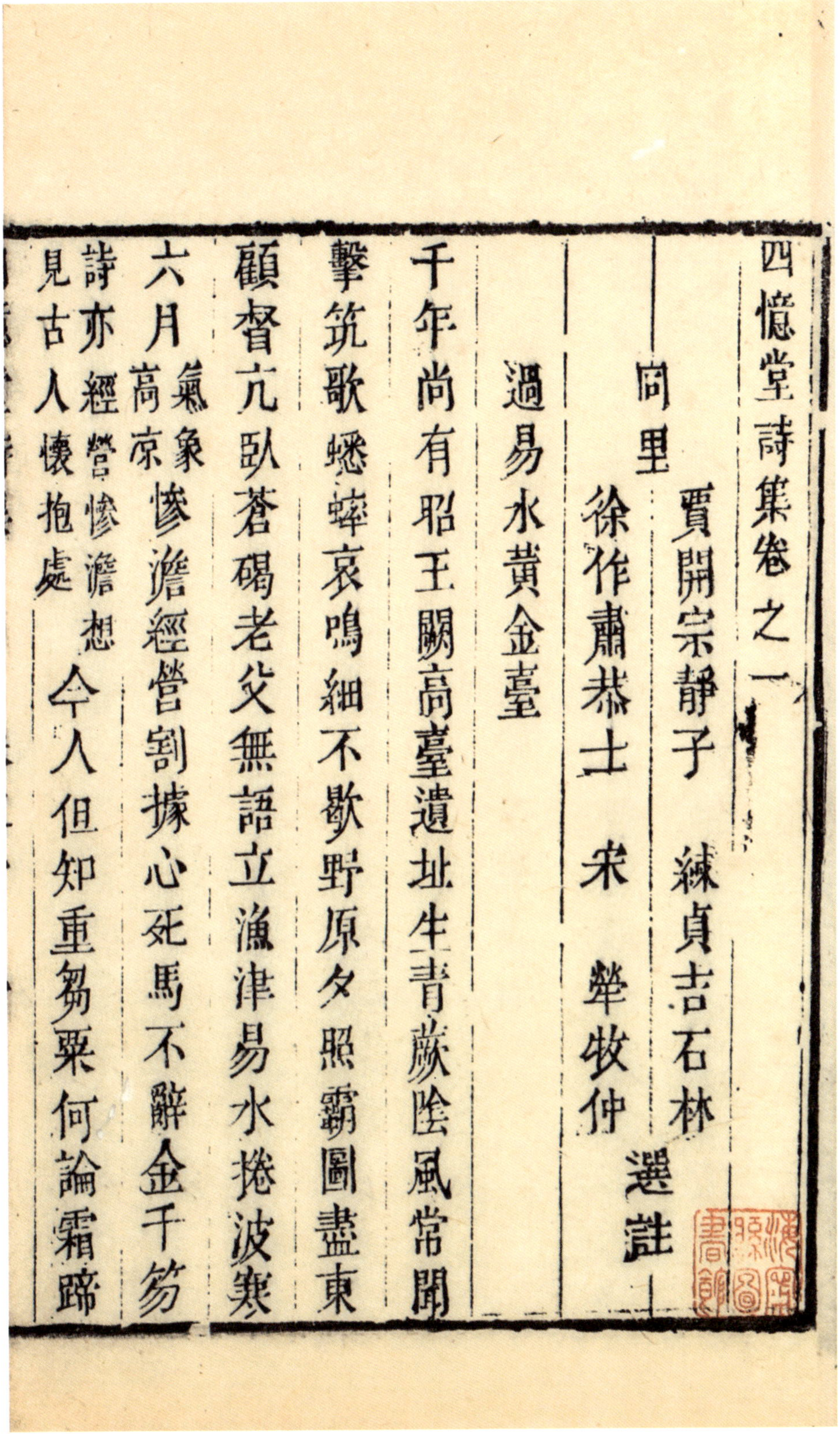
四憶堂詩集卷之一
賈開宗靜子　緑貞吉石林
同里　徐作肅恭士　宋犖牧仲　選註
過易水黄金臺
千年尚有昭王闕高臺遺址生青蔚陰風常鬨擊筑歌蟋蟀哀鳴細不歇野原夕照霸圖盡東顧督亢臥蒼碣老父無語立漁津易水捲波寒六月氣象高京慘澹經營割據心死馬不辭金千笏詩亦經營慘澹想見古人懷抱處今人但知重芻粟何論霜蹄

四憶堂詩集六卷（清）侯方域撰　清家刻本

匡高18.1厘米，廣13.8厘米。半葉九行，行十八字，白口，左右雙邊。海寧市圖書館藏。

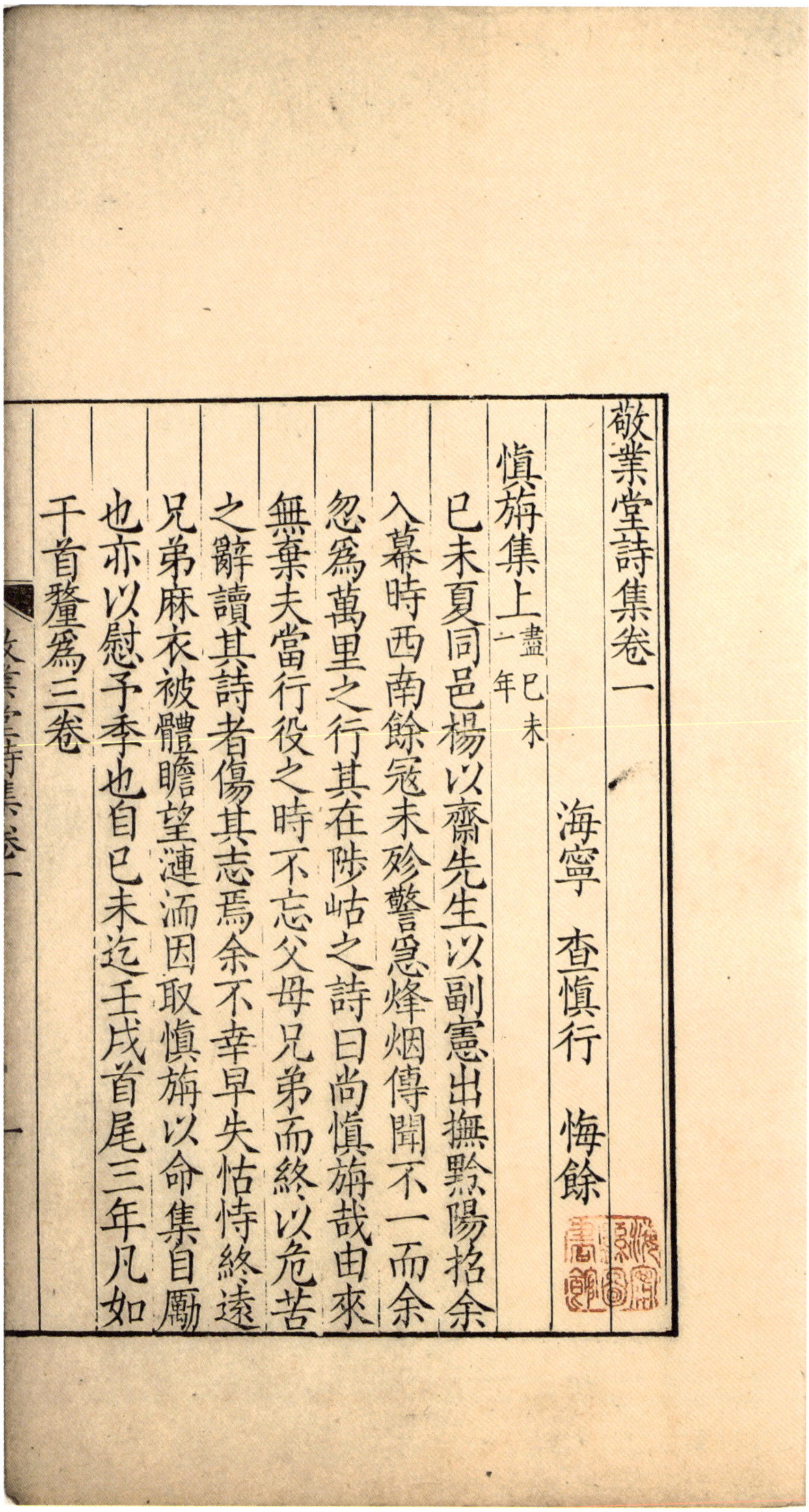

敬業堂詩集卷一

海寧 查慎行 悔餘

慎旃集上盡己未一年

己未夏同邑楊以齋先生以副憲出撫黔陽招余入幕時西南餘寇未殄警急烽烟傳聞不一而余忽爲萬里之行其在陟岵之詩曰尚慎旃哉由來無棄夫當行役之時不忘父母兄弟而終以危苦之辭讀其詩者傷其志焉余不幸早失怙恃終遠兄弟麻衣被體瞻望漣洏因取慎旃以命集自勵也亦以慰予季也自己未迄壬戌首尾三年凡如干首釐爲三卷

敬業堂詩集四十八卷 （清）查慎行撰　清康熙五十八年（1719）刻本

匡高17.8厘米，廣13.2厘米。半葉十一行，行二十一字，白口，左右雙邊。入《中國古籍善本書目》。海寧市圖書館藏。

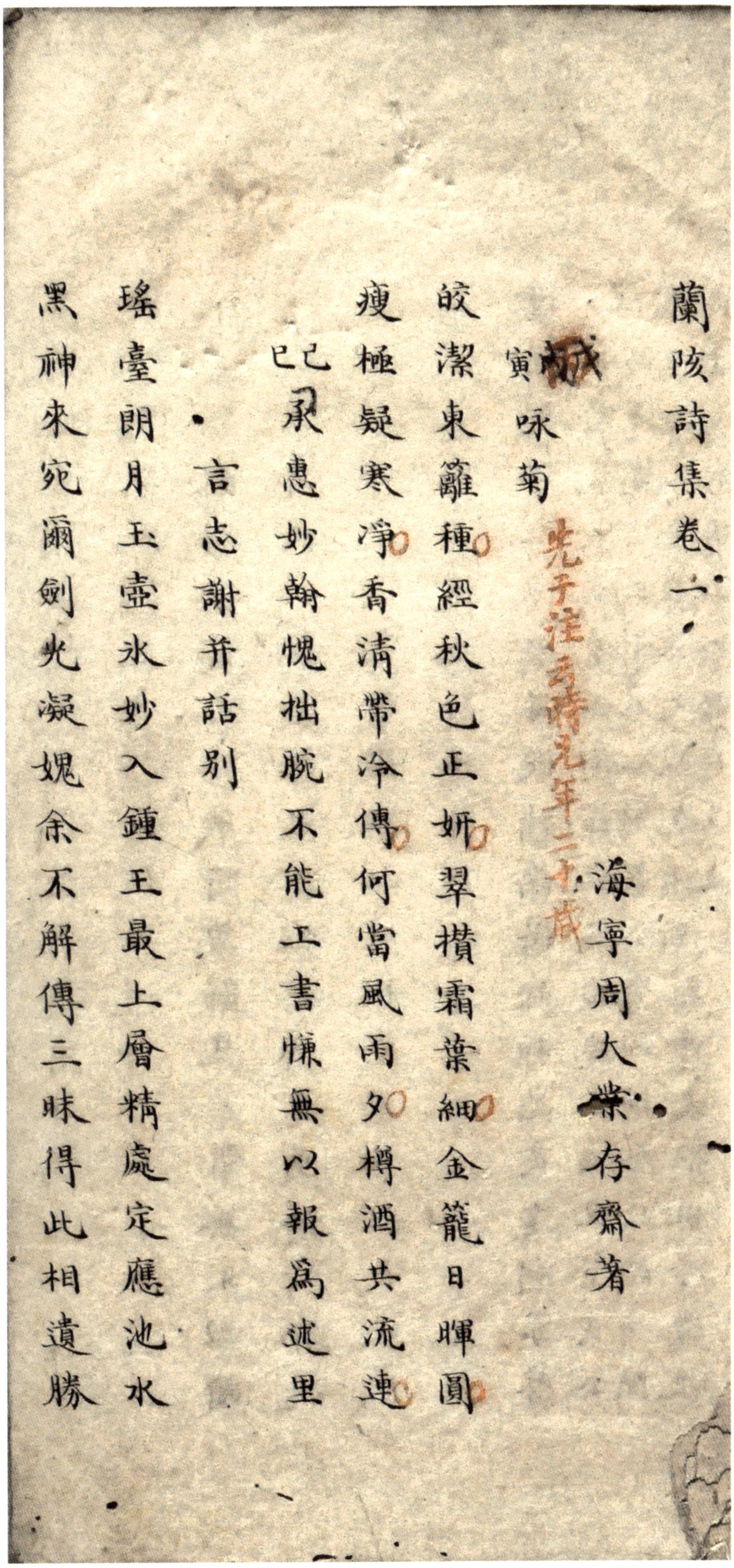
蘭陔詩集卷一
海寧周大業存齋著
戊寅 詠菊 先子注云時方年二十歲
皎潔東籬種經秋色正妍翠攢霜葉細金籠日暉圓
瘦極疑寒淨香清帶冷傳何當風雨夕樽酒共流連
己巳 承惠妙翰愧拙腕不能工書慊無以報爲述里
言志謝并話別
瑤臺朗月玉壺冰妙入鍾王最上層精處定應池水
黑神來宛爾劍光凝媿余不解傳三昧得此相遺勝

蘭陔詩集二卷 （清）周大業撰　周廣業校並跋　清乾隆五十五年（1790）

鈔本

半葉九行，行二十字，無格無匡。入《中國古籍善本書目》。海寧市圖書館藏。

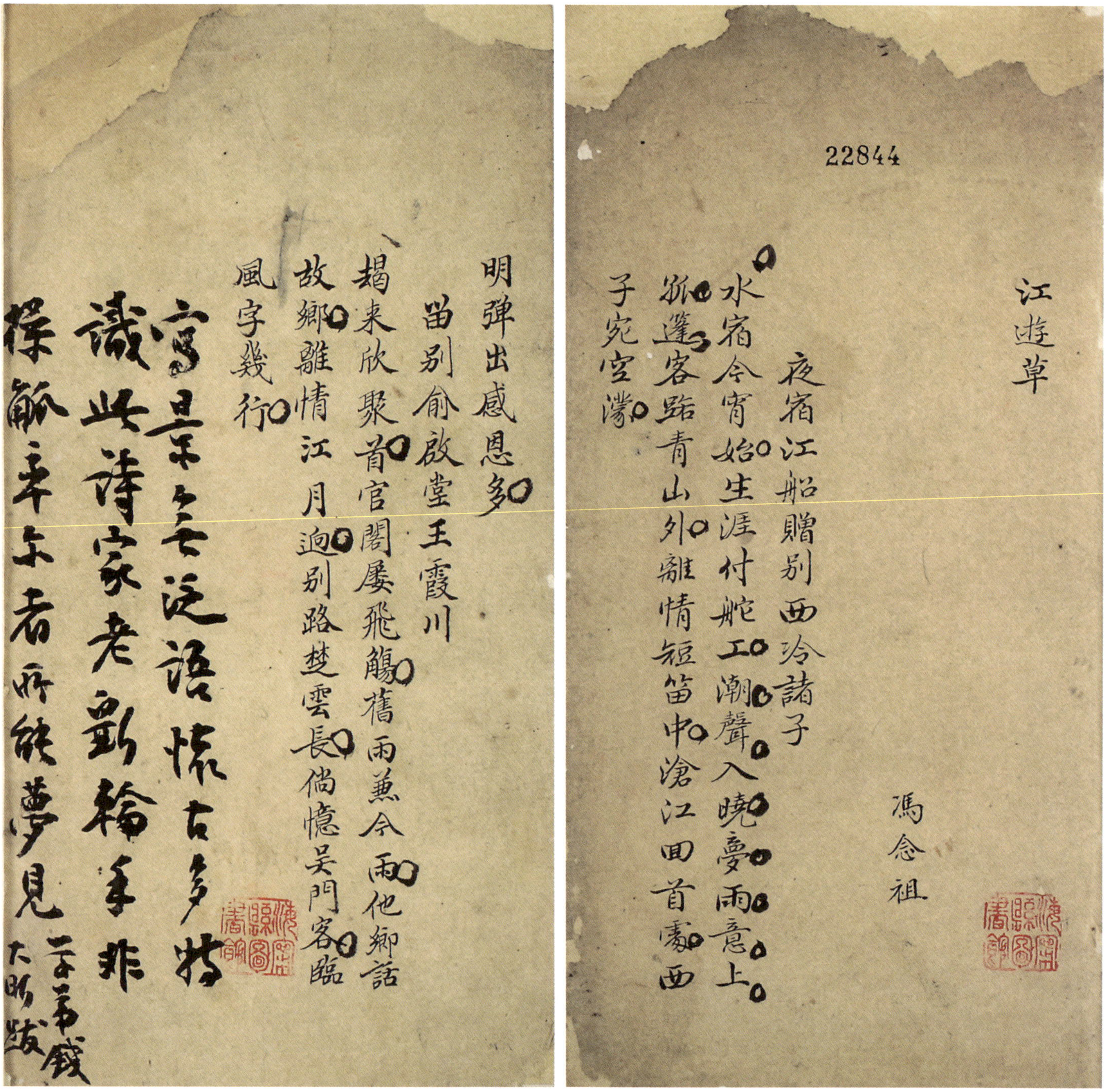
22844

江遊草

馮念祖

夜宿江船贈别西泠諸子

水宿今宵始，生涯付舵工。潮聲入曉夢，雨意上孤篷。客路青山外，離情短笛中。滄江回首處，西子究空濛。

明彈出感恩多

留别俞啟堂王霞川

揭來欣聚首，官閣屢飛觴。舊雨兼今雨，他鄉話故鄉。離情江月迥，别路楚雲長。倘憶吴門客，臨風字幾行。

寓景寄託語，懷古多特識，此詩家老斲輪手，非操觚率爾者所能夢見。年弟錢大昕跋

江遊草一卷（清）馮念祖撰　錢大昕評並跋　清稿本

匡高17厘米，廣11.5厘米。半葉八行，行十八字。入《中國古籍善本書目》。第二批國家珍貴古籍名録號06173。海寧市圖書館藏。

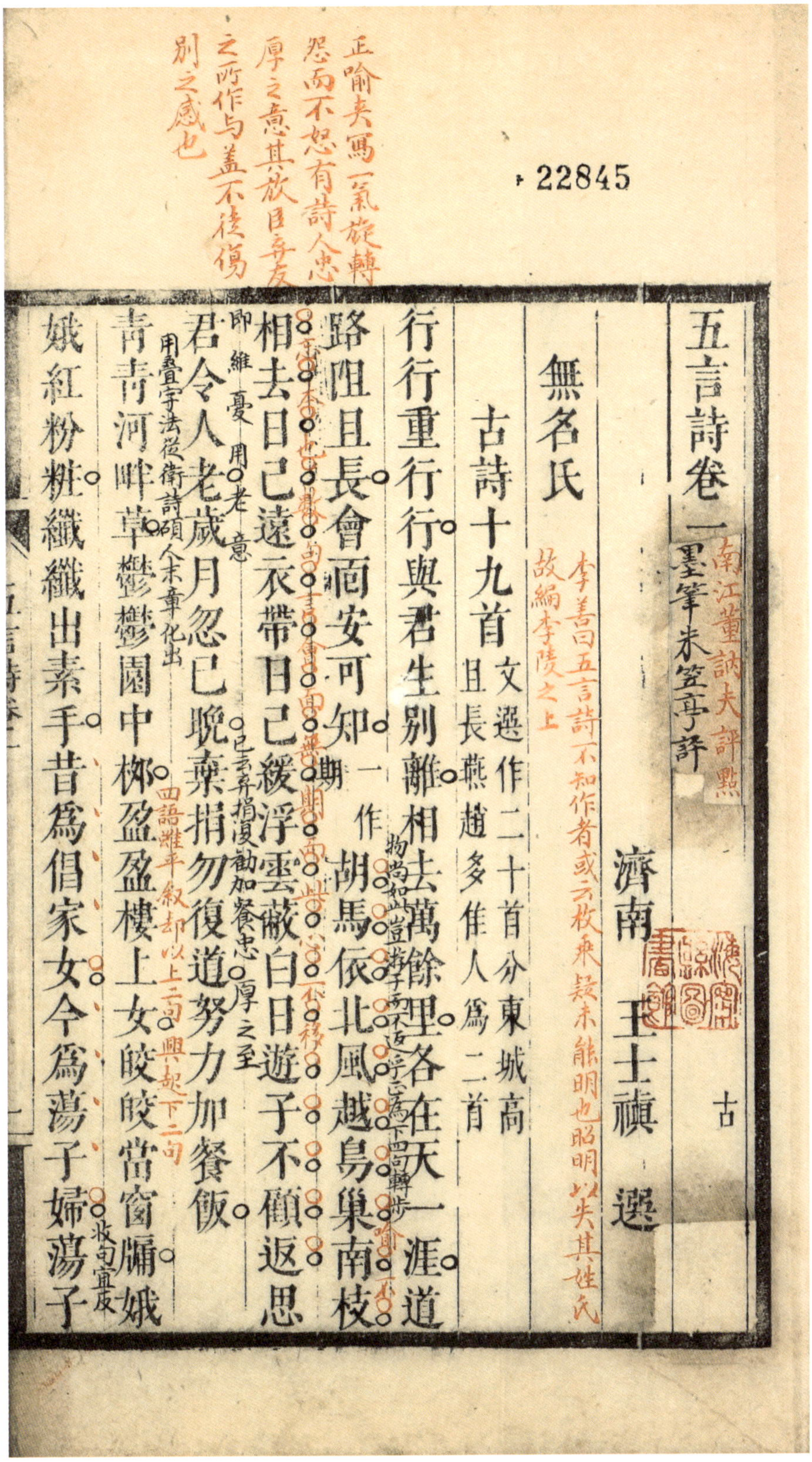

阮亭選古詩三十二卷 （清）王士禛輯 清康熙（1662－1722）天藜閣刻本

匡高19.1厘米，廣14.3厘米。半葉十行，行二十一字，黑口，左右雙邊，單魚尾。清王綱録、董窗熄、朱琰評點並題款。入《中國古籍善本書目》。海寧市圖書館藏。

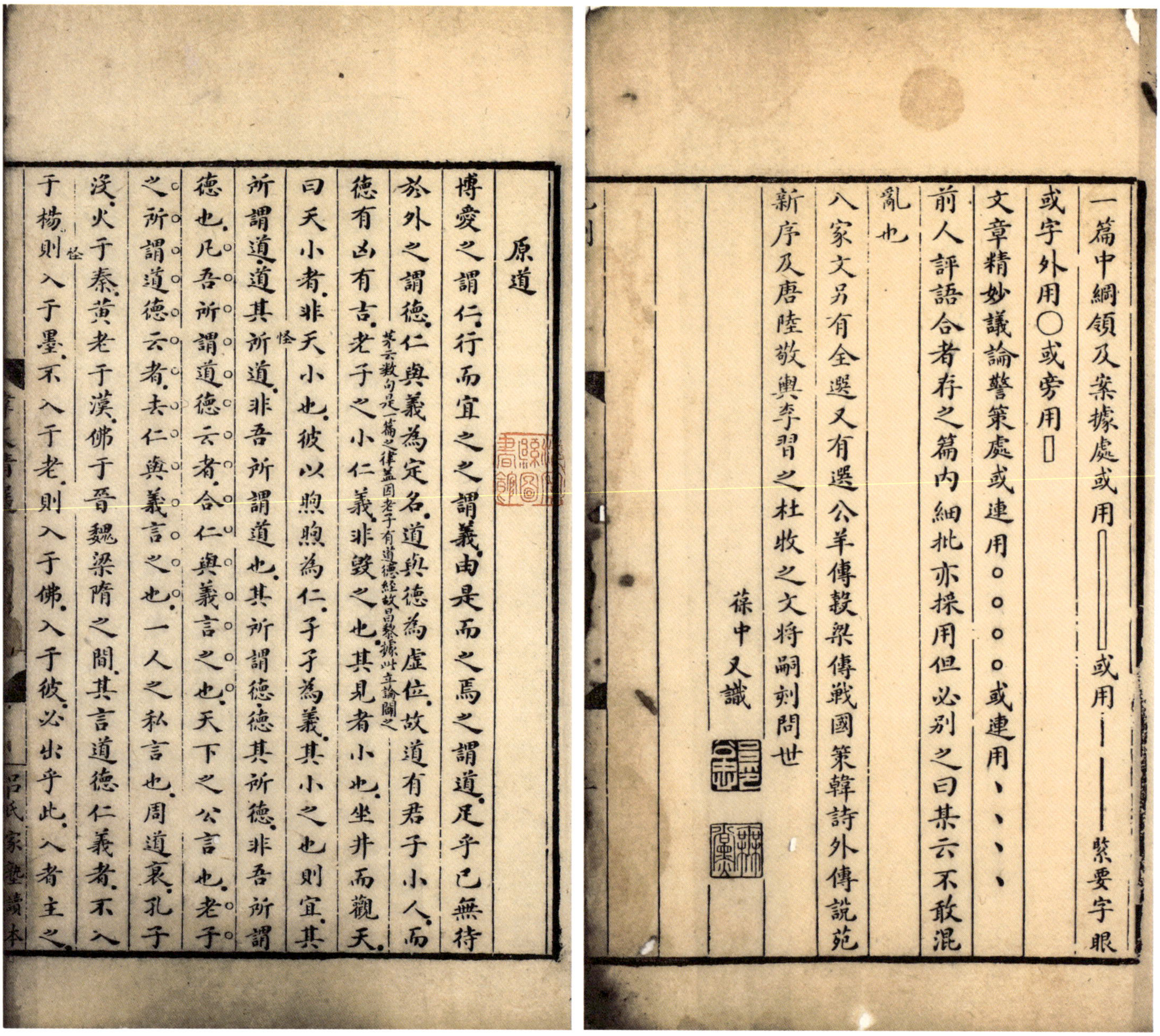

一篇中綱領及案據處或用▯或用｜緊要字眼
或字外用○或旁用▯
文章精妙議論警策處或連用。。。。或連用、、、
前人評語合者存之篇內細批亦採用但必別之曰某云不敢混
亂也
八家文另有全選又有選公羊傳穀梁傳戰國策韓詩外傳說苑
新序及唐陸敬輿李習之杜牧之文將嗣刻問世
葆中又識

原道
博愛之謂仁行而宜之之謂義由是而之焉之謂道足乎己無待
於外之謂德仁與義為定名道與德為虛位故道有君子小人而
德有凶有吉老子之小仁義非毀之也其見者小也坐井而觀天
曰天小者非天小也彼以煦煦為仁孑孑為義其小之也則宜其
所謂道道其所道非吾所謂道也其所謂德德其所德非吾所謂
德也凡吾所謂道德云者合仁與義言之也天下之公言也老子
之所謂道德云者去仁與義言之也一人之私言也周道衰孔子
沒火于秦黃老于漢佛于晉魏梁隋之間其言道德仁義者不入
于楊則入于墨不入于老則入于佛入于彼必出乎此入者主之

晚邨先生八家古文精選八卷　（清）呂留良輯　呂葆中批點　清康熙四十三年（1704）呂氏家塾刻本

匡高19.7厘米，廣14.3厘米。半葉十行，行二十五字，細黑口，左右雙邊。入《中國古籍善本書目》。海寧市圖書館藏。

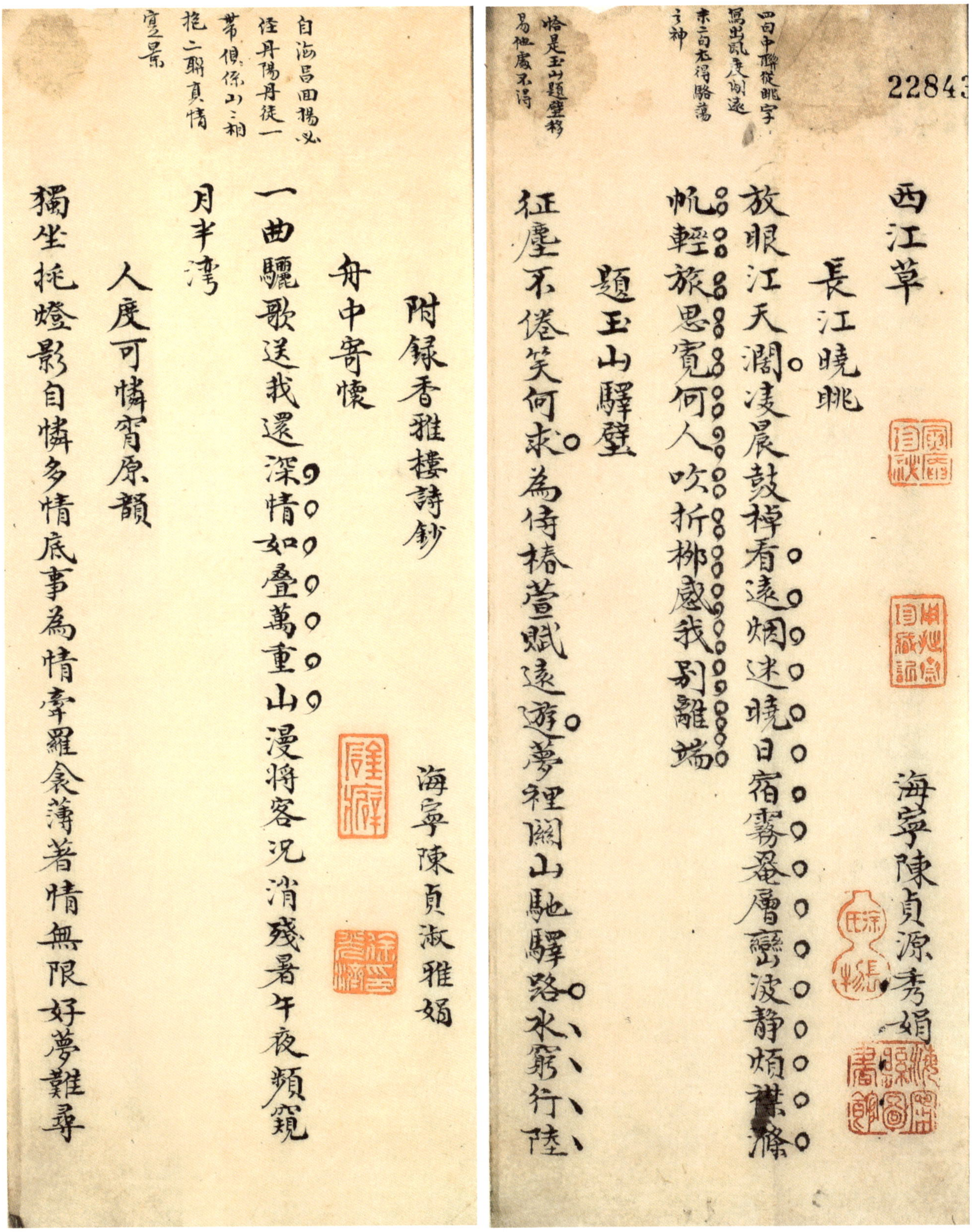
22843

西江草

長江曉眺

海寧陳貞源秀娟

放眼江天濶，凌晨鼓棹看。遠烟迷曉日，宿霧罨層巒。波靜煩襟滌，帆輕旅思寬。何人吹折柳，感我別離端。

四句中聯從眺字寫出氣度闊遠，末二句不得脇蕩之神

題玉山驛壁

征塵不倦笑何求，為侍椿萱賦遠遊。夢裡關山馳驛路，水窮行陸

恰是玉山題壁，移易他處不得

附録香雅樓詩鈔

海寧陳貞淑雅娟

舟中寄懷

一曲驪歌送我還，深情如疊萬重山。漫將客況消殘暑，午夜頻窺月半灣。

自海昌回揚必徑丹陽丹徒一帶，俱係山巒相挽，二聯真情寔景

人度可憐宵原韻

獨坐挑燈影自憐，多情底事為情牽。羅衾薄着情無限，好夢難尋

海寧陳太宜人姊妹合稿二卷　（清）陳貞源　陳貞淑撰　清鈔本

匡高19厘米，廣9厘米。半葉六行，行二十五字，無格無匡。有佚名批校。入《中國古籍善本書目》。海寧市圖書館藏。

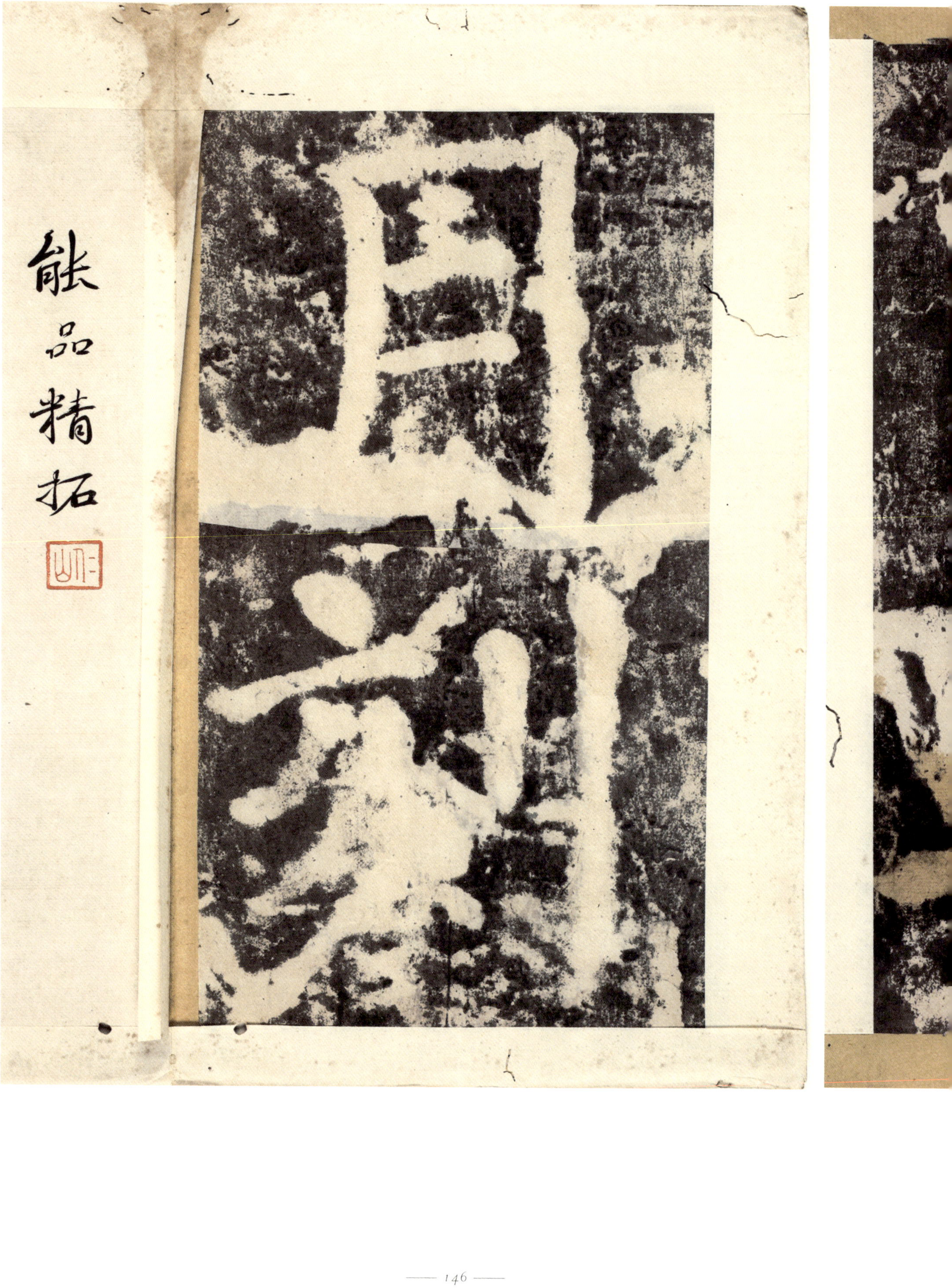
能品精拓

大唐中興頌 （唐）元結撰文　顔真卿書　唐大曆六年（771）刻石　舊拓本剪裱裝。墨本高29.3厘米，廣14.4厘米。有“紫陽”、“仁山鑒賞”、“濮溪朱氏珍藏”等印。尾有朱仁山題“能品精拓”。海寧市圖書館藏。

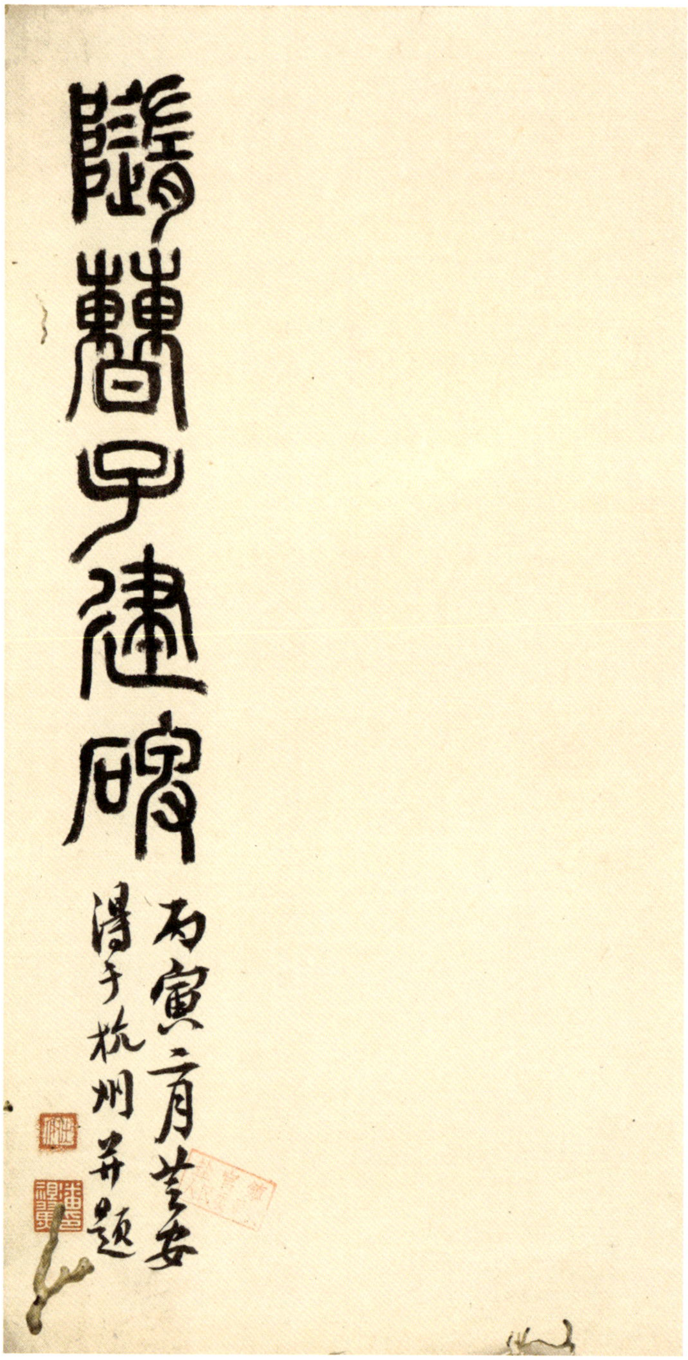

曹植碑 （隋）不署撰書人姓氏　隋開皇十三年（593）刻石　舊拓本

又名曹子建碑。剪裱装。碑文27開，墨本高22.4厘米，廣13.8厘米。有“芝亭僊館”、“之謙審定金石”、“沈均初收藏印”等印。海寧市圖書館藏。

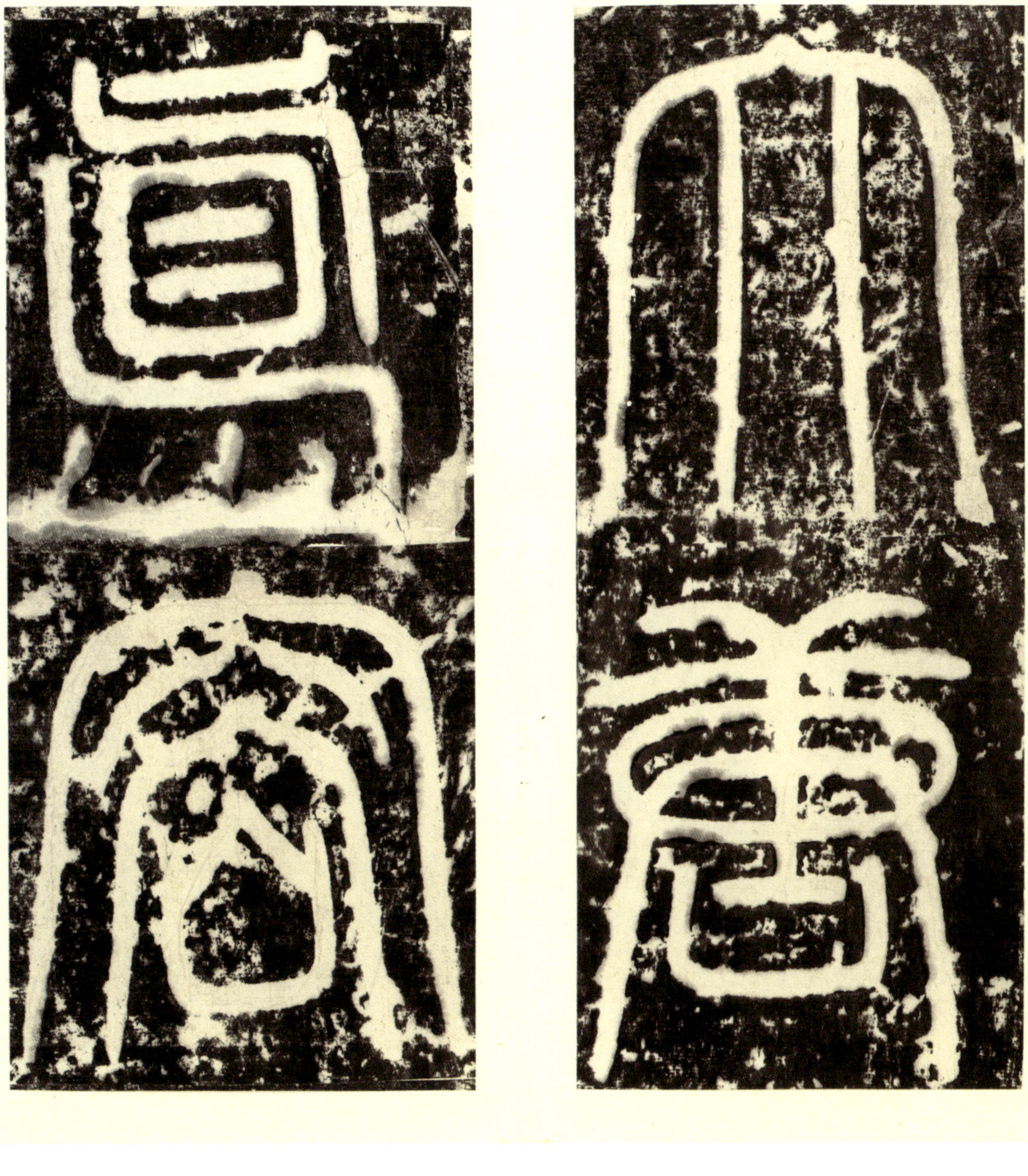

夢真容碑　（唐）蘇靈芝書並題額　宋代重刻石　舊拓本

又名夢真容敕。剪裱装。碑文26開，墨本高25厘米，廣14.8厘米。有朱元呂手題簽“易州夢真容敕”，有“朱季子”、“呂印”、“漁璜”等印。海寧市圖書館藏。

諸州〻望治
此
勑旨依奏
開元廿九年
六月一日
武[illegible]蘇靈芝書并題額

桐鄉市

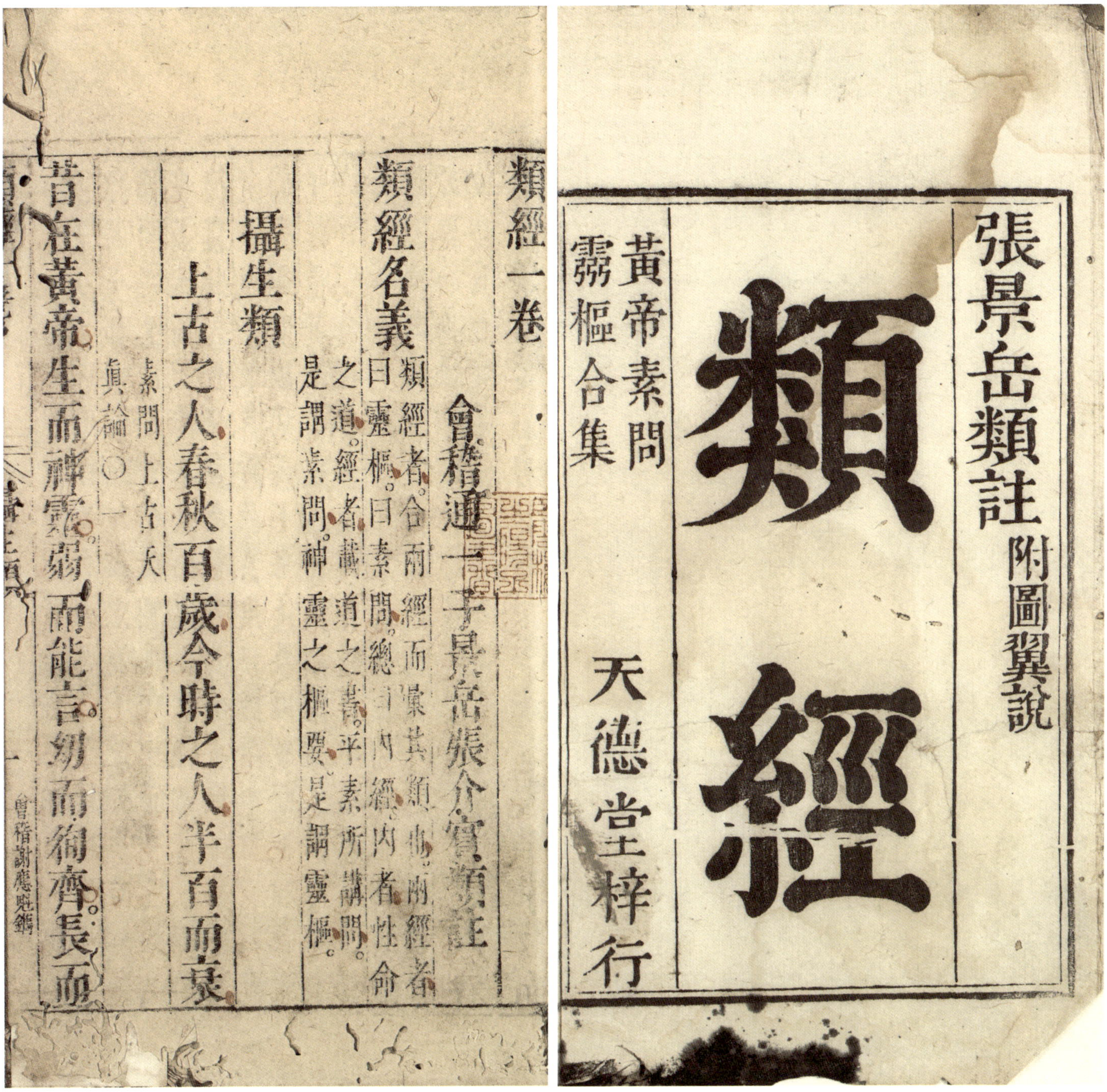
張景岳類註 附圖翼說
類經
黃帝素問
靈樞合集
天德堂梓行

類經一卷
會稽通一子景岳張介賓類註
類經名義 類經者。合兩經而彙其類也。兩經者曰靈樞。曰素問。總曰內經。內者性命之道。經者載道之書。平素所講問。是謂素問。神靈之樞要。是謂靈樞。
攝生類
上古之人春秋百歲今時之人半百而衰 素問上古天眞論○一
昔在黃帝生而神靈弱而能言幼而徇齊長而
會稽謝應魁鐫

類經三十二卷 （明）張介賓撰　明天啟(1621–1627)天德堂刻本

匡高21.5厘米，廣14.2厘米。半葉八行，行十八字，小字雙行同，白口，四周單邊，單魚尾。版心有“會稽謝應魁鐫”。桐鄉市博物館藏。

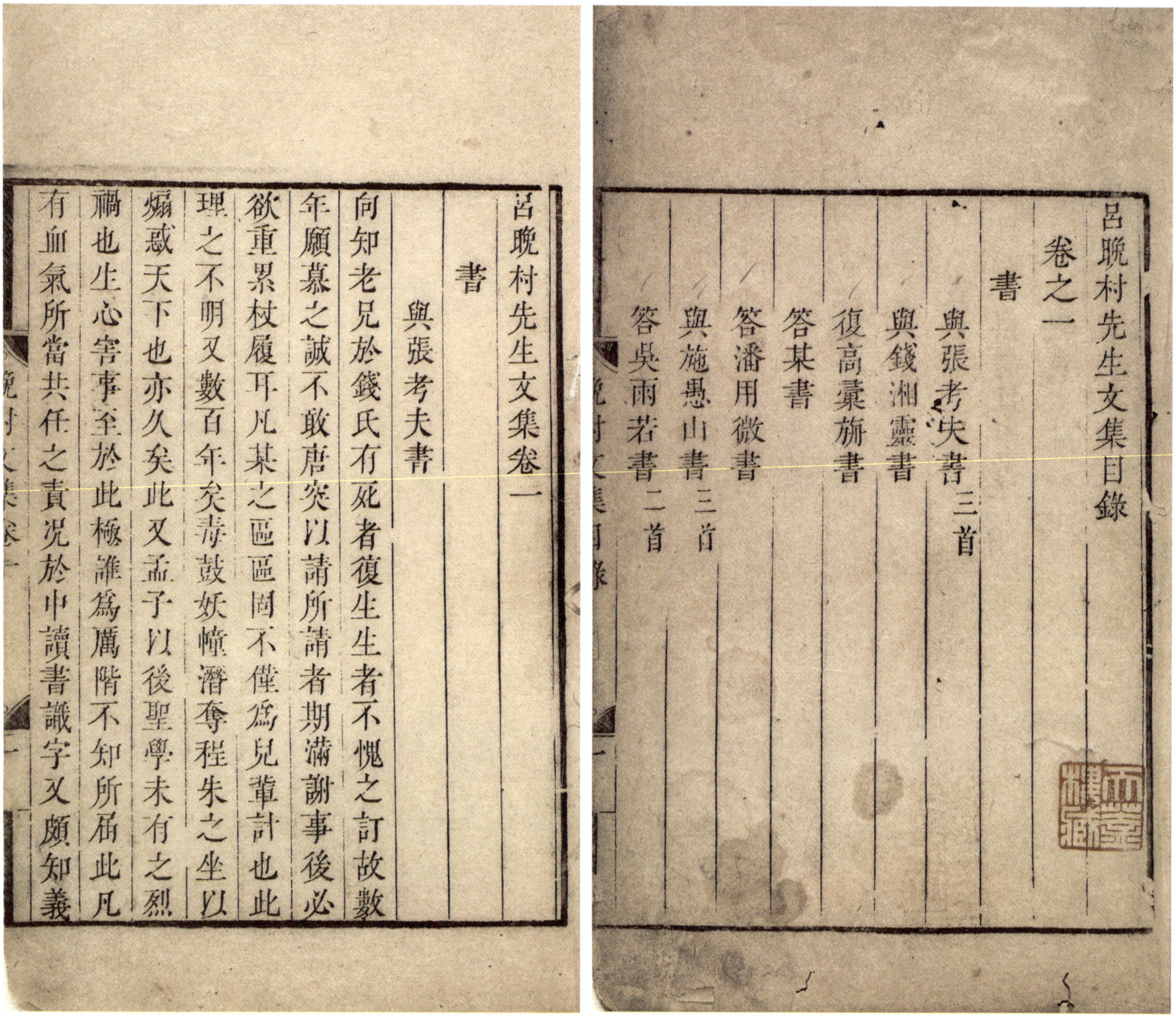
呂晚村先生文集目錄
卷之一
書
與張考夫書三首
與錢湘靈書
復高彙旃書
答某書
答潘用微書
與施愚山書三首
答吳雨若書二首

呂晚村先生文集卷一
書
與張考夫書
向知老兄於錢氏有死者復生生者不愧之訂故數年願慕之誠不敢唐突以請所請者期滿謝事後必欲重累杖履耳凡某之區區固不僅為兒輩計也此理之不明又數百年矣毒鼓妖幢潛奪程朱之坐以煽惑天下也亦久矣此又孟子以後聖學未有之烈禍也生心害事至於此極誰為厲階不知所屆此凡有血氣所當共任之責況於中讀書識字又頗知義

呂晚村先生文集八卷附録一卷 （清）呂留良撰　清雍正三年（1725）

呂氏天蓋樓刻本

匡高17.9厘米，廣14厘米。半葉十行二十字。闊黑口，雙魚尾，左右雙邊。

有“天蓋樓藏”印。桐鄉市博物館藏。缺附録。

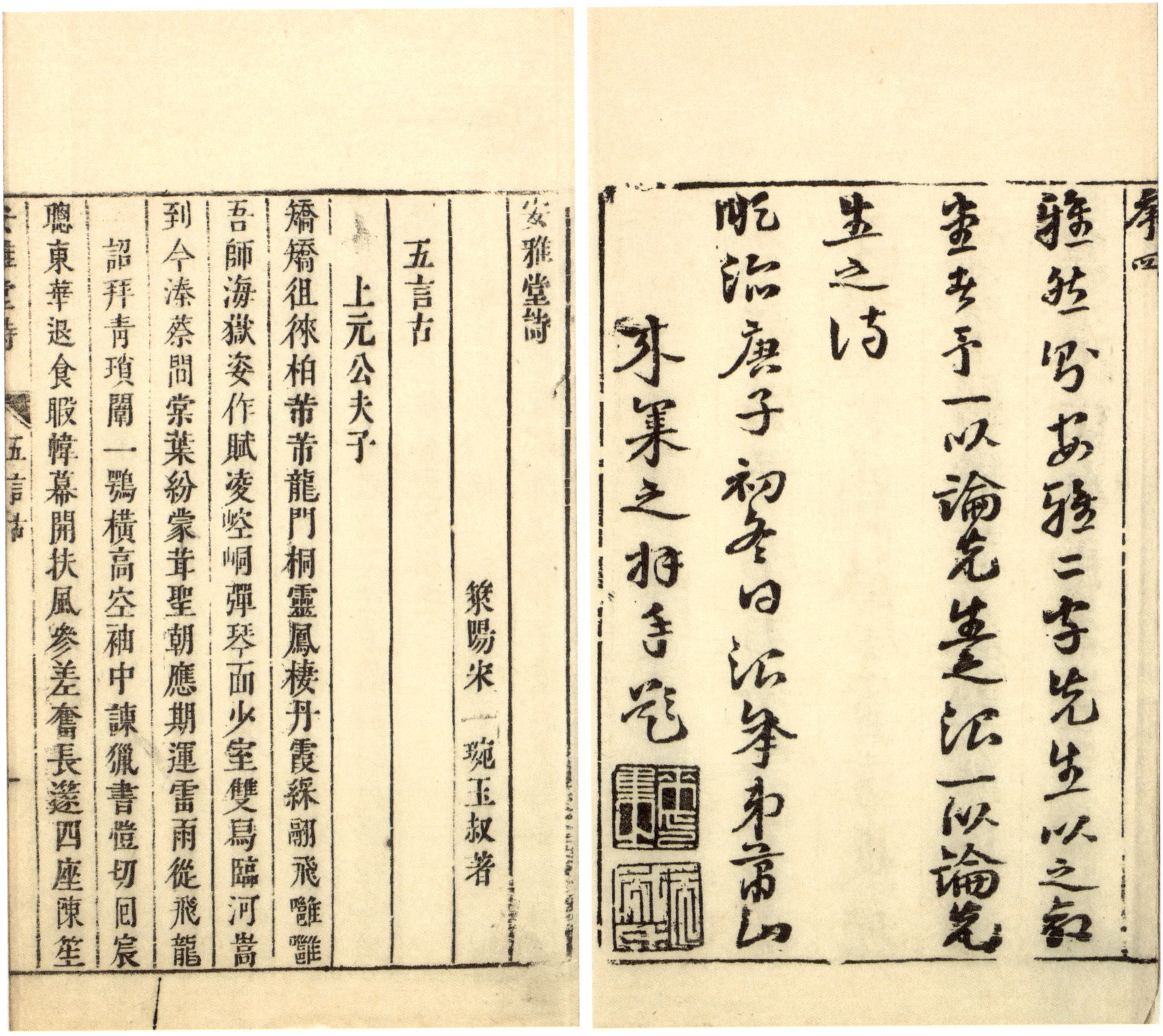

雅然寫安雅二字先生以之額堂考予一以論先生之詩一以論先生之詩

順治庚子初冬日沾筆於常山

外某之拜手筆

安雅堂詩

萊陽宋　琬玉叔著

五言古

上元公夫子

矯矯徂徠柏芾芾龍門桐靈鳳棲丹霞綵翮飛雝雝吾師海嶽姿作賦凌崆峒彈琴面少室雙舄臨河嵩到今溱蔡間棠葉紛濛茸聖朝應期運雷雨從飛龍詔拜青瑣闈一鶚横高空神中諫獵書豈切回宸聰東華退食暇幃幕開扶風參差奮長鬣四座陳笙

安雅堂詩　五言古

安雅堂詩不分卷　（清）宋琬撰　丁克振等校　清順治十七年（1660）刻本

匡高18.6厘米，廣13.9厘米。半葉九行，行二十字。白口，單魚尾，四周單邊。桐鄉市圖書館藏。

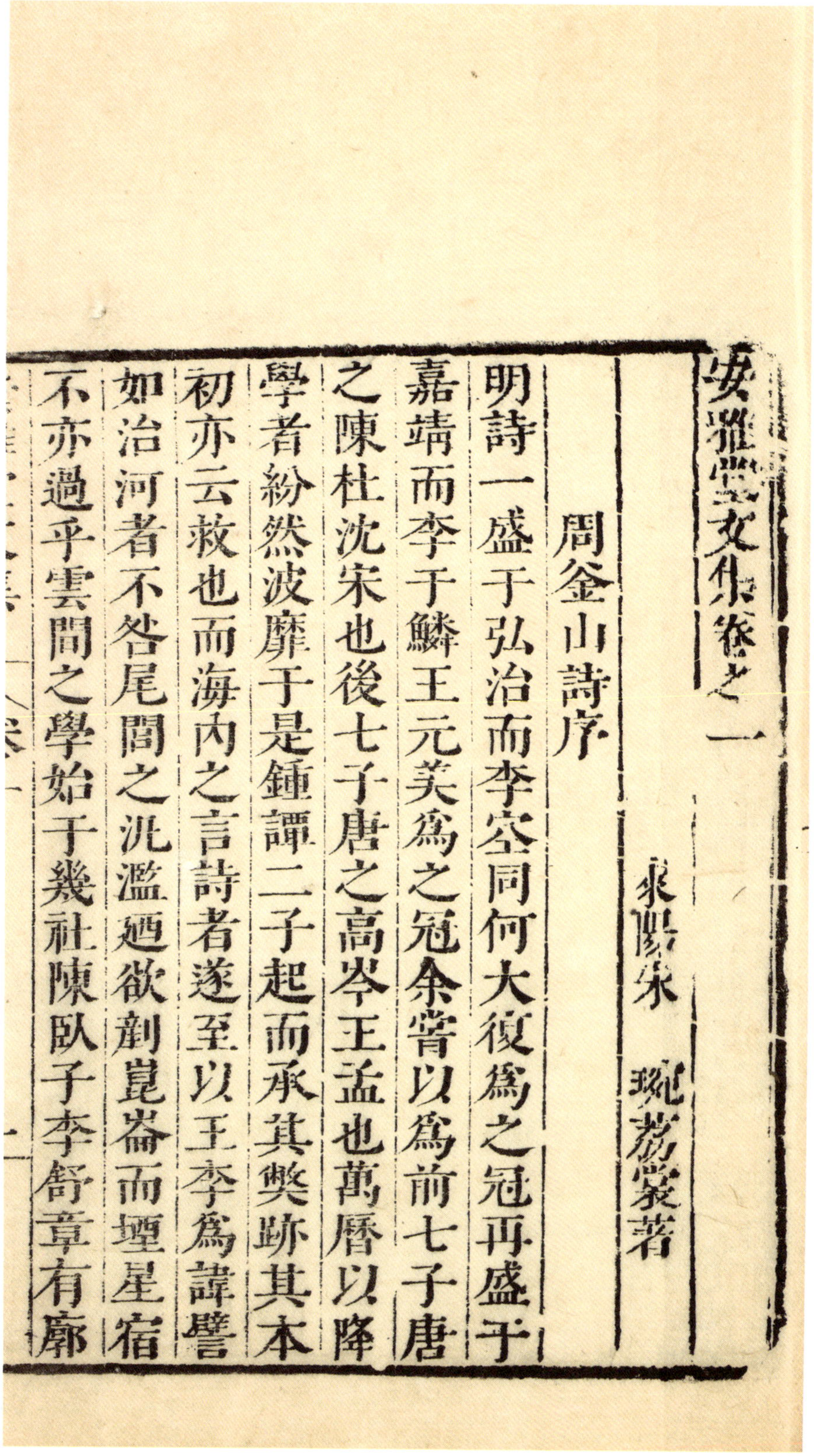

安雅堂文集卷之一

萊陽宋　琬荔裳著

周釜山詩序

明詩一盛于弘治而李空同何大復爲之冠再盛于嘉靖而李于鱗王元美爲之冠余嘗以爲前七子唐之陳杜沈宋也後七子唐之高岑王孟也萬曆以降學者紛然波靡于是鍾譚二子起而承其弊跡其本初亦云救也而海内之言詩者遂至以王李爲諱譬如治河者不咎尾閭之汎濫迺欲剷崑崙而堙星宿不亦過乎雲間之學始于幾社陳臥子李舒章有廓

安雅堂文集二卷（清）宋琬撰　清康熙五年（1666）刻本

匡高17.3厘米，廣13.7厘米。半葉十行，行二十字。白口，單魚尾，左右雙邊。桐鄉市圖書館藏。

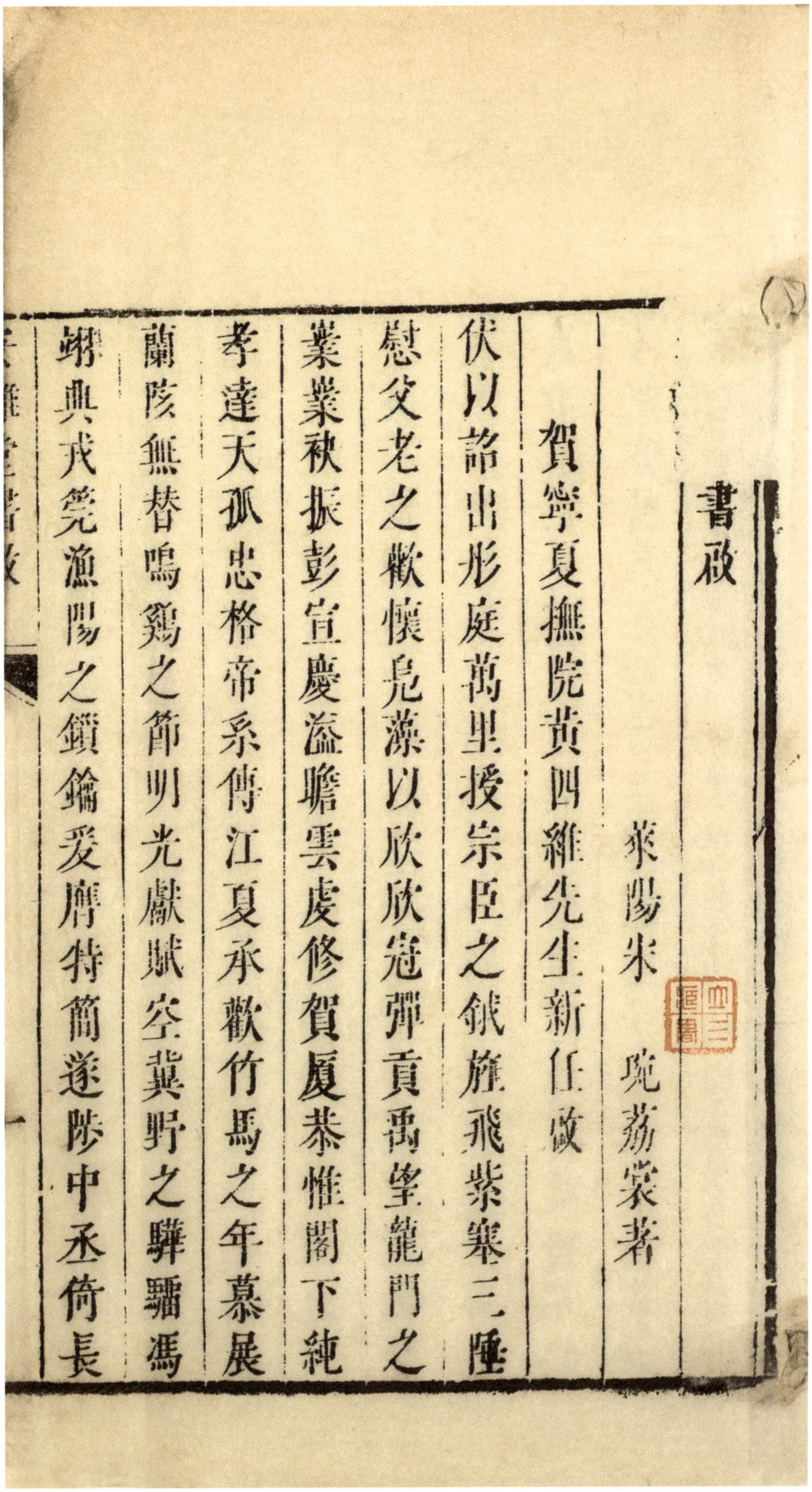

書啟

萊陽宋　琬荔裳著

賀寧夏撫院黄四維先生新任啟

伏以詔出彤庭萬里授宗臣之鉞旌飛紫塞三陲
慰父老之歡懷皃藻以欣欣寇彈貢禹望龍門之
業業秩振彭宣慶溢瞻雲虔修賀履恭惟閣下純
孝達天孤忠格帝系傳江夏承歡竹馬之年慕展
蘭陔無替鳴雞之節明光獻賦登冀野之驊騮馮
翊典戎堯漁陽之鎖鑰爰膺特簡遂陟中丞倚長

安雅堂書啟　一

安雅堂書啟一卷　（清）宋琬撰　清順治至乾隆（1644-1795）刻本

匡高18.6厘米，廣13.8厘米。半葉九行，行二十字。白口，單魚尾，左右雙邊。桐鄉市圖書館藏。

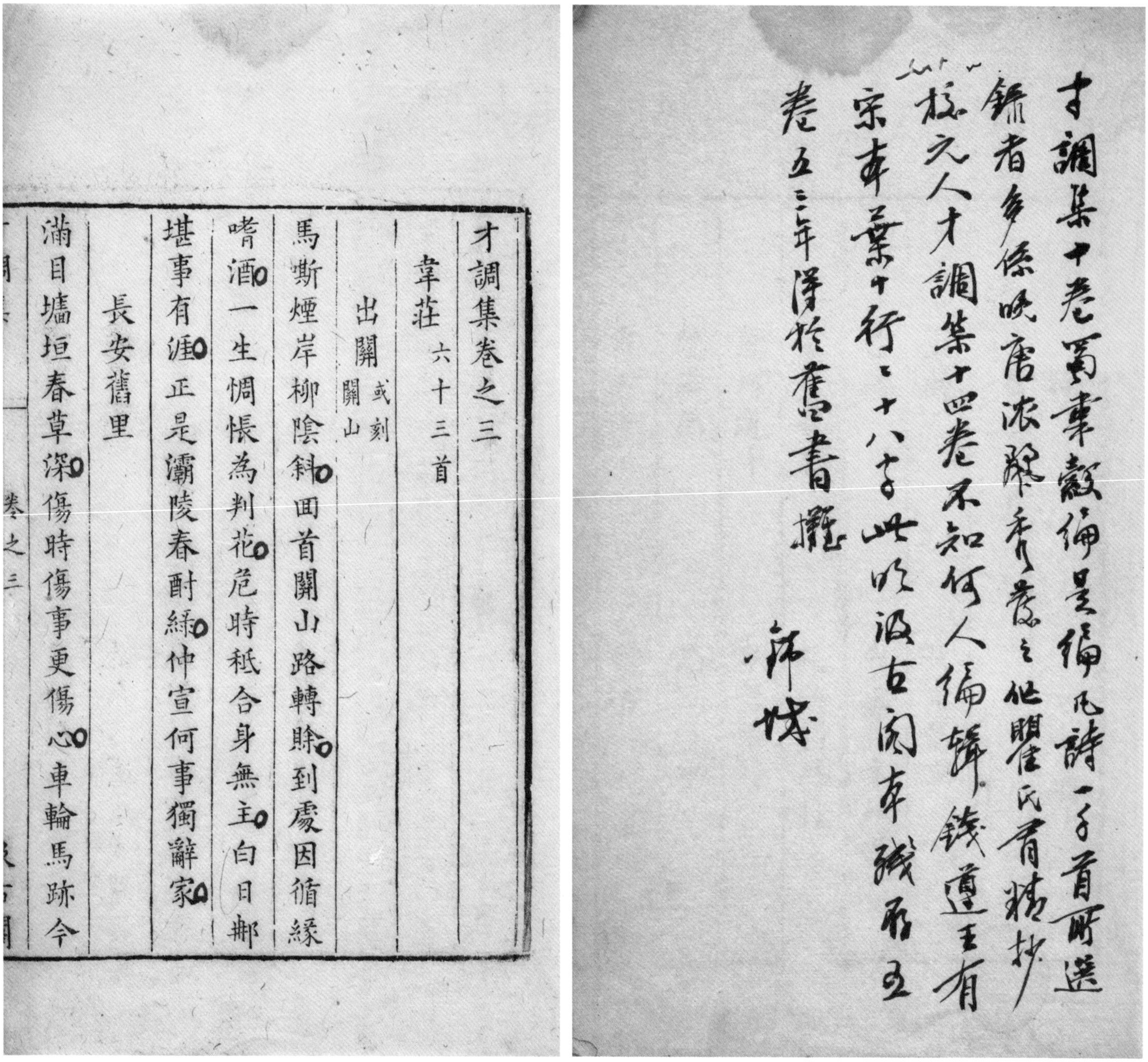

才調集十卷 （後蜀）韋縠輯　明崇禎（1628-1644）虞山毛氏汲古閣刻本

匡高18.8厘米，廣13.8厘米。半葉八行，行十九字，白口，左右雙邊。版心下鐫"汲古閣"。桐鄉市博物館藏。存五卷。

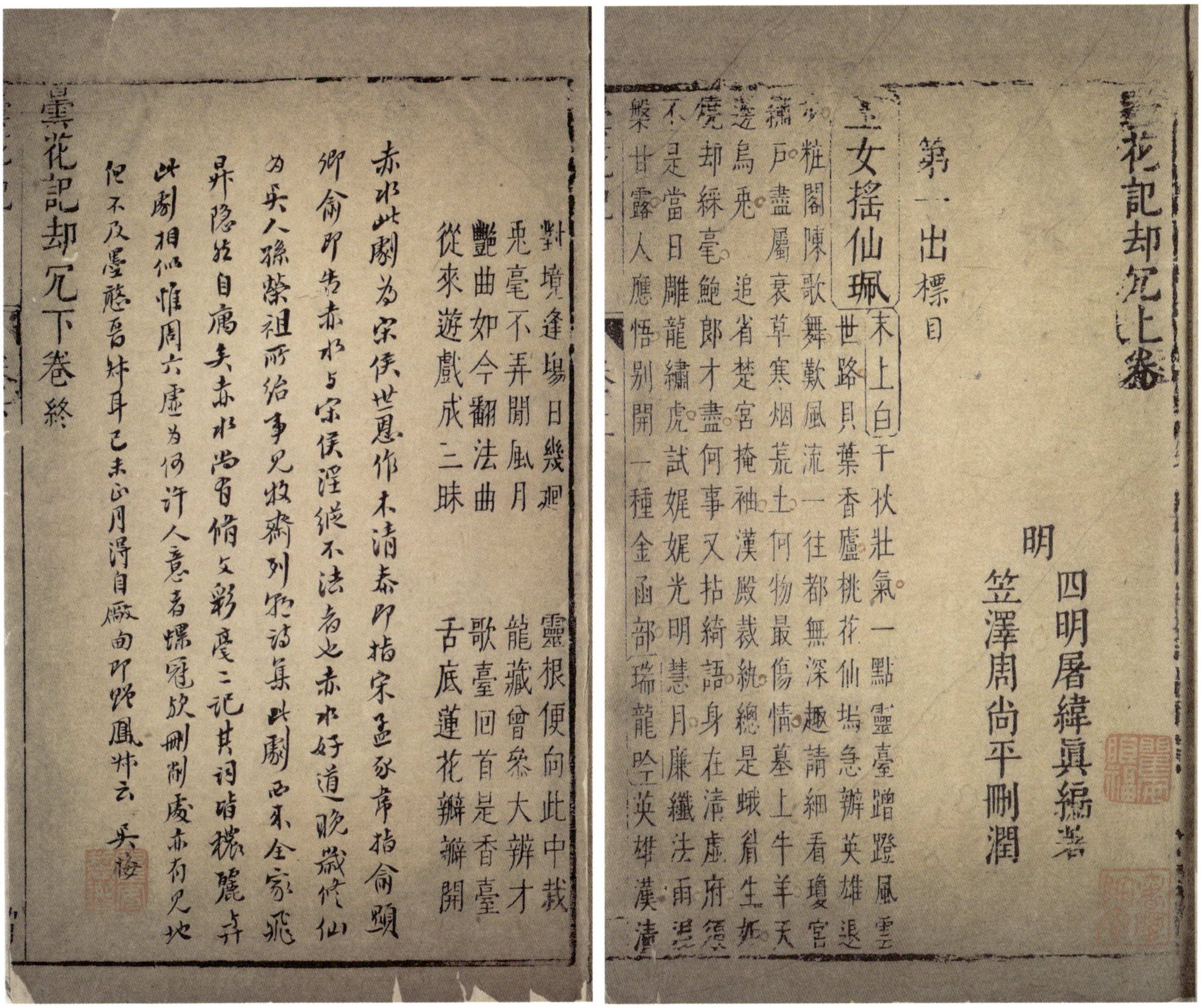
曇花記却冗上卷
明 四明屠緯眞編著
笠澤周尚平刪潤
第一出標目
玉女搖仙珮 末上白 千狀壯氣一點靈臺蹬蹬風雲
世路貝葉香爐桃花仙蹟急辦英雄退
步粧閣陳歌舞歎風流一往都無深趣請細看瓊宫
繡戶盡屬衰草寒烟荒土何物最傷情墓上牛羊天
邊烏兎追省楚宫掩袖漢殿裁紈總是蛾眉生妬
憑燒却綵毫鮑郎才盡何事又拈綺語身在淸虛府
不是當日雕龍繡虎試娓娓光明慧月廉纖法雨涅
槃甘露人應悟別開一種金函部 瑞龍吟 英雄漢淒

對境逢場日幾廻 靈根便向此中裁
兎毫不弄閒風月 龍藏曾參大辨才
艷曲如今翻法曲 歌臺回首是香臺
從來遊戲成三昧 舌底蓮花瓣瓣開

赤水此劇為宋侯世恩作木清泰即指宋孟承帝指俞顯
卿俞即告赤水與宋侯淫縱不法者也赤水好道晚歲修仙
為吳人孫榮祖所紿事見牧齋列朝詩集此劇西來全家飛
昇隱指自寓矣赤水尚有脩文彩毫二記其詞皆穠麗與
此劇相似惟周六虛為何許人意者螺冠於刪潤處亦有見地
但不及墨憨吾耳己未正月得自廠甸即跋鳳林云 吳梅

曇花記却冗下卷終

曇花記却冗二卷 （明）屠隆編　周尚平刪潤　明刻本

匡高20厘米，廣13.7厘米。半葉八行二十字。白口，單魚尾，四周單邊。有吳梅跋。有“臞安”、“瞿安眼福”等印。桐鄉市博物館藏。

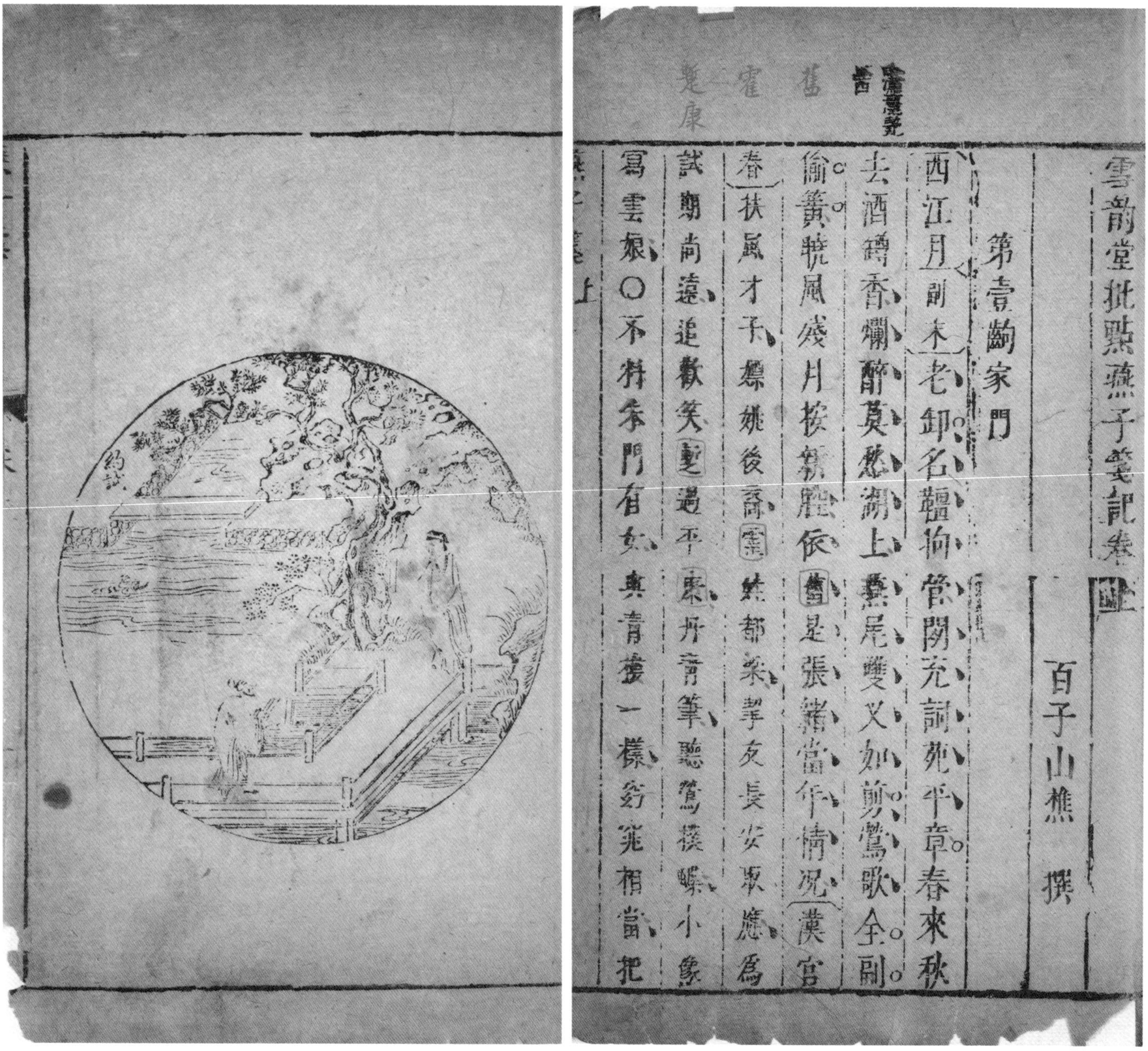

雪韻堂批點燕子箋記卷上
百子山樵 撰
第壹齣家門
西江月 副末 老卸名韁拘管閒充詞苑平章春來秋
去酒鐏香爛醉莫愁湖上燕尾雙叉如剪鶯歌全副
偷簧輕風殘月按新腔依舊是張緒當年情況漢宮
春 扶風才子鄠姚後裔霍生都梁孝友長安求應爲
試期尚遠追歡笑且過平康丹青筆聽鶯撲蝶小像
寫雲娘○不料爭門有女與青蘅一樣紛龐相當把

雪韻堂批點燕子箋記二卷 （明）百子山樵撰　明末刻本

匡高20.6厘米，廣14.2厘米。半葉九行，行二十字。白口，四周單邊。桐鄉市博物館藏。

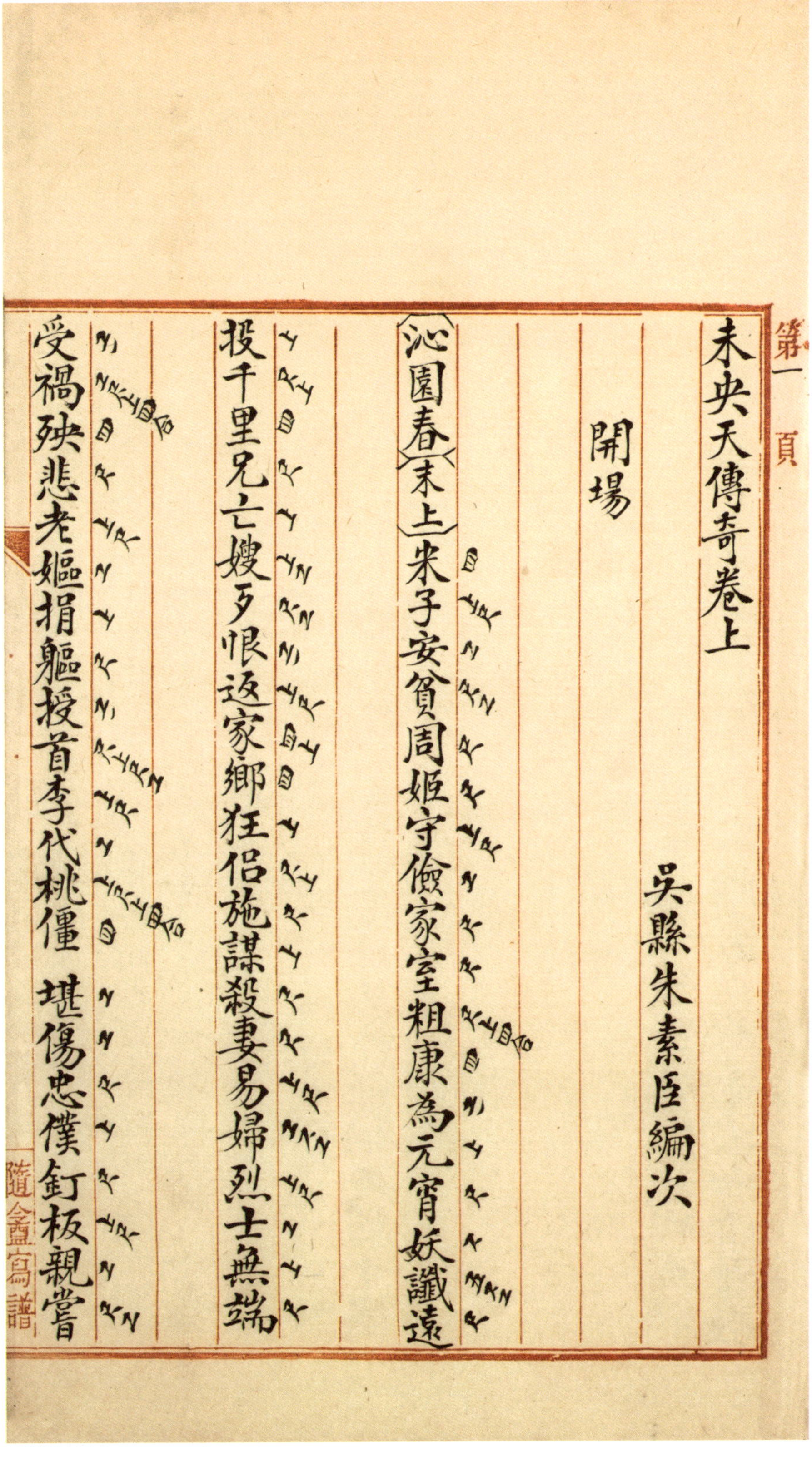

第一頁

未央天傳奇卷上

開場

吴縣朱素臣編次

沁園春 末上 朱子安貧周姬守儉家室粗康為元宵妖讖遠投千里兄亡嫂歹恨返家鄉狂侶施謀殺妻易婦烈士無端受禍殃悲老嫗捐軀授首李代桃僵 堪傷忠僕釘板親嘗

隨盦寫譜

未央天傳奇二卷 （明）朱素臣撰　劉富樑譜曲　劉隨盦稿本

匡高20厘米，廣15厘米。半葉十二行，每行字數不等，白口，單魚尾，四周雙邊。版心下鐫“隨盦寫譜”。桐鄉市博物館藏。

嘉興市區

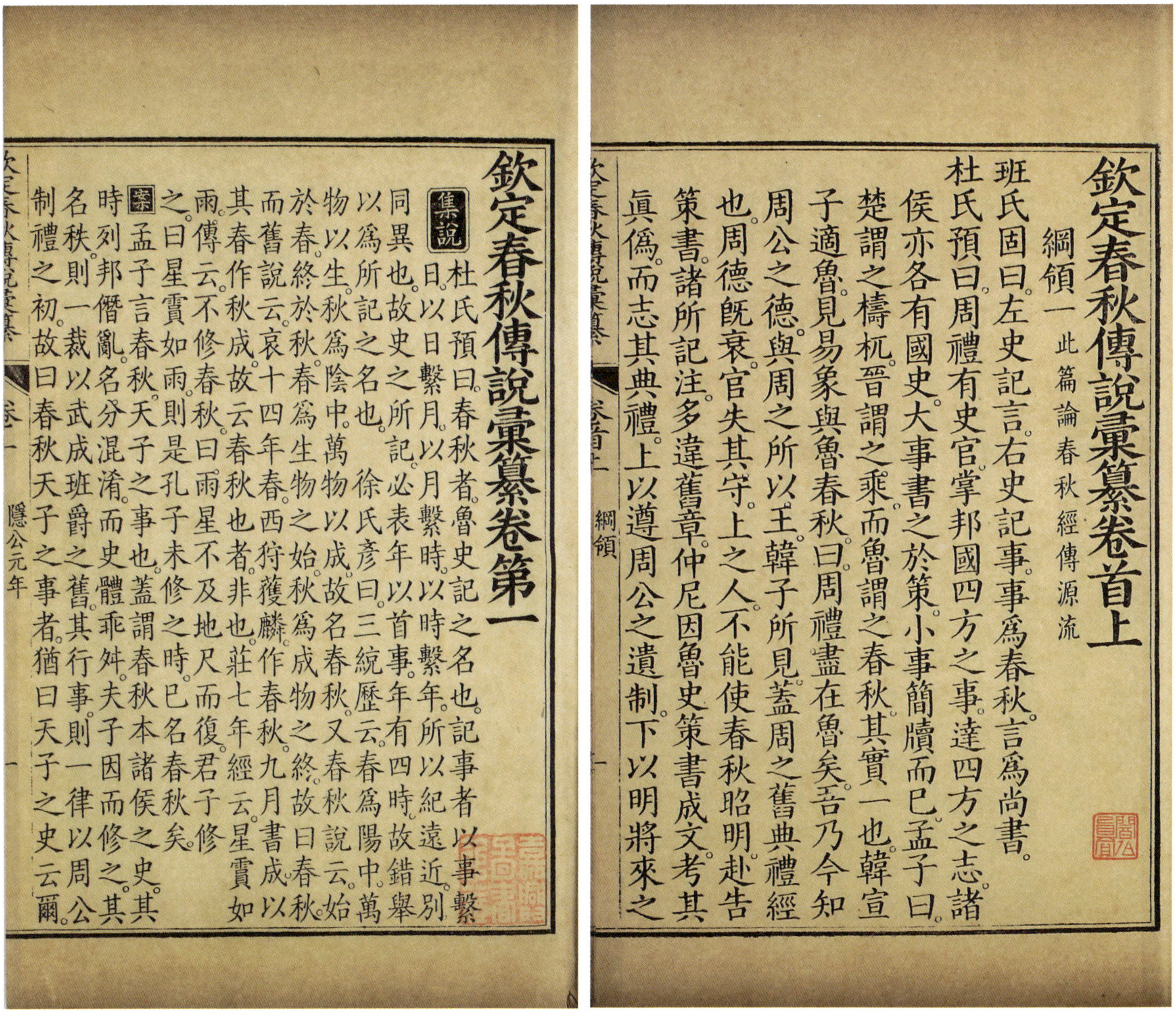

欽定春秋傳說彙纂卷首上

綱領一 此篇論春秋經傳源流

班氏固曰。左史記言。右史記事。事爲春秋。言爲尚書。

杜氏預曰。周禮有史官。掌邦國四方之事。達四方之志。諸侯亦各有國史。大事書之於策。小事簡牘而已。孟子曰。楚謂之檮杌。晉謂之乘。而魯謂之春秋。其實一也。韓宣子適魯。見易象與魯春秋。曰。周禮盡在魯矣。吾乃今知周公之德。與周之所以王。韓子所見。蓋周之舊典禮經也。周德既衰。官失其守。上之人不能使春秋昭明。赴告策書。諸所記注。多違舊章。仲尼因魯史策書成文。考其眞僞。而志其典禮。上以遵周公之遺制。下以明將來之

欽定春秋傳說彙纂 卷首上 綱領 一

欽定春秋傳說彙纂卷第一

集說 杜氏預曰。春秋者。魯史記之名也。記事者。以事繫日。以日繫月。以月繫時。以時繫年。所以紀遠近。別同異也。故史之所記。必表年以首事。年有四時。故錯舉以爲所記之名也。徐氏彥曰。三統歷云。春爲陽中。萬物以生。秋爲陰中。萬物以成。故名春秋。又春秋說云。始於春。終於秋。春爲生物之始。秋爲成物之終。故曰春秋。而舊說云。哀十四年春。西狩獲麟。作春秋。九月書成。以其春作秋成。故云春秋也者非也。莊七年經云。星霣如雨。傳云。不修春秋。曰雨星不及地尺而復。君子修之。曰星霣如雨。則是孔子未修之時。已名春秋矣。

案 孟子言春秋天子之事也。蓋謂春秋本諸侯之史。其時列邦僭亂。名分混淆。而史體乖舛。夫子因而修之。其名秩。則一裁以武成班爵之舊。其行事。則一律以周公制禮之初。故曰春秋天子之事者。猶曰天子之史云爾。

欽定春秋傳說彙纂 卷一 隱公元年 一

欽定春秋傳說彙纂三十八卷首二卷 清康熙六十年（1721）内府刻本

匡高22.3厘米，廣16.2厘米。半葉十六行，行二十二字，白口，左右雙邊。有"閻伯真賞"等藏書印。第一批國家珍貴古籍名録號01376。嘉興市圖書館藏。

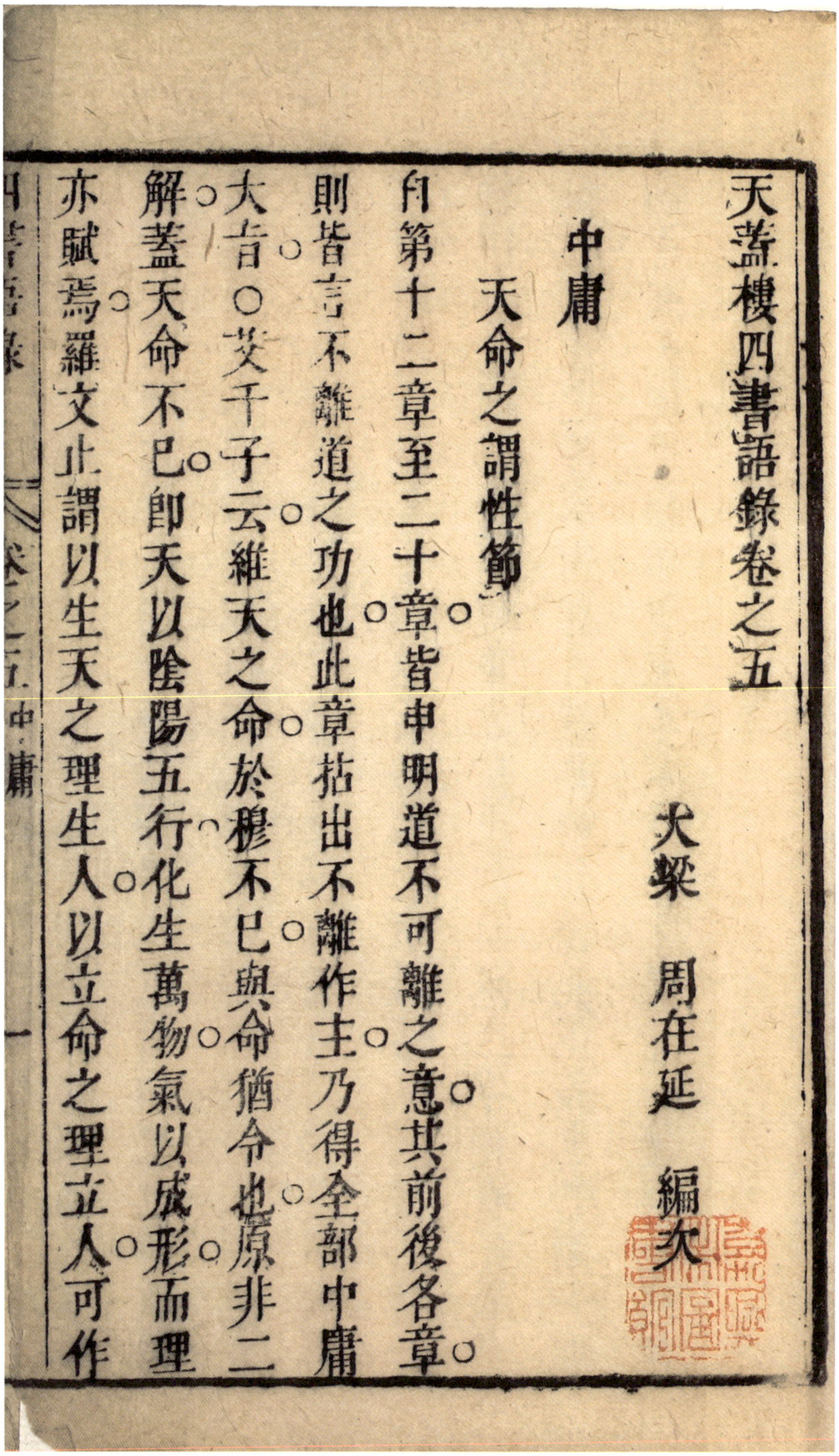
天蓋樓四書語錄卷之五

中庸

天命之謂性節

自第十二章至二十章皆申明道不可離之意其前後各章則皆言不離道之功也此章拈出不離作主乃得全部中庸大旨○艾千子云維天之命於穆不已與命猶令也原非二解蓋天命不已卽天以陰陽五行化生萬物氣以成形而理亦賦焉羅文止謂以生天之理生人以立命之理立人可作

大梁　周在延　編

四書語錄　卷之五　中庸　一

天蓋樓四書語録四十六卷　（清）周在延編　吕留良評選　清康熙二十三（1684）天蓋樓刻本

匡高19.3厘米，廣13.3厘米。半葉九行，行二十三字，白口，左右雙邊。第一批國家珍貴古籍名録號01388。嘉興市圖書館藏。存二十五卷。

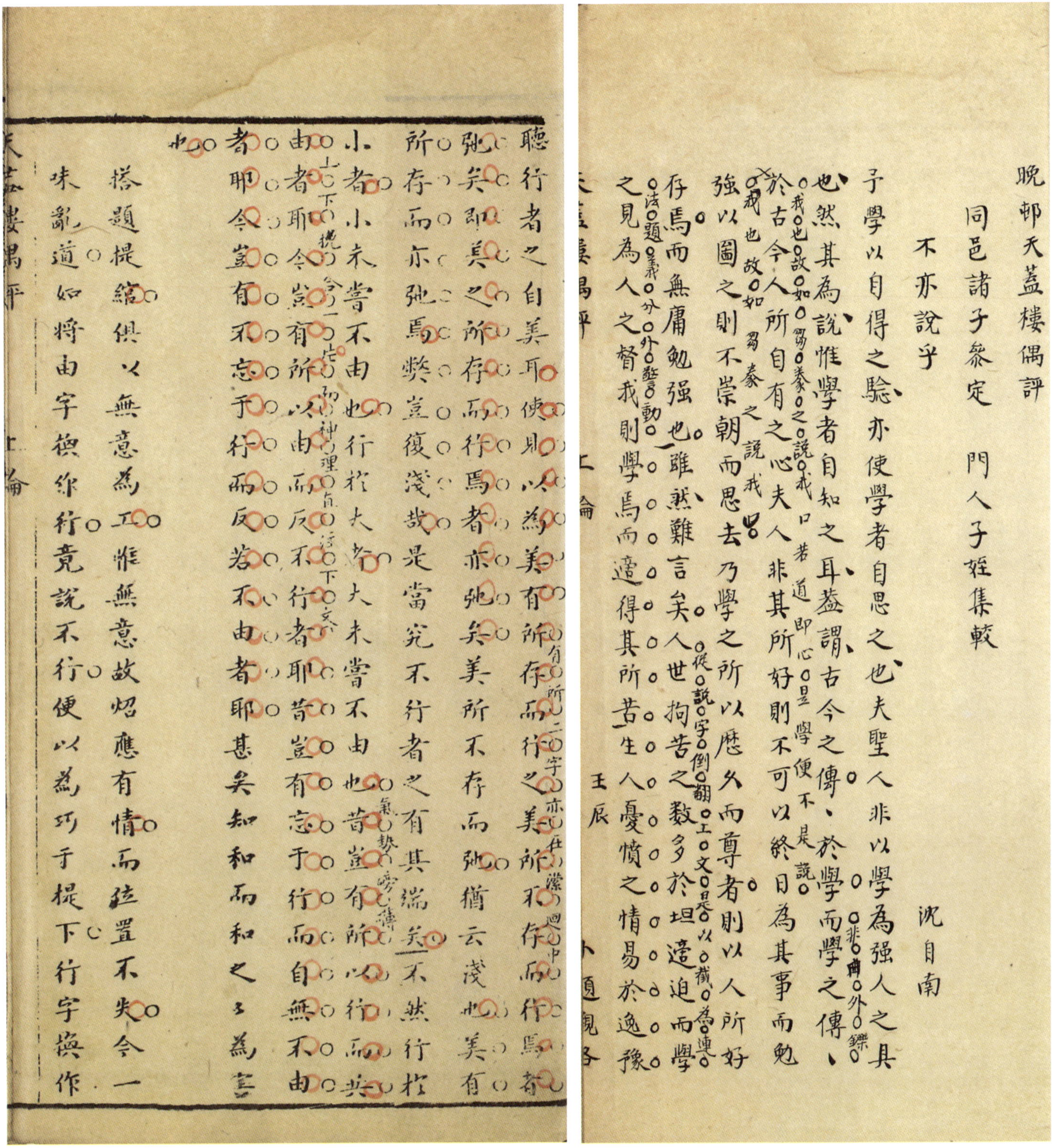

晚邨天蓋樓偶評
同邑諸子參定　門人子姪集較
不亦說乎　沈自南
子學以自得之驗亦使學者自思之也夫聖人非以學為強人之具
也然其為說惟學者自知之耳蓋謂古今之傳於學而學之傳
於古今人所自有之心夫人非其所好則不可以終日為其事而勉
強以圖之則不崇朝而思去乃學之所以歷久而尊者則以人所好
存焉而無庸勉強也雖然難言矣人世拘苦之數多於坦遣迫而學
之見為人之督我則學焉而遣得其所苦生人憂憤之情易於逸豫

天蓋樓偶評　上論　壬辰

聽行者之自美耳使則以為美有所存而行之美所不存而行焉者
弛矣弛矣之所存而行焉者亦弛矣美所不存而弛猶云淺也美有
所存而亦弛焉弊豈復淺哉是當究不行者之有其端矣不然行於
小者小未嘗不由也行於大者大未嘗不由也昔豈有所以行而共
由者耶今豈有所以由而反不行者耶昔豈有忘於行而自無不由
者耶今豈有不忘於行而反若不由者耶甚矣知和而和之之為害
也
搭題提綰俱以無意為工惟無意故炤應有情而絃置不失今一
味亂道如將由字換作行竟說不行使以為巧于提下行字換作

天蓋樓偶評　上論

晚邨天蓋樓偶評六卷　（清）呂留良撰　清康熙十二年（1673）刻本

匡高20.6厘米，廣11.9厘米。半葉九行，行二十六字，白口，左右單邊。版心下有王公尚等諸多刻工名。第一批國家珍貴古籍名録號01390。嘉興市圖書館藏。

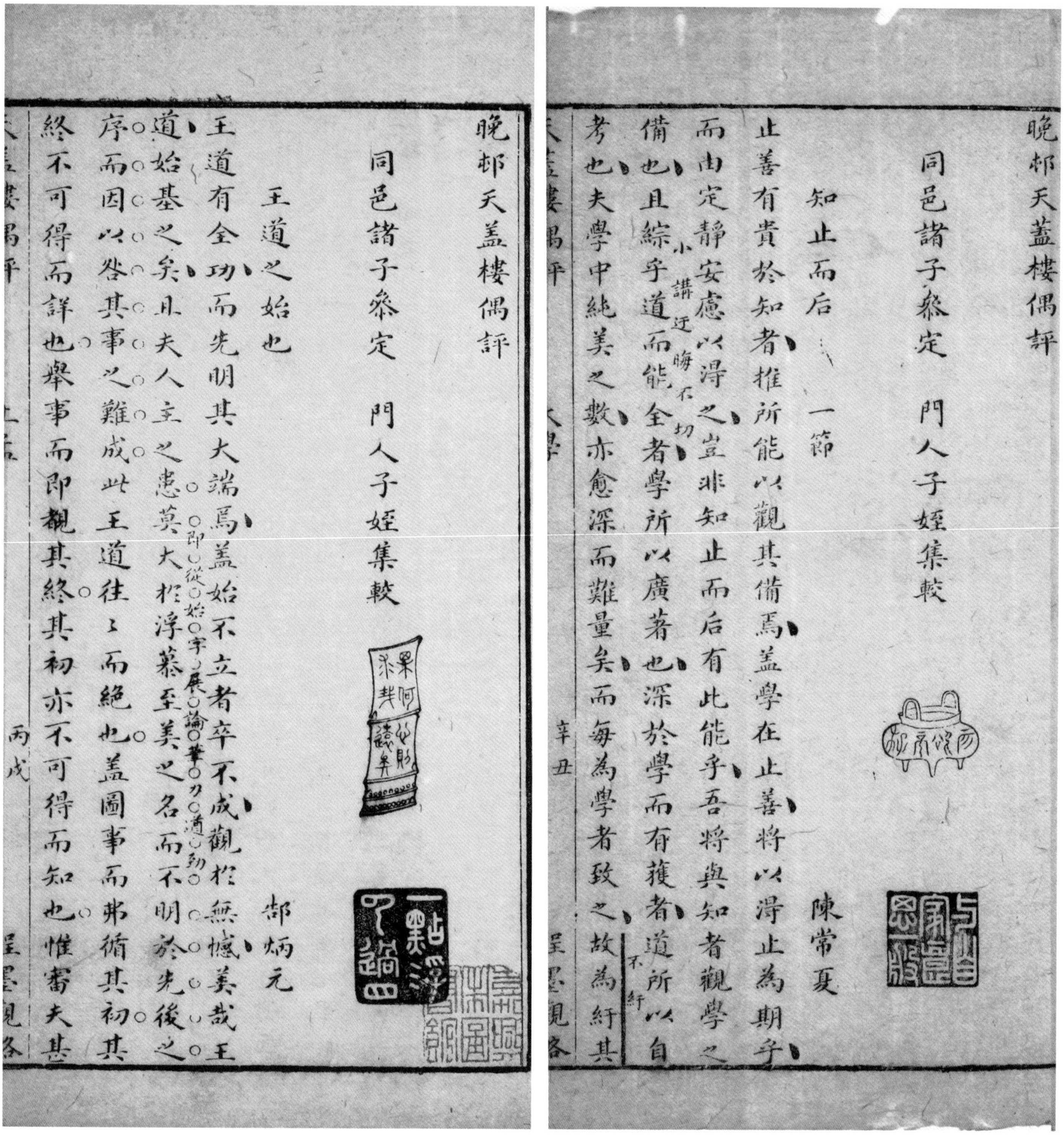
晚邨天蓋樓偶評
同邑諸子參定　門人子姪集較
知止而后　一節　陳常夏
止善有貴於知者。推所能以觀其備焉。蓋學在止善。將以得止為期乎。而由定靜安慮以得之。豈非知止而后有此能乎。吾將與知者觀學之備也。且綜乎道而能全者。學所以廣著也。深於學而有獲者。道所以自考也。夫學中純美之數。亦愈深而難量矣。而每為學者致之。故為紆其
小講迂晦不切
不紆

晚邨天蓋樓偶評
同邑諸子參定　門人子姪集較
王道之始也　鄔炳元
王道有全功。而先明其大端焉。蓋始不立者。卒不成。觀於無憾。美哉王道。始基之矣。且夫人主之患。莫大於浮慕至美之名。而不明於先後之序。而因以咎其事之難成。此王道往往而絕也。蓋圖事而弗循其初。其終不可得而詳也。舉事而即觀其終。其初亦不可得而知也。惟審夫其
即從始字展論筆力遒勁

晚邨天蓋樓偶評六卷（清）呂留良撰　清康熙十七年（1678）刻本

匡高20.4厘米，廣12.2厘米。半葉九行，行二十七字，白口，左右雙邊。版心下有陳二、湯復旦、劉國英、王公尚等刻工名。嘉興市圖書館藏。

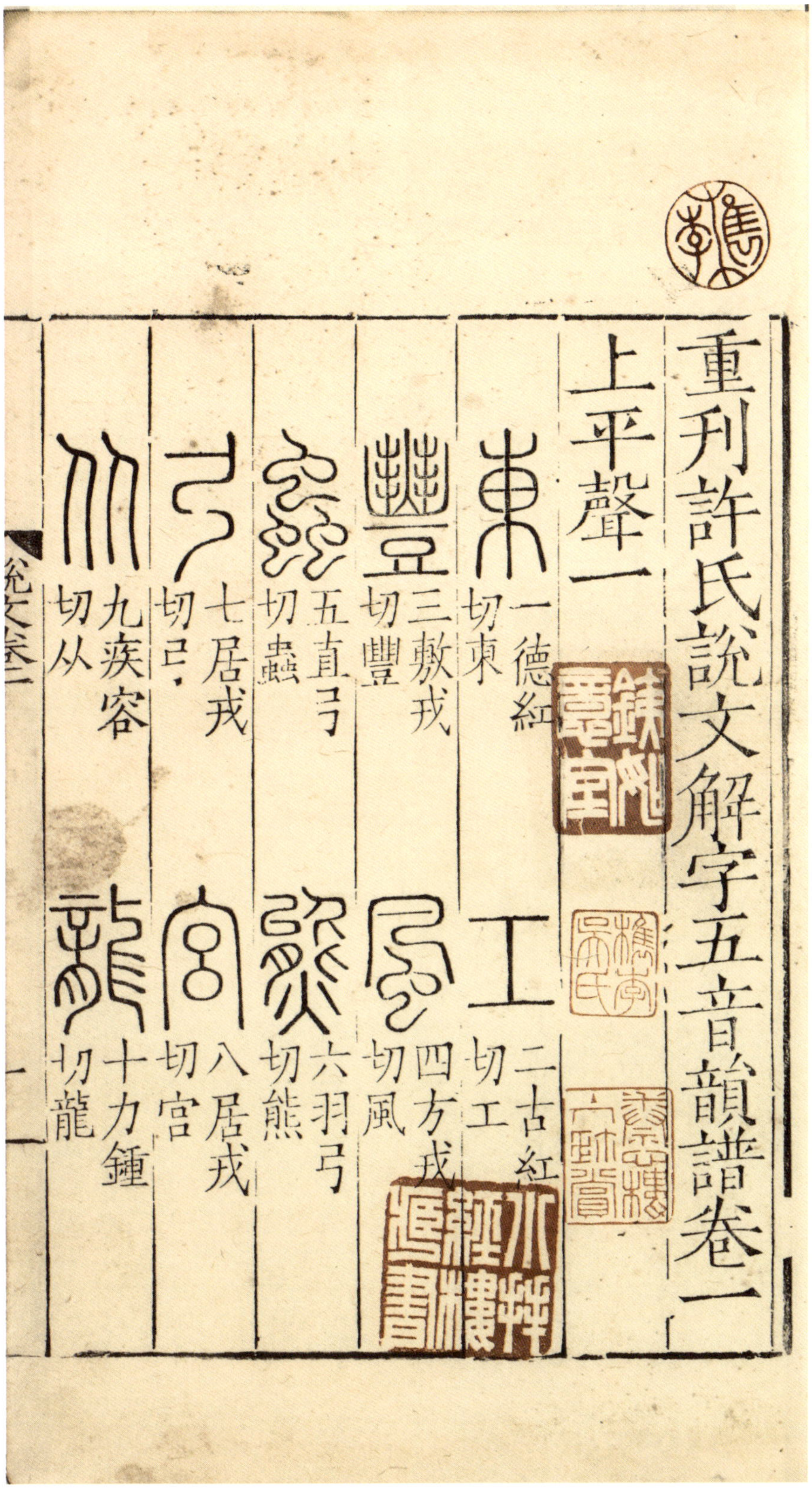

重刊許氏說文解字五音韻譜十二卷（宋）李燾撰　明刻本

匡高19厘米，廣14厘米。半葉七行，行十四字，小字雙行，行二十字，白口，左右雙邊。有“槜李”、“槜李吳氏”、“鶴溪”、“秦溪鄒氏惜陰樓藏”、“耘心堂藏”、“佳木蔥籠”、“養心樓主人珍賞”、"小拜經樓藏書"、“鐵如意室”等藏書印。入《中國古籍善本書目》。嘉興市圖書館藏。

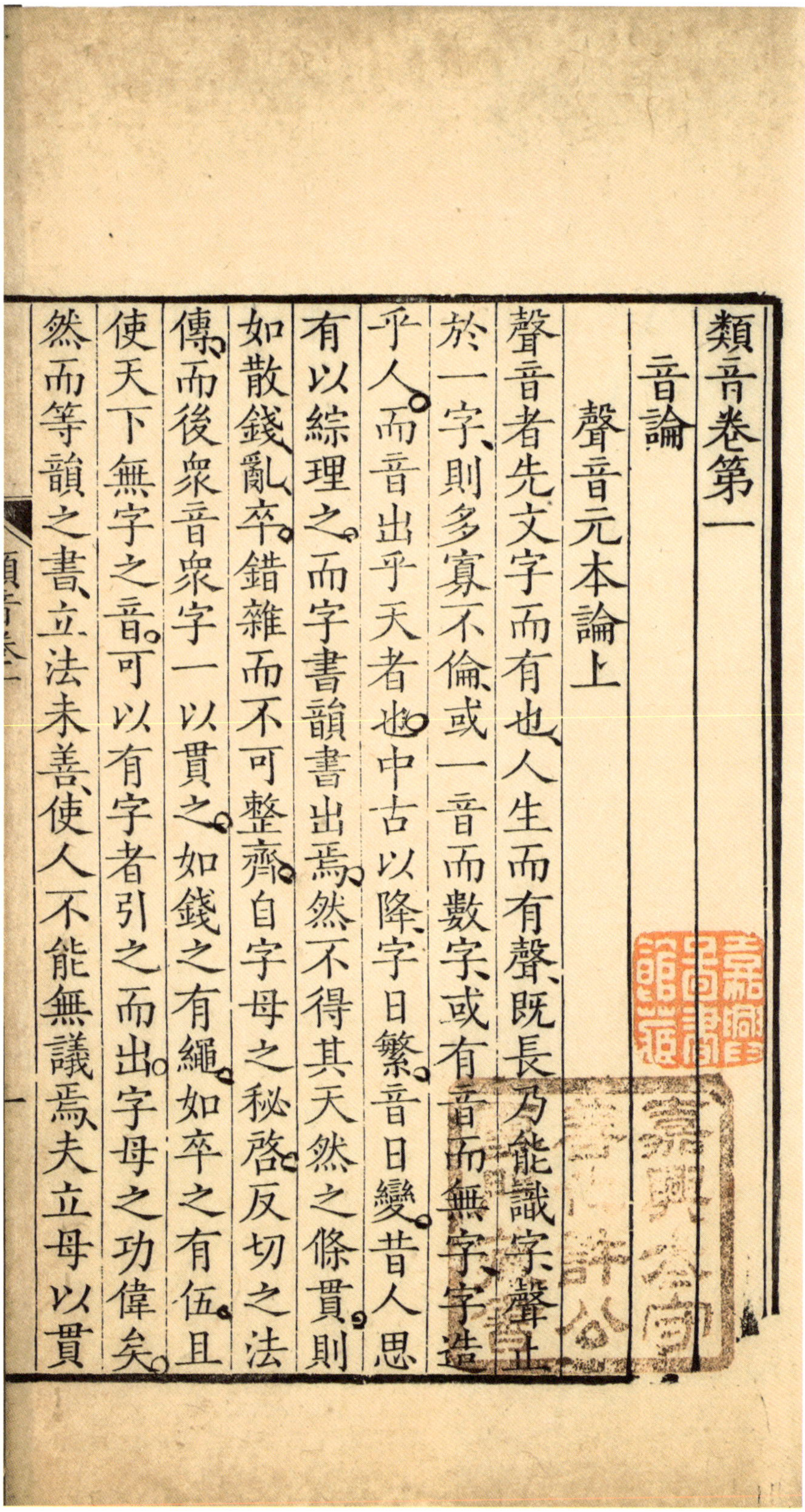

類音卷第一

音論

聲音元本論上

聲音者先文字而有也人生而有聲既長乃能識字聲止於一字則多寡不倫或一音而數字或有音而無字字造乎人而音出乎天者也中古以降字日繁音日變昔人思有以綜理之而字書韻書出焉然不得其天然之條貫則如散錢亂卒錯雜而不可整齊自字母之秘啓反切之法傳而後衆音衆字一以貫之如錢之有繩如卒之有伍且使天下無字之音可以有字者引之而出字母之功偉矣然而等韻之書立法未善使人不能無議焉夫立母以貫

類音卷一　一

類音八卷　（清）潘耒撰　清雍正三年（1725）吴江鶯湖蘇歗堂刻本

匡高20.3厘米，廣13.9厘米。半葉十一行，行二十二字，小字雙行三十一字，白口，左右雙邊。有“嘉興太守善化許公雪門藏書”印。入《中國古籍善本書目》。嘉興市圖書館藏。

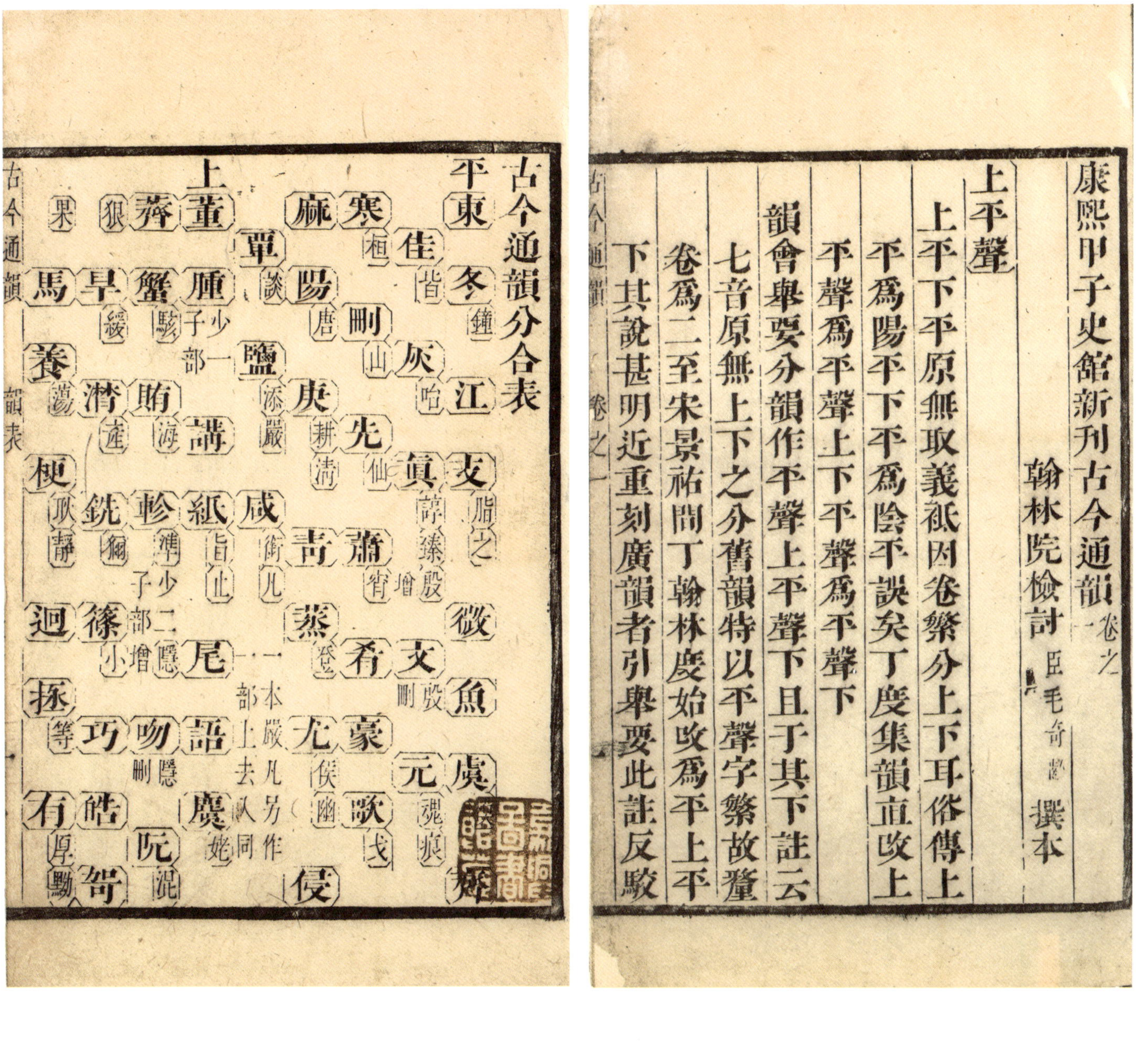

康熙甲子史館新刊古今通韻十二卷 （清）毛奇齡撰　清康熙二十四年（1685）刻本

匡高19.5厘米，廣14.3厘米。半葉十行，行二十字，小字雙行同，白口，四周單邊。有“董巽觀”印。入《中國古籍善本書目》。嘉興市圖書館藏。

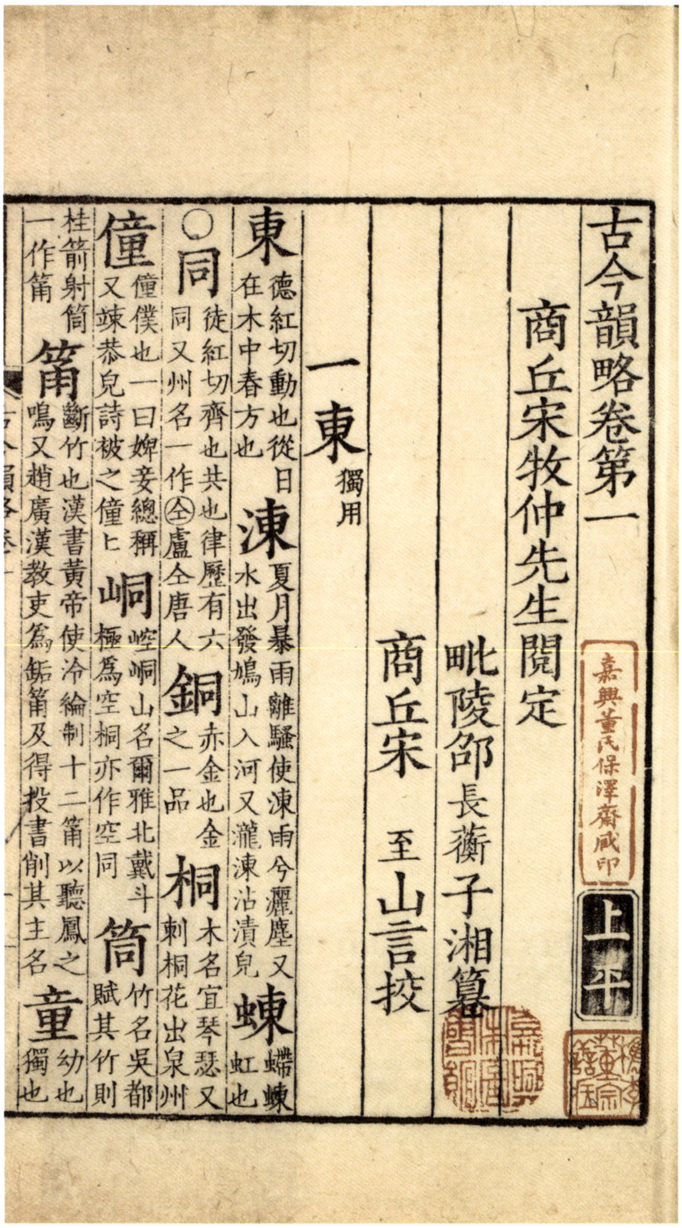
古今韻略卷第一
商丘宋牧仲先生閱定
毗陵邵長蘅子湘纂
商丘宋　至山言挍
嘉興董氏保澤齋臧印
上平
一東　獨用
東德紅切動也從日在木中春方也　涷夏月暴雨離騷使涷雨兮灑塵又水出發鳩山入河又瀧涷沾漬皃　蝀螮蝀虹也
○同徒紅切齊也共也律歷有六同又州名一作仝　仝盧仝唐人　銅赤金也金之一品　桐木名宜琴瑟又刺桐花出泉州
僮僮僕也一曰婢妾總稱又竦恭皃詩被之僮僮　峒崆峒山名爾雅北戴斗極爲空桐亦作空同　筒竹名吳都賦其竹則
桂箭射筒一作筩　筩斷竹也漢書黃帝使泠綸制十二筩以聽鳳之鳴又趙廣漢教吏爲缿筩及得投書削其主名　童幼也獨也

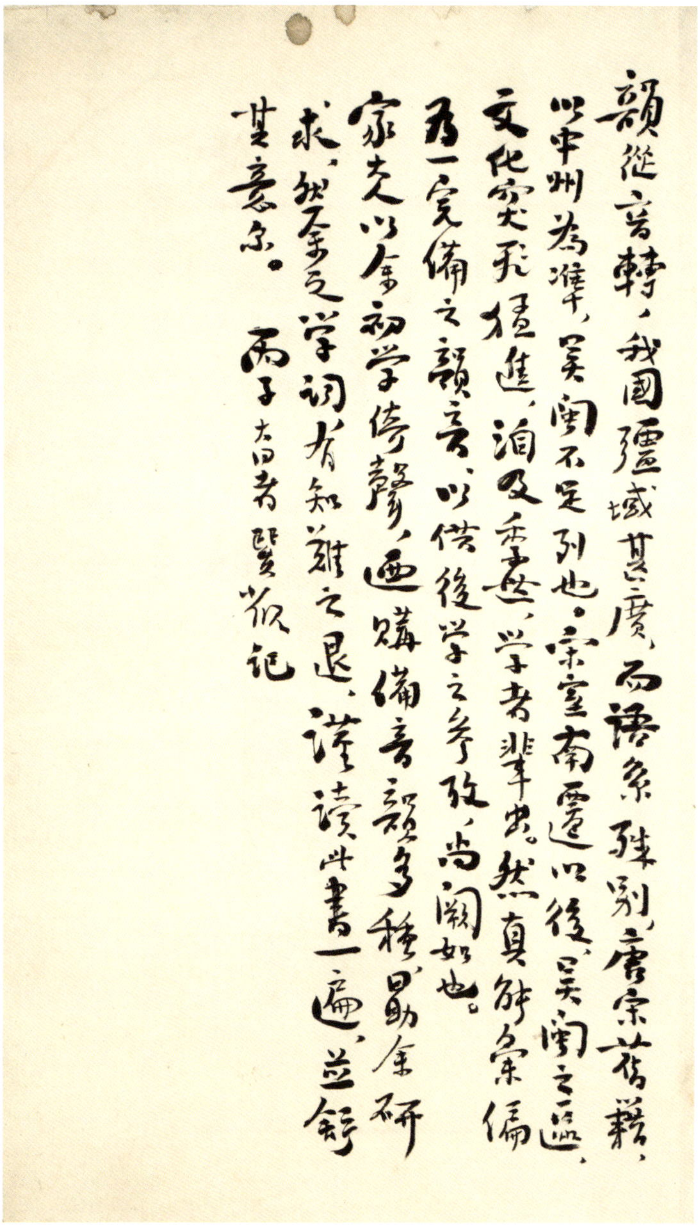
韻從音轉，我國疆域甚廣，而語系殊別，唐宋韻籍，以中州為準，吳閩不足列也。宋室南遷以後，吳閩之區，文化突飛猛進，洎及元明，學者輩出，然真能系編為一完備之韻書，以供後學之參攷，尚闕如也。余先以為初學儔聲，遍購備音韻多種，悉勵余研求，然余之學詞有知難之退，謹讀此書一遍，並錄其意云。
丙子大白書巽觀記

古今韻略五卷（清）邵長蘅撰　清康熙三十五年（1696）宋犖刻本

匡高19.5厘米，廣13.8厘米。半葉九行十行，每行字數不等，黑口，四周單邊。有“嘉興董氏保澤齋藏印”、“檇李董宗善藏”、“宗善善本”。有丙子董巽觀題記。入《中國古籍善本書目》。嘉興市圖書館藏。

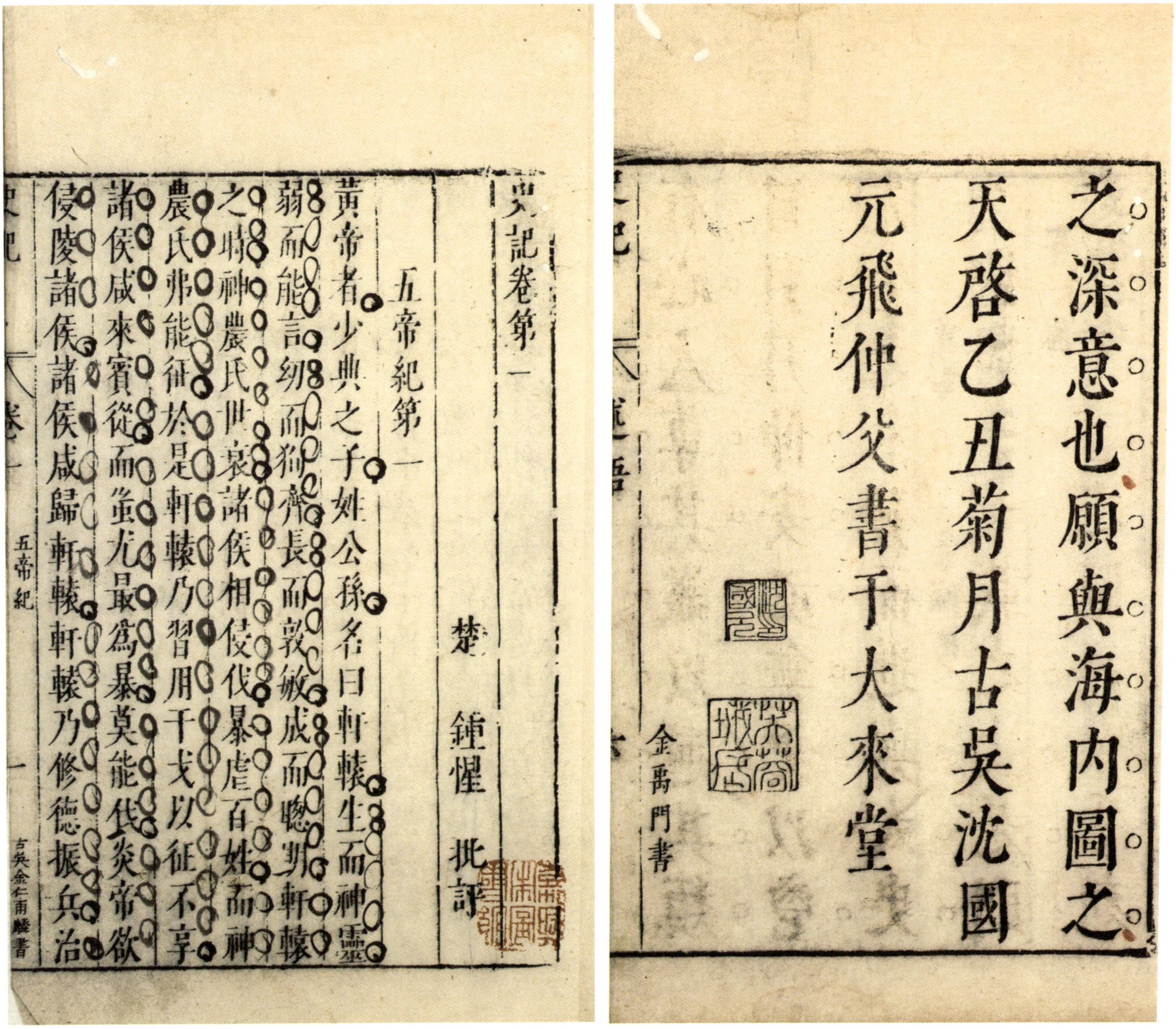

史記一百三十卷 （漢）司馬遷撰 （明）鍾惺評 明天啟五年（1625）沈國元大來堂刻本

匡高19.8厘米，寬14厘米。半葉九行，行十八字，白口，四周單邊。入《中國古籍善本書目》。嘉興市圖書館藏。

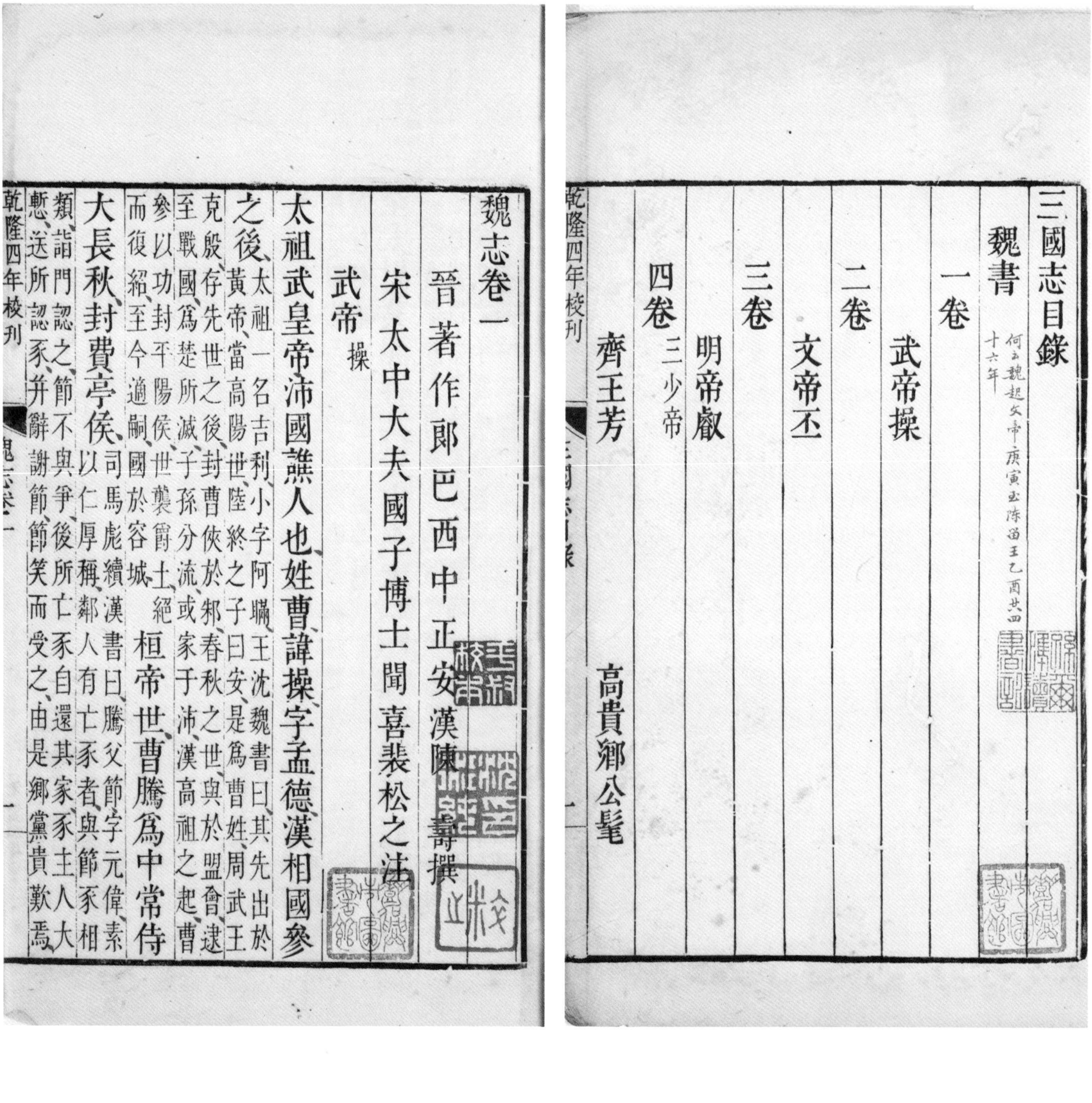

三國志六十五卷 （晉）陳壽撰 （南朝宋）裴松之注 清乾隆四年（1739）武英殿刻本

匡高21.9厘米，廣15.2厘米。半葉十行，行二十一字，小字雙行同，白口，左右雙邊。清孫爾準批校，清沈衍純復校。有“孫爾準讀書記”、“平叔校本”、“沈衍純印”、“馮焌光印”、“曾存南海馮竹儒處”、“讀萬卷書行萬里路”、“養園”等印。入《中國古籍善本書目》。嘉興市圖書館藏。

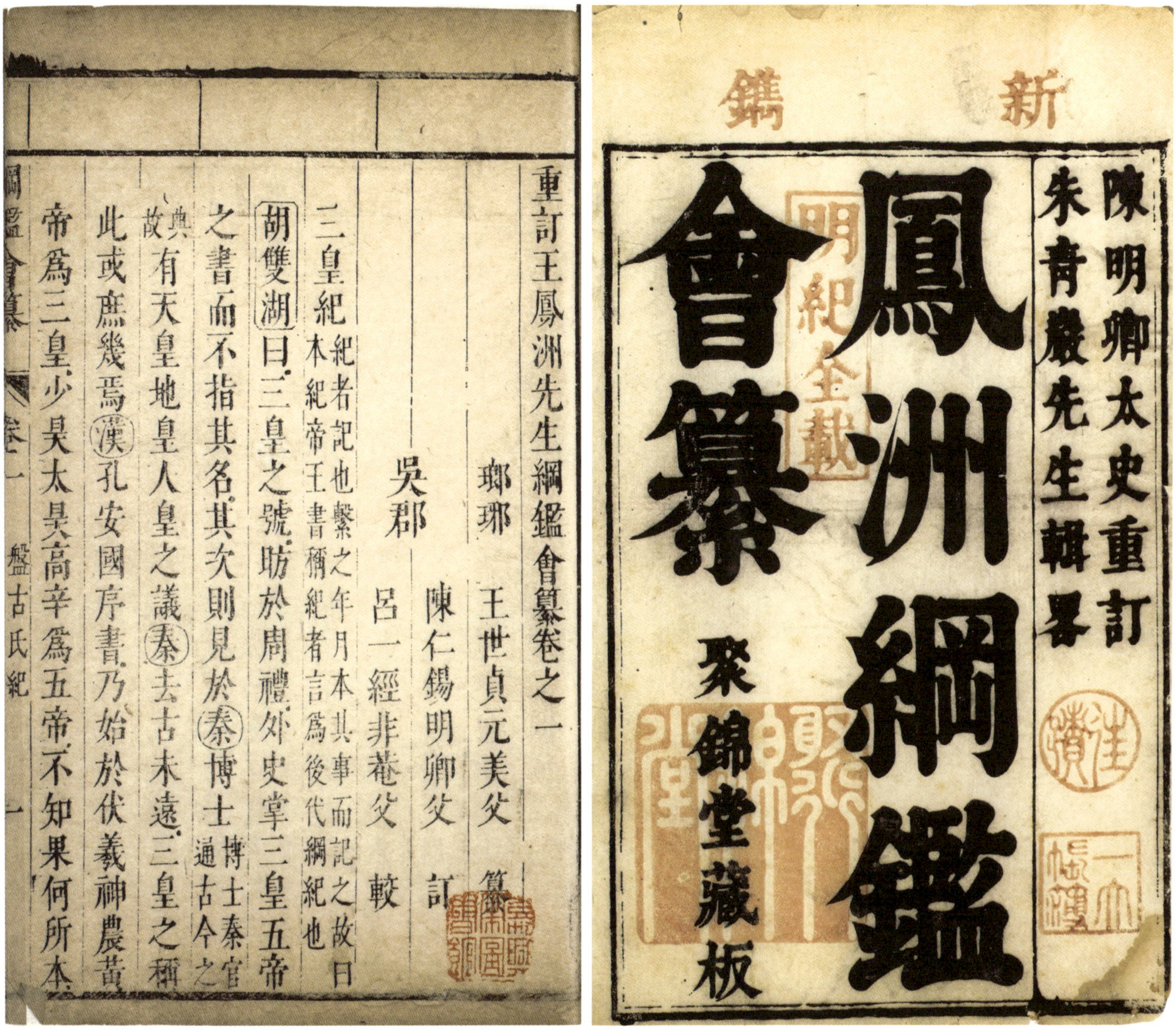

重訂王鳳洲先生綱鑑會纂四十六卷宋元紀二十三卷 （明）王世貞纂 （明）陳仁錫訂 （明）呂一經校 明聚錦堂刻本

匡高23.5厘米，廣14.3厘米。半葉十行，行二十字，小字雙行同，白口，四周單邊。入《中國古籍善本書目》。嘉興市圖書館藏。

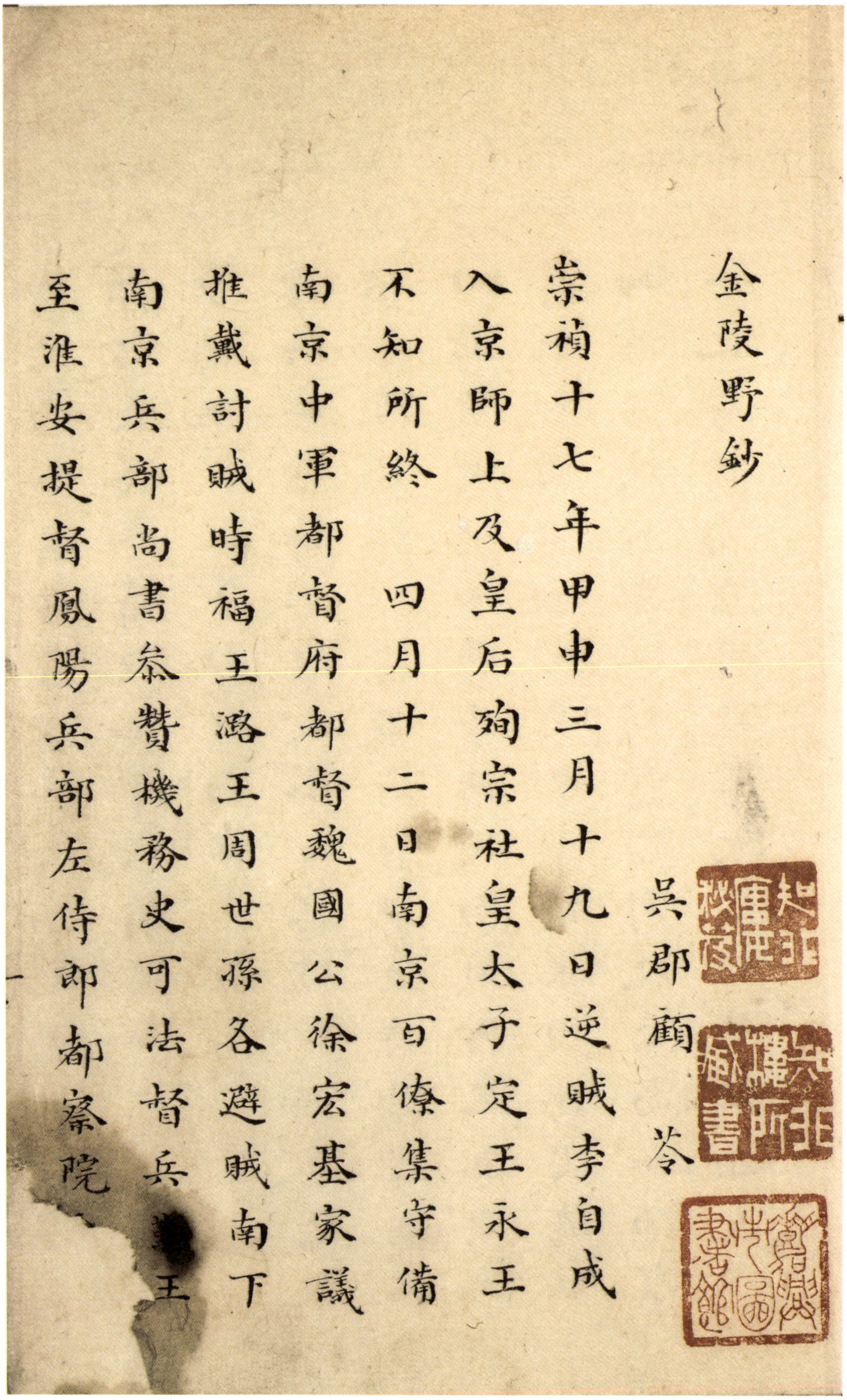
金陵野鈔
吴郡顧苓
崇禎十七年甲申三月十九日逆賊李自成
入京師上及皇后殉宗社皇太子定王永王
不知所終　四月十二日南京百僚集守備
南京中軍都督府都督魏國公徐宏基家議
推戴討賊時福王潞王周世孫各避賊南下
南京兵部尚書叅贊機務史可法督兵[illegible]王
至淮安提督鳳陽兵部左侍郎都察院

金陵野鈔不分卷附南都死難紀略（清）顧苓撰　清鈔本

半葉九行，行十七字，無格無匡。有"知非樓所藏書"、"知非樓秘笈"、"曾爲祝小雅閲"等印。入《中國古籍善本書目》。嘉興市圖書館藏。

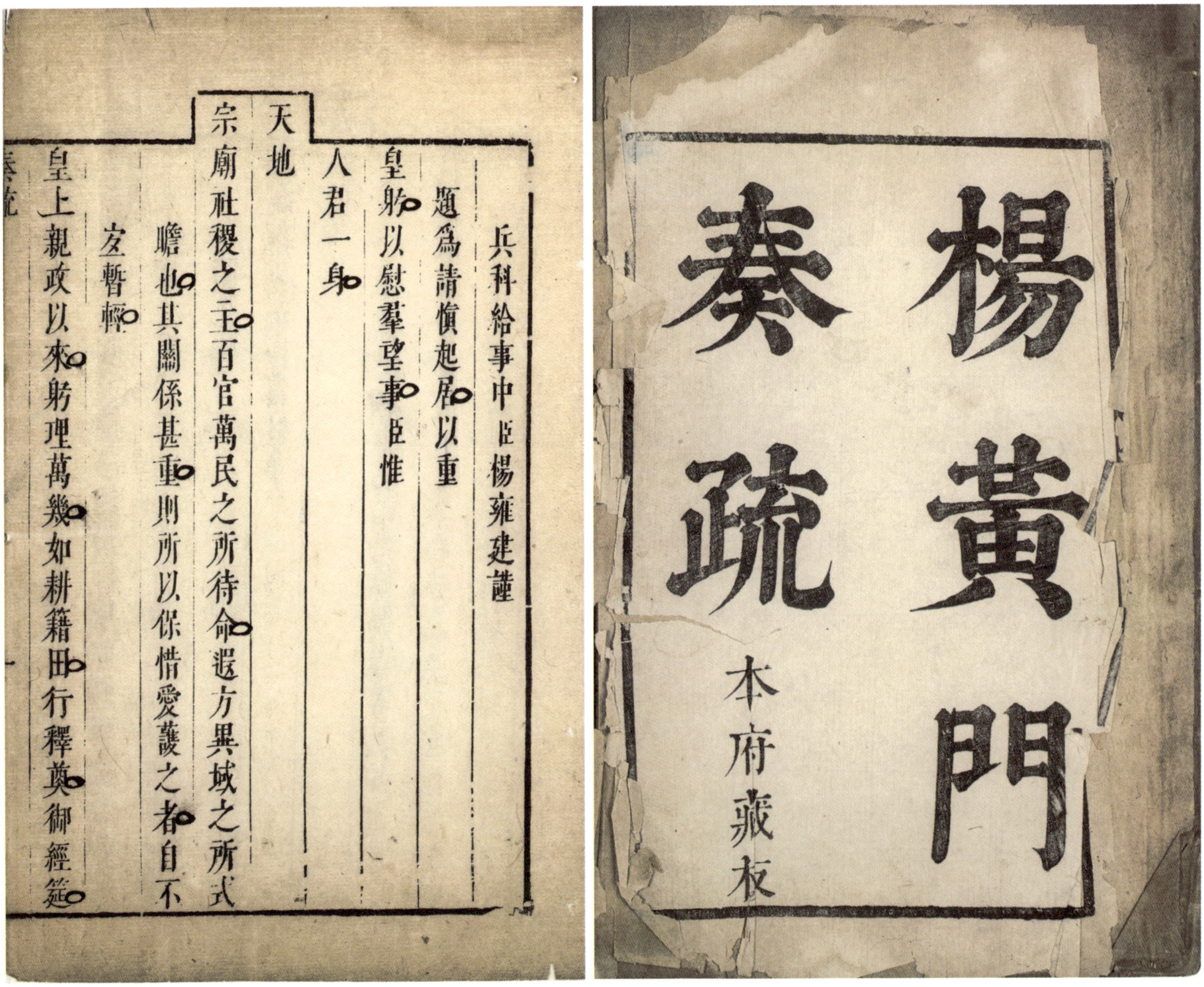

楊黄門奏疏不分卷　（清）楊雍建撰　清康熙二年（1663）刻本

匡高19.4厘米，廣13.6厘米。半葉九行，行二十字，白口，四周單邊。入《中國古籍善本書目》。嘉興市圖書館藏。

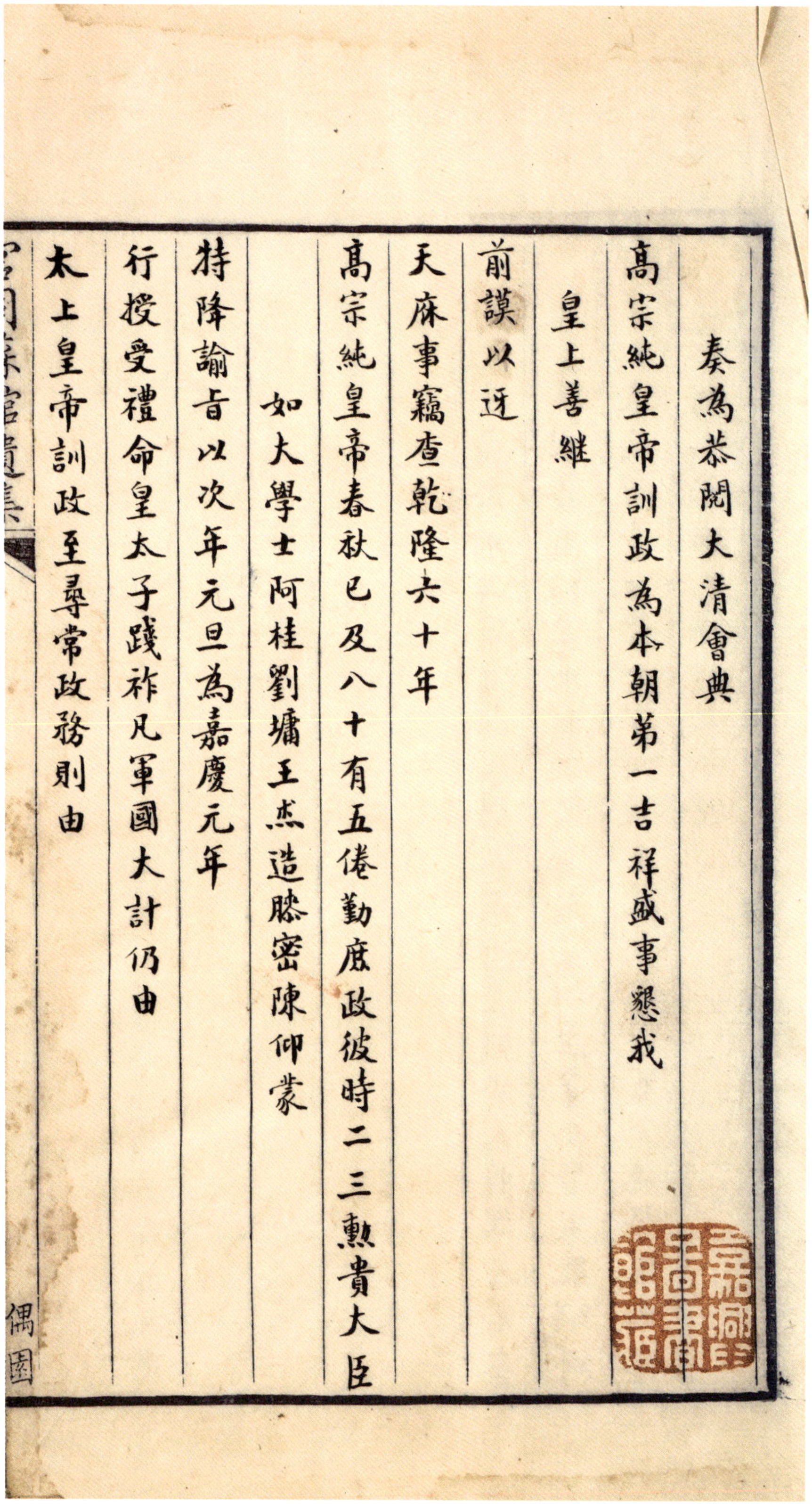
奏為恭閲大清會典
高宗純皇帝訓政為本朝第一吉祥盛事懇我
皇上善繼
前謨以迓
天庥事竊查乾隆六十年
高宗純皇帝春秋已及八十有五倦勤庶政彼時二三勲貴大臣
如大學士阿桂劉墉王杰造膝密陳仰蒙
特降諭旨以次年元旦為嘉慶元年
行授受禮命皇太子踐祚凡軍國大計仍由
太上皇帝訓政至尋常政務則由

宮同蘇館遺集　偶園

宮同蘇館奏疏擬稿六卷（清）金安清撰　張履勳編　清稿本

匡高20.2厘米，廣13.8厘米。半葉十行，行二十五字，白口，左右雙邊。入《中國古籍善本書目》。嘉興市圖書館藏。

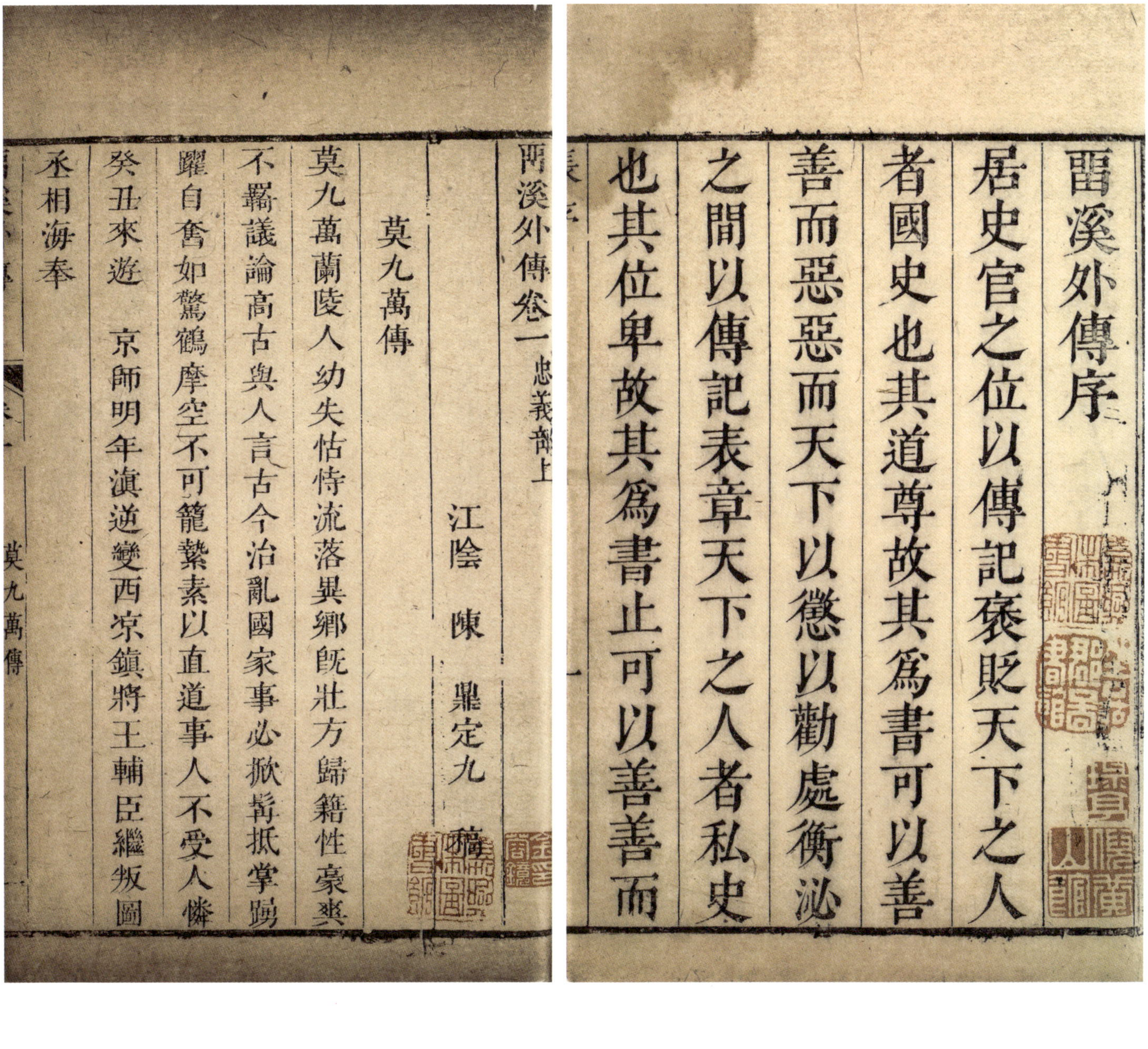
留溪外傳序
居史官之位以傳記褒貶天下之人
者國史也其道尊故其爲書可以善
善而惡惡而天下以懲以勸處衡泌
之間以傳記表章天下之人者私史
也其位卑故其爲書止可以善善而

留溪外傳卷一　忠義部上
莫九萬傳
江陰　陳　鼎定九　稿
莫九萬蘭陵人幼失怙恃流落異鄉既壯方歸籍性豪爽
不羈議論高古與人言古今治亂國家事必掀髯抵掌踴
躍自奮如鷙鶴摩空不可籠縶素以直道事人不受人憐
癸丑來遊　京師明年滇逆變西京鎮將王輔臣繼叛圖
丞相海奉

留溪外傳十八卷（清）陳鼎撰　清康熙三十七年（1698）刻本

匡高20.7厘米，廣15.1厘米。半葉八行，行二十二字，白口，左右雙邊。有“秀水金氏雙桂堂”、“北平謝氏藏書印”、“金蓉鏡”、“闇伯真賞”、“倪黄山館”等印。入《中國古籍善本書目》。嘉興市圖書館藏。

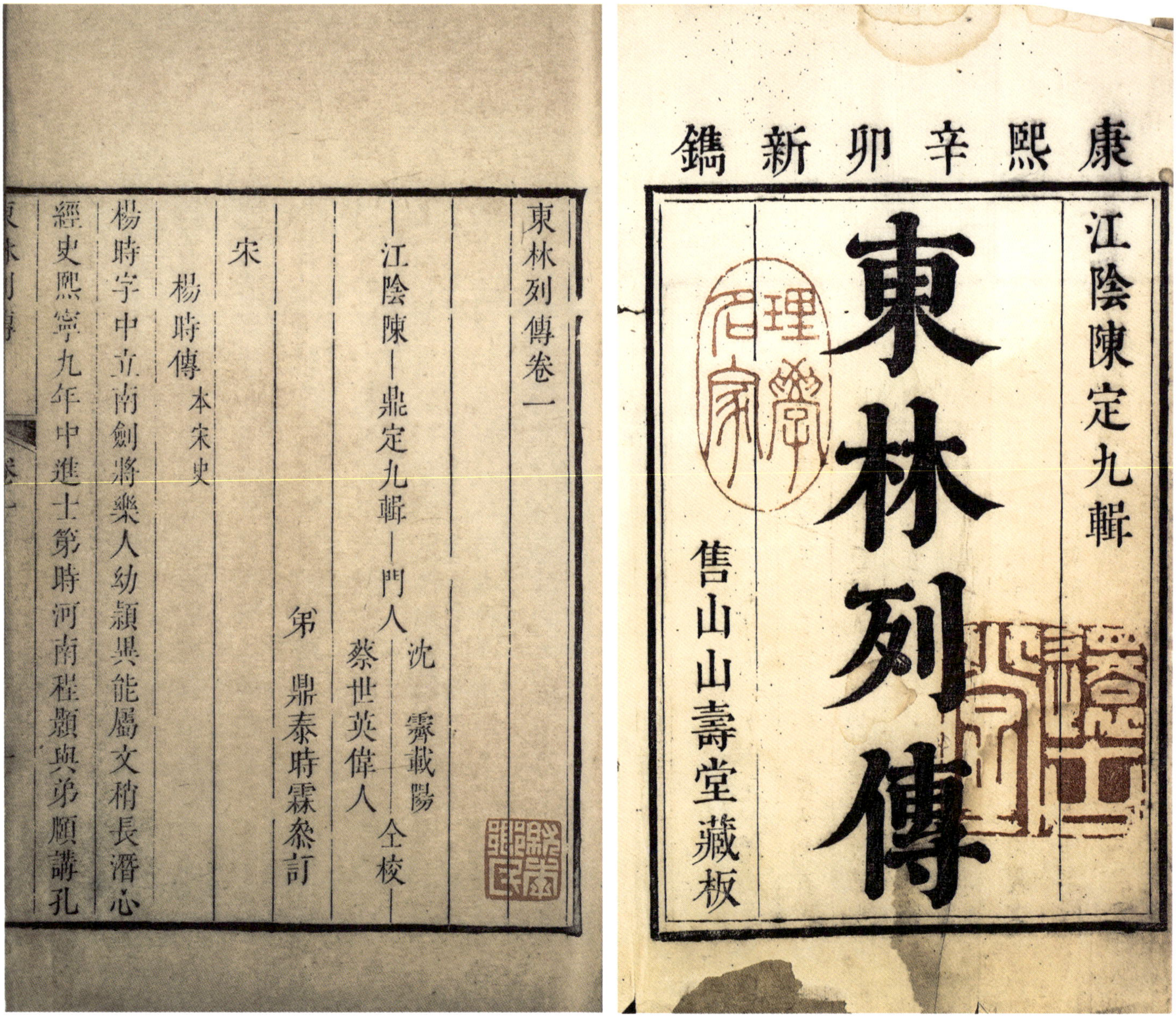

東林列傳二十四卷末二卷 （清）陳鼎撰　清康熙五十年（1711）售山山壽堂刻本

匡高17厘米，廣13.7厘米。半葉九行，行二十字，白口，左右雙邊。有“秀水金氏雙桂堂”、“金蓉鏡”、“闇伯真賞”、“就李鄉民”印。入《中國古籍善本書目》。嘉興市圖書館藏。

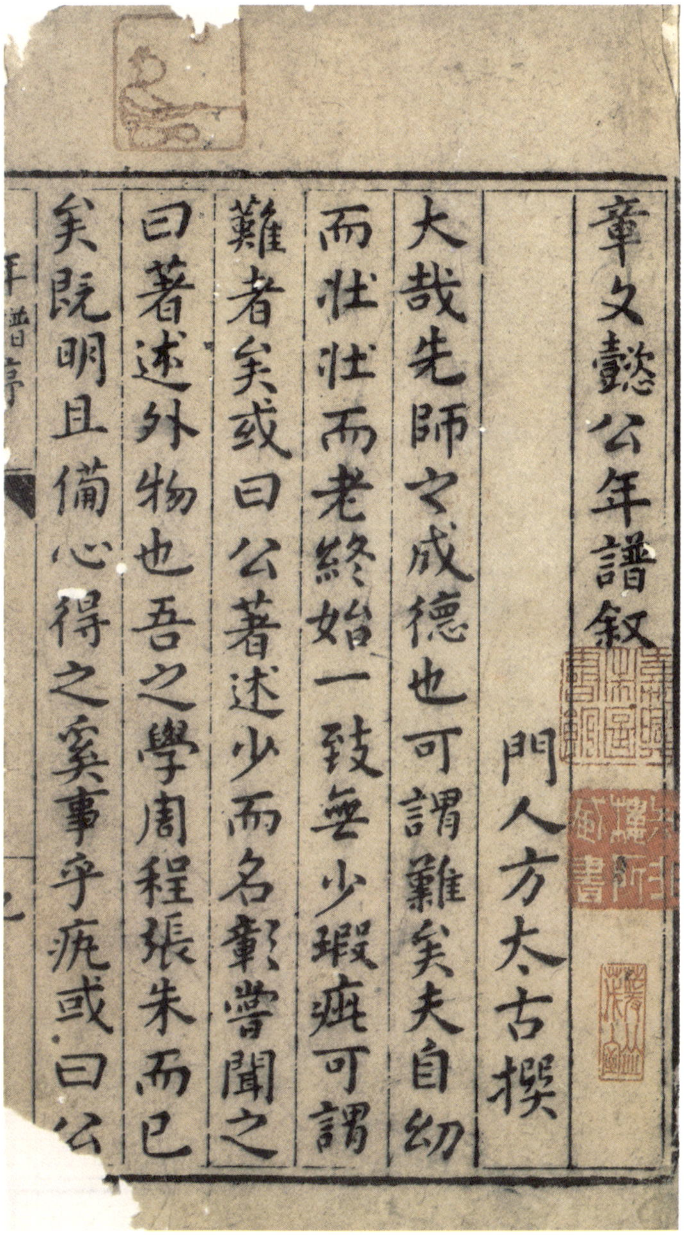

章文懿公年譜叙

門人方太古撰

大哉先師之成德也可謂難矣夫自幼
而壯壯而老終始一致無少瑕疵可謂
難者矣或曰公著述少而名彰嘗聞之
曰著述外物也吾之學周程張朱而已
矣既明且備心得之奚事乎疣或曰公

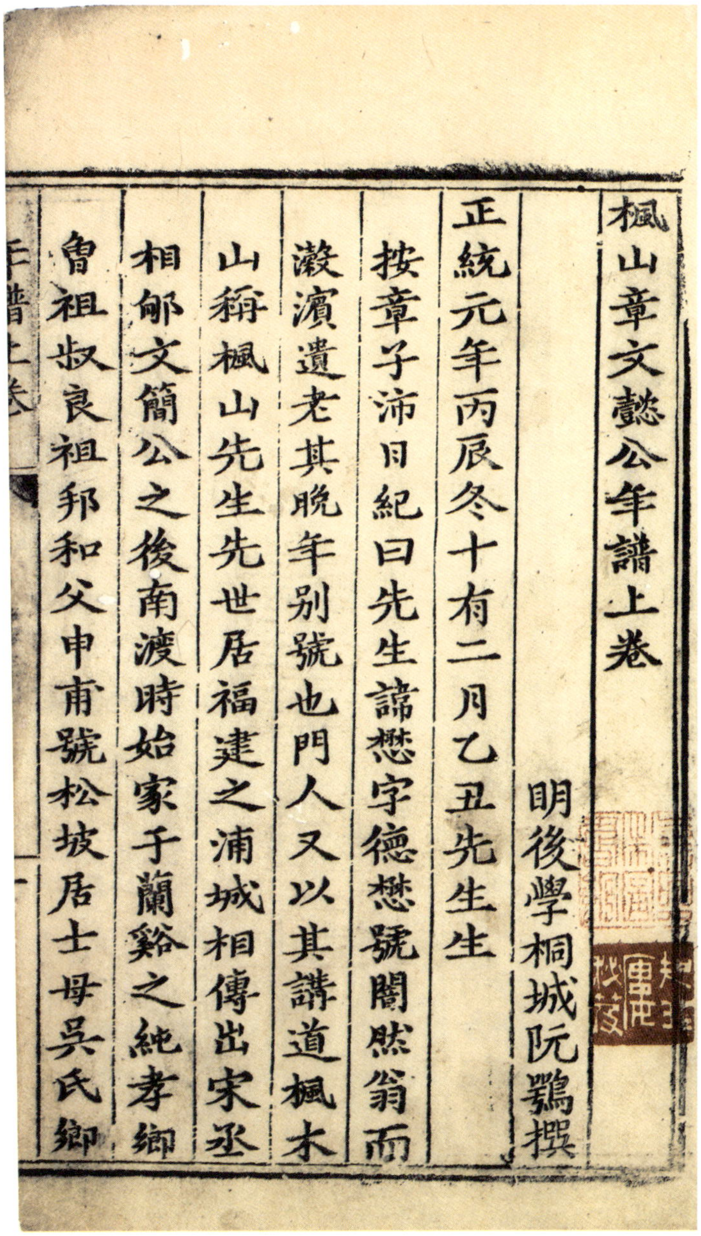

楓山章文懿公年譜上卷

明後學桐城阮鶚撰

正統元年丙辰冬十有二月乙丑先生生
按章子沛日紀曰先生諱懋字德懋號闇然翁而
瀫濵遺老其晚年别號也門人又以其講道楓木
山稱楓山先生先世居福建之浦城相傳出宋丞
相郇文簡公之後南渡時始家于蘭谿之純孝鄉
曾祖叔良祖邦和父申甫號松坡居士母吳氏鄉

楓山章文懿公年譜二卷 （明）阮鶚撰　明嘉靖三十三年（1554）唐鉞刻本

匡高19.7厘米，廣13.6厘米。半葉八行，行二十字，白口，四周雙邊。有“知非樓所藏書”、“知非樓秘笈”等藏書印。入《中國古籍善本書目》。第一批國家珍貴古籍名録號01594。嘉興市圖書館藏。

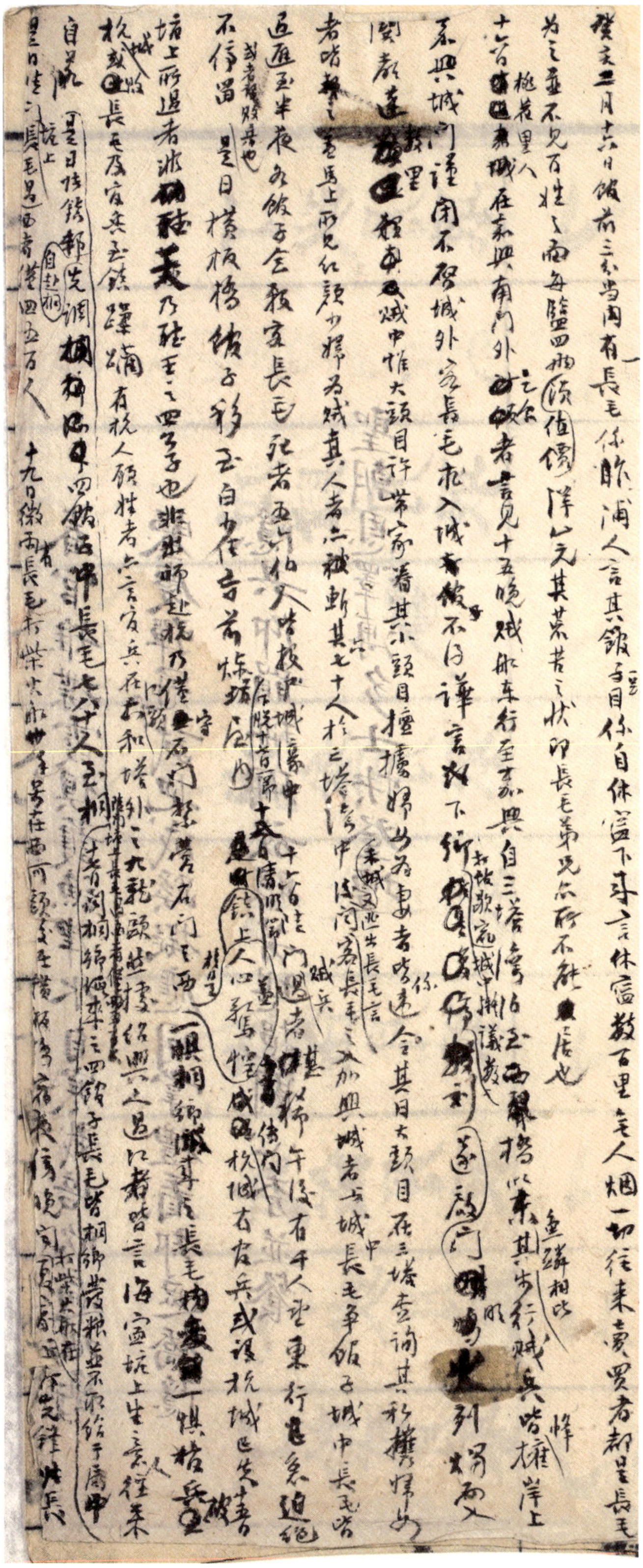

避寇日記不分卷 （清）沈梓撰　清咸豐十年至同治三年（1860-1864）

稿本

日記用紙甚雜，行字不一，無格無匡。有“訪礌珍藏”朱印。入《中國古籍善本書目》。第二批國家珍貴古籍名録號03995。嘉興市圖書館藏。

董氏家譜

董氏大宗世系

序曰司商之職廢而公族降矣宗子之法立而
朝廷尊矣故譜必先宗譜之有宗猶裘之領咢
之綱歟吾家自德卿而下歷年八百有餘閱世
三十有三首一人爲大宗謹列圖于左

德卿—桂—五一—舜祖—福
寧—澧—禔—遂初—賢皓

寅

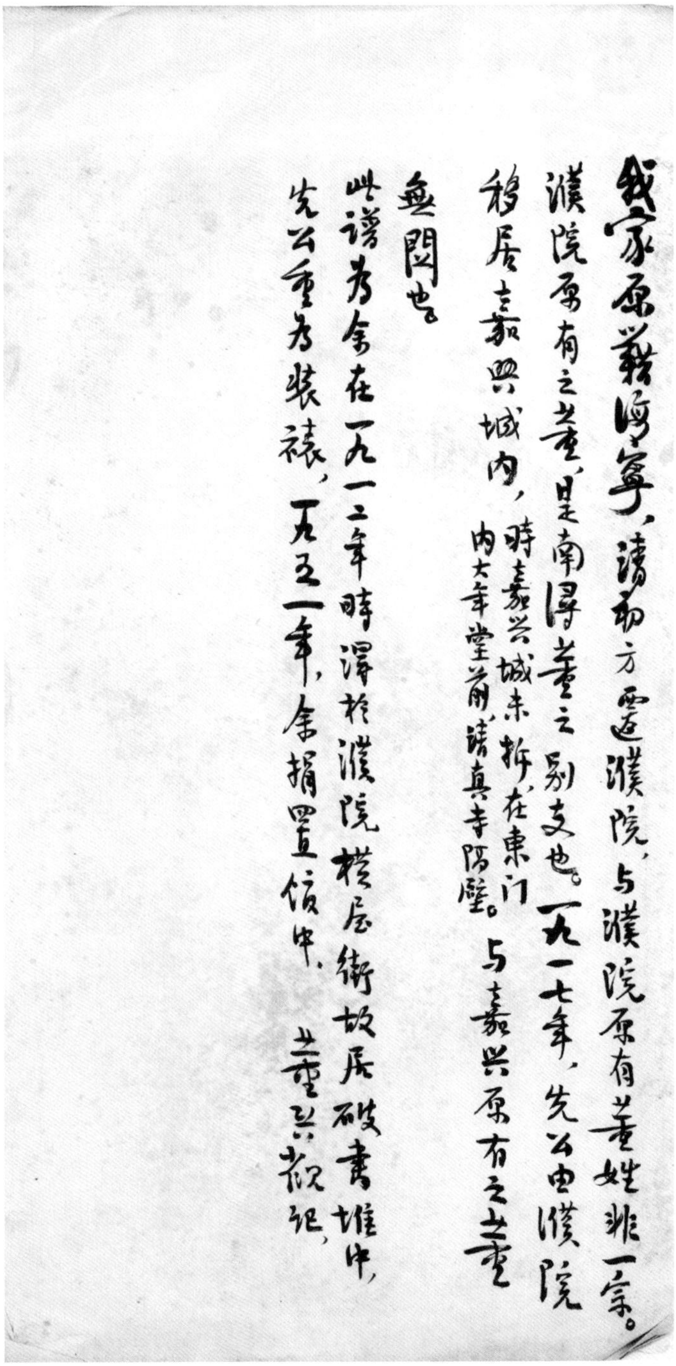

我家原籍海寧，清初方遷濮院，与濮院原有董姓非一宗。
濮院原有之董，是南潯董之别支也。一九一七年，先公由濮院
移居至嘉興城内，時嘉兴城未拆，在東门内大年堂前，清真寺隔壁。与嘉兴原有之董
無關也。
此譜為余在一九一二年時得於濮院橫居街故居破書堆中，
先公重為裝裱。一九五一年，余捐置館中。 董巽觀記。

董氏家譜十二卷 （清）董廷獻主修　明萬曆四十八年（1620）刻清康熙（1662-1722）增補嘉慶十八年（1813）補鈔本

匡高20.7厘米，廣14.6厘米。半葉十行，行二十字，卷七八行十六字，白口，四周單邊，有刻工，偶有字數。有“董宗善”、“保澤齋主”朱印。入《中國古籍善本書目》。嘉興市圖書館藏。

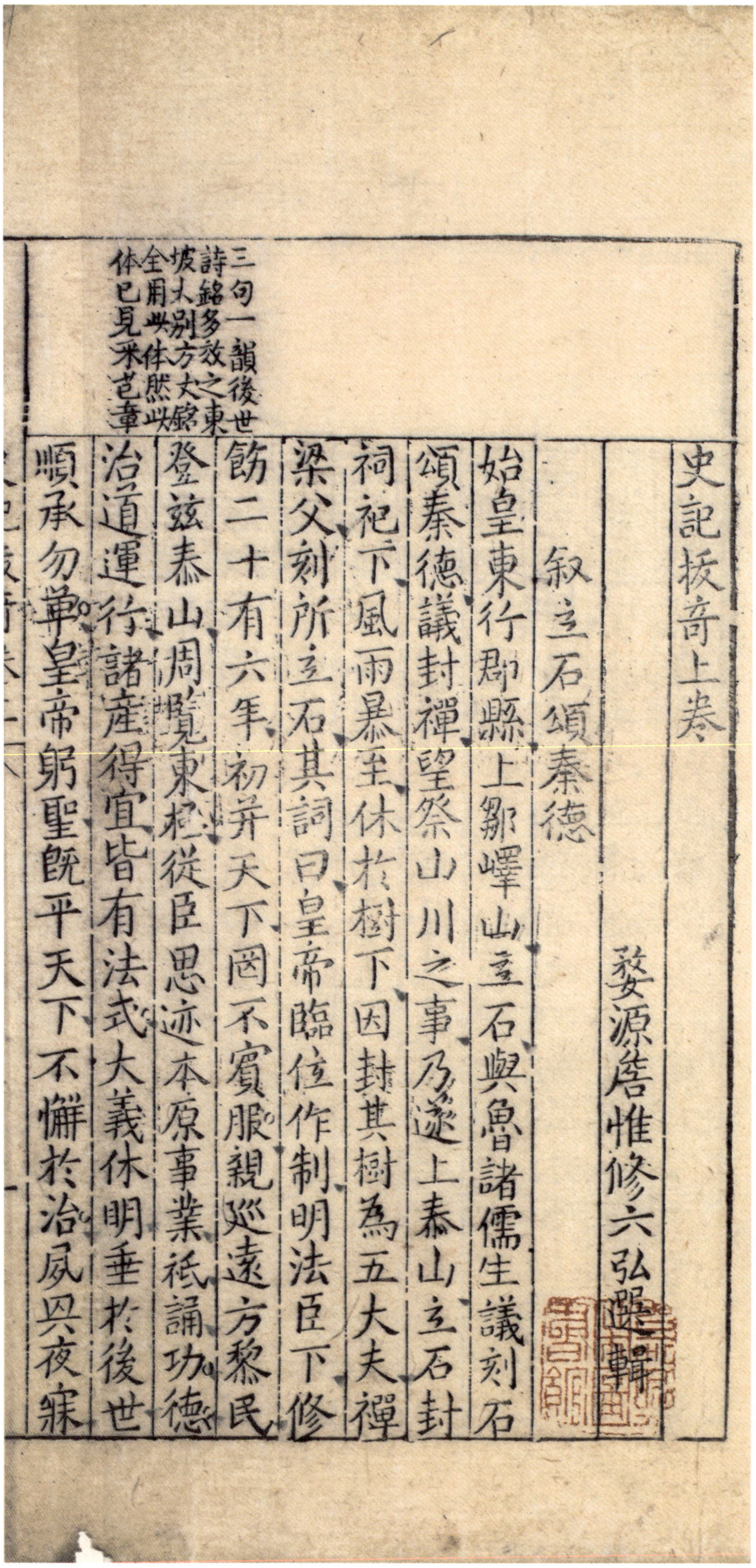

史記拔奇上卷
婺源詹惟修六弘選輯
敘立石頌秦德
始皇東行郡縣上鄒嶧山立石與魯諸儒生議刻石頌秦德議封禪望祭山川之事乃遂上泰山立石封祠祀下風雨暴至休於樹下因封其樹為五大夫禪梁父刻所立石其詞曰皇帝臨位作制明法臣下修飭二十有六年初并天下罔不賓服親巡遠方黎民登茲泰山周覽東極從臣思迹本原事業祗誦功德治道運行諸產得宜皆有法式大義休明垂於後世順承勿革皇帝躬聖既平天下不懈於治夙興夜寐

三句一韻後世詩銘多效之東坡大別方丈銘全用此体然此体已見采芑章

史記拔奇二卷 （明）詹惟修輯　明萬曆八年（1580）刻本

匡高20厘米，廣12.5厘米。半葉十一行，行二十字，白口，四周單邊。入《中國古籍善本書目》。嘉興市圖書館藏。

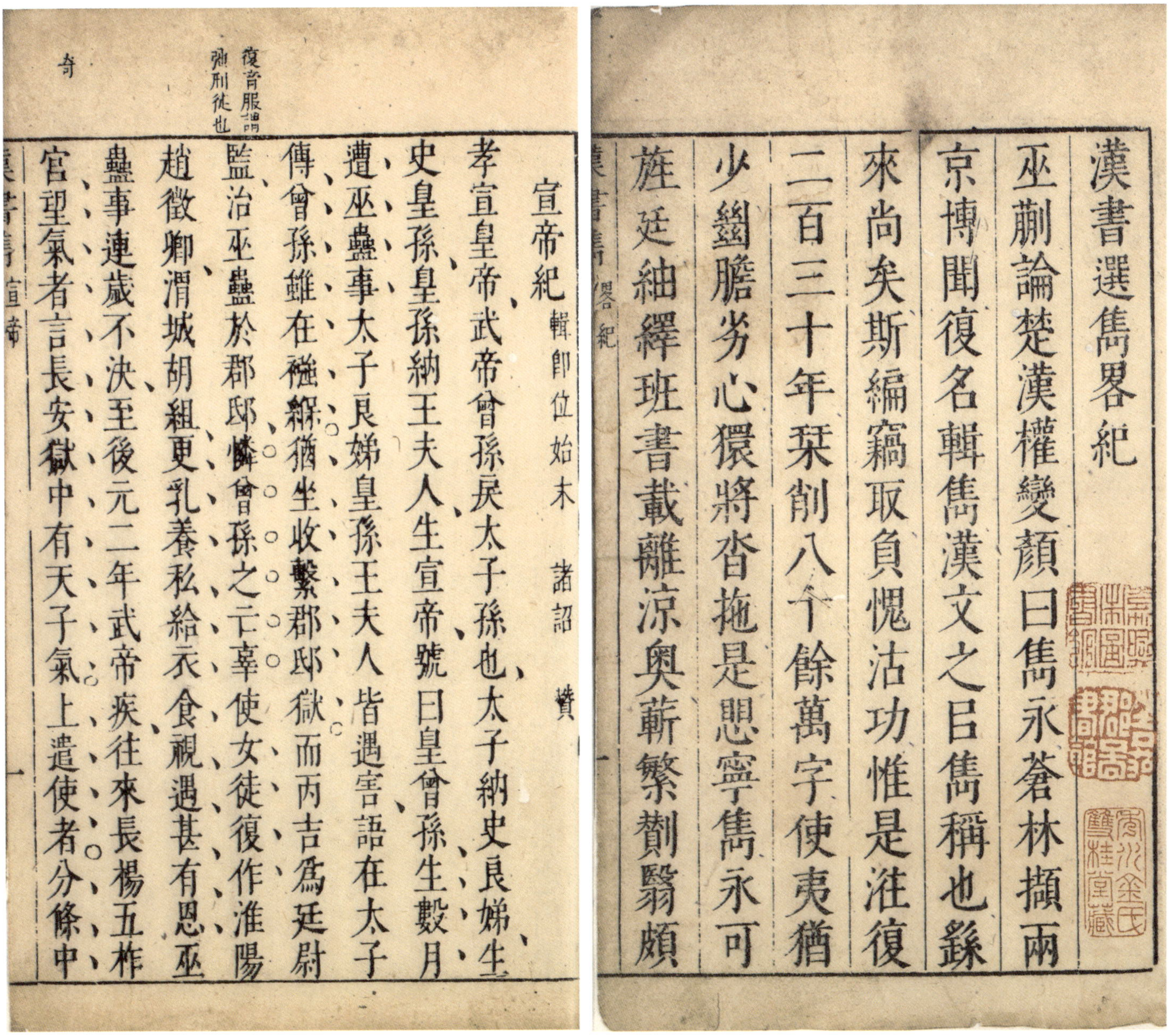

漢書雋不分卷 （明）陳許廷選評　明崇禎（1628－1644）刻本

匡高21.4厘米，廣14.9厘米。半葉九行，行二十字，白口，四周單邊。有“秀水金氏雙桂堂藏”、“示我周行”、“一瓢顔巷”、“呑雲樓藏書”等印。入《中國古籍善本書目》。嘉興市圖書館藏。

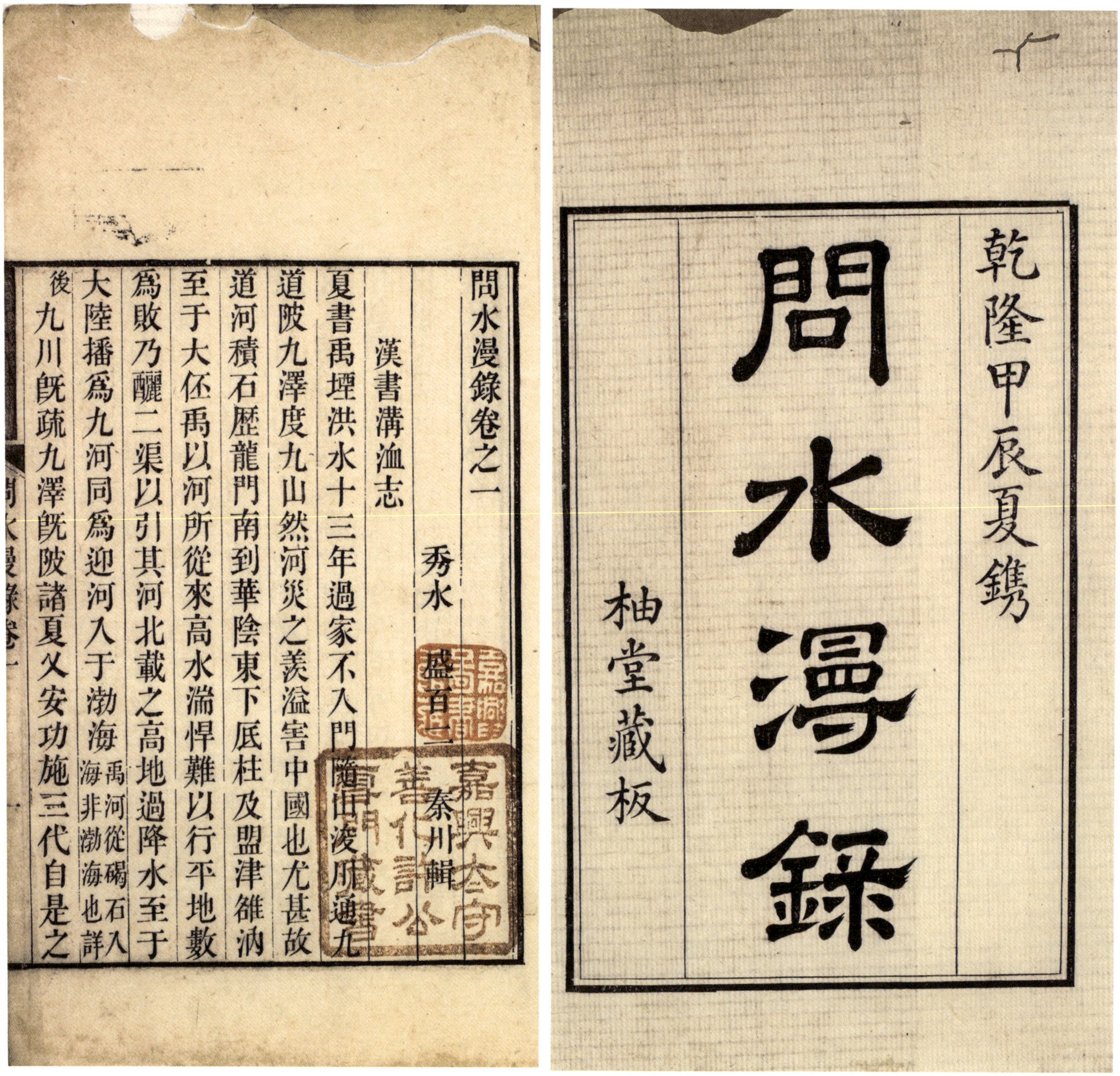

問水漫録四卷 （清）盛百二輯　清乾隆四十九年（1784）秀水盛氏柚堂刻本

匡高18.9厘米，廣14.4厘米。半葉十行，行二十字，黑口，左右雙邊。有“嘉興太守善化許公雪門藏書”印。入《中國古籍善本書目》。嘉興市圖書館藏。

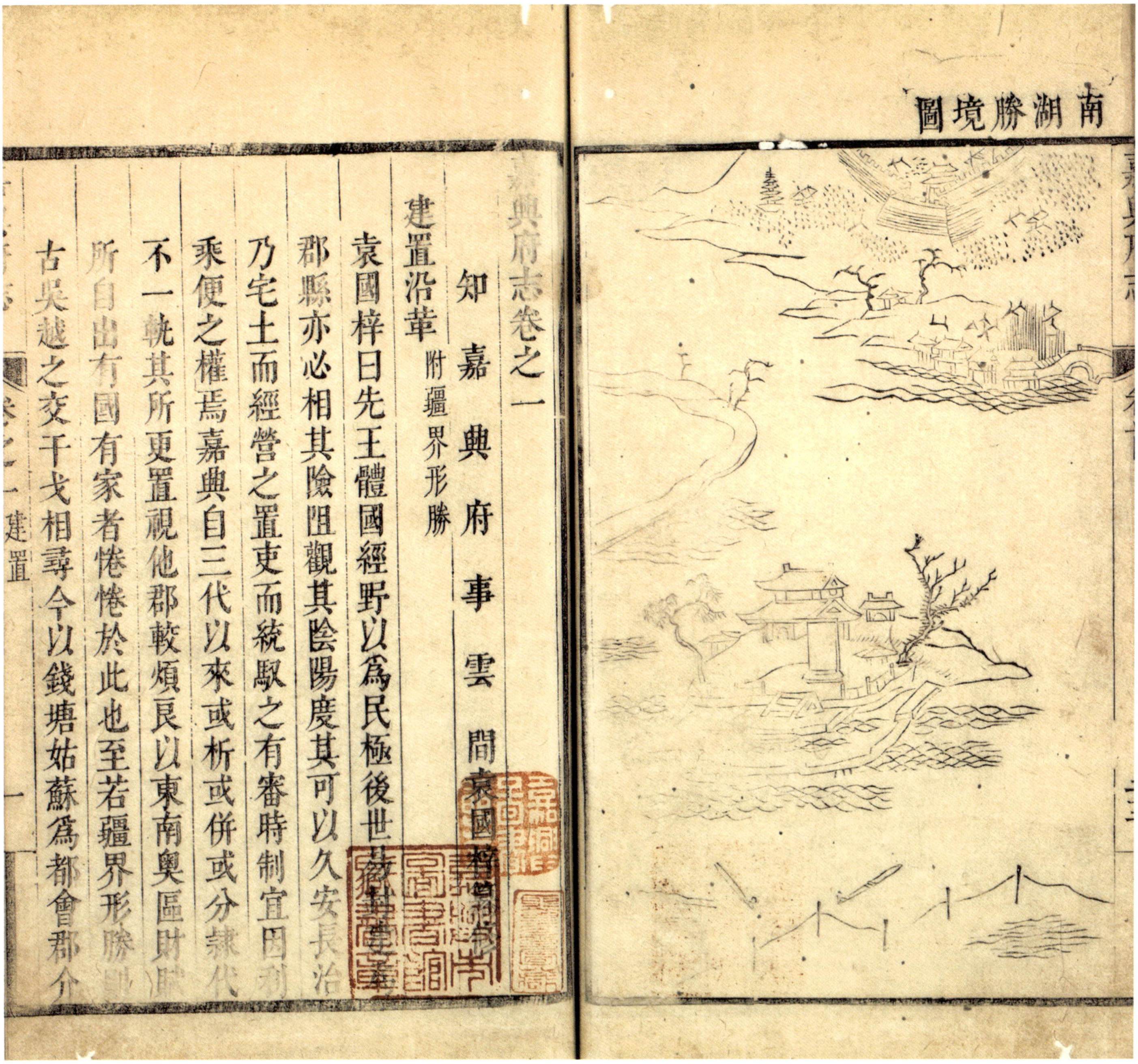

[康熙]嘉興府志十八卷首一卷末一卷 （清）袁國梓纂修　清康熙二十一年（1682）刻本

匡高21.6厘米，廣14.7厘米。半葉十行，行二十二字，小字雙行同，下黑口，左右雙邊。入《中國古籍善本書目》。嘉興市圖書館藏。缺卷末。

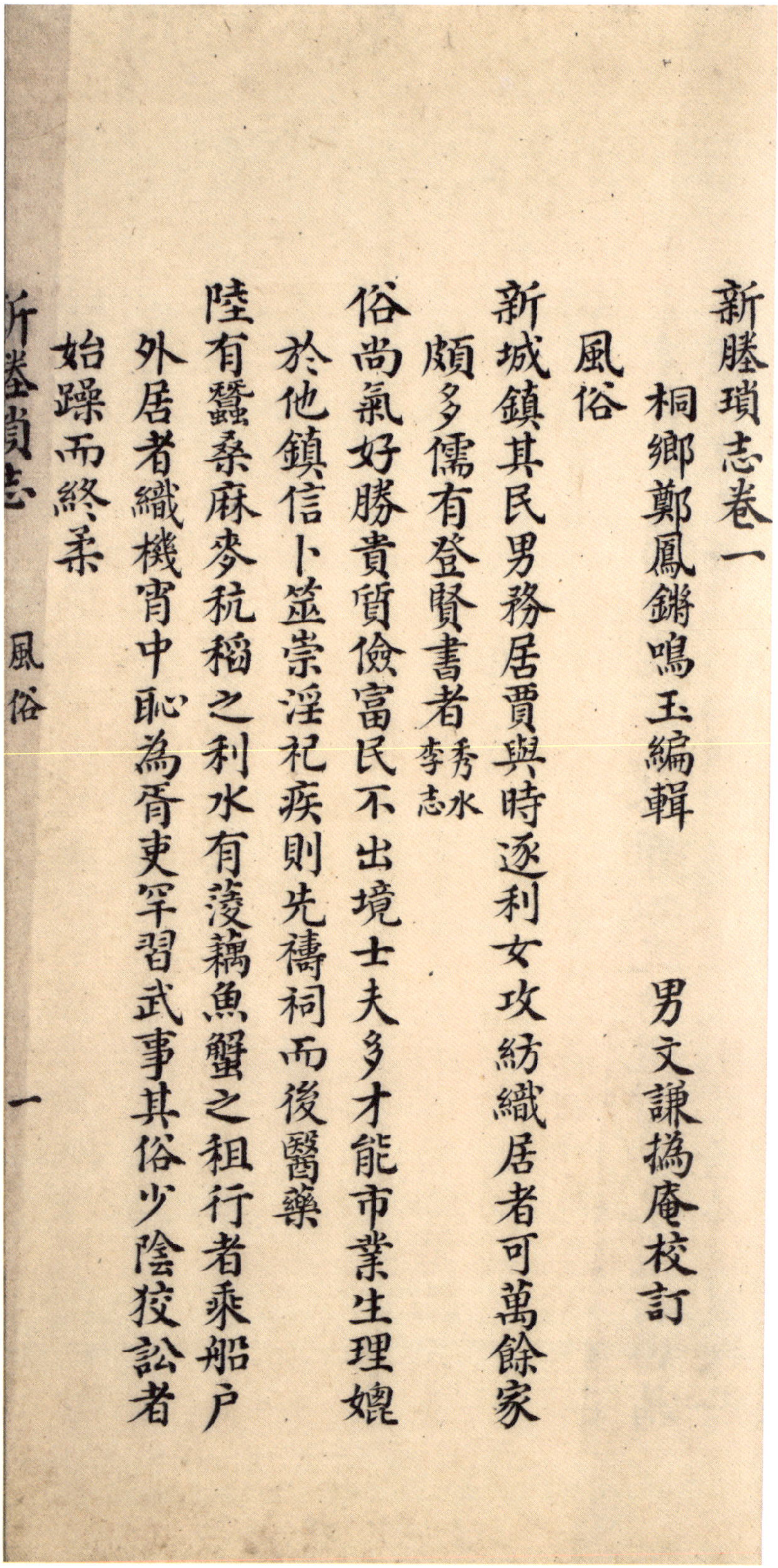

新塍瑣志卷一

桐鄉鄭鳳鏘鳴玉編輯　男文謙撝庵校訂

風俗

新城鎮其民男務居賈與時逐利女攻紡織居者可萬餘家頗多儒有登賢書者秀水李志

俗尚氣好勝貴質儉富民不出境士夫多才能市業生理媿於他鎮信卜筮崇淫祀疾則先禱祠而後醫藥

陸有蠶桑麻麥秔稻之利水有菱藕魚蟹之租行者乘船户外居者織機宵中恥為胥吏罕習武事其俗少陰狡訟者始躁而終柔

新塍瑣志　風俗　一

[同治]新塍瑣志十四卷首一卷　（清）鄭鳳鏘纂　鄭文謙校訂　清同治（1861－1874）稿本

半葉十行，行二十三字，小字雙行同，無格無匡。有“檇李”橢圓印、“鄭鄭鄉之章章”陰陽合璧印、“曾經民國二十五年浙江省文獻展覽會陳列”方印。入《中國古籍善本書目》。嘉興市圖書館藏。

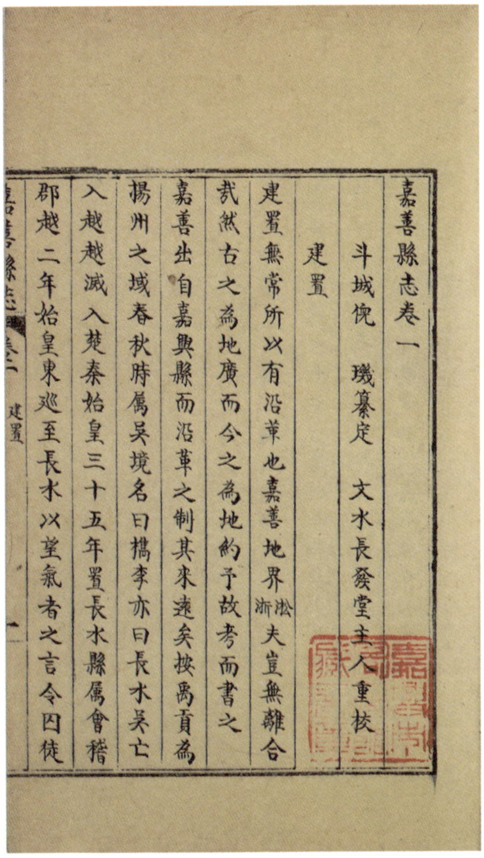

嘉善縣志卷一

斗城倪　璣纂定　文水長發堂主人重校

建置

建置無常所以有沿革也嘉善地界浙松夫豈無離合武然古之為地廣而今之為地約予故考而書之嘉善出自嘉興縣而沿革之制其來遠矣按禹貢為揚州之域春秋時屬吳境名曰檇李亦曰長水吳亡入越越滅入楚秦始皇三十五年置長水縣屬會稽郡越二年始皇東巡至長水以望氣者之言令囚徒

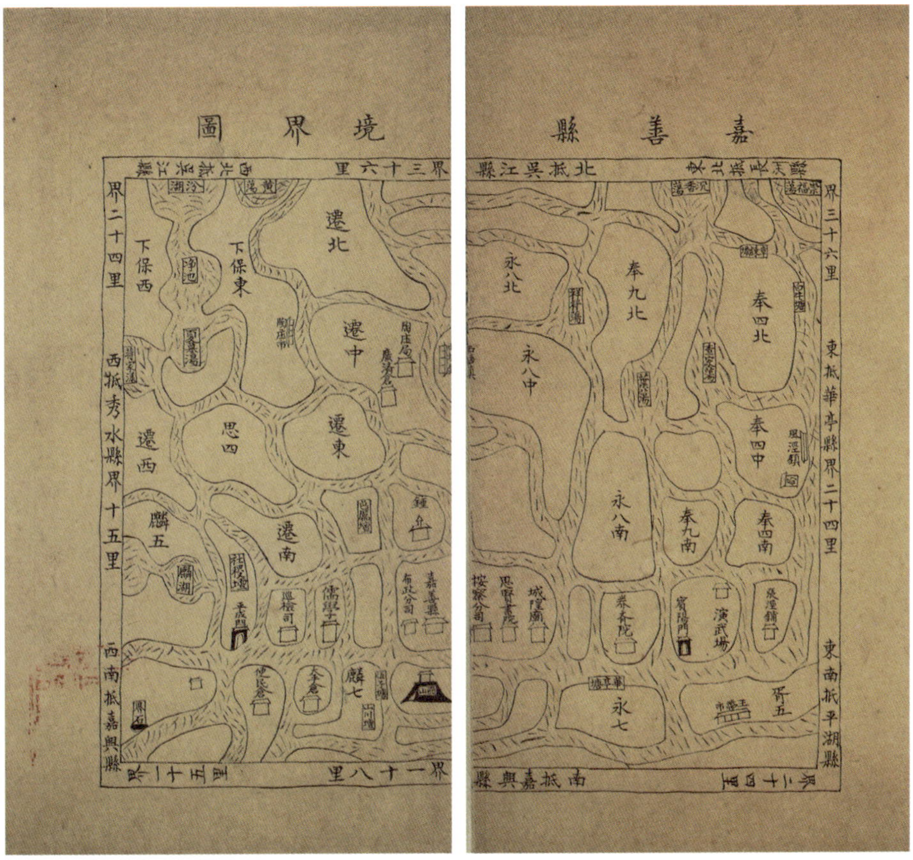

[正德]嘉善縣志六卷　（明）倪璣修　沈概纂　清鈔本

匡高18.5厘米，廣13.5厘米。半葉九行，行二十字，白口，四周雙邊。清畢星燦跋。有“大鐵經眼”等藏書印。入《中國古籍善本書目》。嘉興市圖書館藏。

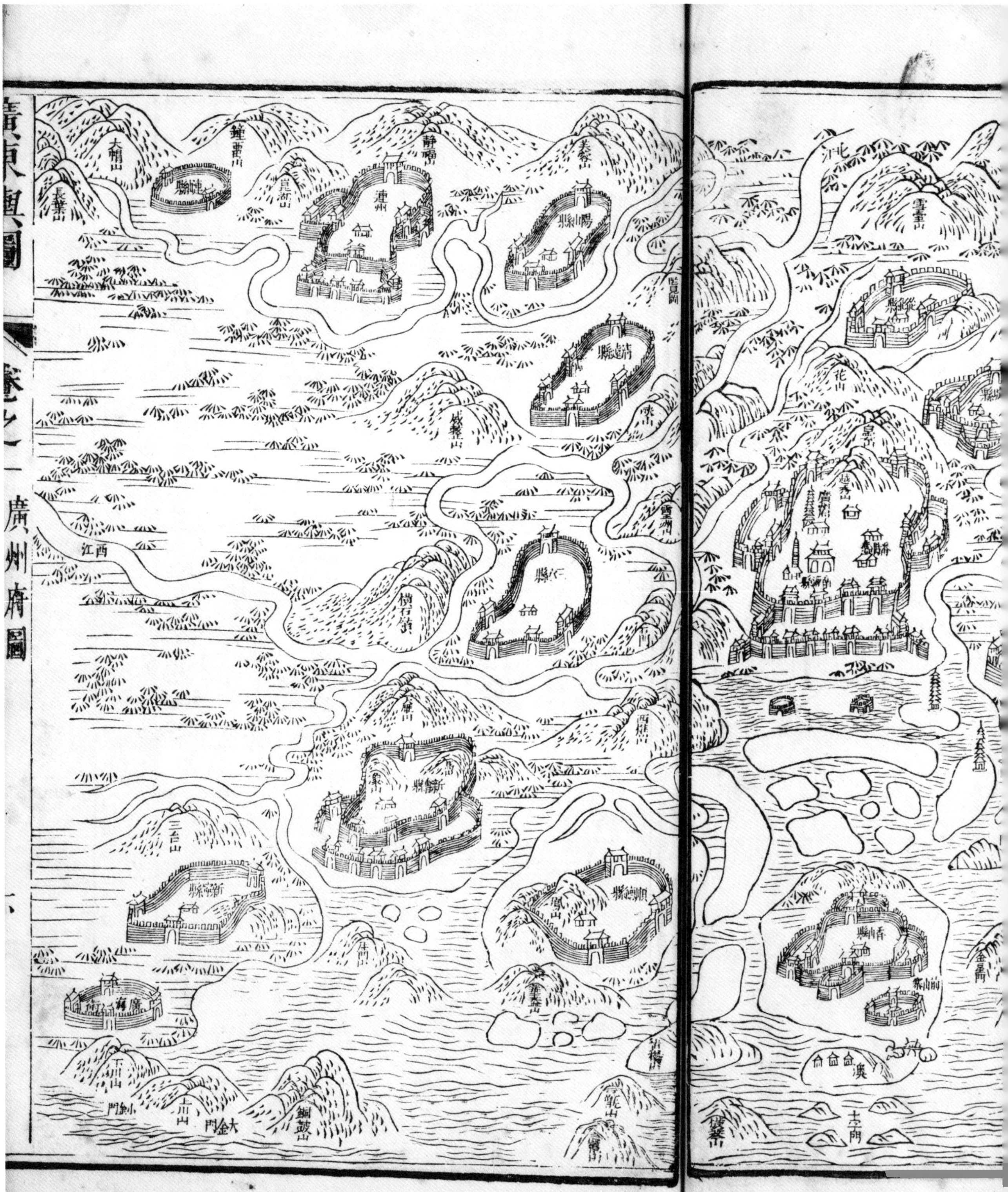
廣東輿圖
卷之一
廣州府圖
江西
橫石嶺
大金門
銅鼓山
廣州

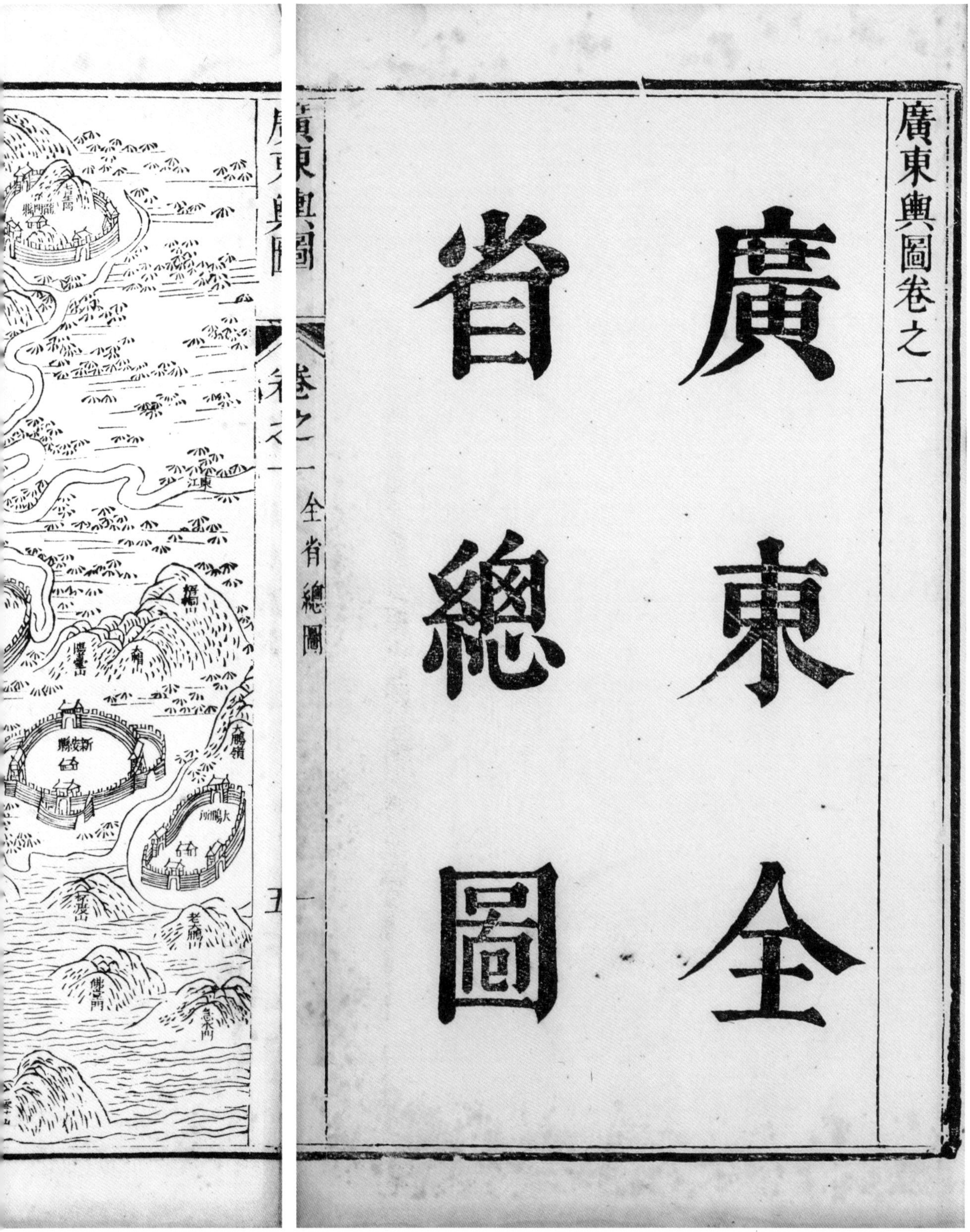

[康熙]廣東輿圖十二卷 （清）蔣伊 韓作棟等撰 （清）盧士 劉任繪圖 清康熙二十四年（1685）刻本

匡高24.8厘米，廣15.8厘米。半葉十行，行二十四字，小字雙行同，白口，單魚尾，四周雙邊。有“嘉興太守善化許公雪門藏書”、“敦彝”、“漢卿圖記”等印。入《中國古籍善本書目》。嘉興市圖書館藏。

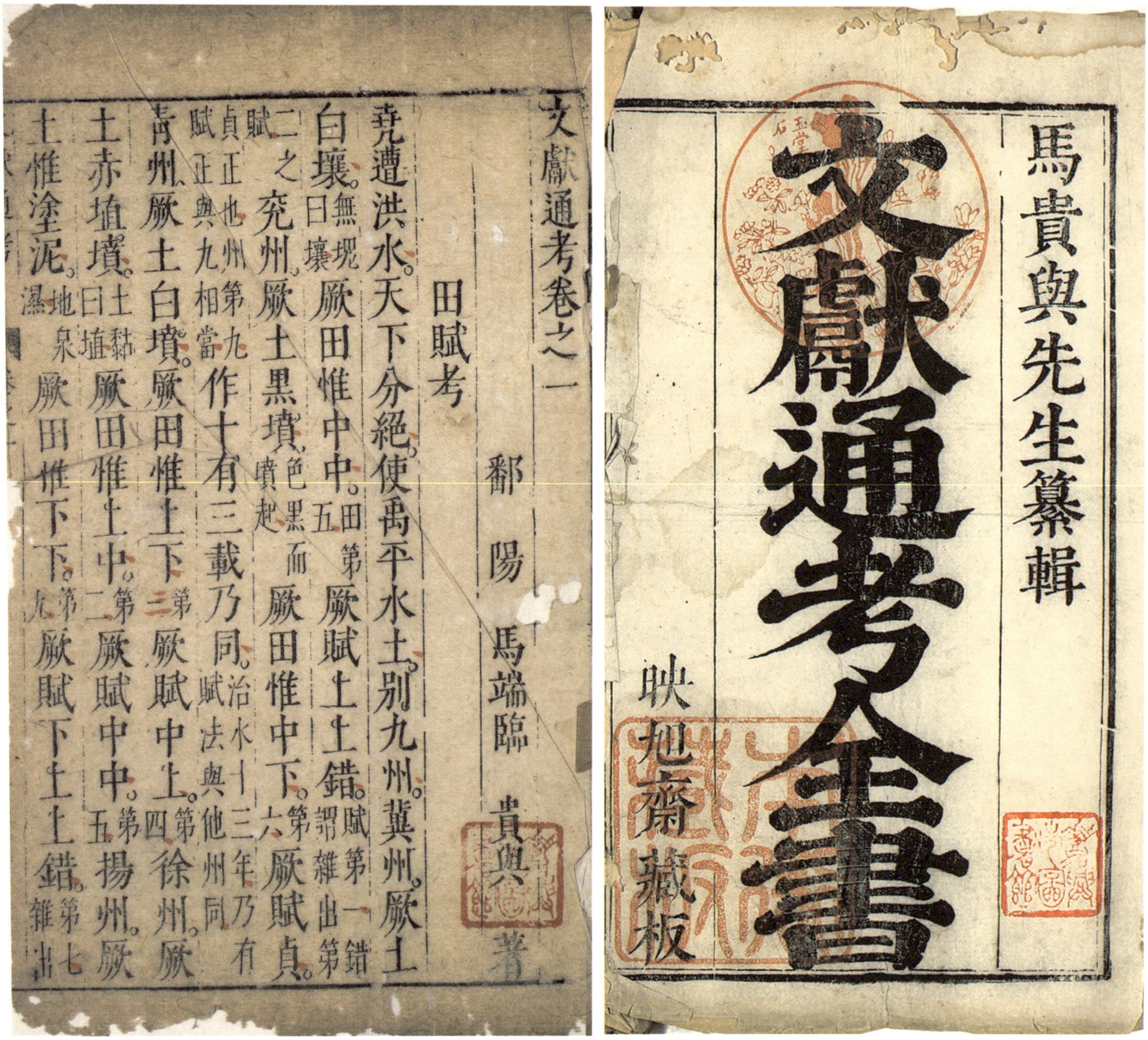

文獻通考三百四十八卷 （元）馬端臨撰　明映旭齋刻本

匡高21.4厘米，廣14.8厘米。半葉十行，行二十字，小字雙行同，白口，單魚尾，四周單邊。有“陸氏伯子呂廷珍藏”、“禹功觀摩”等印。書名頁有“本衙藏板”、“玉堂柱石”鈐印。入《中國古籍善本書目》。嘉興市圖書館藏。

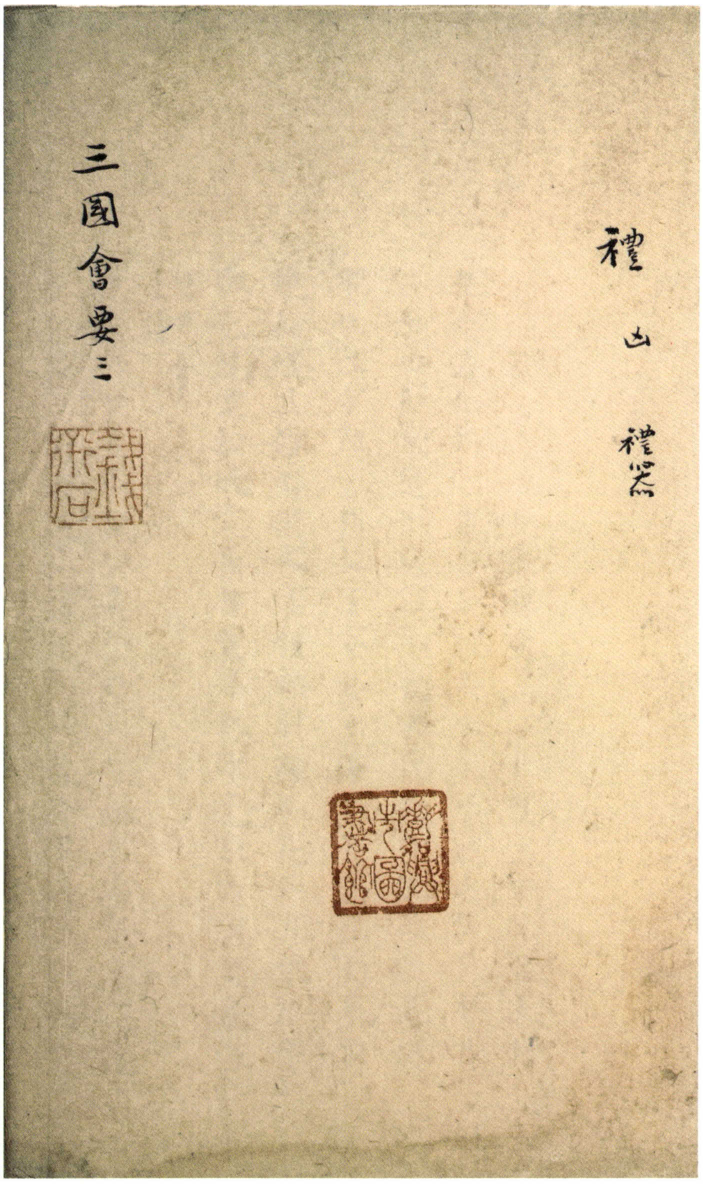

三國會要 三

禮 凶 禮器

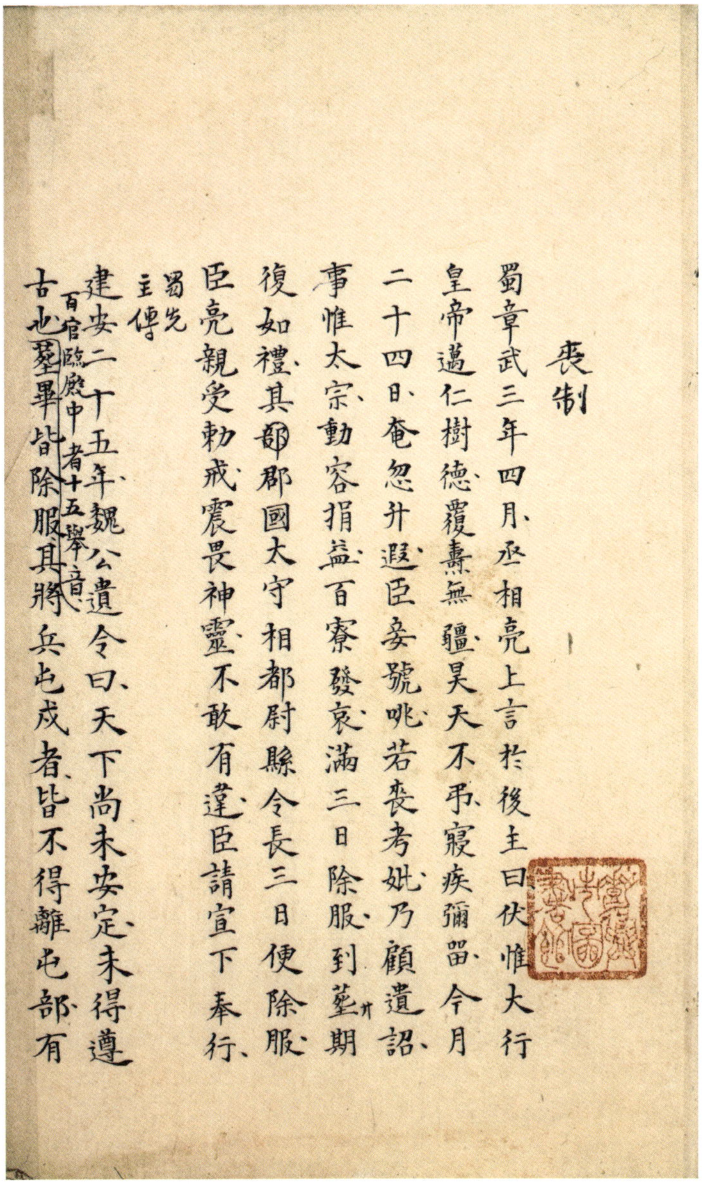

喪制

蜀章武三年四月丞相亮上言於後主曰伏惟大行皇帝邁仁樹德覆燾無疆昊天不弔寢疾彌留今月二十四日奄忽升遐臣妾號咷若喪考妣乃顧遺詔事惟太宗動容損益百寮發哀滿三日除服到葬期復如禮其郡國太守相都尉縣令長三日便除服臣亮親受勅戒震畏神靈不敢有違臣請宣下奉行

蜀先主傳

建安二十五年魏公遺令曰天下尚未安定未得遵古也百官臨殿中者十五舉音葬畢皆除服其將兵屯戍者皆不得離屯部有

三國會要不分卷 （清）錢儀吉撰　錢振聲校　清稿本

半葉十行，行二十字，無格無匡。有“錢衍石”印。入《中國古籍善本書目》。嘉興市圖書館藏。

稔位不過監司天若妬其才而阨其遇者吁可慨已履少侍公
左右見公晝接寮屬夜治簿書暇復延名流觴詠雖庶務叢
襍紛至沓來而公從容布置精神無不周到理繁治劇有餘裕
也使其獨膺大任無掣肘虞其勛業當與袞袞諸公埒乃籌
皖餉而當事嫉之籌南北兩臺餉而言官復忌之卒致籌録
罷官忠而獲罪雖薏苡之謗得明而棟樑之才永棄矣不
以事功著僅以翰墨傳古稱材大難為用者其公之謂歟履
受公恩最深蒙公望亦切乃悠悠半世老大無成不獲報
公恩於萬一徒以校讐之役稍抒其涓滴之忱可愧也亦
可悲也
光緒己卯季冬甥張履勳謹跋

曲江岑宴
榮録

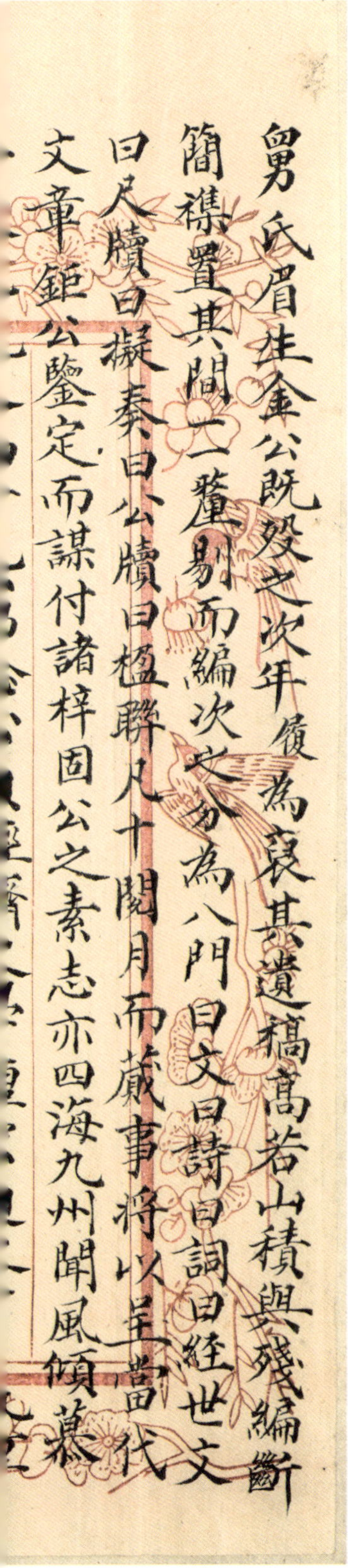
舅氏眉生金公既歿之次年履為裒其遺稿高若山積與殘編斷
簡襍置其間一一釐剔而編次之分為八門曰文曰詩曰詞曰經世文
曰尺牘曰擬奏曰公牘曰楹聯凡十閱月而蕆事將以呈當代
文章鉅公鑒定而謀付諸梓固公之素志亦四海九州聞風傾慕

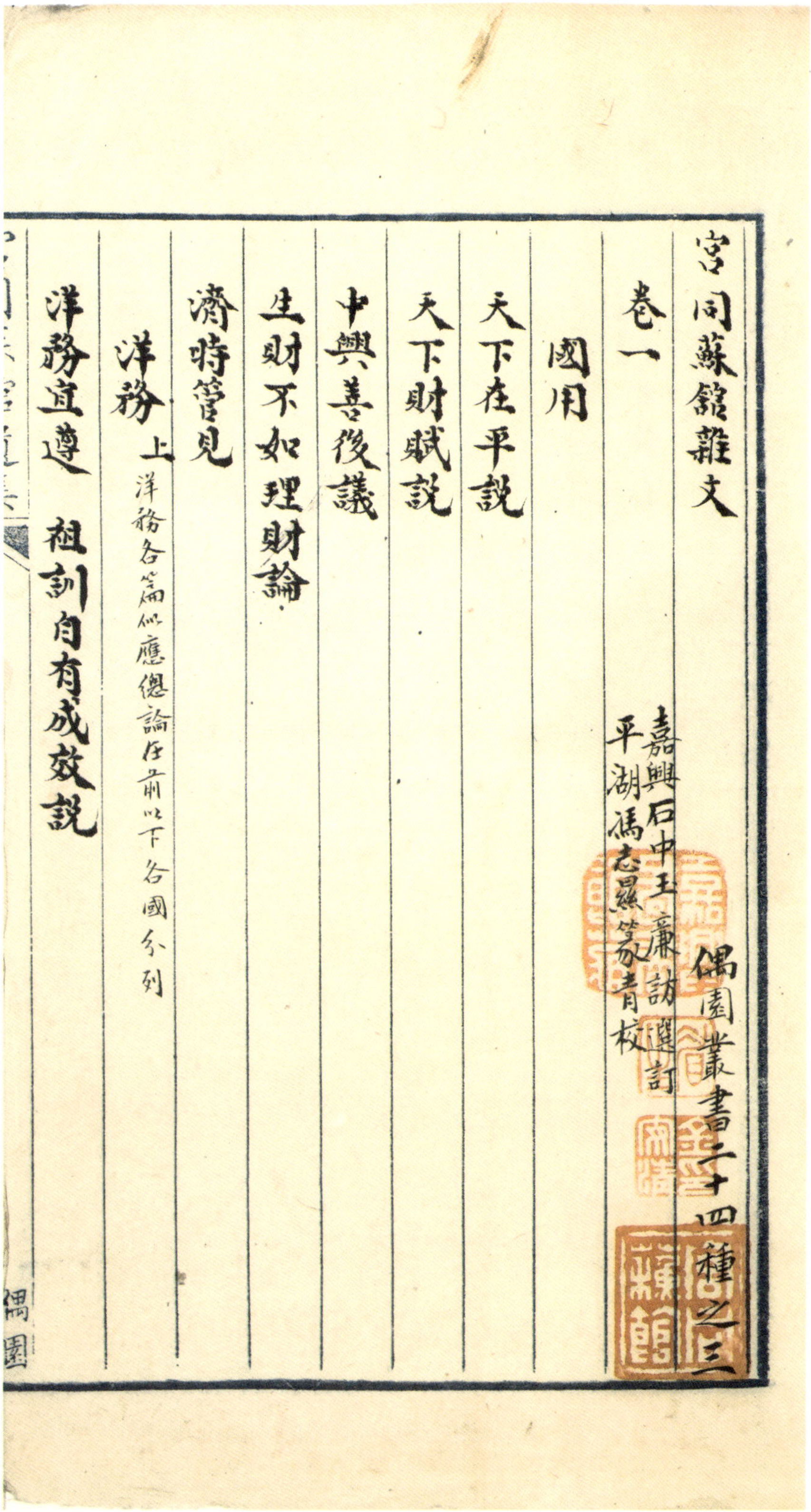
宮同蘇館雜文
卷一
國用
天下在平說
天下財賦說
中興善後議
生財不如理財論
濟時管見
洋務上 洋務各篇似應總論在前以下各國分列
洋務宜遵 祖訓自有成效說
偶園叢書二十四種之三
嘉興石中玉廉訪選訂
平湖馮志縣笏青校
偶園

宮同蘇館經世文雜鈔六卷目録校刊記一卷 （清）金安清撰　張履勳編　石中玉選訂　清稿本

匡高20.2厘米，廣13.8厘米。半葉十行，行二十五字，白口，左右雙邊，藍格。有“宮同蘇館”、“金印安清”、“眉生”等藏書印。入《中國古籍善本書目》。嘉興市圖書館藏。

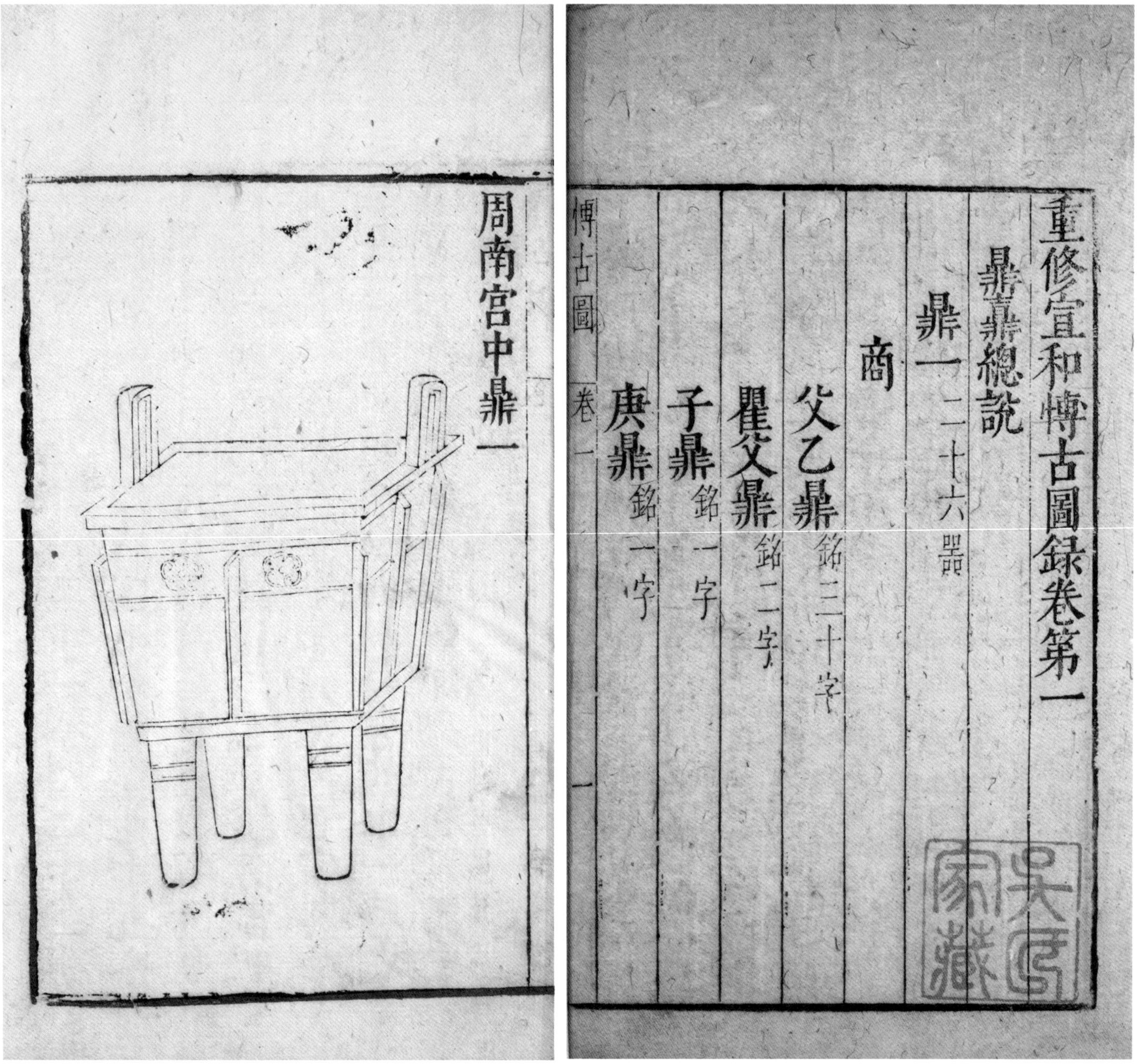
重修宣和博古圖録卷第一
鼎鬲甗總説
鼎一　二十六器
商
父乙鼎　銘三十字
瞿父鼎　銘二字
子鼎　銘一字
庚鼎　銘一字
吳氏家藏
博古圖　卷一　一
周南宮中鼎一

重修宣和博古圖録三十卷（宋）王黼撰　明萬曆二十七年（1599）于承祖刻本

匡高21.3厘米，廣14厘米。半葉八行，行十七字，白口，四周單邊，無魚尾。有“吳氏家藏”、“燕喜齋”、“秀水金氏雙桂堂”、“闇伯”等藏書印。入《中國古籍善本書目》。嘉興市圖書館藏。

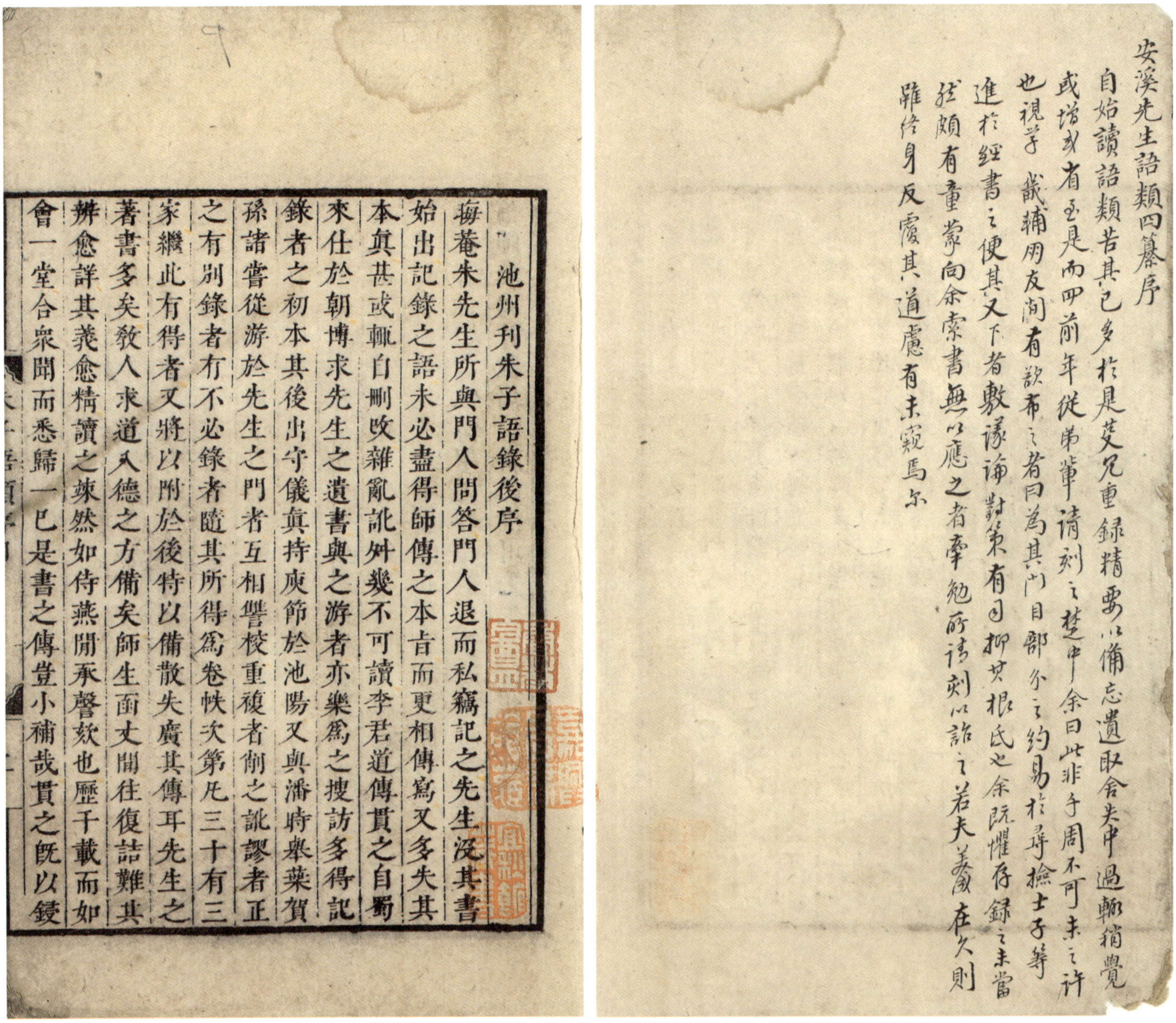

池州刊朱子語錄後序
晦菴朱先生所與門人問答門人退而私竊記之先生沒其書
始出記錄之語未必盡得師傳之本旨而更相傳寫又多失其
本真甚或輒自刪改雜亂訛舛幾不可讀李君道傳貫之自蜀
來仕於朝博求先生之遺書與之游者亦樂爲之搜訪多得記
錄者之初本其後出守儀真持庾節於池陽又與潘時舉葉賀
孫諸嘗從游於先生之門者互相讐校重複者刪之訛謬者正
之有別錄者有不必錄者隨其所得爲卷帙次第凡三十有三
家繼此有得者又將以附於後特以備散失廣其傳耳先生之
著書多矣教人求道入德之方備矣師生函丈間往復詰難其
辨愈詳其義愈精讀之竦然如侍燕閒承謦欬也歷千載而如
會一堂合衆聞而悉歸一已是書之傳豈小補哉貫之既以鋟

安溪先生語類四纂序
自始讀語類苦其已多於是芟冗重録精要以備忘遺取舍失中過輒稍覺
或增或省至是而四前年從弟輩請刻之楚中余曰此非予周不可未之許
也視學畿輔朋友間有欲布之者曰爲其門目部分之約易於尋撿士子等
進於經書之便其又下者敷議論對策有因抑其根氏也余既懼存録之未當
然頗有童蒙向余索書無以應之者率勉所請刻以詔之若夫義藴在久則
雖終身反覆其道處有未窺焉爾

朱子語類一百四十卷　（宋）朱熹撰　黎靖德編　清康熙（1662-1722）石門呂氏刻本

匡高19.1 厘米，廣13.8厘米。半葉十二行，行二十四字，小字雙行同，黑口，雙魚尾，左右雙邊。有“宜秋館藏書”等印。金蓉鏡批校。嘉興市圖書館藏。

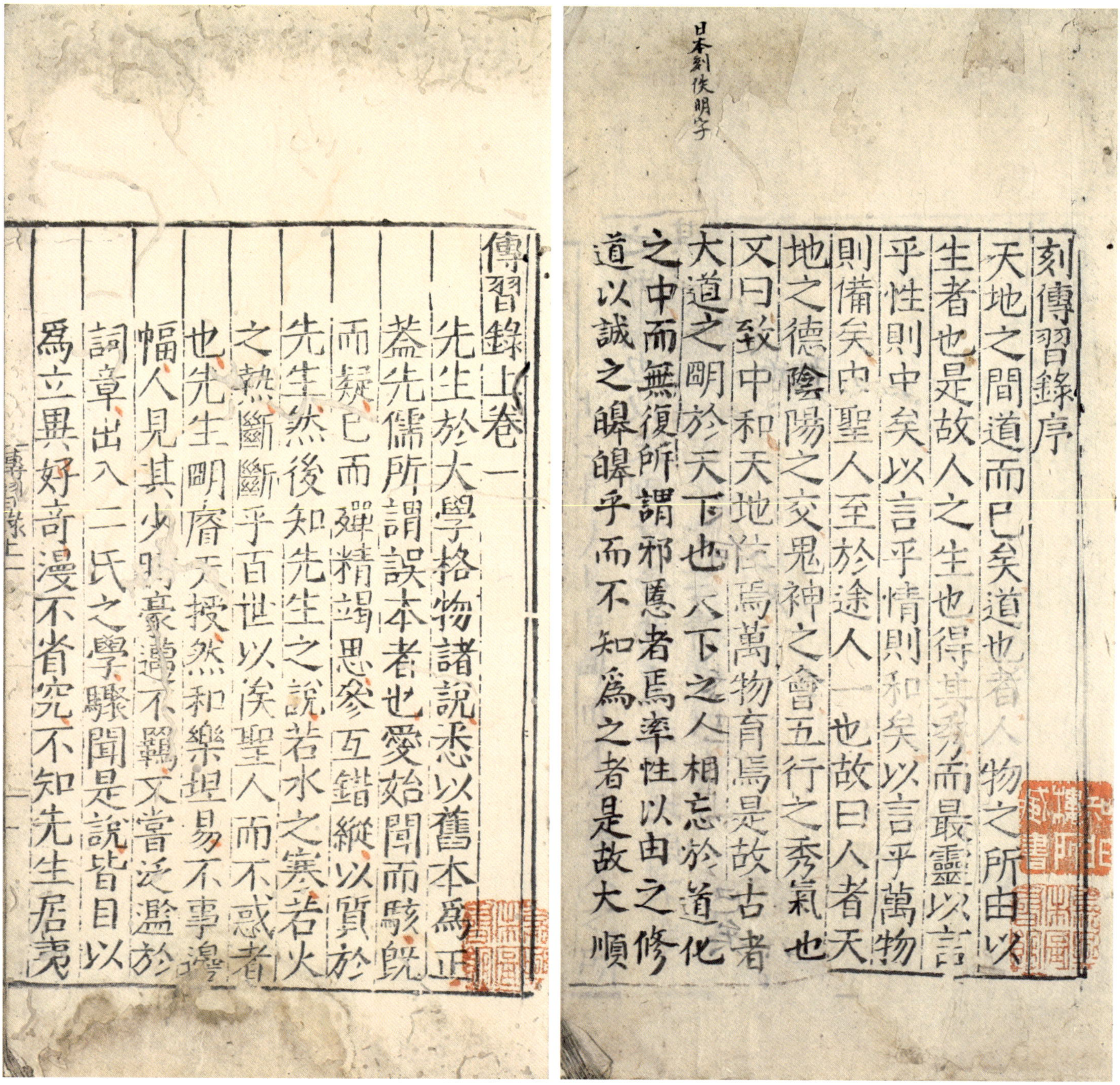
刻傳習錄序
天地之間道而已矣道也者人物之所由以
生者也是故人之生也得其秀而最靈以言
乎性則中矣以言乎情則和矣以言乎萬物
則備矣由聖人至於途人一也故曰人者天
地之德陰陽之交鬼神之會五行之秀氣也
又曰致中和天地位焉萬物育焉是故古者
大道之明於天下也天下之人相忘於道化
之中而無復所謂邪慝者焉率性以由之修
道以誠之皞皞乎而不知爲之者是故大順

傳習錄上卷一
先生於大學格物諸說悉以舊本爲正
蓋先儒所謂誤本者也愛始聞而駭既
而疑已而殫精竭思參互錯縱以質於
先生然後知先生之說若水之寒若火
之熱斷斷乎百世以俟聖人而不惑者
也先生明睿天授然和樂坦易不事邊
幅人見其少時豪邁不羈又嘗泛濫於
詞章出入二氏之學驟聞是說皆目以
爲立異好奇漫不省究不知先生居夷

傳習録四卷　（明）王守仁撰　徐愛編　明嘉靖三年（1524）南大吉刻本

匡高19.3 厘米，廣13.7厘米。半葉十行，行十七字，白口，左右雙邊。嘉興市圖書館藏。

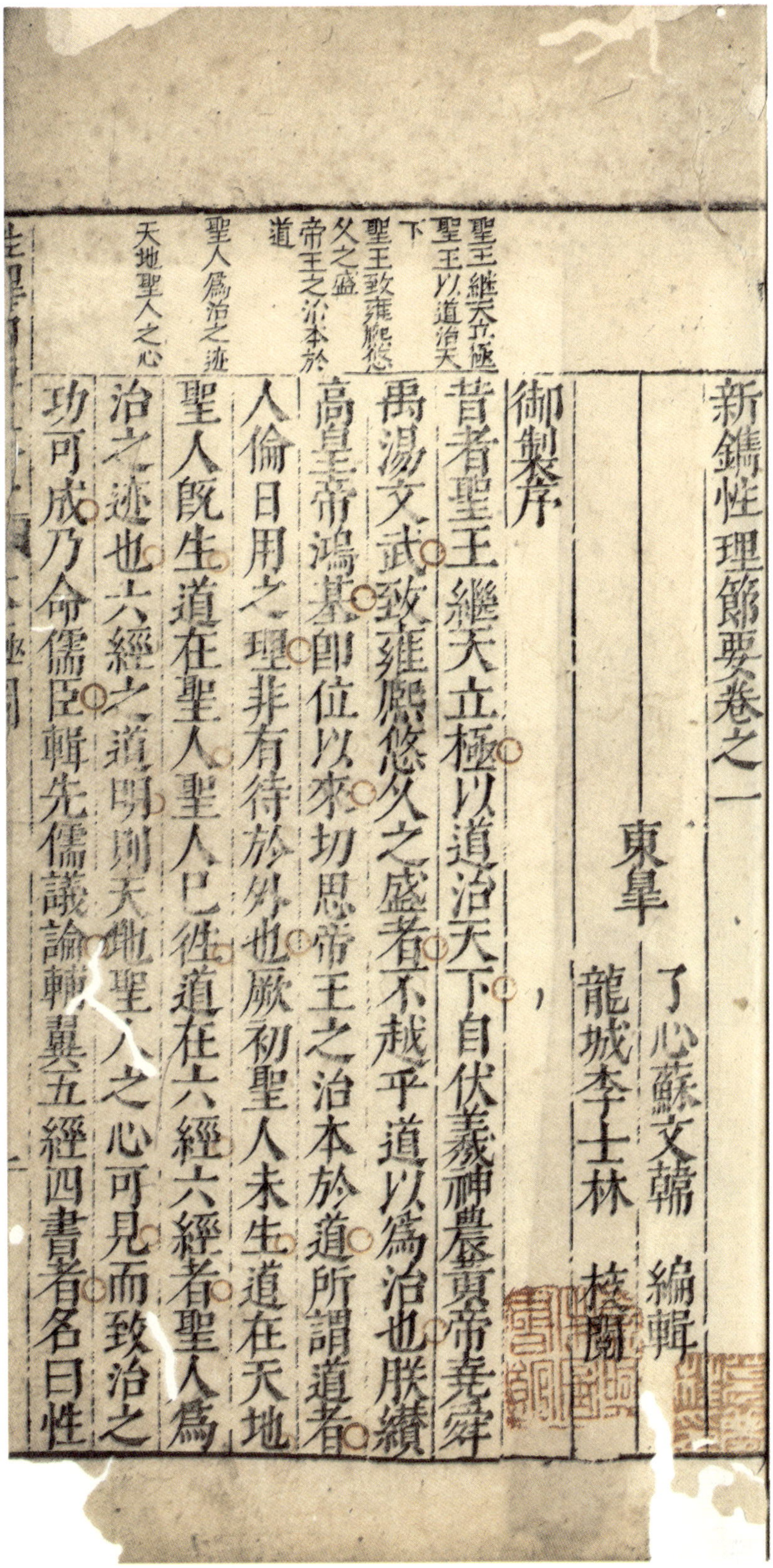

新鐫性理節要卷之一

東臯　了心蘇文韓　編輯

龍城李士林　校閱

御製序

聖王繼天立極　聖王以道治天下　聖王致雍熈悠久之盛　帝王之治本於道　聖人爲治之迹　天地聖人之心

昔者聖王繼天立極以道治天下自伏羲神農黃帝堯舜禹湯文武致雍熈悠久之盛者不越乎道以爲治也朕纘高皇帝鴻基卽位以來切思帝王之治本於道所謂道者人倫日用之理非有待於外也厥初聖人未生道在天地聖人旣生道在聖人聖人已往道在六經六經者聖人爲治之迹也六經之道明則天地聖人之心可見而致治之功可成乃命儒臣輯先儒議論輔翼五經四書者名曰性

新鐫性理節要八卷　（明）蘇文韓輯　李士林校　明萬曆（1573-1620）刻本

匡高19.8厘米，廣12.8厘米。半葉十一行，行二十二字，小字雙行同，白口，單魚尾，四周單邊。有“知非樓所藏書”等印。入《中國古籍善本書目》。嘉興市圖書館藏。

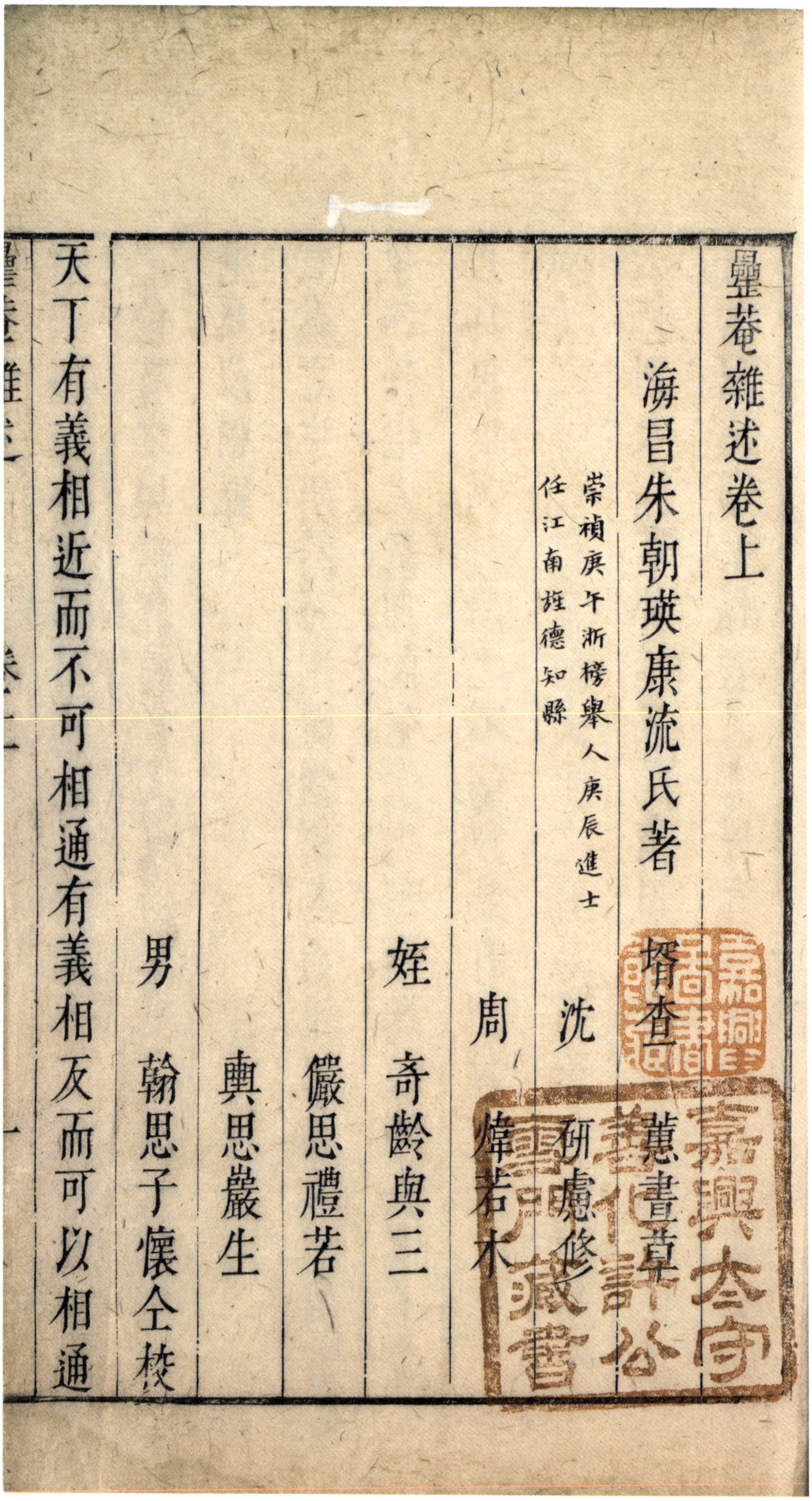
壘菴雜述卷上
海昌朱朝瑛康流氏著
崇禎庚午浙榜舉人庚辰進士
任江南旌德知縣
壻查　蕙書草
沈　研慮修
周　焯若木
姪　奇齡與三
儼思禮若
輿思巖生
男　翰思子懷仝校
天下有義相近而不可相通有義相反而可以相通

罍菴雜述二卷附一卷　（明）朱朝瑛撰　清康熙十一年（1672）刻本

匡高20.3厘米，廣14.2厘米。半葉九行，行二十字，白口，四周單邊，有刻工。有"嘉興太守善化許公雪門藏書"等印。入《中國古籍善本書目》。嘉興市圖書館藏。

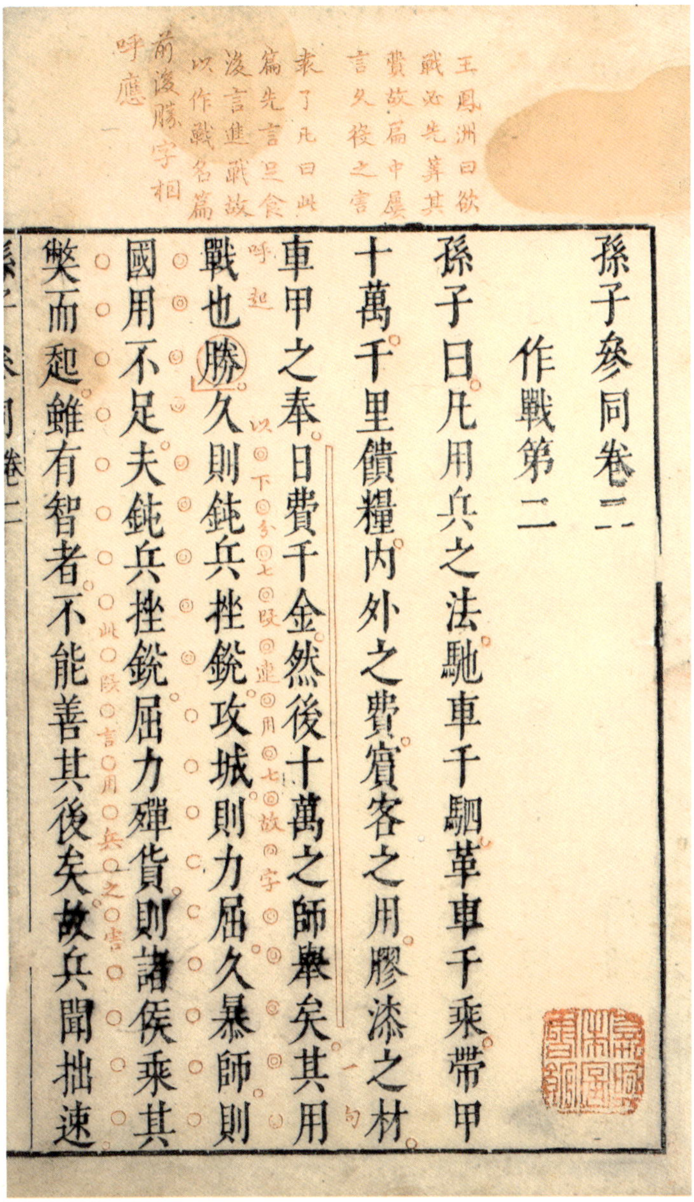

孫子參同五卷 （明）閔於忱輯　明萬曆四十八年（1620）閔氏松筠館刻朱墨套印本

匡高20.2厘米，廣14.6厘米。半葉八行，行十八字，小字雙行同，白口，四周單邊。第一批國家珍貴古籍名録號01769。嘉興市圖書館藏。

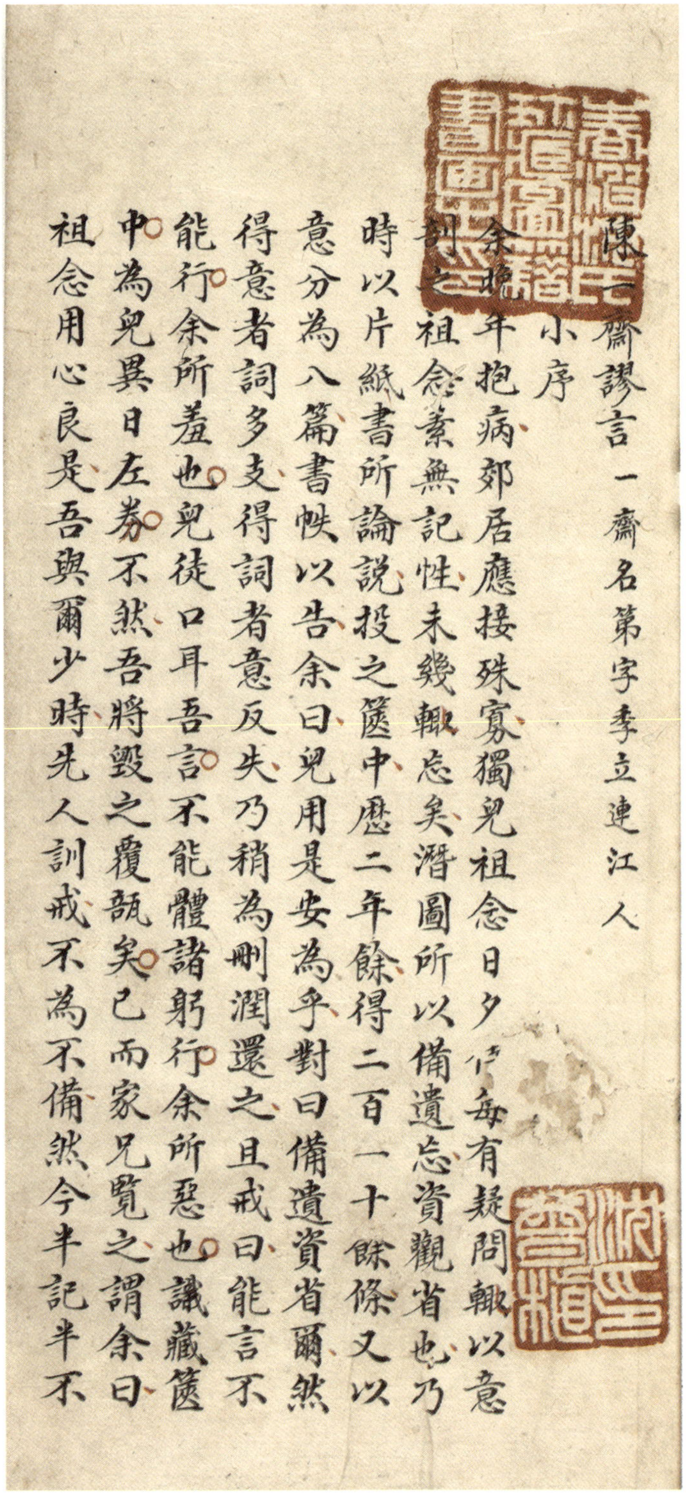

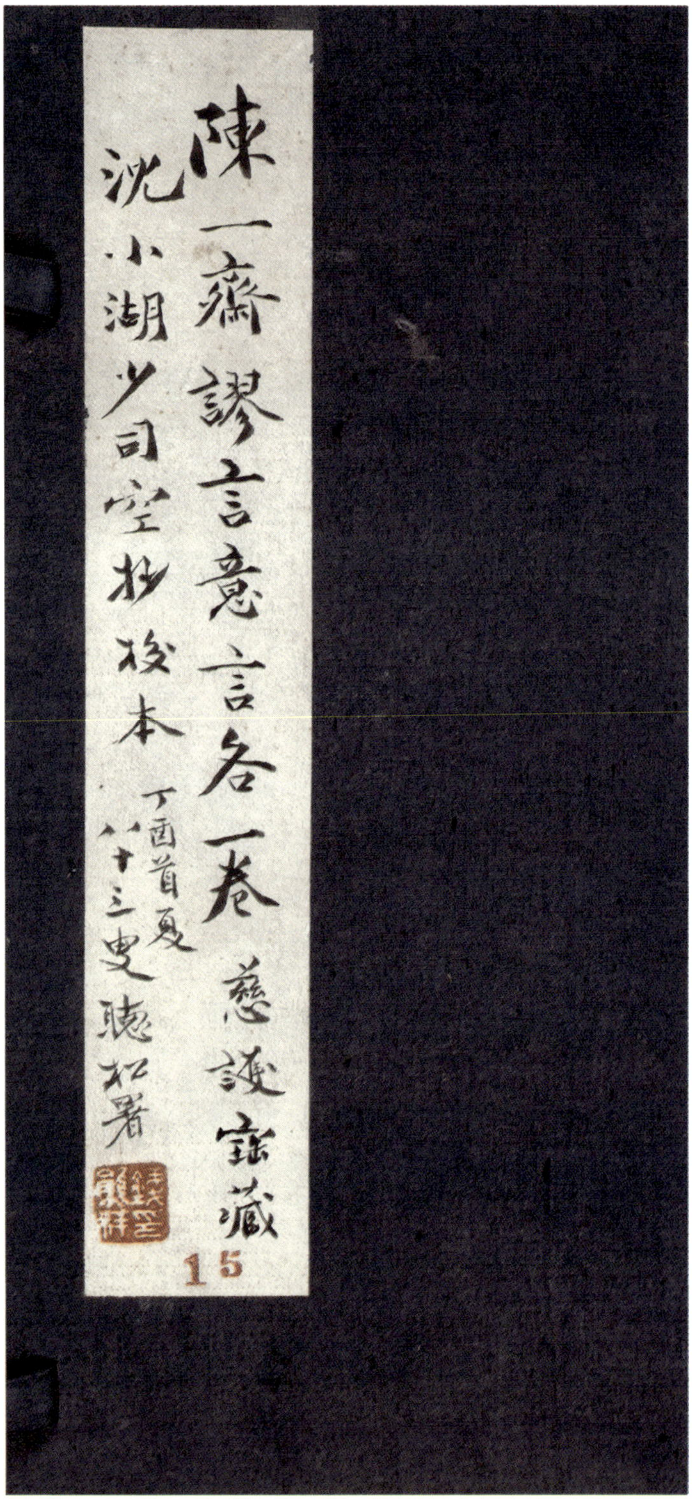

陳一齋謬言意言各一卷 （清）沈維鐈校並圈點　清道光五年（1825）

鈔本

半葉十行，行二十五字，小字雙行字數不等。無格無匡。嘉興博物館藏。

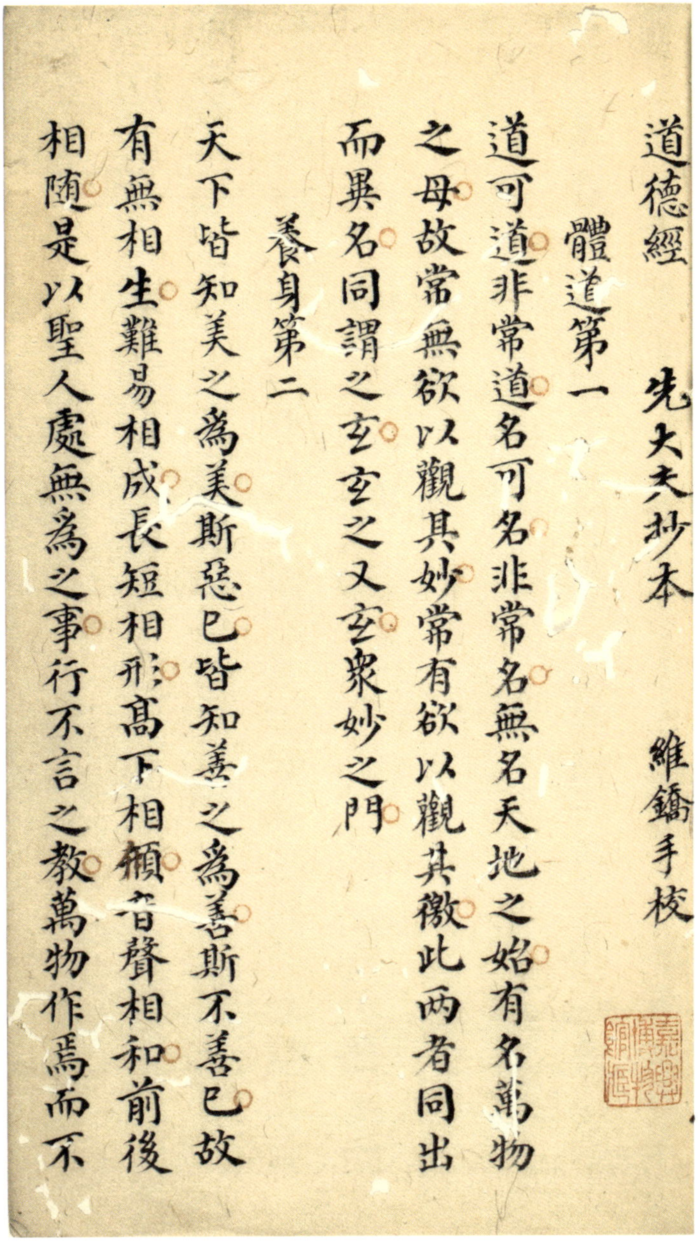
道德經　先大夫抄本　維鐈手校
體道第一
道可道非常道名可名非常名無名天地之始有名萬物之母故常無欲以觀其妙常有欲以觀其徼此兩者同出而異名同謂之玄玄之又玄衆妙之門
養身第二
天下皆知美之為美斯惡已皆知善之為善斯不善已故有無相生難易相成長短相形高下相傾音聲相和前後相隨是以聖人處無為之事行不言之教萬物作焉而不

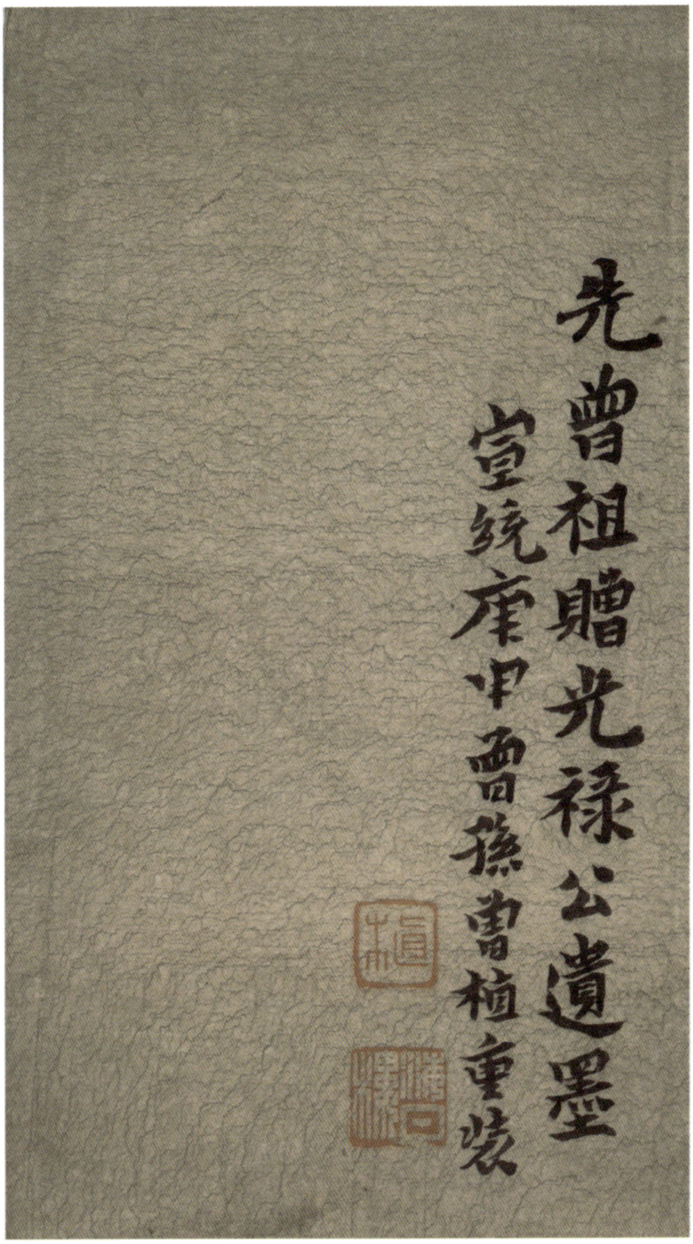
先曾祖贈光祿公遺墨
宣統庚申曾孫曾植重裝

道德經二卷（清）沈學階鈔（清）沈維鐈校　清鈔本

半葉九行，行二十二字。無格無匡。嘉興博物館藏。

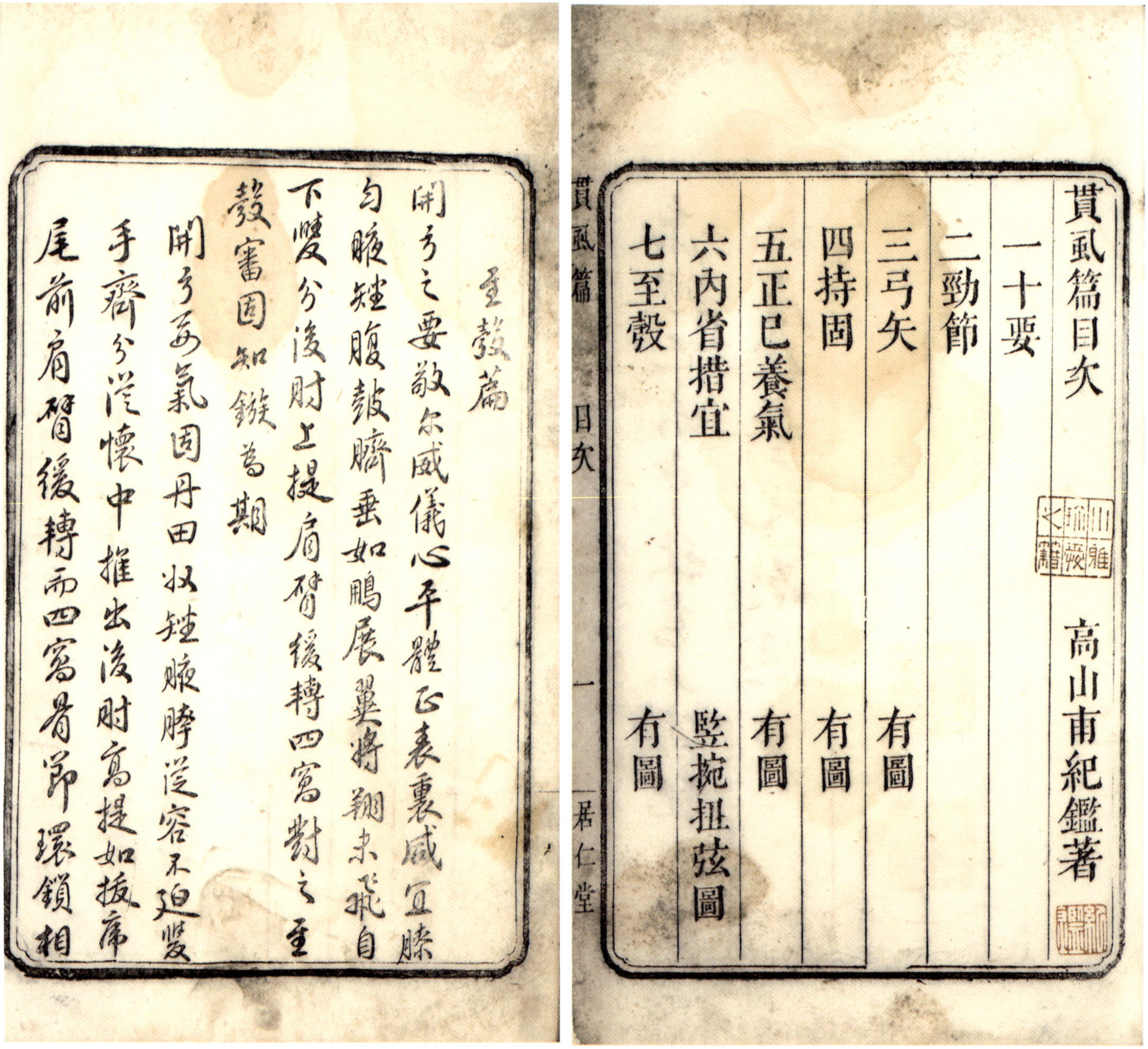

貫虱篇一卷 （清）紀鑑撰　清康熙十八年（1679）居仁堂刻本

匡高19.9厘米，廣13.3厘米。半葉八行，行十六至十八字不等，正文係行書，四周雙邊。有“知非樓所藏書”、“小雅珍愛之籍”、“纪鑑”、“曾爲祝小雅閱”等印。入《中國古籍善本書目》。嘉興市圖書館藏。

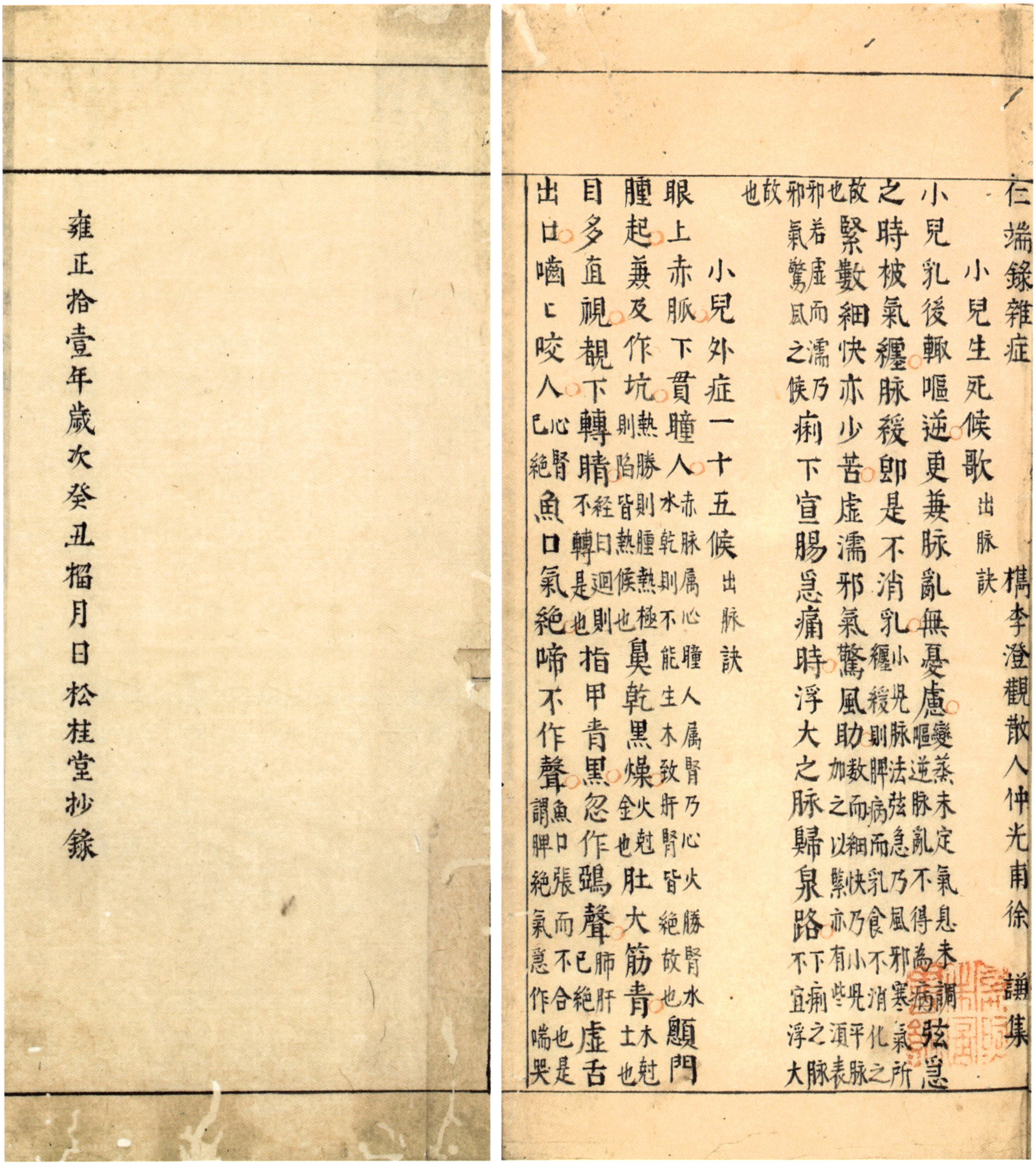

雍正拾壹年歲次癸丑榴月日松桂堂抄錄

仁端録雜症　檇李澄觀散人仲光甫徐謙集

小兒生死候歌出脉訣

小兒乳後輒嘔逆更兼脉亂無憂慮變蒸未定氣息未調嘔逆脉亂不得爲病弦急之時被氣纏脉緩卽是不消乳小兒脉法弦急乃風邪寒氣所纏緩則脾病而乳食不消化之故也緊數細快亦少苦虛濡邪氣驚風助數而細快乃小兒平脉加之以緊亦有些須表邪若虛而濡乃邪氣驚風之候故也痢下宣腸急痛時浮大之脉歸泉路下痢之脉不宜浮大

小兒外症一十五候出脉訣

眼上赤脉下貫瞳人赤脉屬心瞳人屬腎乃心火勝腎水水乾則不能生木致肝腎皆絶故也顖門腫起兼及作坑熱勝則腫熱極則陷皆熱候也鼻乾黑燥火尅金也肚大筋青木尅土也目多直視覩下轉睛經日迴則不轉是也指甲青黑忽作鵶聲肺肝已絶虛舌出口嚙々咬人心腎已絶魚口氣絶啼不作聲魚口張而不合也是謂脾絶氣急作喘哭

仁端録雜症四卷　（清）徐謙撰　張祖　張之校正　清雍正十一年（1733）海鹽彭孫遹松桂堂鈔本

匡高18.6厘米，廣11.2厘米。半葉十二行，行二十四字，小字雙行同，白口，四周單邊。第三批國家珍貴古籍名録號08412。嘉興市圖書館藏。

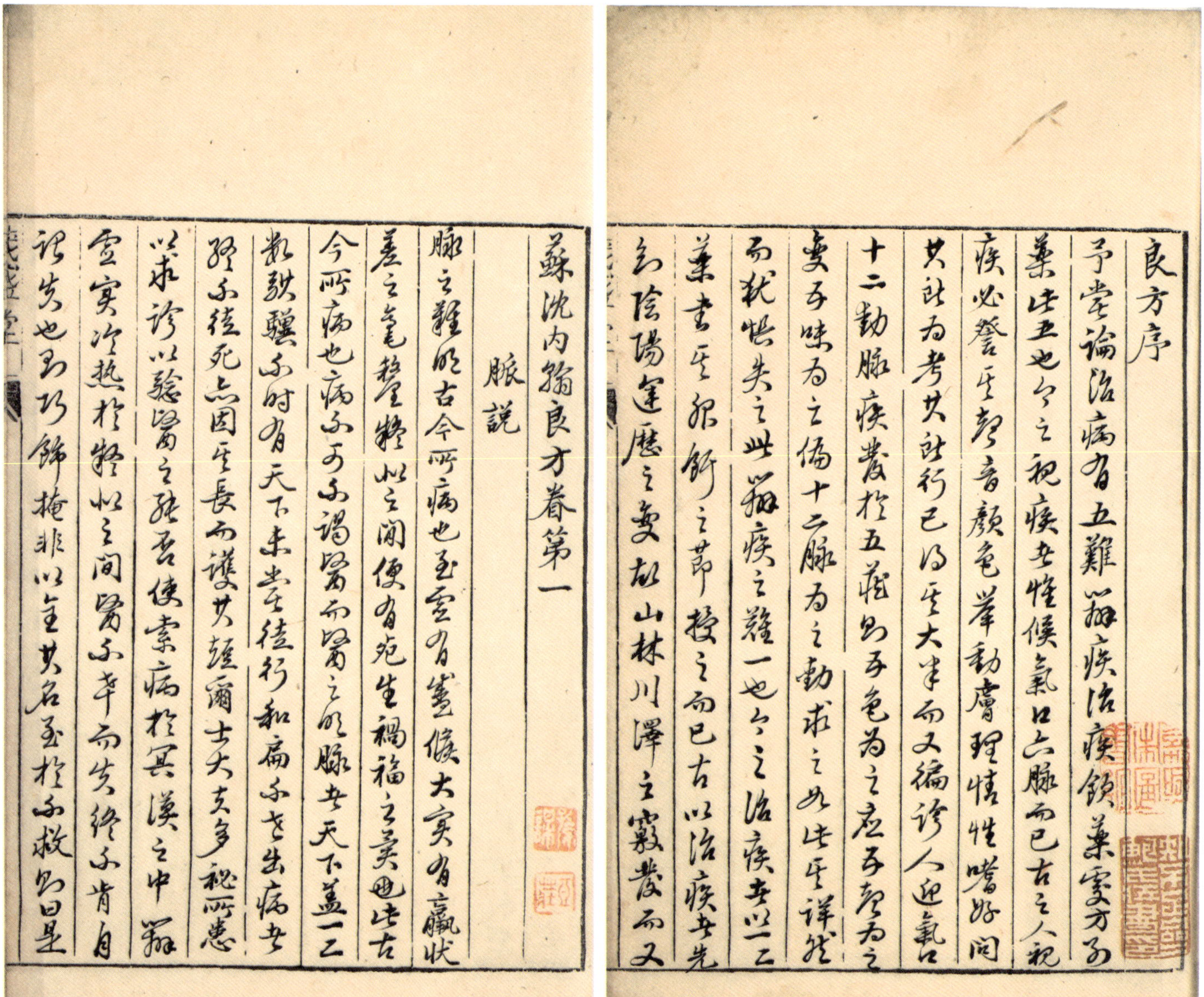

蘇沈良方十卷 （宋）蘇軾　沈括撰　清乾隆五十八年（1793）鮑廷博鈔本

匡高18厘米，廣14.4厘米。半葉十行，每行字數不等，白口，四周單邊，單魚尾。第三批國家珍貴古籍名録號08401。嘉興市圖書館藏。

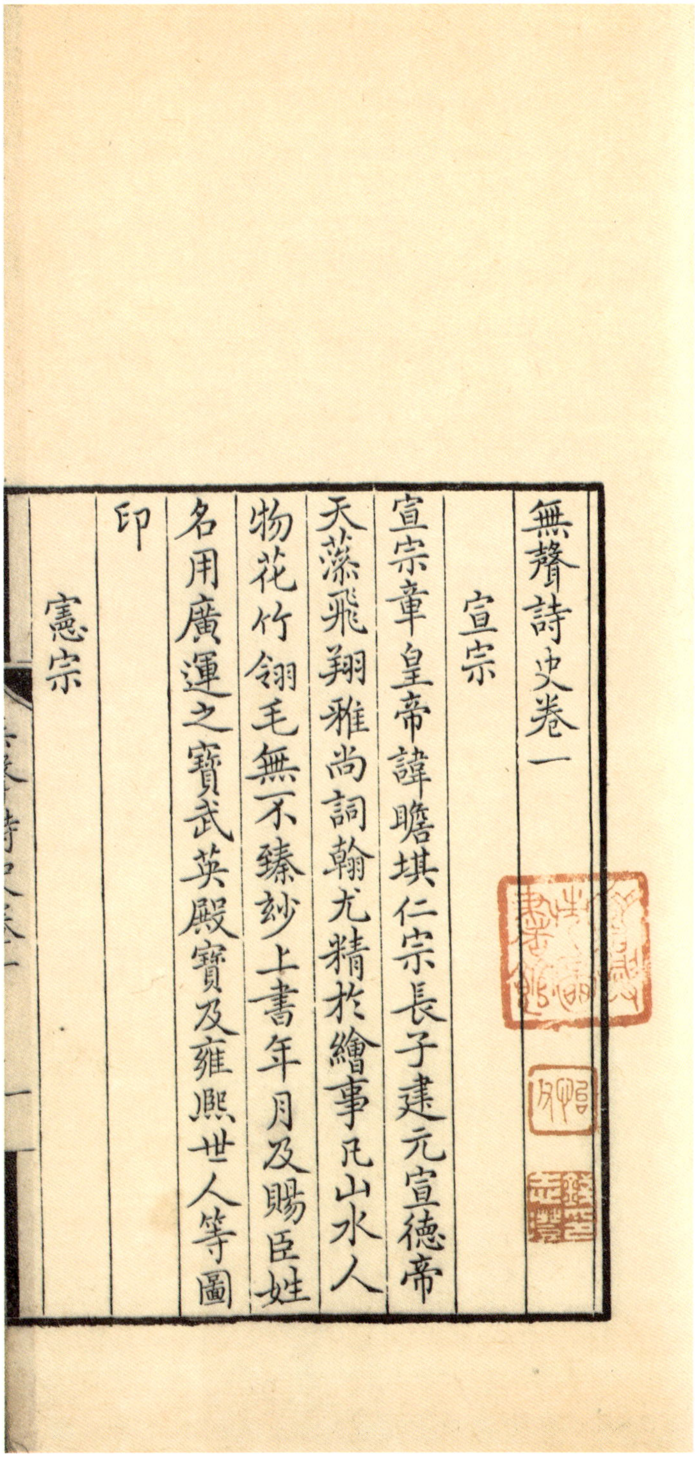

無聲詩史卷一

宣宗

宣宗章皇帝諱瞻基仁宗長子建元宣德帝天藻飛翔雅尚詞翰尤精於繪事凡山水人物花竹翎毛無不臻妙上書年月及賜臣姓名用廣運之寶武英殿寶及雍熙世人等圖印

憲宗

無聲詩史卷一　一

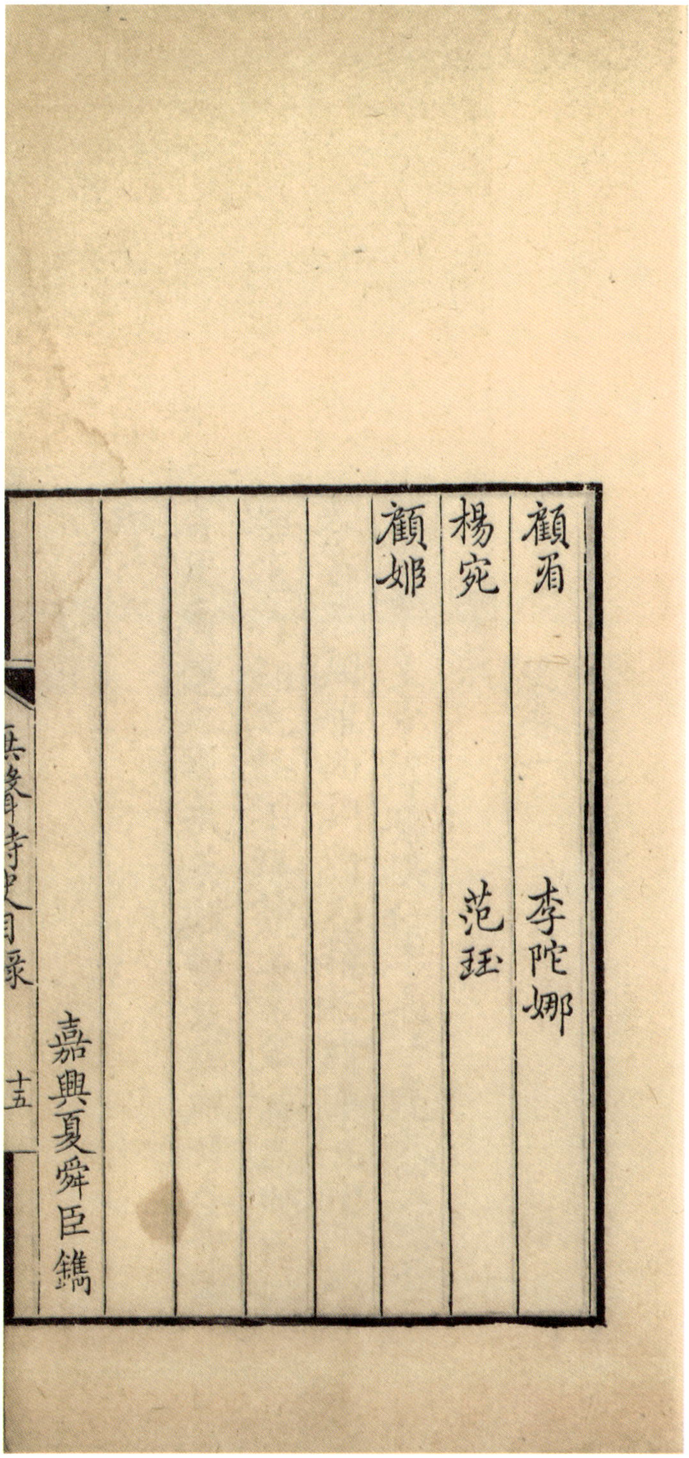

顧湄　李陀娜

楊宛　范珏

顧姒

嘉興夏舜臣鐫

無聲詩史目録　十五

無聲詩史七卷　（清）姜紹書輯　李光瑛跋　清康熙五十九年（1720）觀妙齋刻本

匡高13.9厘米，廣10.2厘米。半葉八行，行十七字，黑口，單魚尾，左右雙邊。有“玉峰周氏珍藏”、“自怡軒”、“錢印志澄”等印。入《中國古籍善本書目》。嘉興市圖書館藏。

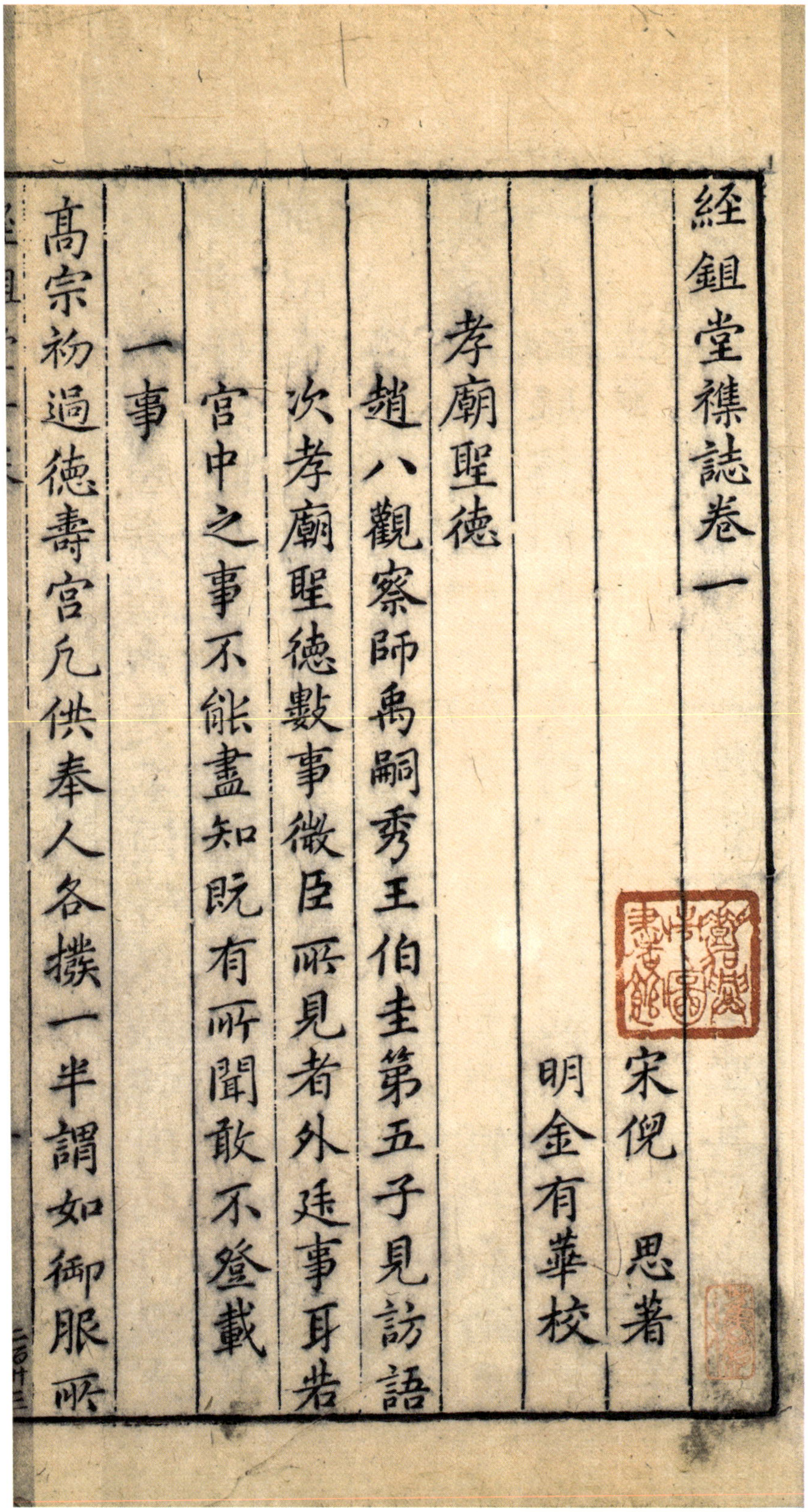
經鉏堂襍誌卷一

宋倪　思著

明金有華校

孝廟聖德

趙八觀察師禹嗣秀王伯圭第五子見訪語次孝廟聖德數事微臣所見者外廷事耳若宮中之事不能盡知既有所聞敢不登載

一事

高宗袝過德壽宮凡供奉人各撲一半謂如御服所

經鉏堂襍誌八卷　（宋）倪思撰　（明）金有華校　明萬曆二十八年（1600）金有華刻本

匡高21.5厘米，廣13.6厘米。半葉九行，行二十字，白口，四周單邊。有“禹功長樂”、“蕉簃”、“丁丑劫餘”、“倪氏家藏”等印。入《中國古籍善本書目》。嘉興市圖書館藏。

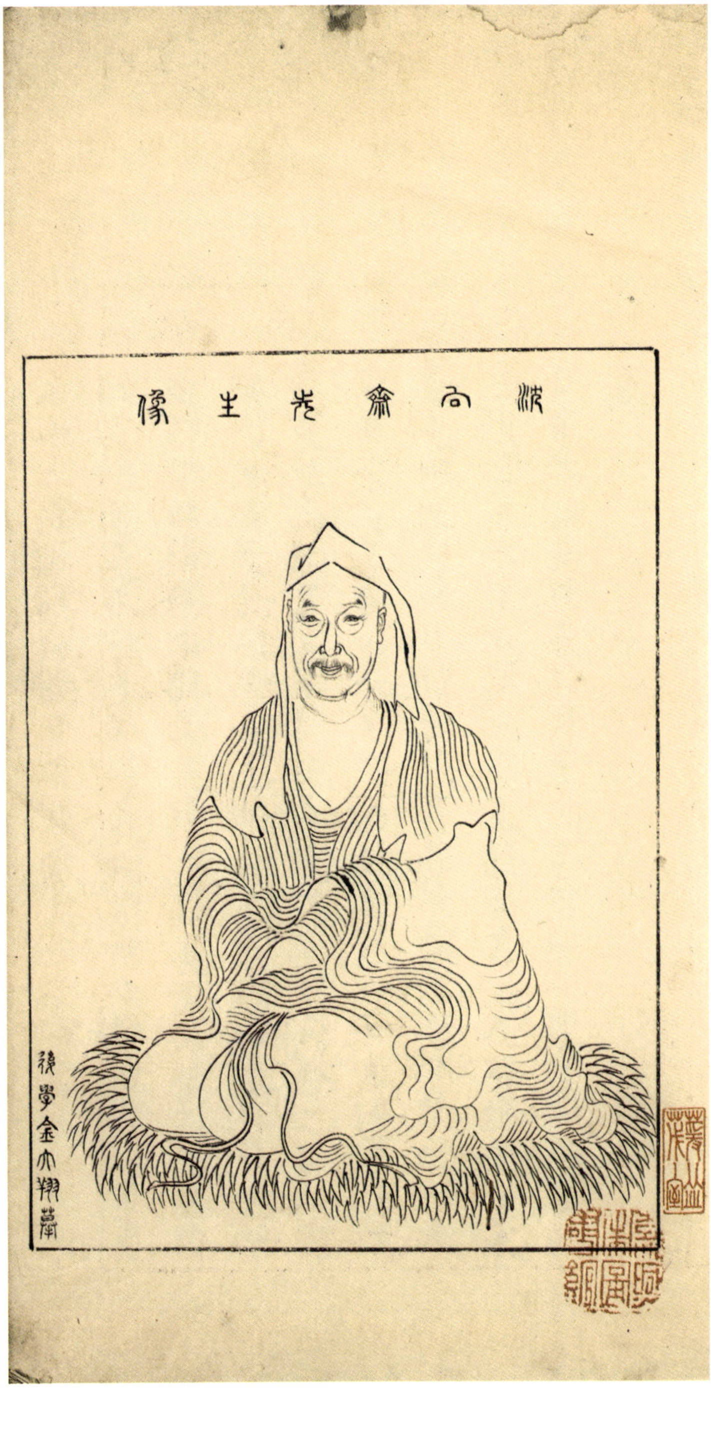

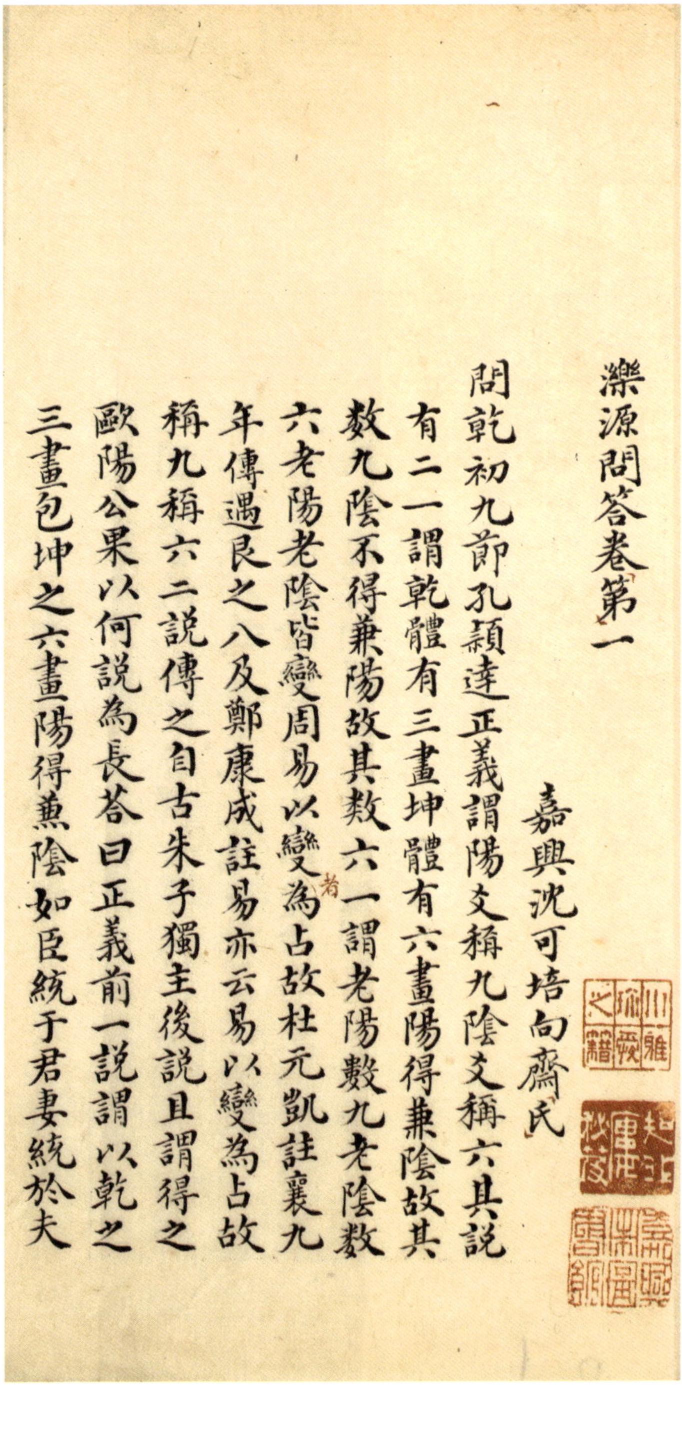

灤源問答卷第一

嘉興沈可培向齋氏

問乾初九節孔穎達正義謂陽爻稱九陰爻稱六其說有二一謂乾體有三畫坤體有六畫陽得兼陰故其数九陰不得兼陽故其數六一謂老陽數九老陰數六老陽老陰皆變周易以變為占故杜元凱註襄九年傳遇艮之八及鄭康成註易亦云易以變為占故稱九稱六二說傳之自古朱子獨主後說且謂得之歐陽公果以何說為長荅曰正義前一說謂以乾之三畫包坤之六畫陽得兼陰如臣統于君妻統於夫

灤源問答十二卷 （清）沈可培撰 （清）祝廷錫校補 清乾隆（1736-1795）稿本

半葉十行，行二十字二十一字不等，無格無匡。有“知非樓所藏書”、“祝廷錫”、“小雅珍愛之籍”、“知非樓秘笈”、“曾爲祝小雅閱”、“小雅六十後作”等印。入《中國古籍善本書目》。嘉興市圖書館藏。

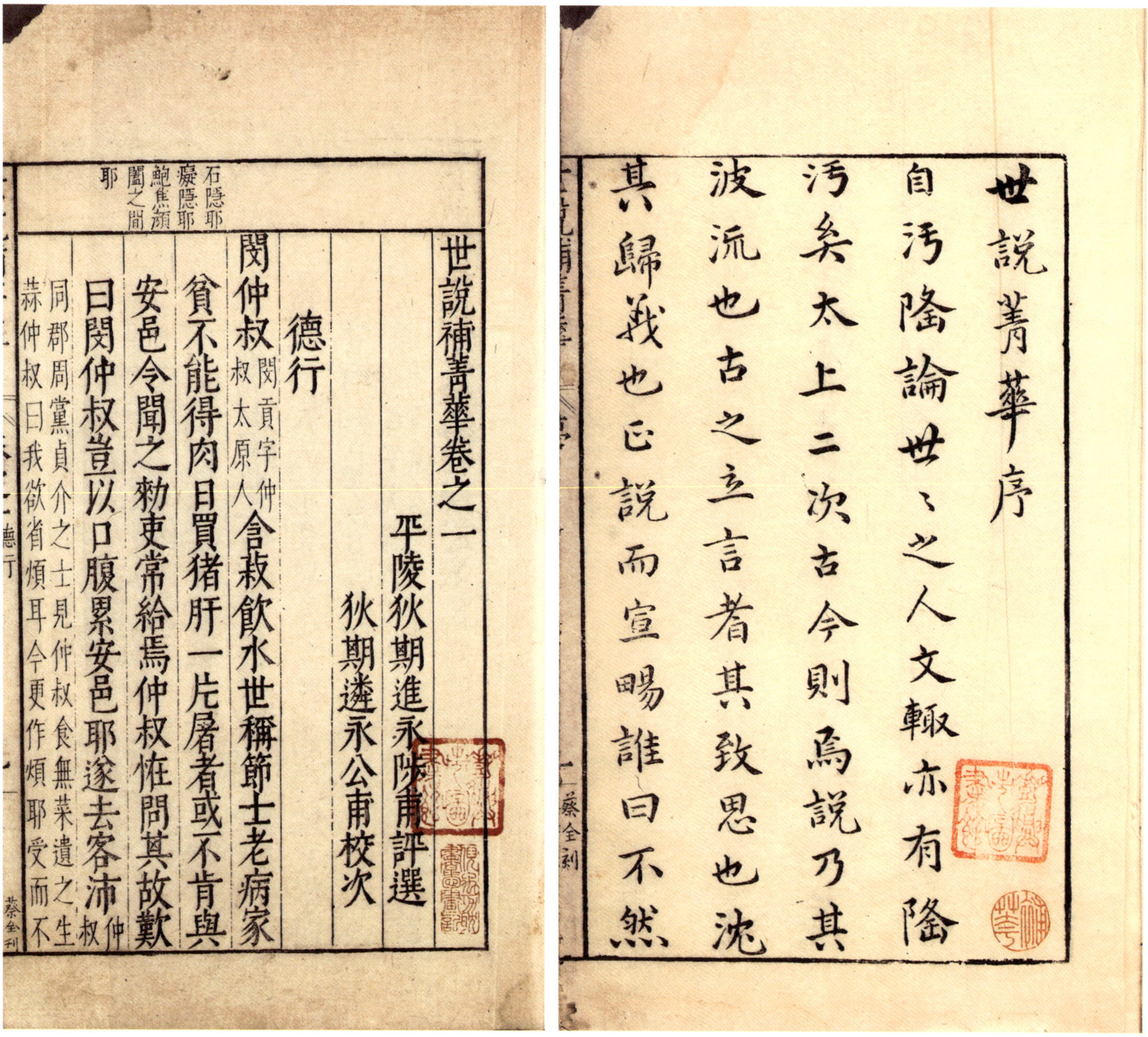

世説補菁華四卷　（明）狄期進評選　明萬曆二十九年（1601）刻本

匡高20.8厘米，廣13.4厘米。半葉九行，行十八字，白口，綫魚尾，四周單邊，有刻工及字數。有“倪禹功耽書愛畫記”、“補華”等印。入《中國古籍善本書目》。嘉興市圖書館藏。

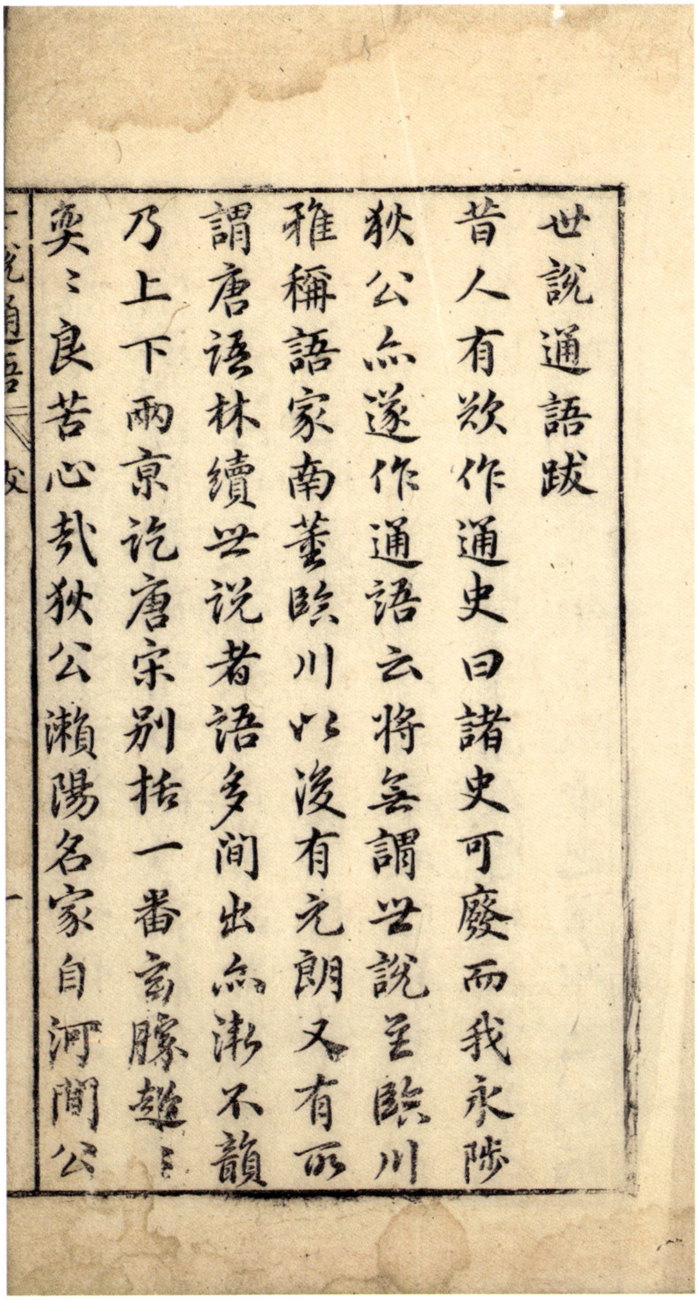

世說通語跋

昔人有欲作通史曰諸史可廢而我永陟狄公亦遂作通語云將無謂世說至臨川雅稱語家南董臨川以後有元朗又有所謂唐語林續世說者語多間出亦漸不韻乃上下兩京訖唐宋別括一番高賸遊〻奕〻良苦心哉狄公瀨陽名家自河間公

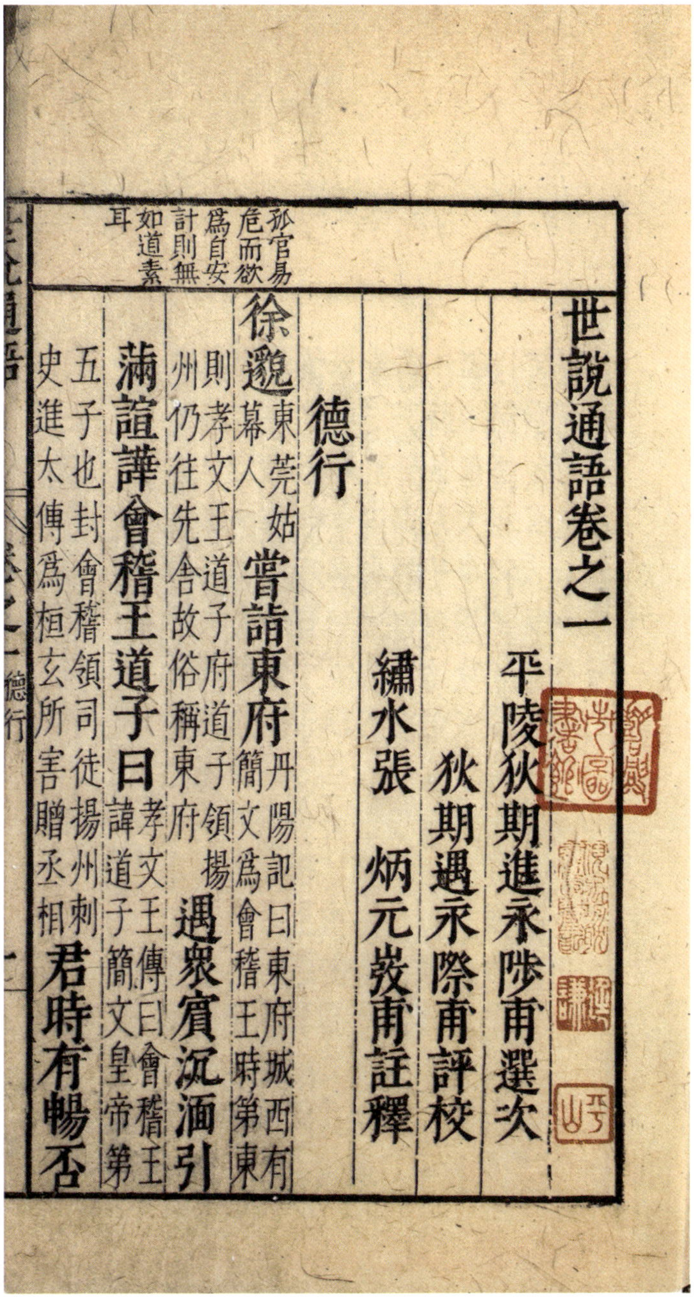

世說通語卷之一

平陵狄期進永陟甫選次

狄期遇永際甫評校

繡水張炳元茇甫詮釋

德行

徐邈東莞姑幕人嘗詣東府丹陽記曰東府城西有簡文爲會稽王時第東則孝文王道子府道子領揚州仍往先舍故俗稱東府遇衆賓沉湎引滿諠譁會稽王道子曰孝文王傳曰會稽王諱道子簡文皇帝第五子也封會稽領司徒揚州刺史進太傅爲桓玄所害贈丞相君時有暢否

孫官易危而欲爲自安計則無如道素耳

世說通語四卷 （明）狄期進評選　明萬曆三十五年（1607）刻本

匡高20.8厘米，廣13.4厘米。半葉九行，行十八字，白口，綫魚尾，四周單邊。有“倪禹功耽書愛畫記”、“補華”等印。入《中國古籍善本書目》。嘉興市圖書館藏。

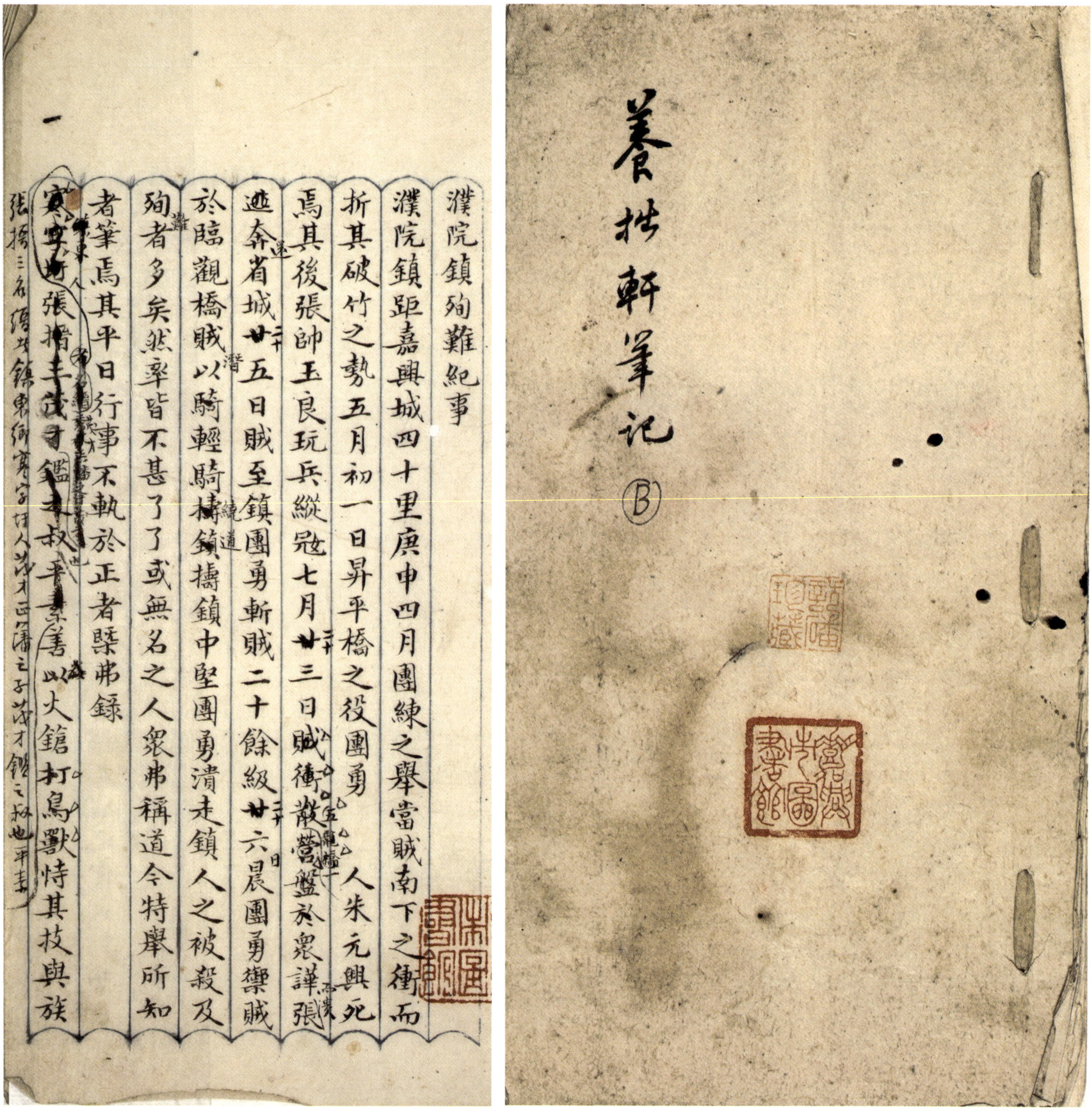

養拙軒筆記不分卷　（清）沈梓撰　清咸豐十年至同治三年（1860-1864）稿本

用紙甚雜，行字不一，無格無匡。有“訪礌珍藏”等印。入《中國古籍善本書目》。嘉興市圖書館藏。

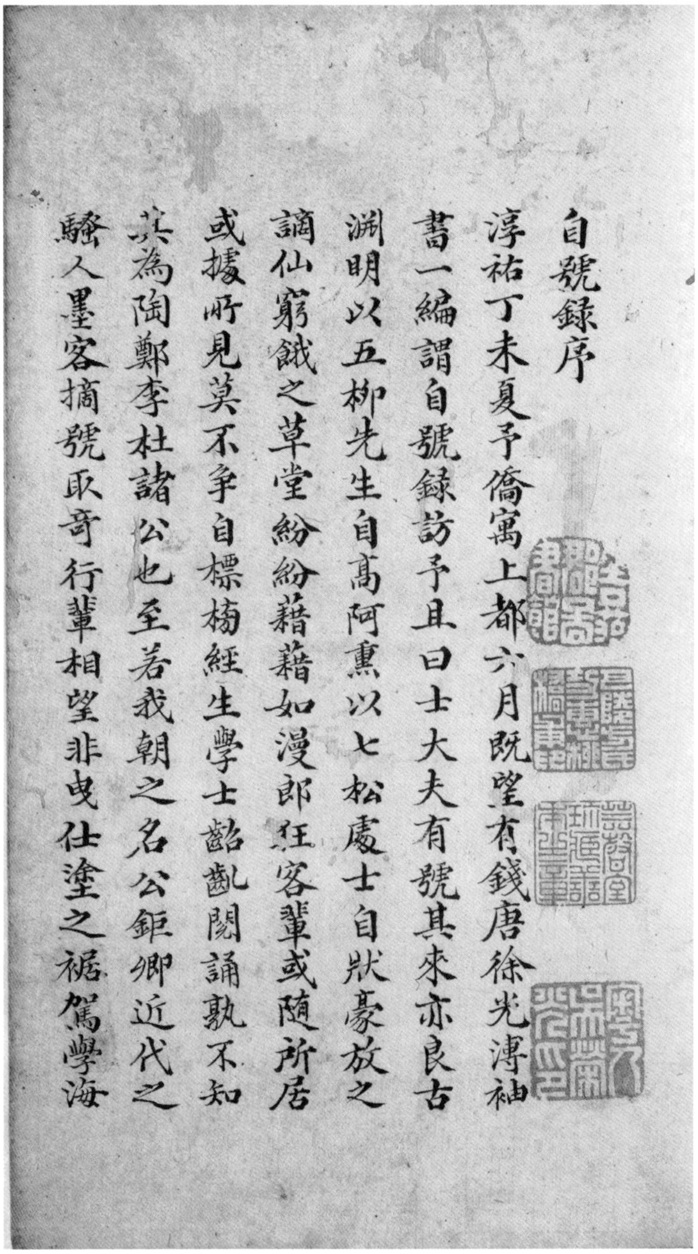

自號録序
淳祐丁未夏予僑寓上都六月既望有錢唐徐光溥袖
書一編謂自號録訪予且曰士大夫有號其來亦良古
淵明以五柳先生自高阿熏以七松處士自狀豪放之
謫仙窮餓之草堂紛紛藉藉如漫郎狂客輩或隨所居
或據所見莫不爭自標榜經生學士齬齕閱誦孰不知
其爲陶鄭李杜諸公也至若我朝之名公鉅卿近代之
騷人墨客摘號取奇行輩相望非曳仕塗之裾篤學海

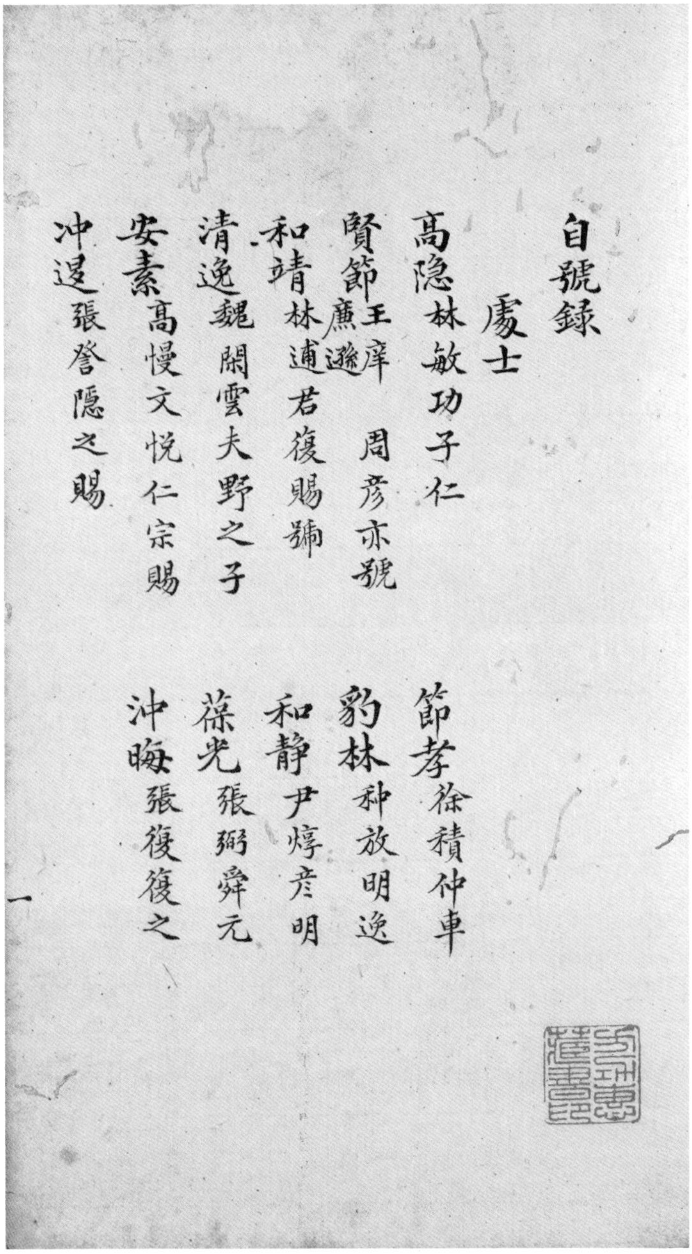

自號録
處士
高隱林敏功子仁　節孝徐積仲車
賢節廉遜王庠周彥亦號　豹林种放明逸
和靖林逋君復賜諡　和靜尹焞彥明
清逸魏閑雲夫野之子　葆光張弼舜元
安素高慢文悅仁宗賜　沖晦張復復之
沖退張譽隱之賜
一

自號録一卷（宋）徐光溥撰　清鈔本

半葉八行，每行字數不等，無格無匡。有“粵人吳榮光印“、“巴陵方氏功惠柳橋甫印”、“芸馨堂珍藏善本之章”、“方功惠藏書印”、“吳氏筠清館所藏書畫”、“方柳橋家藏本”、“曾在吳石雲處”等印。入《中國古籍善本書目》。嘉興市圖書館藏。

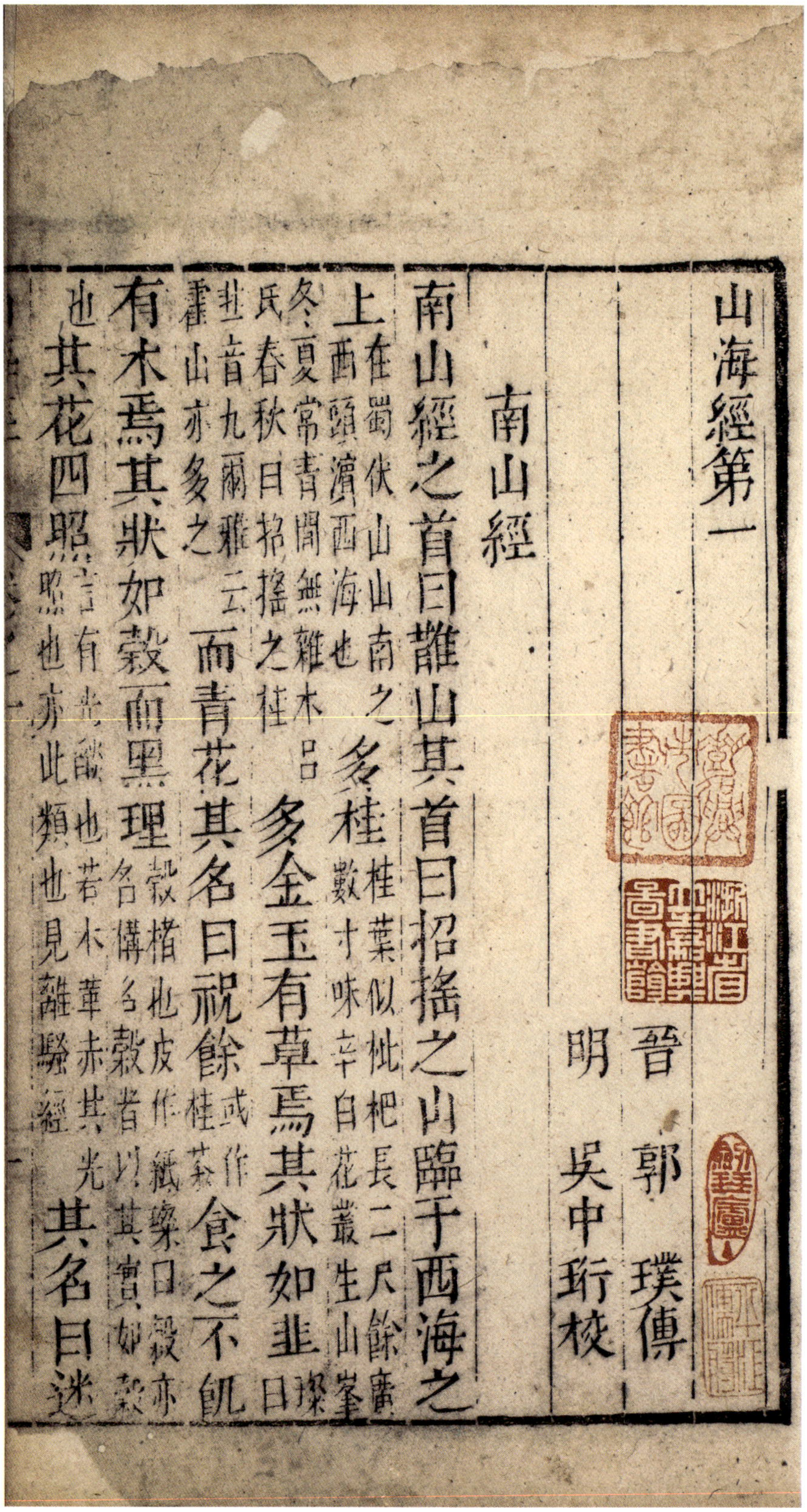

山海經第一
晉　郭璞傳
明　吳中珩校
南山經
南山經之首曰䧿山其首曰招搖之山臨于西海之上在蜀伏山山南之西頭濱西海也多桂桂葉似枇杷長二尺餘廣數寸味辛白花叢生山峯冬夏常青閒無雜木呂氏春秋曰招搖之桂多金玉有草焉其狀如韭璨曰韭音九爾雅云藿山亦多之而青花其名曰祝餘或作桂荼食之不飢有木焉其狀如穀而黑理穀楮也皮作紙璨曰穀亦名構名穀者以其實如穀也其花四照言有光燄也若木華赤其光照也亦此類也見離騷經其名曰迷

山海經十八卷　（晉）郭璞傳　（明）吳中珩校　明刻本

匡高19.4厘米，廣13.6厘米。半葉十行，行二十字，小字雙行同，白口，單魚尾，左右雙邊。有“鴛湖顧氏珍藏”、“劍琴廬主”、“讀書臺餘蔭”、“平江儒將”等印。入《中國古籍善本書目》。嘉興市圖書館藏。

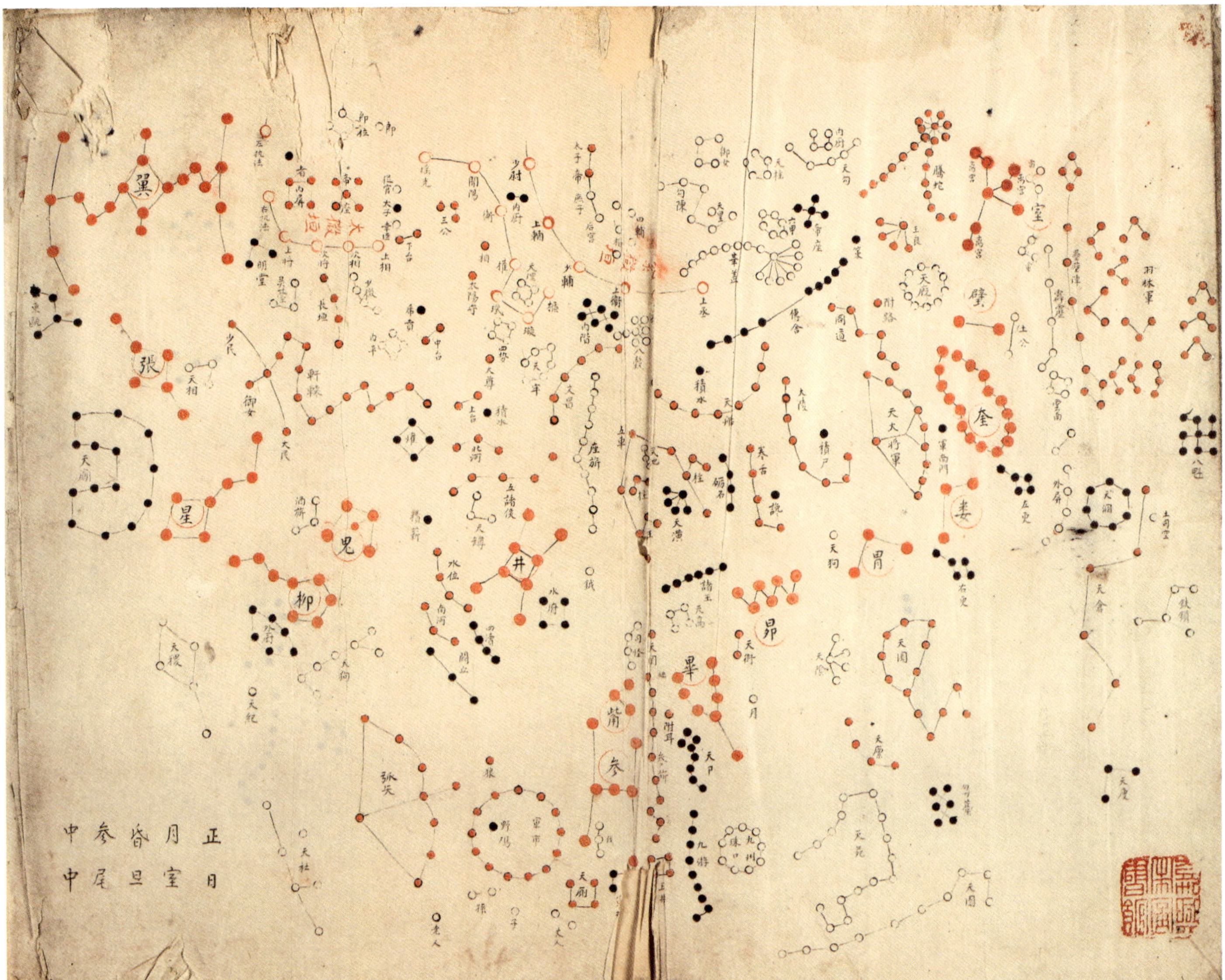

周年星盤指掌圖十二幅 （清）佚名繪 清初朱墨手繪本

此書朱墨精繪周年十二個月的星象位置圖十二幅，無邊無匡。書名自擬。嘉興市圖書館藏。

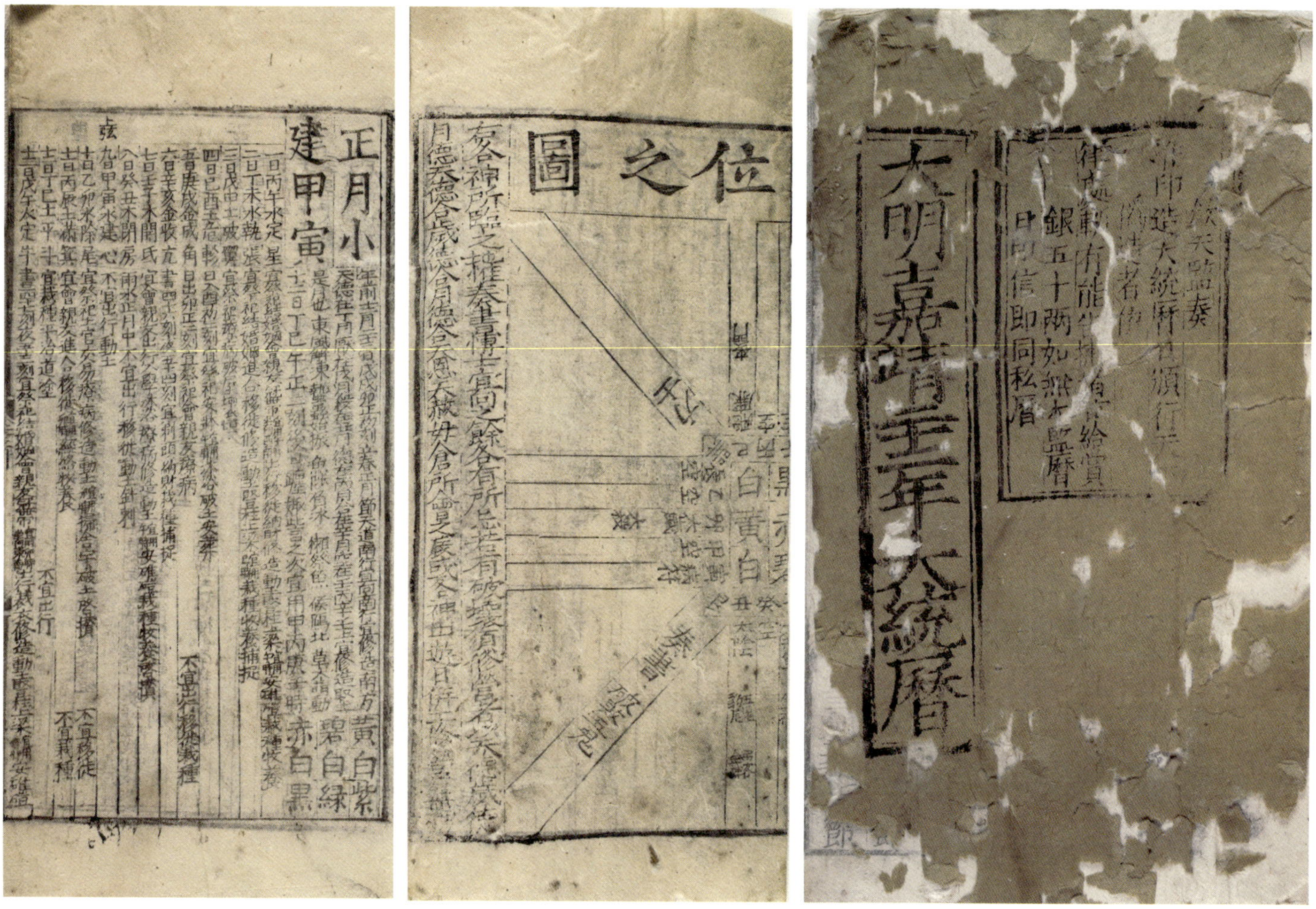

大明嘉靖二十二年癸卯甲辰大統曆一卷 明嘉靖（1522–1566）欽天監刻本

匡高25.5厘米，廣13.9厘米。半葉十七行，黑口，左右雙邊。嘉興博物館藏。

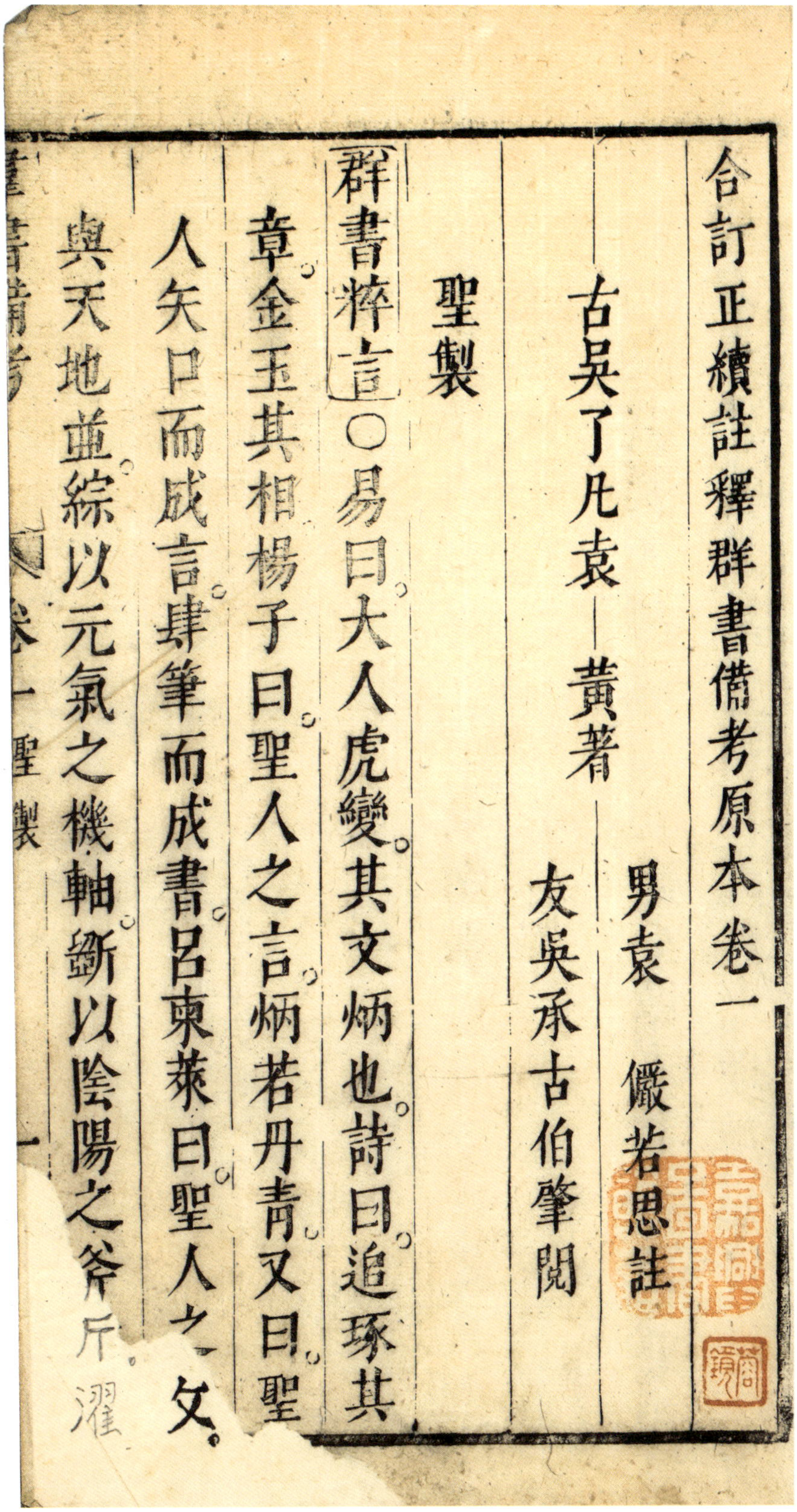
合訂正續註釋群書備考原本卷一
古吳了凡袁　黄著　男袁　儼若思註
友吳承古伯肇閱
聖製
群書粹言○易曰大人虎變其文炳也詩曰追琢其
章金玉其相楊子曰聖人之言炳若丹青又曰聖
人矢口而成言肆筆而成書呂東萊曰聖人之文
與天地並綜以元氣之機軸斲以陰陽之斧斤
群書備考　卷一　聖製　一

合訂正續註釋群書備考原本八卷　（明）袁黄撰　袁儼註　明末刻本

匡高20.9厘米，廣12.5厘米。半葉八行，行二十字，白口，四周單邊，單魚尾。有“蓉鏡”等印。入《中國古籍善本書目》。嘉興市圖書館藏。

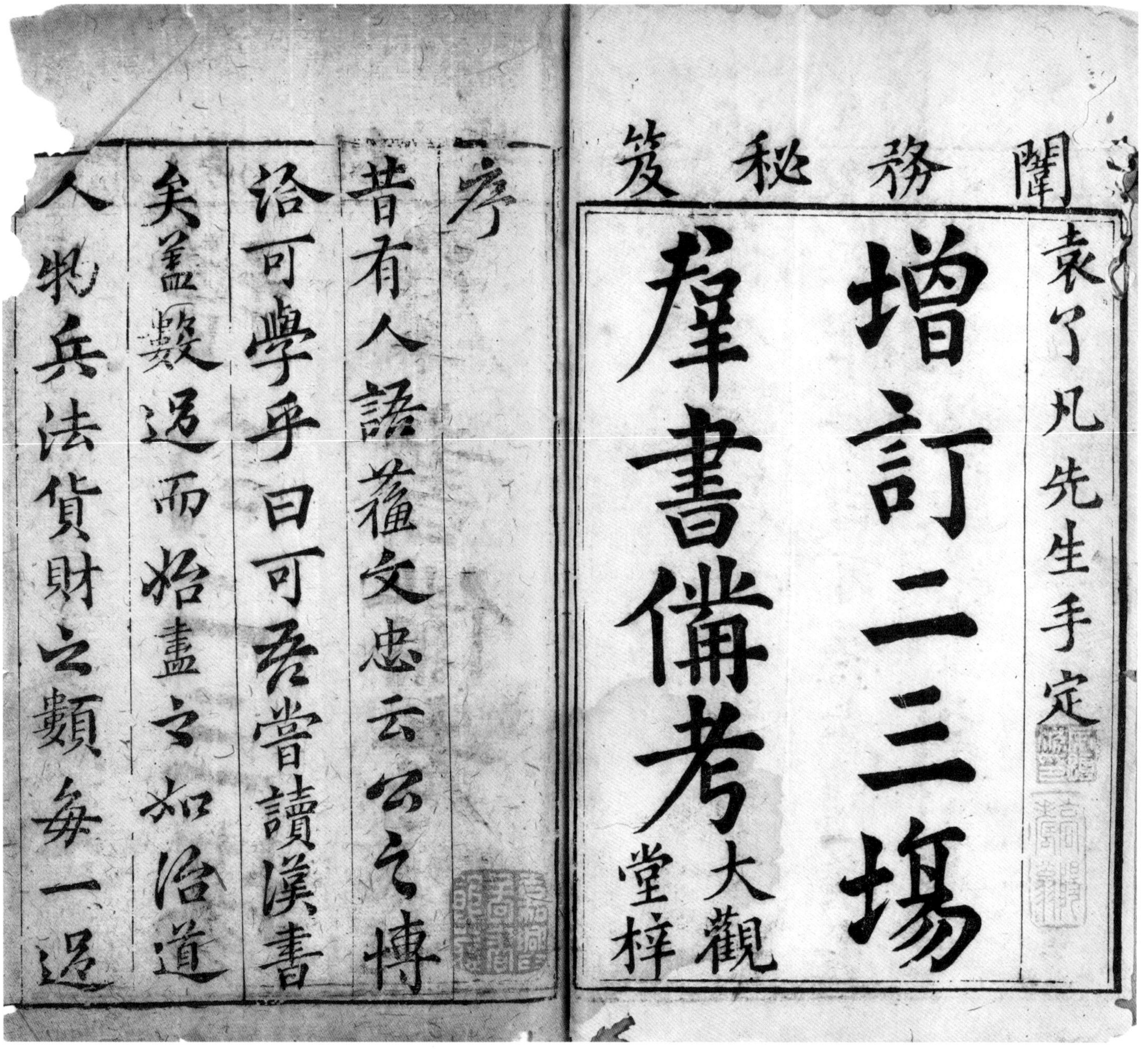
闈務秘笈
袁了凡先生手定
增訂二三場
群書備考
大觀堂梓

序
昔有人語薀文忠云公之博
洽可學乎曰可吾嘗讀漢書
矣蓋數過而始盡之如治道
人物兵法貨財之類每一過

增訂二三場群書備考四卷 （明）袁黄撰　袁儼注　明崇禎（1628-1644）大觀堂刻本

匡高20.9 厘米，廣14.1厘米。半葉九行，行二十一字，白口，四周單邊，單魚尾。有“崇實堂”、“高陽壽翁” 等印。入《中國古籍善本書目》。嘉興市圖書館藏。

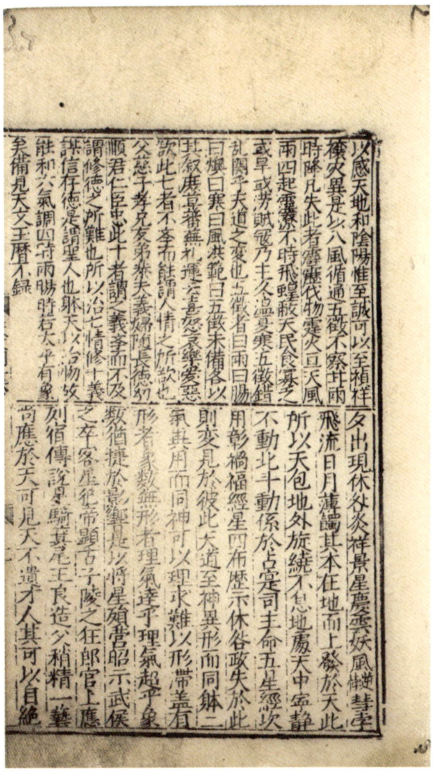

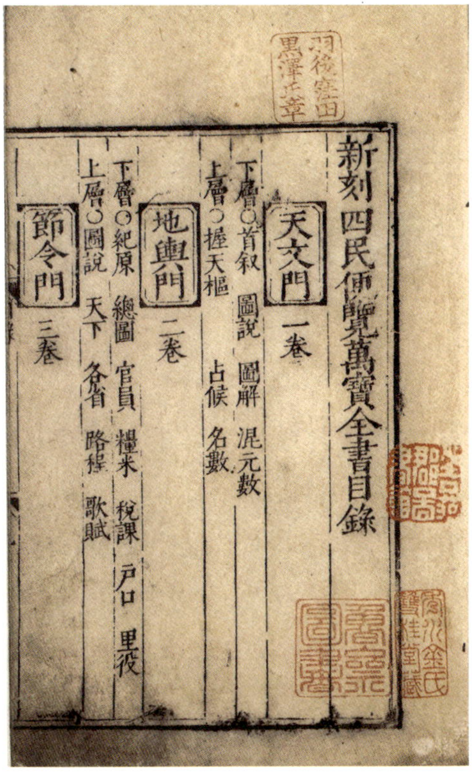
新刻四民便覽萬寶全書目錄

天文門 一卷
下層○首叙 圖說 圖解 混元數
上層○握天樞 占候 名數

地輿門 二卷
下層○紀原 總圖 官員 糧米 稅課 戶口 里役
上層○圖說 天下 各省 路程 歌賦

節令門 三卷

新刻天下四民便覽萬寶全書三十二卷 （明）周文煥　周文煒輯　明萬曆（1573-1620）萬卷樓刻本

匡高19.3厘米，廣12.1厘米。上下兩欄，半葉上欄十五行，行十五字，下欄十二行，字數不等，四周雙邊。有“秀水金氏雙桂堂藏”、“羽後窪田黑澤氏章”、“魯齋”等印。入《中國古籍善本書目》。嘉興市圖書館藏。存三十一卷。

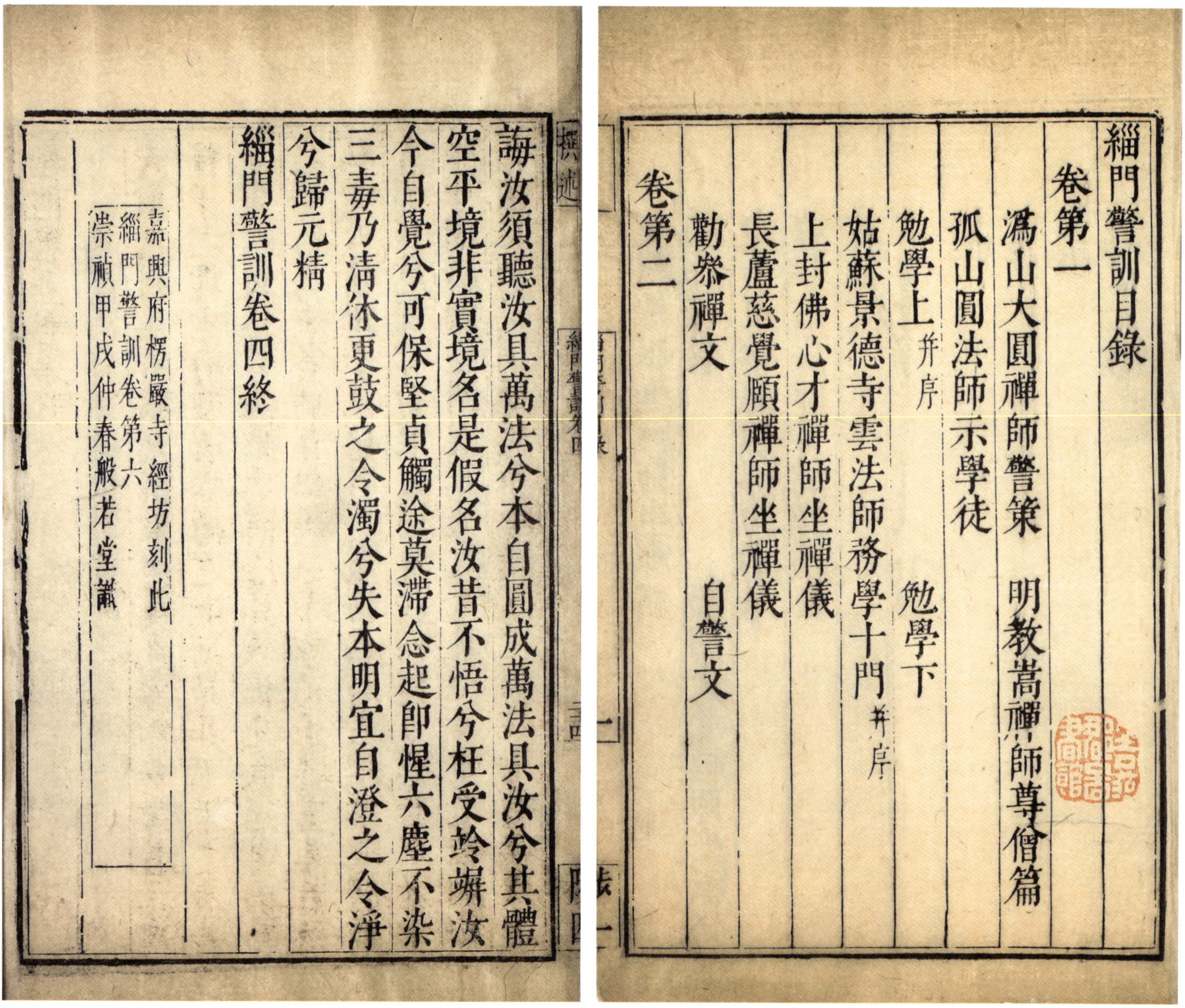

緇門警訓目錄

卷第一

潙山大圓禪師警策　明教嵩禪師尊僧篇

孤山圓法師示學徒

勉學上并序　勉學下

姑蘇景德寺雲法師務學十門并序

上封佛心才禪師坐禪儀

長蘆慈覺賾禪師坐禪儀

勸叅禪文　自警文

卷第二

緇門警訓目錄　一

誨汝須聽汝具萬法兮本自圓成萬法具汝兮其體空平境非實境名是假名汝昔不悟兮枉受竛竮汝今自覺兮可保堅貞觸途莫滯念起卽惺六塵不染三毒乃清休更鼓之令濁兮失本明宜自澄之令淨兮歸元精

緇門警訓卷四終

嘉興府楞嚴寺經坊刻此
緇門警訓卷第六
崇禎甲戌仲春般若堂識

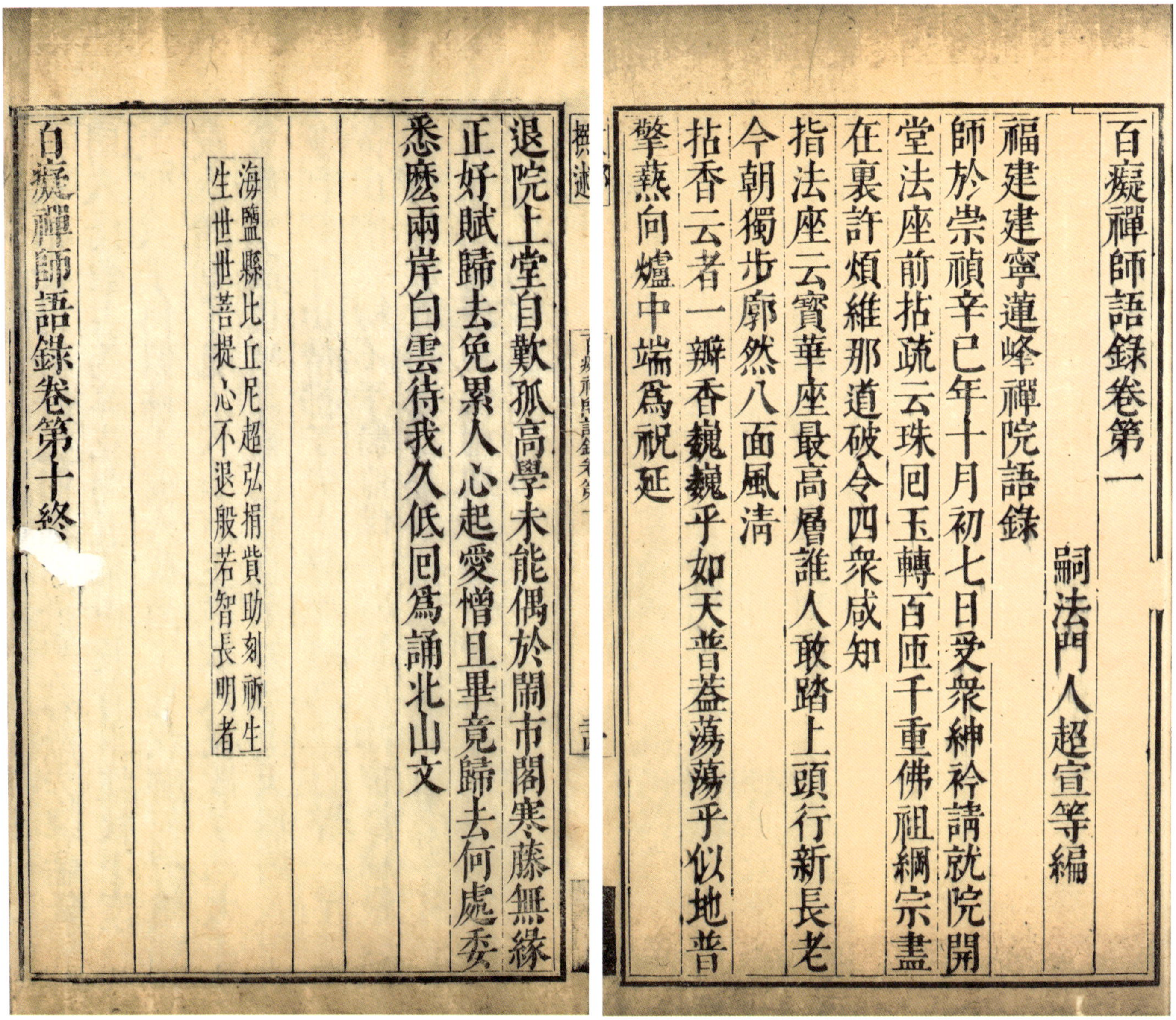

百癡禪師語錄卷第一

嗣法門人超宣等編

福建建寧蓮峰禪院語錄

師於崇禎辛巳年十月初七日受衆紳衿請就院開堂法座前拈疏云珠回玉轉百匝千重佛祖綱宗盡在裏許煩維那道破令四衆咸知

指法座云寶華座最高層誰人敢踏上頭行新長老今朝獨步廓然八面風清

拈香云者一瓣香巍巍乎如天普蓋蕩蕩乎似地普擎爇向爐中端爲祝延

退院上堂自歎孤高學未能偶於鬧市閣寒藤無緣正好賦歸去免累人心起愛憎且畢竟歸去何處委悉歷兩岸白雲待我久低回爲誦北山文

海鹽縣比丘尼超弘捐貲助刻祈生生世世菩提心不退般若智長明者

百癡禪師語錄卷第十終

嘉興藏一萬二千六百餘卷 明萬曆十七年至清康熙四十六年（1589-1707）刻本

匡高22.7厘米，廣14.8厘米。半葉十行，行二十字，下闊黑口，四周雙邊，有書耳。嘉興市圖書館藏。

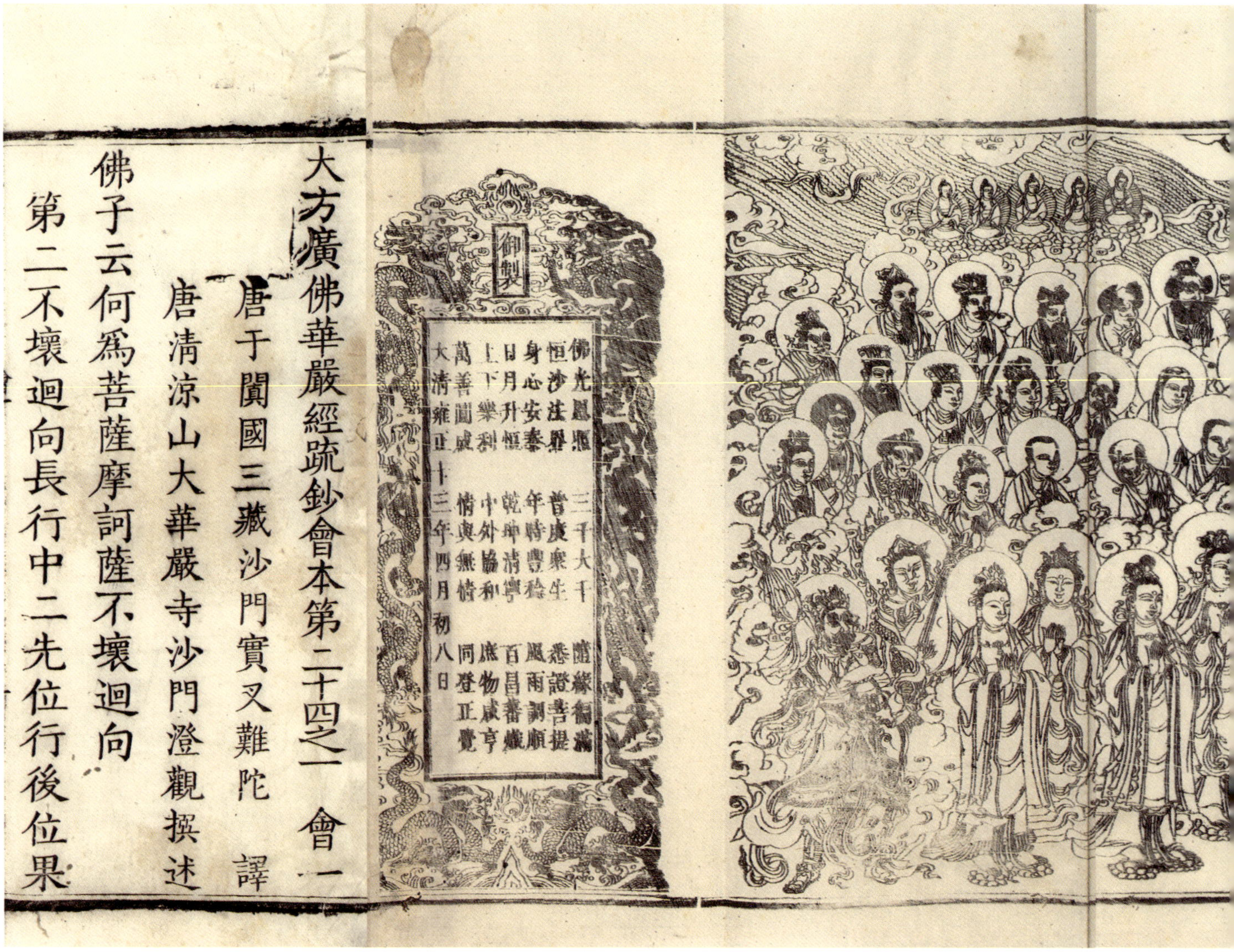

御製

佛光普照 三千大千 塵緣徧滿
恒沙法界 普度衆生 悉證菩提
身心安泰 年時豐稔 風雨調順
日月升恒 乾坤清寧 百昌蕃熾
上下樂利 中外協和 庶物咸亨
萬善圓成 情與無情 同登正覺
大清雍正十三年四月初八日

大方廣佛華嚴經疏鈔會本第二十四之一 會一

唐于闐國三藏沙門實叉難陀 譯

唐清涼山大華嚴寺沙門澄觀撰述

佛子云何爲菩薩摩訶薩不壞迴向

第二不壞迴向長行中二先位行後位果

乾隆大藏經七千一百六十七卷 清雍正十一年至乾隆三年（1733-1738）刻本

經折裝。書高33.6厘米，寬12.8厘米，五行十七字，上下雙邊。第一批國家珍貴古籍名録號01966。嘉興市圖書館藏。存五千三百七十三册。

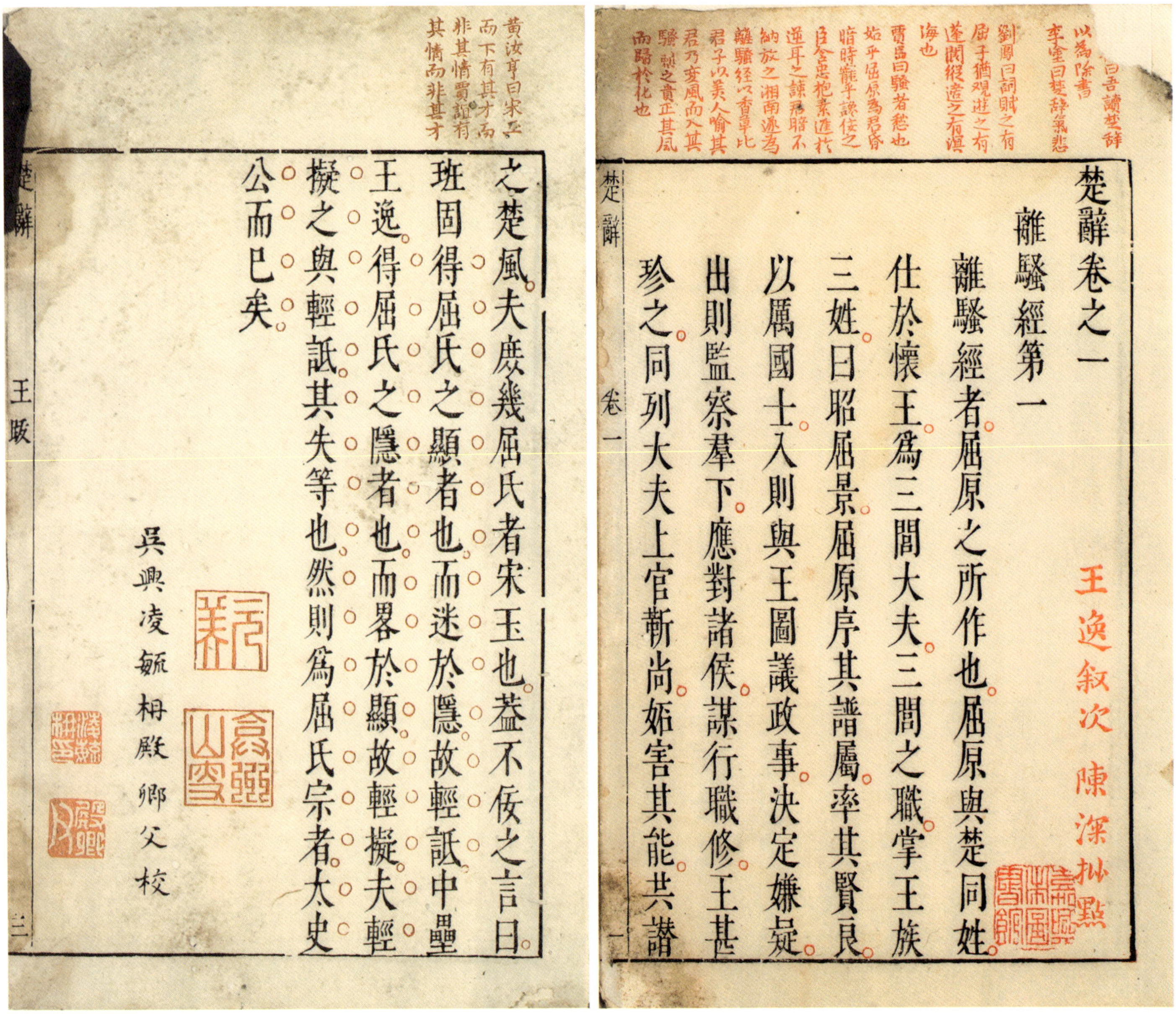

楚辭十七卷附録一卷　（漢）王逸章句　（明）陳深批點　凌毓枏校　明萬曆二十八年（1600）吳興凌毓枏刻朱墨套印本

匡高21.7厘米，廣14.8厘米。半葉八行，行十八字，白口，四周單邊。入《中國古籍善本書目》。第一批國家珍貴古籍名録號02002。嘉興市圖書館藏。

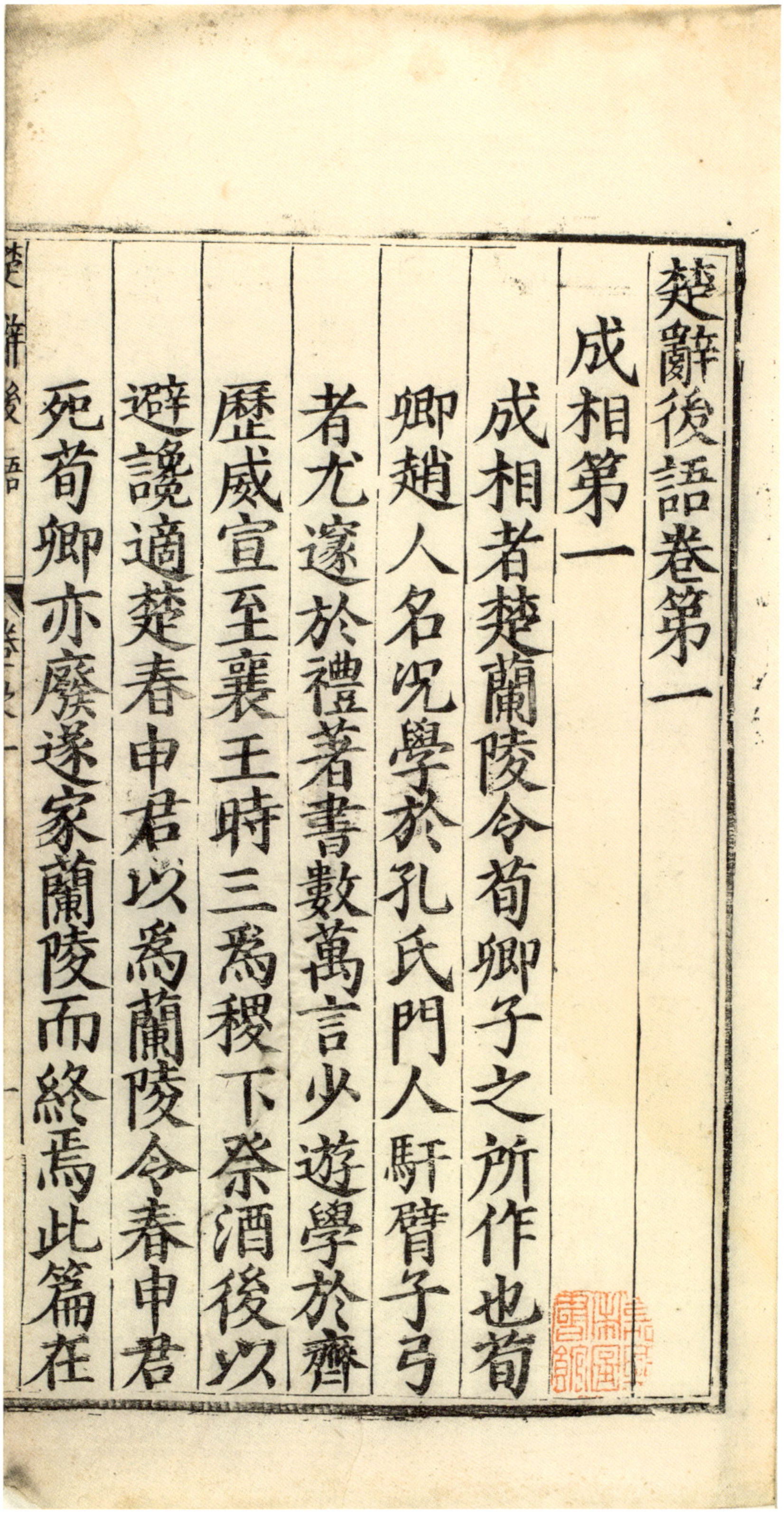
楚辭後語卷第一

成相第一

成相者楚蘭陵令荀卿子之所作也荀卿趙人名况學於孔氏門人馯臂子弓者尤邃於禮著書數萬言少遊學於齊歷威宣至襄王時三爲稷下祭酒後以避讒適楚春申君以爲蘭陵令春申君死荀卿亦廢遂家蘭陵而終焉此篇在

楚辭集註八卷楚辭辯證二卷楚辭後語六卷 （宋）朱熹輯　明萬曆二十五年（1597）吉府刻本

匡高25厘米，廣16厘米。半葉八行，行十七字，小字雙行同，白口，單魚尾，四周雙邊。有“王氏家藏”印。入《中國古籍善本書目》。嘉興市圖書館藏。存《楚辭後語》六卷。

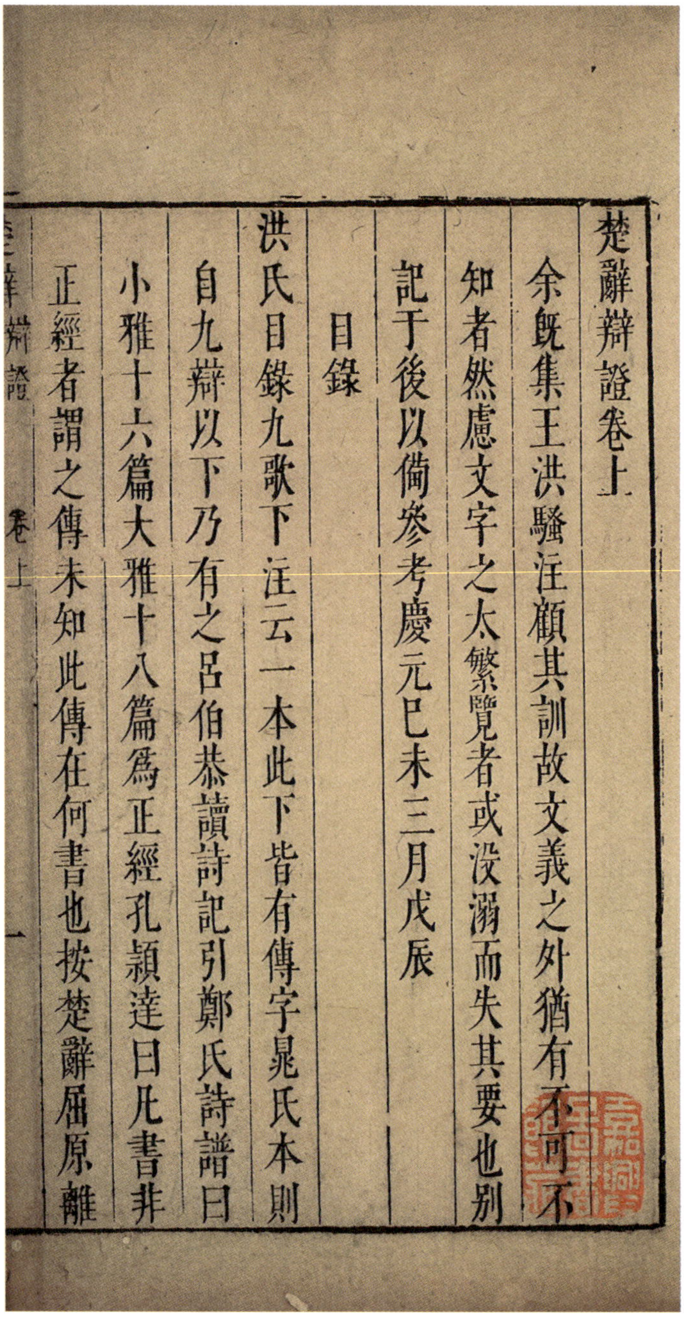
楚辭辯證卷上
余既集王洪騷注顧其訓故文義之外猶有不可不
知者然慮文字之太繁覽者或没溺而失其要也別
記于後以備參考慶元己未三月戊辰
目錄
洪氏目錄九歌下注云一本此下皆有傳字晁氏本則
自九辯以下乃有之呂伯恭讀詩記引鄭氏詩譜曰
小雅十六篇大雅十八篇爲正經孔穎達曰凡書非
正經者謂之傳未知此傳在何書也按楚辭屈原離
楚辭辯證　卷上　一

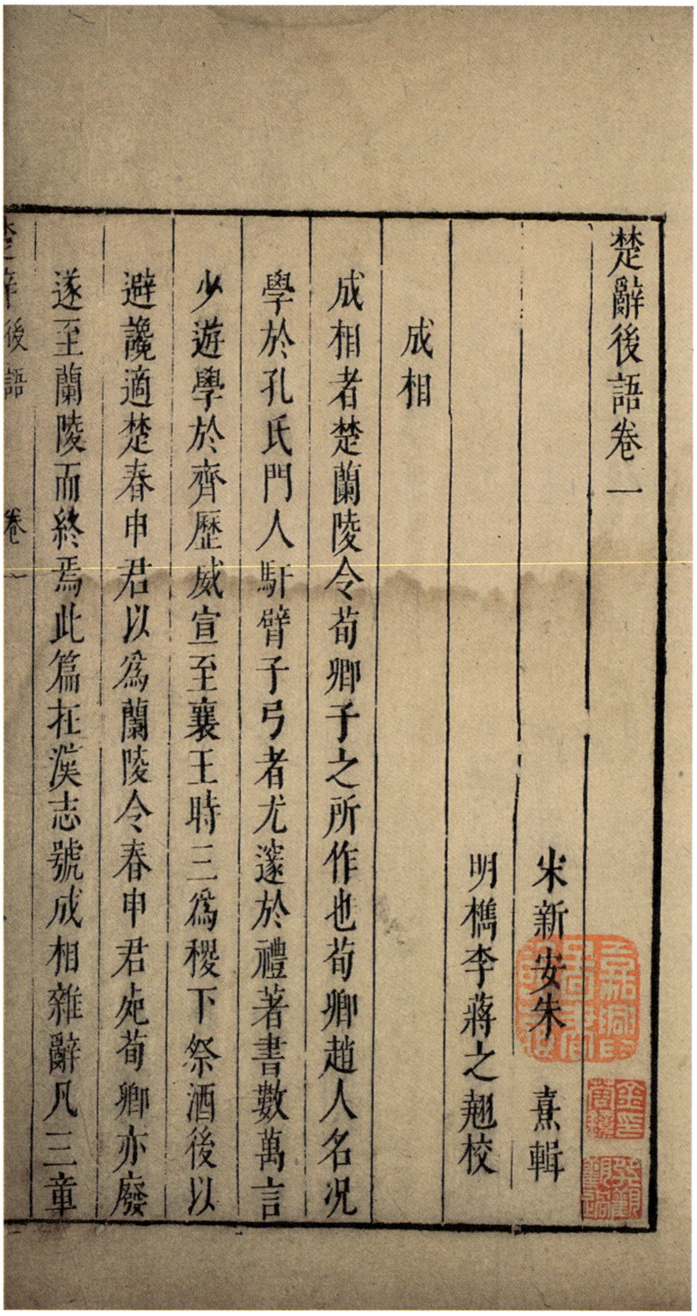
楚辭後語卷一
宋新安朱　熹輯
明檇李蔣之翹校
成相
成相者楚蘭陵令荀卿子之所作也荀卿趙人名况
學於孔氏門人馯臂子弓者尤邃於禮著書數萬言
少遊學於齊歷威宣至襄王時三爲稷下祭酒後以
避讒適楚春申君以爲蘭陵令春申君死荀卿亦廢
遂至蘭陵而終焉此篇在漢志號成相雜辭凡三章
楚辭後語　卷一

楚辭集註八卷楚辭後語八卷楚辭辯證二卷楚辭附覽二卷　（宋）朱熹撰　（明）蔣之翹補輯並校　明天啟六年（1626）刻本

匡高20.5厘米，廣13.7厘米。半葉九行，行二十一字，白口，四周單邊。有“香嚴”、“金蓉鏡印”、“巽觀觀過”印。入《中國古籍善本書目》。嘉興市圖書館藏。存《楚辭後語》八卷、《楚辭辯證》二卷、《楚辭附覽》二卷。

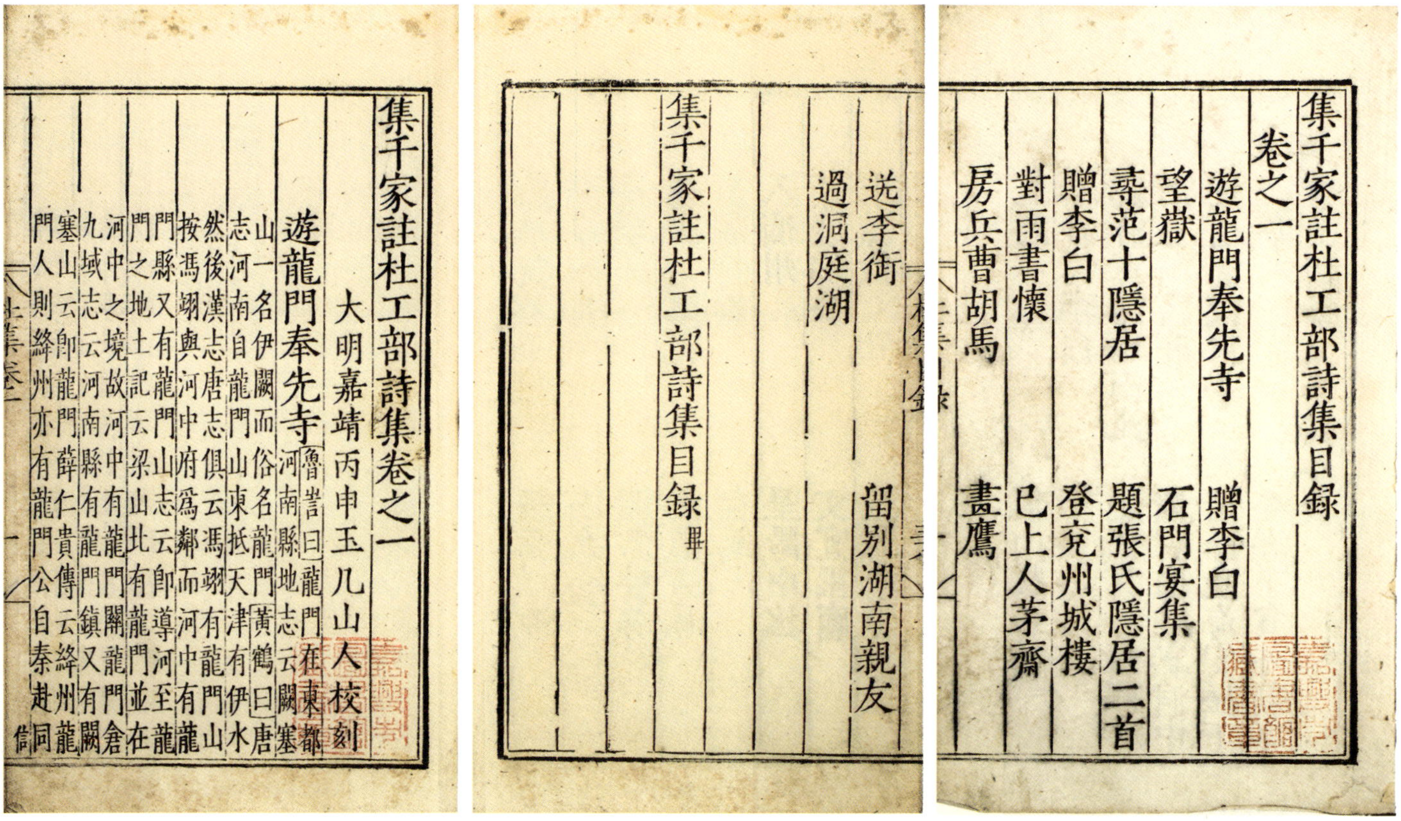

集千家註杜工部詩集二十卷文集二卷附録一卷 （唐）杜甫撰 （宋）黃鶴補註 明嘉靖十五年（1536）玉几山人刻本

匡高22.1厘米，廣14.2厘米。半葉八行，行十七字，小字雙行同，白口，四周雙邊。入《中國古籍善本書目》。第一批國家珍貴古籍名録號02024。嘉興市圖書館藏。

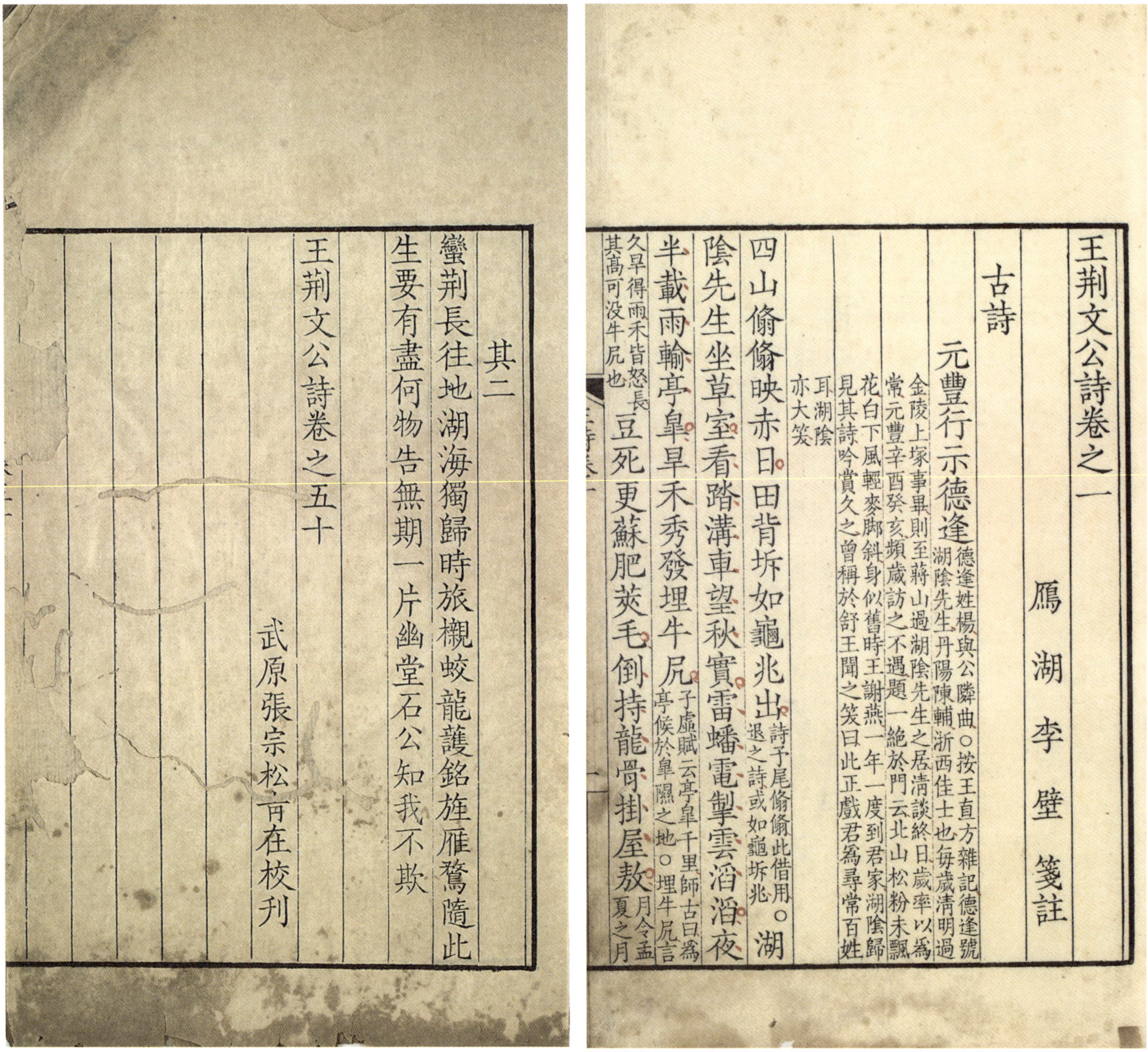
王荆文公詩卷之一

鴈湖李壁箋註

古詩

元豐行示德逢德逢姓楊與公隣曲○按王直方雜記德逢號湖陰先生丹陽陳輔浙西佳士也每歲清明過金陵上冢事畢則至蔣山過湖陰先生之居清談終日歲率以爲常元豐辛酉癸亥頻歲訪之不遇題一絶於門云北山松粉未飄花白下風輕麥脚斜身似舊時王謝燕一年一度到君家湖陰歸見其詩吟賞久之曾稱於舒王聞之笑曰此正戲君爲尋常百姓耳湖陰亦大笑

四山翛翛映赤日田背坼如龜兆出詩子尾翛翛此借用○退之詩或如龜坼兆湖陰先生坐草室看踏溝車望秋實雷蟠電掣雲滔滔夜半載雨輸亭皐旱禾秀發埋牛尻子虛賦云亭皐千里師古曰爲亭候於皐隰之地○埋牛尻言久旱得雨禾皆怒長其高可没牛尻也豆死更蘇肥莢毛倒持龍骨掛屋敖月令孟夏之月

其二

巒荆長往地湖海獨歸時旅櫬蛟龍護銘旌雁鶩隨此生要有盡何物告無期一片幽堂石公知我不欺

王荆文公詩卷之五十

武原張宗松青在校刊

王荆文公詩五十卷　（宋）王安石撰　李壁箋註　清乾隆六年（1741）海鹽張宗松清綺齋刻本

匡高18.9厘米，廣14.2厘米。半葉十一行，行二十一字，小字雙行三十一字，細黑口，單魚尾，左右雙邊。有“嘉興太守善化許公雪門藏書”等印。入《中國古籍善本書目》。嘉興市圖書館藏。

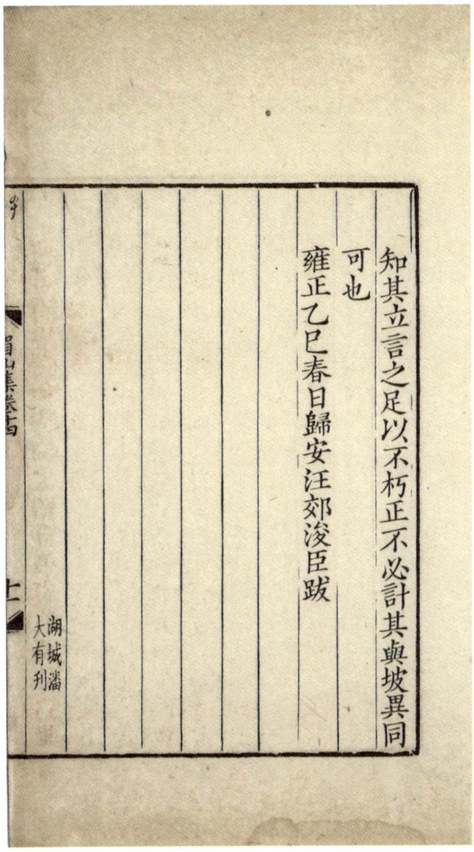
知其立言之足以不朽正不必計其與坡異同
可也
雍正乙巳春日歸安汪郊浚臣跋
湖城灊大有刊

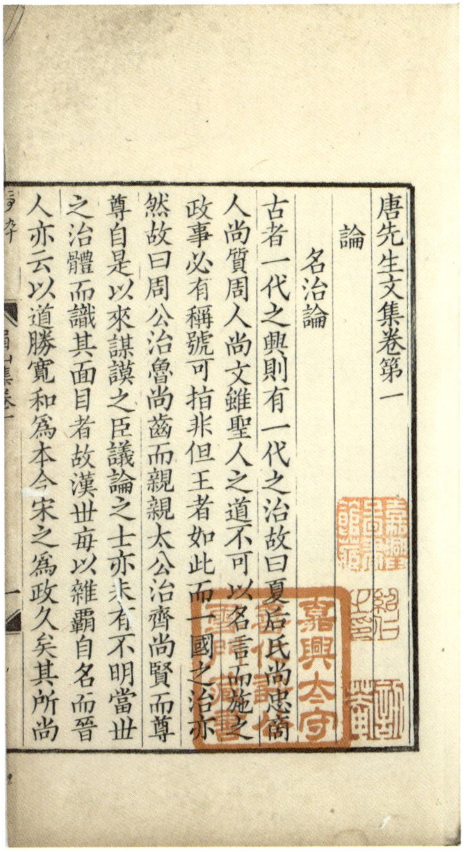
唐先生文集卷第一
論
名治論
古者一代之興則有一代之治故曰夏后氏尚忠商
人尚質周人尚文雖聖人之道不可以名言而施之
政事必有稱號可指非但王者如此而一國之治亦
然故曰周公治魯尚齒而親親太公治齊尚賢而尊
尊自是以來謀謨之臣議論之士亦未有不明當世
之治體而識其面目者故漢世每以雜霸自名而晉
人亦云以道勝寬和爲本今宋之爲政久矣其所尚

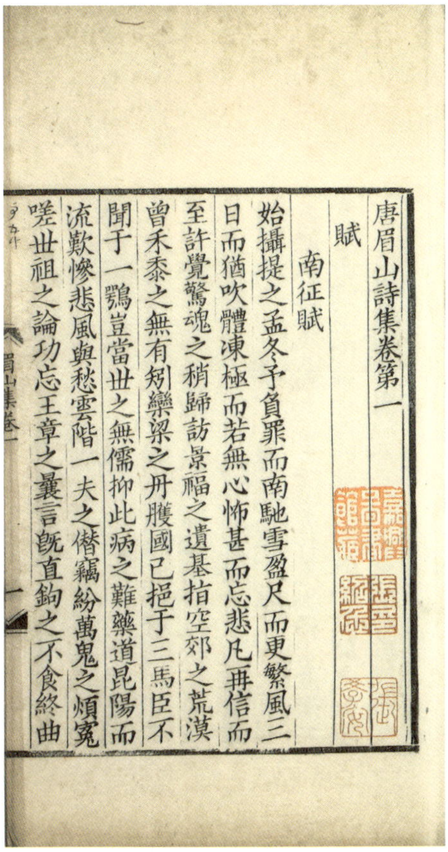
唐眉山詩集卷第一
賦
南征賦
始攝提之孟冬予負罪而南馳雪盈尺而更繁風三
日而猶吹體凍極而若無心怖甚而忘悲凡再信而
至許覺驚魂之稍歸訪景福之遺基指空郊之荒漠
曾禾黍之無有矧欒梁之冊臆國已挹于三馬臣不
聞于一鶚豈當世之無儒抑此病之難藥道昆陽而
流歎慘悲風與愁雲階一夫之僭竊紛萬鬼之煩冤
嗟世祖之論功忘王章之曩言既直鉤之不食終曲

唐眉山詩集十卷文集十四卷 （宋）唐庚撰 （清）汪亮采校 清雍正三年（1725）歸安汪氏南陔草堂木活字本

匡高19.6厘米，廣14.8厘米。半葉十行，行二十字，白口，左右雙邊，雙魚尾。有"嘉興太守善化許公雪門藏書"、"報經堂藏善本"、"紹仁之印"、"訒菴"等印。入《中國古籍善本書目》。第二批國家珍貴古籍名録號05642。嘉興市圖書館藏。

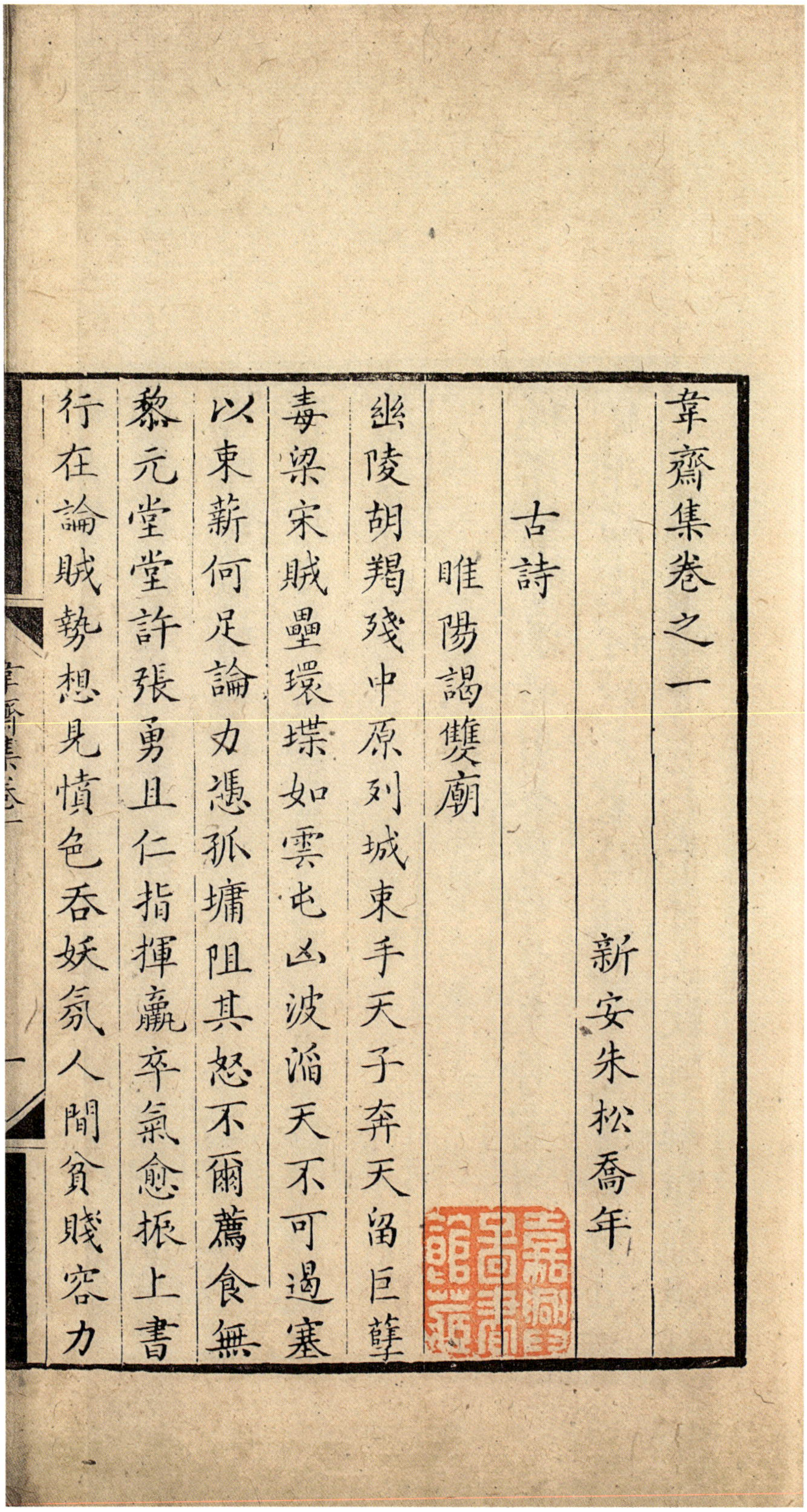
韋齋集卷之一
新安朱松喬年
古詩
睢陽謁雙廟
幽陵胡羯殘中原列城束手天子奔天留巨孽
毒梁宋賊壘環堞如雲屯凶波滔天不可遏塞
以東薪何足論力憑孤墉阻其怒不爾薦食無
黎元堂堂許張勇且仁指揮羸卒氣愈振上書
行在論賊勢想見憤色吞妖氛人間貧賤容力

韋齋集十二卷（宋）朱松撰 **玉瀾集一卷**（宋）朱槹撰 清康熙四十九年（1710）新安朱昌辰求是齋刻本

匡高16.9厘米，廣13.1厘米。半葉九行，行十八字，闊黑口，雙魚尾，四周單邊。有“嘉興太守善化許公雪門藏書”等印。入《中國古籍善本書目》。嘉興市圖書館藏。

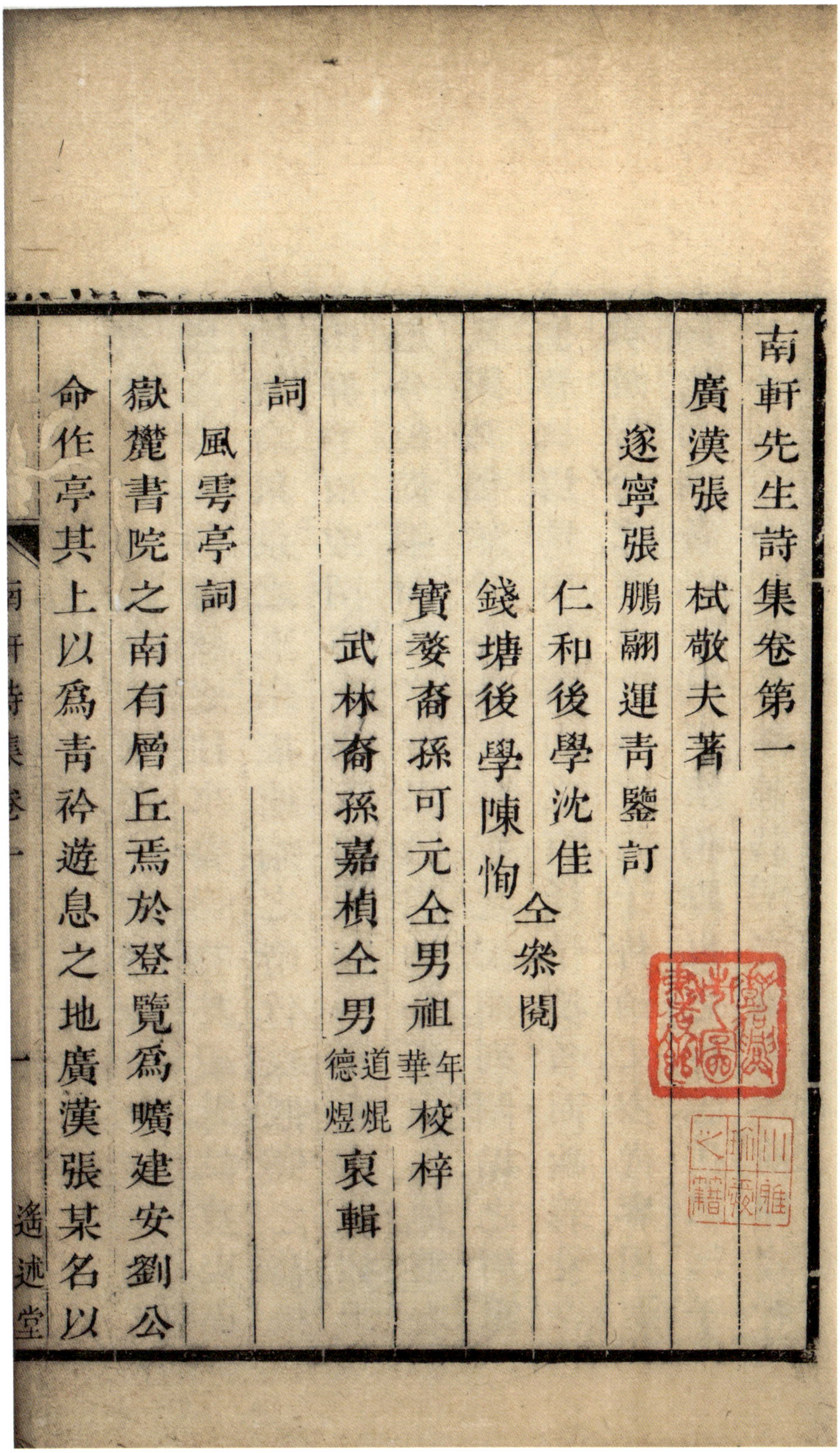
南軒先生詩集卷第一
廣漢張　栻敬夫著
遂寧張鵬翮運青鑒訂
仁和後學沈佳
錢塘後學陳恂　仝叅閱
寶婺裔孫可元仝男祖華年校梓
武林裔孫嘉楨仝男道焜德煜裒輯
詞
風雩亭詞
嶽麓書院之南有層丘焉於登覽爲曠建安劉公
命作亭其上以爲青衿遊息之地廣漢張某名以
南軒詩集卷一　一　遥述堂

南軒先生詩集七卷　（宋）張栻撰　（清）張鵬翮　張嘉楨等輯訂

清康熙三十三年（1694）杭州武林遥述堂刻本

匡高18.9厘米，廣14.8厘米。半葉十一行，行二十字，小字雙行同，白口，四周單邊。有“知非樓所藏書”、“小雅珍愛之籍”、“曾爲祝小雅閲”等藏書印。入《中國古籍善本書目》。嘉興市圖書館藏。

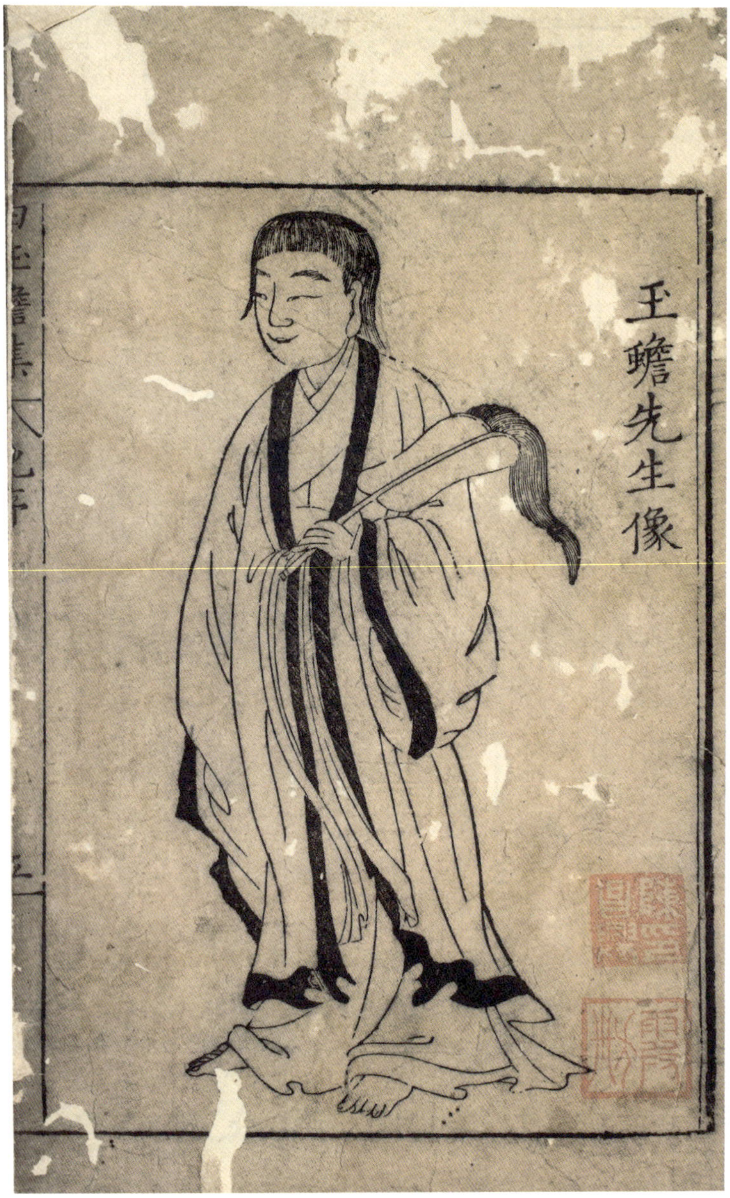

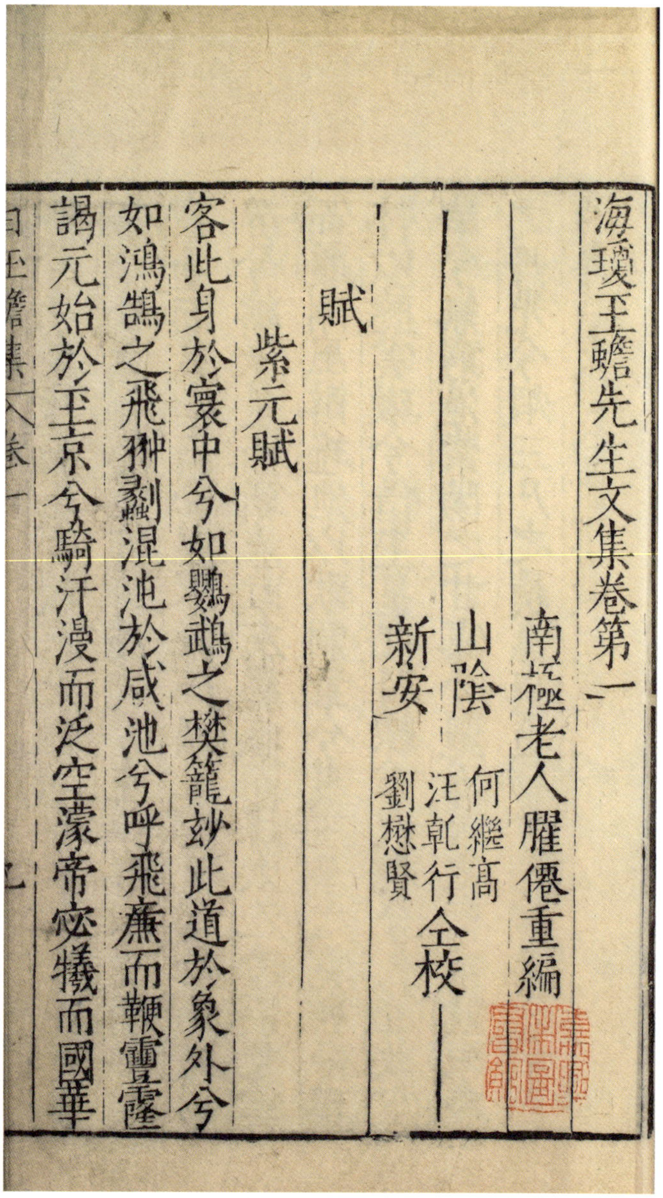
海瓊玉蟾先生文集卷第一
南極老人臞僊重編
山陰　何繼高
新安　汪乾行　仝校
劉懋賢
賦
紫元賦
客此身於寰中兮如鸚鵡之樊籠玅此道於象外兮
如鴻鵠之飛翀剗混沌於咸池兮呼飛廉而鞭雷霆
謁元始於玉京兮騎汗漫而泛空濛帝宓犧而國華

海瓊玉蟾先生文集六卷續集二卷　（宋）葛長庚撰　（明）朱權編　明萬曆（1573-1620）刻本

匡高20.3厘米，廣14.3厘米。半葉九行，行二十字，白口，左右雙邊。有"霞舫"、"陳昌興印"等印。入《中國古籍善本書目》。嘉興市圖書館藏。

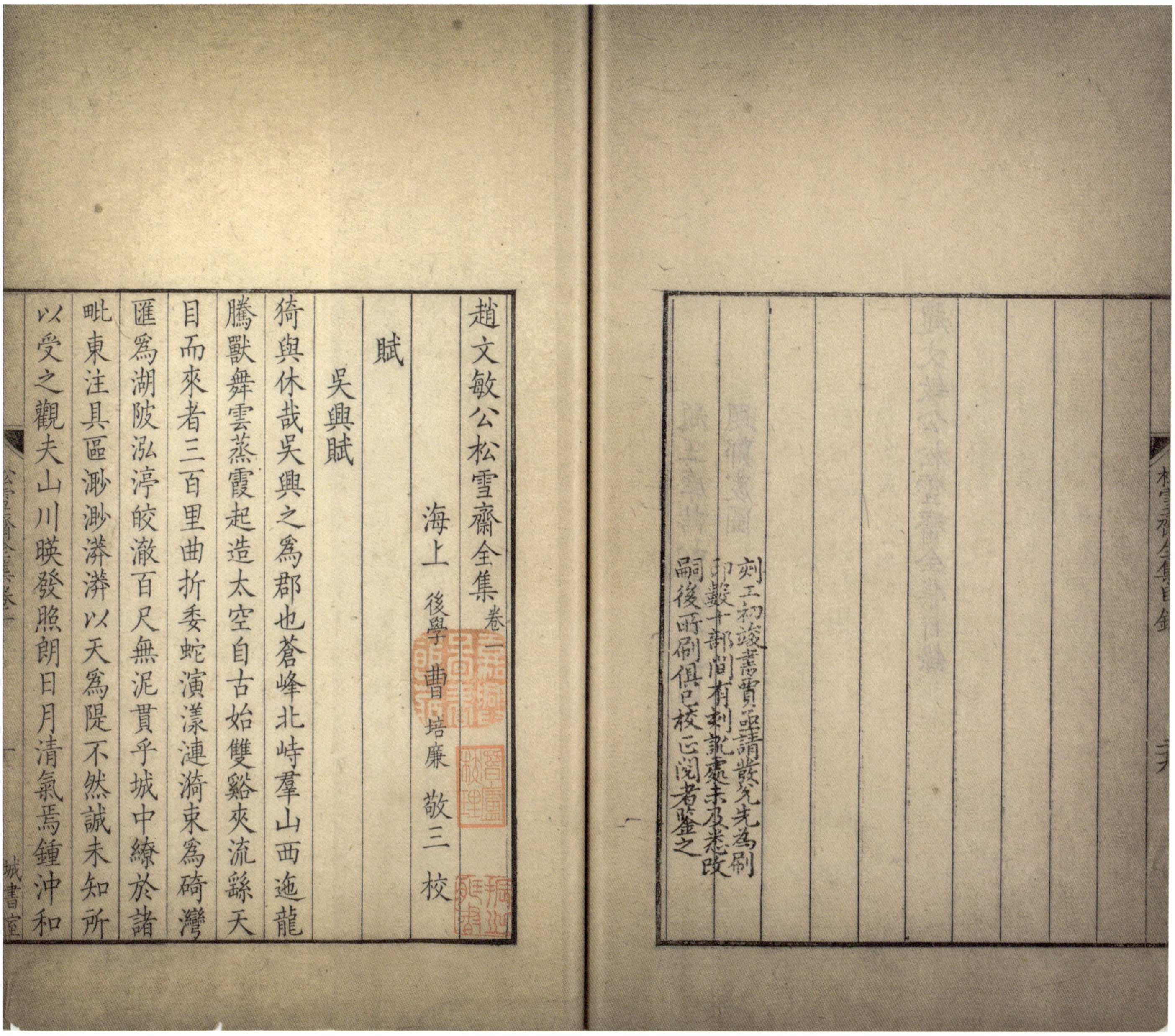

趙文敏公松雪齋全集十卷外集一卷續集一卷　（元）趙孟頫撰　清康熙五十二年（1713）上海曹培廉城書室刻本

匡高16.9厘米，廣13.6厘米。半葉十行，行十九字小字雙行二十八字，白口，左右雙邊。有“秀水金氏雙桂堂藏”、“潛廬校理”、“子孫寶用”等印。入《中國古籍善本書目》。嘉興市圖書館藏。

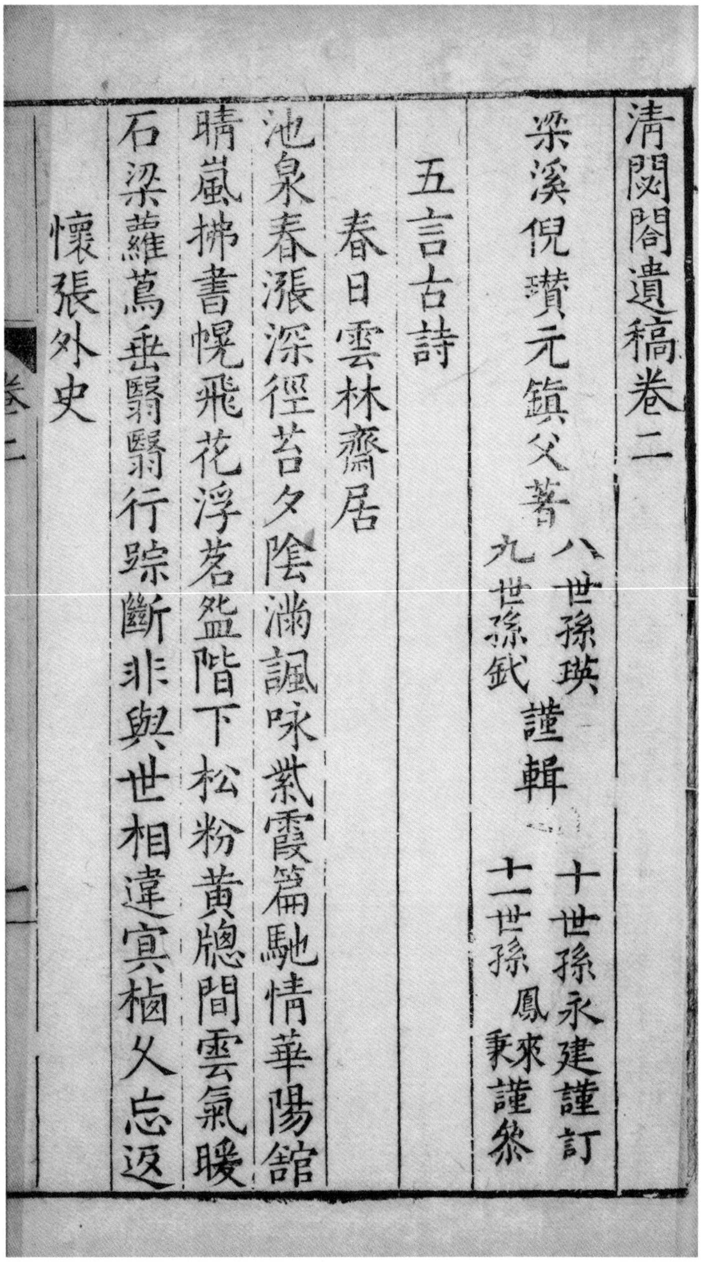

清閟閣遺稿卷二

梁溪倪瓚元鎮父著　八世孫珙 九世孫鉞 謹輯　十世孫永建謹訂　十一世孫鳳來 秉 謹叅

五言古詩

春日雲林齋居

池泉春漲深徑苔夕陰滿諷咏紫霞篇馳情華陽館晴嵐拂書幌飛花浮茗盌階下松粉黃牕間雲氣暖石梁蘿蔦垂翳翳行踪斷非與世相違冥棲久忘返

懷張外史

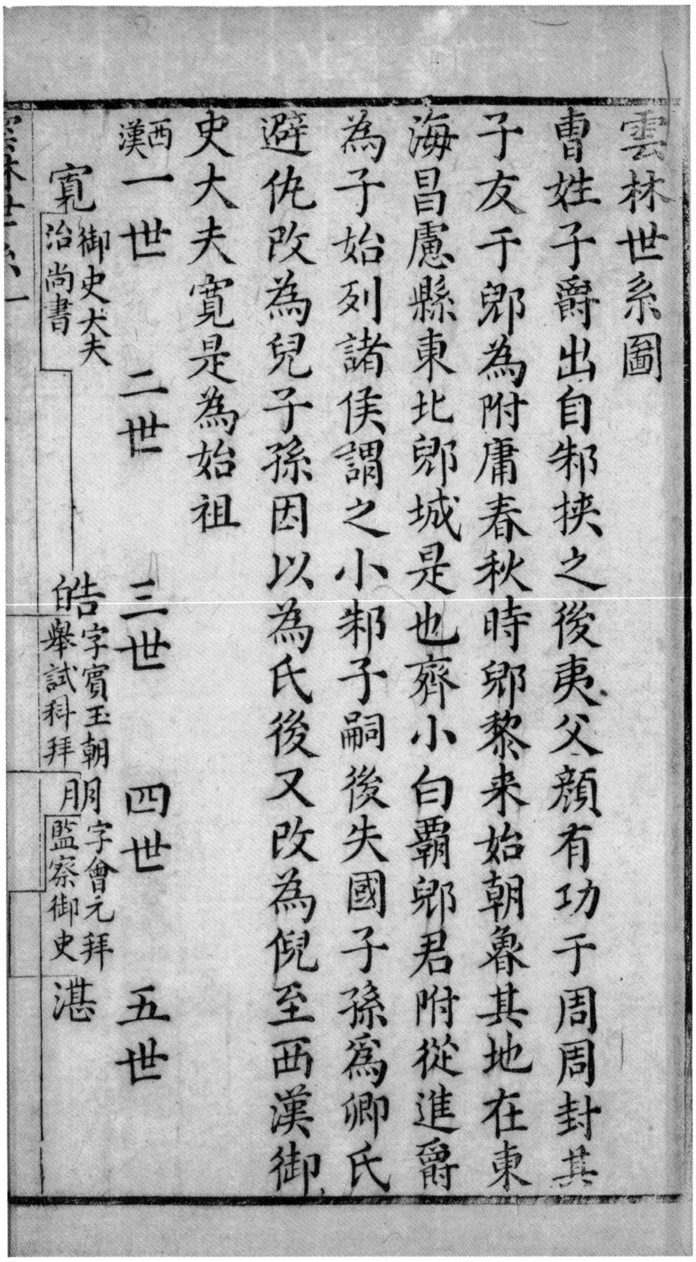

雲林世系圖

曹姓子爵出自邾挾之後夷父顏有功于周周封其子友于郳為附庸春秋時郳黎来始朝魯其地在東海昌慮縣東北郳城是也齊小白覇郳君附從進爵為子始列諸侯謂之小邾子嗣後失國子孫爲郳氏避仇改為兒子孫因以為氏後又改為倪至西漢御史大夫寬是為始祖

西漢一世　寬　御史大夫治尚書

二世

三世　皓　字賓王朝舉試科拜

四世　朋　字會元拜監察御史

五世　湛

清閟閣遺稿十五卷　（元）倪瓚撰　**雲林世系圖一卷**　（明）倪桌撰　明萬曆三十九年（1611）刻清康熙印本

匡高21.1厘米，廣13.7厘米。半葉九行，行二十字，白口，四周單邊，有“鉏經閣藏書”書簽，“蕉簃精賞”等印。入《中國古籍善本書目》。嘉興市圖書館藏。

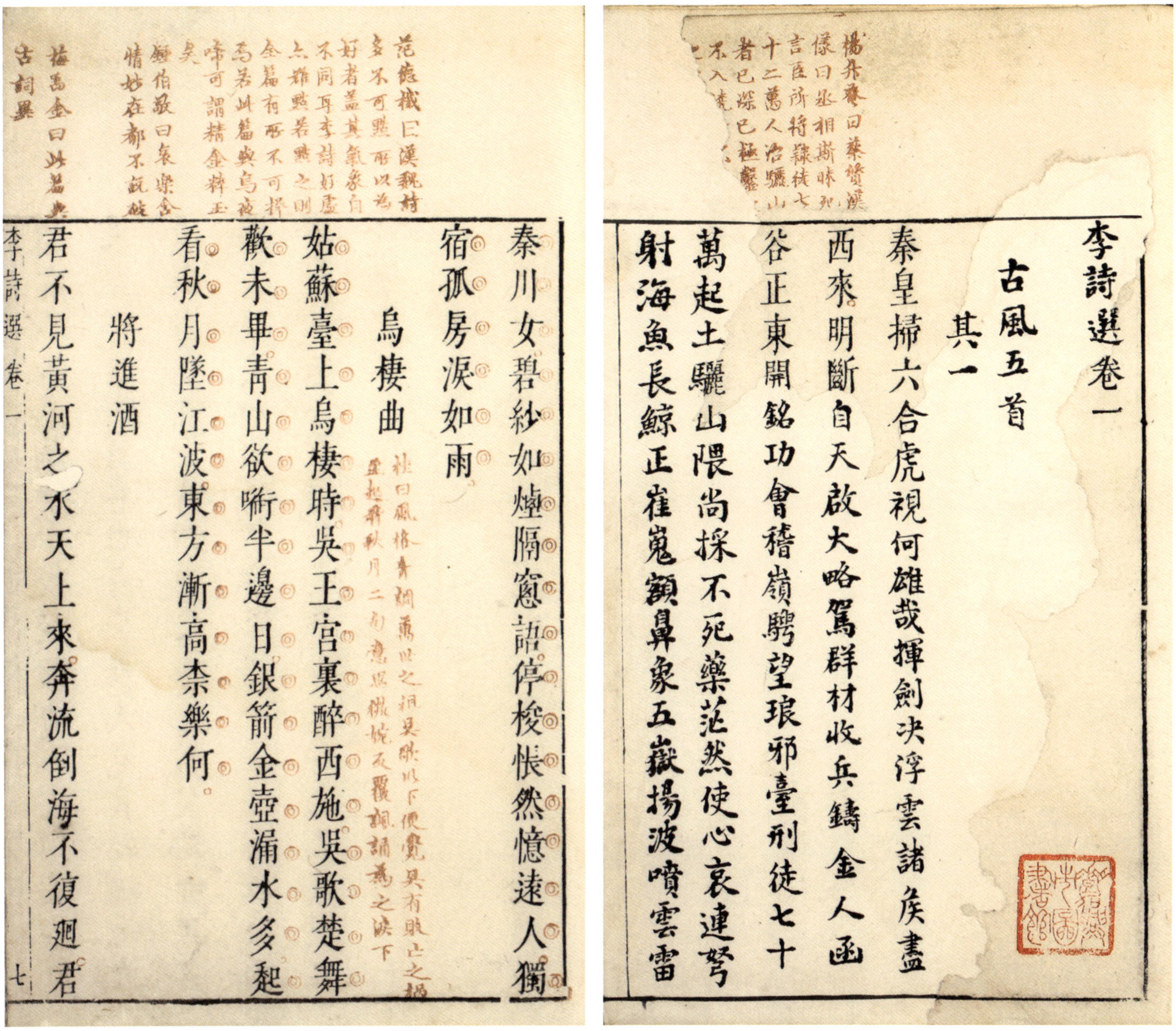

李詩選卷一

古風五首

其一

秦皇掃六合虎視何雄哉揮劍決浮雲諸侯盡西來明斷自天啟大略駕群材收兵鑄金人函谷正東開銘功會稽嶺騁望琅邪臺刑徒七十萬起土驪山隈尚採不死藥茫然使心哀連弩射海魚長鯨正崔嵬額鼻象五嶽揚波噴雲雷

秦川女碧紗如煙隔窗語停梭悵然憶遠人獨宿孤房淚如雨

烏棲曲

姑蘇臺上烏棲時吳王宮裏醉西施吳歌楚舞歡未畢青山欲啣半邊日銀箭金壺漏水多起看秋月墜江波東方漸高奈樂何

將進酒

君不見黃河之水天上來奔流倒海不復廻君

李詩選　卷一　七

李詩選五卷　（明）張含輯　楊慎評點　明刻朱墨套印本

匡高19.8厘米，廣14.4厘米。半葉八行，行十八字，白口，四周單邊。入《中國古籍善本書目》。第一批國家珍貴古籍名録號02018。嘉興市圖書館藏。

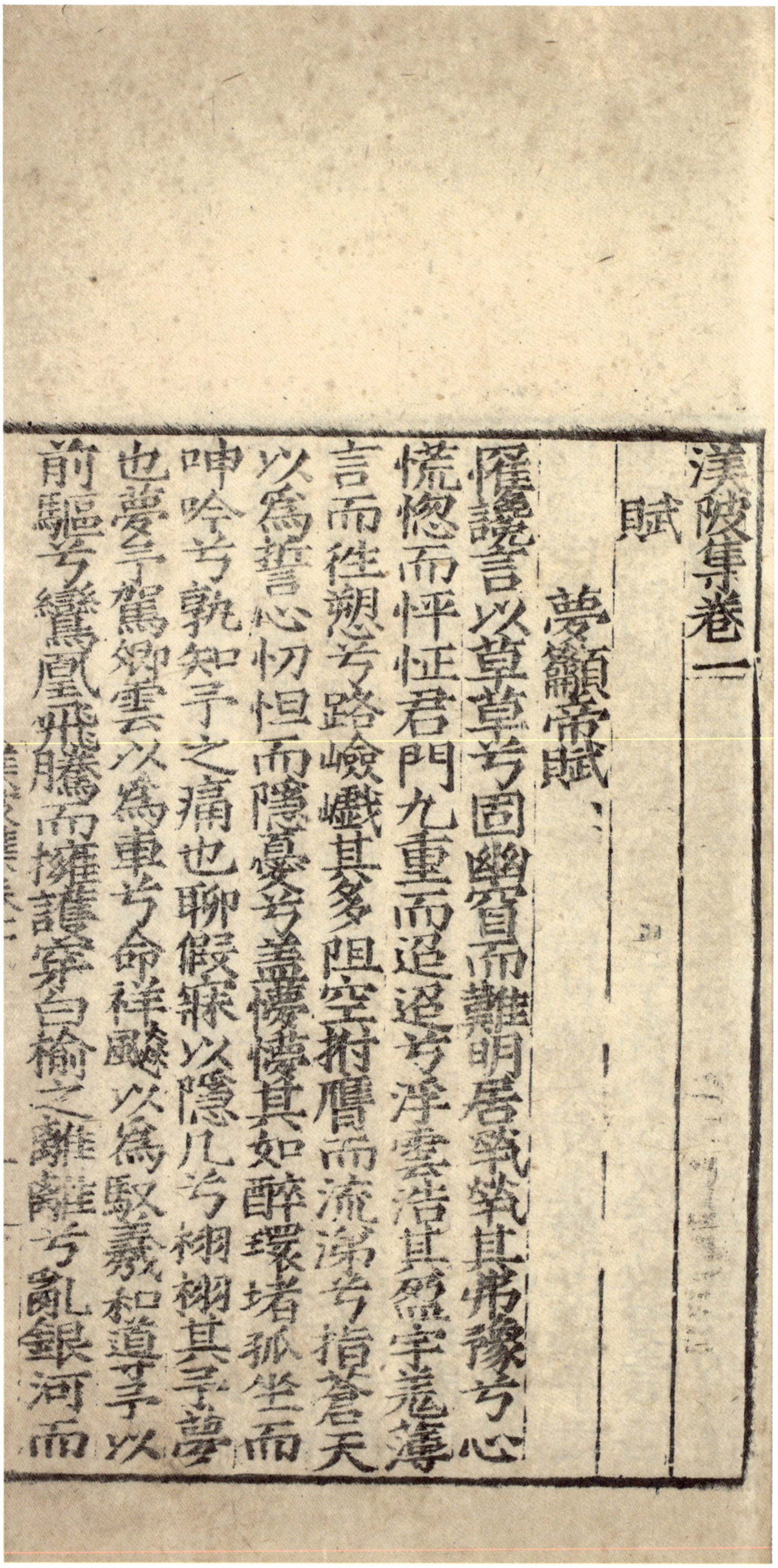

渼陂集卷一

賦

夢顓帝賦

懼讒言以草草兮固幽眢而難明居氣縈其弗豫兮心慌惚而怦怔君門九重而迢迢兮浮雲浩其盈宇羌薄言而往遡兮路嶮巇其多阻空將屬而流涕兮指蒼天以為誓心怮怛而隱憂兮羌懮懮其如醉環堵孤坐而呻吟兮孰知予之痛也聊假寐以隱几兮栩栩其予夢也夢予駕卿雲以為車兮命祥飈以為馭羲和導予以前驅兮鸞凰飛騰而擁護穿白榆之離離兮亂銀河而

渼陂集十六卷續集三卷 （明）王九思撰　明崇禎十三年（1640）重刻本

匡高17.9厘米，廣13.4厘米。半葉十行，行二十一字，白口，四周單邊。有“梅西老屋原氏書籍之章”等印。入《中國古籍善本書目》。嘉興市圖書館藏。

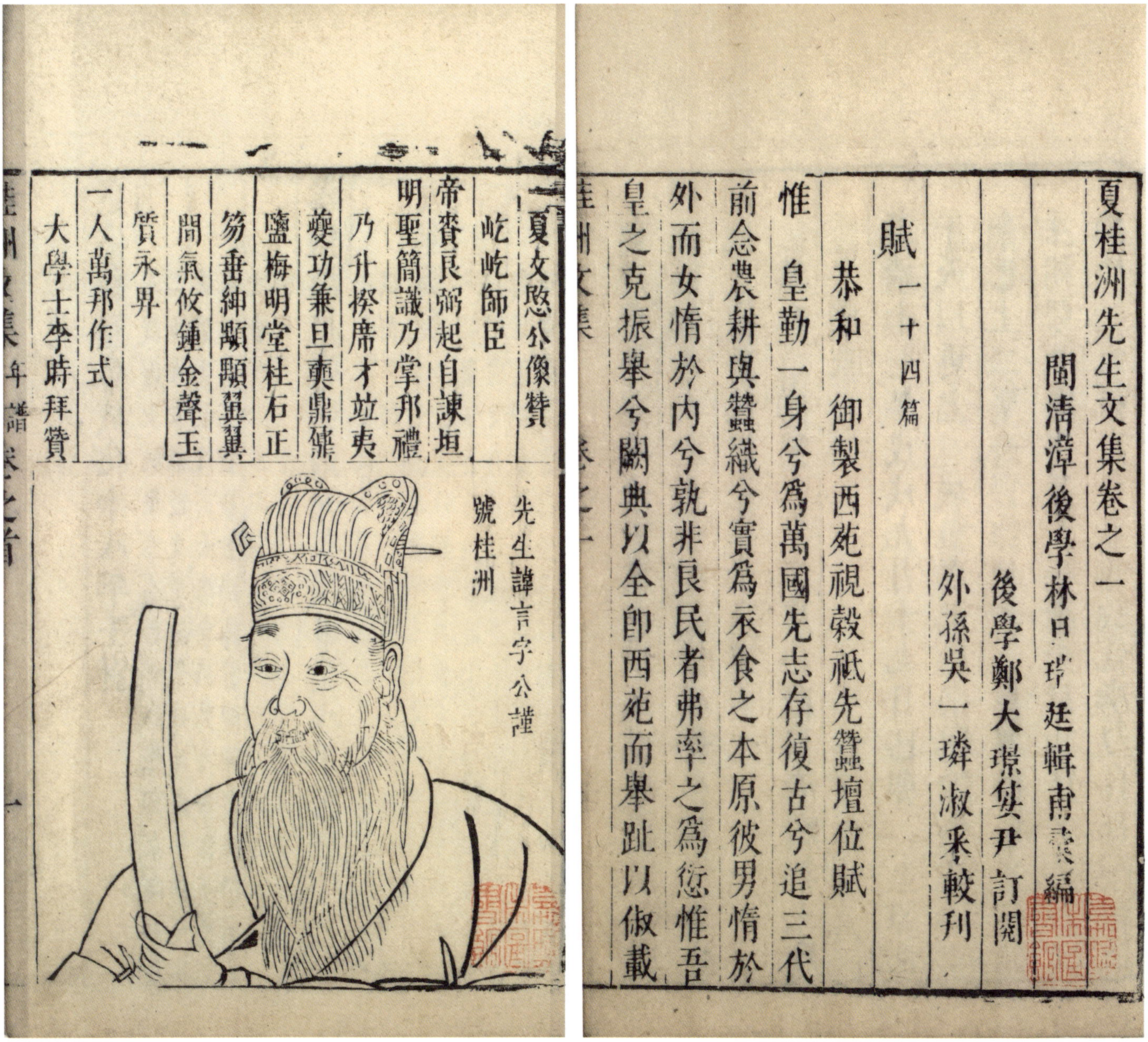

夏桂洲先生文集十八卷（明）夏言撰　**年譜一卷**　明崇禎十一年（1638）吴一璘刻清康熙五十八年（1719）吴橋重修本

匡高20.3厘米，廣14.2厘米。半葉十行，行十九字小字雙行同，白口，四周單邊。有“菱竝茂室”等印。入《中國古籍善本書目》。嘉興市圖書館藏。存七卷。

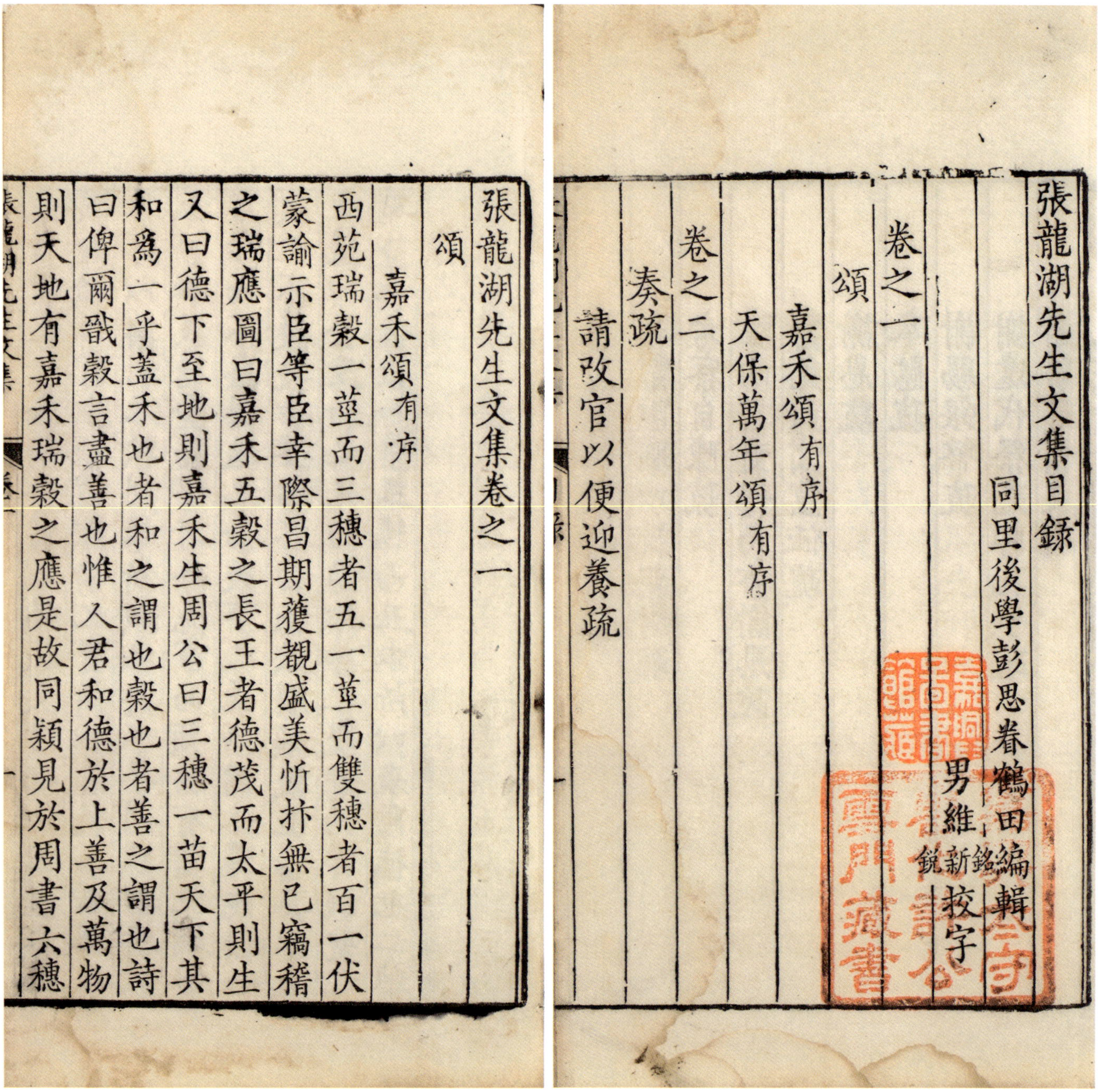
張龍湖先生文集目録
同里後學彭思眷鶴田編輯
男維銘新銳挍字
卷之一
頌
嘉禾頌有序
天保萬年頌有序
卷之二
奏疏
請改官以便迎養疏

張龍湖先生文集卷之一
頌
嘉禾頌有序
西苑瑞穀一莖而三穗者五一莖而雙穗者百一伏
蒙諭示臣等臣幸際昌期獲覩盛美忻抃無已竊稽
之瑞應圖曰嘉禾五穀之長王者德茂而太平則生
又曰德下至地則嘉禾生周公曰三穗一苗天下其
和爲一乎蓋禾也者和之謂也穀也者善之謂也詩
曰俾爾戩穀言盡善也惟人君和德於上善及萬物
則天地有嘉禾瑞穀之應是故同穎見於周書六穗

張龍湖先生文集十五卷　（明）張治撰　清雍正四年（1726）彭思眷墨香閣刻本

匡高19.9厘米，廣13厘米。半葉十行，行二十字，白口，左右雙邊。有“嘉興太守善化許公雪門藏書”等印。入《中國古籍善本書目》。嘉興市圖書館藏。

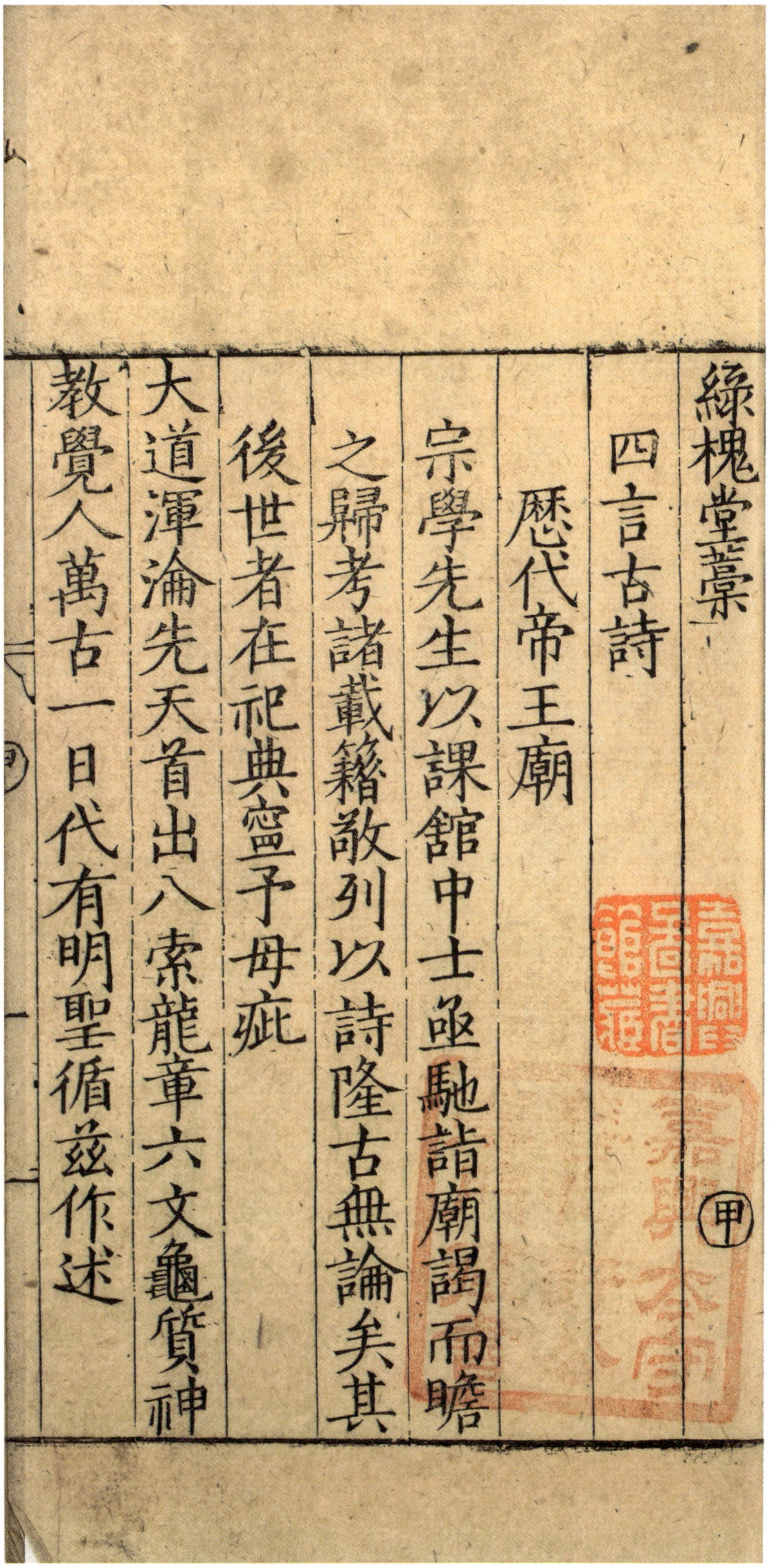

綠槐堂藁一
四言古詩
歷代帝王廟
宗學先生以課館中士亟馳詣廟謁而瞻
之歸考諸載籍敬列以詩隆古無論矣其
後世者在祀典盦予毋疵
大道渾淪先天首出八索龍章六文龜質神
教覺人萬古一日代有明聖循茲作述

緑槐堂藁二十二卷 （明）王交撰　明隆慶五年（1571）王益荃刻本

匡高17.4厘米，廣12.8厘米。半葉八行，行十七字，白口，四周單邊。有“嘉興太守善化許公雪門藏書”、“數卷圖書”等印。入《中國古籍善本書目》。嘉興市圖書館藏。存十卷。

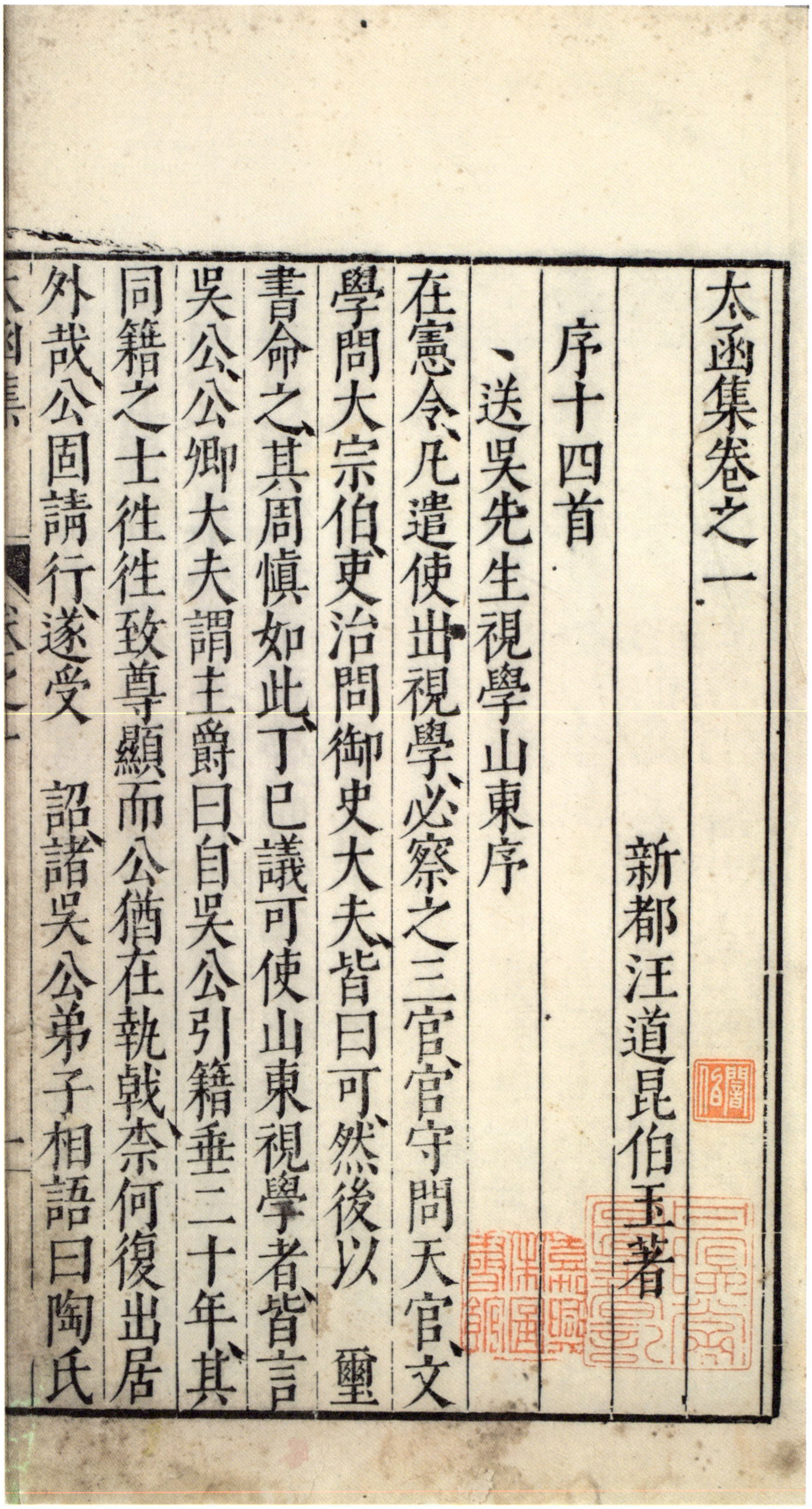

太函集卷之一

新都汪道昆伯玉著

序十四首

送吴先生視學山東序

在憲令凡遣使出視學必察之三官官守問天官文學問大宗伯吏治問御史大夫皆曰可然後以 璽書命之其周慎如此丁巳議可使山東視學者皆言吴公公卿大夫謂主爵曰自吴公引籍垂二十年其同籍之士往往致尊顯而公猶在執戟柰何復出居外哉公固請行遂受 詔諸吴公弟子相語曰陶氏

太函集一百二十卷目録六卷 （明）汪道昆撰　明萬曆金陵刻本

匡高20.5厘米，廣14.1厘米。半葉十行，行二十字，白口，左右雙邊。有“甘瞑珍玩”、“闇伯”、“秀水金氏雙桂堂藏”、“林興之印”、“甘瞑齋圖書記”、“闇伯斿藝”、“闇伯真賞”“金蓉鏡印”等印。入《中國古籍善本書目》。嘉興市圖書館藏。

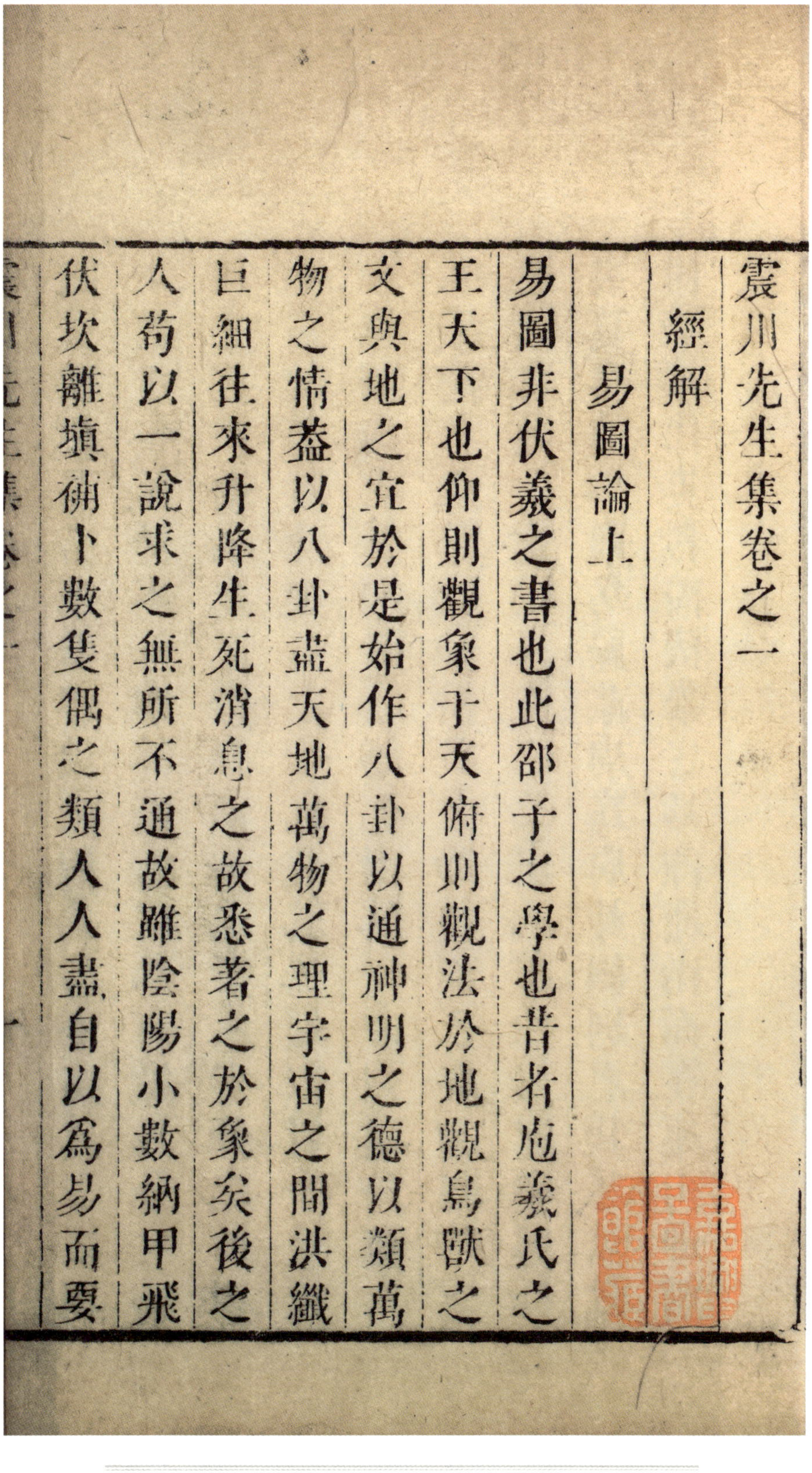

震川先生集卷之一

經解

易圖論上

易圖非伏羲之書也此邵子之學也昔者庖羲氏之王天下也仰則觀象于天俯則觀法於地觀鳥獸之文與地之宜於是始作八卦以通神明之德以類萬物之情蓋以八卦盡天地萬物之理宇宙之間洪纖巨細往來升降生死消息之故悉著之於象矣後之人苟以一說求之無所不通故雖陰陽小數納甲飛伏坎離塡補卜數隻偶之類人人盡自以爲易而要

震川先生集卷之一　一

震川先生集三十卷別集十卷（明）歸有光撰　**附録一卷**　清康熙十年至十四年（1671–1675）歸莊歸玠刻本

匡高18.9厘米，廣14.6厘米。半葉十行，行二十字，白口，左右雙邊。有“秀水金氏雙桂堂藏”等印。入《中國古籍善本書目》。嘉興市圖書館藏。

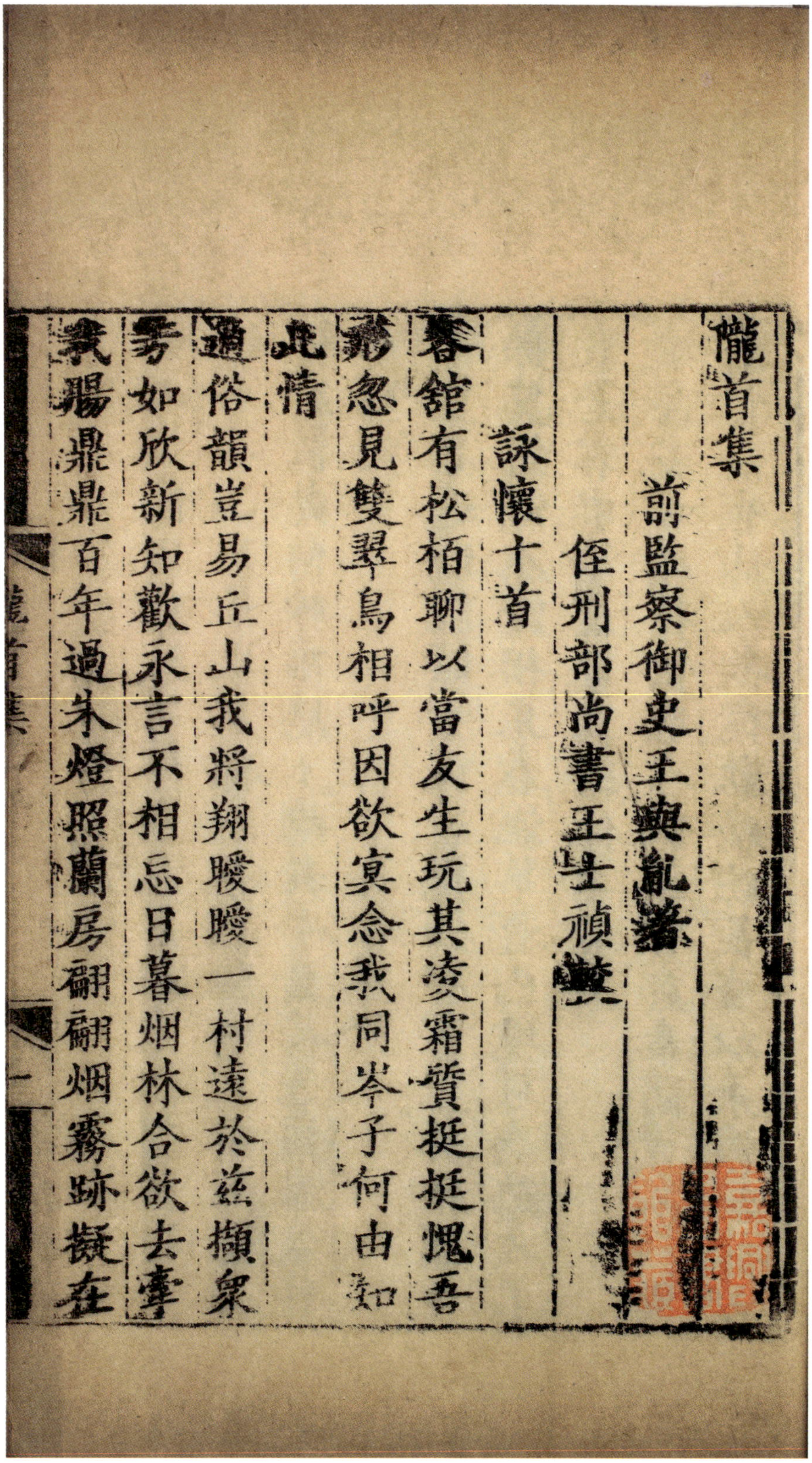
朧首集
前監察御史王與胤著
侄刑部尚書王士禛輯
詠懷十首
春館有松栢聊以當友生玩其淩霜質挺挺愧吾
形忽見雙翠鳥相呼因欲寘念我同岑子何由知
此情
遁俗韻豈易丘山我將翔暧暧一村遠於兹攬衆
芳如欣新知歡永言不相忘日暮烟林合欲去寧
戢膓鼎鼎百年過朱燈照蘭房翩翩烟霧跡擬在

朧首集一卷附録一卷 （明）王與胤撰　王士禛校　清康熙二年（1663）刻本

匡高17.5厘米，廣13.9厘米。半葉十行，行十九字，闊黑口，雙魚尾，左右雙邊。入《中國古籍善本書目》。嘉興市圖書館藏。

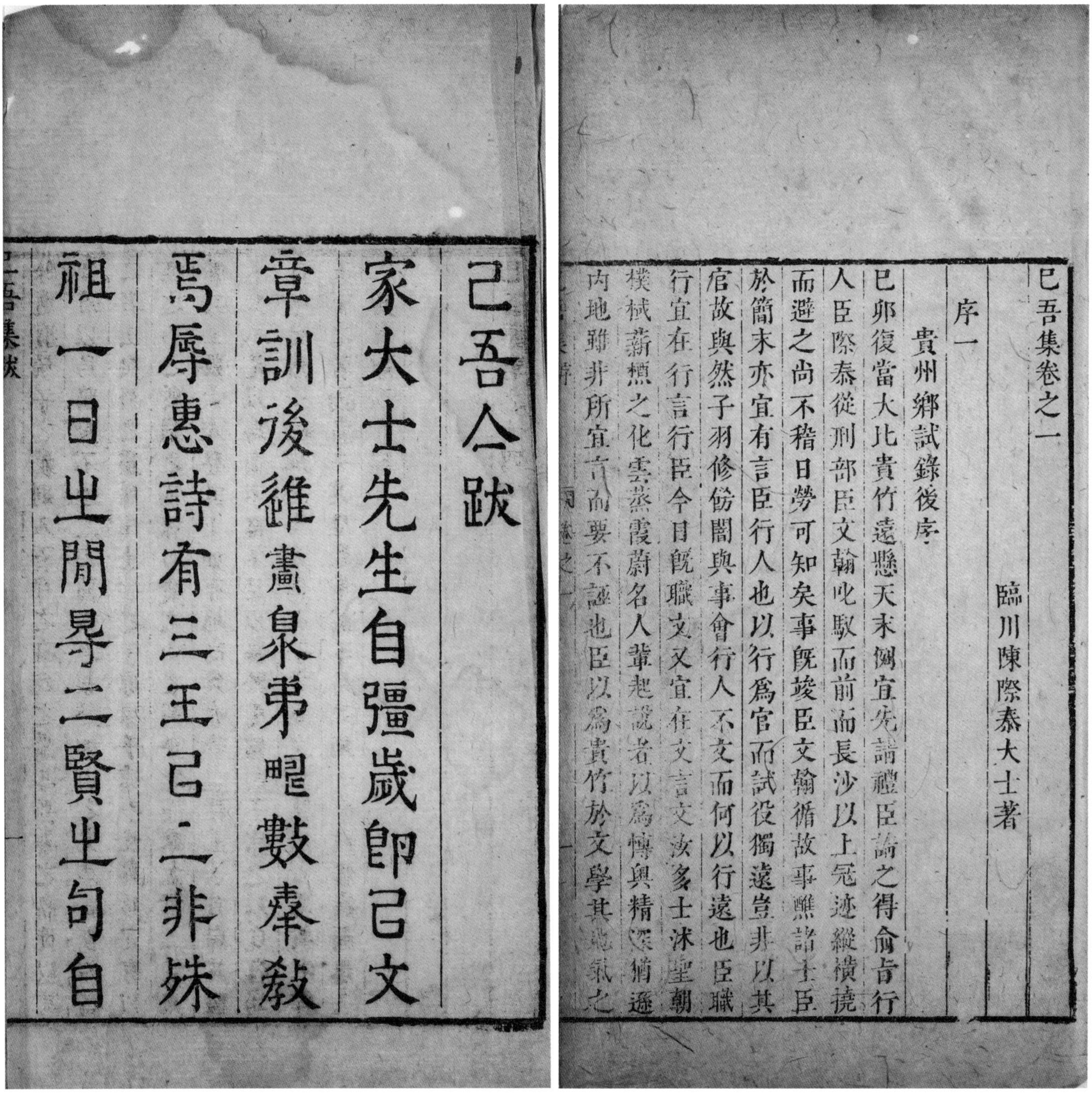
巳吾集卷之一
臨川陳際泰大士著
序一
貴州鄉試錄後序
巳卯復當大比貴竹遠懸天末例宜先請禮臣論之得俞旨行
人臣際泰從刑部臣文翰叱馭而前而長沙以上寇迹縱横撓
而避之尚不稽日勞可知矣事既竣臣文翰循故事譔諸士臣
於簡末亦宜有言臣行人也以行爲官而試役獨遠豈非以其
官故與然子羽修飭闡與事會行人不支而何以行遠也臣職
行宜在行言行臣今日既職文又宜在文言文汝多士沐聖朝
樸棫薪槱之化雲蒸霞蔚名人輩起說者以爲博與精深猶遜
内地雖非所宜言而要不誣也臣以爲貴竹於文學其地氣之

已吾公跋
家大士先生自彊歲即已文
章訓後維畫泉弗暱數奉敎
焉辱惠詩有三王已二非姝
祖一日出間昇二賢出句自

已吾集十四卷 （明）陳際泰撰　清順治（1644-1661）李來泰刻本

匡高18.5厘米，廣13厘米。半葉十二行，行二十四字，白口，四周單邊。入《中國古籍善本書目》。嘉興市圖書館藏。

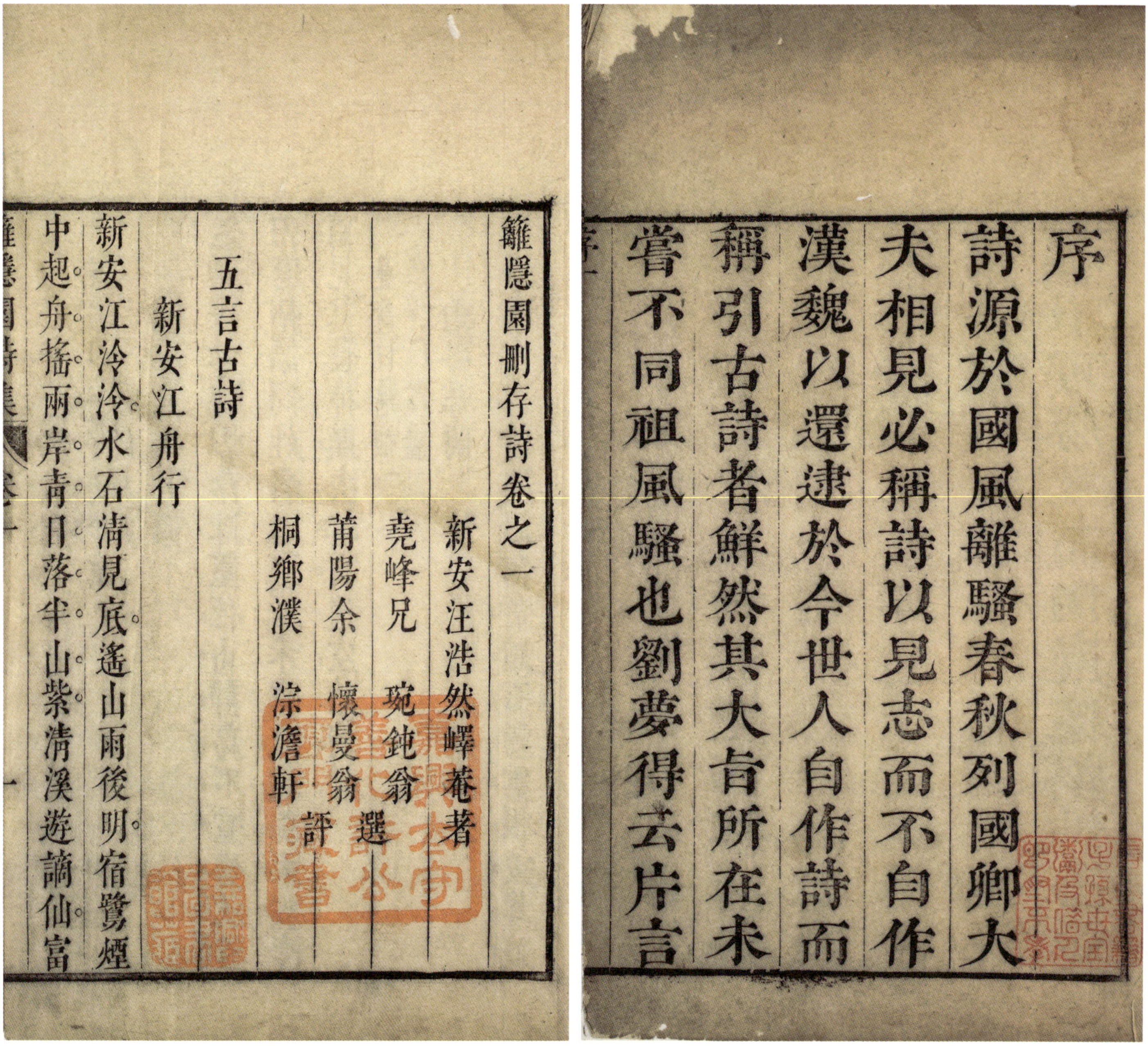

籬隱園删存詩卷之一

新安汪浩然嶧菴著
堯峰兄　琬鈍翁選
莆陽余　懷曼翁評
桐鄉濮　淙澹軒

五言古詩

新安江舟行

新安江泠泠水石清見底遙山雨後明宿鷺煙
中起舟搖兩岸青日落半山紫清溪遊謫仙富

序

詩源於國風離騷春秋列國卿大
夫相見必稱詩以見志而不自作
漢魏以還逮於今世人自作詩而
稱引古詩者鮮然其大旨所在未
嘗不同祖風騷也劉夢得云片言

籬隱園删存詩七卷　（清）汪浩然撰　汪琬等選評　清康熙（1662–1722）刻本

匡高19.6厘米，廣14.3厘米。半葉九行，行十八字小字雙行同，白口，四周單邊。有“嘉興太守善化許公雪門藏書”、“石氏書籍子孫世寶鬻及借人即爲不孝”等藏書印。入《中國古籍善本書目》。嘉興市圖書館藏。

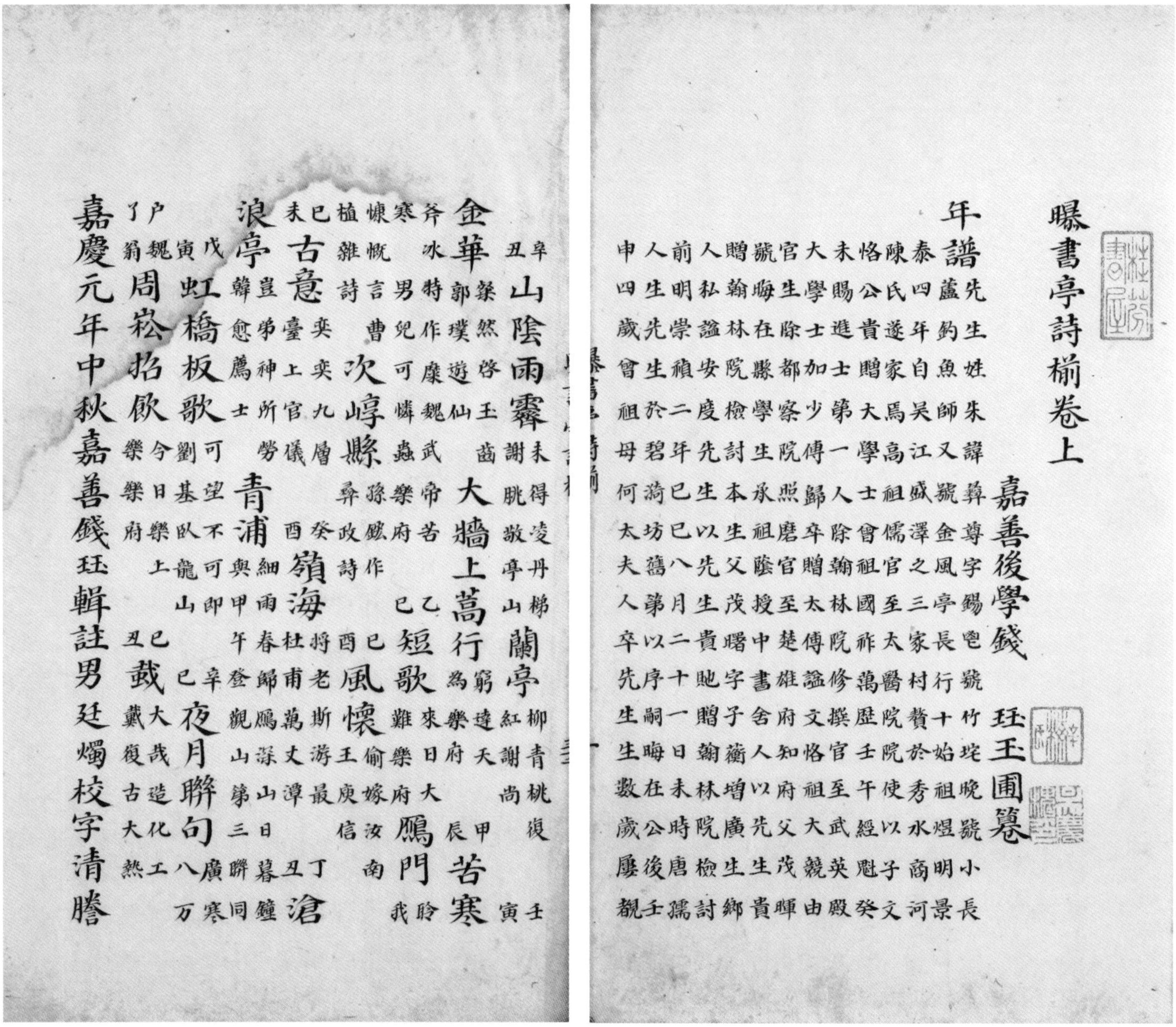

曝書亭詩椾卷上

嘉善後學錢珏玉圃箋

年譜

先生姓朱諱彝尊字錫鬯號竹垞晚號小長蘆釣魚師又號金風亭長行十始祖煜明景泰四年自吳江盛澤之三家村贅於秀水商河陳氏遂家馬高祖儒官至太醫院院使以子文恪公貴贈大學士會祖國祚萬歷壬午經魁癸未賜進士第一人除翰林院修撰官至武英殿大學士加少傅歸卒贈太傅謚文恪祖大競由官生除都察院照磨官至楚雄府知府父茂暉號晦在縣學生承祖蔭授中書舍人以先生貴贈翰林院檢討本生父茂曙字子蘅增廣生鄉人私謚安度先生以先生貴貤贈翰林院檢討前明崇禎二年己巳八月二十一日未時唐孺人生先生於碧漪坊舊第以序嗣晦在公後壬申四歲曾祖母何太夫人卒先生生數歲屢覲

辛丑山陰雨霽未得凌丹梯謝眺敬亭山蘭亭柳青桃復紅謝尚壬寅

金華粲然啓玉齒郭璞遊仙大牆上蒿行窮達天為樂府甲辰苦寒

斧冰特作麋魏武帝苦寒男兒可憐蟲樂府乙巳短歌來日大難樂府鴻門聆我

慷慨言曹植雜詩次崞縣孫顧作彝政詩己酉風懷偷嫁汝南王庾信

己未古意奕奕九層臺上官儀癸酉嶺海將老斯游最杜甫萬丈潭丁丑滄

浪亭豈弟神所勞韓愈薦士青浦細雨春歸鴻滌山日暮鐘與甲午登覲山第三賺同

戊寅虹橋板歌可望不可即劉基臥龍山辛巳夜月聯句廣寒八万

戶魏了翁周崧招飲今日樂上樂樂府己丑截大哉造化工戴復古大熱

嘉慶元年中秋嘉善錢珏輯註男廷燭校字清謄

曝書亭詩椾三卷　（清）朱彝尊撰　錢珏輯　清嘉慶元年（1796）錢延燭校鈔本

半葉九行，行十九字，小字雙行同，無格。有"藹吉堂"、"桂芬書屋"、"吳慶槐印"、"辛梅氏"等印。入《中國古籍善本書目》。嘉興市圖書館藏。

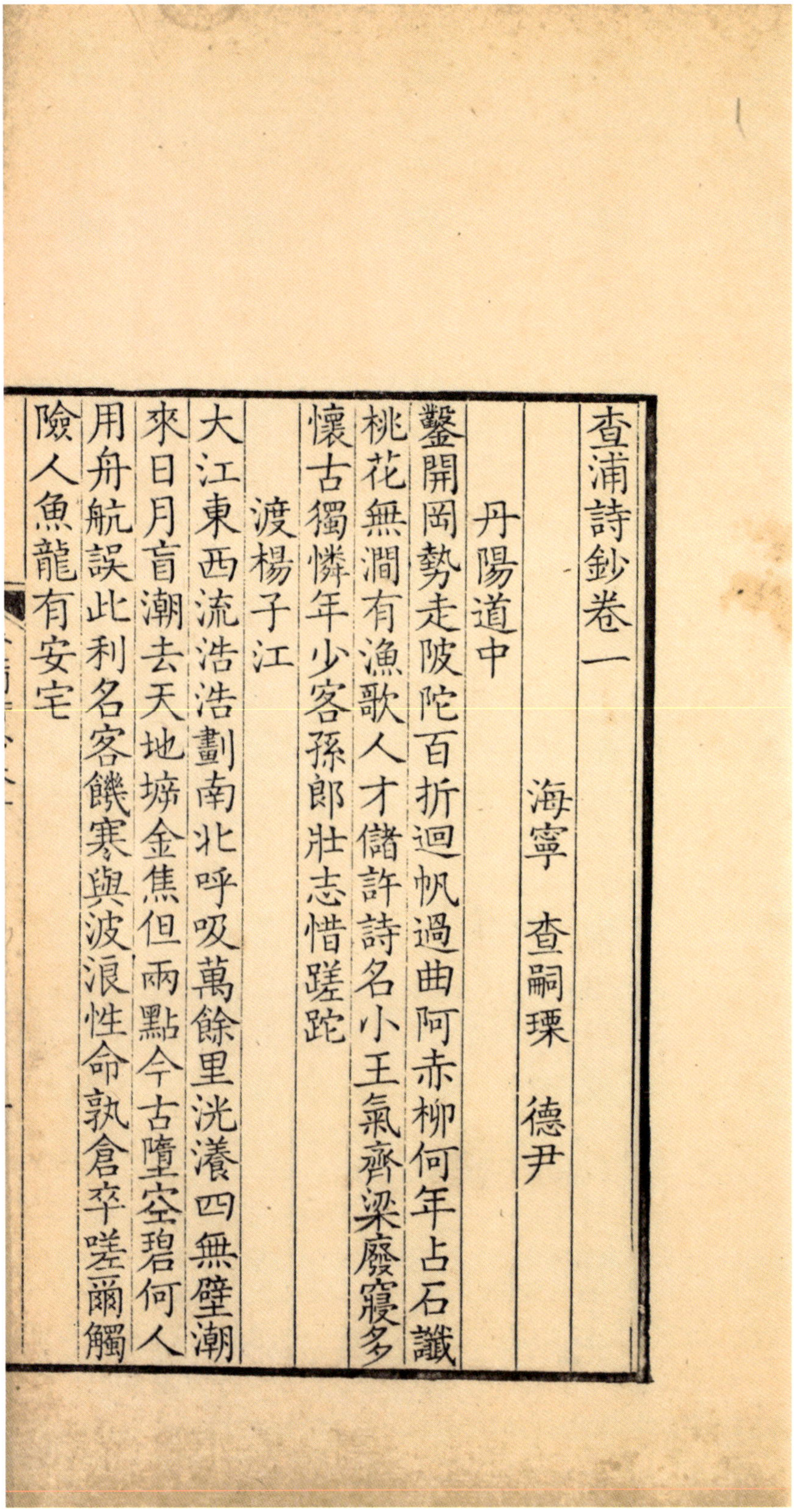

查浦詩鈔卷一

海寧　查嗣瑮　德尹

丹陽道中

鑿開岡勢走陂陀百折迴帆過曲阿赤柳何年占石讖桃花無澗有漁歌人才儲許詩名小王氣齊梁廢寢多懷古獨憐年少客孫郎壯志惜蹉跎

渡楊子江

大江東西流浩浩劃南北呼吸萬餘里洸瀁四無壁潮來日月盲潮去天地塝金焦但兩點今古墮空碧何人用舟航誤此利名客饑寒與波浪性命孰倉卒嗟爾觸險人魚龍有安宅

查浦詩鈔十二卷（清）查嗣瑮撰　清康熙六十一年（1722）刻本

匡高17.3厘米，廣13厘米。半葉十一行，行二十一字，白口，左右雙邊。有“嘉興太守善化許公雪門藏書”等印。入《中國古籍善本書目》。嘉興市圖書館藏。

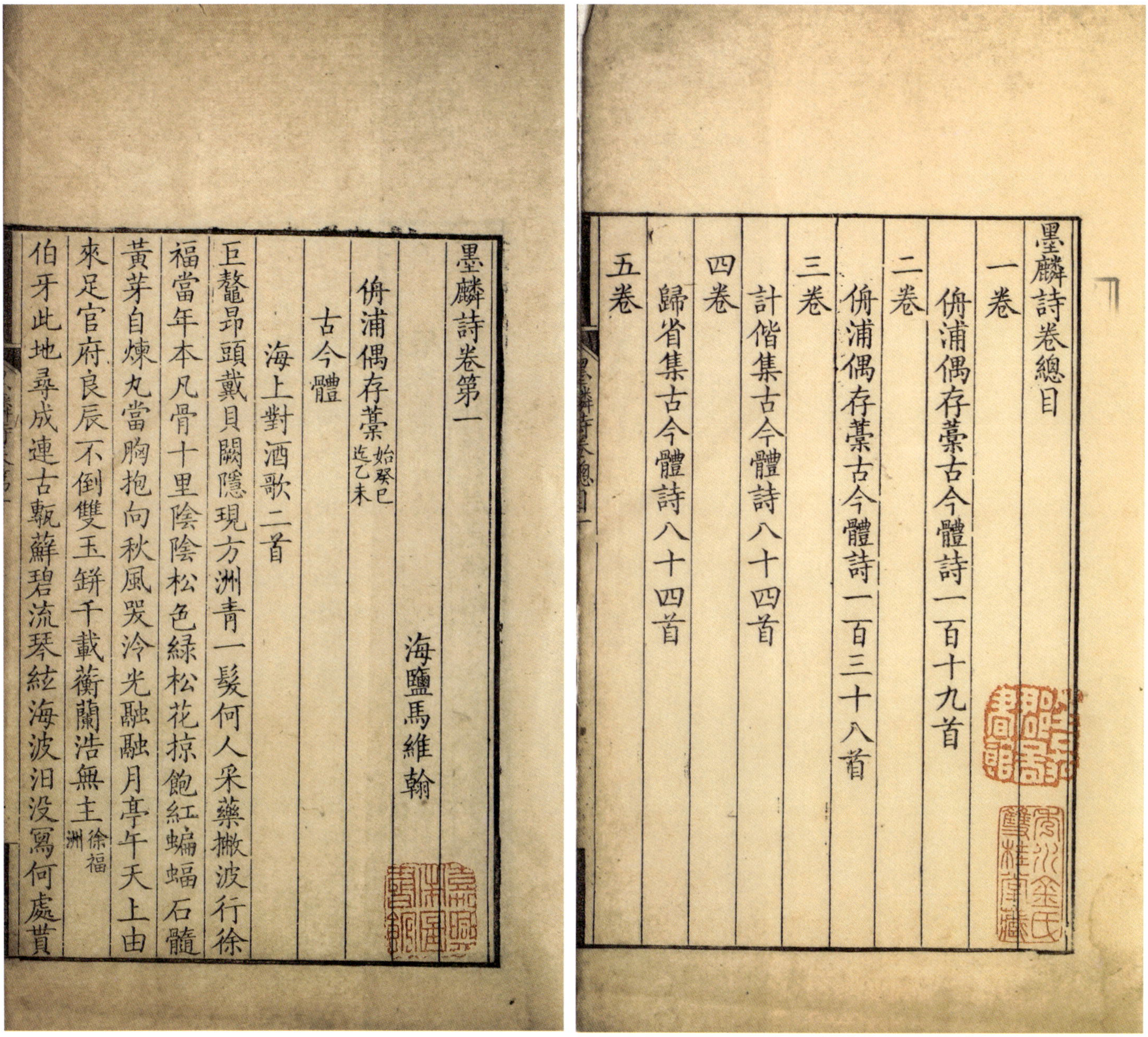

墨麟詩十二卷 （清）馬維翰撰　清刻本

匡高17.6厘米，廣12.4厘米。半葉十行，行二十二字，闊黑口，左右雙邊。有“秀水金氏雙桂堂藏”等藏書印。入《中國古籍善本書目》。嘉興市圖書館藏。

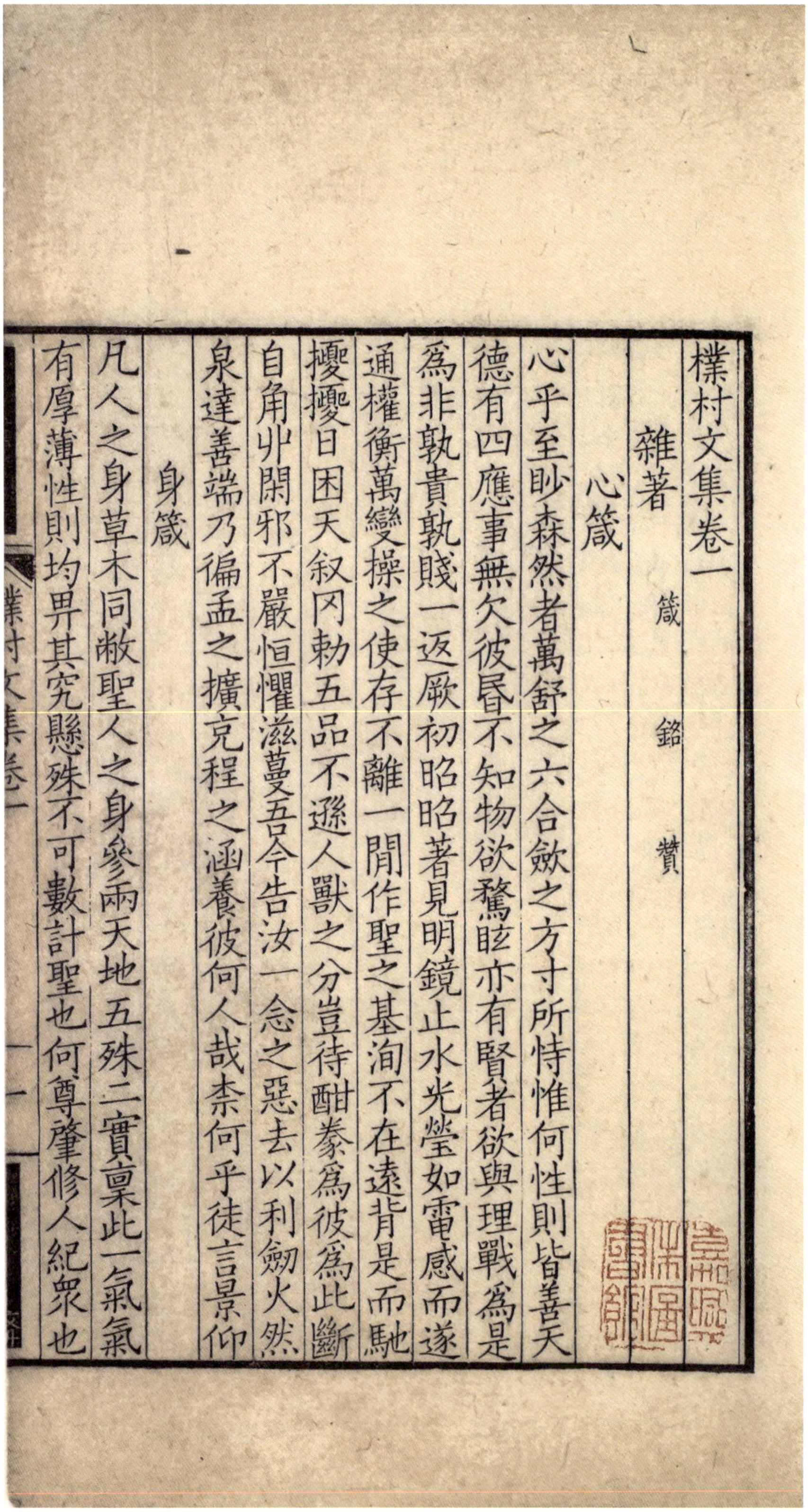
樸村文集卷一
雜著　箴　銘　贊
心箴
心乎至眇森然者萬舒之六合斂之方寸所恃惟何性則皆善天
德有四應事無欠彼昬不知物欲鶩眩亦有賢者欲與理戰爲是
爲非孰貴孰賤一返厥初昭昭著見明鏡止水光瑩如電感而遂
通權衡萬變操之使存不離一間作聖之基洵不在遠背是而馳
擾擾日困天敘罔勑五品不遜人獸之分豈待酣豢爲彼爲此斷
自角丱閑邪不嚴恒懼滋蔓吾今告汝一念之惡去以利劍火然
泉達善端乃徧孟之擴克程之涵養彼何人哉桼何乎徒言景仰
身箴
凡人之身草木同敝聖人之身參兩天地五殊二實稟此一氣氣
有厚薄性則均畀其究懸殊不可數計聖也何尊肇修人紀衆也

樸村文集二十四卷詩集十三卷　（清）張雲章撰　清康熙五十三年（1714）刻本

匡高18.2厘米，廣13.5厘米。半葉十三行，行二十五字，闊黑口，左右雙邊。入《中國古籍善本書目》。嘉興市圖書館藏。

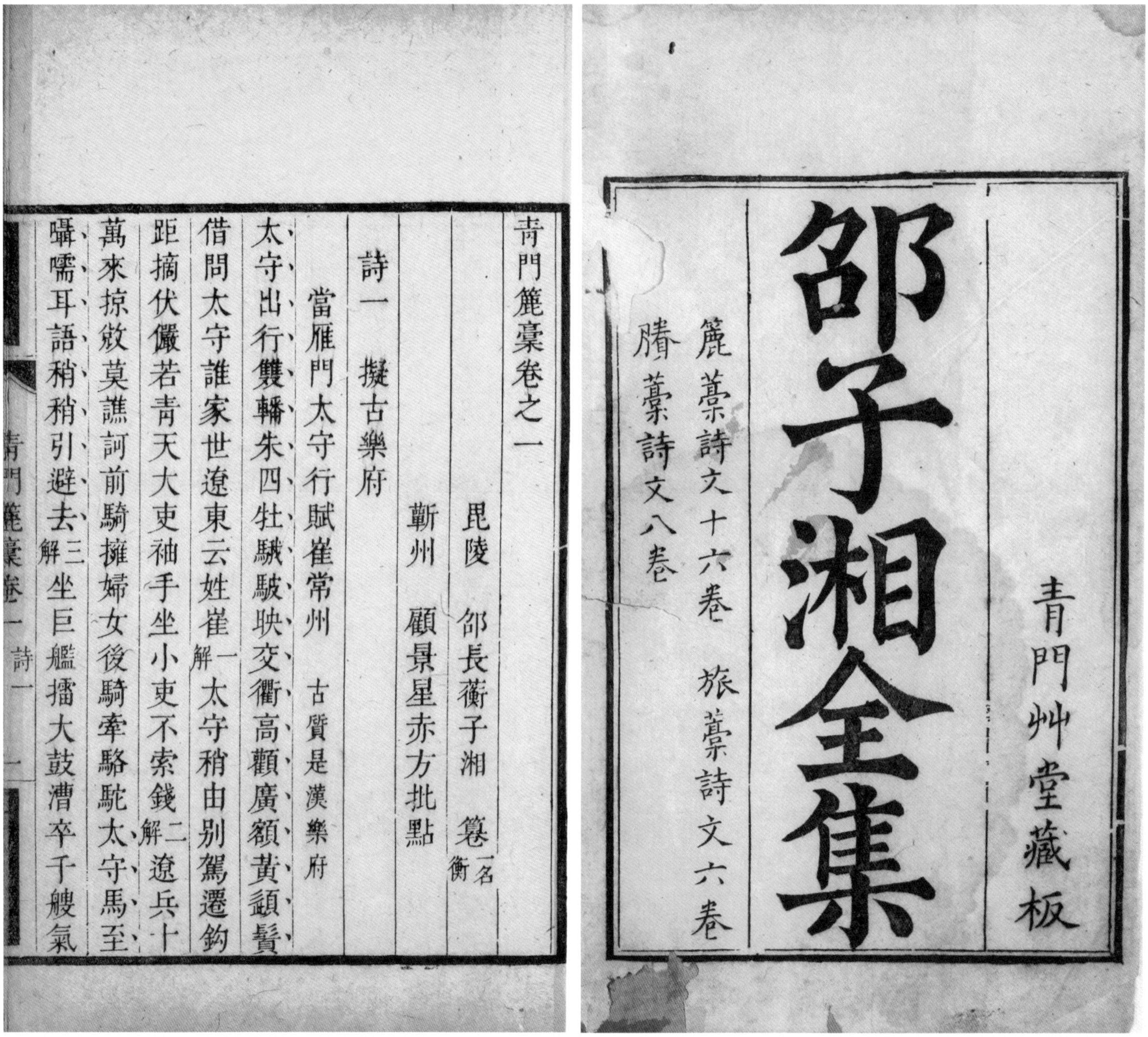

青門簏稾卷之一
毗陵　邵長蘅子湘　篹一名衡
蘄州　顧景星赤方批點
詩一　擬古樂府
當雁門太守行賦崔常州　古質是漢樂府
太守出行雙轓朱四牡驌駿映交衢高顴廣額黃頷鬚借問太守誰家世遼東云姓崔一解太守稍由別駕遷鈞距摘伏儼若青天大吏袖手坐小吏不索錢二解遼兵十萬來掠斂莫譙訶前騎擁婦女後騎牽駱駝太守馬至囁嚅耳語稍稍引避去三解坐巨艦擂大鼓漕卒千艘氣

青門簏稾卷一　詩一　一

青門艸堂藏板
邵子湘全集
簏稾詩文十六卷　旅稾詩文六卷
賸稾詩文八卷

邵子湘全集三十卷　（清）邵長蘅撰　清康熙（1662-1722）青門艸堂刻本

匡高18.9厘米，廣14.2厘米。半葉十行，行二十一字，闊黑口，左右雙邊。有“嘉興太守善化許公雪門藏書”印。入《中國古籍善本書目》。嘉興市圖書館藏。

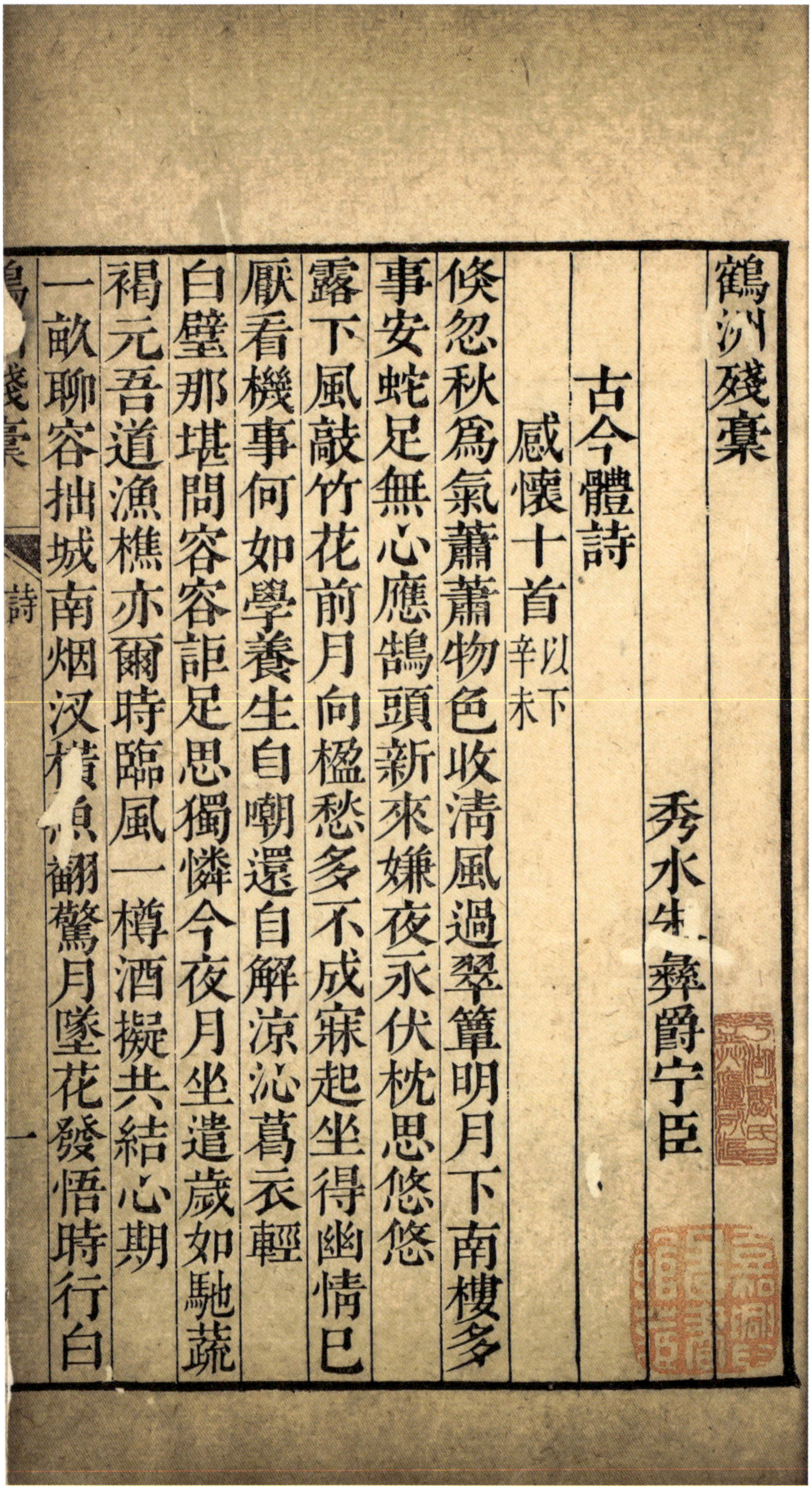
鶴洲殘稾

秀水朱彝爵宁臣

古今體詩

感懷十首以下辛未

倏忽秋爲氣蕭蕭物色收清風過翠簟明月下南樓多事安蛇足無心應鵲頭新來嫌夜永伏枕思悠悠

露下風敲竹花前月向楹愁多不成寐起坐得幽情巳厭看機事何如學養生自嘲還自解涼沁葛衣輕

白壁那堪問容容詎足思獨憐今夜月坐遣歲如馳蔬褐元吾道漁樵亦爾時臨風一樽酒擬共結心期

一畝聊容拙城南烟汊積[illegible]翻鷺月墜花發悟時行白

鶴洲殘稾 詩 一

鶴洲殘稿詩一卷詞一卷 （清）朱彝爵撰　清乾隆六年（1741）刻本

匡高19.5厘米，廣13.9厘米。半葉十一行，行二十一字，白口，四周單邊。有“百雙樓圖書印”、“平湖屈氏三益艸廬所藏”、“鄉邦文獻所繫”藏書印。入《中國古籍善本書目》。嘉興市圖書館藏。

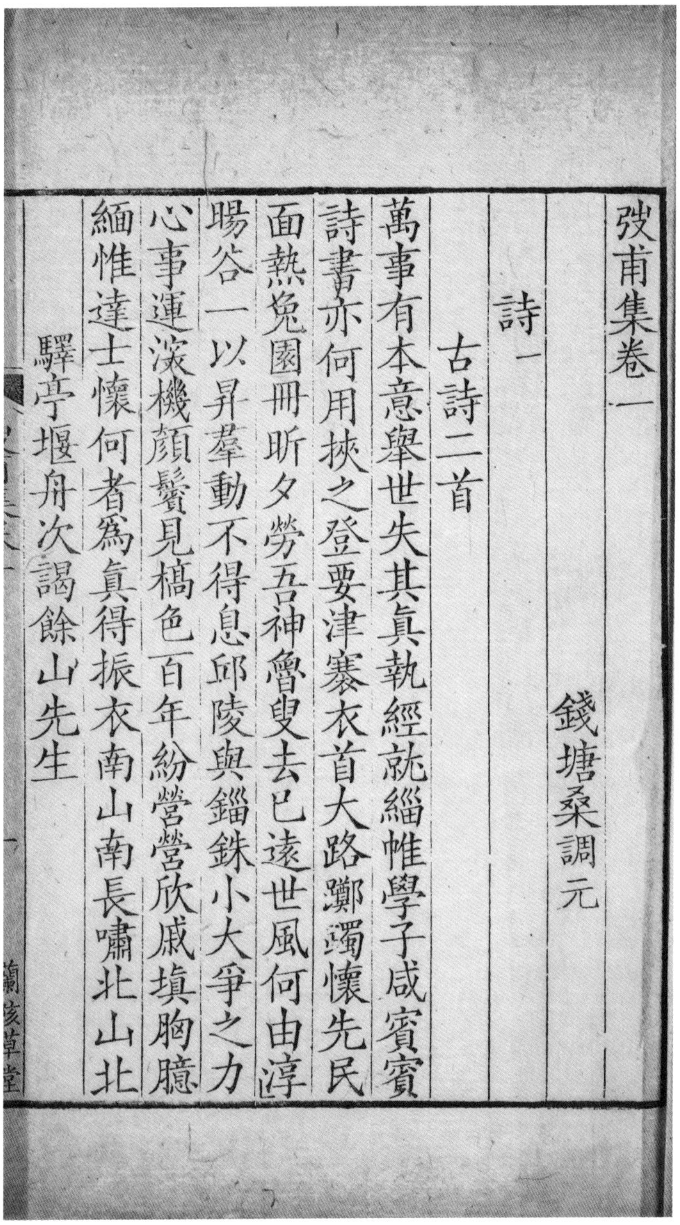

弢甫集卷一

錢塘桑調元

詩一

古詩二首

萬事有本意舉世失其真執經就緇帷學子咸賓賓
詩書亦何用挾之登要津褰衣首大路躑躅懷先民
面熱兔園冊昕夕勞吾神魯叟去已遠世風何由淳
暘谷一以昇羣動不得息邱陵與錙銖小大爭之力
心事運淡機顏鬢見槁色百年紛營營欣戚填胸臆
緬惟達士懷何者爲真得振衣南山南長嘯北山北

驛亭堰舟次謁餘山先生

弢甫集卷一　一　蘭陔草堂

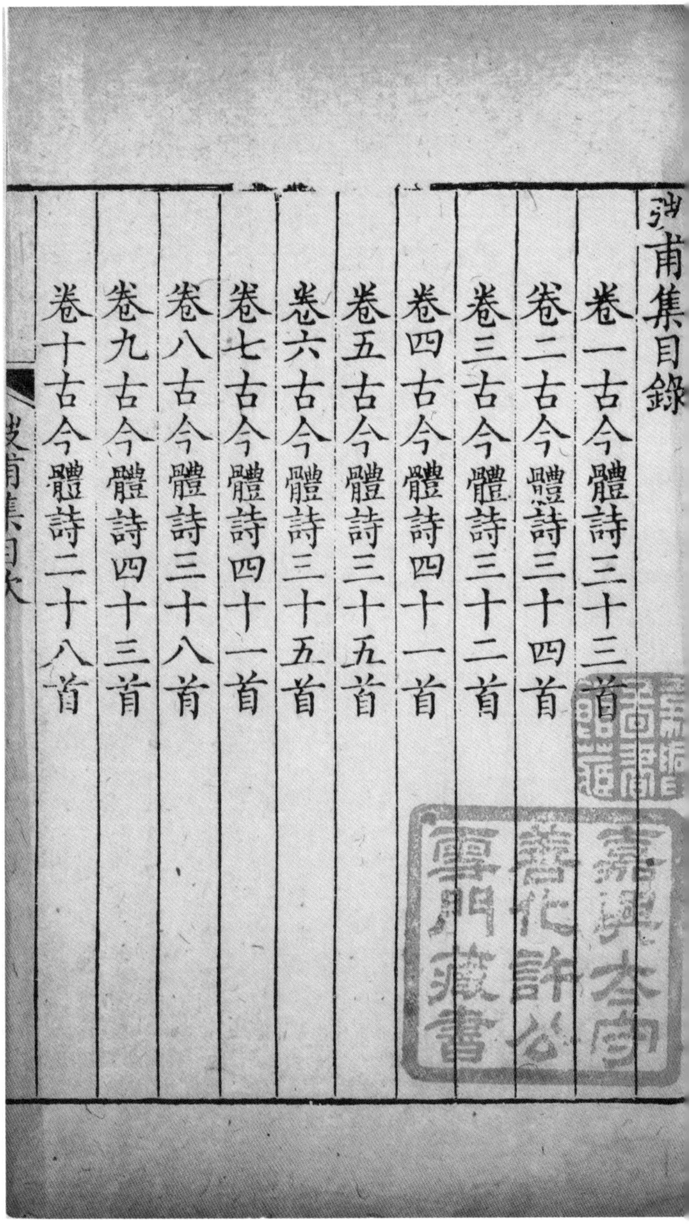

弢甫集目錄

卷一古今體詩三十三首
卷二古今體詩三十四首
卷三古今體詩三十二首
卷四古今體詩四十一首
卷五古今體詩三十五首
卷六古今體詩三十五首
卷七古今體詩四十一首
卷八古今體詩三十八首
卷九古今體詩四十三首
卷十古今體詩二十八首

弢甫集目次

嘉興太守善化許公雪門藏書

弢甫集十四卷　（清）桑調元撰　清乾隆七年（1742）蘭陔草堂刻本

匡高18.5厘米，廣14.4厘米。半葉十一行，行二十字，白口，四周單邊。有“嘉興太守善化許公雪門藏書”等印。入《中國古籍善本書目》。嘉興市圖書館藏。

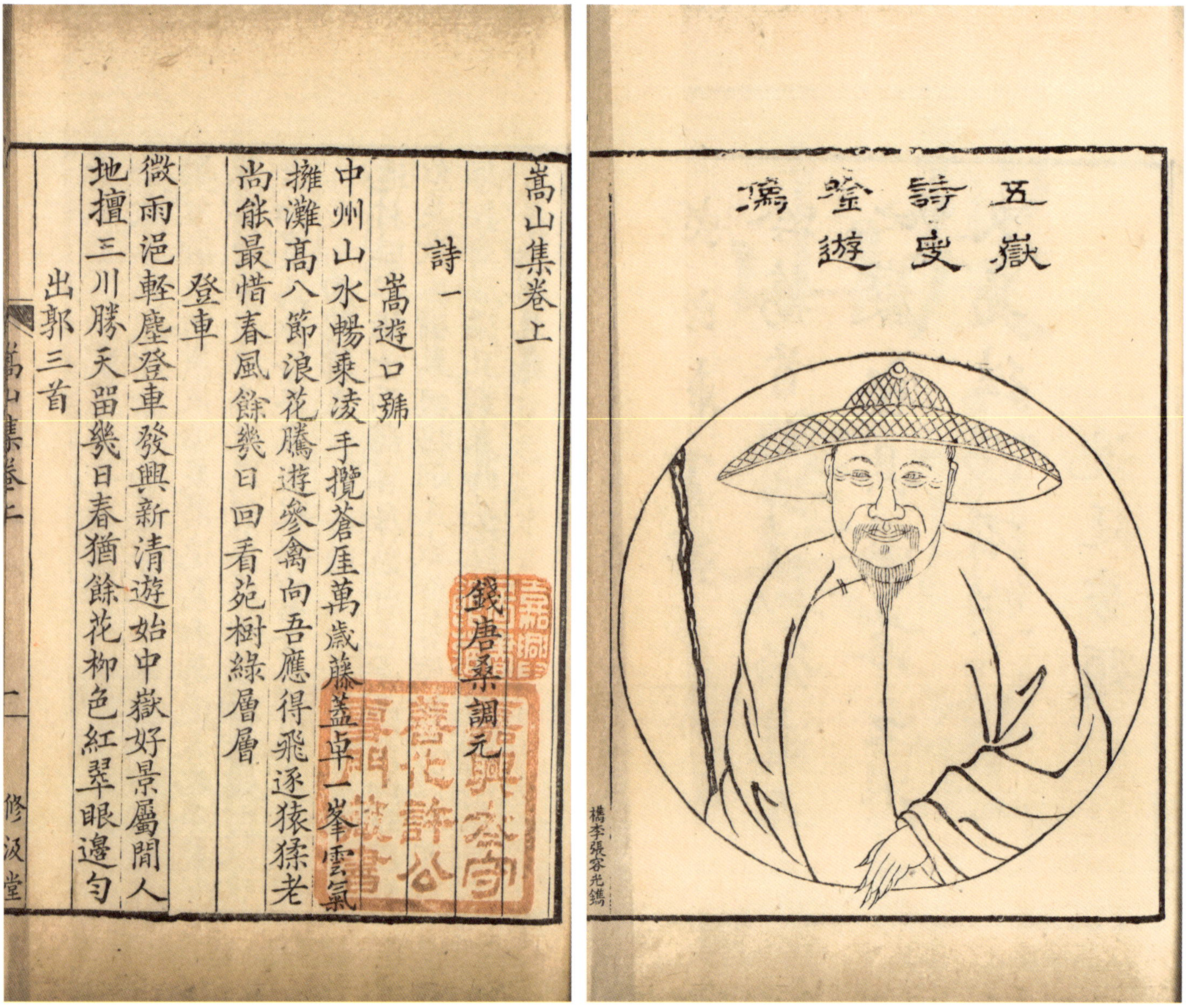
嵩山集卷上

詩一

嵩遊口號

錢唐桑調元

中州山水暢乘淩手攬蒼厓萬歲藤蓋卓一峯雲氣擁灘高八節浪花騰遊參禽向吾應得飛逐猿猱老尚能最惜春風餘幾日回看苑樹綠層層

登車

微雨浥輕塵登車發興新清遊始中嶽好景屬閒人地擅三川勝天留幾日春猶餘花柳色紅翠眼邊勻

出郭三首

嵩山集卷上　二　修汲堂

嘉興太守善化許公雪門藏書

五嶽詩定登遊像

檇李張容光鐫

弢甫五嶽集二十卷　（清）桑調元撰　清乾隆二十一年（1756）修汲堂刻本

匡高18.8厘米，廣14.2厘米。半葉十一行，行二十字，白口，左右雙邊。有“嘉興太守善化許公雪門藏書”等印。入《中國古籍善本書目》。嘉興市圖書館藏。

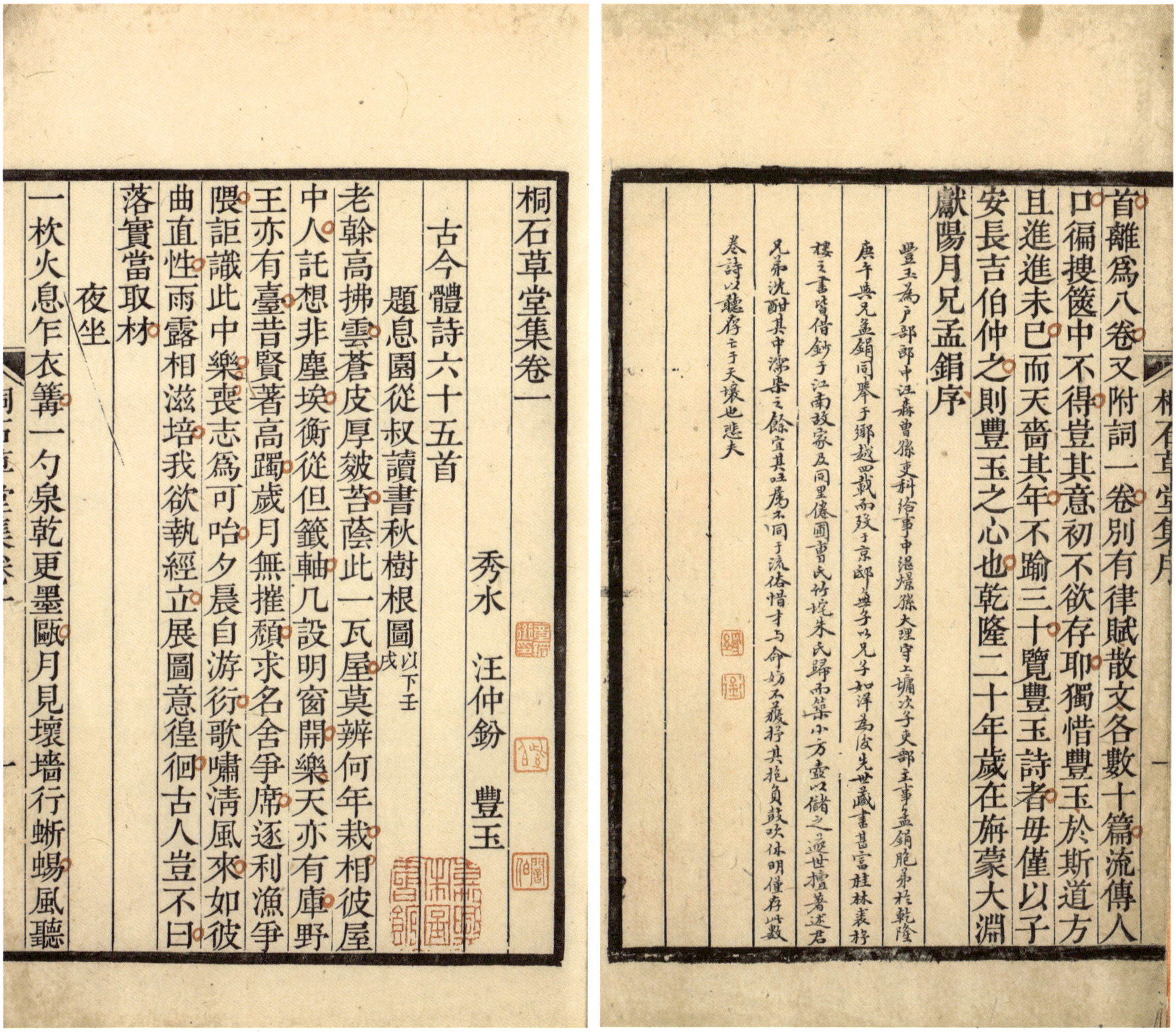
首離爲八卷又附詞一卷别有律賦散文各數十篇流傳人口徧搜篋中不得豈其意初不欲存耶獨惜豐玉於斯道方且進進未已而天嗇其年不踰三十覽豐玉詩者毋僅以子安長吉伯仲之則豐玉之心也乾隆二十年歲在旃蒙大淵獻陽月兄孟鋗序

豐玉爲戶部郎中汪森曾孫吏科給事中湜燝孫大理寺丞墉次子吏部主事孟鋗胞弟於乾隆庚午與兄孟鋗同舉于鄉越四載而歿于京邸無子以兄子如洋爲後先世藏書甚富裘杼樓之書皆借鈔于江南故家及同里倦圃曹氏竹垞朱氏歸而築小方壺以儲之遂世擅著述君兄弟沈酣其中滌暑之餘宜其吐屬不同于流俗惜才与命妨不獲抒其抱負鼓吹休明僅存數卷詩以聽存亡于天壤也悲夫

桐石草堂集卷一

秀水　汪仲鈖　豐玉

古今體詩六十五首

題息園從叔讀書秋樹根圖 以下壬戌

老榦高拂雲蒼皮厚皴皵蔭此一瓦屋莫辨何年栽相彼屋中人託想非塵埃衡從但籤軸几設明窗開樂天亦有庫野王亦有臺昔賢著高躅歲月無摧頹求名舍爭席逐利漁爭隈詎識此中樂喪志爲可咍夕晨自游衍歌嘯清風來如彼曲直性雨露相滋培我欲執經立展圖意徨徊古人豈不曰落實當取材

夜坐

一枕火息乍衣篝一勺泉乾更墨甌月見壞墻行蜥蜴風聽

桐石草堂集九卷　（清）汪仲鈖撰　清乾隆二十年（1755）刻本

匡高19.3厘米，廣14.2厘米。半葉十二行，行二十三字，白口，四周單邊。有“秀水金氏雙桂堂藏”、“嘉郡圖書館”、“綬”、“銜”、“辛復老屋”、“章綬銜印”、“紫伯”、“闇伯”等印。入《中國古籍善本書目》。嘉興市圖書館藏。

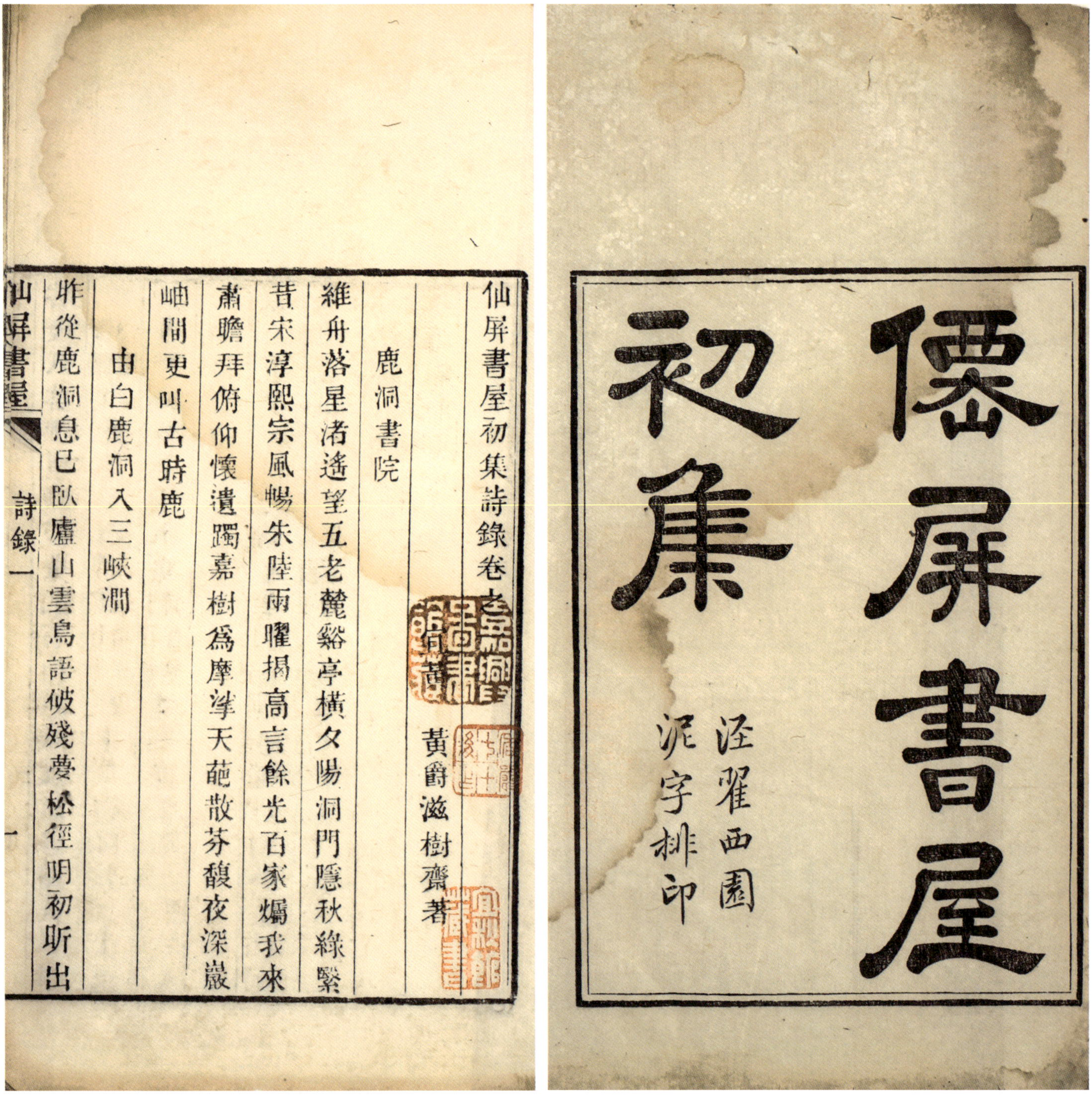

仙屏書屋初集詩録十六卷詩後録二卷 （清）黄爵滋撰　清道光二十六年（1846）涇縣翟氏泥活字印本

匡高17.4厘米，廣12.6厘米。半葉九行，行二十一字，白口，左右雙邊。有“秀水金氏雙桂堂藏”、“宜秋館藏書”等印。入《中國古籍善本書目》。第一批國家珍貴古籍名録號02148。嘉興市圖書館藏。

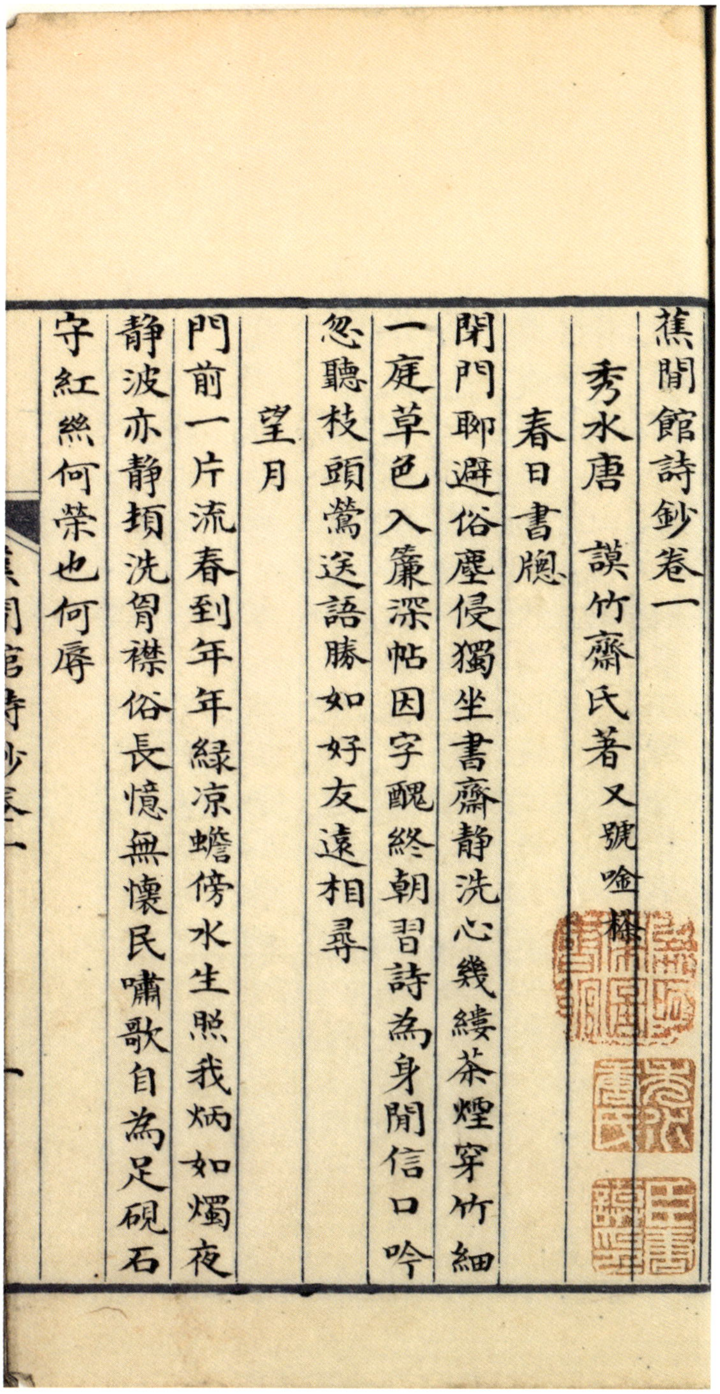

蕉閒館詩鈔卷一
秀水唐　謨竹齋氏著又號唫樵
春日書牕
閑門聊避俗塵侵獨坐書齋静洗心幾縷茶煙穿竹細
一庭草色入簾深帖因字醜終朝習詩為身閒信口吟
忽聽枝頭鶯送語勝如好友遠相尋
望月
門前一片流春到年年緑涼蟾傍水生照我炳如燭夜
静波亦静頻洗胷襟俗長憶無懷民嘯歌自為足硯石
守紅絲何榮也何辱

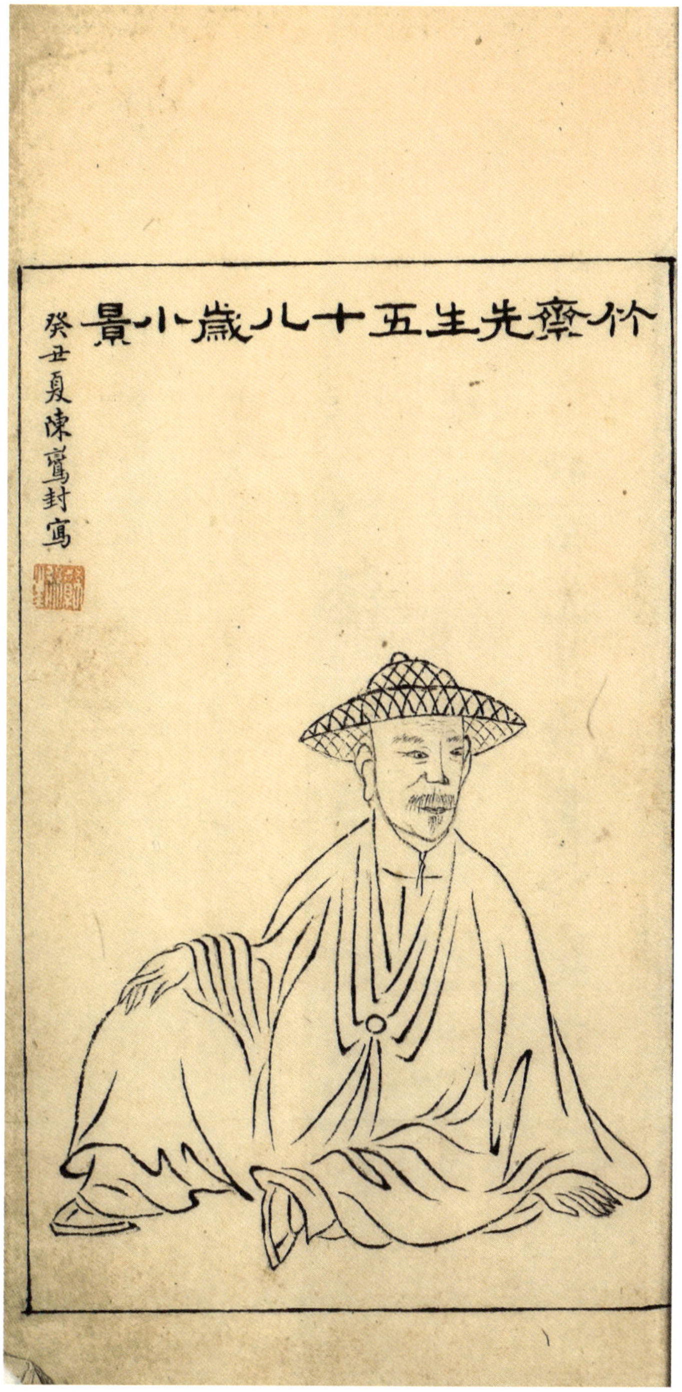

蕉閒館詩鈔七卷蕉閒館體詩一卷　（清）唐謨撰　清道光（1821－1850）稿本

匡高16.7厘米，廣11.6厘米。半葉十行，行二十一字，白口，左右雙邊。有“陳若蘭印”、“再造讀書樓主”、“臣唐謨印”、“唐謨之印”、“秀水唐氏”、“竹齋”、“竹齋詩草”、“丙辰生”、“蕉閒館主”等印。入《中國古籍善本書目》。嘉興市圖書館藏。

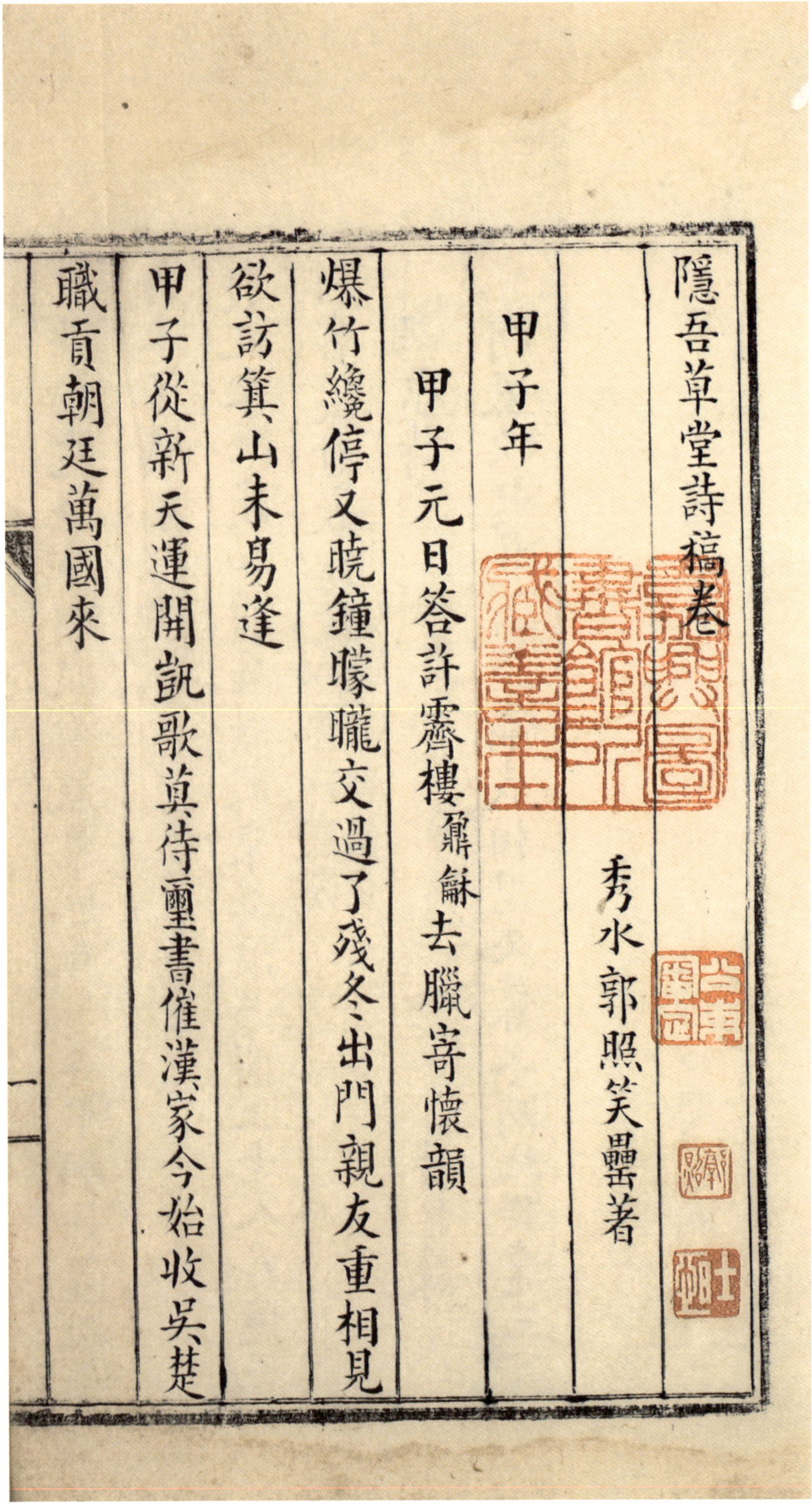
隱吾草堂詩稿卷
秀水郭照笑罍著
甲子年
甲子元日答許霽樓鼐龢去臘寄懷韻
爆竹纔停又曉鐘曚曨交過了殘冬出門親友重相見
欲訪箕山未易逢
甲子從新天運開凱歌莫待璽書催漢家今始收吴楚
職貢朝廷萬國來

隱吾草堂詩稿二卷靜寄齋詩稿一卷 （清）郭照撰　郭似壎鈔　清光緒二十五年（1899）謄清稿本

匡高19厘米，廣12.5厘米。半葉八行，行二十一字，白口，四周雙邊。有“郭照”、“郭士恒”、“士恒”、“公束”、“公束審定”、“子青”、“其照”、“季人鈔本”、“受福”等印。入《中國古籍善本書目》。嘉興市圖書館藏。

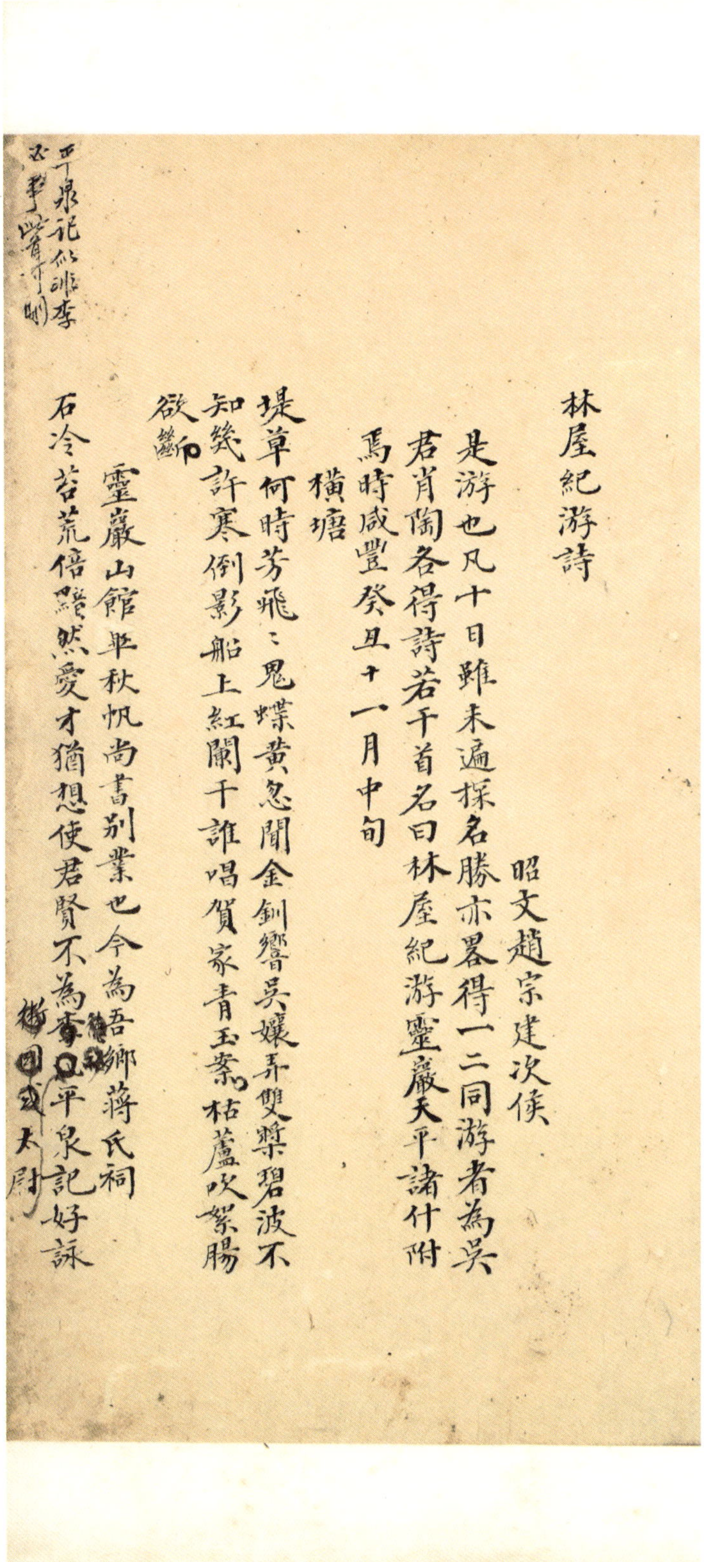

林屋紀游詩

昭文趙宗建次侯

是游也凡十日雖未遍探名勝亦畧得一二同游者為吳君肖陶各得詩若干首名曰林屋紀游靈巖天平諸什附焉時咸豐癸丑十一月中旬

横塘

堤草何時芳飛飛鬼蝶黃忽聞金釧響吳孃弄雙槳碧波不知幾許寒倒影船上紅闌干誰唱賀家青玉案枯蘆吹絮腸欲斷

靈巖山館畢秋帆尚書別業也今為吾鄉蔣氏祠

石冷苔荒倍黯然愛才猶想使君賢不為

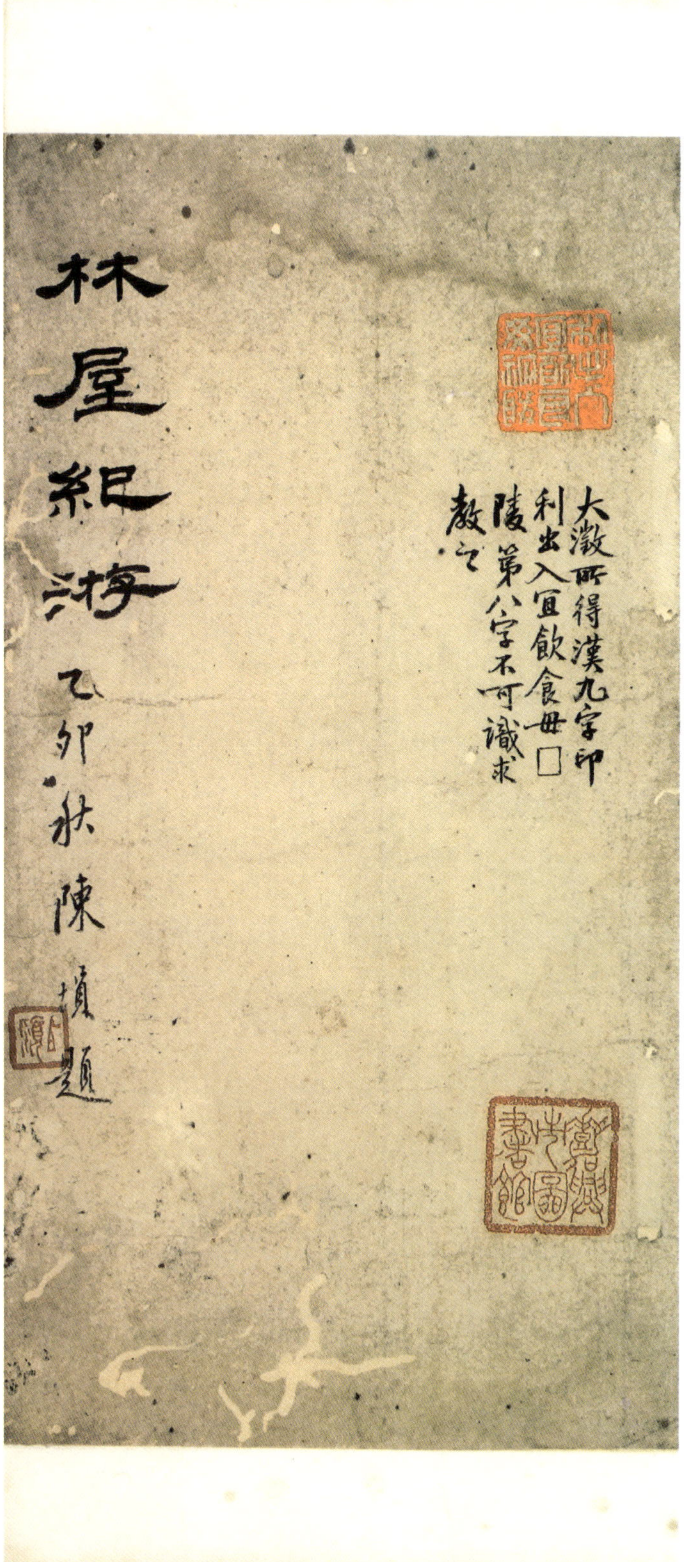

林屋紀游 乙卯秋陳璜題

大澂所得漢九字印利出入宜飲食毋□陵第八字不可識求教之

林屋紀游詩一卷 （清）趙宗建撰　吴大澂等題識　清咸豐三年（1853）

稿本

行數字數不等，無邊匡。有吴大澂、吴震、程庭鷺、王宪成、翁同龢、徐康、衛鑄、周綺甫等人題識，多蘇、嘉二郡及鄉邦人。有“紫翁”、“寋齋”等諸多名家印章。入《中國古籍善本書目》。嘉興市圖書館藏。

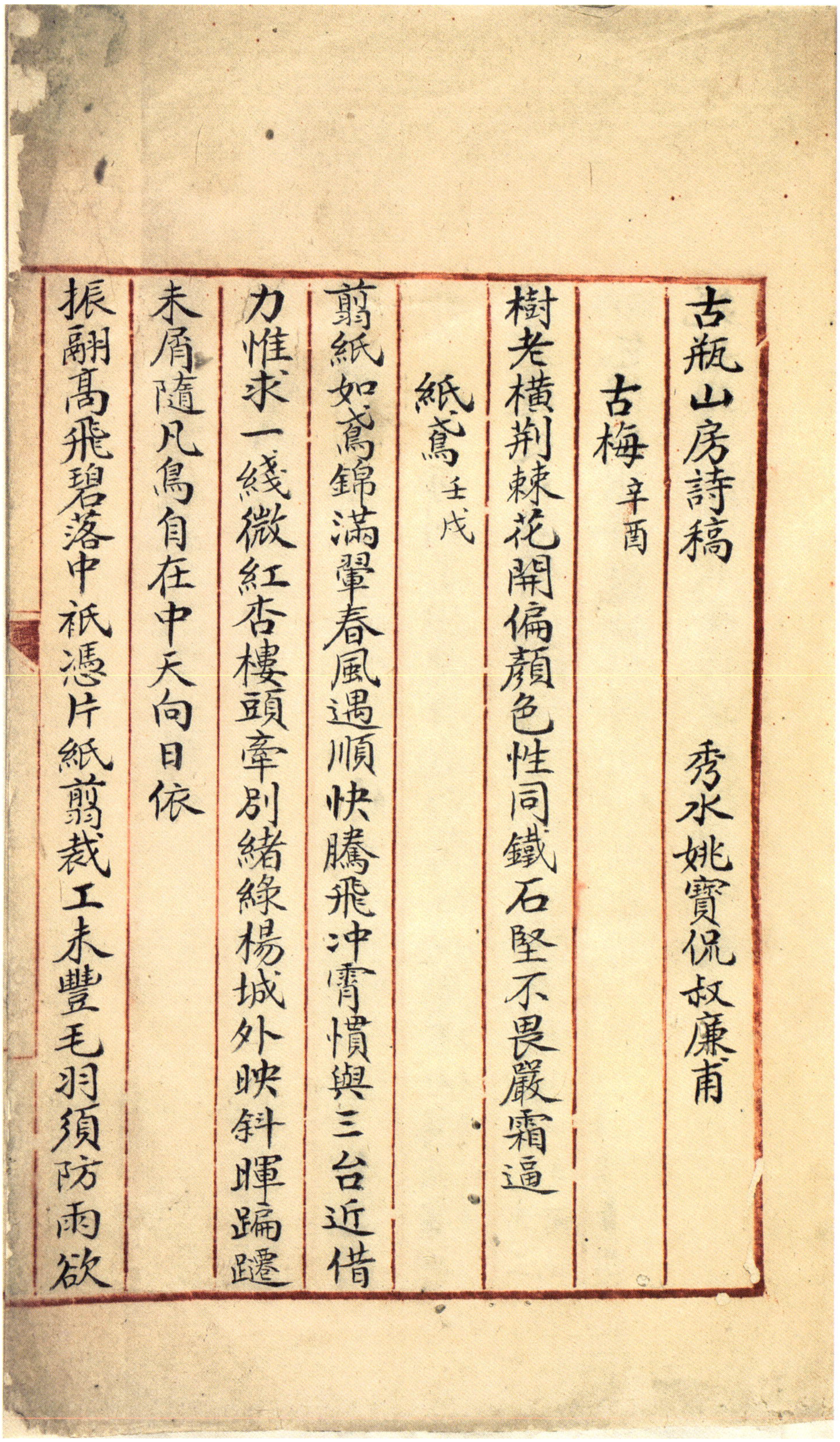

古瓶山房詩稿　秀水姚寶侃叔廉甫

古梅　辛酉

樹老横荆棘花開偏顔色性同鐵石堅不畏嚴霜逼

紙鳶　壬戌

翦紙如鳶錦滿翬春風遇順快騰飛沖霄慣與三台近借力惟求一綫微紅杏樓頭牽别緒緑楊城外映斜暉蹁躚未肯隨凡鳥自在中天向日依

振翮高飛碧落中祇憑片紙翦裁工未豐毛羽須防雨欲

古瓶山房詩稿不分卷　（清）姚寶侃撰　清稿本

匡高19.4厘米，廣14.8厘米。半葉八行，行二十二字，小字雙行字數不等，白口，單魚尾，四周單邊。嘉興博物館藏。

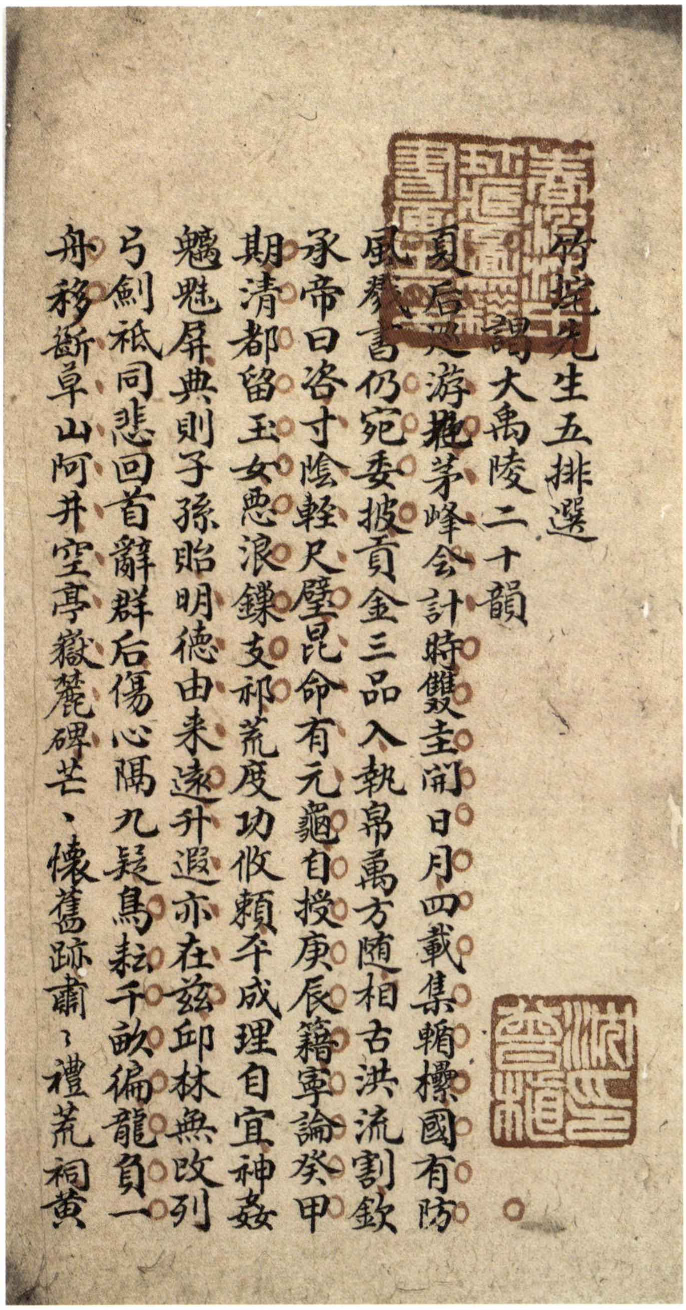
竹垞先生五排選
謁大禹陵二十韻
夏后巡游地茅峰会計時雙圭開日月四載集輴欙國有防
風戮書仍宛委披貢金三品入執帛萬方隨相古洪流割欽
承帝曰咨寸陰輕尺璧昆命有元龜自揆庚辰籍寧論癸甲
期清都留玉女悉浪鎍支祁荒度功攸賴平成理自宜神姦
魑魅屏典則子孫貽明德由来遠升遐亦在兹卯林無改列
弓劍祇同悲回首辭群后傷心隔九疑鳥耘千畝徧龍負一
舟移斷草山阿并空亭嶽麓碑芒芒懷舊跡肅肅禮荒祠黄

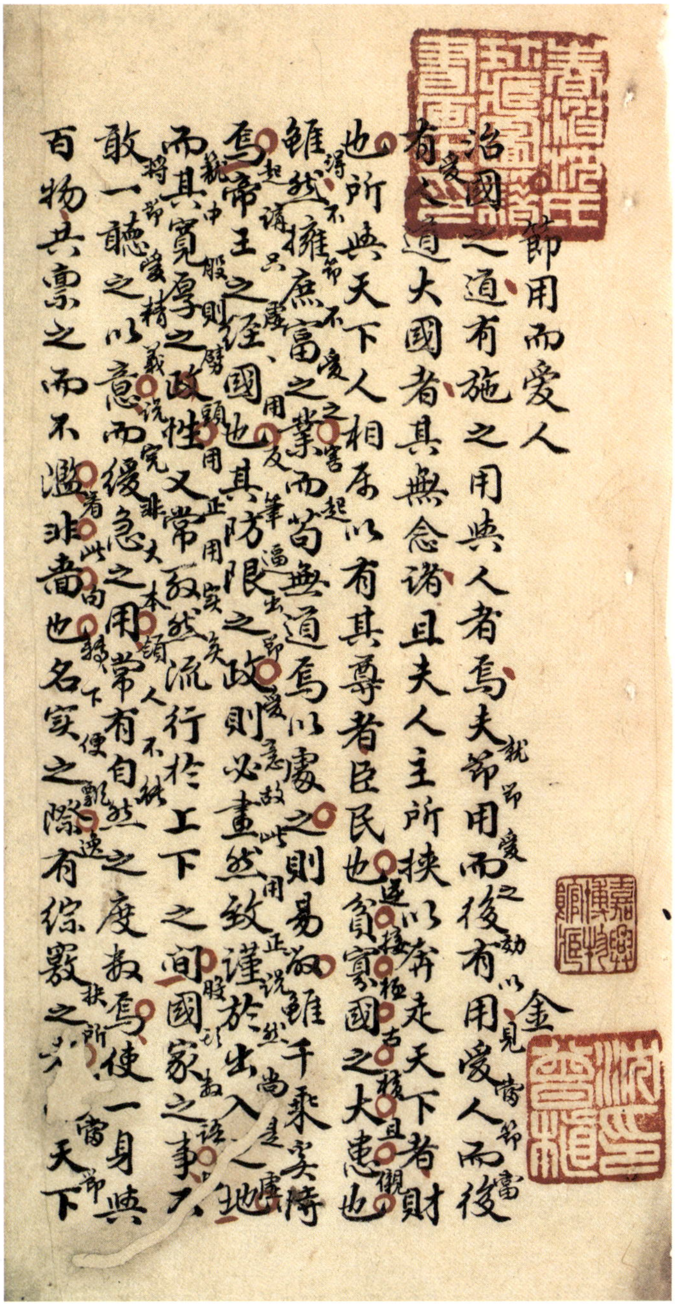
節用而愛人
治國之道有施之用與人者爲夫節用而後有用愛人而後
有人之道大國者其無念諸且夫人主所挟以奔走天下者財
也所與天下人相系以有其尊者臣民也貧寡國之大患也
雖然擁庶富之業而苟無道焉以處之則易啟雖千乘實將
爲帝王之經國也其防限之政則必盡然致謹於出入之地
而其寬厚之政性又常致然流行於上下之間國家之事不
敢一聽之以意而緩急之用常有自然之度教爲使一身與
百物共稟之而不濫非嗇也名實之際有綜覈之 天下

項金制藝合鈔不分卷朱竹垞先生五律排選不分卷（清）沈學階鈔

清鈔本

半葉九行，行二十三字，行間有字。無格無匡。有“春波沈氏珎藏圖籍書畫之印”、“沈印曾植”等印。嘉興博物館藏。

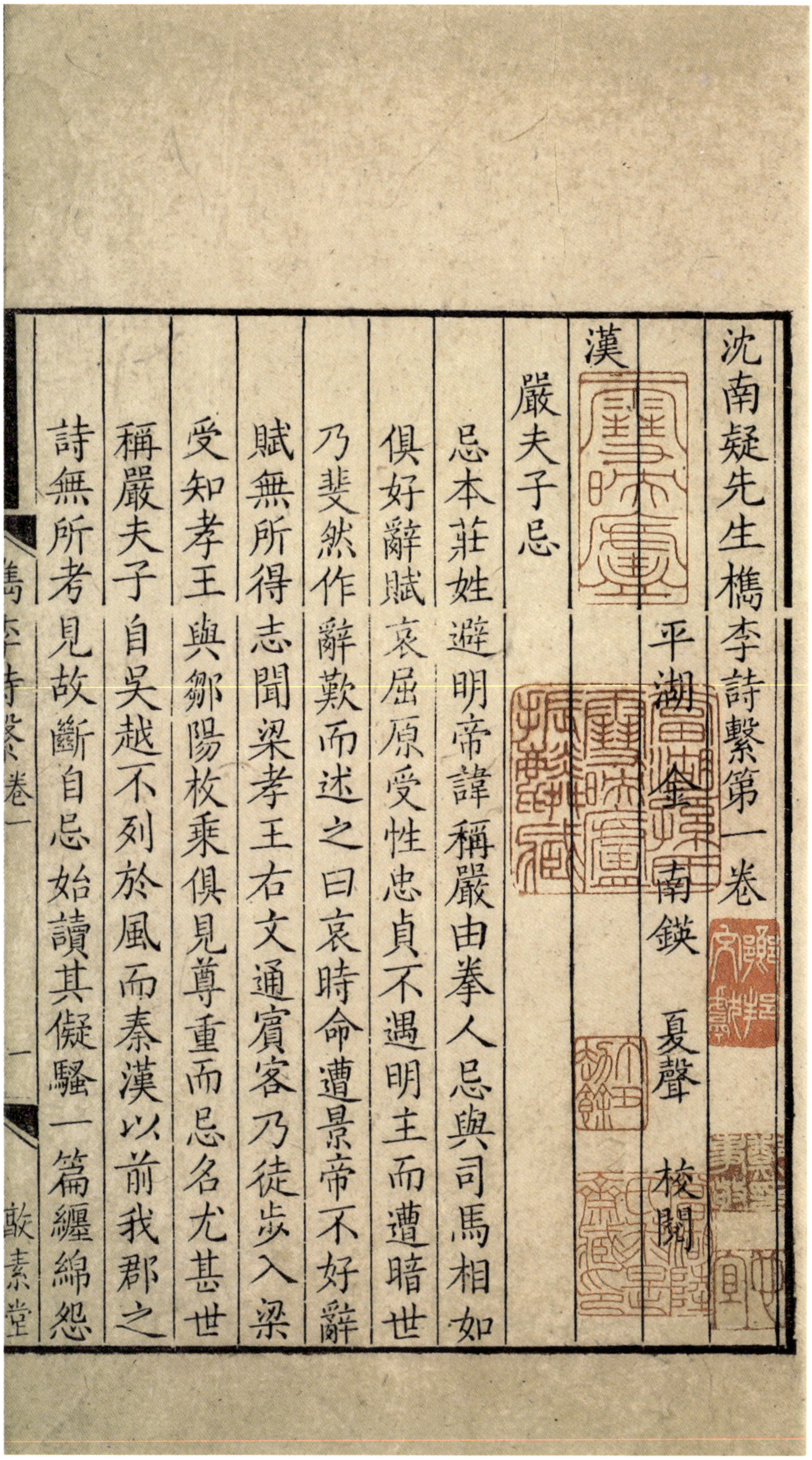

沈南疑先生檇李詩繫第一卷

平湖金南鍈　夏聲　校閲

漢

嚴夫子忌

忌本莊姓避明帝諱稱嚴由拳人忌與司馬相如俱好辭賦哀屈原受性忠貞不遇明主而遭暗世乃斐然作辭歎而述之曰哀時命遭景帝不好辭賦無所得志聞梁孝王右文通賓客乃徒步入梁受知孝王與鄒陽枚乘俱見尊重而忌名尤甚世稱嚴夫子自吳越不列於風而秦漢以前我郡之詩無所考見故斷自忌始讀其擬騷一篇纏綿怨

檇李詩繫　卷一　一　敦素堂

沈南疑先生檇李詩繫四十二卷　（清）沈南疑輯　金南鍈校　清康熙四十九年（1710）敦素堂刻本

匡高17.6厘米，廣13.6厘米。半葉十一行，行二十一字，上闊黑口，左右雙邊。有“嘉興陳其榮珍藏記”、“陳氏其榮”、“當湖孫氏雪映廬振麟藏”、“求是齋”、“當湖陸氏求是齋藏印”、“鄉邦文獻”、“丁丑劫餘”、“雪映廬”、“平湖屈氏一卷書塾所藏”、“清澄珍藏”、“鄉邦文獻所繫”、“陆惟鍌”、“清澄” 等藏書印。入《中國古籍善本書目》。嘉興市圖書館藏。

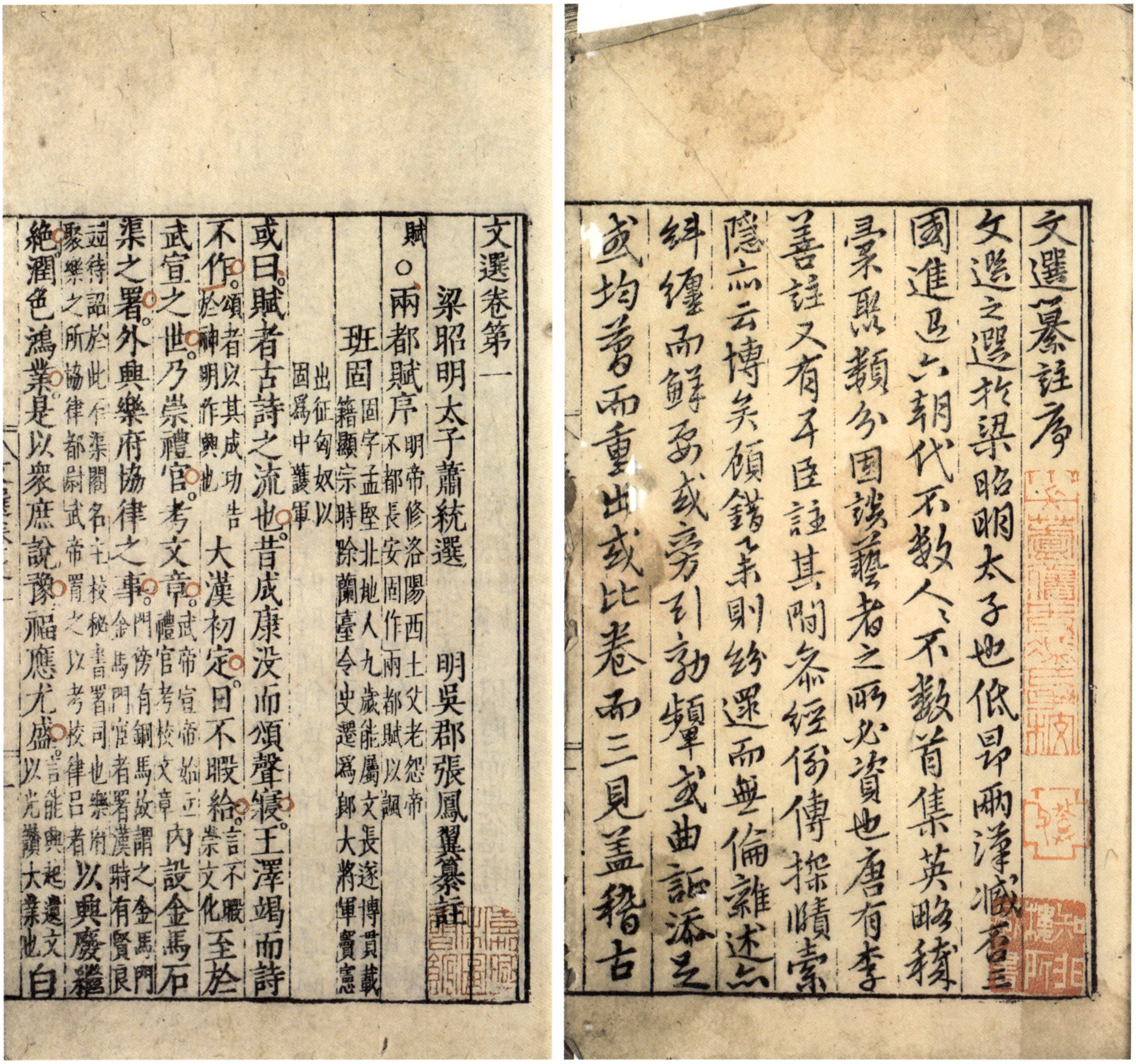

文選十二卷　（南朝梁）蕭統輯　（明）張鳳翼纂註　明萬曆八年（1580）刻本

匡高18.9厘米，廣13厘米。半葉十一行，行二十二字，小字雙行同，白口，左右雙邊。有“知非樓秘笈”、“知非樓所藏書”“小長蘆舊史馮氏手校”、“登父”等印。入《中國古籍善本書目》。嘉興市圖書館藏。

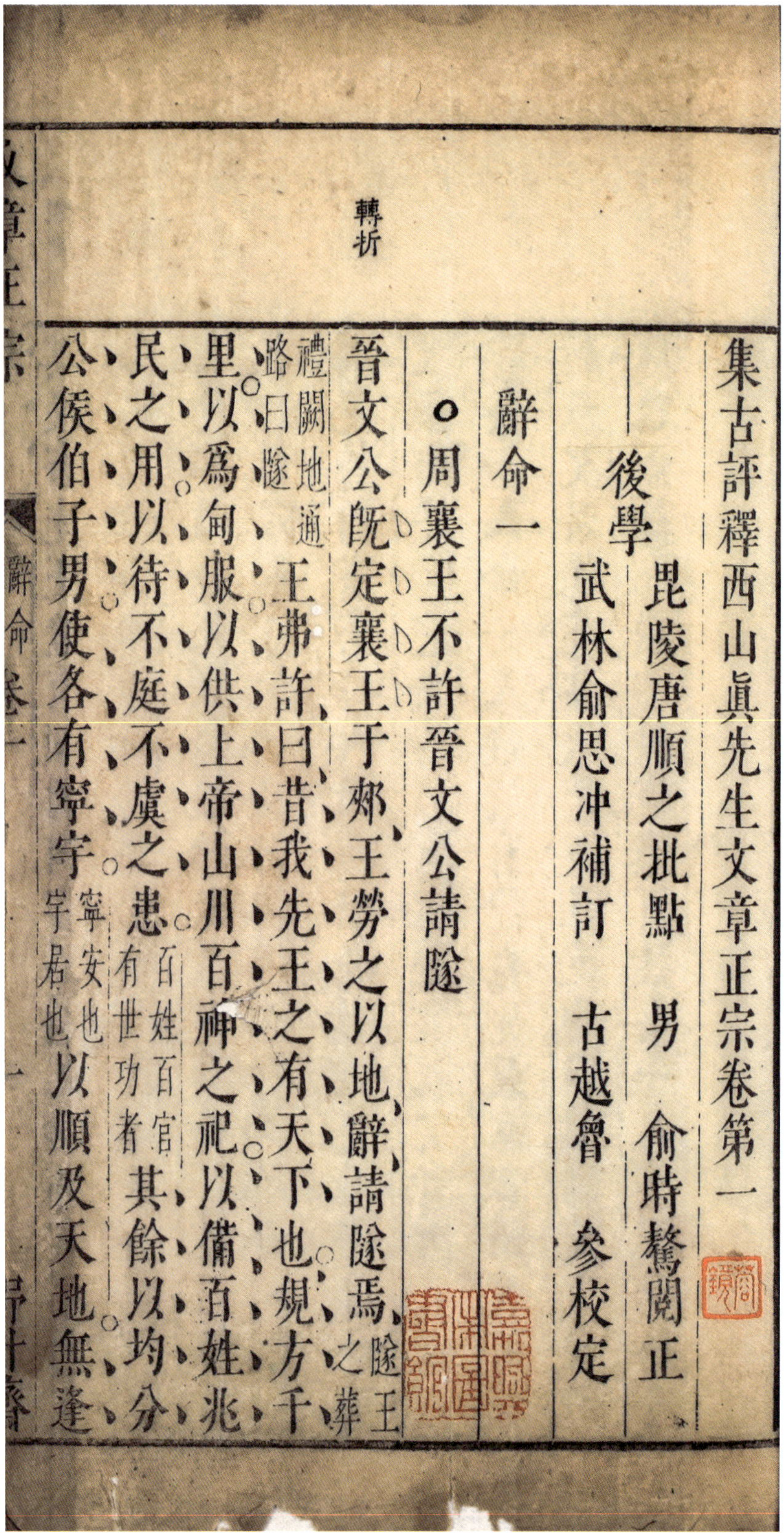
轉折
集古評釋西山眞先生文章正宗卷第一
後學 毘陵唐順之批點 男 俞時鶿閱正
武林俞思冲補訂 古越魯 參校定
辭命一
○周襄王不許晉文公請隧
晉文公既定襄王于郟王勞之以地辭請隧焉隧王之葬禮闕地通路曰隧王弗許曰昔我先王之有天下也規方千
里以爲甸服以供上帝山川百神之祀以備百姓兆
民之用以待不庭不虞之患百姓百官有世功者其餘以均分
公侯伯子男使各有寧宇寧安也宇居也以順及天地無逢

集古評釋西山真先生文章正宗二十四卷 （宋）真德秀輯 （明）唐順之批點 俞思冲補訂 魯參校定 明萬曆四十六年（1618）武林野計齋刻本

匡高23.2厘米，廣14.1厘米。半葉十行，行二十字，小字雙行同，白口，單魚尾，四周單邊。有“秀水金氏雙桂堂藏”、“蓉鏡”等印。入《中國古籍善本書目》。嘉興市圖書館藏。

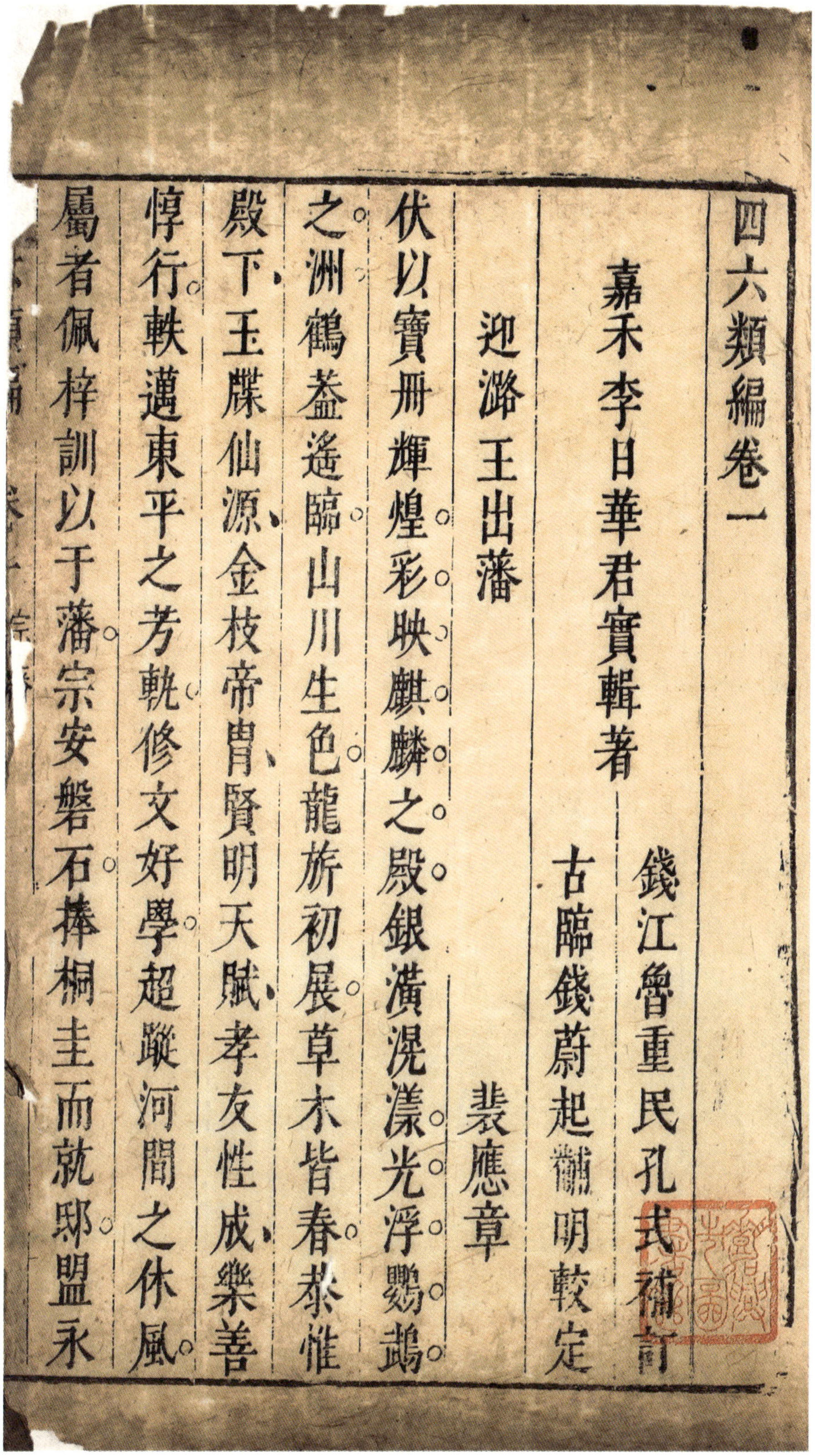
四六類編卷一
嘉禾李日華君實輯著
錢江魯重民孔式補訂
古臨錢蔚起龢明較定
迎潞王出藩　裴應章
伏以寶冊輝煌彩映麒麟之殿銀潢滉瀁光浮鳷鵲之洲鶴蓋遙臨山川生色龍旂初展草木皆春恭惟
殿下玉牒仙源金枝帝胄賢明天賦孝友性成樂善惇行軼邁東平之芳軌修文好學超躐河間之休風屬者佩梓訓以于藩宗安磐石捧桐圭而就邸盟永

四六類編十三卷　（明）李日華輯　魯重民補訂　明崇禎十三年（1640）刻本

匡高21.4厘米，廣14.3厘米。半葉九行，行二十字，白口，四周單邊。入《中國古籍善本書目》。嘉興市圖書館藏。

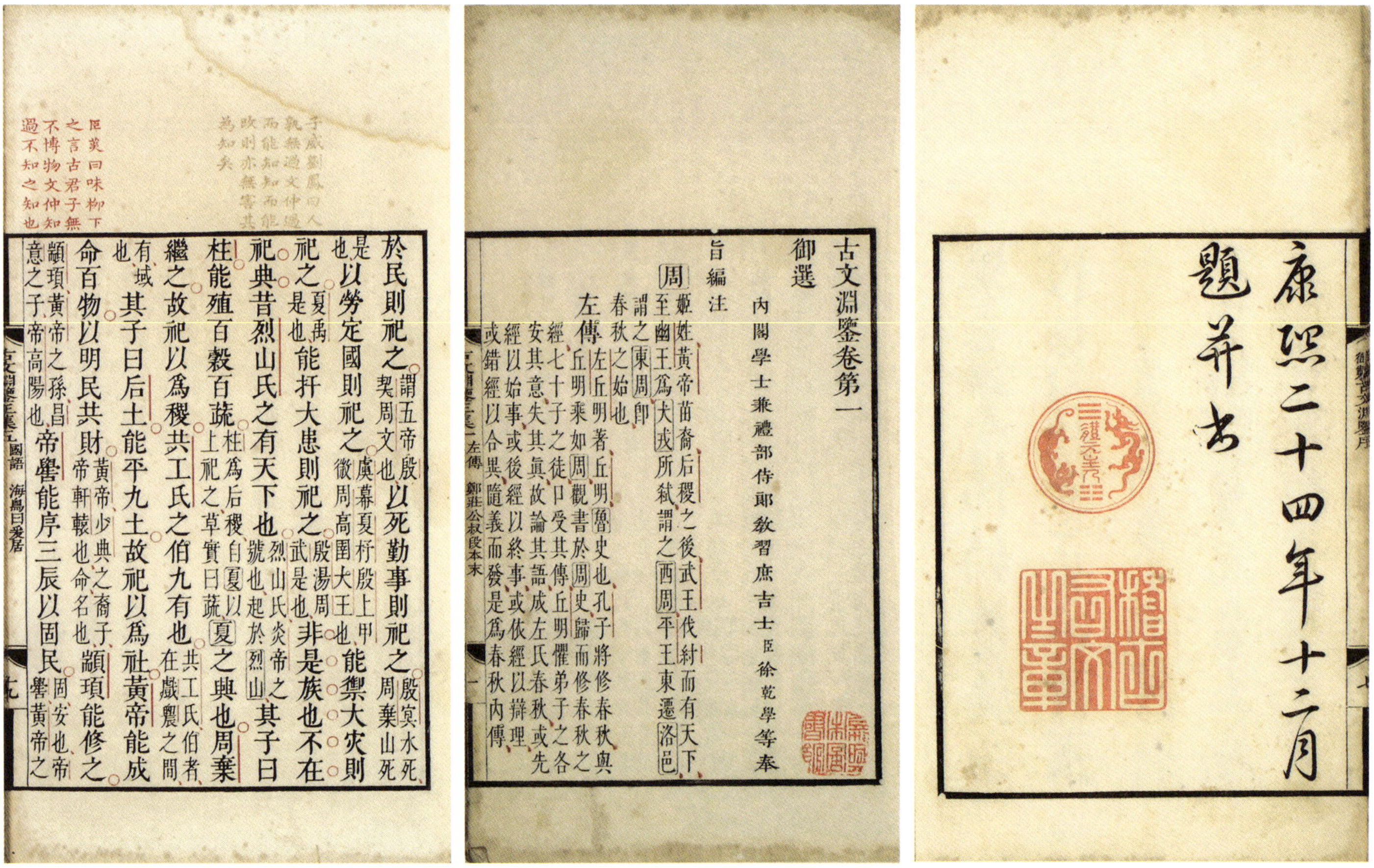

古文淵鑒六十四卷 （清）徐乾學等編注　清康熙二十四年（1685）四色套印本

匡高19.4厘米，廣14.1厘米。半葉九行，行二十字，小字雙行同，黑口，雙魚尾，四周單邊。有“陸費端孫藏書”等印。嘉興市圖書館藏。存四十四卷。

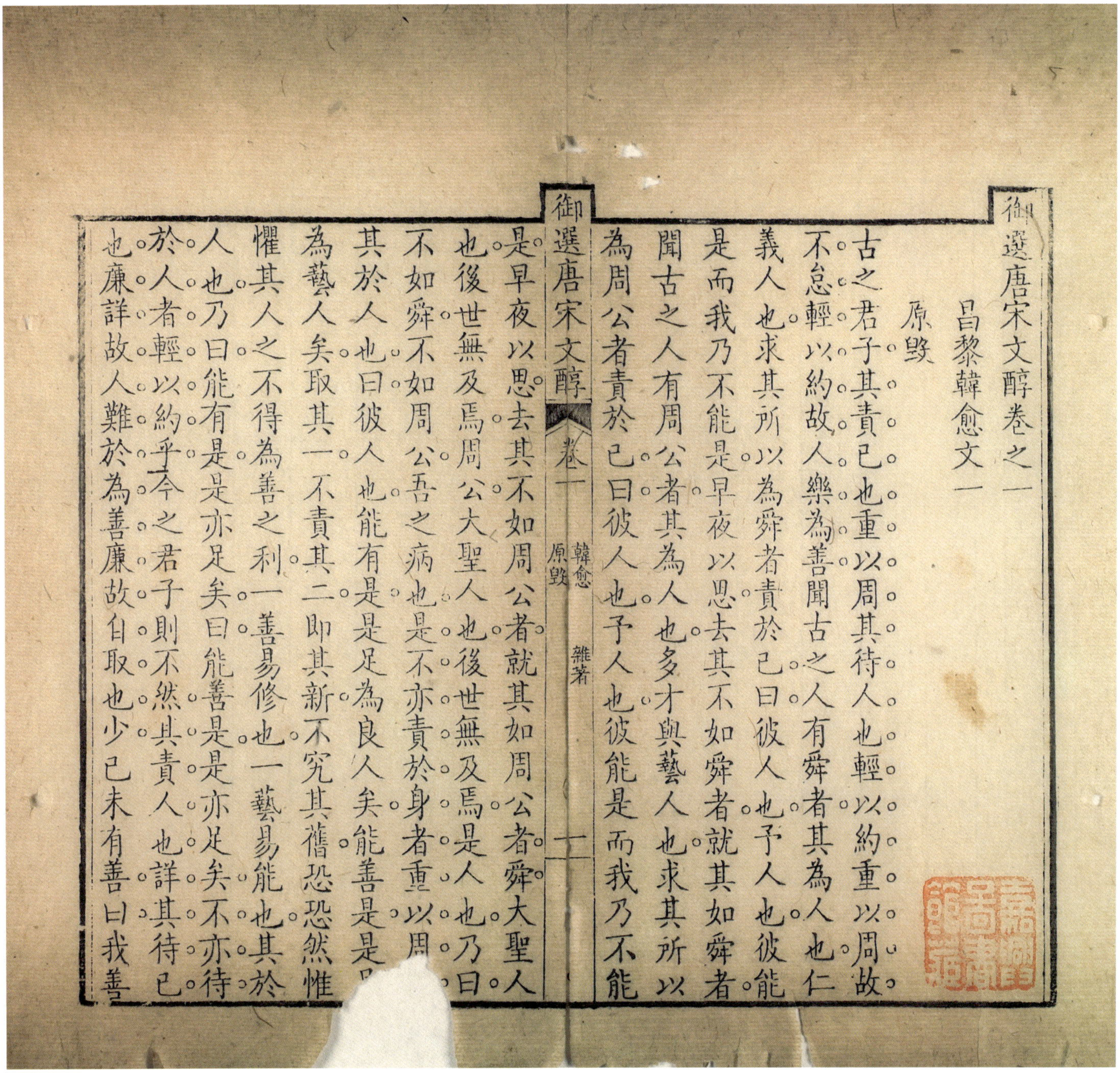

御選唐宋文醇卷之一

昌黎韓愈文一

原毁

古之君子其責己也重以周其待人也輕以約重以周故不怠輕以約故人樂為善聞古之人有舜者其為人也仁義人也求其所以為舜者責於己曰彼人也予人也彼能是而我乃不能是早夜以思去其不如舜者就其如舜者聞古之人有周公者其為人也多才與藝人也求其所以為周公者責於己曰彼人也予人也彼能是而我乃不能

御選唐宋文醇 卷一 韓愈 原毁 雜著 二

是早夜以思去其不如周公者就其如周公者舜大聖人也後世無及焉周公大聖人也後世無及焉是人也乃曰不如舜不如周公吾之病也是不亦責於身者重以周其於人也曰彼人也能有是是足為良人矣能善是是足為藝人矣取其一不責其二即其新不究其舊恐恐然惟懼其人之不得為善之利一善易修也一藝易能也其於人也乃曰能有是是亦足矣曰能善是是亦足矣不亦待於人者輕以約乎今之君子則不然其責人也詳其待己也廉詳故人難於為善廉故自取也少己未有善曰我善

御選唐宋文醇五十八卷（清）弘曆輯　清乾隆六年（1741）内府刻本

匡高18厘米，廣11.5厘米。半葉九行，行二十二字，白口，單魚尾，左右雙邊。入《中國古籍善本書目》。第一批國家珍貴古籍名録號02226。嘉興市圖書館藏。

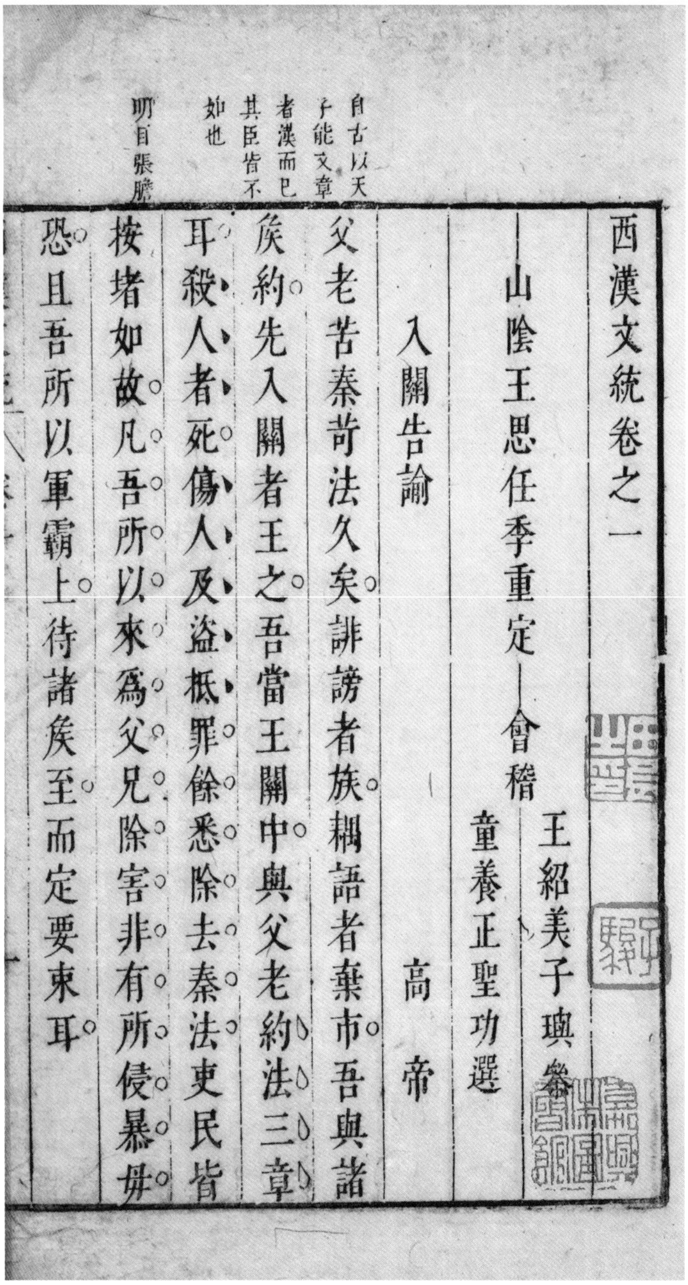
自古以天子能文章者漢而巳其臣皆不如也
明目張膽

西漢文統卷之一
山陰王思任季重定　會稽　王紹美子璵參
童養正聖功選
入關告諭　高帝
父老苦秦苛法久矣誹謗者族耦語者棄市吾與諸
侯約先入關者王之吾當王關中與父老約法三章
耳殺人者死傷人及盜抵罪餘悉除去秦法吏民皆
按堵如故凡吾所以來爲父兄除害非有所侵暴毋
恐且吾所以軍霸上待諸侯至而定要束耳

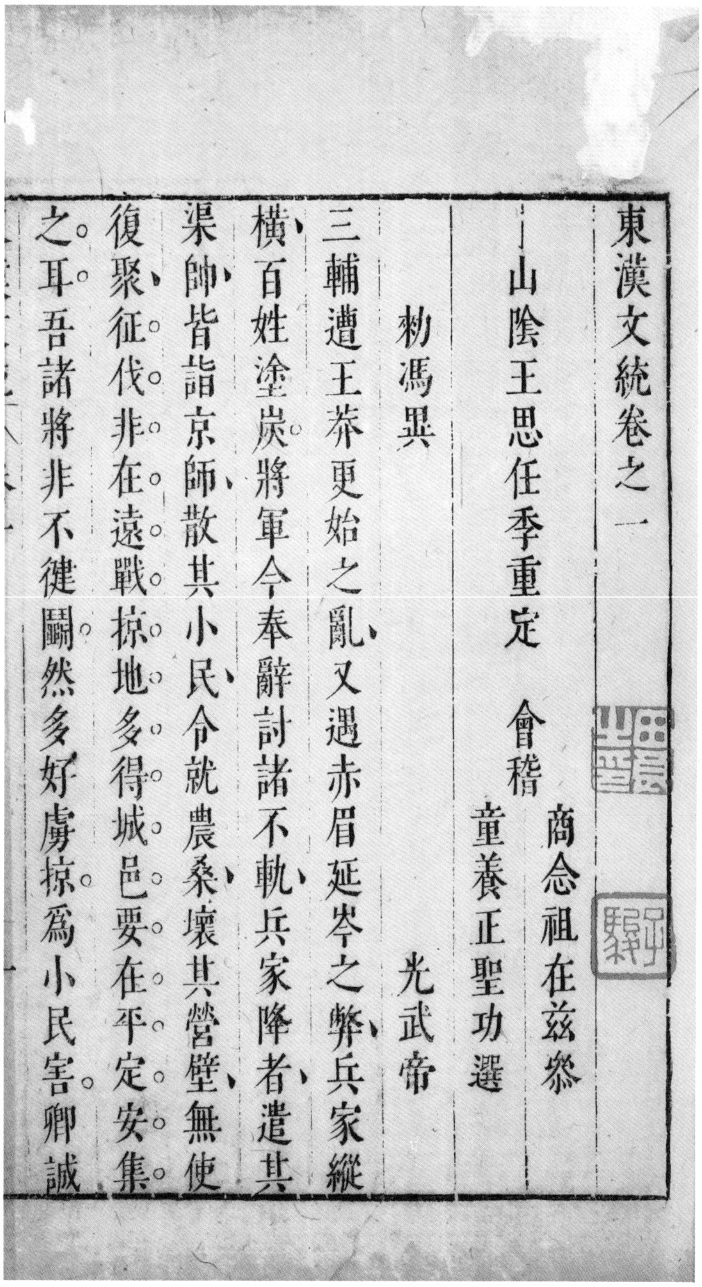
東漢文統卷之一
山陰王思任季重定　會稽　商念祖在茲參
童養正聖功選
勑馮異　光武帝
三輔遭王莽更始之亂又遇赤眉延岑之弊兵家縱
橫百姓塗炭將軍今奉辭討諸不軌兵家降者遣其
渠帥皆詣京師散其小民令就農桑壞其營壁無使
復聚征伐非在遠戰掠地多得城邑要在平定安集
之耳吾諸將非不健鬬然多好虜掠爲小民害卿誠

史漢文統十五卷　（明）童養正選　王思任　王紹美校定　明末刻本

匡高20.3厘米，廣14.1厘米。半葉九行，行二十字，白口，四周單邊。有“臣良”、“田良之印”、“子駿”等印。入《中國古籍善本書目》。嘉興市圖書館藏。存《西漢文統》五卷、《東漢文統》五卷。

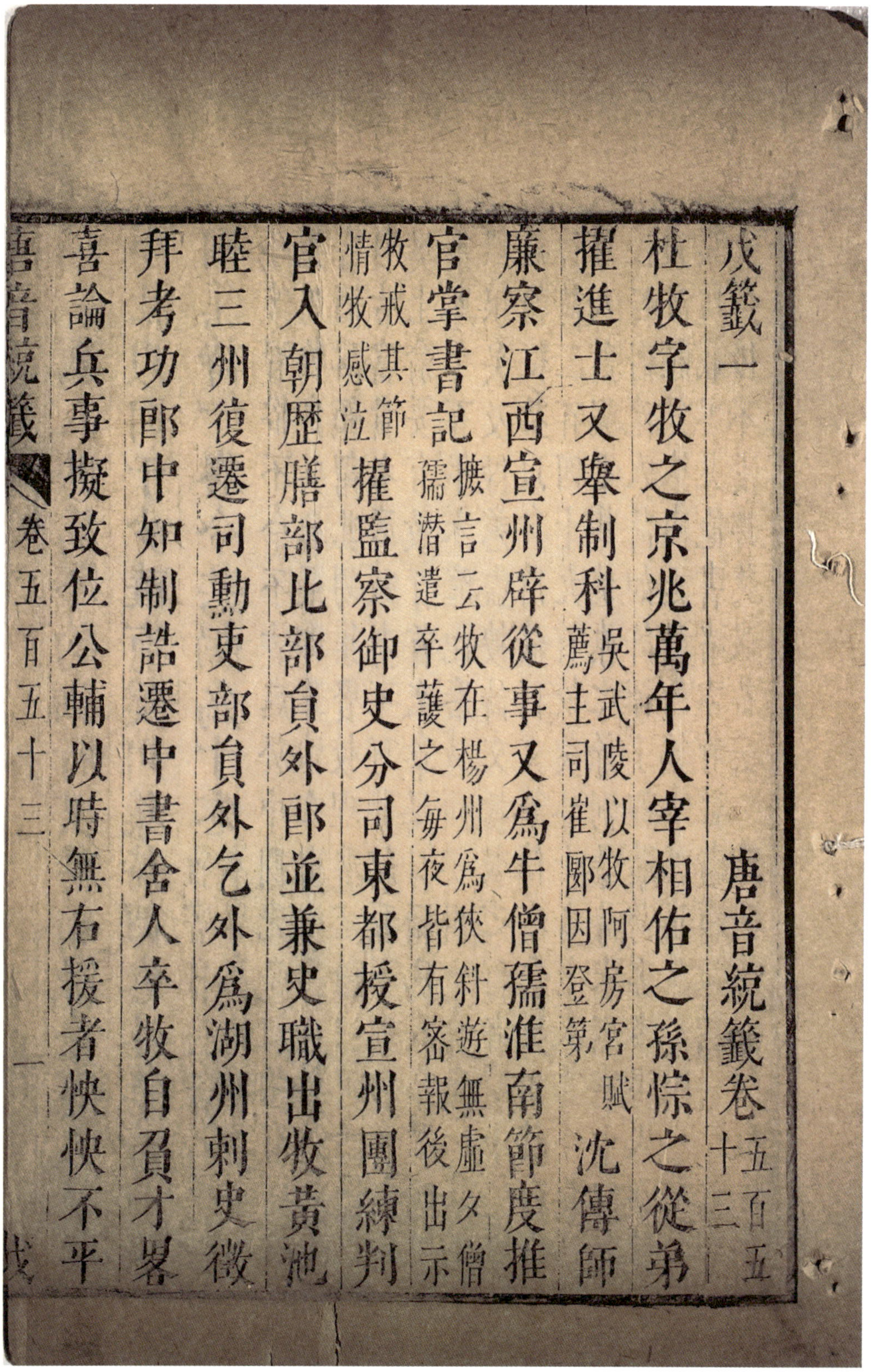

唐音統籤一千三十三卷 （明）胡震亨輯　清康熙二十六年（1687）海鹽胡申之南益堂刻本

匡高20.1厘米，廣15.2厘米。半葉十行，行十九字，白口，左右雙邊。入《中國古籍善本書目》。嘉興市圖書館藏。存《唐音戊籤》二百一卷餘閏六十三卷餘諸國主詩一卷。

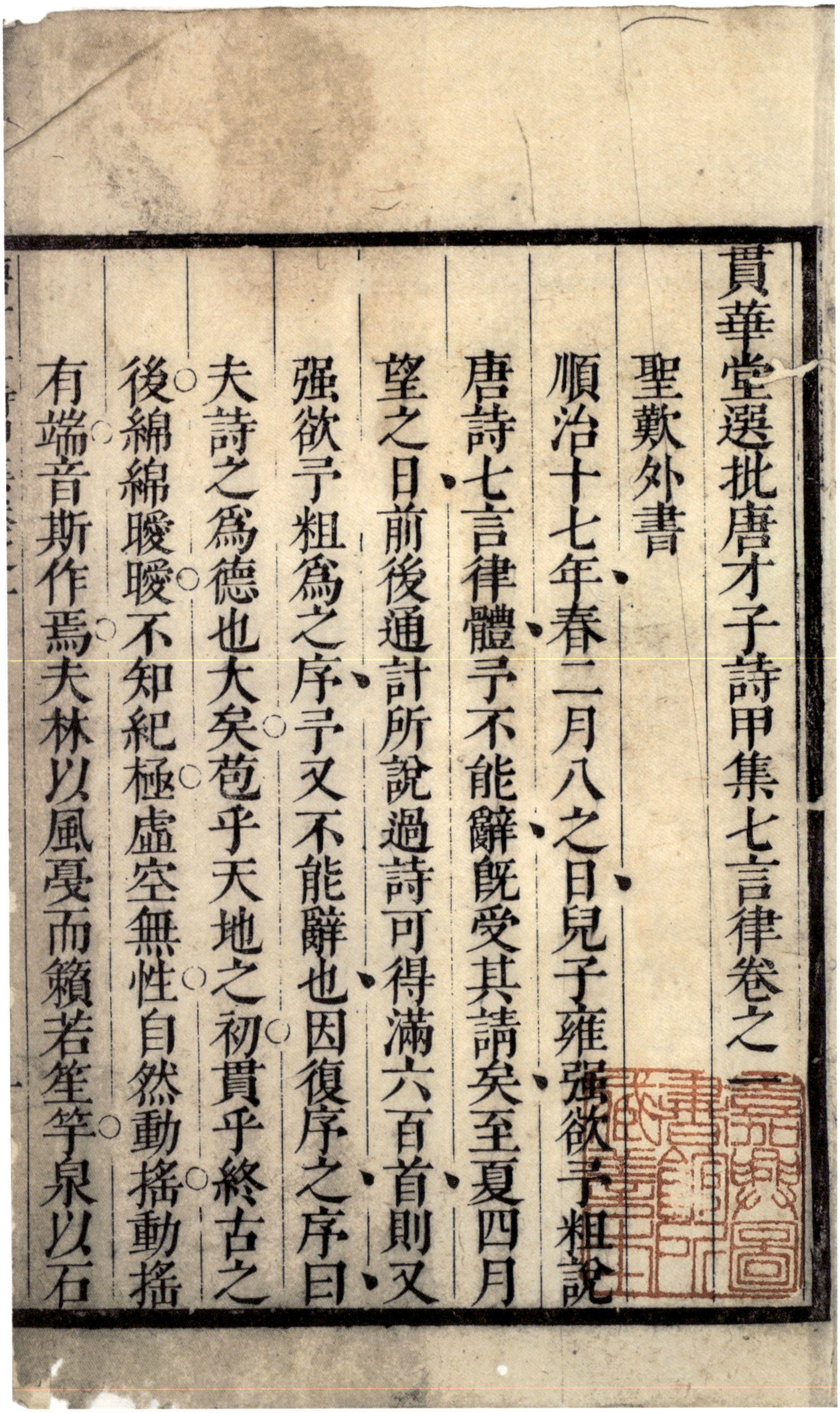

貫華堂選批唐才子詩甲集七言律卷之一

聖歎外書

順治十七年春二月八之日兒子雍強欲予粗說唐詩七言律體予不能辭旣受其請矣至夏四月望之日前後通計所說過詩可得滿六百首則又強欲予粗爲之序予又不能辭也因復序之序曰夫詩之爲德也大矣苞乎天地之初貫乎終古之後綿綿曖曖不知紀極虛空無性自然動搖動搖有端音斯作焉大林以風戛而籟若笙竽泉以石

貫華堂選批唐才子詩甲集七言律八卷 （清）金人瑞評選　金雍注　清初蘇州貫華堂刻本

匡高19.4厘米，廣14.9厘米。半葉九行，行二十一字，小字雙行同，白口，左右雙邊。入《中國古籍善本書目》。嘉興市圖書館藏。

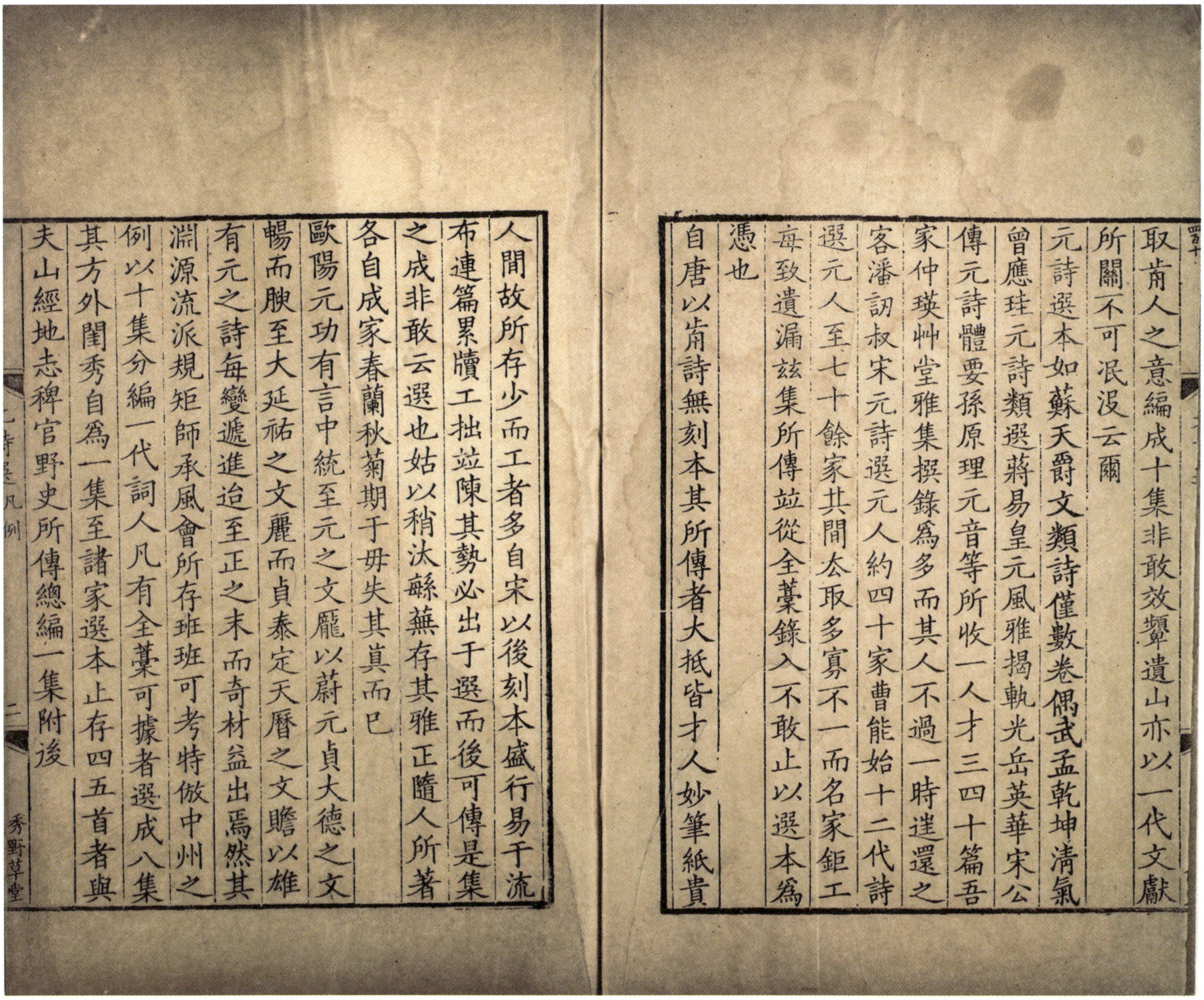

取前人之意編成十集非敢效顰遺山亦以一代文獻所關不可泯沒云爾

元詩選本如蘇天爵文類詩僅數卷偶武孟乾坤清氣曾應珪元詩類選蔣易皇元風雅揭軌光岳英華宋公傳元詩體要孫原理元音等所收一人才三四十篇吾家仲瑛艸堂雅集撰錄爲多而其人不過一時迭還之客潘訒叔宋元詩選元人約四十家曹能始十二代詩選元人至七十餘家其間去取多寡不一而名家鉅工每致遺漏玆集所傳竝從全藁錄入不敢止以選本爲憑也

自唐以前詩無刻本其所傳者大抵皆才人妙筆紙貴人間故所存少而工者多自宋以後刻本盛行易于流布連篇累牘工拙竝陳其勢必出于選而後可傳是集之成非敢云選也姑以稍汰緐蕪存其雅正隨人所著各自成家春蘭秋菊期于毋失其眞而已

歐陽元功有言中統至元之文龎以蔚元貞大德之文暢而腴至大延祐之文麗而貞泰定天曆之文贍以雄有元之詩每變遞進迨至正之末而奇材益出焉然其淵源流派規矩師承風會所存班班可考特倣中州之例以十集分編一代詞人凡有全藁可據者選成八集其方外閨秀自爲一集至諸家選本止存四五首者與夫山經地志稗官野史所傳總編一集附後

元詩選凡例　二　秀野草堂

元詩選十集二集十集三集十集　（清）顧嗣立輯　清康熙三十三至五十九年（1694-1720）顧氏秀野草堂刻本

匡高19.7厘米，廣14.9厘米。半葉十一行，行二十一字，白口，左右雙邊，雙魚尾。有“闇伯”等印。入《中國古籍善本書目》。嘉興市圖書館藏。

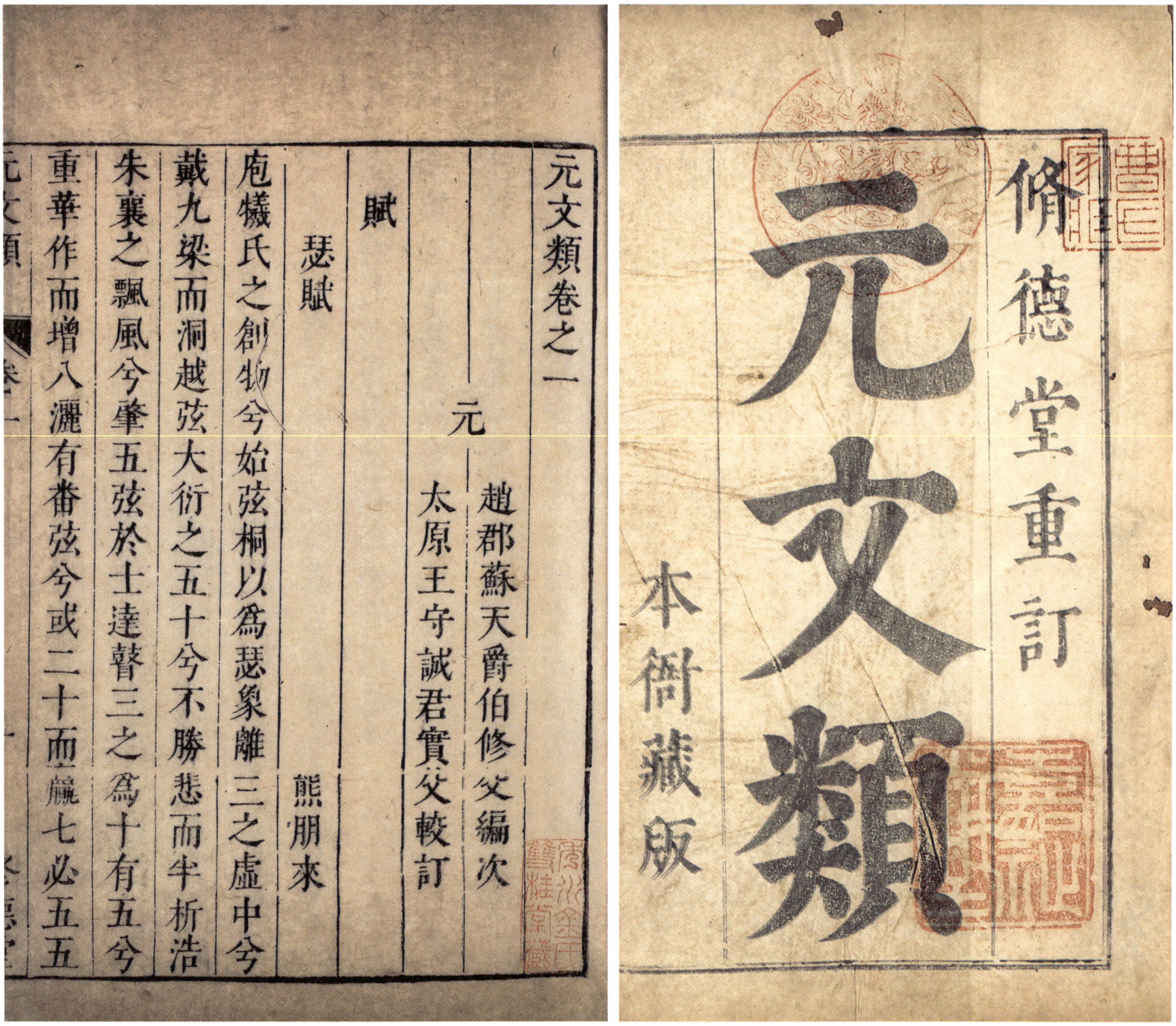

脩德堂重訂
元文類
本衙藏版

元文類卷之一
元　趙郡蘇天爵伯修父編次
太原王守誠君實父較訂
賦
瑟賦　熊朋來
庖犧氏之創物兮始弦桐以爲瑟象離三之虛中兮
戴九梁而洞越弦大衍之五十兮不勝悲而半析浩
朱襄之飄風兮肇五弦於士逵瞽三之爲十有五兮
重華作而增八灑有番弦兮或二十而贏七必五五

元文類七十卷目録三卷　（元）蘇天爵輯　明末修德堂刻本

匡高20.2厘米，廣14.1厘米。半葉九行，行二十字，白口，四周單邊。有“曹氏家藏”、“家祉堂”、“秀水金氏雙桂堂藏”、“巽觀過眼”等印。入《中國古籍善本書目》。嘉興市圖書館藏。

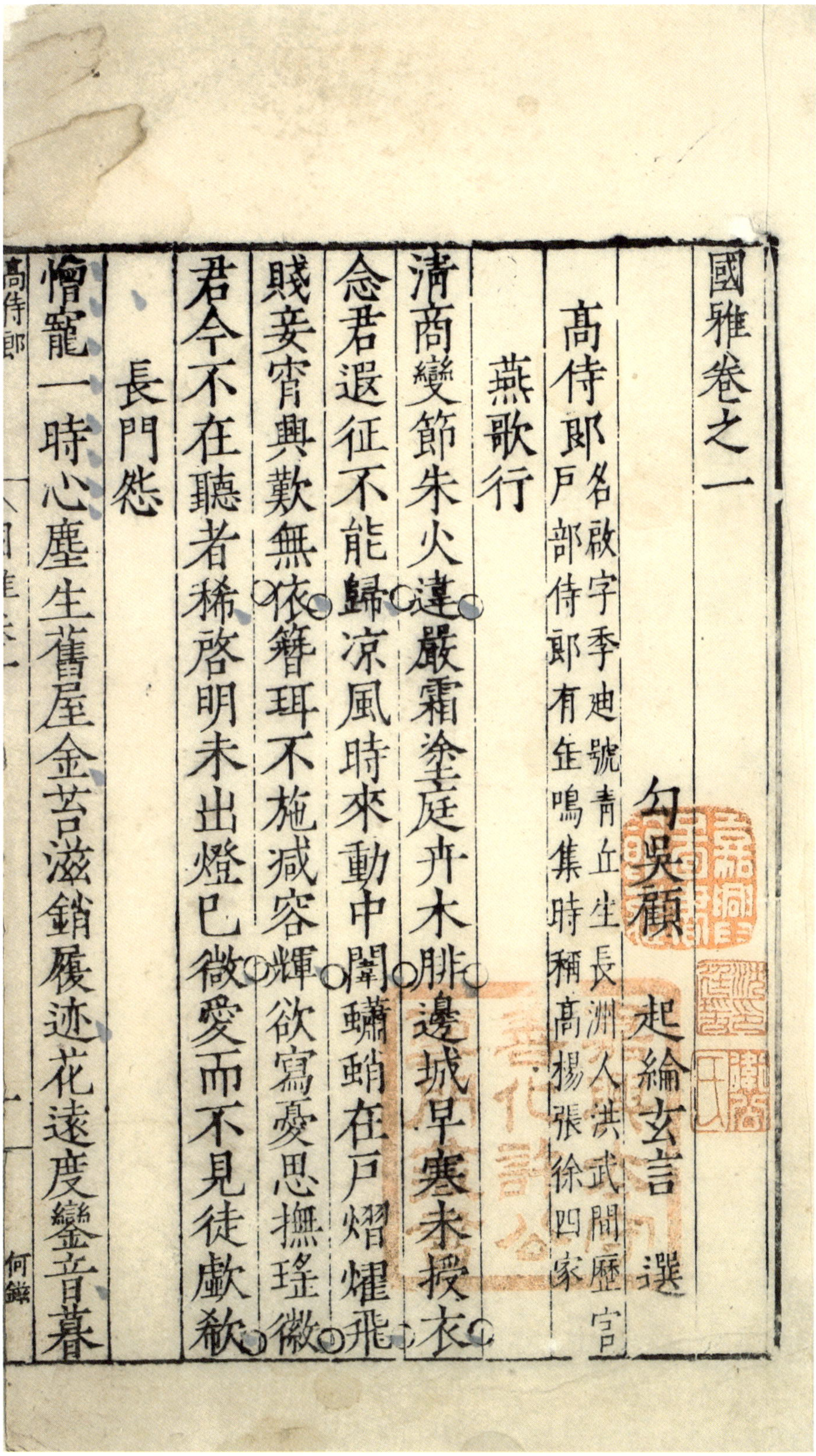

國雅二十卷續國雅四卷國雅品一卷 （明）顧起綸輯　明萬曆元年（1573）顧氏奇字齋刻本

匡高20.3厘米，廣14.6厘米。半葉十行，行二十一字，小字雙行同，細黑口，左右雙邊，有刻工。有“嘉興太守善化許公雪門藏書”、“沈印廷瑗”、“衛公氏”等印。入《中國古籍善本書目》。嘉興市圖書館藏。存《國雅》二十卷。

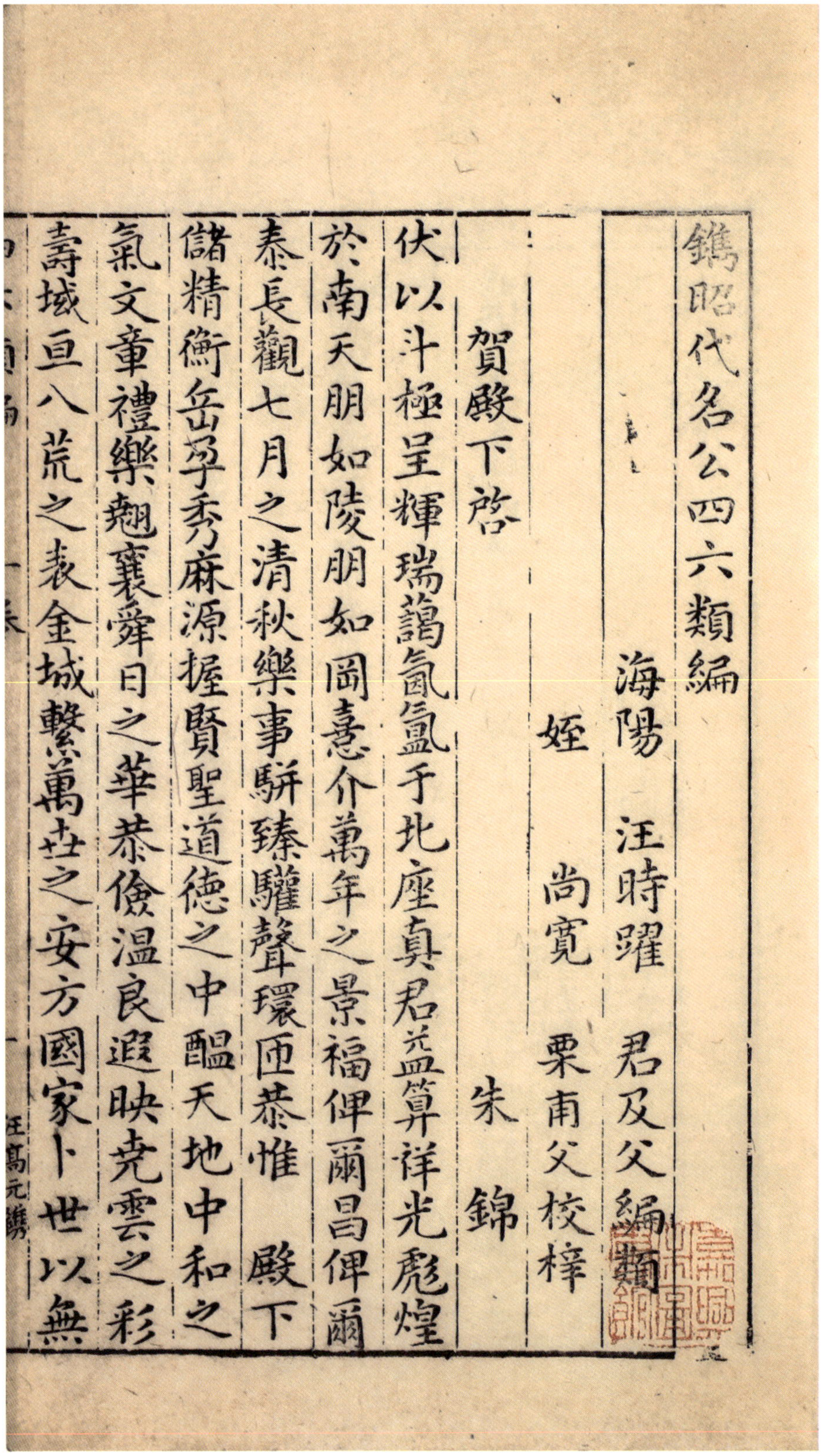
鐫昭代名公四六類編
海陽　汪時躍　君及父編輯
姪　尚寬　栗甫父校梓
賀殿下啓　朱錦
伏以斗極呈輝瑞靄氤氳于北座眞君益算祥光彪煌
於南天朋如陵朋如岡憲介萬年之景福俾爾昌俾爾
泰長觀七月之清秋樂事駢臻驩聲環匝恭惟殿下
儲精衡岳孕秀麻源握賢聖道德之中醖天地中和之
氣文章禮樂翹襄舜日之華恭儉温良遐映堯雲之彩
壽域亘八荒之表金城繫萬古之安方國家卜世以無

鐫昭代名公四六類編二十四卷　（明）汪時躍輯　汪尚寬校　明萬曆四十二年（1614）刻本

匡高20.9厘米，廣13.7厘米。半葉十行，行二十一字，白口，四周單邊。入《中國古籍善本書目》。嘉興市圖書館藏。

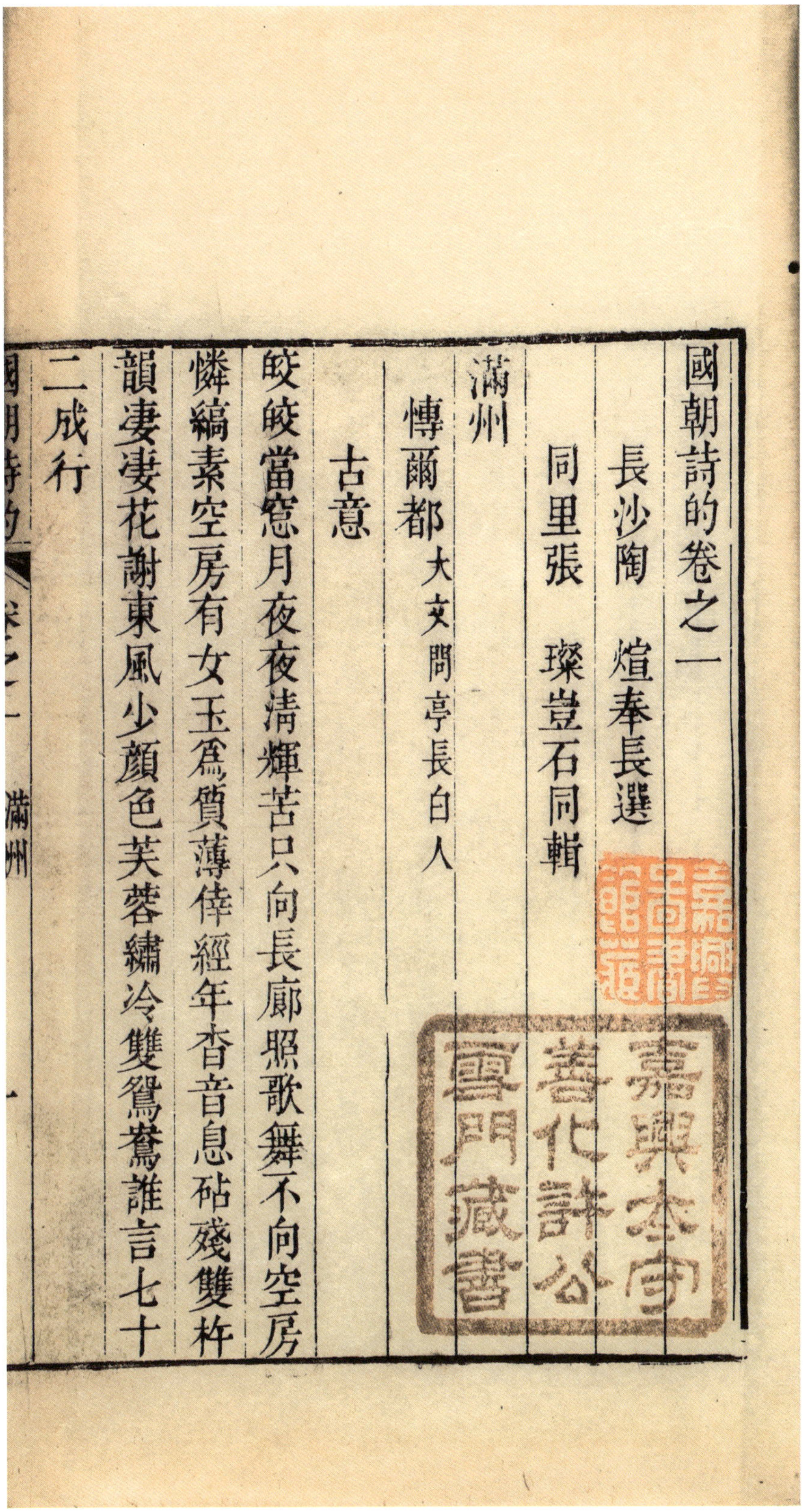

國朝詩的卷之一
長沙陶　煊奉長選
同里張　璨亹石同輯
滿州
慱爾都大文問亭長白人
古意
皎皎當窻月夜夜淸輝苦只向長廊照歌舞不向空房
憐縞素空房有女玉爲質薄倖經年杳音息砧殘雙杵
韻凄凄花謝東風少顏色芙蓉繡冷雙鴛鴦誰言七十
二戍行

國朝詩的　卷之一　滿州　一

嘉興太守善化許公雪門藏書

國朝詩的六十二卷（清）陶煊　張璨輯　清康熙六十年（1721）刻本

匡高18厘米，廣13.3厘米。半葉十行，行二十一字，小字雙行同，白口，左右雙邊。有"嘉興太守善化許公雪門藏書"等印。入《中國古籍善本書目》。嘉興市圖書館藏。

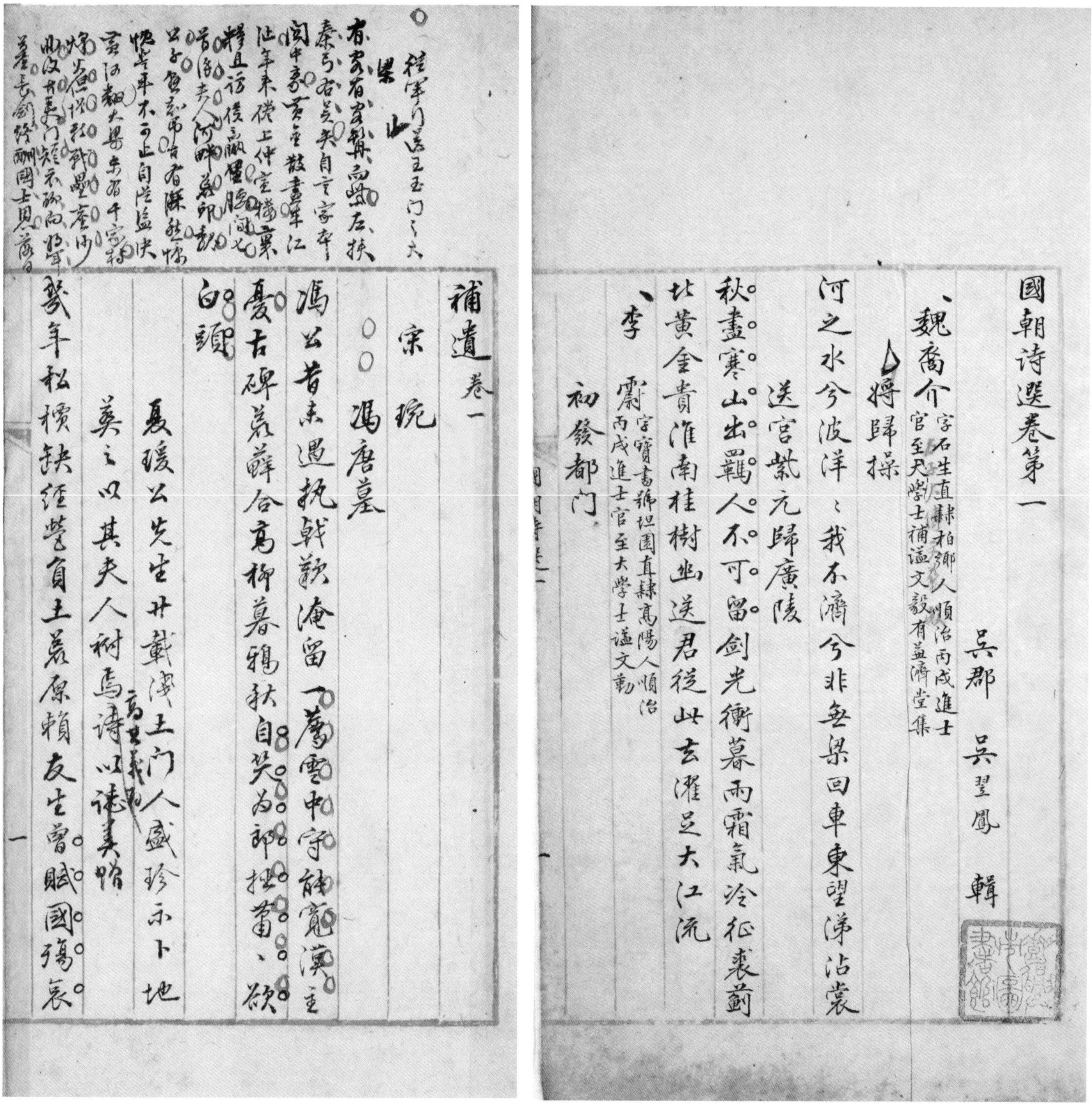

國朝詩選五卷附録一卷 （清）吴翌鳳輯　清稿本

匡高19.1厘米，廣13.1厘米。半葉十行，行二十一字，四周單邊。入《中國古籍善本書目》。第三批國家珍貴古籍名録號09515。嘉興市圖書館藏。

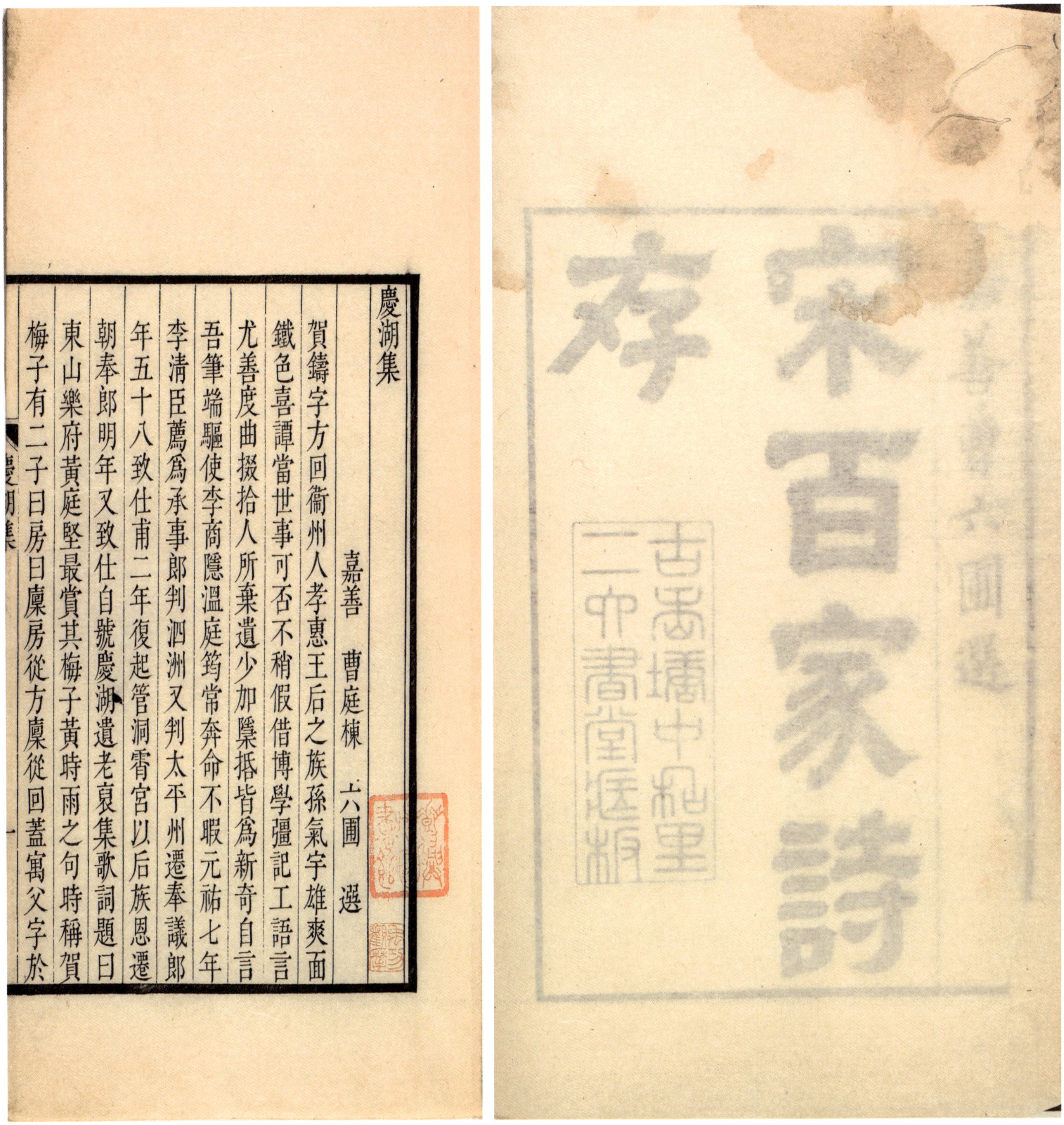

宋百家詩存二十卷　（清）曹庭棟撰　清乾隆六年（1741）嘉善曹氏二六書堂刻本

匡高17.6厘米，廣13.2厘米。半葉十一行，行二十一字，小字雙行同，白口，左右雙邊。有“禹功觀摩”等印。入《中國古籍善本書目》。嘉興市圖書館藏。

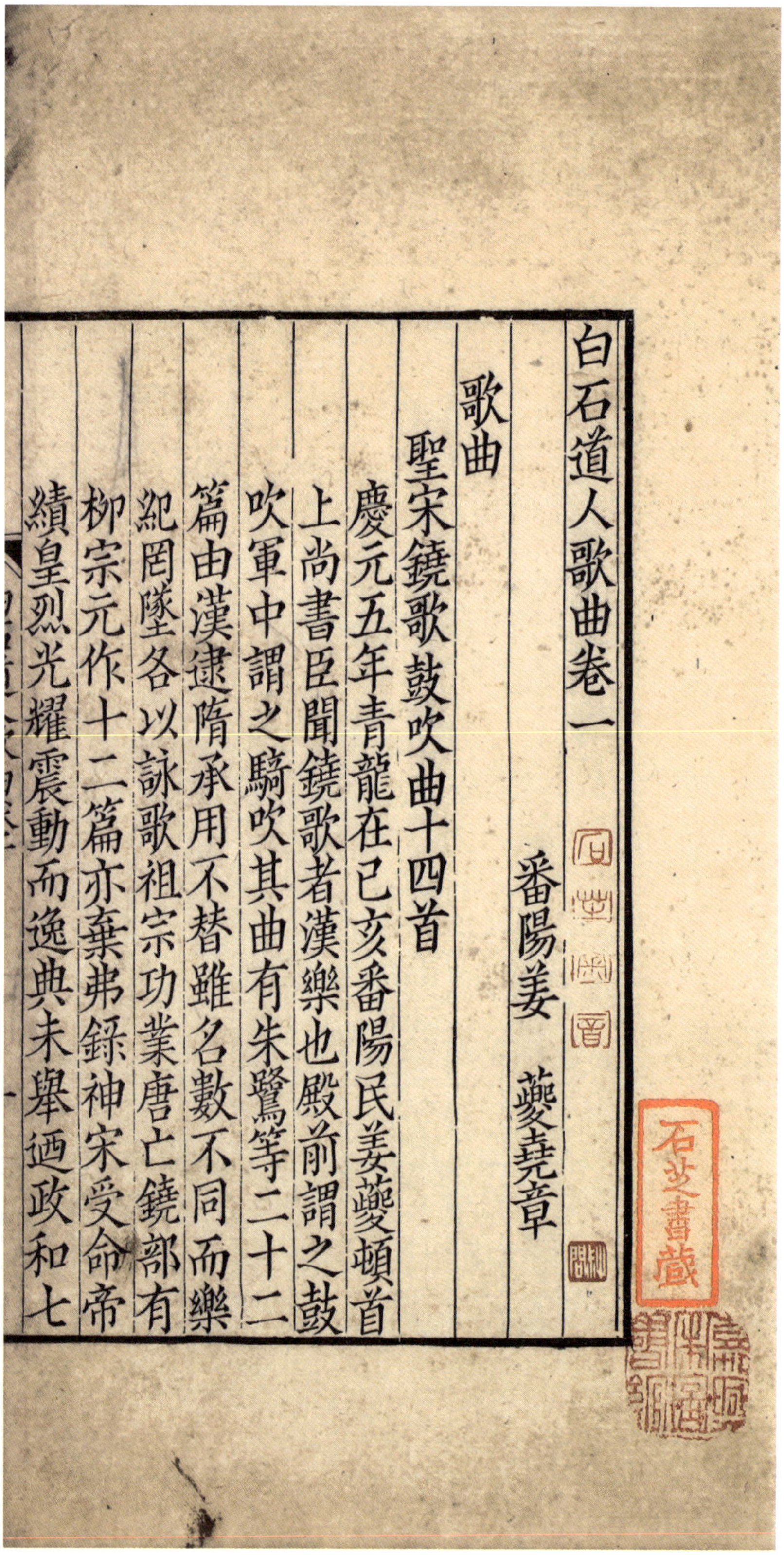
白石道人歌曲卷一
番陽姜　夔堯章
歌曲
聖宋鐃歌鼓吹曲十四首
慶元五年青龍在己亥番陽民姜夔頓首
上尚書臣聞鐃歌者漢樂也殿前謂之鼓
吹軍中謂之騎吹其曲有朱鷺等二十二
篇由漢逮隋承用不替雖名數不同而樂
紀罔墜各以詠歌祖宗功業唐亡鐃部有
柳宗元作十二篇亦棄弗錄神宋受命帝
績皇烈光耀震動而逸典未舉迺政和七

白石道人歌曲四卷别集一卷詩説一卷　（宋）姜夔撰　（清）鄭叔問批校　張祥龄跋　清乾隆（1736－1795）刻白石道人四種本

匡高18.2厘米，廣11.5厘米。半葉十一行，行十九字，白口，左右雙邊。有“文焯之印”、“叔問眼學”、“鄭記”、“吴興劉氏嘉業堂藏書印”、“劉承幹字貞一號翰怡”、“石芝書藏”、“叔問”、“叔問校定”、“叔問手校”、“小坡”、“善樓”、“丁公之鉢”、“經神後裔”、“石芝西堪校秘書記”、“大鶴山人珍玩”、“張祥印”等藏書印。入《中國古籍善本書目》。嘉興市圖書館藏。

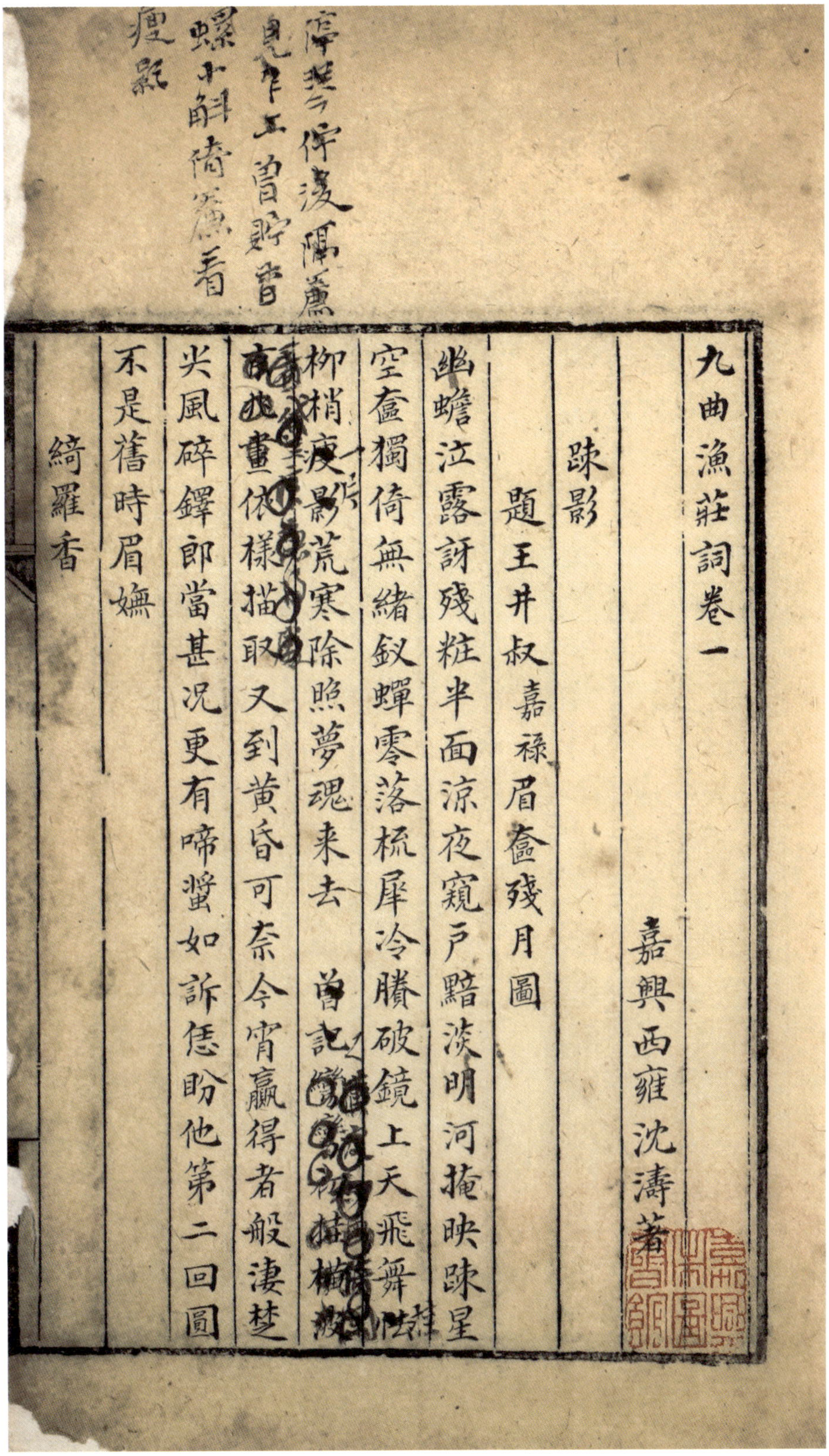
九曲漁莊詞卷一
嘉興西雝沈濤著
踈影
題王井叔嘉祿眉奩殘月圖
幽蟾泣露訝殘粧半面涼夜窺戶黯淡明河掩映踈星
空奩獨倚無緒釵蟬零落梳犀冷勝破鏡上天飛舞
柳梢瘦影荒寒除照夢魂來去
畫依樣描取又到黃昏可奈今宵贏得者般淒楚
尖風碎鐸郎當甚況更有啼蛩如訴憑盼他第二回圓
不是舊時眉嫵
綺羅香

九曲漁莊詞二卷　（清）沈濤撰　清稿本

匡高18.6厘米，廣14.2厘米。半葉十一行，行二十一字，黑口，左右雙邊。入《中國古籍善本書目》。嘉興市圖書館藏。

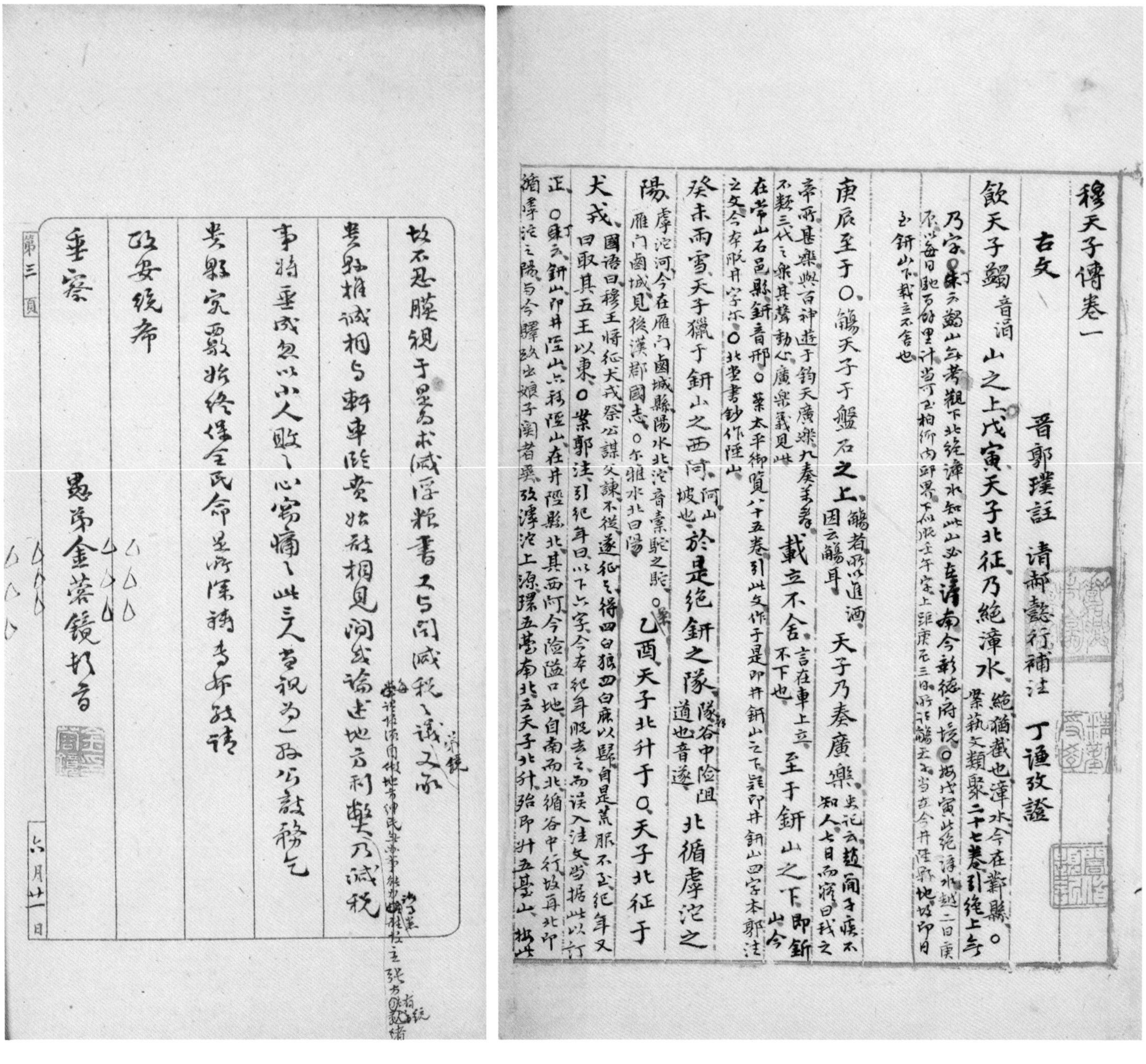

香嚴庵雜稿不分卷 （清）金蓉鏡撰　清稿本

八種書大小規格均不同。有“金雙桂堂藏書”、“金蓉鏡印”等印。入《中國古籍善本書目》。嘉興市圖書館藏。

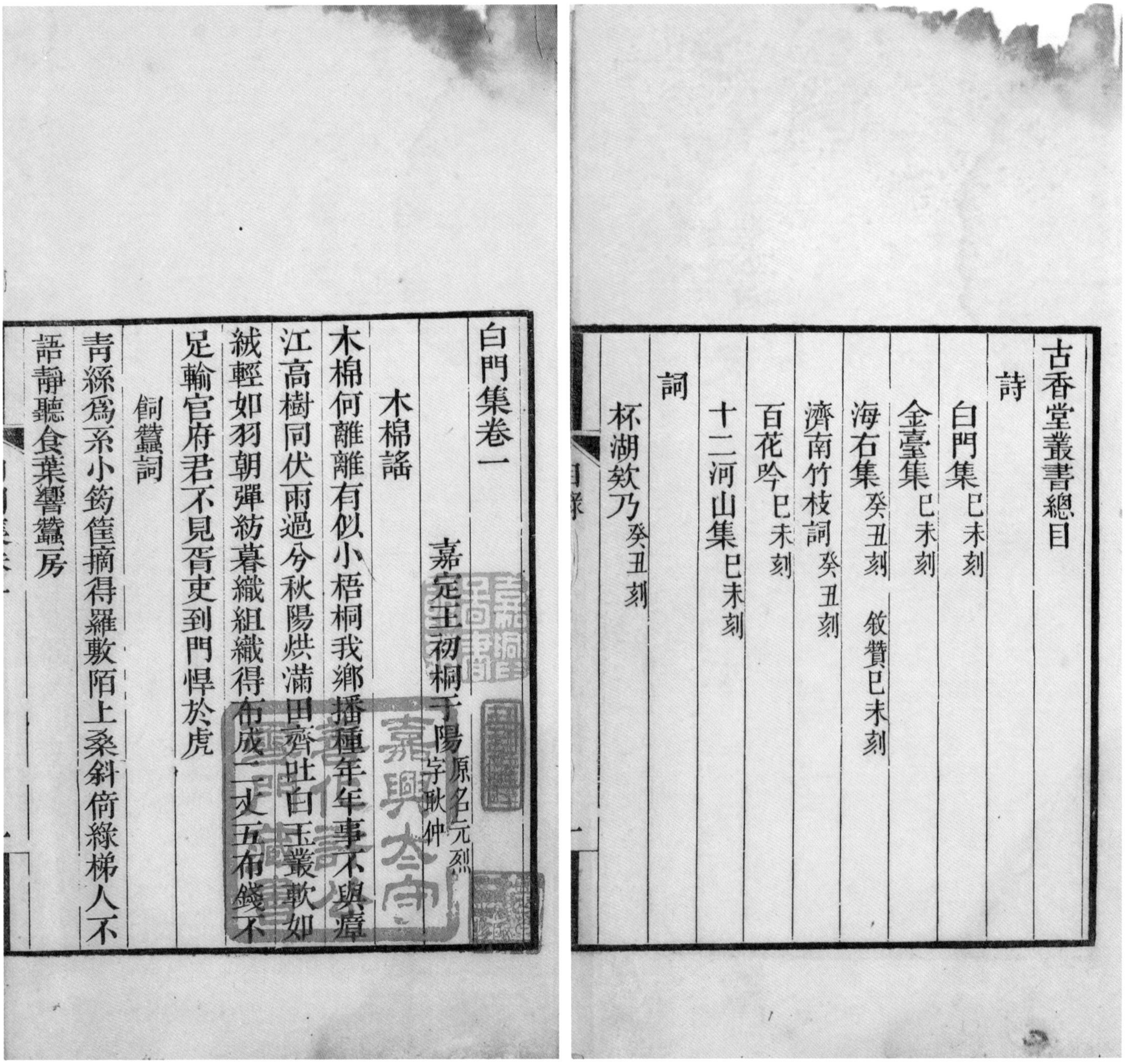

古香堂叢書十三種三十一卷　（清）王初桐撰　清乾隆五十八年至嘉慶十二年（1793-1807）刻本

匡高15.6厘米，廣12.8厘米。半葉十行，行二十字，小字雙行同，黑口，左右雙邊。有“嘉興太守善化許公雪門藏書”等印。入《中國古籍善本書目》。嘉興市圖書館藏。